한눈에 보는 워드프로세서 실기 시험 절차

 시험 시작 10분 전

시험장 입실
10분 전까지 들어가 있어야 합니다.

수험자 인적사항 확인

여러분의 인적사항이 자동으로 표시됩니다. 수험표에 표시된 자신의 인적사항과 비교하여 이상이 없으면 〈다음〉을 클릭하세요.

부정

부정 행위... 니다. 마... 므로 잘... 세요.

 시험 시작

워드프로세서 프로...

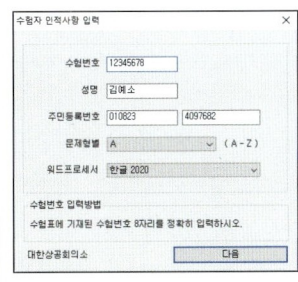

워드프로세서 프로그램이... 는 임의로 행동하지 말고...

내용 입력
내용을 입력할 때는 글상자, 들여쓰기, 정렬 등의 편집 작업은 제외하고 내용만 가능한 빠르고 정확하게 입력하세요.

들여쓰기, 정렬하기
입력을 모두 마쳤으면 입력한 내용을 점검하면서 들여쓰기, 문단 정렬 등의 작업을 수행합니다. 입력과 동시에 들여쓰기, 문단 정렬 등의 작업을 수행하면 같은 작업을 몇 번 더 반복하거나 작업 요소를 누락하는 일이 발생합니다.

편집 지시사항 수행
완성할 문서에 표시된 지시사항을 문제 2쪽의 세부 지시사항에 체크하면서 꼼꼼히 수행하세요. 지시사항의 처리는 세부 지시사항에 표시된 순서보다 완성된 문서에 표시된 순서대로 수행하는 것이 작업 속도나 정확성 면에서 효율적입니다.

차트 작성
차트는 모든 작업을 마친 다음 작업한 내용을 저장하고 나서 마지막에 작성하는 것이 좋습니다. 흔글 2022에서 가장 오류가 많이 발생하고 원하는 대로 조정이 안되는 부분이 차트이기 때문입니다. 문제 입력이나 편집 도중 차트에 오류가 발생하면 합격에 치명적인 영향을 미칠 수 있습니다.

※ 시험볼 때 위와 같이 답안 문서를 작성하는 순서가 정해진 것은 아닙니다. 하지만 위의 네 가지 단계를 거쳐서 답안 문서를 작성하는 것이 속도나 정확성 면에서 훨씬 효율적입니다.

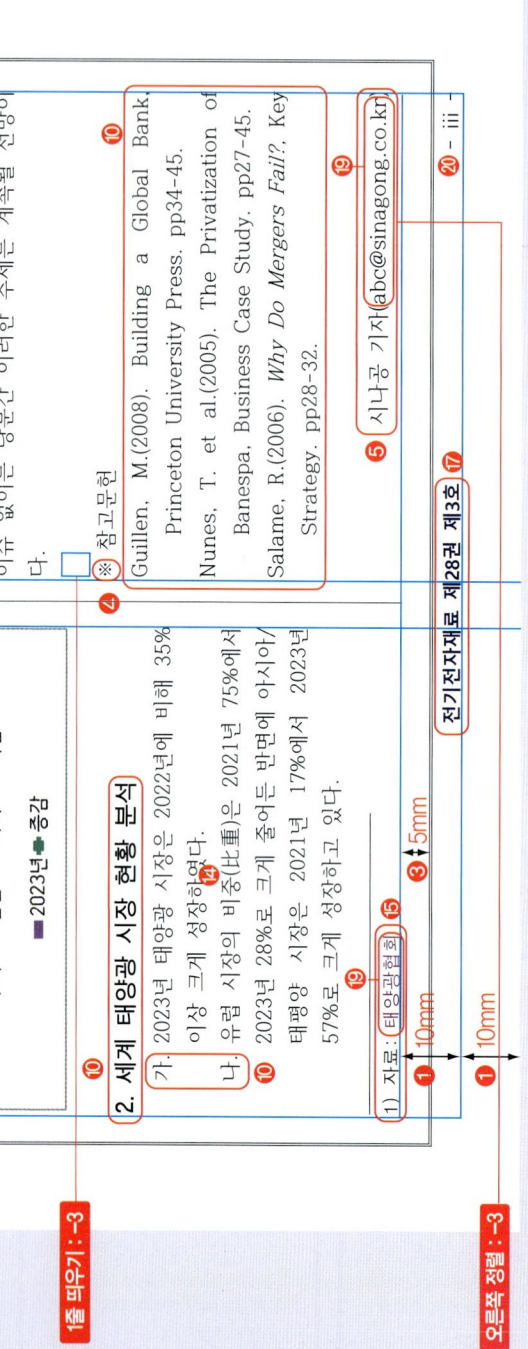

한눈에 보는 채점 기준

태마기획 태양전지   2023-10-05

태양광 산업 발전 현황

발표일자: 2023. 10. 12.
작성자: 김은소

1. 개요

2020년까지 신업은 그야말로 초고속성장을 보여 주었다. 2021년 장이 붕괴될 것이라는 전망이 유럽의 재정위기로 인하여 유럽 시장이 암울한 미래를 예언하였다. 하지만 2021년 실제 상황은 예도 2020년 대비 유럽(Europe)이 태양광 시장이 축소된만큼 미국(USA) 중국(China) 시장이 크게 성장하면서 2021년에도 28.4GW를 설치하여 2021년 정도의 시장규모를 유지하였었다.

2023년의 경우 태양광(Solar Energy) 시장은 다시 성장하여 최소 39 GW의 규모를 형성한 것으로 조사되었다. 2023년 말 기준 세계 태양광 시장의 누적 설치량은 140 GW 이상이다.

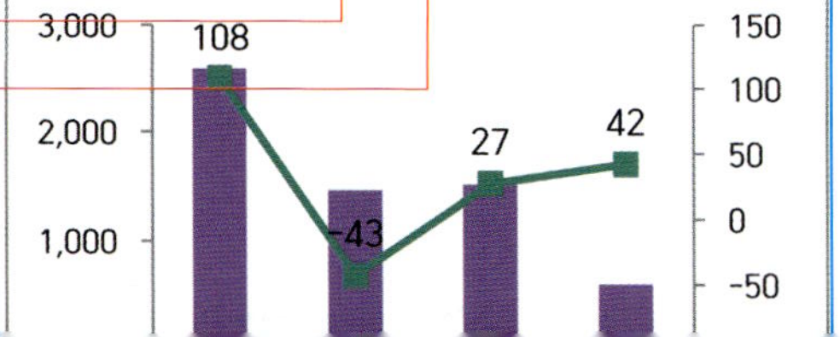

※ 국내 연도별 태양광 설치 현황

(단위: kW)

구분	2021년	2022년	2023년	증감
주택	2,234	2,476	2,584	108
건물	1,589	1,511	1,468	-43
지역	1,349	1,489	1,517	27
복합	525	562	604	42
합계	5,697	6,038	6,173	

3. 태양광 지원정책 조사

IEA PVPS 참여국을 대상으로 조사한 결과 FIT 제도가 70% 압도적으로 많았다. 우리나라가 채택하고 있는 RPS 정책(政策)의 경우 3% 정도 밖에 되지 않는다. 우리나라의 태양광 설치량은 2018년 276 MW를 정점으로 지속적으로 하락하여 2020년 156 MW 규모로 축소되었다.
RPS 제도가 도입되고 2022년 230 MW, 2023년 531 MW의 시장 규모를 형성하였으므로, 2023년 기준 누적 설치량도 1,555 MW로 우리나라도 GW 규모의 국가가

 시험 시작 5분 전

행위 관련 유의사항 확인

관련 유의사항이 화면에 표시됨
음대로 행동하면 실격될 수 있으
읽어본 후 감독관의 지시에 따라

한글 프로그램 점검

감독위원의 지시에 따라 한글 프로그램을 실행하고 프로그램의 이상 여부를 점검합니다.

시험 유의사항 확인

시험에 대한 유의사항이 화면에 표시됩니다. 감독관의 지시에 따라 시험이 시작될 때까지 아무것도 손대지 말고 기다리세요.

그램이 자동으로 실행됨

자동으로 실행되지 않은 경우에
반드시 감독관에게 알리세요.

문제 확인

3쪽 분량의 문제가 모니터 화면에 표시됩니다. 1쪽은 전체 지시사항, 2쪽은 세부 지시사항, 3쪽은 최종적으로 완성할 문서입니다.

 시험 시작 30분 후

문서 작성 완료

시험 시작 후 30분이 지나면 시험 관리 프로그램이 화면을 덮어버립니다. 감독위원의 지시에 따라 〈확인〉을 클릭하세요.

퇴실

놓고 가는 소지품은 없는지 확인한 후 퇴실하면 됩니다.

워드프로세서 실기 기본서

2026
시나공

길벗알앤디 지음

길벗

지은이 길벗알앤디

강윤석, 김용갑, 김우경, 김종일

IT 서적을 기획하고 집필하는 출판 기획 전문 집단으로, 2003년부터 길벗출판사의 IT 수험서인 〈시험에 나오는 것만 공부한다!〉 시리즈를 기획부터 집필 및 편집까지 총괄하고 있다.

30여 년간 자격증 취득에 관한 교육, 연구, 집필에 몰두해 온 강윤석 실장을 중심으로 IT 자격증 시험의 분야별 전문가들이 모여 국내 IT 수험서의 수준을 한 단계 높이기 위한 다양한 연구와 집필 활동에 전념하고 있다.

워드프로세서 실기 - 시나공 시리즈 ④
The Practical Examination for Word Processor

초판 발행 · 2025년 7월 21일

지은이 · 길벗알앤디(강윤석, 김용갑, 김우경, 김종일)
발행인 · 이종원
발행처 · (주)도서출판 길벗
출판사 등록일 · 1990년 12월 24일
주소 · 서울시 마포구 월드컵로 10길 56(서교동)
주문 전화 · 02)332-0931 팩스 · 02)323-0586
홈페이지 · www.gilbut.co.kr 이메일 · gilbut@gilbut.co.kr

기획 및 책임 편집 · 강윤석(kys@gilbut.co.kr), 김미정(kongkong@gilbut.co.kr), 임은정(eunjeong@gilbut.co.kr)
표지 디자인 · 강은경, 윤석남   제작 · 이준호, 손일순, 이진혁   마케팅 · 조승모, 유영은
영업관리 · 김명자   독자지원 · 윤정아   유통혁신 · 한준희

편집진행 및 교정 · 길벗알앤디(강윤석 · 김용갑 · 김우경 · 김종일)   디자인 · 도설아   일러스트 · 윤석남
전산편집 · 예다움   CTP 출력 및 인쇄 · 금강인쇄   제본 · 금강제본

- 이 책은 저작권법의 보호를 받는 저작물로 이 책에 실린 모든 내용, 디자인, 이미지, 편집 구성은 허락 없이 복제하거나 다른 매체에 옮겨 실을 수 없습니다.
- 인공지능(AI) 기술 또는 시스템을 훈련하기 위해 이 책의 전체 내용은 물론 일부 문장도 사용하는 것을 금지합니다.
- 잘못 만든 책은 구입한 서점에서 바꿔 드립니다.

ⓒ 길벗알앤디, 2025

ISBN 979-11-407-1491-9 13000
(길벗 도서번호 030964)

가격 19,000원

독자의 1초를 아껴주는 정성 길벗출판사

(주)도서출판 길벗 IT단행본, 성인어학, 교과서, 수험서, 경제경영, 교양, 자녀교육, 취미실용 www.gilbut.co.kr
길벗스쿨 국어학습, 수학학습, 주니어어학, 어린이단행본, 학습단행본 www.gilbutschool.co.kr

시나공 홈페이지 · www.sinagong.co.kr

짜잔~ '시나공' 시리즈를 소개합니다~

자격증 취득, 가장 효율적으로 공부하고 싶으시죠?
보통 사람들의 공부 패턴과 자격증 시험을 분석하여 최적의 내용을 담았습니다.

 첫째 최대한 단시간에 취득할 수 있도록 노력하였습니다.

한글 같은 워드프로세서를 잘 사용하는 사람들은 워드프로세서 실기 시험을 쉽게 생각합니다. 네, 워드프로세서 실기 시험은 시험 형태가 정해져 있어서 쉽습니다. 하지만 시험에서 사용하는 기능에 충분히 숙달되어 있지 않으면 30분에 모든 작업을 완벽히 마치기는 매우 어렵습니다. 이 책은 한글 2022 프로그램의 다양한 기능 중에서 워드 실기 시험에 출제되는 기능만을 선별하여 시험 문제의 지시사항을 최대한 빨리 끝낼 수 있는 방법으로 반복 숙달할 수 있도록 구성했습니다.

 셋째 학습 방향을 제시하기 위해 노력했습니다.

이 시험을 준비하는 수험생이 대부분 비전공자이다보니 학습 방향에 어둡기 쉽습니다. 학습 방향을 파악하지 못한 채 교재에 수록된 내용에 대해 무작정 따라하는 것은 비효율적입니다. '전문가의 조언', '시나공 Q&A 베스트', '잠깐만요' 등의 코너를 두어 "지금 이것을 왜 하는지?", "왜 안 되는지?", "더 효율적인 방법은 없는지?" 등 옆에서 선생님이 지도하는 것처럼 친절한 가이드라인을 제공했습니다.

 둘째 공부하면서 답답해하지 않도록 노력했습니다.

컴퓨터 프로그램을 사용해 본 사람이라면 누구나 경험해 봤겠지만 모르는 기능을 배울 때 주어진 기능을 설명대로 따라 하다 중간에서 막히면 대책이 없습니다. 이 책에서는 따라하면 누구나 결과가 나오도록 한 단계도 빼놓지 않고 설명했습니다. 특히 책 출간 전에 초보자 여러 명이 직접 따라해 보면서 수정에 수정을 거듭했기 때문에 안심하고 따라하셔도 됩니다.

 넷째 한 번에 합격할 수 있도록 전략을 세웠습니다.

워드프로세서 실기 시험은 타자만 빨리 치면 쉽게 합격할 수 있다고 생각하는 사람이 많습니다. 물론 타자 속도도 중요하지만 타자 속도는 분당 약 200타 이상이면 충분합니다. 그보다 시험에서 요구하는 편집 기능을 숙달하여 편집 지시사항을 빠르게 처리하는 것과 감점요인을 정확히 아는 것이 더 중요합니다. 워드프로세서 실기 시험에 한 번에 합격할 수 있도록 문제별로 전략을 세웠습니다. 이 책에서 제시한 합격 전략대로 공부하세요. 반드시 합격할 것입니다.

끝으로 이 책으로 공부하는 모든 사람들이 한 번에 합격할 수 있기를 기원합니다.

2025년 여름날에
강윤석

Special thanks to …

이 책이 나오기까지 '감 놔라, 배 놔라' 미주알 고주알 참견해(?) 주시고 설문조사에 응해 주신 300여 명의 수험생, 길벗출판사 독자, 고등학교 선생님, 학원 선생님들께 깊이 감사드립니다.

채점 프로그램을 사용하려면?	12
실습용 데이터 파일을 사용하려면?	14

00 준비운동

1. 워드프로세서 시험, 이것이 궁금하다. – 시나공 Q&A 베스트	16
2. 시험 접수부터 자격증을 받기까지 한눈에 살펴볼까요?	24
3. 한눈에 보는 워드프로세서 실기 시험 절차	26
4. 워드프로세서 실기 시험, 이렇게 준비하세요! – 전문가의 조언	28

1부 기본기 다지기

01 자가진단 및 대책

Section00 한눈에 보는 워드프로세서 실기	36
Section01 용지 설정	38
Section02 다단 설정	42
Section03 쪽 테두리 설정	48
Section04 기본 입력	51
Section05 정렬	59
Section06 글자 모양 변경	62
Section07 글상자 / 누름틀	68
Section08 문단 첫 글자 장식	82
Section09 한자 변환	86
Section10 책갈피 / 하이퍼링크	89
Section11 스타일	93
Section12 표 작업	113
Section13 차트	134
Section14 그림 삽입	153
Section15 머리말 / 꼬리말	163
Section16 각주 / 하이퍼링크	171
Section17 쪽 번호	178

02 실제 시험장을 옮겨 놓았다!

Section18 실제 시험장을 옮겨 놓았다!	182
1. 입실(시험 시작 10분 전)	182
2. 환경 설정(입실 후)	182
3. 시험 준비 및 유의사항 확인	189
4. 시험 시작(문제 확인)	191
5. 워드프로세서 실기 시험 작업 순서	194
6. 문서 작성 시작	198
7. 확인 및 저장	270
8. 퇴실(시험 종료)	271

동영상 강의
교재에 수록된 모든 내용이 동영상 강의로 제공됩니다.
*동영상 강의는 [시나공 홈페이지] → [워드프로세서] → [실기] → [동영상 강좌] → [토막강의]에서 무료로 시청하면 됩니다.

2부 실전처럼 연습하기

01 실전 모의고사

실전 모의고사 01회	273
실전 모의고사 02회	279
실전 모의고사 03회	283
실전 모의고사 04회	287
실전 모의고사 05회	291
실전 모의고사 06회	295
실전 모의고사 07회	299
실전 모의고사 08회	303
실전 모의고사 09회	307
실전 모의고사 10회	311
실전 모의고사 11회	315
실전 모의고사 12회	319
실전 모의고사 13회	323
실전 모의고사 14회	327
실전 모의고사 15회	331
실전 모의고사 16회	335
실전 모의고사 17회	339
실전 모의고사 18회	343
실전 모의고사 19회	347
실전 모의고사 20회	351

3부 최신기출문제

최신기출문제 1회	357
최신기출문제 2회	361
최신기출문제 3회	365
최신기출문제 4회	369
최신기출문제 5회	373

1등만이 드릴 수 있는 1등 혜택!!
수험생을 위한 아주 특별한 서비스

시나공 홈페이지
시험 정보 제공!

IT 자격증 시험, 혼자 공부하기 막막하다고요? 시나공 홈페이지에서 대한민국 최대, 50만 회원들과 함께 공부하세요.

지금 sinagong.co.kr에 접속하세요!

시나공 홈페이지에서는 최신기출문제와 해설, 선배들의 합격 수기와 합격 전략, 책 내용에 대한 문의 및 관련 자료 등 IT 자격증 시험을 위한 모든 정보를 제공합니다.

시나공 만의
동영상 강좌

**독학이 가능한 친절한 교재가 있어도
준비할 시간이 부족하다면?**

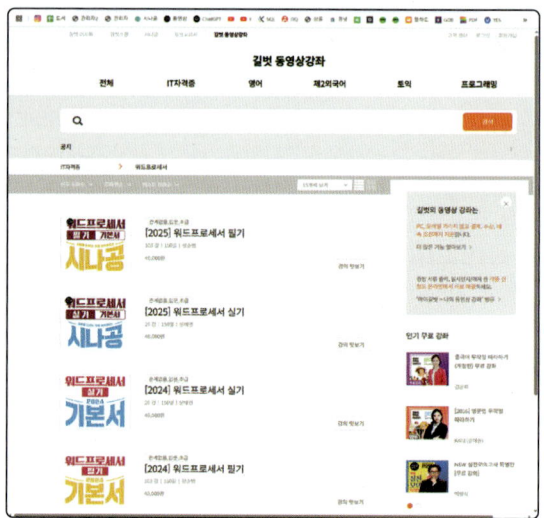

길벗출판사의 '동영상 강좌(유료)' 이용 안내

1. 길벗출판사 홈페이지(gilbut.co.kr)에 접속하여 로그인하세요.
2. 상단 메뉴 중 [동영상 강좌]를 클릭하세요.
3. 'IT자격증' 카테고리에서 원하는 강좌를 선택하고 [수강 신청하기]를 클릭하세요.
4. 우측 상단의 [마이길벗] → [나의 동영상 강좌]로 이동하여 강좌를 수강하세요.

※ 기타 동영상 이용 문의 : 독자지원(02-332-0931)

수험생 지원센터
무엇이든 물어보세요!

공부하다 답답하거나 궁금한 내용이 있으면, 시나공 홈페이지 도서별 '책 내용 질문하기' 게시판에 질문을 올리세요. 길벗알앤디의 전문가들이 빠짐없이 답변해 드립니다.

시나공 시리즈는 단순한 책 한 권이 아닙니다.
여러분이 시나공 시리즈 책 한 권을 구입한 순간, Q&A 서비스에서 최신기출문제 등
각종 학습 자료까지 IT 자격증 최고 전문가들이 제공하는 온라인&오프라인 합격 보장 교육 프로그램이 함께합니다.

 편집 연습을 위한
입력 파일 제공

타자 속도는 짧은 시간에 높일 수 없지만, 편집 속도는 짧은 시간에 확 끌어 올릴 수 있습니다. 실습용 데이터 파일이 저장된 폴더에서 입력이 완료된 문서를 불러와 책의 모의고사 중 문제지 2면에 있는 세부 지시사항대로 편집 연습만 집중적으로 하는 거죠. 8분 안에 끝낼 수 있을 때까지 계속 연습하세요.

※ 실습용 데이터 파일이 저장된 폴더 파일의 설치 및 사용 방법은 교재 14쪽을 참고하세요.

시나공 홈페이지 회원 가입 방법

1. 시나공 홈페이지(sinagong.co.kr)에 접속하여 우측 상단의 〈회원가입〉을 클릭하고 〈이메일 주소로 회원가입〉을 클릭합니다.

   ※ 회원가입은 소셜 계정으로도 가입할 수 있습니다.

2. 가입 약관 동의를 선택한 후 〈동의〉를 클릭합니다.

3. 회원 정보를 입력한 후 〈이메일 인증〉을 클릭합니다.

4. 회원 가입 시 입력한 이메일 계정으로 인증 메일이 발송됩니다. 수신한 인증 메일을 열어 이메일 계정을 인증하면 회원가입이 완료됩니다.

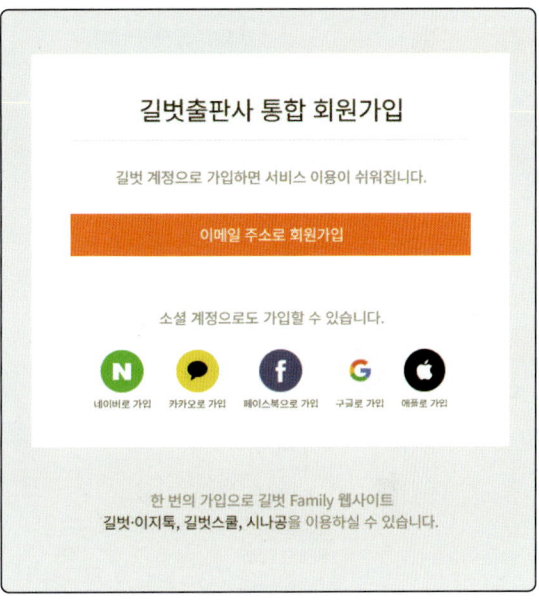

한눈에 살펴보는 시나공의 구성

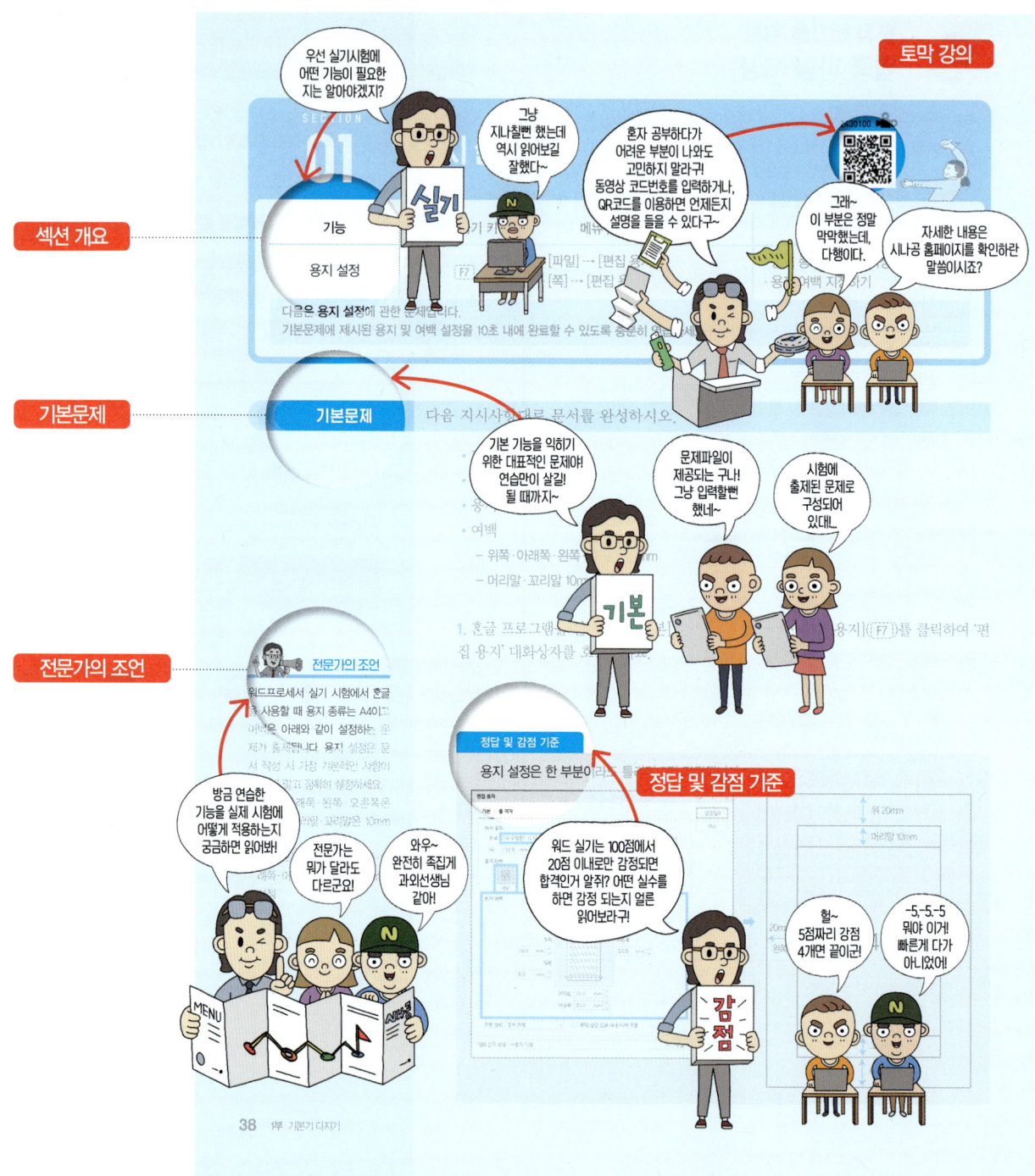

시험에 나오는 것만 골라 볼 수 있다! – 섹션별 구성

워드프로세서 시험은 한글문서 이용이나 타자 실력이 좋다고 합격할 수 있는 단순한 시험이 아닙니다. 문제분석, 자가평가, 전문가의 조언, 기본문제, 연습문제 등 완벽한 시스템이 최단기간 내에 합격은 물론, 워드프로세서 전문가로 만들어드립니다.

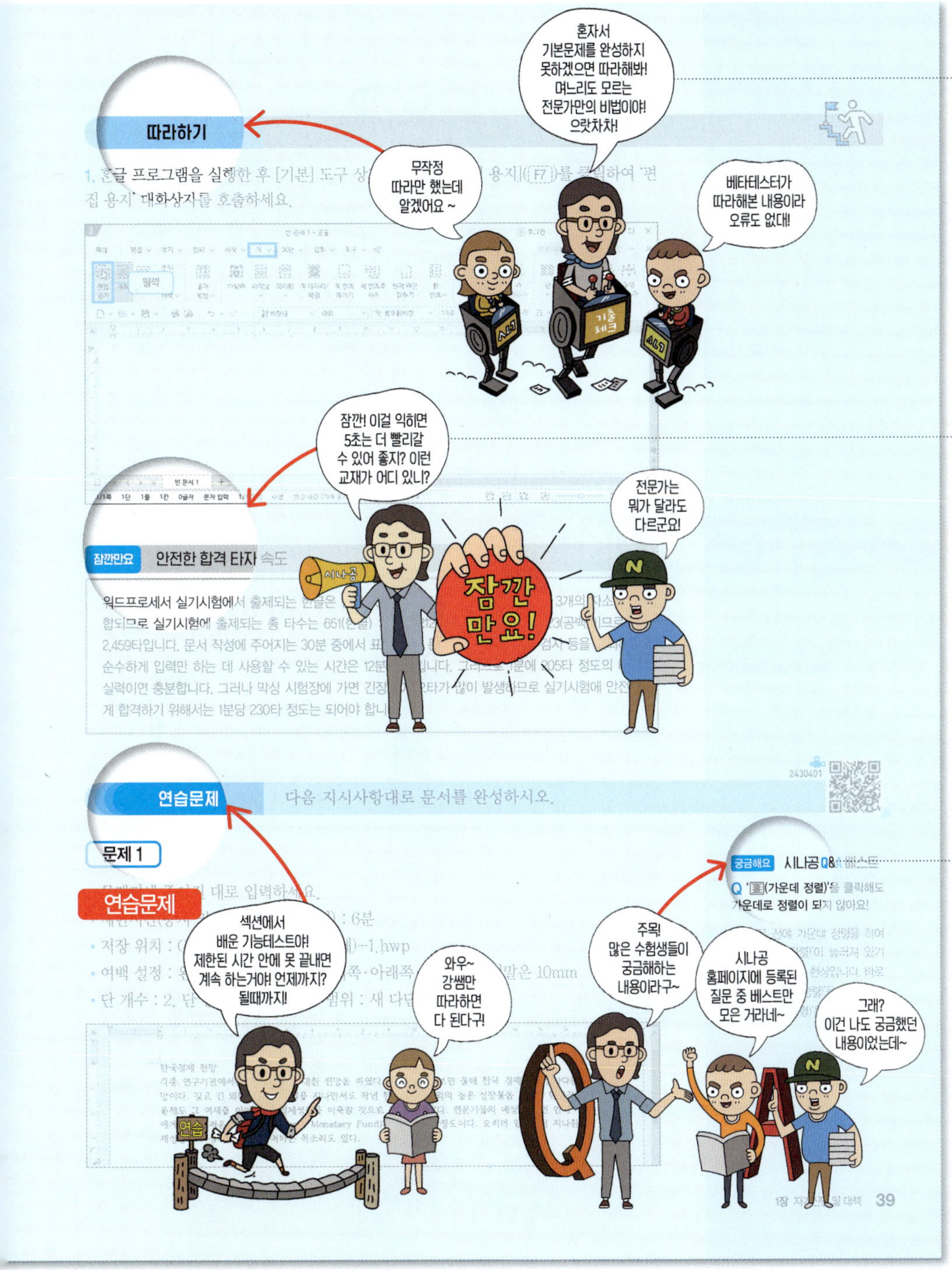

한눈에 살펴보는 시나공의 구성

- IT 자격증 전문가의 합격요령
- 실제 시험장을 옮겨 놓았다!
- 실전 모의고사

수험서의 핵심은 문제 풀이 – 실전 모의고사 & 최신기출문제

다양한 문제를 풀어 보면서 섹션에서 배운 내용을 한 번 더 확인하고 변형 문제에 대처할 수 있는 능력을 키울 수 있습니다.

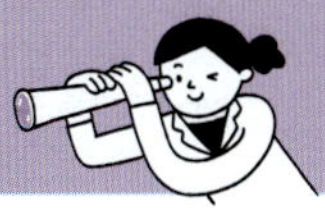

최신기출문제

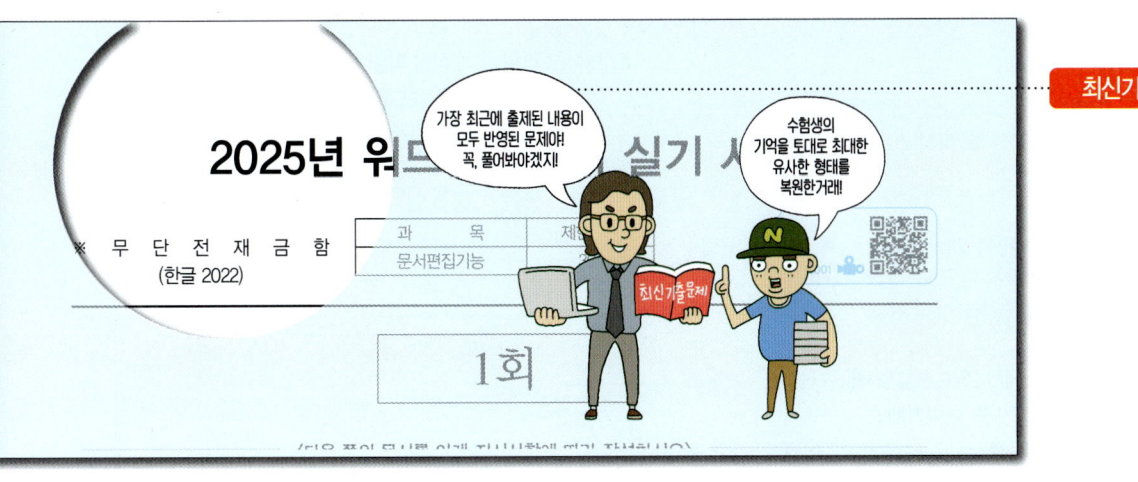

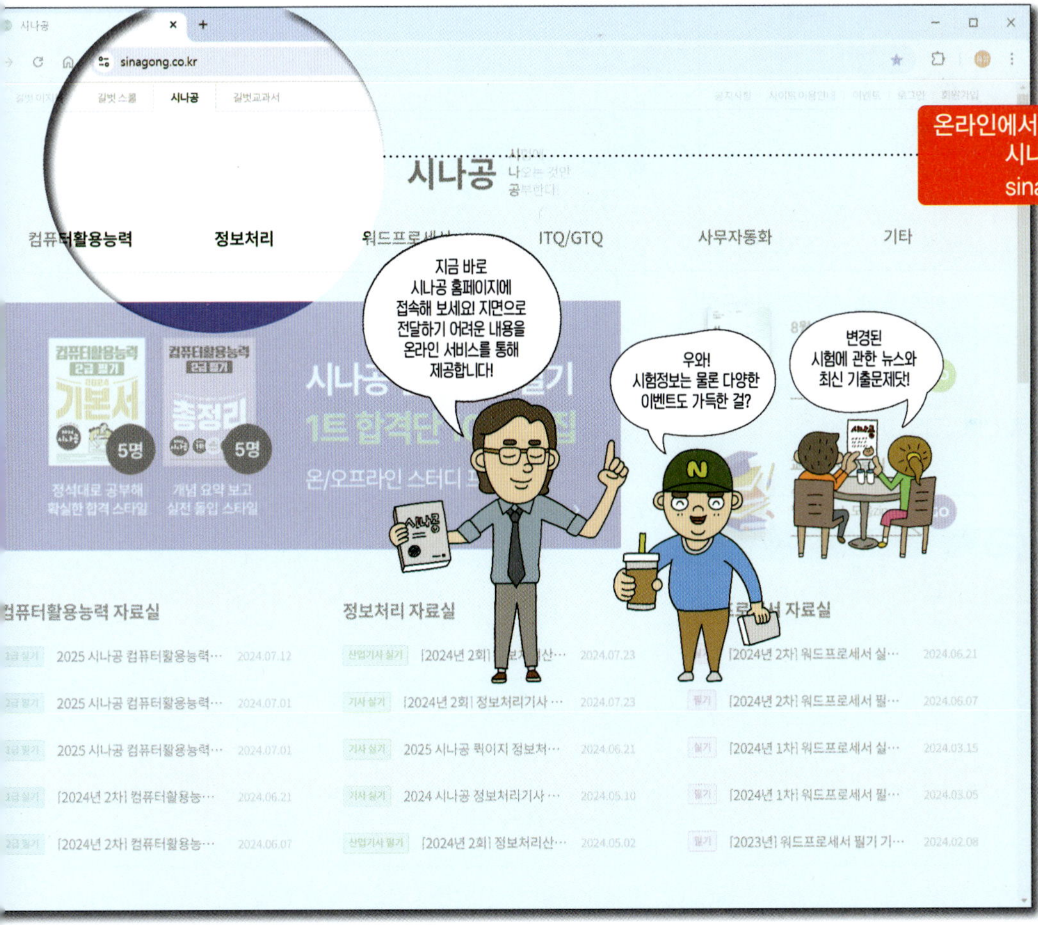

온라인에서 만나는 또하나의 책
시나공 홈페이지
sinagong.co.kr

채점 프로그램을 사용하려면?

1 채점하기

1. 시나공 홈페이지(sinagong.co.kr)에 접속하여 오른쪽 상단의 〈로그인〉을 클릭한 후 아이디와 패스워드를 넣고 로그인하세요.

   ※ '이메일 주소(아이디)'가 없는 경우에는 〈회원가입〉을 클릭하여 회원으로 가입한 후 구입한 도서를 등록하세요. '회원가입'에 대한 내용은 7쪽을 참고하세요.

2. 위쪽의 메인 메뉴에서 [워드프로세서] → [실기] → [온라인채점] → [채점하기]를 클릭하세요.

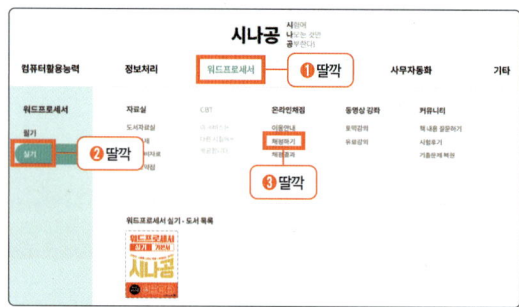

3. '온라인채점'에서 채점할 도서로 '2026 시나공 워드프로세서 실기 기본서'를 클릭하세요.

4. '시험 유형 선택'에서 채점할 파일의 '과목', '시험 유형', '시험 회차'를 차례로 선택하세요. 아래쪽에 '채점할 파일 등록' 창이 나타납니다.

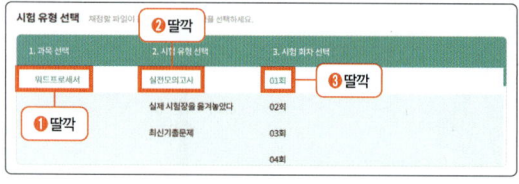

5. 채점할 파일을 '채점할 파일 등록' 창으로 드래그하거나 〈파일 업로드〉를 클릭한 후 '열기' 대화상자에서 채점할 파일을 선택하고 〈열기〉를 클릭하세요.

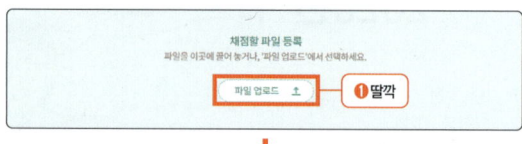

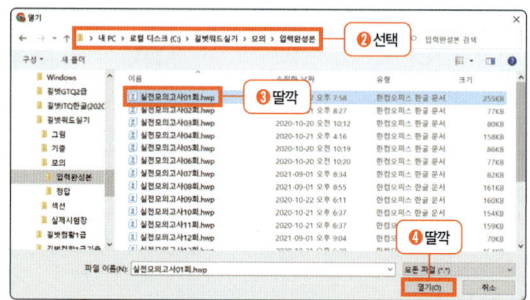

6. 파일이 업로드 된 후 〈채점하기〉를 클릭하면 채점이 수행됩니다.

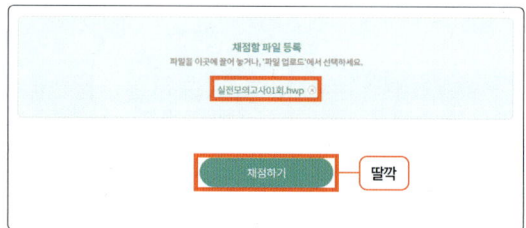

7. 채점이 완료되면 '채점결과'가 표시됩니다.

채점 프로그램을 사용하려면?

2 틀린 부분 확인하기

'채점결과'에는 시험 유형, 점수, 합격여부 그리고 감점 내역이 표시되며, 감점 내역 중 하나를 클릭하면 감점된 세부 항목들을 확인할 수 있습니다. 올바르게 작성했는데도 틀리다고 표시된 경우에는 시나공 홈페이지 위쪽의 메인 메뉴에서 [커뮤니티]를 클릭하여 해당 문제에 대해 궁금한 점을 문의할 수 있습니다.

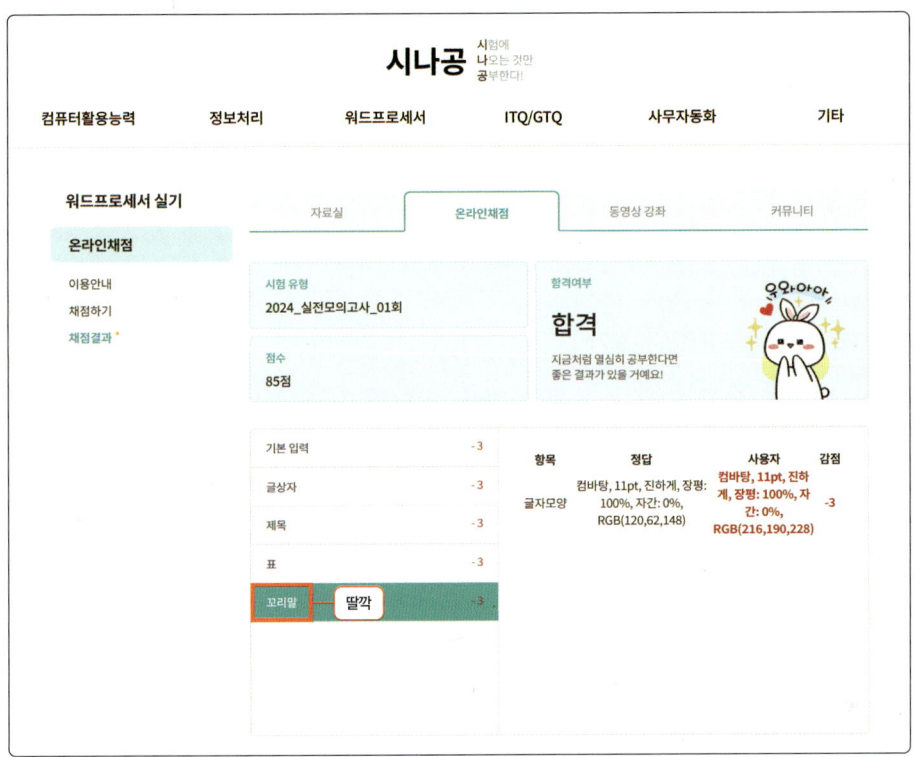

실습용 데이터 파일을 사용하려면?

1. 시나공 홈페이지에 접속하여 오른쪽 상단의 〈로그인〉을 클릭한 후 아이디와 패스워드를 넣고 로그인하세요.

2. 위쪽의 메뉴에서 [워드프로세서] → [실기] → [도서자료실]을 클릭하세요.

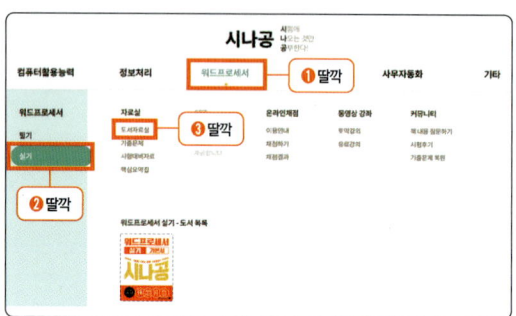

3. 자료실 도서목록에서 [2026 시나공 워드프로세서 실기 기본서]를 클릭한 후 [실습예제]를 클릭합니다.

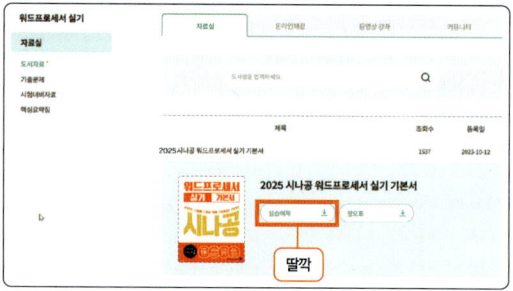

4. 내 컴퓨터의 '다운로드' 폴더에서 실습 예제 파일의 압축을 해제합니다.

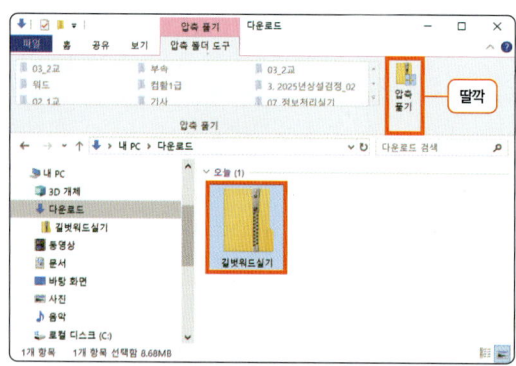

5. '길벗워드실기' 폴더에 다음 그림과 같이 실습용 폴더가 있는지 확인하세요. 이 폴더에 저장된 파일은 책에 수록된 문제를 풀 때 사용됩니다.

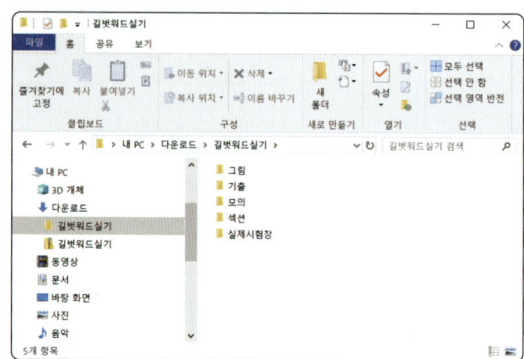

폴더 및 파일의 용도
- **그림** : 실전 모의고사 및 최신기출문제에서 사용되는 그림 파일
- **기출** : 최신기출문제 편집 연습을 위한 입력 완성 파일과 정답 파일
- **모의** : 실전 모의고사 편집 연습을 위한 입력 완성 파일과 정답 파일
- **섹션** : 섹션 편집 연습을 위한 입력 완성 파일
- **실제시험장** : 실제시험장 편집 연습을 위한 입력 완성 파일과 정답 파일

준비운동

1. 워드프로세서 시험, 이것이 궁금하다.
   - 시나공 Q&A 베스트
2. 시험 접수부터 자격증을 받기까지 한눈에 살펴볼까요?
3. 한눈에 보는 워드프로세서 실기 시험 절차
4. 전문가의 조언 - 워드프로세서 실기 시험, 이렇게 준비하세요!

워드프로세서 시험, 이것이 궁금하다!

Q 워드프로세서 필기 응시 수수료와 실기 응시 수수료는 얼마인가요?
A 필기는 19,000원 이고, 실기는 22,000원 입니다.

Q 워드프로세서 실기 시험에서 사용하는 프로그램과 버전을 알고 싶어요.
A MS 워드 2021, 한글 2022 중 선택하여 접수할 수 있습니다.

Q 워드프로세서 실기 시험 합격 점수는 몇 점인가요?
A 80점 이상입니다.

Q 필기 시험에 합격하고 2년동안 필기 시험이 면제된다고 하던데, 필기 시험에 언제 합격했는지 기억이 나지 않을 경우, 실기 시험 유효 기간이 지났는지 어떻게 확인해야 하나요?
A 대한상공회의소 자격평가사업단 홈페이지(license.korcham.net)에 로그인한 후 [마이페이지] 코너에서 확인할 수 있습니다.

Q 필기 시험에 합격한 지역이 아닌 다른 곳에서 실기 시험을 응시할 수 있나요?
A 네, 필기 시험 합격 지역과 관계없이 실기 시험에 응시할 수 있습니다.

Q 필기 시험에 합격한 후 바로 상시 시험에 접수할 수 있나요?
A 네, 가능합니다. license.korcham.net에서 접수하면 됩니다.

Q 실기 시험을 본 후 합격자 발표 이전에 다시 상시 시험에 응시할 수 있나요?
A 네, 할 수 있습니다. 상시 시험은 같은 날 같은 급수만 아니라면, 합격 발표 전까지 계속하여 접수 및 응시가 가능합니다. 이미 실기 시험에서 합격하였다면 그 뒤에 치른 시험 결과는 무효 처리됩니다.

Q 시험 접수를 취소하고 환불 받을 수 있나요? 받을 수 있다면 환불 방법을 알려주세요.
A 네, 가능합니다. 대한상공회의소 자격평가사업단 홈페이지의 위쪽 메뉴에서 [개별접수] → [환불신청]을 클릭하여 신청하면 됩니다. 하지만 환불 신청 기간 및 사유에 따라 환불 비율에 차이가 있습니다.

환불 기준일	환불 비율
접수일 ~ 시험일 4일 전	100% 반환
시험일 3일 전 ~ 시험일	반환 불가

※ 100% 반환 시 인터넷 접수 수수료는 제외하고 반환됩니다.

시간이 부족한 수험생들의 궁금증 완전해결! – 시나공 Q&A 베스트

시나공 홈페이지(sinagong.co.kr)에 10년간 쌓인 50만 회원들의 Q&A 데이터를 철저하게 분석하여
1분 1초가 아쉬운 수험생들의 궁금증을 100% 반영했습니다.

Q 실기 시험 볼 때 가져갈 준비물로는 어떤 것들이 있나요?

A 수검표, 신분증(주민등록증, 운전면허증 등)을 지참해야 합니다.
※ 신분증을 지참하지 않으면 시험에 응시할 수 없으니 반드시 신분증을 지참하세요.

Q 신분증을 분실하였을 경우에는 어떻게 해야 하나요?

A 신분증을 분실했을 경우 주민센터에서 주민등록증 발급 신청 확인서를 발부해 오면 됩니다. 그 외에 운전면허증, 학생증 및 청소년증(초·중·고등학생 한정), 유효기간 내의 여권, 국가기술 자격증이 있어도 됩니다.

Q 실기 시험 합격 후에는 자격증이 집으로 배달되나요?

A 아닙니다. 최종적으로 실기 시험에 합격해도 자격증 발급을 신청하지 않으면 자격증을 받을 수 없습니다.

Q 자격증 발급을 신청한 후 몇 일만에 자격증을 받을 수 있나요?

A 자격증은 신청 후 15일 이후에 받을 수 있습니다.

Q 자격증 분실 시 재발급 받으려면 어떻게 해야 하나요?

A 처음 자격증 신청할 때와 동일하게 인터넷으로 신청하면 됩니다.

워드프로세서 시험, 이것이 궁금하다!

상공은행, 현지은행 인수해 추격 채비

금융연구

인도네시아 자카르타(Indonesia Jakarta) 위스마 물리아타워에 위치한 인도네시아 상공은행 홍길동 부행장은 요즘 눈코 뜰 새 없이 바쁜 나날을 보내고 있다. 인도네시아에서 올해 새로 내야 할 지점이 6곳이나 되기 때문이다. 상공은행은 이곳에서 작년에만 10개 지점(Branch Office)을 늘렸지만 다른 외국계 은행들과 경쟁(Competition)하기엔 여전히 부족(不足)하다.

1. 현지 은행 인수하여 급성장

인도네시아는 상공은행과 대한은행 등이 시장을 확대(Expansion)하기 위해 노력하고 있는 곳이다. 410여 명을 고용(Employment)하고 있는 인도네시아 상공은행은 현지 은행을 사들여 철저한 현지화에 나서고 있다. 상공은행은 2007년 빈탕마눙갈 은행을 인수(Take Over)하였고, 세계은행 산하의 국제금융공사(IFC : International Finance Corporation)와 공동 투자(投資)에 나서 사업 리스크(Risk)를 줄였다.

※ 인도네시아 은행 지점 수[1]

(단위: 백 개)

	2010년	2011년	2012년	비고
외국계	68	74	78	
국영	41	44	53	
지방	14	14	17	
외국환	11	12	14	
평균	33.50	36.00	40.50	

홍 부행장은 "당시 현지 은행(Bank)을 사들이지 못했다면 인도네시아 진출(進出)은 거의 불가능(Impossibility)했을 것"이라고 말했다. 그는 "대출자산 기준으로 70%가 인도네시아 기업과 현지인 대출"이라고 말했다. 300만 달러를 처음 투자하고 지속적으로 투자(Investment)를 늘렸다. 인수 첫해

1) 자료: 인도네시아은행협회

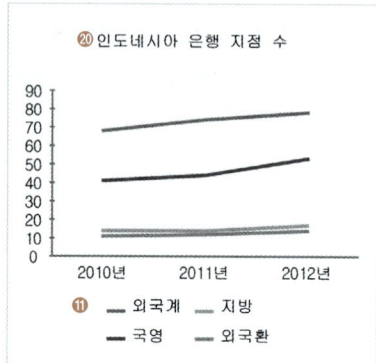

인도네시아 은행 지점 수

인 2008년 말 총자산은 1조 루피아였으나 지난해 말에는 5조 2280억 루피아로 급성장(Rapid Growth)했다. 작년 한 해에만 총자산이 42%나 늘었다. 대출(Loan)과 예금(Deposit Received)은 지난 1년간 각각 66%, 52% 늘었다.

2. 대한은행도 경쟁력 갖춰

대한은행은 지난해 6월 사우다라(Saudara)은행 지분 33%를 인수하기로 계약(Contract)을 맺었다. 인도네시아 중앙은행의 승인(Recognition)을 기다리고 있는 상황으로, 승인이 나면 공격적인 (Offensive) 영업(營業) 전개를 위한 기반을 마련하게 된다. 사우다라은행은 100여 지점에 1,600명을 고용하고 있는 중형 은행이다. 인도네시아 대한은행장은 "현지 대형 은행과 경쟁(競爭)하려면 철저한 현지화가 필수이기 때문에 사우다라은행 인수에 나섰다"고 말했다.

오승한 기자(korcham@sanggong.com)

- III -

대한경제신문

시간이 부족한 수험생들의 궁금증 완전해결! – 시나공 Q&A 베스트

시나공 홈페이지(sinagong.co.kr)에 10년간 쌓인 50만 회원들의 Q&A 데이터를 철저하게 분석하여
1분 1초가 아쉬운 수험생들의 궁금증을 100% 반영했습니다.

①
Q 문단의 끝을 나타내는 마침표(.) 뒤에 불필요한 공백이 삽입되면 감점되나요?
A 감점되지 않습니다. 하지만 공백이 너무 많아 한 줄이 넘어가는 경우 감점됩니다.

②
Q 문단 사이의 빈 줄처럼 입력된 내용이 없는 영역은 어떤 정렬 방식을 적용해야 하나요?
A 문단 사이의 빈 줄, 도표와 문단 사이의 빈 줄 등 입력된 내용이 없는 곳은 정렬 방식을 채점하지 않습니다.

③
Q 단어와 단어 사이가 한 칸 보다 넓어 보이는 경우 몇 칸을 띄어야 하나요?
A 단어와 단어 사이가 넓어 보이는 이유는 워드 랩과 영문 균등 때문입니다. 단어 사이가 넓어 보여도 한 칸만 띄어야 합니다.

④
Q 입력이 왼쪽 단에서 오른쪽 단으로 이어지는 경우 Enter를 눌러야 하나요?
A 왼쪽 단에서 Enter를 누르지 않고 계속 입력하면 자동으로 오른쪽 단으로 이어집니다. Enter를 눌러 강제로 문단을 나누면 감점됩니다.

⑤
Q 문서의 마지막 줄 다음에 불필요한 줄이 삽입되면 감점되나요?
A 감점되지 않습니다. 하지만 삽입된 빈 줄이 많아 다음 페이지로 넘어가면 감점됩니다.

⑥
Q 표 안의 정렬을 어떻게 해야 하는지 잘 모르겠어요. 정확히 알려주세요.
A 표 안의 데이터 정렬 기준은 다음과 같습니다.

❶ 구분	친절도	교통	길안내	비고
서울	17.8	15.2	24.1	
전주	9.7	30.9	46.2	
서귀포	13.7	21.7	31.8	
대전	8.4	24.7	11.4	
❶ 합계	49.6	92.5	113.5	
	❸	❸	❸	❹

(❷ 표시: 1열 2행~5행 영역)

❶ 제목행과 "합계" 셀 : 항상 '가운데 정렬'입니다.
❷ 1열 2행~5행 : 각 셀에 입력된 문자열의 길이가 서로 다른 경우 '왼쪽 정렬', 같은 경우 '가운데 정렬'입니다.

※ 셀 안의 내용은 기본적으로 '양쪽 정렬'인데 문단의 길이가 짧아 '왼쪽 정렬'처럼 보입니다. 그러므로 셀에 입력된 문자열의 길이가 서로 다른 경우 꼭 '왼쪽 정렬'을 지정해야 합니다.

❸ 2열, 3열, 4열 2행~6행 : 셀에 입력된 숫자의 길이가 서로 다른 경우 '오른쪽 정렬', 같은 경우 '가운데 정렬'입니다.
❹ 5열 2행~6행 : 빈 영역이므로 어떤 정렬을 지정해도 관계가 없습니다.

워드프로세서 시험, 이것이 궁금하다!

❼ Q 표에서 셀에 입력된 내용이 길어서 두 줄로 되는 경우 그냥 둬도 되나요? 아니면 한 줄로 만들어야 하나요?
A 셀에 입력된 내용이 길어 두 줄이 되었을 때 그냥 두면 감점됩니다. 문제지의 그림을 참고하여 반드시 한 줄이 되도록 각 셀의 너비를 조절해야 합니다. 자세한 내용은 교재 130쪽, 294쪽을 참고하세요.

❽ Q 그림을 삽입하고 세부 지시사항을 적용했더니 문제지와 그림 위치가 다르네요. 그림에 대한 세부 지시사항만 올바르게 지정했다면 그냥 둬도 되나요?
A 아닙니다. 그림의 위치는 문제지의 그림 위치와 반드시 같아야 합니다. 그림을 삽입하고 세부 지시사항을 적용했을 때 문제지의 그림 위치와 달라진 경우 다음 방법을 이용해 보세요.

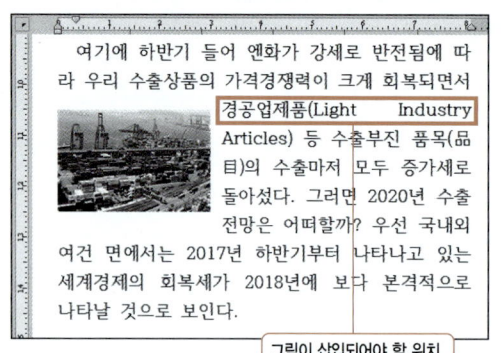
[문제지(정답)]

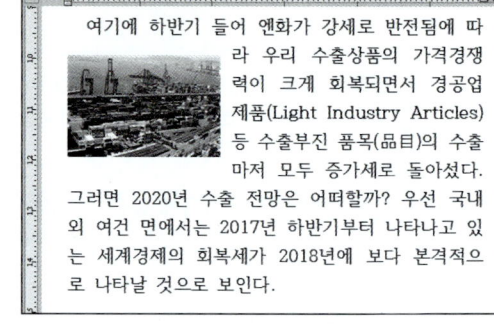
[수험자]

위의 왼쪽은 문제지(정답)이고 오른쪽은 수험자가 그림을 잘못 삽입한 경우입니다. 이런 경우 그림을 선택하고 Ctrl+X를 눌러 잘라낸 후 그림이 삽입되어야 할 위치를 클릭하고 Ctrl+V를 눌러 붙여넣기 합니다.

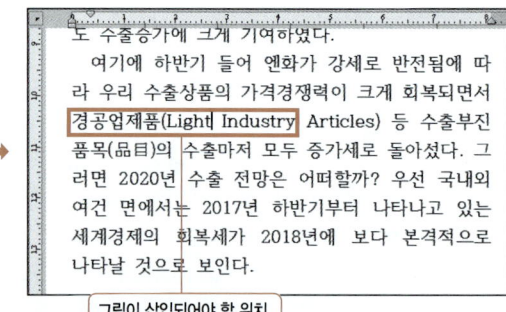

'그림이 삽입되어야 할 위치'는 문제지(정답)에 표시된 그림 옆의 첫 번째 줄입니다. 위의 '문제지(정답)'에서 그림 옆(오른쪽)의 첫 번째 줄은 "경공업제품(Light Industry)"입니다. 이 줄에서 아무데나 커서를 놓고 붙여 넣으면 됩니다. 그림이 단의 오른쪽에 삽입되었다면 그림의 왼쪽 첫 번째 줄이 그림이 삽입되어야 할 위치가 됩니다.

시간이 부족한 수험생들의 궁금증 완전해결! – 시나공 Q&A 베스트

시나공 홈페이지(sinagong.co.kr)에 10년간 쌓인 50만 회원들의 Q&A 데이터를 철저하게 분석하여
1분 1초가 아쉬운 수험생들의 궁금증을 100% 반영했습니다.

9 Q 표 아래에 내용을 입력하는데 자꾸 표와 표 아래 입력된 내용이 오른쪽 단으로 넘어가요. 왜 이러죠?
A 캡션을 입력한 후 캡션 밖으로 나오지 않고 캡션 영역에서 Enter를 누르고 본문 내용을 계속 입력했기 때문입니다. 이런 경우 표 아래 내용을 모두 블록으로 지정하고 잘라낸 후 Shift+Esc를 눌러 캡션에서 빠져나와 표 아래에 커서를 놓고 붙여넣기 하면 됩니다. 자세한 내용은 교재 205쪽을 참고하세요.

10 Q 표 자체에 대한 '가운데 정렬'은 어떻게 하는 건가요?
A 표 자체를 가운데로 정렬하려면 우선 커서가 표의 왼쪽 밖에 놓여 있어야 합니다. 표 안의 임의의 셀에 커서를 놓고 Shift+Esc를 누르면 아래 그림과 같이 커서가 표의 왼쪽 밖에 놓이게 되는데 이 상태에서 Ctrl+Shift+C를 눌러 가운데 정렬하면 됩니다.

※ Shift+Esc는 글상자, 표, 문단 첫 글자 장식, 각주, 캡션, 머리말/꼬리말에서 빠져나올 때 사용하는 바로 가기 키입니다.

11 Q 차트를 만들었는데 항목 축과 범례의 내용이 바뀌었어요. 왜 이런 건가요?
A 차트를 만들면 표의 첫 칸(열)은 항목 축, 첫 줄(행)은 범례로 표시됩니다. 문제의 차트 그림을 확인하여 첫 칸(열)은 범례, 첫 줄(행)은 항목 축으로 표시되어 있다면 차트를 선택한 후 [차트 디자인] → [줄/칸 전환]을 클릭하세요. 자세한 내용은 교재 148쪽을 참고하세요.

12 Q '셀 테두리/배경' 대화상자를 이용하여 표 바깥의 왼쪽과 오른쪽을 '선 없음'으로 지정하고 바로 표 바깥의 위쪽과 아래쪽을 '굵은 실선'으로 변경했는데 표 바깥의 왼쪽과 오른쪽도 '굵은 실선'으로 지정되었어요. 분명 '선 없음'으로 지정했는데 왜 이런 거죠?
A '셀 테두리/배경' 대화상자의 '테두리' 탭에서 '선 모양 바로 적용'이 체크되어 있는 상태에서 선을 적용했기 때문입니다. '선 모양 바로 적용'이 선택되어 있으면 테두리 종류를 선택할 때마다 테두리 단추가 눌러진 곳은 자동으로 선 모양이 적용됩니다. 그러므로 원하는 곳에만 선 모양을 적용하려면 '선 모양 바로 적용'을 해제하고 작업해야 합니다. '셀 테두리/배경' 대화상자에서 '선 모양 바로 적용'의 체크를 해제한 후 다시 작업해 보세요.

13 Q 표의 합계(평균)를 구할 때 마지막 열인 비고란 아래에도 합계(평균)를 구했는데 그냥 삭제해도 되나요?
A 네, 비고란 아래에 합계(평균)를 구했다면 해당 영역(5열 2행~6행)을 블록으로 지정한 후 Ctrl+E를 눌러 삭제하세요.

워드프로세서 시험, 이것이 궁금하다!

⑭ **Q** 표의 1행 1열에 대각선이 있는데 이것은 어떻게 지정해야 하나요?
A 1행 1열을 블록으로 지정한 후 [L]을 눌러 나타나는 '셀 테두리/배경' 대화상자의 '대각선' 탭에서 종류 '실선', 굵기 '0.12mm'를 선택하고, 표의 대각선 방향과 같은 대각선 모양을 선택한 다음 〈설정〉을 클릭하세요.

⑮ **Q** '문단 모양' 대화상자 대신 [Spacebar]나 바로 가기 키로 문단의 들여쓰기를 지정하면 안 되나요?
A 전체 지시사항에 '문장의 들여쓰기(10pt), 정렬 방식, 여백 등은 문단 모양 기능을 이용하여 작성하시오'라고 되어 있으므로 [Spacebar]를 사용하면 안 됩니다. 그리고 들여쓰기의 바로 가기 키인 [Ctrl]+[F6]은 사용해도 되지만 [Ctrl]+[F6]을 10번 눌러야하기 때문에 '문단 모양' 대화상자([Alt]+[T] → [Alt]+[A] → [Enter])에 비해 효율적이라 할 수 없습니다. 시간도 오래 걸릴뿐더러 정확하게 10번을 못 누르는 경우가 많기 때문이죠.

⑯ **Q** 문서를 모두 작성하고 나니 글상자가 다음 페이지 위쪽에 있어요. 제가 무엇을 잘못한 거죠?
A 글상자의 실제 위치가 문서의 끝 부분에 위치해서 그렇습니다. 글상자를 선택하고 [Ctrl]+[X]를 눌러 잘라낸 다음 [Ctrl]+[PgUp]을 눌러 첫 페이지 첫 문단으로 커서를 이동시킨 후 [Ctrl]+[V]를 눌러 붙여넣으면 됩니다.

⑰ **Q** 글상자를 만들었는데 선 종류는 '이중 실선', 두께는 '1.0mm'이고, 채우기 색은 '회색', 선 색은 '빨강'이에요. 한글 프로그램을 종료했다가 다시 실행하고 만들어도 똑같아요. 어떡하죠?
A 글상자의 새 그리기 속성이 변경되었네요. 새 그리기 속성을 다시 지정하면 됩니다. 글상자의 기본 속성, 즉 선 종류는 '실선', 두께는 '0.12mm', 채우기 색은 '채우기 없음', 선 색은 '검정'입니다. 글상자를 만들고 기본 속성을 지정한 후 글상자 테두리를 마우스 오른쪽 버튼으로 클릭하여 나타나는 바로 가기 메뉴에서 [새 그리기 속성으로]를 선택하세요.

⑱ **Q** 글상자를 만들었더니 아래쪽에 주황색으로 '[사각형]'이라고 표시되기에 이것을 삭제했더니 글상자도 없어졌어요. 왜 그런거죠?
A 글상자, 표, 차트, 책갈피, 머리말/꼬리말, 각주 등의 개체를 만들면 '조판 부호'가 함께 만들어 지는데 조판 부호는 사용자가 내리는 명령을 기록하고 있습니다. 조판 부호는 어떤 경우에도 인쇄되지 않으며, [기본] 도구 상자에서 [보기] → [조판 부호]를 체크 표시해야만 볼 수 있으므로 문서 작성 시 조판 부호가 불편하다면 [조판 부호]의 체크 표시를 해제하세요.

⑲ **Q** '그림 넣기' 대화상자에서 삽입할 그림을 선택하고 〈열기〉를 클릭했더니 그림이 바로 삽입되지 않고, + 모양으로 변경된 마우스 포인터를 드래그 해야 그림이 삽입되던데, 이거 어떻게 해결해요?
A '그림 넣기' 대화상자의 왼쪽 아래에 있는 '마우스로 크기 지정'을 해제해야 그림이 바로 삽입됩니다.

⑳ **Q** 차트 내부 속성을 지정할 때 제목, 항목 축, 값 축, 범례에 대한 속성을 한꺼번에 지정할 수는 없나요?
A 안타깝게도 한꺼번에 차트 내부 속성을 지정할 수는 없습니다. 불편하더라도 하나하나 선택하여 속성을 지정해야 합니다.

㉑ **Q** 워드 실기 작업 시 꼭 바로 가기 키를 사용해야 하나요? 마우스를 사용하면 안 되나요?
A 마우스를 사용해도 관계없습니다. 다만 워드프로세서 실기 시험은 제한된 30분 내에 입력과 편집을 모두 마쳐야 하기 때문에 1분 1초가 소중합니다. 최대한 시간을 절약하기 위해서는 마우스로 메뉴를 선택하기보다 바로 가기 키를 사용하는 것이 효율적입니다.

시간이 부족한 수험생들의 궁금증 완전해결! – 시나공 Q&A 베스트

시나공 홈페이지(sinagong.co.kr)에 10년간 쌓인 50만 회원들의 Q&A 데이터를 철저하게 분석하여
1분 1초가 아쉬운 수험생들의 궁금증을 100% 반영했습니다.

㉒ **Q** 'edi' 같은 영어를 쓰고 Spacebar 나 한/영을 누르면 자꾸 한글로 변환돼서 불편한데 뭐 좋은 방법이 없을까요?

A 훈글 2022는 기본으로 '한영 자동 전환 동작'이 선택되어 있어 한글 입력 상태에서 영어 단어를 입력하면 영어로 입력되고, 반대로 영문 입력 상태에서 한글 단어를 입력하면 한글로 입력됩니다. 이 기능은 한/영을 누를 필요가 없어 편리하지만 문의하신 것처럼 불편함을 초래하는 경우도 있습니다. 이런 경우에는 [기본] 도구 상자의 [도구] → [글자판] → [글자판 자동 변경]을 선택하여 기능을 해제한 후 작업하세요.

㉓ **Q** 대한상공회의소에서 발표한 예시문제에는 'A형', 'B형', 'C형'이라고 문제 형별이 표시되어 있던데, 이 3가지 유형으로 문제가 고정된 건가요?

A 아닙니다. 상공회의소에서 예시한 A, B, C형은 출제 기능과 그 기능을 사용하여 출제 가능한 문제에 대한 예시입니다. 그러니까 A, B, C형 중에서 하나가 출제될 수도 있고, A, B, C형에 사용된 기능들을 조합하여 새로운 형태의 문제가 출제될 수도 있습니다.

시험 접수부터 자격증을 받기까지 한눈에 살펴볼까요?

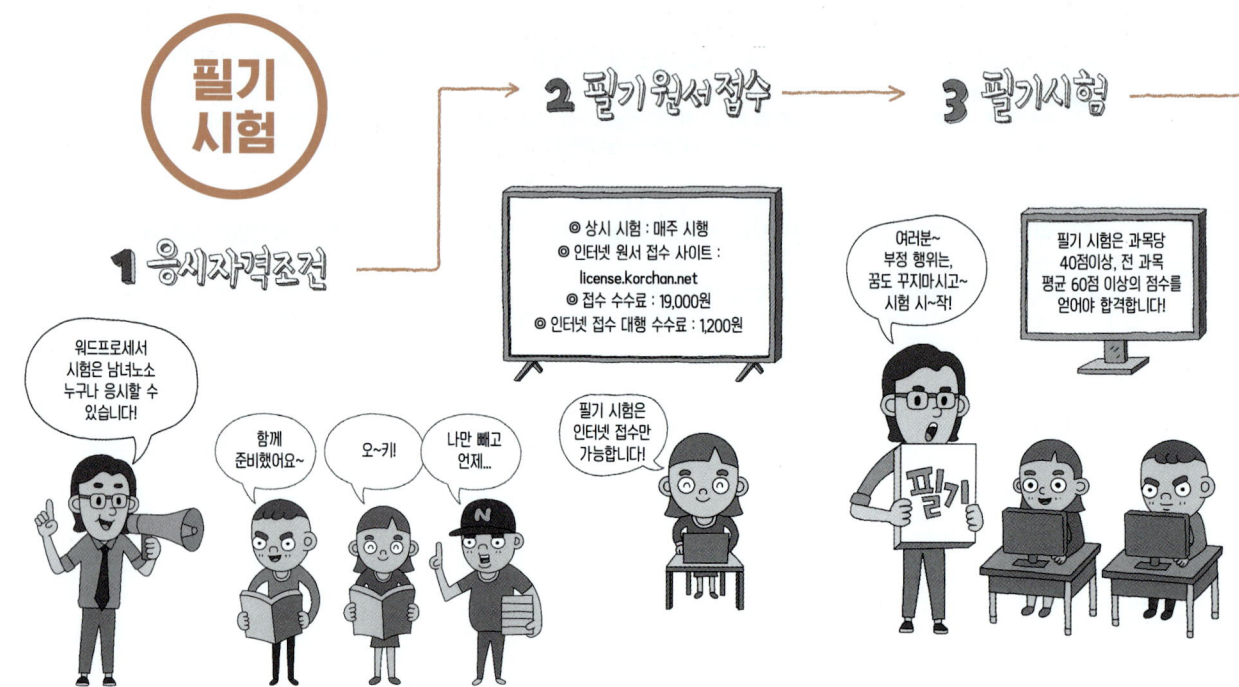

※ 신청할 때 준비할 것은~
▶ 인터넷 신청 : 접수 수수료 3,100원, 등기 우편 수수료 3,300원

접수부터 합격까지

한눈에 보는 워드프로세서 실기 시험 절차

 시험 시작 10분 전

시험장 입실

10분 전까지 들어가 있어야 합니다.

수험자 인적사항 확인

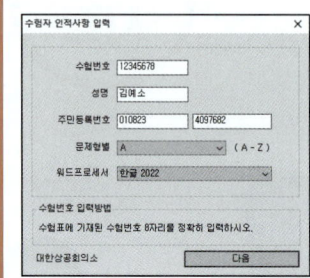

여러분의 인적사항이 자동으로 표시됩니다. 수험표에 표시된 자신의 인적사항과 비교하여 이상이 없으면 〈다음〉을 클릭하세요.

 시험 시작

내용 입력

내용을 입력할 때는 글자색, 들여쓰기, 정렬 등의 편집 작업은 제외하고 내용만 가능한 빠르고 정확하게 입력하세요.

 저장 필수!

 시험 시작!

워드프로세서 프로그램이 자동으로 실행됨

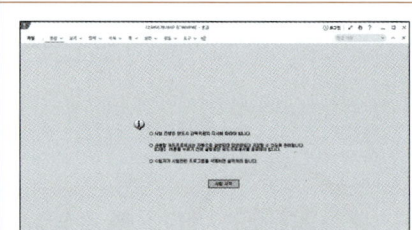

워드프로세서 프로그램이 자동으로 실행되지 않은 경우에는 임의로 행동하지 말고 반드시 감독관에게 알리세요.

들여쓰기, 정렬하기

입력을 모두 마쳤으면 입력한 내용을 점검하면서 들여쓰기, 문단 정렬 등의 작업을 수행합니다. 입력과 동시에 들여쓰기, 문단 정렬 등의 작업을 수행하면 같은 작업을 몇 번 더 반복하거나 작업 요소를 누락하는 일이 발생합니다.

편집 지시사항 수행

완성할 문서에 표시된 지시사항을 문제 2쪽의 세부 지시사항에 체크하면서 꼼꼼히 수행하세요. 지시사항의 처리는 세부 지시사항에 표시된 순서보다 완성된 문서에 표시된 순서대로 수행하는 것이 작업속도나 정확성 면에서 효율적입니다.

차트 작성

차트는 모든 작업을 마친 다음 작업한 내용을 저장하고 나서 마지막으로 작성하는 것이 좋습니다. 한글 2022에서 가장 오류가 많이 발생하고 원하는 대로 조정이 안 되는 부분이 차트이기 때문입니다. 문제 입력이나 편집 도중 차트에 오류가 발생하면 합격에 치명적인 영향을 미칠 수 있습니다.

※ 시험볼 때 위와 같이 답안 문서를 작성하는 순서가 정해진 것은 아닙니다. 하지만 위의 네 가지 단계를 거쳐서 답안 문서를 작성하는 것이 속도나 정확성 면에서 훨씬 효율적입니다.

입실에서 퇴실까지

 시험 시작 5분 전

부정 행위 관련 유의사항 확인
부정 행위 관련 유의사항이 화면에 표시됩니다. 마음대로 행동하면 실격될 수 있으므로 잘 읽어본 후 감독관의 지시에 따르세요.

한글 프로그램 점검
감독위원의 지시에 따라 한글 프로그램을 실행하고 프로그램의 이상 여부를 점검합니다.

시험 유의사항 확인
시험에 대한 유의사항이 화면에 표시됩니다. 감독관의 지시에 따라 문제지를 받을 때까지 아무것도 손대지 말고 기다리세요.

문제 확인

 전체 지시사항
 세부 지시사항
 완성할 문서

3쪽 분량의 문제가 모니터 화면에 표시됩니다. 1쪽은 전체 지시사항, 2쪽은 세부 지시사항, 3쪽은 최종적으로 완성할 문서입니다.

 시험 시작 30분 후

문서 작성 완료

시험 시작 후 30분이 지나면 시험 관리 프로그램이 화면을 덮어버립니다. 감독위원의 지시에 따라 〈확인〉을 클릭하세요.

퇴실
놓고 가는 소지품은 없는지 확인한 후 퇴실하면 됩니다.

27

워드프로세서 시험, 이렇게 준비하세요.

워드프로세서 실기 시험에서 문서 작성에 사용되는 기능들은 고급 워드 작성 기능으로서, 충분한 연습을 하지 않으면 누구나 한 번쯤 불합격의 경험을 가질 수 있습니다. 워드프로세서 실기 시험의 합격률은 50%가 채 안되니까요. 워드프로세서 실기 시험은 입력해야 할 문서의 양이 많고 다양한 기능을 적용해야 하므로, 한글 프로그램에 익숙하지 않은 수험생들에게는 부담이라 할 수 있습니다. 하지만 워드프로세서 실기 시험은 입력과 편집의 구분 없이 30분 안에만 작성하여 제출하면 되므로 입력 속도와 편집 속도를 감안하여 시간을 안배할 수 있습니다. 제한된 30분 안에 주어진 문서를 완벽하게 작성하여 제출하려면 자신만의 전략이 필요합니다. 문서 입력, 문서 편집, 실제 시험 문제 작성으로 나눠서 전략을 세워보세요.

1. 문서 입력

1분당 211타 정도면 입력 문제 해결!

1분당 126타! 아래 표를 보면 분당 126타 정도면 가능할 것 같다고 생각하시는 분들이 많을 것 같네요. 하지만 워드프로세서 실기 시험은 입력 속도만 빠르다고 되는 단순한 시험은 아닙니다. 예컨대 입력 시간에는 표 작성 시간, 문단 정렬 시간, 특수문자(& @ # $: ; -) 입력 시간까지 고려해야겠죠? 거기다 긴장한 나머지 오타를 낼 수도 있으므로 입력 시간은 이보다 훨씬 많이 걸립니다.

입력의 종류	타자 수
한글(한글 1자는 3타로 계산)	671 × 3 = 2,013
영문	222타
숫자	73타
공백	225타
합계	2,533타

- 2,533÷20분 = 1분당 126타
- 2,533÷12분 = 1분당 211타

※ 최근 실기 시험 5회 분의 평균을 계산 했으며, 문서 작성 시간 30분 중 20분을 입력 작업에 사용한다고 가정했습니다.

그러나 너무 겁먹지는 마세요. 눈치가 빠르신 분들은 벌써 '1분당 211타'가 무엇을 의미하는지 아실 겁니다. 이것저것 벌어지는 돌발 상황을 고려하여 여유 있게 8분으로 잡을 경우, 분당 211타 정도면 입력 문제는 모두 해결됩니다. 1분당 211타는 보통 사람이 규칙적으로 매일 1시간씩 연습할 때 15일이면 도달하는 수치입니다. 결국 타자 속도는 별로 중요하지 않습니다.

2. 문서 편집

합격의 갈림길은 편집 속도!

그럼 중요한 것은 무엇일까요? 천천히 입력하더라도 오타 없이 정확하게 입력하는 것과 빠른 편집 속도입니다. 어떻게 하면 편집 속도를 높일 수 있을까요? 실기 시험에 나오는 기능들은 이미 정해져 있습니다. 따라서 여러분이 할 일은 한 가지 전형적인 패턴(방법)을 정해 놓고 반복 훈련하여 완전히 몸에 익히는 것입니다. 예를 들어보겠습니다. [F7] → [Alt]+[T] → 20 → [Tab] → 10 → [Tab] → 20 → [Tab] → [Tab] → 20 → [Tab] → 10 → [Tab] → 20 → [Enter] 이것들은 과연 무엇일까요? 용지의 왼쪽/오른쪽/위쪽/아래쪽에 20mm, 머리말/꼬리말에 10mm 여백을 지정하는 동작입니다. 그런데 이 많은 동작을 어떻게 다 외우냐고요? 그렇다면 과연 이렇게 외워야 할 것이 몇 개나 있을까요? 실망스럽게도(?) 이와 같은 동작은 전 과정을 통해 10개도 채 안 됩니다. 이와 같이 워드프로세서 실기 시험 준비는 하나의 시나리오를 짜듯이 효율적인 한 가지 방법을 정해 놓고 반복 연습하면 거짓말같이 1주일 안에 편집 속도를 5분 이상 줄일 수 있습니다.

전문가의 조언

3. 워드프로세서 실기 시험 작업 순서

문서 작성에도 전략이 있다!

워드프로세서 실기 시험은 시험 시간에 비해 처리할 지시사항이 많습니다. 제한된 시험 시간 30분 안에 지시사항을 하나도 빼놓지 않고 오타없이 완벽하게 작성하려면 효율적인 작업순서를 정해야 합니다.

1. 기본 작업
용지, 다단, 기본 글꼴 모양 및 크기 등 문서 작성을 위한 기본적인 작업을 수행합니다. 매번 거의 같은 작업을 하므로 한 두 번만 실습해보면 어렵지 않게 수행할 수 있습니다.
자세한 내용은 198쪽을 참고하세요.

2. 내용 입력
내용을 입력할 때는 글상자, 들여쓰기, 정렬 등의 편집 작업은 제외하고 문제의 내용만 가능한 빠르고 정확하게 입력하세요. 표도 마찬가지로 표를 만든 후 내용과 캡션만 입력합니다.
자세한 설명은 199쪽을 참고하세요.

3. 들여쓰기, 정렬 지정
입력을 모두 마쳤으면 입력한 내용을 확인하면서 들여쓰기, 문단 정렬 등의 작업을 수행합니다. 입력과 동시에 들여쓰기, 문단 정렬 등의 작업을 수행하면 같은 작업을 몇 번 더 반복하거나 작업 요소를 누락하는 일이 발생합니다. 제한된 시간 30분안에 지시사항대로 입력과 편집을 완료하려면 1분 1초가 소중합니다. 최대한 시간을 절약할 수 있는 방법으로 작업해야 합니다.
자세한 내용은 208쪽을 참고하세요.

4. 편집 지시사항 수행
편집과 관련된 지시사항은 세부 지시사항의 순서보다 완성된 문서에 표시된 지시사항의 순서대로 수행하는 것이 작업 속도나 정확성 면에서 효율적입니다. 완성할 문서에 표시된 지시사항을 문제 2면의 세부 지시사항에 체크 표시하면서 꼼꼼히 수행하세요.
자세한 내용은 212쪽을 참고하세요.

5. 차트 작성
차트는 모든 작업을 마친 다음 작업한 내용을 저장하고 나서 마지막으로 작성하는 것이 바람직합니다. 흔글 2022에서 가장 오류가 많이 나고 원하는 대로 조정이 안 되는 부분이 차트이기 때문입니다. 내용 입력이나 편집 도중 차트에 오류가 발생하면 시험에 치명적인 영향을 미칠 수 있습니다.
자세한 내용은 258쪽을 참고하세요.

워드프로세서 시험, 이렇게 준비하세요.

● 입력 작업에서 사용하는 바로 가기 키

기능	편집 용지	저장하기	한자 변환	문자표	표 만들기	캡션 달기
바로 가기 키	F7	Alt+S	F9, 한자	Ctrl+F10	Ctrl+N, T	Ctrl+N, C

● 편집 작업에서 사용하는 바로 가기 키

기능	바로 가기 키	기능	최소 목표 점수
문서 처음/마지막으로 이동	Ctrl+PgUp / PgDn	진하게	Ctrl+B, Alt+Shift+B
문단 단위로 위/아래로 이동	Ctrl+↑ / ↓	밑줄	Ctrl+U, Alt+Shift+U
가운데 정렬	Ctrl+Shift+C	기울임	Ctrl+I, Alt+Shift+I
오른쪽 정렬	Ctrl+Shift+R	복사하기	Ctrl+C
왼쪽 정렬	Ctrl+Shift+L	잘라내기	Ctrl+X
셀 블록	F5	붙이기	Ctrl+V
셀 크기 변경(블록 지정 후)	Alt+→, ← / Ctrl+→, ←	누름틀(필드 입력)	Ctrl+K, E
셀 테두리 변경(블록 지정 후)	L	스타일	F6
셀 배경 변경(블록 지정 후)	C	각주 넣기	Ctrl+N, N
표, 글상자, 캡션 등에서 나오기	Shift+Esc	책갈피	Ctrl+K, B
개체 고치기	Ctrl+N, K	하이퍼링크	Ctrl+K, H
조판 부호 보이기	Ctrl+G, C	그림 삽입	Ctrl+N, I
글상자 만들기	Ctrl+N, B → Ctrl+Z	머리말/꼬리말 넣기	Ctrl+N, H
문단 모양	Alt+T	쪽 번호 매기기	Ctrl+N, P
글자 모양	Alt+L	미리 보기에서 여백 보기	>

● 합격을 보장하는 8가지 시나리오

시나리오 1. 왼쪽/오른쪽/위쪽/아래쪽에 20mm, 머리말/꼬리말에 10mm 여백을 지정하기

F7 → Alt+T → 20 → Tab → 10 → Tab → 20 → Tab → Tab → 20 → Tab → 10 → Tab → 20 → Enter

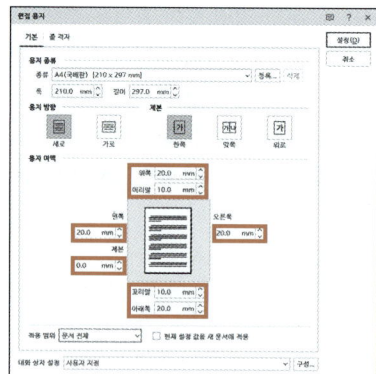

1초를 절약하는 바로 가기 키 모음 & 합격을 보장하는 8가지 시나리오

시나리오 2. 단 개수 2, 단 구분선 실선 0.12mm, 단 간격 8mm로 다단 설정하기

[쪽] → ▦(단) → Alt + W → Alt + F → Enter

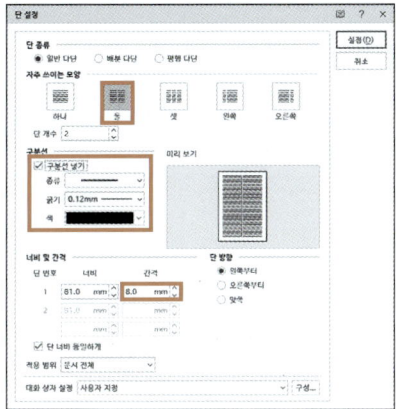

시나리오 3. 단 개수 2, 단 간격 8mm, 적용 범위를 '새 다단으로'하여 다단 설정하기

[쪽] → [구역] → ▦(단) → Alt + W → Alt + Y → End → Enter → Enter

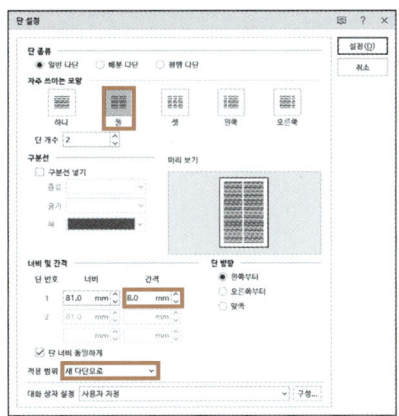

시나리오 4. 6행 5열 짜리 표 만들기(글자처럼 취급)

Ctrl + N, T → 6 → Tab → 5 → Alt + T → Enter

시나리오 5. 글상자 만들어 내용을 입력한 다음 입력한 내용을 가운데 정렬하기

Ctrl + N, B → Ctrl + Z → 내용 입력 → Ctrl + Shift + C

시나리오 6. 글상자에 입력된 내용을 14pt, 궁서체, 장평(110%), 자간(10%), 진하게, 파랑색으로 지정하기

Ctrl + A → Alt + L → 궁서체 입력 → Enter → Alt + Z → 14 → Alt + W → 110 → Alt + P → 10 → Alt + B → Alt + C → '파랑' 선택 → Enter → Alt + D

시나리오 7. 각주 작성하고 굴림, 9pt 지정하기

Ctrl + N, N (각주 편집 화면 호출) → 내용 입력 → Shift + Home → Alt + L → 굴림 입력 → Enter → Alt + Z → 9 → Enter (굴림, 9pt 지정) → Shift + Esc (각주 편집 화면에서 빠져나오기)

시나리오 8. 머리말 작성하고 서식(견명조, 12pt, 진하게, 빨강) 지정한 다음 오른쪽 정렬하기

Ctrl + N, H (머리말 편집 화면 호출) → Enter → 내용 입력 → Shift + Home → Alt + L → 견명조 입력 → Enter → Alt + Z → 12 → Alt + B → Alt + C → '빨강' 선택 → Enter → Alt + D (서식 지정) → Ctrl + Shift + R → Shift + Esc (머리말 편집 화면에서 빠져나오기)

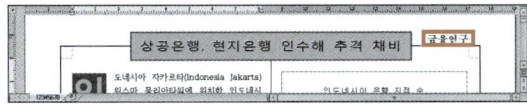

워드프로세서 시험, 이렇게 준비하세요.

워드프로세서 실기 시험의 만점은 100점이며, 지시사항을 위반할 때마다 감점하는 방식으로 채점합니다. 결과에 따라서 감점이 100점을 초과하는 경우도 발생할 수 있습니다.

구분	내용
입력	• 오자, 탈자, 띄어쓰기, 중복 입력 → 단어당 3점 • 여러 가지 글꼴을 혼용한 경우(지시사항 제외) → 사용 글꼴 단위로 3점 • 영문자의 대/소문자를 틀리게 입력했을 경우 → 단어당 3점 • 한자 변환을 못한 경우 → 단어당 3점
문단 모양	문단 시작할 때 들여쓰기(2타) 오류 → 3점, 반복 오류 시 최대 5점
편집	• 하이퍼링크를 만들지 않은 경우 → 5점 • 쪽 번호의 시작 번호를 잘못 지정한 경우 → 3점 • 책갈피를 지정하지 않은 경우 → 3점 • 그림 삽입 위치가 잘못된 경우 → 3점 • 누름틀을 만들지 않은 경우 → 5점 • 부분 다단 설정 시 새 다단으로 시작하는 위치가 잘못된 경우 → 5점 • 머리말에서 탭 종류와 위치를 잘못 지정한 경우 → 3점
표	• 표의 가로 길이가 주어진 범위를 벗어난 경우 → 5점 • 표 자체의 정렬 오류 → 5점 • 표 내용의 정렬 오류 → 셀 단위 3점, 동일 오류 시 최대 5점 • 표의 셀 높이 같게를 수행하지 않은 경우 → 3점 • 표의 선 모양이 틀린 경우 → 3점 • 표 다음 한 줄 띄우기 → 3점 • 표 안 여백 미지정 → 3점
차트	• 차트의 가로 길이가 주어진 길이를 벗어난 경우 → 5점 • 차트의 종류가 다른 경우 → 5점 • 보조 축을 지정하지 않은 경우 → 5점 • 차트의 구성 요소가 다른 경우 → 5점 • 차트의 글꼴을 변경하지 않은 경우 → 5점 • 데이터 레이블을 표시하지 않은 경우 → 5점 • 차트의 계열색을 변경하지 않은 경우 → 5점 • 차트의 눈금선을 제거하지 않은 경우 → 5점
기타 체제 위반	• 문서의 여백이 틀린 경우 → 5점 • 문서의 내용이 한 페이지를 초과한 경우 → 단어당 3점 • 문서의 내용은 한 페이지를 넘지 않았지만 인쇄가 2페이지로 출력된 경우 → 5점 　예 주로 문서의 끝에서 Enter를 입력한 경우에 해당됨 • 문서의 아래 여백이 많이 남아 균등 배열에 어긋난 경우 → 5점

감점이 아닌 경우

• 특별한 지시사항이 없는데 임의로 편집한 경우
• 글꼴 크기의 차이로 인해 줄 간격이 다르게 보이는 경우

숨어 있는 감점 요인까지 분석한다! – 감점 기준 & 주요 감점 요인 8가지

당연히 합격인 줄 알았는데….

시험 결과 발표 후에 이런 의문을 갖는 수험생이 많지요. 왜 그럴까요? 입력 및 편집 작업은 실수 없이 완료했다고 하더라도 아래와 같이 의외로 단순한 작업에서 실수를 하는 경우가 많습니다. 다음 8가지 항목은 수험자들이 자칫 실수할 수 있는 숨어 있는 감점 요인을 정리한 내용입니다. 시험 보기 직전 다시 한번 꼭 확인하세요.

1. 세부 지시사항을 모두 적용했나요?
세부 지시사항에는 보통 16~17개 정도의 작업 지시사항이 있습니다. 대부분의 수험자가 완벽하게 모두 수정했다고 생각하지만, 의외로 빠뜨리는 경우가 많습니다. 반드시 빠뜨리는 것이 없도록 꼼꼼하게 체크하세요.

2. 글꼴을 혼용해서 사용하면 감점됩니다.
예를 들면 본문에 함초롬바탕 하나만 사용하도록 되어 있으므로 한 가지만 선택해서 사용해야 합니다. 문서를 시작할 때 글꼴을 설정했으면 입력을 마칠 때까지 글꼴을 변경하지 마세요.

3. 용지 설정은 꼭 해야 합니다.
급한 마음에 문제지를 받고 용지 설정을 하지 않은 채 바로 입력을 시작하는 경우가 많습니다. 시험 진행 프로그램이 실행된 후 반드시 용지 설정을 해야 합니다.

4. '돋움체'로 할 것을 '돋움'으로 한 거 아니예요?
'돋움체'와 '돋움'은 글꼴이 다릅니다. '궁서'와 '궁서체', '바탕'과 '바탕체'도 마찬가지입니다.

5. 특수문자를 전각 기호로 입력하지는 않았나요?
키보드의 $, 문자표의 ＄는 다른 문자입니다. 전각 기호라는 지시가 없는 문자는 키보드의 문자를 이용하여 입력하세요.

6. 속성을 지정할 때 공백까지 지정하지는 않았나요?
마우스로 더블클릭하여 단어를 블록으로 지정하여 속성을 설정하면 단어 뒤의 공백까지 속성이 설정됩니다.

7. 두 페이지로 출력되지는 않았나요?
최종 저장 전에 반드시 미리 보기를 통해 페이지를 확인하세요. 문서의 맨 끝에 내용 없이 Enter만 입력되어 두 페이지가 되는 경우가 많습니다.

8. 하이퍼링크 지우기 부분을 한 번 더 확인했나요?
이메일 주소나 홈 페이지 주소 등 URL에 자동으로 생성된 하이퍼링크는 정상적으로 제거해도 URL 오른쪽에서 Spacebar나 Enter를 누르면 하이퍼링크가 다시 생성됩니다. 다시 생겼다면 꼭 지우세요.

기본기 다지기

1장 자가진단 및 대책

2장 실제 시험장을 옮겨 놓았다!

1장

자가진단 및 대책

Section 00   한눈에 보는 워드프로세서 실기
Section 01   용지 설정
Section 02   다단 설정
Section 03   쪽 테두리 설정
Section 04   기본 입력
Section 05   정렬
Section 06   글자 모양 변경
Section 07   글상자 / 누름틀
Section 08   문단 첫 글자 장식
Section 09   한자 변환
Section 10   책갈피 / 하이퍼링크
Section 11   스타일
Section 12   표 작업
Section 13   차트
Section 14   그림 삽입
Section 15   머리말 / 꼬리말
Section 16   각주 / 하이퍼링크
Section 17   쪽 번호

SECTION 00 한눈에 보는 워드프로세서 실기

다음 문제는 대한상공회의소에서 새로운 시험 방식에 맞게 공지한 문제 유형들을 모두 분석하여 모든 기능을 포함하도록 재구성한 것입니다. 아래 표시된 20가지 한글 2022 기능에 자신 있는 수험생은 182쪽 '2장 실제 시험장을 옮겨 놓았다!'로 이동하시기 바랍니다.

1. 워드프로세서 실기 완성 문서

테마기획 태양전지   2023. 10. 5.

태양광 산업 발전 현황

발표일자: 2023. 10. 12.
작성자: 김은소

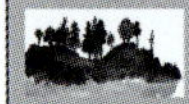

1. 개요

2020년까지 산업은 그야말로 초고속성장을 보여 주었다. 2021년 유럽의 재정위기로 인하여 유럽 시장이 붕괴될 것이라는 전망이 태양광 시장의 암울한 미래를 예언하였다. 하지만 2021년 실제 상황은 달랐다. 유럽(Europe)의 시장이 축소된 만큼 미국(USA), 중국(China) 시장이 크게 성장하면서 2021년에도 2020년 대비 76% 이상 성장하며 2021년 한 해만에 29.5 GW를 설치하였으며, 2021년에도 28.4 GW를 설치하여 2021년 정도의 시장규모를 유지하였다.

2023년의 경우 태양광(Solar Energy) 시장은 다시 성장하며 최소 39 GW의 규모를 형성한 것으로 조사되었다. 2023년 말 기준 세계 태양광 시장의 누적 설치량은 140 GW 이상이다.

※ 국내 연도별 태양광 설치 현황

캡션 ─ (단위: kW)

구분	2021년	2022년	2023년	증감
주택	2,234	2,476	2,584	108
건물	1,589	1,511	1,468	-43
지역	1,349	1,489	1,517	27
복합	525	562	604	42
합계	5,697	6,038	6,173	

블록 계산식

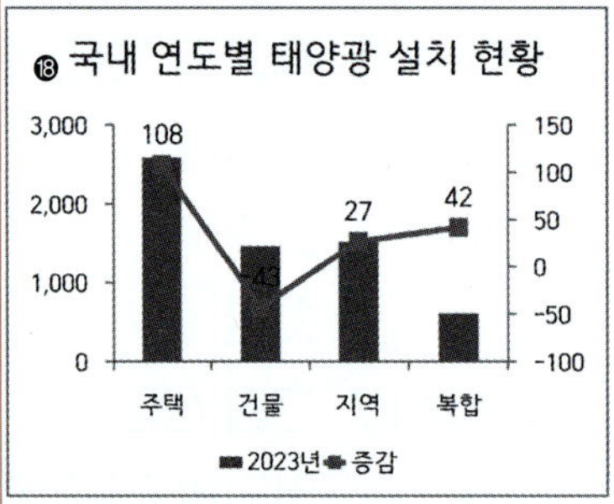

국내 연도별 태양광 설치 현황

2. 세계 태양광 시장 현황 분석

가. 2023년 태양광 시장은 2022년에 비해 35% 이상 크게 성장하였다.
나. 유럽 시장의 비중(比重)은 2021년 75%에서 2023년 28%로 크게 줄어든 반면에 아시아/태평양 시장은 2021년 17%에서 2023년 57%로 크게 성장하고 있다.
다. 2021년과 2022년에는 독일과 이탈리아 시장이 가장 큰 규모이었지만 2023년은 중국, 미국의 순으로 시장 규모의 순위가 바뀌었다.
라. 태양광 시장의 변화로 독립형 시스템의 비중은 크게 하락하였고 대부분의 시장이 계통 연계형 시스템으로 전환(轉換)되었다.

책갈피

3. 태양광 지원정책 조사

IEA PVPS 참국국을 대상으로 조사한 결과 FIT 제도가 70%로 압도적으로 많았다. 우리나라가 채택하고 있는 RPS 정책(政策)의 경우 3% 정도 밖에 되지 않는다. 우리나라의 태양광 설치량은 2018년 276 MW를 정점으로 지속적으로 하락하여 2020년 156 MW 규모로 축소되었다.

RPS 제도의 도입으로 2019년 시장은 다시 크게 성장하며 2022년 230 MW, 2023년 531 MW의 시장 규모를 형성하였으며, 2023년 기준 누적 설치량도 1,555 MW로 우리나라도 GW 규모의 국가가 되었다. 연간 성장률은 크게 퇴조하였다. 특별한 이슈 없이는 당분간 이러한 추세는 계속될 전망이다.

※ 참고문헌

Guillen, M.(2008). Building a Global Bank, Princeton University Press. pp34-45.
Nunes, T. et al.(2005). The Privatization of Banespa. Business Case Study. pp27-45.
Salame, R.(2006). *Why Do Mergers Fail?*, Key Strategy. pp28-32.

1) 자료: 태양광협회

시나공 기자(abc@sinagong.co.kr)

전기전자재료 제28권 제3호

2. 워드프로세서 실기 문서 기능 분석표

다음은 새로운 시험방식에 맞게 공지한 샘플 문제들에 사용된 기능들을 분석한 표입니다. 워드프로세서 실기 시험의 특성상 여기에 제시된 기능들이 반복되어 출제될 것으로 예상되므로 이 기능들만 숙달하면 아무리 어렵게 나와도 워드프로세서 실기 시험에 거뜬히 합격할 수 있습니다.

번호	관련 섹션명	페이지	작업내용	감점
❶	용지 설정	38	• 용지 종류 : A4 • 왼쪽·오른쪽·위·아래·머리말·꼬리말 여백 지정하기	• 5점
❷	다단 설정	42	• 단 개수, 단 간격, 단 구분선, 단 적용 범위 지정하기	• 항목당 5점
❸	쪽 테두리	48	• 선 종류 및 굵기 지정하기 • 위치 지정하기	• 항목당 3점
❹	기본 입력	51	• 한글 : 약 667자, 영문 : 약 230자 • 전각 기호 • 숫자 : 약 112자, 공백 : 약 205자 • 특수 문자	• 한글, 영문 : 단어당 3점 • 숫자, 띄어쓰기 : 개당 3점
❺	정렬(Align)	59	• 양쪽 · 가운데 · 오른쪽 정렬	• 개당 3점
❻	글상자	68	• 글상자 만들기 • 크기 지정하기 • 내용 정렬하기 • 여백 지정하기 • 위치 지정하기 • 선 종류 및 굵기 지정하기 • 면색 지정하기	• 크기 : 5점 • 위치 : 5점 • 정렬 : 3점 • 여백 : 3점 • 면색 : 3점 • 선 종류 및 굵기 : 3점
❼	누름틀	73	• 누름틀 만들기 • 누름틀에 내용 입력하기	• 만들기 : 5점 • 내용 입력 : 3점
❽	글자 모양 변경	62	• 글꼴, 크기, 장평, 자간, 속성, 글자색 변경하기	• 항목당 3점
❾	문단 첫 글자 장식	82	• 모양, 글꼴, 면색, 글자색 지정하기 • 본문과의 간격 지정하기	• 항목당 3점
❿	스타일	93	• 스타일 이름 및 종류 지정하기 • 여백 지정하기 • 내어쓰기 지정하기 • 글꼴, 크기, 속성 지정하기	• 항목당 3점
⓫	책갈피	89	• 책갈피 지정하기	• 3점
⓬	기본 입력(들여쓰기)	51	• 들여쓰기	• 개당 3점
⓭	그림	153	• 문서 포함하기 • 가로, 세로 크기 지정하기 • 위치 지정하기 • 회전 지정하기	• 항목당 3점
⓮	한자 변환	86	• 한자 변환하기	• 단어당 3점
⓯	각주	171	• 글꼴 및 크기 지정하기 • 번호 모양 지정하기	• 항목당 3점
⓰	표 작업	113	• 표 만들기 • 가로, 세로 크기 지정하기 • 위치 지정하기 • 표 전체 정렬하기 • 셀 서식 지정하기 • 선 종류 및 굵기 지정하기 • 셀 높이 같게 지정하기 • 블록 계산하기 • 캡션 지정하기 • 모든 셀의 안 여백 지정하기	• 크기 : 5점 • 정렬 : 5점 • 위치 : 5점 • 안 여백 : 3점 • 셀 서식 : 3점 • 캡션 : 5점 • 셀 높이 : 3점 • 선 종류 및 굵기 : 3점 • 블록 계산 : 5점
⓱	머리말/꼬리말	163	• 글꼴, 크기, 속성, 글자색 지정하기 • 정렬하기 • 탭 설정하기	• 항목당 3점
⓲	차트	134	• 차트 만들기 • 보조 축 지정하기 • 여백 지정하기 • 차트 종류 변경하기 • 글꼴 및 크기 지정하기 • 크기 및 위치 지정하기 • 계열색 지정하기 • 범례 위치 지정하기 • 눈금선 제거하기 • 값 축에 표시 형식 지정하기 • 데이터 레이블 표시 및 위치 지정하기	• 항목당 5점
⓳	하이퍼링크	89/171	• 하이퍼링크 만들기 • 하이퍼링크 지우기	• 5점
⓴	쪽 번호 매기기	178	• 줄표 지정하기 • 시작 번호 지정하기 • 위치 및 모양 지정하기	• 항목당 3점

※ 분석표의 감점 내역은 실제 시험과 차이가 있을 수 있습니다.

SECTION 01 용지 설정

기능	바로 가기 키	메뉴 / [기본] 도구 상자	작업 내용
용지 설정	F7	• [파일] → [편집 용지] • [쪽] → [편집 용지]	• 용지 종류 및 방향 지정하기 • 용지 여백 지정하기

다음은 용지 설정에 관한 문제입니다.
기본문제에 제시된 용지 및 여백 설정을 10초 내에 완료할 수 있도록 충분히 연습하세요.

기본문제

다음 지시사항대로 문서를 완성하시오.

- 제한시간 : 10초
- 용지 종류 : A4
- 용지 방향 : 세로
- 여백
  - 위쪽·아래쪽·왼쪽·오른쪽 20mm
  - 머리말·꼬리말 10mm

 전문가의 조언

워드프로세서 실기 시험에서 훈글을 사용할 때 용지 종류는 A4이고 여백은 아래와 같이 설정하는 문제가 출제됩니다. 용지 설정은 문서 작성 시 가장 기본적인 사항이니 잊지 말고 정확히 설정하세요.
- 위쪽·아래쪽·왼쪽·오른쪽은 20mm, 머리말·꼬리말은 10mm로 설정
- 왼쪽·오른쪽은 20mm, 위쪽·아래쪽·머리말·꼬리말은 10mm로 설정

정답 및 감점 기준

용지 설정은 한 부분이라도 틀리면 5점 감점됩니다.

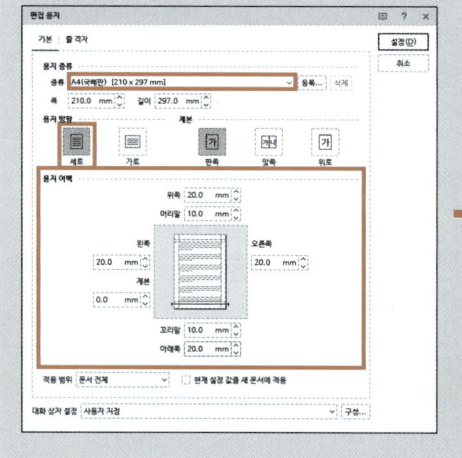
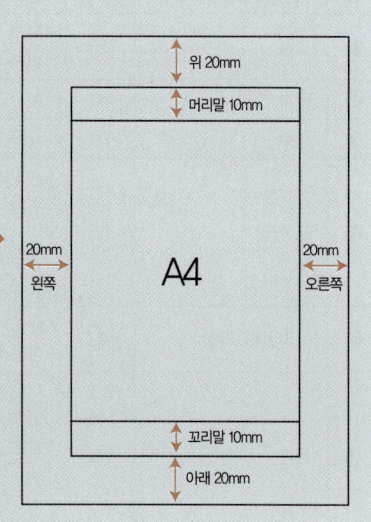

따라하기

1. 한글 프로그램을 실행한 후 [기본] 도구 상자의 [쪽] → [편집 용지]([F7])를 클릭하여 '편집 용지' 대화상자를 호출하세요.

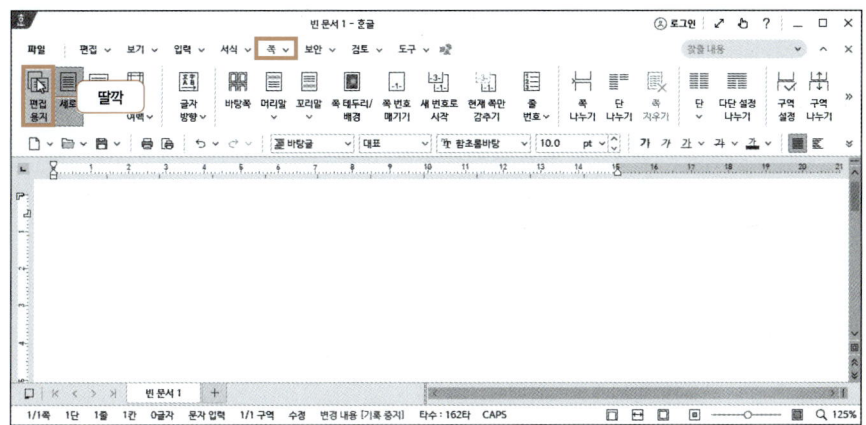

2. '편집 용지' 대화상자의 '편집' 탭에서 그림과 같이 지정한 후 〈설정〉을 클릭하세요.

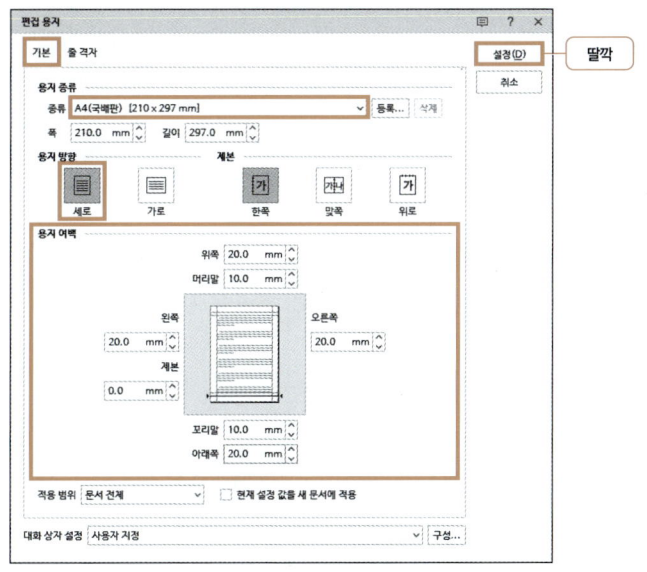

3. 지시사항에는 없는 내용이지만 워드프로세서 실기시험을 완벽히 수행하려면 편집 화면을 쪽 윤곽 상태로 놓고 작업을 해야 합니다. 쪽 윤곽 상태에서만 쪽 테두리, 글상자, 머리말, 꼬리말, 쪽 번호, 각주 등이 제대로 보이기 때문입니다. 쪽 윤곽을 지정하려면 편집 화면 오른쪽 하단의 '▣(보기 선택 아이콘)'을 클릭한 후 '▯(쪽 윤곽)'을 클릭하세요.

 전문가의 조언

'쪽 윤곽'은 [기본] 도구 상자의 [보기] → [쪽 윤곽]을 클릭하여 지정할 수 있습니다.

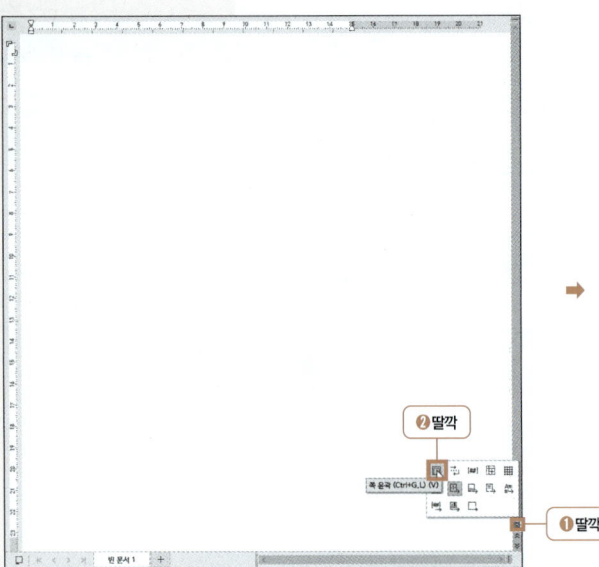 

> **잠깐만요** 키보드로 용지 설정하기

편집 용지를 설정할 때 마우스보다 키보드의 Tab을 눌러 각 항목으로 이동하면서 숫자를 입력하는 것이 더 빠릅니다. 키보드를 이용할 때는 키보드로만, 마우스를 이용할 때는 마우스로만 작업해야 오류를 줄이고 속도도 높일 수 있습니다.

키보드로 용지를 설정하려면 F7 → Alt + T → 20 → Tab → 10 → Tab → 20 → Tab → Tab → 20 → Tab → 10 → Tab → 20 → Enter를 누르세요. 복잡해 보이지만 직접 해보면 쉽고 빠르다는 걸 알 수 있습니다.

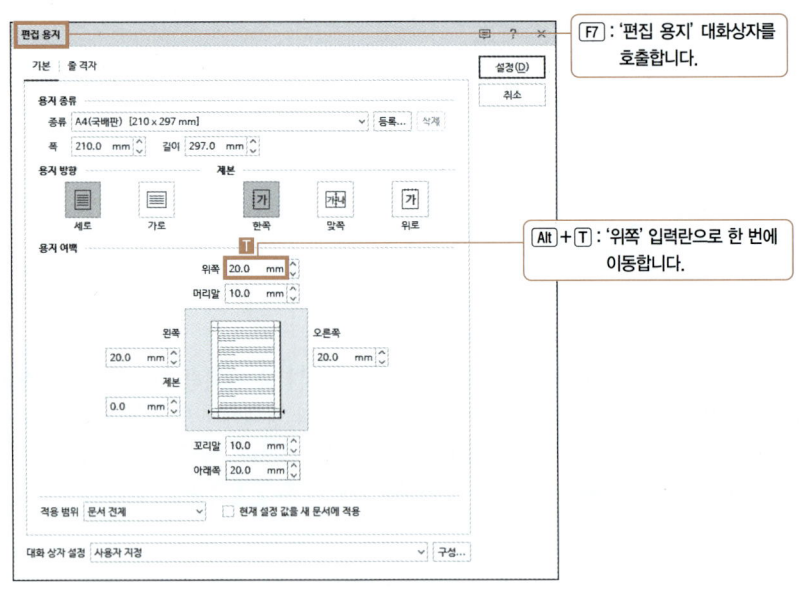

전문가의 조언

- 입력 포커스를 대화상자의 특정 항목으로 한 번에 이동하려면 Alt를 누른 상태에서 항목의 위쪽에 표시되는 영문자를 누르면 됩니다. 영문자는 Alt를 누른 상태에서만 표시됩니다.

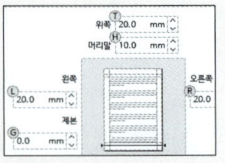

- '편집 용지' 대화상자에서 입력 포커스를 '위쪽' 입력란으로 이동할 때는 Alt + T를 누르세요. 가까운 항목간의 이동은 Tab을 사용하세요.

연습문제 다음 지시사항대로 문서를 완성하시오.

문제 1

- 제한시간 : 10초
- 용지 종류 : A4
- 용지 방향 : 세로
- 여백
    - 왼쪽·오른쪽 20mm
    - 위쪽·아래쪽·머리말·꼬리말 10mm

전문가의 조언

키보드로 용지 설정하기
F7 → Alt + T → 10 → Tab → 10 → Tab → 20 → Tab → Tab → 20 → Tab → 10 → Tab → 10 → Enter

SECTION 02 다단 설정

기능	메뉴 / [기본] 도구 상자	작업 내용
다단 설정	• [쪽]의 ⌄ → [단] → [다단 설정] • [쪽] → [▦](단)	• 단 개수 지정하기 • 단 구분선의 종류 및 굵기 지정하기 • 단 간격 지정하기 • 적용 범위 지정하기

다음은 다단 설정에 관한 문제입니다.
기본문제에 제시된 단 설정을 10초 내에 완료할 수 있도록 충분히 연습하세요.

기본문제

다음 지시사항대로 문서를 완성하시오.

 전문가의 조언

다단 설정에서는 단 개수는 변경될 가능성이 적지만 다단의 적용범위, 단 구분선의 표시 여부 등은 변경되어 출제되니 지시사항을 자세히 읽어보고 문서 작성을 시작하세요.

- 문제에 주어진 대로 입력하시오.
- 제한시간(내용 입력 시간 제외) : 10초
- 용지 종류 : A4
- 여백
  - 왼쪽·오른쪽은 20mm
  - 위쪽·아래쪽·머리말·꼬리말은 10mm
- 다단
  - 2단, 단 간격 : 8mm
  - 적용 범위 : 새 다단으로

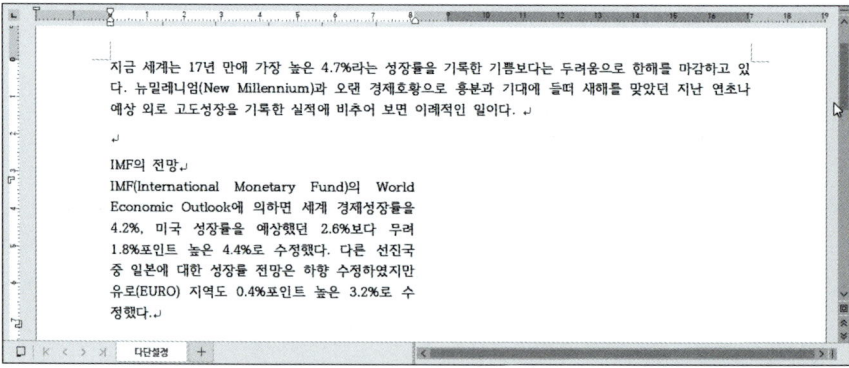

정답 및 감점 기준

- 작성 : 5점
- 지시사항당 : 5점

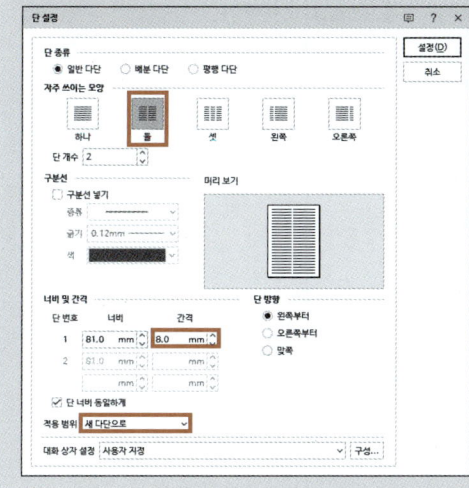 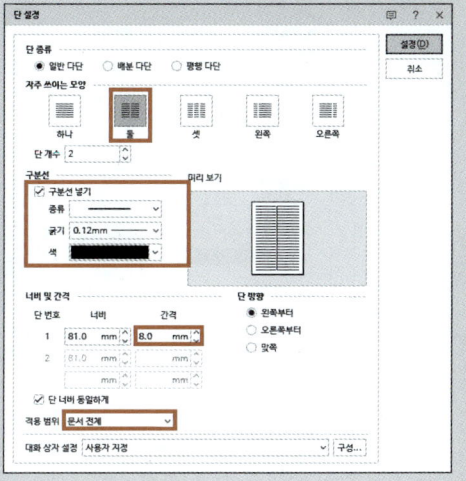

따라하기

1. F7을 눌러 용지 종류 및 여백을 설정한 후 다음과 같이 내용을 입력하세요.

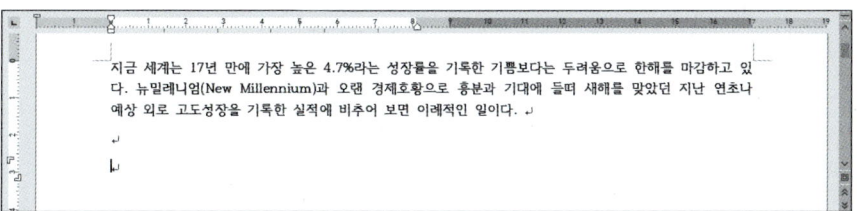

2. 다단 시작 부분에 커서를 놓고, [기본] 도구 상자의 [쪽] → [▦](단)을 클릭하여 '단 설정' 대화상자를 호출하세요(바로 가기 키 : Alt → W → U → E).

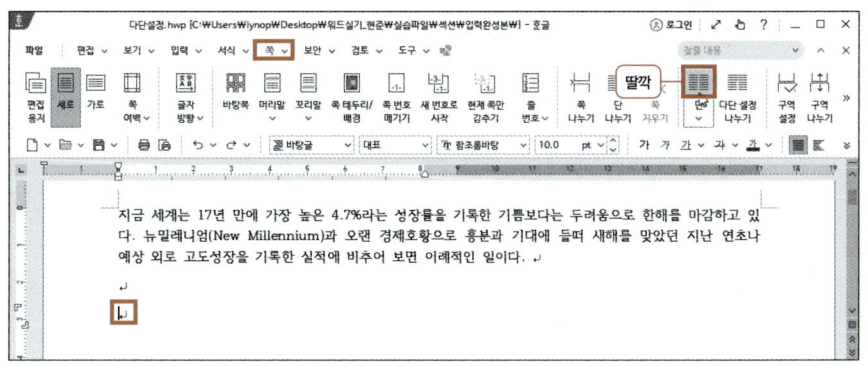

전문가의 조언

데이터를 입력하지 않고 기능만 연습하려면 '길벗워드실기\섹션\입력완성본\다단설정.hwpx' 파일을 불러와서 용지 설정과 단 설정 작업만 수행하세요.
※ 실습용 데이터 파일의 설치 방법에 대한 자세한 내용은 교재 14쪽을 참고하세요.

전문가의 조언

본문 중간부터 다단을 나누는 경우에는 반드시 다단 시작 부분에 커서를 놓고 다단 설정을 해야 합니다.

궁금해요 시나공 Q&A 베스트

Q 바로 가기 키를 눌러도 대화상자가 호출이 안돼요!

A Alt 를 누른 상태에서 W, U, E를 누르는 것이 아니라 차례대로 Alt → W → U → E를 눌러야 합니다.

1장 자가진단 및 대책 **43**

전문가의 조언

'자주 쓰이는 모양'에서 '둘'을 클릭하면 자동으로 단 개수가 2로 지정됩니다.

3. '단 설정' 대화상자에서 그림과 같이 지정한 후 〈설정〉을 클릭하세요.

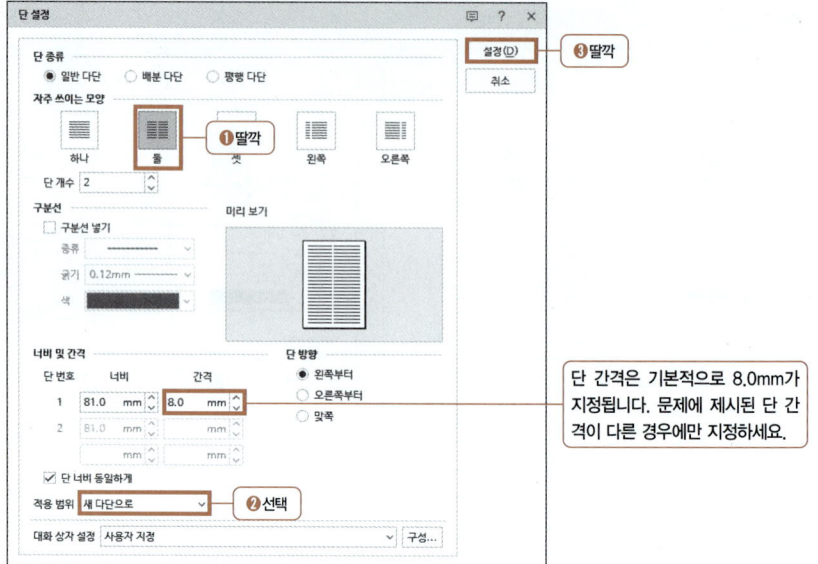

전문가의 조언

• 대화상자의 특정 항목으로 포커스를 이동하려면 Alt 를 누른 상태에서 항목의 위쪽에 표시되는 영문자를 누르면 됩니다. 영문자는 Alt 를 누른 상태에서만 표시됩니다.

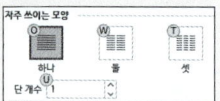

• 너비 81.0mm, 간격 8.0mm는 단 개수가 2개일 때의 기본 값이므로 단 간격이 8.0mm로 주어진다면 별도로 단 간격을 지정할 필요 없이 Alt + W → Alt + Y 를 눌러 '적용 범위'로 이동한 다음 End 를 눌러 '새 다단으로'를 선택한 후 Enter 를 누르고, 다시 한 번 Enter 를 눌러 종료합니다.

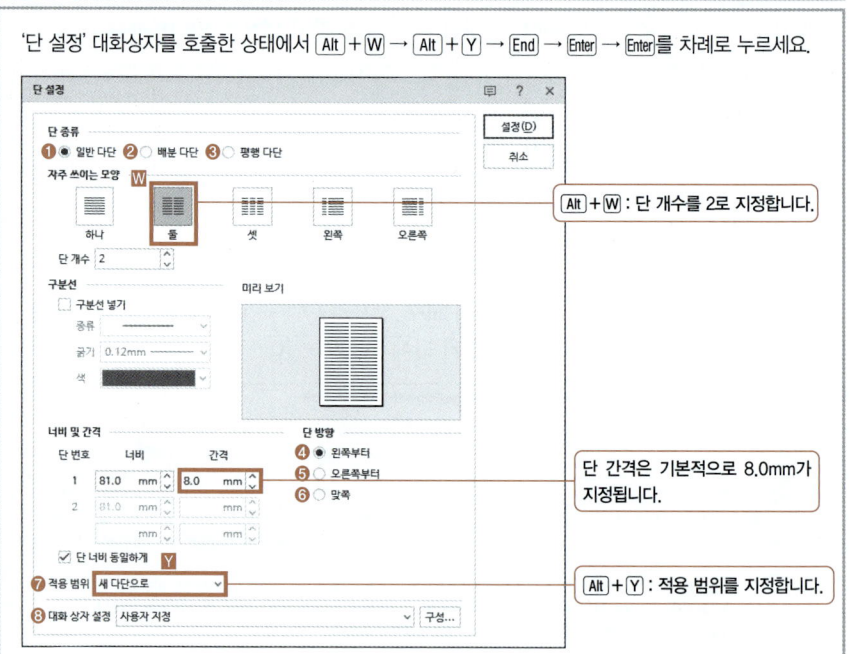

- **단 종류** : 각 단에 내용이 채워지는 모양에 따라 다음 중 하나를 선택할 수 있습니다. 본문에서 단 이동 시에는 Ctrl + Alt + →, ←를 이용합니다.

❶ 일반 다단	가장 기본적인 형태로, 한 단에 내용이 모두 채워진 다음에 다음 단이 채워집니다.
❷ 배분 다단	각 단의 높이가 가능한 같아지도록 단에 채워지는 내용이 자동으로 조절됩니다.
❸ 평행 다단	한 쪽 단에는 용어나 제목 등을 적고, 다른 쪽 단에는 그에 대한 설명을 적는 형식의 문서를 편집할 때 사용합니다.

- **단 방향** : 내용을 어느 쪽 단에 먼저 입력할지를 지정합니다.

❹ 왼쪽부터	내용이 왼쪽 단부터 채워집니다.
❺ 오른쪽부터	내용이 오른쪽 단부터 채워집니다.
❻ 맞쪽	내용이 홀수 쪽에서는 왼쪽 단부터, 짝수 쪽에서는 오른쪽 단부터 채워집니다.

- ❼ **단 너비 동일하게** : 각 단의 너비를 동일하게 설정합니다.
- ❽ **적용 범위** : 단의 적용 범위를 지정합니다.

문서 전체	문서 전체에 동일한 다단을 적용합니다.
새 쪽으로	• 쪽 단위로 다단을 적용합니다. • 커서 위치에서 쪽을 나누어 새로운 다단을 설정합니다.
새 다단으로	• 한 쪽 안에 서로 다른 다단을 적용합니다. • 커서 위치에서 새로운 다단을 설정합니다.

4. 다단을 설정해도 화면 상에는 아무런 변화가 없습니다. 그 상태에서 Enter 를 누르지 말고 나머지 내용을 입력하면 2단으로 나눠진 왼쪽 단에 내용이 입력됩니다.

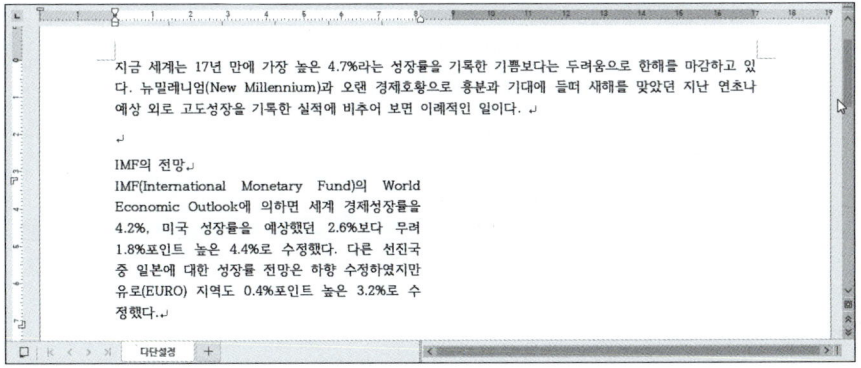

| 연습문제 | 다음 지시사항대로 문서를 완성하시오. |

전문가의 조언

데이터를 입력하지 않고 기능만 연습하려면 '길벗워드실기\섹션\입력완성본\다단설정(연습문제).hwpx' 파일을 불러와서 용지 설정과 단 설정 작업만 수행하세요.

문제 1

- 문제에 주어진 대로 입력하시오.
- 제한시간(내용 입력 시간 제외) : 10초
- 용지 종류 : A4
- 용지 방향 : 세로
- 여백
  - 왼쪽·오른쪽은 20mm
  - 위쪽·아래쪽·머리말·꼬리말은 10mm
- 다단
  - 단 개수 : 2
  - 단 간격 : 8mm
  - 단 구분선 : 실선(0.12mm)

전문가의 조언

다단의 적용 범위를 문서의 특정 위치 이후부터 설정할 때는 반드시 다단의 적용 범위가 시작하는 부분에 커서를 놓고 다단 설정을 해야 하지만 다단의 적용 범위를 문서 전체로 설정할 때는 커서 위치에 상관없이 다단을 설정하면 됩니다.

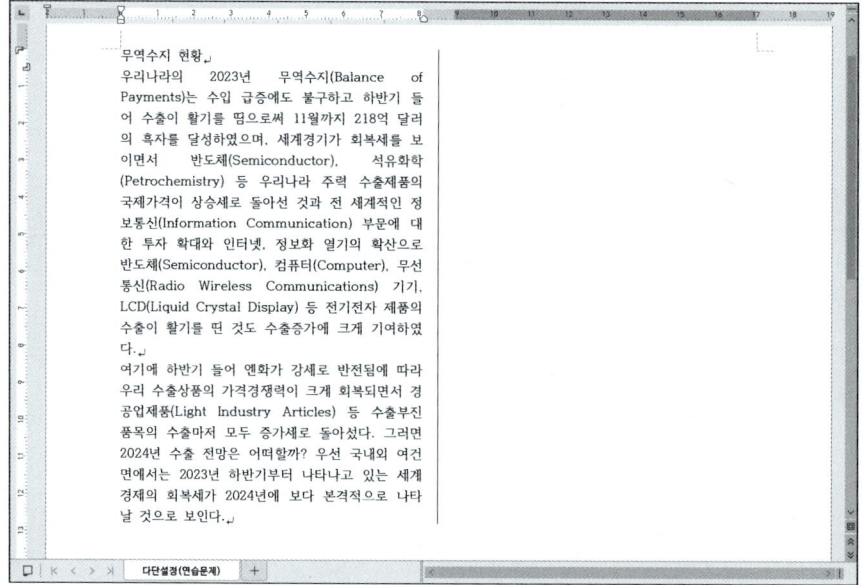

잠깐만요 단 구분선 지정하기

SECTION 03 쪽 테두리 설정

기능	메뉴 / [기본] 도구 상자	작업 내용
쪽 테두리	• [쪽]의 ✓ → [쪽 테두리/배경] • [쪽] → [쪽 테두리/배경]	• 쪽 테두리 선의 종류 및 굵기 지정하기 • 쪽 테두리 위치 지정하기

다음은 쪽 테두리 설정에 관한 문제입니다.
기본문제에 제시된 쪽 테두리 설정을 10초 내에 완료할 수 있도록 충분히 연습하세요.

기본문제

다음 지시사항대로 용지 및 여백과 쪽 테두리를 설정하시오.

- 제한시간 : 10초
- 용지 종류 : A4
- 여백
  – 위쪽·아래쪽·왼쪽·오른쪽은 20mm
  – 머리말·꼬리말은 10mm
- 쪽 테두리
  – 선의 종류 및 굵기 : 이중 실선 0.5mm
  – 위치 : 쪽 기준, 왼쪽·오른쪽·위·아래 모두 5.0mm

전문가의 조언

쪽 테두리 선의 종류나 굵기, 위치 등이 변경되어 출제되고 있습니다. 쪽 테두리 설정과 관련된 지시사항을 정확히 확인한 후 작성하세요.

정답 및 감점 기준

- 항목당 3점

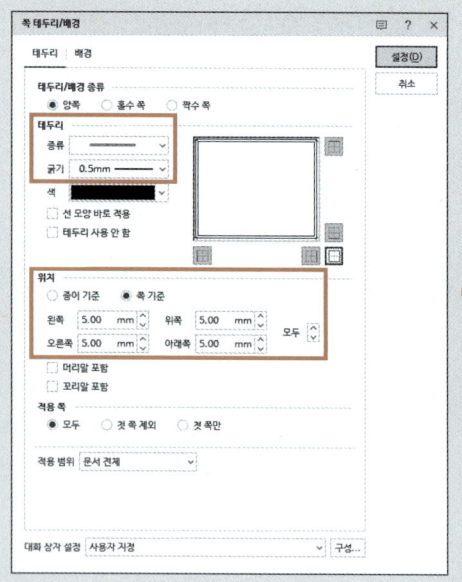
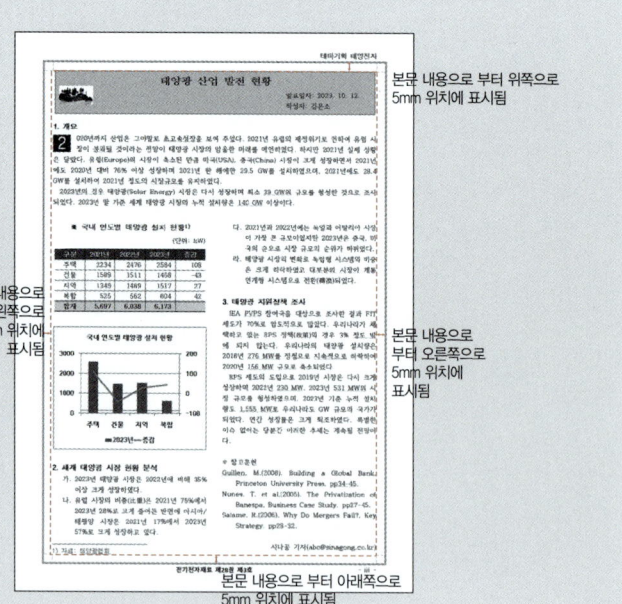

따라하기

1. 용지 여백에 따라 쪽 테두리의 위치가 다르게 표시됩니다. 먼저 F7을 눌러 용지 종류 및 여백을 설정하세요.

2. [기본] 도구 상자의 [쪽] → [쪽 테두리/배경]을 클릭하여 '쪽 테두리/배경' 대화상자를 호출하세요.(바로 가기 키 : Alt → W → B).

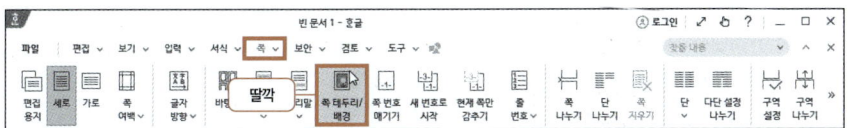

3. '쪽 테두리/배경' 대화상자의 '테두리' 탭에서 테두리의 종류와 굵기를 다음과 같이 지정한 후 테두리를 표시하기 위해 '(모두)'를 클릭합니다. 아직 〈설정〉을 클릭하면 안됩니다.

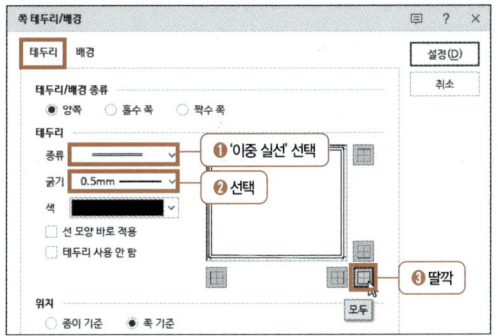

4. 이어서 테두리 위치를 다음과 같이 지정한 후 〈설정〉을 클릭하세요.

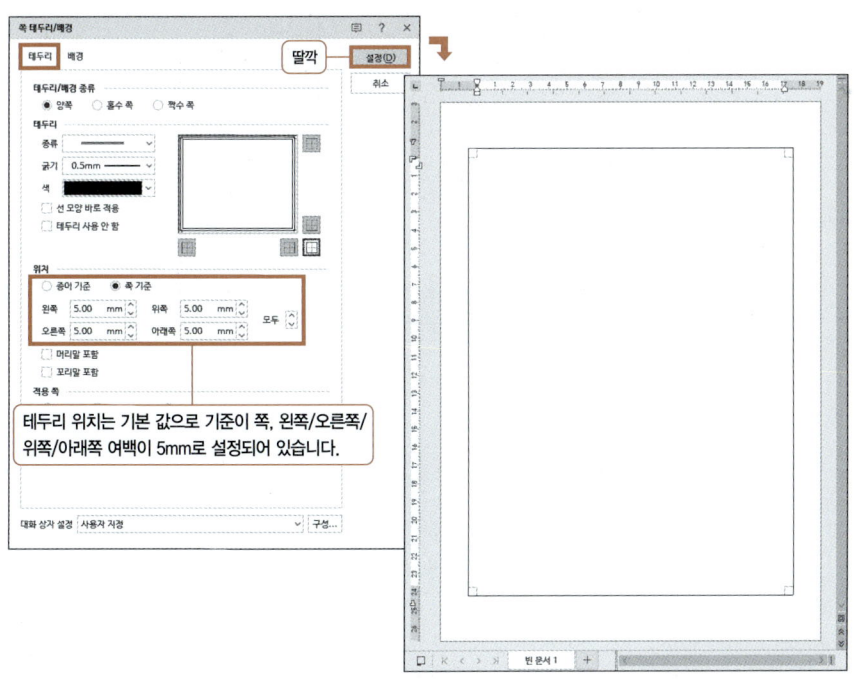

 전문가의 조언

용지 여백을 설정하는 방법을 잊었다면 Section 01을 다시 한 번 공부하세요.

 시나공 Q&A 베스트

Q1 테두리가 표시되지 않아요!

A1 테두리의 종류와 굵기만 지정하고 〈설정〉을 클릭하면 테두리가 표시되지 않습니다. 반드시 미리 보기 창에서 테두리가 표시될 위치를 지정해야 표시됩니다.

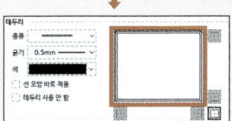

Q2 그래도 테두리가 안 보여요!

A2 쪽 윤곽이 꺼져 있어서 쪽 테두리가 화면에 표시되지 않는 것입니다. 편집 화면 오른쪽 하단의 '(보기 선택 아이콘)'을 클릭한 후 '(쪽 윤곽)'을 클릭하세요.

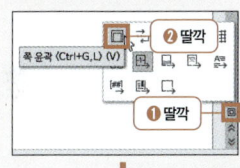

| 연습문제 | 다음 지시사항대로 문서를 완성하시오. |

문제 1

- 제한시간 : 10초
- 용지 종류 : A4
- 여백
  - 위쪽·아래쪽·왼쪽·오른쪽은 20mm
  - 머리말·꼬리말은 10mm
- 쪽 테두리
  - 선의 종류 및 굵기 : 이중 실선 1mm, 위·아래

쪽 테두리의 '위치'에 대한 지시사항이 없으므로 테두리만 지정하면 됩니다.

 위·아래에만 쪽 테두리 지정하기

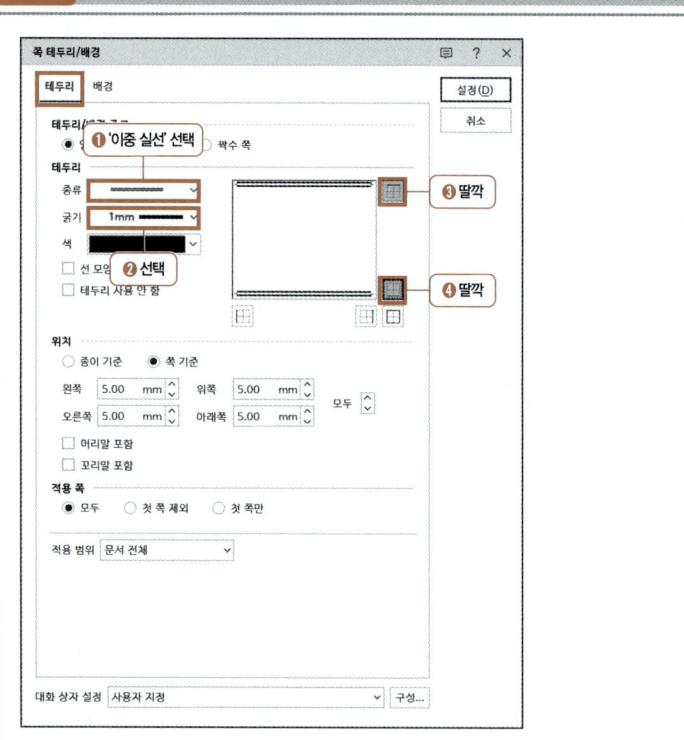

SECTION 04 기본 입력

기능	제한시간(실제시험)	출제 글꼴	작업 내용
기본 입력	12분(표·차트 제외)	함초롬바탕	• 한글 입력 : 약 667자 • 영문 입력 : 약 230자 • 숫자 입력 : 약 112자 • 공백(띄어쓰기) : 약 205자

다음 문서는 출제 기준에 적합한 문제의 일부를 발췌한 것입니다.
다음 문서를 7분 내에 완료했다면 다음 섹션으로 넘어가고, 그렇지 않으면 연습문제를 통해 7분 내에 완성하도록 연습하세요.

기본문제 다음 지시사항대로 문서를 완성하시오.

- 문제지에 주어진 대로 입력하시오.
- 제한시간(용지 및 단 설정 제외) : 7분
- 저장위치 : C:\WP\기본입력.hwpx
- 용지 설정
    - 위쪽·아래쪽·왼쪽·오른쪽은 20mm
    - 머리말·꼬리말은 10mm
- 단 개수 : 2, 단 간격 : 8mm, 단 구분선 : 실선(0.12mm)

 전문가의 조언

- 입력은 빠르게 하는 것보다 정확하게 하는 것이 중요하다는 것을 명심하세요.
- C 드라이브에 WP 폴더를 만든 후 앞으로 작성하는 내용을 이곳에 모두 저장하세요.

중산층 이상 연금 줄어

   국민연금 보험료를 내지 못한 저소득층(Lower Brackets of Income)도 월 7-10만 원의 기초연금을 받는다. 반면 중산층(Middle Class) 이상(상위 40%)은 연금 수령액이 줄어든다.

재정 고갈(Running Low) 해결 안 돼

   집권 여당과 정부(Government)가 추진하는 안은 연금 개혁의 핵심(Kernel)이 빠진 것이라는 지적이 나온다. 김용태 순천향대 교수(Professor)는 "여당의 시행안은 재정(Public Finance) 고갈 시점(Time)을 불과 5년 늦추는 것"이라며 "연금 재정 문제를 외면한 채 기초노령연금을 도입하는 것은 문제(Problem)"라고 말했다. 전문가들은 국민연금 재정이 앞으로 고갈되지 않고 유지되려면 보험료율을 현재 9%에서 20%로 올려야 할 것으로 진단하고 있다.

전문가의 조언

입력은 문제지에 주어진 대로 입력하는 것을 원칙으로 합니다. 문제지에서 명백히 틀린 글자를 발견하더라도 그대로 입력하세요.

정답 및 감점 기준

51쪽 문제는 출제 기준에 적합한 문제의 일부분입니다. 이와 같이 작성하지 않았을 경우 감점이 적용됩니다. 감점 항목이 없는 부분은 감점이 체크된 동일한 부분을 참조하여 채점해 보세요.

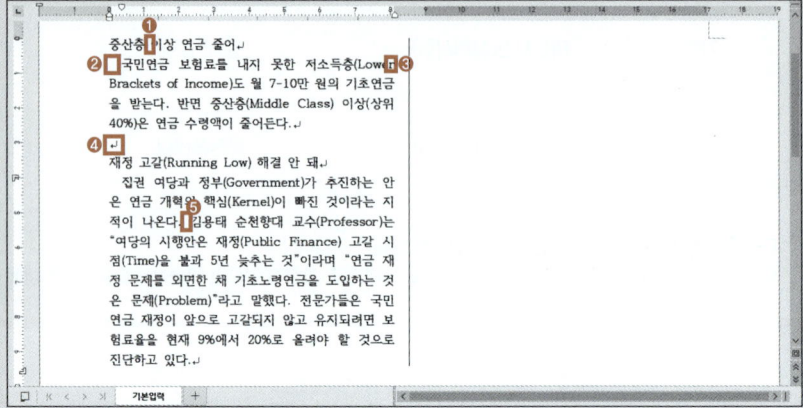

- 여백 설정과 단 설정에 대해서는 Section 01, 02를 참고하세요.
- 다음 사항을 위반하여 각 항목별 감점을 합한 점수가 20점이 초과되는 경우에는 아예 채점 대상에서 제외됩니다. 즉 불합격이라는 얘기죠!

기능	감점	감점 사유	비고
기본입력	단어당 3점	한글/영어 틀린 글자 입력	
❶	3	띄어쓰기 1칸 위반	
❷	3	들여쓰기 위반	반드시 들여쓰기 기능을 이용해서 10pt를 들여써야 함
❸	3	행의 오른쪽 끝에서 Enter 누름	내용이 오른쪽 끝까지 입력되면 자동으로 다음 줄로 내려감
❹	3	1줄 띄우기 위반	
❺	3	마침표(.)나 쉼표(,) 뒤에 띄어쓰기 1칸 위반	

잠깐만요 **안전한 합격 타자 속도**

워드프로세서 실기시험에서 출제되는 한글은 평균 651자 정도입니다. 한글 1자는 보통 3개의 자소가 결합되므로 실기시험에 출제되는 총 타수는 651(한글) × 3 + 212(영문) + 71(숫자) + 223(공백)이므로 약 2,459타입니다. 문서 작성에 주어지는 30분 중에서 표 만들기, 문단 모양 설정, 오자 검사 등을 제외하면 순수하게 입력만 하는 데 사용할 수 있는 시간은 12분 정도입니다. 그러므로 1분에 205타 정도의 타자 실력이면 충분합니다. 그러나 막상 시험장에 가면 긴장되어 오타가 많이 발생하므로 실기시험에 안전하게 합격하기 위해서는 1분당 230타 정도는 되어야 합니다.

따라하기

1. 용지 설정과 다단 설정은 Section 01, 02를 참고하세요.
2. 들여쓰기, 정렬 등에 신경 쓰지 말고 번호 순서대로 표시된 도움말을 참조하여 내용을 입력하세요.

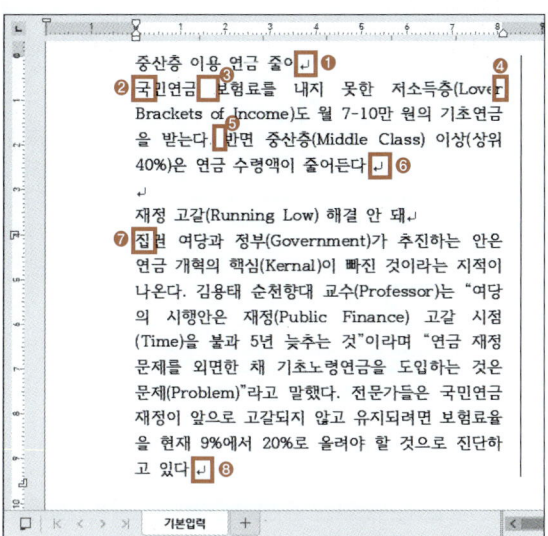

❶ 문단이 바뀔때는 Enter를 누르세요.
❷, ❼ 들여쓰기는 모든 내용을 입력한 후 Alt + T → Alt + A → Enter를 차례로 누르세요.
❸ 단어 사이의 간격이 넓어 보여도 한 칸만 띄우세요.
❹ 문장을 계속 입력하여 내용이 문단의 오른쪽 끝까지 꽉 차면 자동으로 다음 줄에 입력되므로 Enter를 누르지 말고 계속 입력하세요.
❺ 마침표(.) 뒤에는 Spacebar를 한 번 눌러 한 칸을 띄우세요.
❻ Enter를 두 번 눌러 다음 문단과의 사이를 한 줄 띄우세요. 띄우지 않거나 두 줄 이상 띄우면 감점됩니다.

❽ 마지막까지 입력한 후 Enter나 Spacebar를 누르지 마세요.

3. 입력을 마치고 나면 커서는 문서의 맨 아래쪽에 있습니다. Ctrl + PgUp 을 눌러 커서를 문서의 처음으로 이동한 다음 Ctrl + ↓ 를 눌러 "국민연금~" 부분으로 커서를 이동하세요.

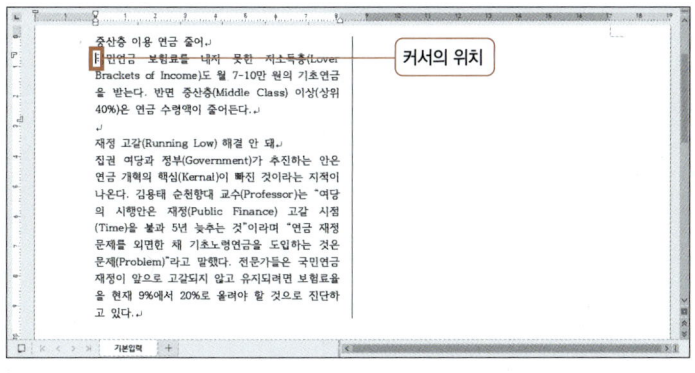

 전문가의 조언

들여쓰기는 입력을 모두 마치고 수행해야 합니다. 그렇지 않으면 같은 작업을 반복하게 됩니다. 예를 들어 "국민연금~" 부분을 입력한 다음 들여쓰기를 지정하고 Enter를 누르면 다음 문단도 자동으로 들여쓰기가 지정되므로 들여쓰기를 해제해야 합니다.

 전문가의 조언

입력 작업에서 사용하는 바로 가기 키
- Ctrl + PgUp : 커서가 문서의 맨 처음으로 이동함
- Ctrl + ↓ : 커서가 문단 단위로 아래쪽으로 이동함

전문가의 조언

• 워드프로세서에서 한 문단이란 ⏎와 ⏎ 사이에 있는 문장들을 의미합니다. Enter를 누르면 문단이 바뀝니다. 다음 그림은 두 개의 문단입니다.

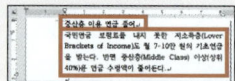

• 정렬, 들여쓰기 등은 문단 단위로 작업을 수행하므로 해당 문단에서는 커서의 위치에 관계없이 기능이 동작합니다.

• 들여쓰기의 지정 여부는 문제지를 보고 판단하세요. 문단 첫 글자 장식이나 스타일을 적용하는 문단에는 들여쓰기를 지정하지 않습니다. 문제 유형에 따라 들여쓰기를 전혀 사용하지 않는 문제도 있습니다.

 전문가의 조언

'문단 모양' 대화상자에서 Alt + A 를 눌러 들여쓰기를 지정하면 기본적으로 10pt로 지정됩니다.

4. 들여쓰기를 하기 위해 Alt + T 를 누르세요([기본] 도구 상자 : [서식] → [문단 모양]).

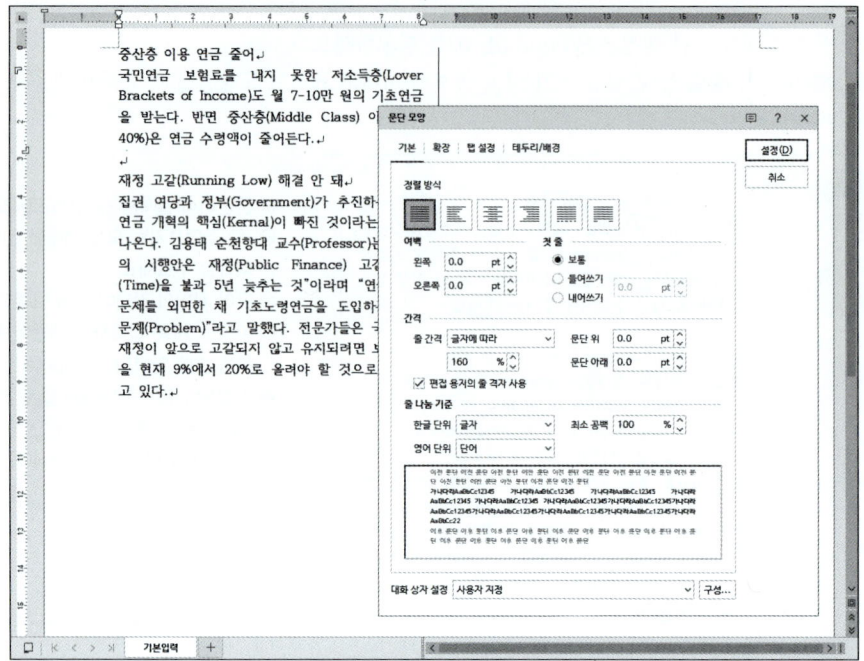

5. '문단 모양' 대화상자의 '기본' 탭에서 항목 값을 지정할 때는 마우스를 이용하지 말고 키보드로 직접 입력하세요. Alt + A 를 눌러 들여쓰기를 지정한 후 Enter 를 누르세요.

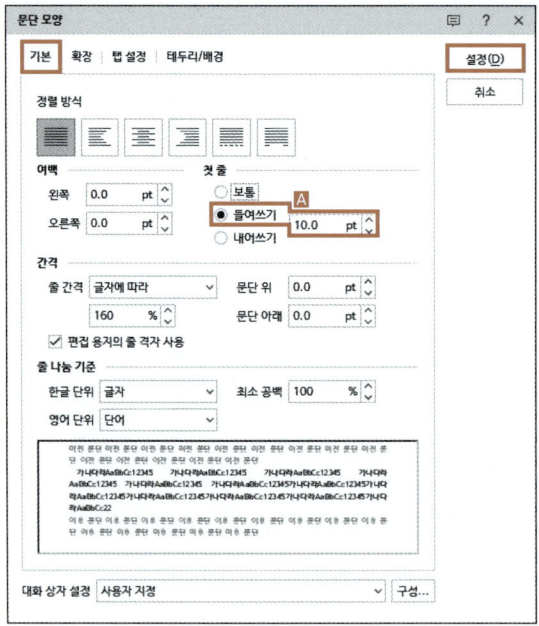

6. Ctrl + ↓를 세 번 눌러 "집권 여당과~" 부분으로 커서를 이동한 다음 Alt + T → Alt + A → Enter를 차례로 누르세요.

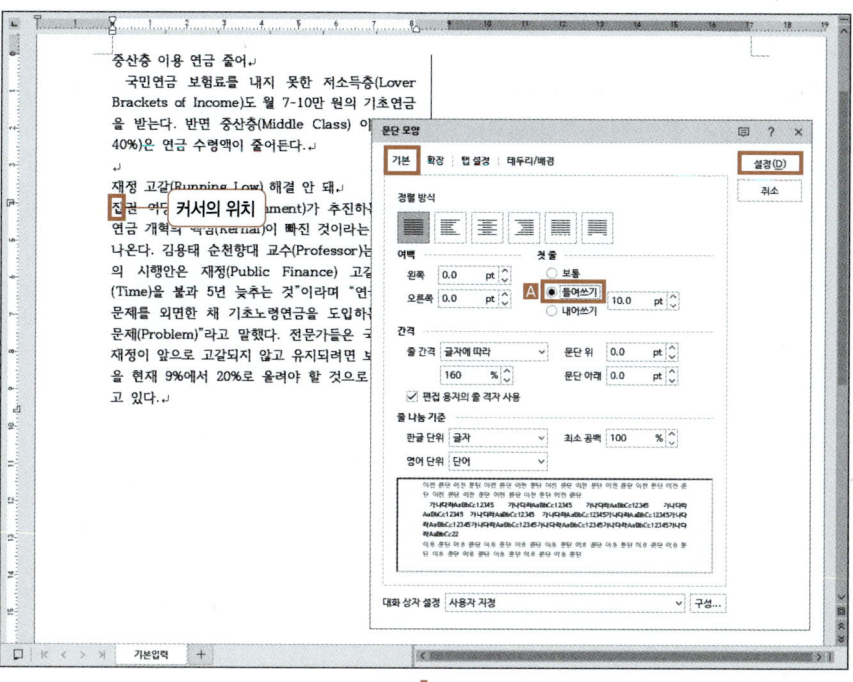

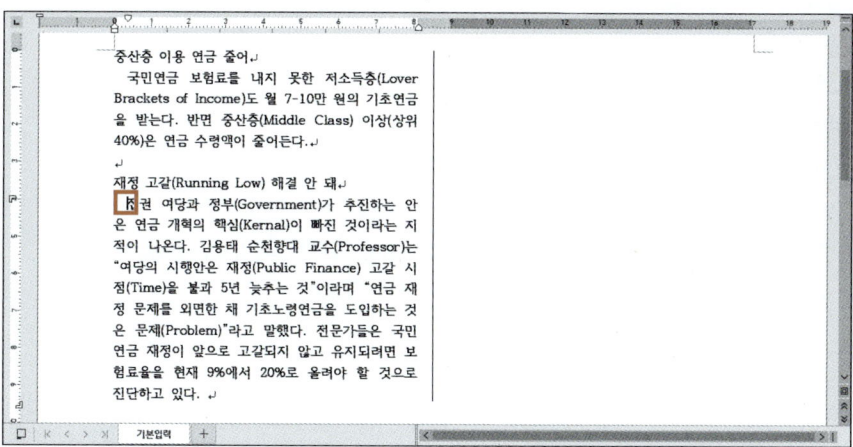

| 연습문제 | 다음 지시사항대로 문서를 완성하시오. |

문제 1

- 문제지에 주어진 대로 입력하세요.
- 제한시간(용지 및 단 설정 시간 제외) : 6분
- 저장 위치 : C:\WP\기본입력(연습문제)-1.hwpx
- 여백 설정 : 왼쪽·오른쪽은 20mm, 위쪽·아래쪽·머리말·꼬리말은 10mm
- 단 개수 : 2, 단 간격 : 8mm, 적용 범위 : 새 다단으로

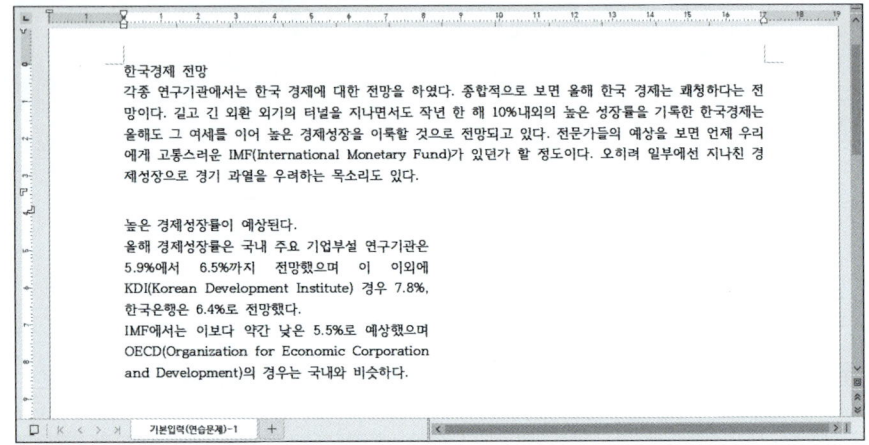

문제 2

- 문제지에 주어진 대로 입력하세요.
- 제한시간(용지 및 단 설정 시간 제외) : 6분
- 저장 위치 : C:\WP\기본입력(연습문제)-2.hwpx
- 여백 설정 : 위쪽·아래쪽·왼쪽·오른쪽은 20mm, 머리말·꼬리말은 10mm
- 단 개수 : 2, 단 간격 : 8mm, 단 구분선 : 실선(0.12mm)

전문가의 조언

- 들여쓰기의 지정 여부는 문제지를 보고 판단하세요. 문단 첫 글자 장식이나 스타일을 적용하는 문단에는 들여쓰기를 지정하지 않습니다. 문제 유형에 따라 들여쓰기를 전혀 사용하지 않는 문제도 있습니다.
- 본문 중간부터 다단을 나누는 경우에는 반드시 다단 시작 부분에 커서를 놓고 다단을 설정해야 합니다.

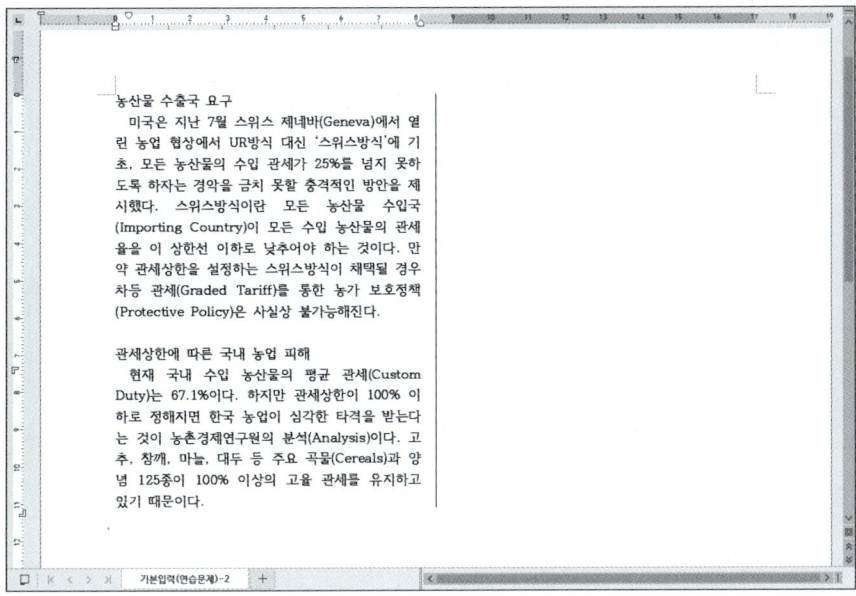

문제 3

- 문제지에 주어진 대로 입력하세요.
- 제한시간(용지 및 단 설정 시간 제외) : 6분
- 저장 위치 : C:\WP\기본입력(연습문제)-3.hwpx
- 여백 설정 : 왼쪽·오른쪽은 20mm, 위쪽·아래쪽·머리말·꼬리말은 10mm
- 단 개수 : 2, 단 간격 : 8mm, 적용 범위 : 새 다단으로

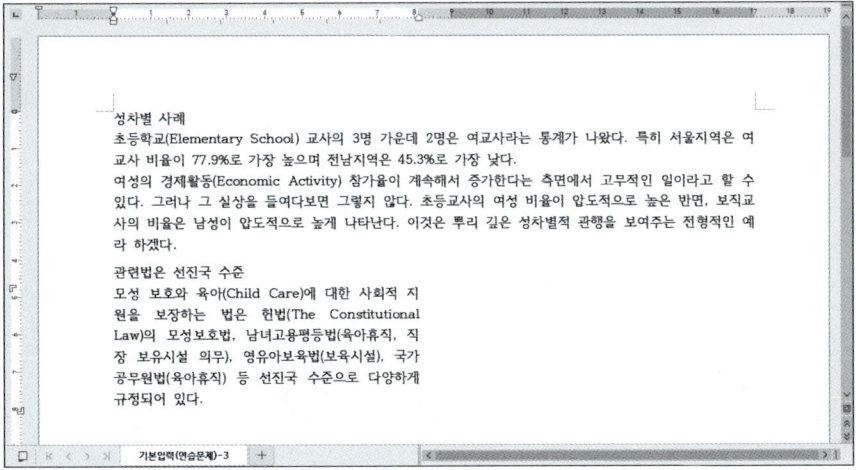

문제 4

- 문제지에 주어진 대로 입력하세요.
- 제한시간(용지 및 단 설정 시간 제외) : 6분
- 저장 위치 : C:\WP\기본입력(연습문제)-4.hwpx
- 여백 설정 : 왼쪽·오른쪽은 20mm, 위쪽·아래쪽·머리말·꼬리말은 10mm
- 단 개수 : 2, 단 간격 : 8mm, 단 구분선 : 실선(0.12mm)

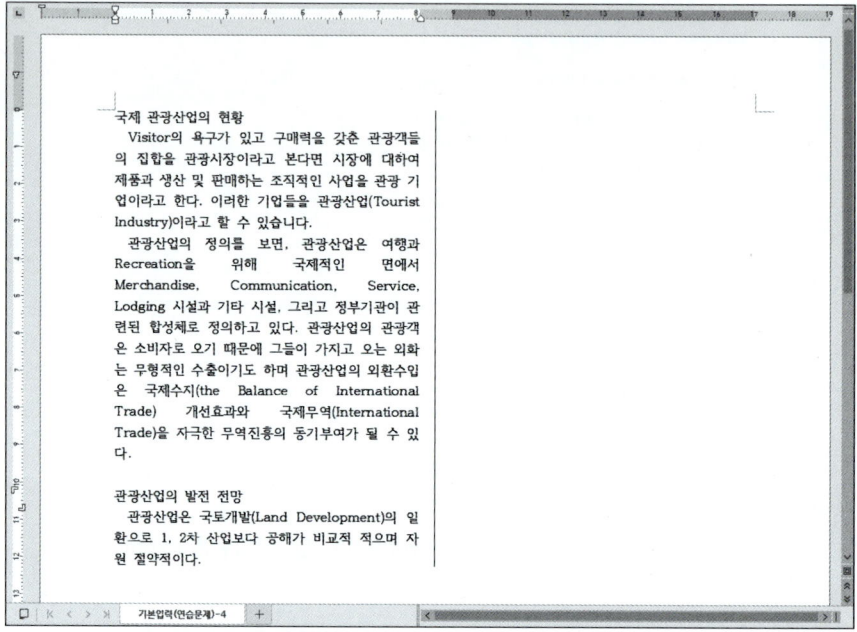

SECTION 05 정렬

기능	바로 가기 키	메뉴 / [기본] 도구 상자	작업 내용
정렬	Alt + T	• [서식]의 ⌄ → [문단 모양] • [서식] → [문단 모양]	양쪽, 왼쪽, 가운데, 오른쪽 정렬하기

다음은 정렬에 관한 문제입니다.
다음 정렬 문제를 30초 이내에 완료했다면 다음 섹션으로 넘어가고, 그렇지 않으면 '따라하기'의 방법을 기초로 하여 연습문제를 30초 안에 완성하도록 연습하세요.

기본문제   다음 지시사항대로 문서를 완성하시오.

- 한 줄을 입력하여 9번 복사한 후 문제지에 주어진 대로 정렬하세요.
- 제한시간(입력시간 제외) : 30초
- 저장위치 : C:\WP\정렬.hwpx
- 여백 설정 : 왼쪽·오른쪽은 20mm, 위쪽·아래쪽·머리말·꼬리말은 10mm
- 단 개수 : 2, 단 간격 : 8mm

```
가나다라마바사아자차카타파하    가운데 정렬
가나다라마바사아자차카타파하    오른쪽 정렬
가나다라마바사아자차카타파하    가운데 정렬
가나다라마바사아자차카타파하    가운데 정렬
가나다라마바사아자차카타파하    오른쪽 정렬
가나다라마바사아자차카타파하    왼쪽 정렬
가나다라마바사아자차카타파하    왼쪽 정렬
가나다라마바사아자차카타파하    가운데 정렬
가나다라마바사아자차카타파하    가운데 정렬
가나다라마바사아자차카타파하    왼쪽 정렬
```

 전문가의 조언

문단 정렬은 반드시 입력을 모두 마치고 수행하세요. 그렇지 않으면 같은 작업을 반복하게 됩니다. 예를 들어, 제목을 '가운데 정렬'을 지정하고 Enter를 누르면 다음 문장은 자동으로 가운데로 정렬되므로 본문을 입력하기 위해서는 '양쪽 정렬'을 지정해야 합니다.

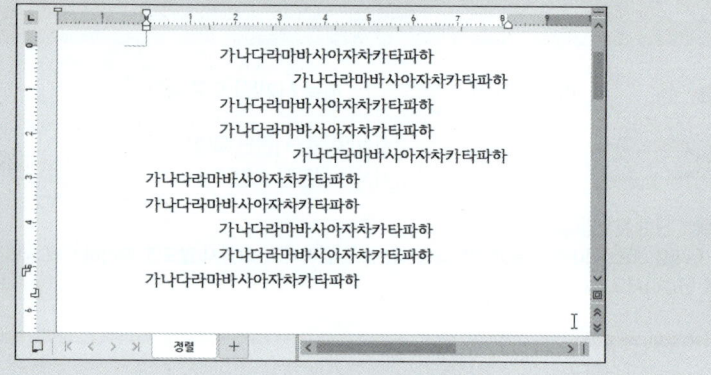

따라하기

1. 첫째 문장 '가운데 정렬' 지정하기
첫째 문장의 한 곳을 클릭한 후 [서식] 도구 상자의 '(가운데 정렬)'을 클릭하세요.

2. 둘째 문장 '오른쪽 정렬' 지정하기
둘째 문장의 한 곳을 클릭한 후 [서식] 도구 상자의 '▤(오른쪽 정렬)'을 클릭하세요.

3. 셋째 문장과 넷째 문장 '가운데 정렬' 지정하기
화살표 방향으로 드래그하여 정렬할 문장들을 블록으로 지정한 후 [서식] 도구 상자의 '▤(가운데 정렬)'을 클릭하세요. 여러 문단을 정렬할 때는 정렬할 대상 문단의 일부만 블록으로 설정해도 됩니다.

4. 기타
나머지도 위의 방법을 참조하여 변경하세요.

> **잠깐만요**   '문단 모양' 대화상자와 바로 가기 키를 이용한 정렬하기

'문단 모양' 대화상자에서 정렬하기
정렬뿐만 아니라 여백, 들여쓰기, 내어쓰기 등을 함께 수행하려면 '문단 모양' 대화상자를 호출(Alt+T)하여 수행하는 것이 효율적입니다. [기본] 도구 상자의 [서식] → [문단 모양]이나 Alt+T를 누른 후 해당 사항을 설정하면 됩니다.

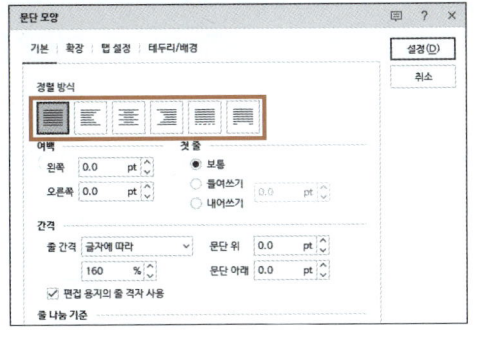

바로 가기 키를 이용하여 정렬하기
단순히 정렬만 수행할 때는 바로 가기 키를 이용하는 것이 효율적입니다.

바로 가기 키	정렬 방식
Ctrl + Shift + M	양쪽 정렬
Ctrl + Shift + L	왼쪽 정렬
Ctrl + Shift + C	가운데 정렬
Ctrl + Shift + R	오른쪽 정렬

연습문제
다음 지시사항대로 문서를 완성하시오.

문제 1

- 한 줄을 입력하여 9번 복사한 후 문제지에 주어진 대로 정렬하시오.
- 제한시간(입력 시간 제외) : 30초
- 저장위치 : C:\WP\정렬(연습문제).hwpx
- 여백 설정 : 왼쪽·오른쪽은 20mm, 위쪽·아래쪽·머리말·꼬리말은 10mm
- 단 개수 : 2, 단 간격 : 8mm

가운데 정렬	시험에 나오는 것만 공부한다.
가운데정렬	시험에 나오는 것만 공부한다.
오른쪽정렬	시험에 나오는 것만 공부한다.
오른쪽정렬	시험에 나오는 것만 공부한다.
왼쪽정렬	시험에 나오는 것만 공부한다.
왼쪽정렬	시험에 나오는 것만 공부한다.
오른쪽정렬	시험에 나오는 것만 공부한다.
가운데정렬	시험에 나오는 것만 공부한다.
왼쪽정렬	시험에 나오는 것만 공부한다.
오른쪽정렬	시험에 나오는 것만 공부한다.

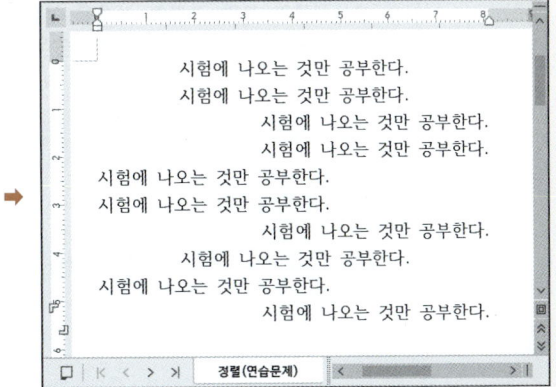

SECTION 06 글자 모양 변경

기능	바로 가기 키	메뉴 / [기본] 도구 상자	작업 내용
글자 모양 변경	Alt + L	• [서식]의 ⌄ → [글자 모양] • [서식] → [글자 모양]	• 글자 모양 변경하기(굴림체, 돋움체, 돋움, 궁서체, 견고딕 등) • 글자 크기 변경하기(임의 크기) • 글자 속성 변경하기(진하게, 장평, 자간, 글자색, 그림자, 양각)

다음은 글자 모양 변경에 관한 문제입니다.
다음 문제를 입력한 후 1분 내에 지시사항을 완료했으면 다음 섹션으로 넘어가고, 그렇지 않으면 '따라하기'의 방법을 기초로 하여 연습문제를 1분 내에 완성할 수 있도록 연습하세요.

기본문제

다음 지시사항대로 문서를 완성하시오.

 전문가의 조언

반복 연습이 필요한 부분으로, 시험에 출제되는 지시사항을 정확히 파악하고 연습하세요. 타자 속도를 높이기 위해서는 많은 연습시간이 필요하지만 편집 속도를 높이는 데는 그리 많은 시간이 필요하지는 않습니다. 타자 속도가 느린 수험생은 편집 연습을 충분히하여 시험 시간을 효율적으로 활용하세요.

• 1번 문장을 글자 크기 10, 글꼴 '함초롬바탕'으로 입력하고, 3번 복사한 후 사용하시오.
• 제한시간(입력시간 제외) : 1분
• 저장위치 : C:\WP\글자모양.hwpx
• 색상은 '기본'과 '오피스' 테마가 포함된 색상 팔레트를 사용하시오.
• 아래의 지시사항에 맞게 글자 모양을 변경하시오.
  1. 궁서체, 14pt, 장평(110%), 자간(10%), 진하게, 그림자, 남색(RGB : 51,51,153)
  2. 굴림체, 11pt, 장평(105%), 자간(5%), 진하게, 양각
  3. 한컴산뜻돋움, 10pt, 진하게
  4. 한컴 윤고딕 740, 8pt, 진하게, 주황(RGB : 255,132,58)

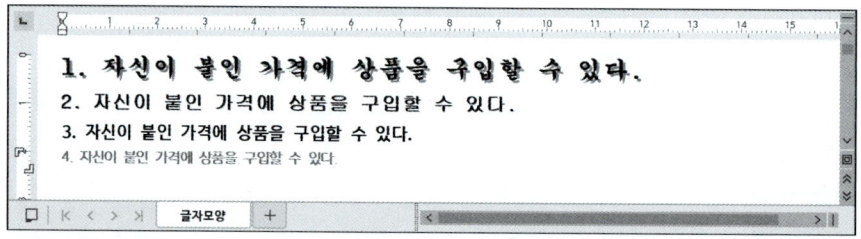

정답 및 감점 기준

글자 모양 변경은 틀리면 지시사항당 3점씩 감점됩니다.

따라하기

1. 1번 문장에 14pt, 궁서체, 장평(110%), 자간(10%), 진하게, 그림자, 남색(RGB : 51,51,153) 속성 지정하기

❶ 1번 문장을 블록으로 지정한 후 Alt + L 을 누르세요([기본] 도구 상자 : [서식] → [글자 모양]).

❷ '글자 모양' 대화상자에서 항목 값을 지정할 때는 마우스를 이용하지 말고 키보드로 직접 입력하세요. '글꼴'에 **궁서체**를 입력하고 Enter 를 누른 후 Alt + Z 를 눌러 '기준 크기' 항목으로 이동한 다음 **14**를 입력합니다. 이어서 Alt + W 를 눌러 '장평'에 **110**을 입력하고, Alt + P 를 눌러 '자간'에 **10**을 입력하는 것이 속도가 더 빠릅니다.

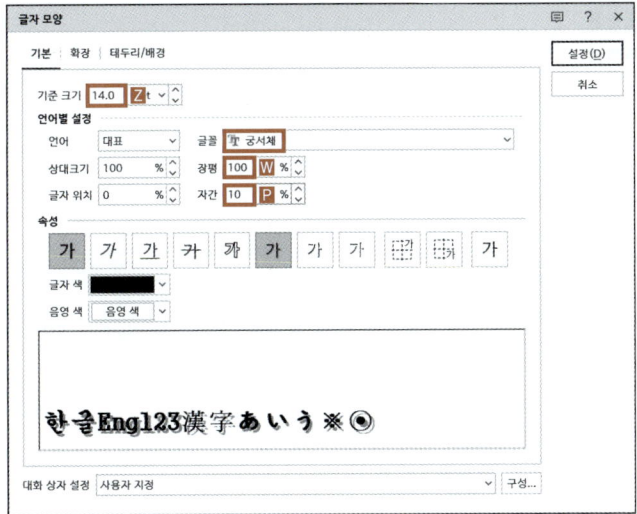

❸ 계속해서 Alt + B 를 눌러 '진하게'를, Alt + S 를 눌러 '그림자' 속성을 설정하고, 마우스를 이용해 글자색을 '남색'으로 지정한 후 〈설정〉을 클릭하세요.

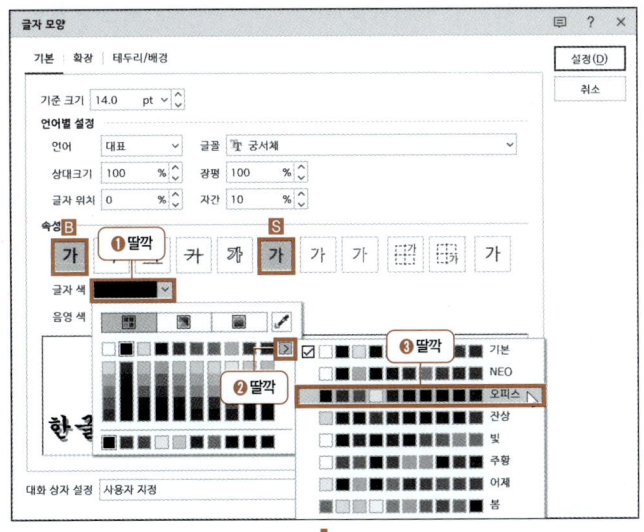

전문가의 조언

- '글자 모양' 대화상자를 호출하면 '글꼴' 입력 상자가 반전되어 있어 바로 입력할 수 있습니다. 기본 설정 사항을 지울 필요 없이 바로 입력하면 됩니다.
- '글자 모양' 대화상자의 글꼴에 **궁서체**를 입력해도 아무런 변화가 없으면 마우스를 이용하여 글꼴을 선택하세요.
- '기준 크기' 항목으로 포커스를 이동하기 위해 Alt + Z 대신 Shift + Tab 을 두 번 눌러도 됩니다. Tab 은 대화상자의 항목을 차례로 이동하는 키이고, Shift + Tab 은 대화상자의 항목을 반대 방향으로 이동하는 키입니다.
- '글자 모양' 대화상자에서 각 항목을 지정할 때는 Alt 를 누른 상태에서 해당 항목의 위쪽에 표시되는 영문자를 누르면 됩니다.

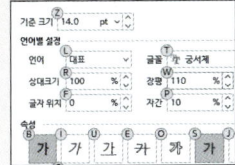

궁금해요 시나공 Q&A 베스트

Q '글자 모양' 대화상자에서 글꼴을 입력한 후 Alt + Z 를 눌러도 글꼴 목록이 계속 표시되어 있어요!

A 글꼴을 입력한 후 Enter 를 눌러야 합니다.

예 궁서체 입력 → Enter → Alt + Z → 14

전문가의 조언

색상 이름 및 RGB 확인
- '글자색' 목록 상자를 클릭한 후 색상표의 임의의 색에 마우스 포인터를 놓으면 색의 이름과 RGB가 표시됩니다. 색의 이름이 같아도 RGB가 다르면 감점되므로 반드시 RGB를 확인하고 색을 지정해야 합니다.
- 색상 테마를 변경한 직후에는 마우스를 놓아도 색의 이름과 RGB가 나타나지 않습니다. 이런 경우에는 색상표를 닫았다가 다시 연 후 원하는 색에 마우스 포인터를 놓으면 됩니다.
- 오른쪽 그림은 테마를 '오피스'로 변경한 후 색의 이름과 RGB를 확인하기 위해 '글자색' 목록 상자를 두 번 클릭한 화면입니다.

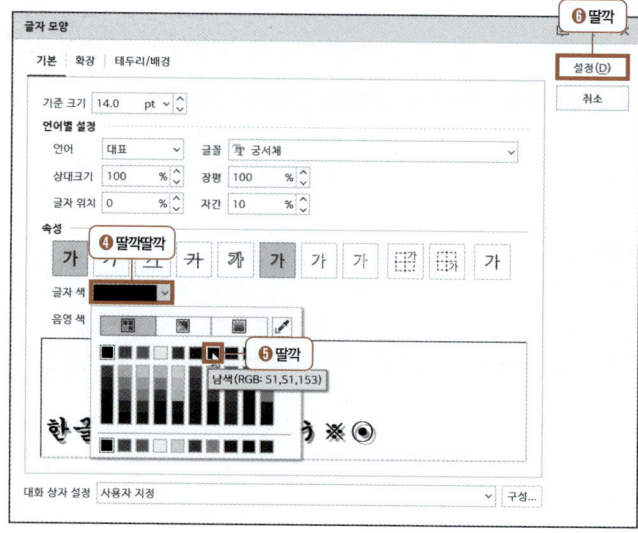

2. 나머지도 위의 방법을 참조하여 글자 모양을 변경하세요.

전문가의 조언

지시사항에 '기본'과 '오피스' 테마 두 개를 모두 사용하라는 지시사항이 있는 경우에는 RGB를 직접 입력하여 색을 지정하는 것이 좋습니다. 실수로 '오피스' 테마의 **남색(RGB : 51,51,153)**을 지정하려다가, '기본' 테마의 **남색(RGB : 58,60,132)**을 지정하면 감점되기 때문입니다.

잠깐만요 **RGB로 색 지정하기**

색상표의 색상 테마에서 색상을 고를 수 있지만 RGB를 직접 입력하여 색을 지정할 수도 있습니다. 다음과 같은 순서로 작업하세요.

❶ 색을 지정할 영역을 범위로 지정한 다음 Alt + L 을 눌러 '글자 모양' 대화상자를 호출합니다.

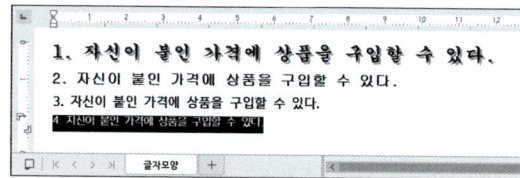

❷ '글자 모양' 대화상자의 '기본' 탭에서 '글자 색' 목록 단추를 클릭한 다음 '스펙트럼(▬)'을 클릭합니다.

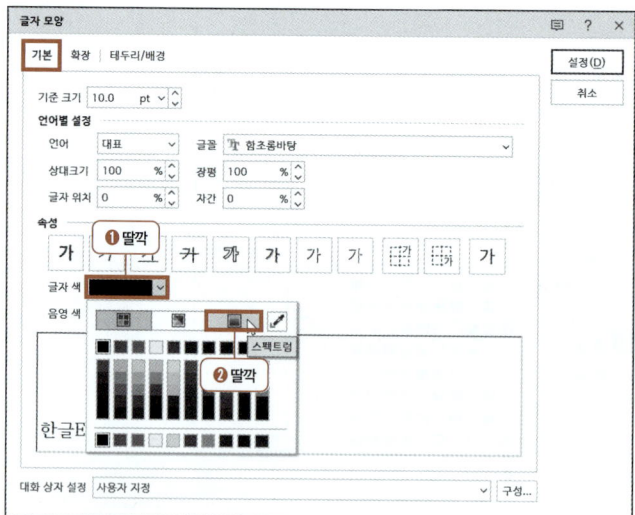

❸ R, G, B에 RGB 값 255, 132, 58을 각각 입력하고 〈적용〉을 클릭한 후 〈설정〉을 클릭하세요.

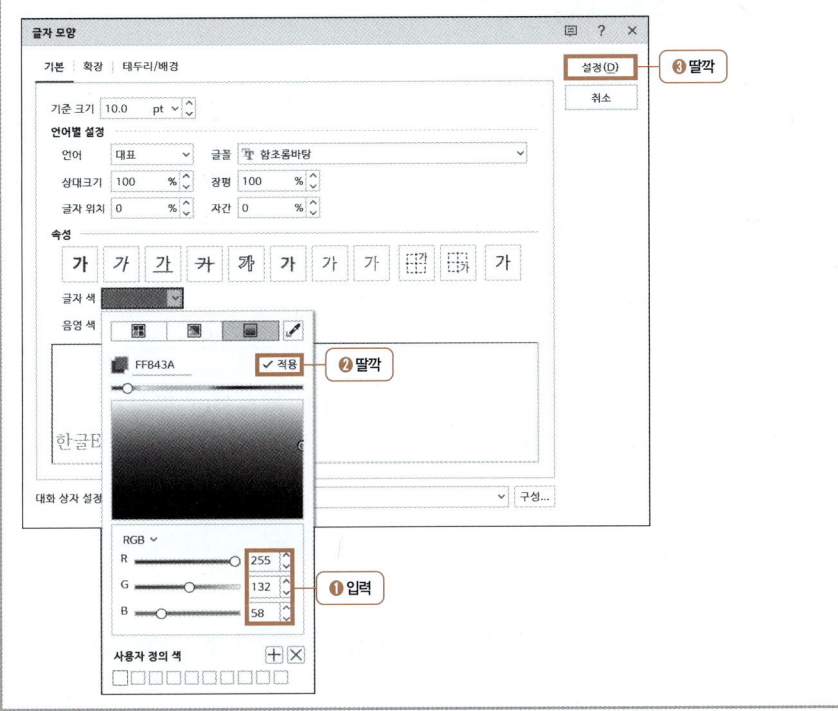

| 연습문제 | 다음 지시사항대로 문서를 완성하시오. |

문제 1 1번 문장을 기본 글꼴로 입력하고 2번 복사한 후 아래의 지시사항에 맞게 글자 모양을 변경하시오.

- 제한시간(입력시간 제외) : 40초
- 저장위치 : C:\WP\글자모양(연습문제)-1.hwpx
- 색상은 '기본' 테마가 포함된 색상 팔레트를 사용하시오.
- 지시사항
  1. 한양해서, 13pt, 장평(105%), 자간(5%), 진하게, 양각, 보라(RGB : 157,92,187)
  2. 굴림체, 11pt, 진하게, 그림자
  3. 궁서체, 9pt, 진하게, 남색(RGB : 58,60,132) 60% 밝게

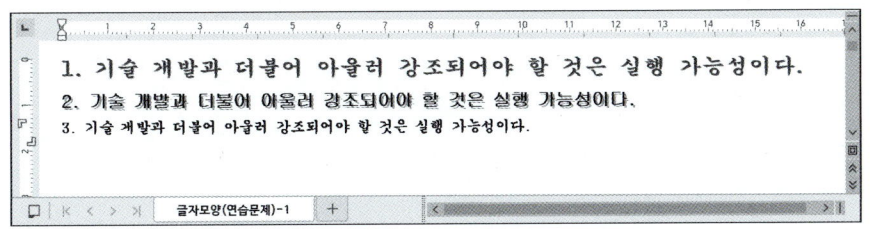

남색(RGB : 58,60,132) 60% 밝게

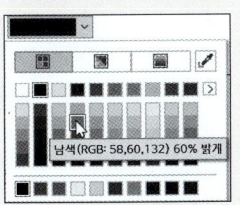

문제 2 1번 문장을 기본 글꼴로 입력하고 2번 복사한 후 아래의 지시사항에 맞게 글자 모양을 변경하시오.

- 제한시간(입력시간 제외) : 40초
- 저장위치 : C:\WP\글자모양(연습문제)-2.hwpx
- 색상은 '기본'과 '오피스' 테마가 포함된 색상 팔레트를 사용하시오.
- 지시사항
  1. HY견고딕, 14pt, 장평(95%), 자간(10%), 진하게, 주황(RGB : 255,132,58)
  2. 돋움체, 12pt, 진하게, 그림자
  3. 굴림체, 9pt, 진하게, 양각, 빨강(RGB : 255,0,0) 80% 밝게

빨강(RGB : 255,0,0) 80% 밝게

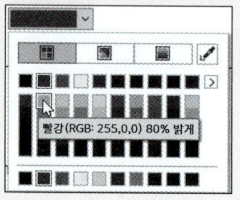

※ '오피스' 테마에서 지정함

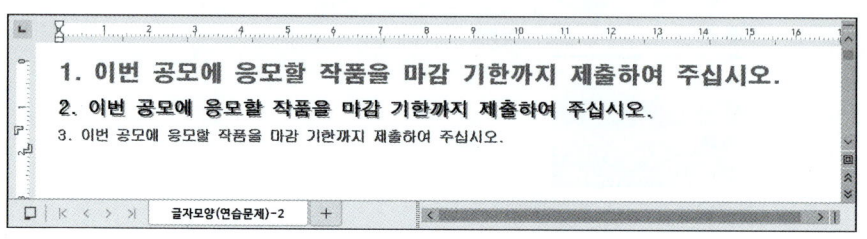

문제 3 1번 문장을 기본 글꼴로 입력하고 2번 복사한 후 아래의 지시사항에 맞게 글자 모양을 변경하시오.

- 제한시간(입력시간 제외) : 40초
- 저장위치 : C:\WP\글자모양(연습문제)-3.hwpx
- 색상은 '기본' 테마가 포함된 색상 팔레트를 사용하시오.
- 지시사항
  1. 맑은 고딕, 15pt, 장평(115%), 자간(15%), 진하게, 그림자, 초록(RGB : 40,155,110)
  2. 궁서체, 11pt, 진하게, 양각
  3. 돋움체, 11pt, 진하게, 하늘색(RGB : 97,130,214) 25% 어둡게

하늘색(RGB : 97,130,214) 25% 어둡게

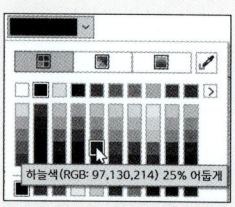

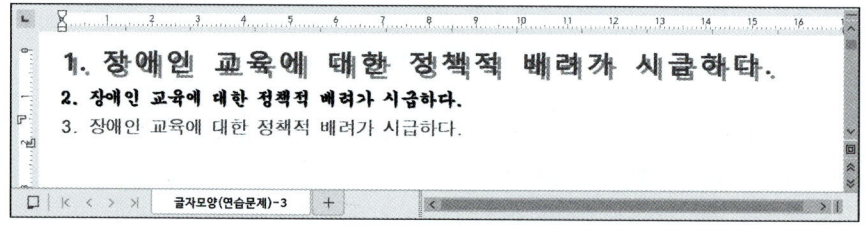

문제 4   1번 문장을 기본 글꼴로 입력하고 2번 복사한 후 아래의 지시사항에 맞게 글자 모양을 변경하시오.

- 제한시간(입력시간 제외) : 40초
- 저장위치 : C:\WP\글자모양(연습문제)-4.hwpx
- 색상은 '기본'과 '오피스' 테마가 포함된 색상 팔레트를 사용하시오.
- 지시사항
  1. 휴먼옛체, 13pt, 장평(90%), 자간(5%), 진하게, 파랑(RGB : 0,0,255)
  2. HY견고딕, 12pt, 진하게, 양각
  3. 한컴바탕, 9pt, 진하게, 그림자, 남색(RGB : 51,51,153) 80% 밝게

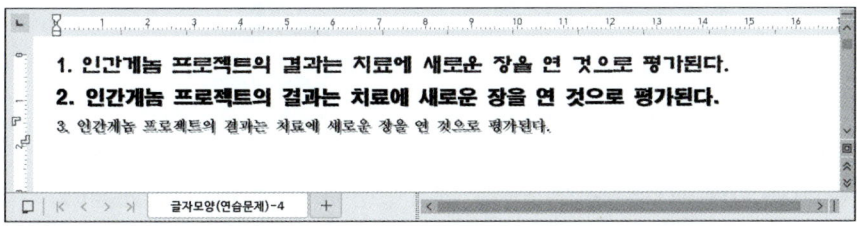

빨강(RGB : 255,0,0) 80% 밝게

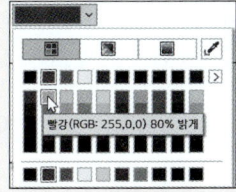

※ '오피스' 테마에서 지정함

문제 5   1번 문장을 기본 글꼴로 입력하고 2번 복사한 후 아래의 지시사항에 맞게 글자 모양을 변경하시오.

- 제한시간(입력시간 제외) : 40초
- 저장위치 : C:\WP\글자모양(연습문제)-5.hwpx
- 색상은 '기본' 테마가 포함된 색상 팔레트를 사용하시오.
- 지시사항
  1. 견고딕, 12pt, 장평(105%), 자간(10%), 진하게, 양각, 시안(RGB : 66,199,241)
  2. 한컴돋움, 11pt, 진하게, 그림자
  3. 휴먼고딕, 10pt, 진하게, 보라(RGB : 157,92,187) 50% 어둡게

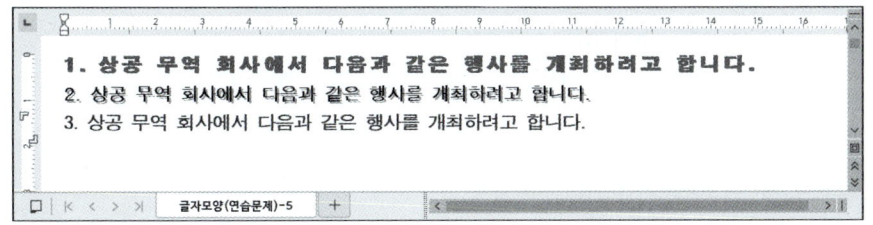

시안(RGB : 66,199,241)

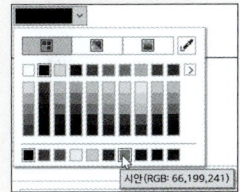

SECTION 07 글상자 / 누름틀

기능	제한시간(실제시험)	바로 가기 키	메뉴 / [기본] 도구 상자	작업 내용
글상자	50초	Ctrl+N, B	• [입력]의  → [글상자] • [입력] → (가로 글상자)	• 글상자 만들기 • 크기 지정하기 • 위치 지정하기 • 선 종류 및 굵기 지정하기 • 면 색 지정하기 • 내용 정렬하기 • 여백 지정하기
누름틀	10초	Ctrl+K, E	• [입력]의 → [개체] → [필드 입력]	• 누름틀 만들기 • 누름틀에 날짜 입력하기 • 누름틀에 이름이나 직책 입력하기

다음 지시사항대로 글상자와 누름틀을 1분 내에 완성했다면 다음 섹션으로 넘어가고, 그렇지 않으면 '따라하기'를 기초로 하여 연습문제를 1분 안에 완성하도록 연습하세요.

기본문제

다음 지시사항대로 문서를 완성하시오.

전문가의 조언

글상자는 글상자의 크기, 위치, 면 색, 선 종류 및 굵기 등이 변경될 수 있으니 글상자와 관련된 세부 지시사항을 반드시 확인한 후 작성하세요.

- 문제지에 주어진 대로 입력하시오.
- 제한시간(용지 설정 시간 제외) : 1분
- 저장위치 : C:\WP\글상자−누름틀.hwpx
- 용지 종류 : A4
- 여백 설정 : 왼쪽·오른쪽은 20mm, 위쪽·아래쪽·머리말·꼬리말은 10mm
- 색상은 '오피스' 테마가 포함된 색상 팔레트를 사용하시오.
- 글상자 규격
  − 크기 : 너비 168mm, 높이 23mm, 크기 고정
  − 위치 : 본문과의 배치 − 자리 차지, 가로 − 종이의 가운데 0mm, 세로 − 종이의 위 20mm
  − 바깥 여백 : 아래쪽 5mm
  − 선 속성 : 검정(RGB : 0,0,0), 실선 0.2mm
  − 색 채우기 : 초록(RGB : 0,128,0) 80% 밝게
- 글상자 내용
  − 제목(1) : 가운데 정렬
  − 제목(2) : 여백 − 왼쪽(340pt)
- 누름틀
  − 입력할 내용의 안내문 : '0000. 00. 00.', 입력 데이터 : '2025. 01. 25.'

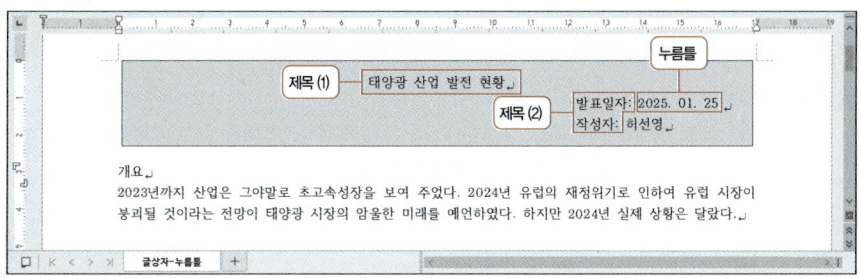

정답 및 감점 기준

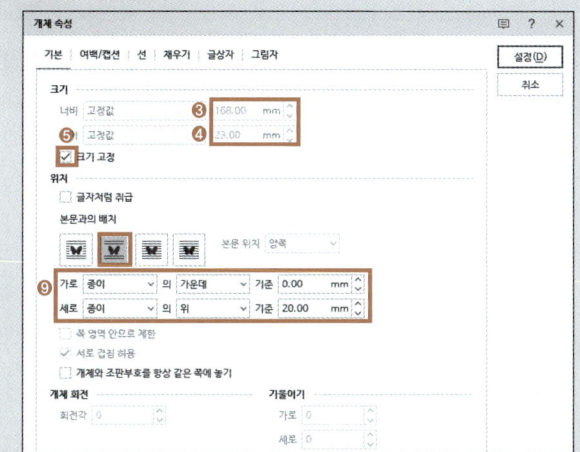
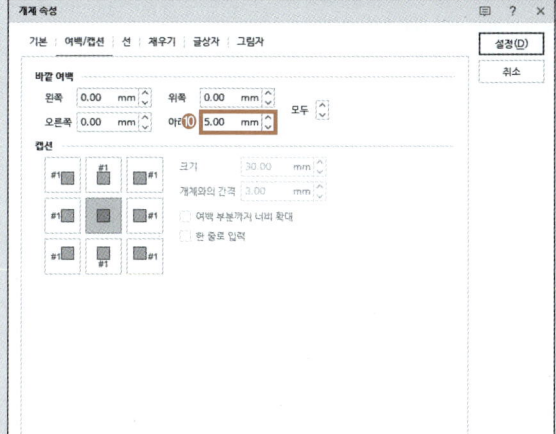

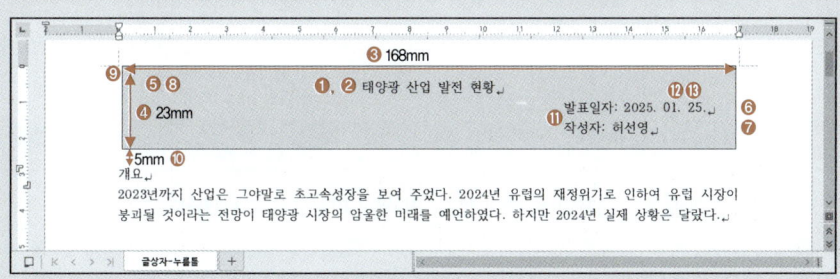

위치	감점	감점 사유
❶	3	글상자 안의 내용이 수평으로 가운데 정렬되지 않음
❷	3	글상자 안의 내용이 수직으로 가운데 정렬되지 않음
❸	5	글상자의 너비가 168mm가 아님
❹	5	글상자의 높이가 23mm가 아님
❺	3	'크기 고정'을 지정하지 않음
❻	3	글상자의 외곽선 선 색이 검정(RGB : 0,0,0)이 아님
❼	3	글상자의 외곽선이 실선 0.2mm가 아님

위치	감점	감점 사유
❽	5	글상자의 면 색이 초록(RGB : 0,128,0) 80% 밝기가 아님
❾	5	글상자의 위치가 본문과의 배치(자리 차지), 가로(종이의 가운데 0mm), 세로(종이의 위 20mm)가 아님
❿	3	글상자의 아래쪽 바깥 여백이 5mm가 아님
⓫	3	글상자 안의 내용에 대한 왼쪽 여백이 340pt가 아님
⓬	5	누름틀이 삽입되지 않음
⓭	3	누름틀에 날짜가 입력되지 않음

따라하기

전문가의 조언

데이터를 입력하지 않고 기능만 연습하려면 '길벗워드실기\섹션\입력완성본\글상자-누름틀.hwpx' 파일을 불러와서 글상자와 누름틀 삽입만 수행하세요.

전문가의 조언

바로 가기 키 누르는 방법
- Ctrl + Z 와 같이 더하기(+)로 연결된 경우 앞의 키를 누르고 있는 상태에서 뒤의 키를 누르면 됩니다.
- Ctrl + N, B 와 같이 콤마(,)로 연결된 경우 앞의 키를 누른 후 손가락을 떼고 다시 뒤의 키를 누르면 됩니다. 즉 Ctrl 을 누르고 있는 상태에서 N 을 누른 다음, 손을 떼고 다시 B 를 눌러야 한다는 뜻이지요.
- 글상자의 제목(2)에 지정할 왼쪽 여백 340pt는 글상자의 가로 길이를 변경한 상태에서만 지정할 수 있으니 글상자의 가로, 세로 길이를 변경한 후 작업하세요.

전문가의 조언

누름틀의 삽입 위치를 위해 "발표일자: " 입력 시 콜론(:) 뒤에 공백을 한 칸 입력하세요.

글상자 만들기

1. F7 을 눌러 용지 종류 및 여백을 설정한 다음 문제에 주어진 내용을 그대로 입력합니다.
2. Ctrl + PgUp 을 눌러 커서를 문서의 맨 처음으로 이동시킵니다.

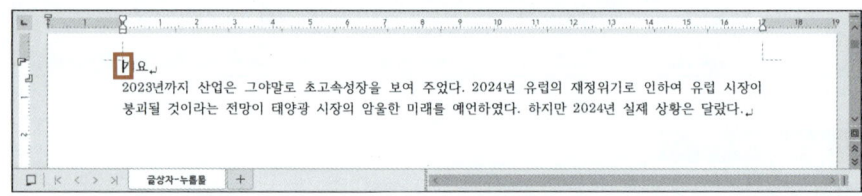

3. 글상자를 만드는 바로 가기 키 Ctrl + N, B 를 누르세요(글상자 만들기 [기본] 도구 상자 : [입력] → [📋(가로 글상자)]).
4. 마우스 포인터가 십자가(+) 모양으로 변경되었을 때 Ctrl + Z 를 누르세요. 글상자가 만들어지고 위치가 '자리 차지', '종이'로 설정됩니다.
5. 다음과 같이 글상자 안에 내용을 입력하세요.

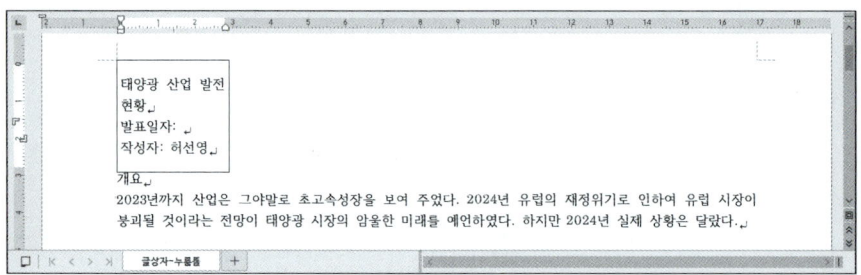

궁금해요 시나공 Q&A 베스트

Q 글상자를 만들면 글상자의 선 색이 빨강, 면 색이 파랑으로 표시돼요!

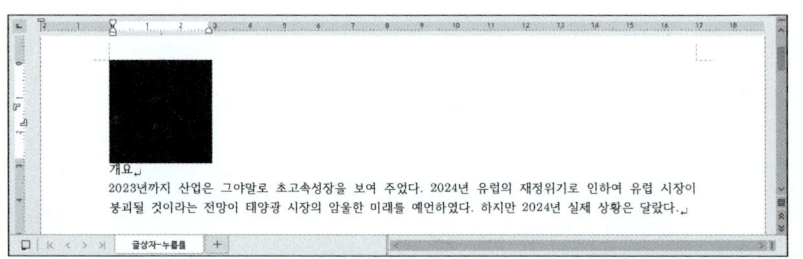

A 이전에 작업하던 흔적이 남아서 그렇습니다. 선 색과 면 색에 대한 지시사항이 제시되므로 이후 작업 과정에서 지시사항대로 선 색과 면 색을 바꾸어 주면 됩니다.

6. Ctrl + N, K를 눌러 '개체 속성' 대화상자를 호출하세요(글상자의 [바로 가기 메뉴] → [개체 속성]).
7. '개체 속성' 대화상자의 '기본' 탭에서 다음과 같이 지정하세요.

 전문가의 조언

Ctrl + N, K를 눌러야 하는데 실수로 Alt + N, K를 누르는 경우가 있습니다. Alt + N, K를 누르면 새글(Alt + N)이 열리는데, 이때는 당황하지 말고 열린 새 글(문서)을 닫으면 됩니다.

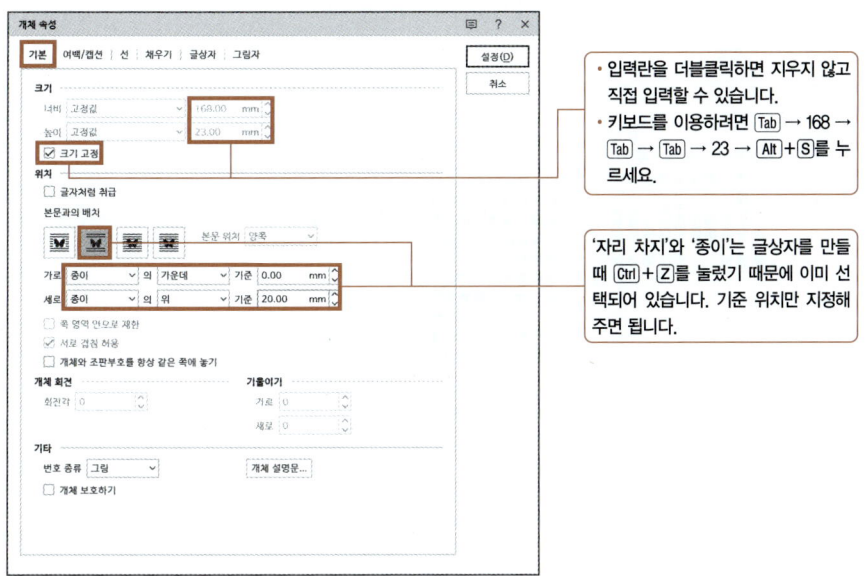

- 입력란을 더블클릭하면 지우지 않고 직접 입력할 수 있습니다.
- 키보드를 이용하려면 Tab → 168 → Tab → Tab → 23 → Alt + S를 누르세요.

'자리 차지'와 '종이'는 글상자를 만들 때 Ctrl + Z를 눌렀기 때문에 이미 선택되어 있습니다. 기준 위치만 지정해 주면 됩니다.

8. 여백을 지정할 차례입니다. '여백/캡션' 탭에서 바깥 아래쪽 여백에 5를 입력하세요.

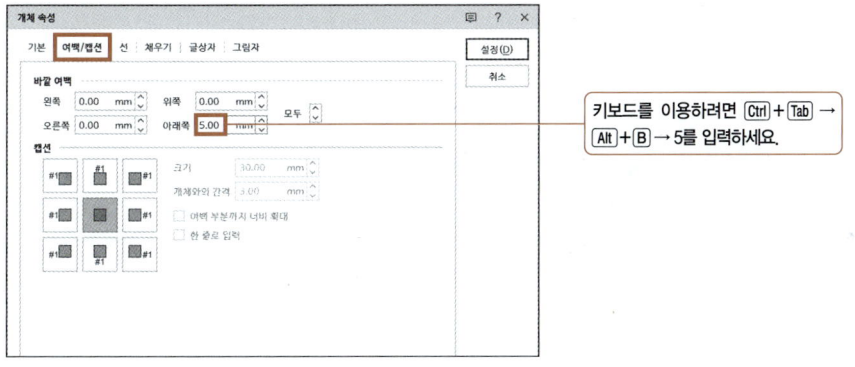

키보드를 이용하려면 Ctrl + Tab → Alt + B → 5를 입력하세요.

 전문가의 조언

대화상자에서 탭 사이를 이동할 때는 Ctrl + Tab 을 누르세요.

9. 이어서 '선' 탭에서 선 색을 '검정', 종류를 '실선', 굵기를 0.2로 지정하세요.

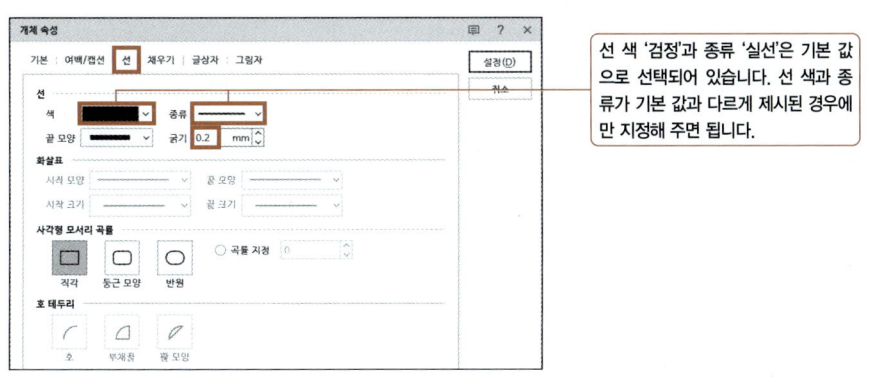

선 색 '검정'과 종류 '실선'은 기본 값으로 선택되어 있습니다. 선 색과 종류가 기본 값과 다르게 제시된 경우에만 지정해 주면 됩니다.

전문가의 조언

시험에 출제되는 기본 색상(검정, 빨강, 주황, 노랑, 초록, 파랑, 보라)은 색상 테마 중 '오피스'에 포함되어 있습니다. 해당 대화상자에서 한 번 선택된 테마는 다른 테마를 선택하기 전까지 계속 유지됩니다.

10. 마지막으로 '채우기' 탭에서 면 색을 '초록(RGB : 0,128,0) 80% 밝게'로 선택한 후 〈설정〉을 클릭하세요.

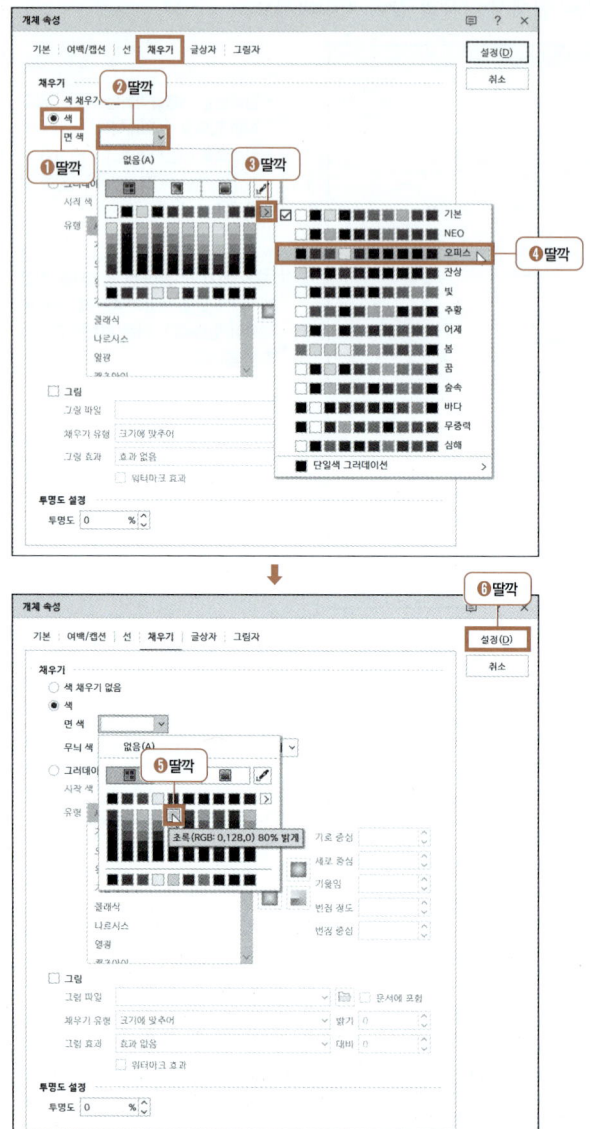

궁금해요 시나공 Q&A 베스트

Q 글자가 글상자의 위쪽에 붙어 있는데요!

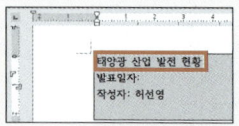

A 글상자에서 Ctrl + N , K 를 눌러 '개체 속성' 대화상자가 나타나면 '글상자' 탭의 세로 정렬 기준을 '가운데'로 설정하세요.

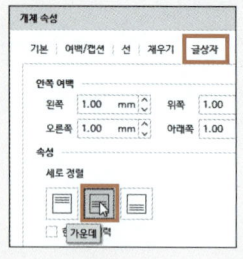

11. 제목(1) 부분에 커서를 넣고 Ctrl + Shift + C 를 눌러 문자열을 가운데로 정렬하세요.

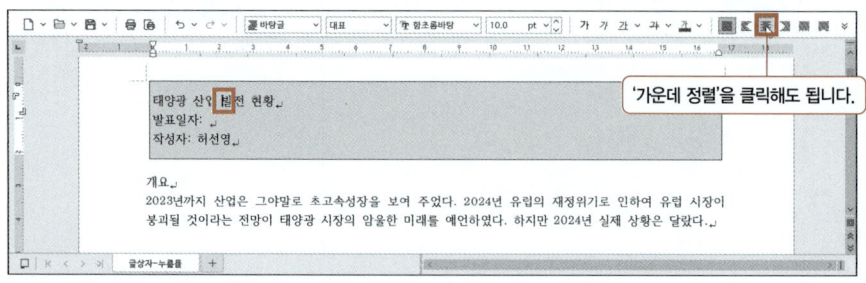

'가운데 정렬'을 클릭해도 됩니다.

12. 제목(2) 부분을 블록으로 지정한 후 Alt + T 를 눌러 '문단 모양' 대화상자를 호출하세요.

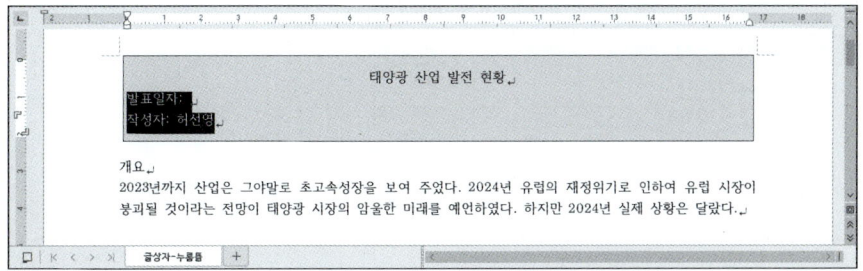

13. '문단 모양' 대화상자의 '기본' 탭에서 왼쪽 여백에 **340**을 입력한 후 〈설정〉을 클릭하세요.

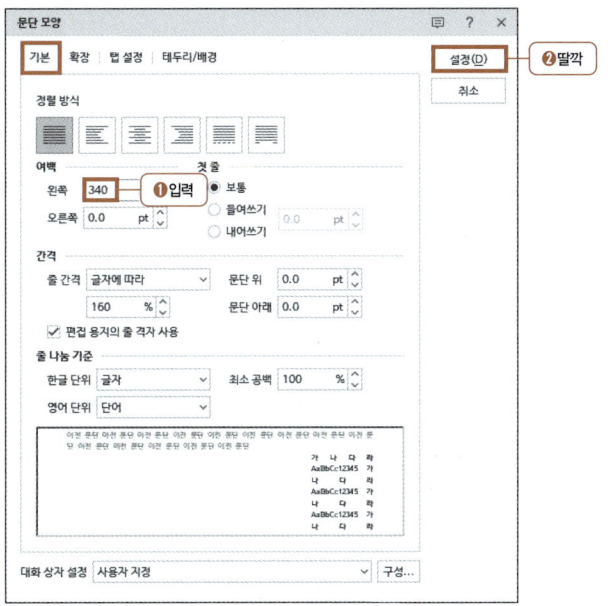

> **전문가의 조언**
>
> **바로 가기 키로 왼쪽 여백 지정하기**
> 왼쪽 여백을 지정할 2줄을 블록으로 지정한 후 Alt + T → Alt + F → 340 → Enter

누름틀 삽입하기

1. 누름틀을 삽입할 위치에 커서를 놓고 필드 입력 바로 가기 키 Ctrl + K, E 를 누르세요 ([입력]의 → [개체] → [필드 입력]).

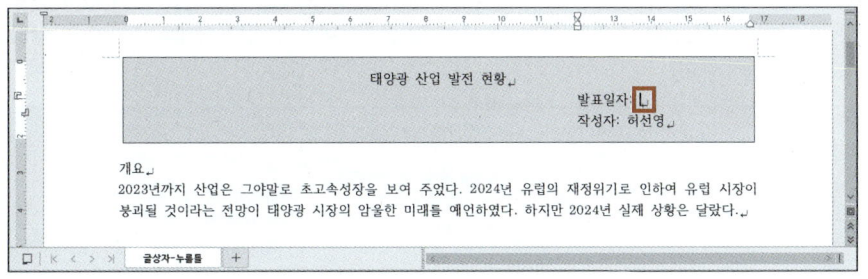

> **전문가의 조언**
>
> "발표일자: "의 콜론(:) 뒤에 공백이 한 칸 입력되어 있지 않을 경우 Spacebar 를 누른 후 필드 입력 바로 가기 키 Ctrl + K, E 를 누르세요.

전문가의 조언

누름틀을 삽입할 때 Ctrl+K, E를 눌러 '필드 입력'을 이용하는 이유

시간을 절약하기 위해서입니다. '누름틀'을 클릭하면 바로 누름틀이 삽입되면서 "이곳을 마우스로 누르고 내용을 입력하세요"라는 메시지가 표시되는데, 워드 실기시험에서는 이 안내문을 지시사항에 맞게 수정해야 하므로 '필드 입력 고치기' 대화 상자를 호출해서 한 번 더 작업을 해야 합니다. 하지만 '필드 입력' 기능을 이용하면 바로 누름틀에 표시할 안내문을 넣을 수 있는 대화상자가 표시되기 때문에 한 번에 작업을 끝낼 수 있죠.

2. '필드 입력' 대화상자의 '누름틀' 탭에서 '입력할 내용의 안내문'에 **0000. 00. 00.**을 입력한 후 〈넣기〉를 클릭하세요.

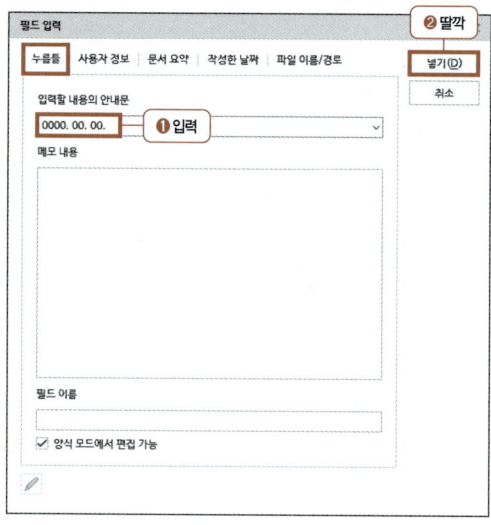

3. 화면에 표시된 누름틀을 마우스로 클릭한 후 **2025. 01. 25.**를 입력하세요.

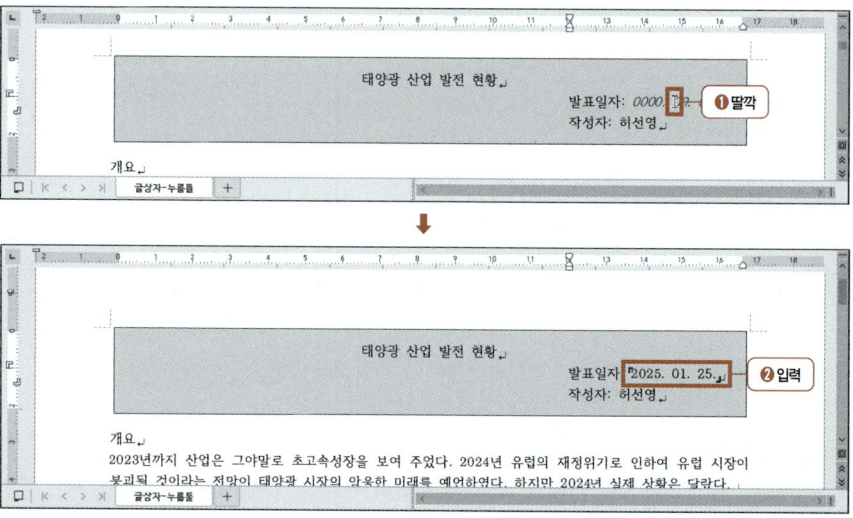

4. 누름틀 편집 상태에서 빠져나오기 위해 Shift + Esc 를 누르거나 누름틀 외의 빈 공간을 한 번 클릭합니다. 글상자의 위치와 선 모양 및 굵기, 내용의 정렬 상태와 누름틀의 삽입 상태를 확인하세요.

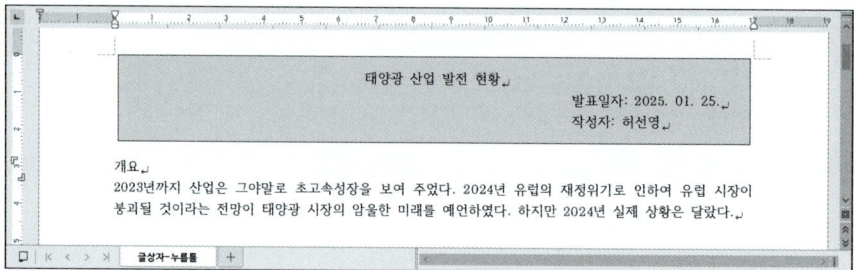

잠깐만요 | 글상자와 관련된 바로 가기 키

- Ctrl + N, B : 글상자 만들기
- Ctrl + N, K : '개체 속성' 대화상자 호출
- Ctrl + Shift + C : 글상자 안에서 문단 가운데 정렬
- Shift + Esc : 글상자 빠져나오기
- Ctrl + N, B를 누른 후 사용되는 바로 가기 키를 사용하여 특정 위치를 설정할 수 있습니다.

바로 가기 키	글상자 위치(본문과의 위치, 너비, 높이)	비고
Enter	글 앞으로, 종이의 왼쪽, 종이의 위	
Ctrl + Z	자리 차지, 종이의 왼쪽, 종이의 위	
Ctrl + D	글자처럼 취급	
Ctrl + S	어울림, 문단의 왼쪽, 문단의 위	Ctrl 대신 Alt 사용 가능
Ctrl + A	어울림, 쪽의 왼쪽, 쪽의 위	
Ctrl + V	어울림, 종이의 왼쪽, 종이의 위	
Ctrl + C	자리 차지, 문단의 왼쪽, 문단의 위	
Ctrl + X	자리 차지, 쪽의 왼쪽, 쪽의 위	

 전문가의 조언

워드프로세서 실기 시험에서 글상자는 자리를 차지하고 종이 전체를 기준으로 위치를 지정해야 하기 때문에 '자리 차지', '종이'의 옵션을 갖는 Ctrl + Z를 사용합니다. Ctrl + Z를 사용하여 글상자를 만든 후에는 종이의 가운데와 위에 대한 상대적인 위치만 지정해 주면 됩니다.

연습문제 — 다음 지시사항대로 문서를 완성하시오.

문제 1 — 다음 규격에 맞게 글상자를 작성하시오.

- 문제지에 주어진 대로 입력하시오.
- 제한시간(용지 설정 시간 제외) : 1분
- 저장위치 : C:\WP\글상자-누름틀(연습문제)-1.hwpx
- 용지 종류 : A4
- 여백 설정 : 왼쪽·오른쪽은 20mm, 위쪽·아래쪽·머리말·꼬리말은 10mm
- 색상은 '기본' 테마가 포함된 색상 팔레트를 사용하시오.
- 글상자 규격
  - 크기 : 너비 168mm, 높이 30mm, 크기 고정
  - 위치 : 본문과의 배치 – 자리 차지, 가로 – 종이의 가운데 0mm, 세로 – 종이의 위 20mm
  - 바깥 여백 : 아래쪽 5mm
  - 선 속성 : 검정(RGB : 0,0,0), 이중 실선 1mm
  - 색 채우기 : 노랑(RGB : 255,215,0) 60% 밝게
- 글상자 내용
  - 제목(1) : 가운데 정렬
  - 제목(2) : 여백–왼쪽(340pt)

 전문가의 조언

데이터를 입력하지 않고 기능만 연습하려면 '길벗워드실기\섹션₩입력완성본\글상자-누름틀(연습문제)-1.hwpx' 파일을 불러와서 글상자와 누름틀 삽입만 수행하세요.

- 누름틀
  - 입력할 내용의 안내문 : '(메일 주소)', 입력 데이터 : '(yw457@sanggong.co.kr)'

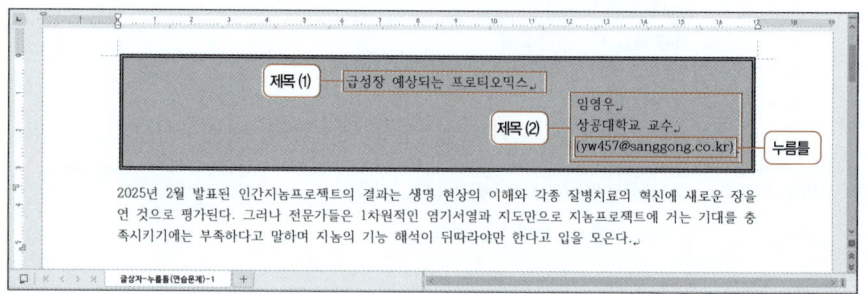

> **잠깐만요** **외곽선을 이중 실선으로 바꾸기**

'개체 속성' 대화상자의 '선' 탭에서 종류와 굵기를 다음과 같이 변경하세요.

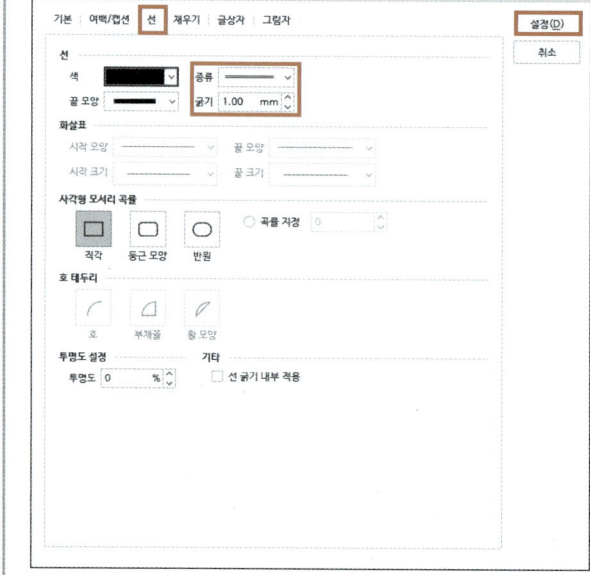

문제 2 다음 규격에 맞게 글상자를 작성하시오.

- 문제지에 주어진 대로 입력하시오.
- 제한시간(용지 설정 시간 제외) : 1분
- 저장위치 : C:\WP\글상자-누름틀(연습문제)-2.hwpx
- 용지 종류 : A4
- 여백 설정 : 위쪽·아래쪽·왼쪽·오른쪽은 20mm, 머리말·꼬리말은 10mm
- 색상은 '오피스' 테마가 포함된 색상 팔레트를 사용하시오.

 **전문가의 조언**

데이터를 입력하지 않고 기능만 연습하려면 '길벗워드실기\섹션\입력완성본\글상자-누름틀(연습문제)-2.hwpx' 파일을 불러와서 글상자와 누름틀 삽입만 수행하세요.

- 글상자 규격
    - 크기 : 너비 120mm, 높이 12mm, 크기 고정
    - 위치 : 본문과의 배치 – 자리 차지, 가로 – 종이의 가운데 0mm, 세로 – 종이의 위 19mm
    - 바깥 여백 : 아래쪽 8mm
    - 선 속성 : 검정(RGB : 0,0,0), 실선 0.2mm
    - 색 채우기 : 노랑(RGB : 255,255,0)
- 글상자 내용 : 가운데 정렬
- 누름틀
    - 입력할 내용의 안내문 : '이름(영문) 직위', 입력 데이터 : '홍길동(Hong Gildong) 대리'
    - 오른쪽 정렬

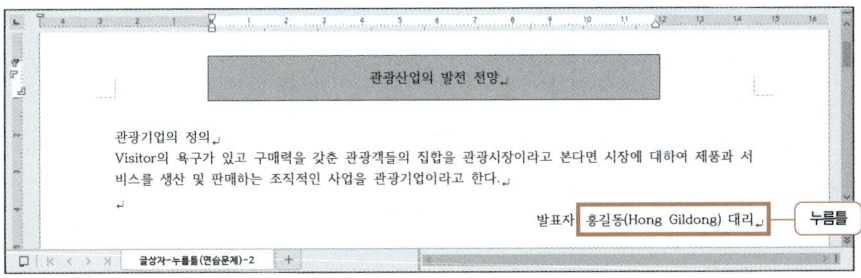

잠깐만요   면 색 지정 방법

색상표에서 지시사항으로 제시된 색을 찾는데 있어 혼동되는 경우에는 '스펙트럼([■])'을 클릭한 후 RGB 값을 직접 입력해도 됩니다.

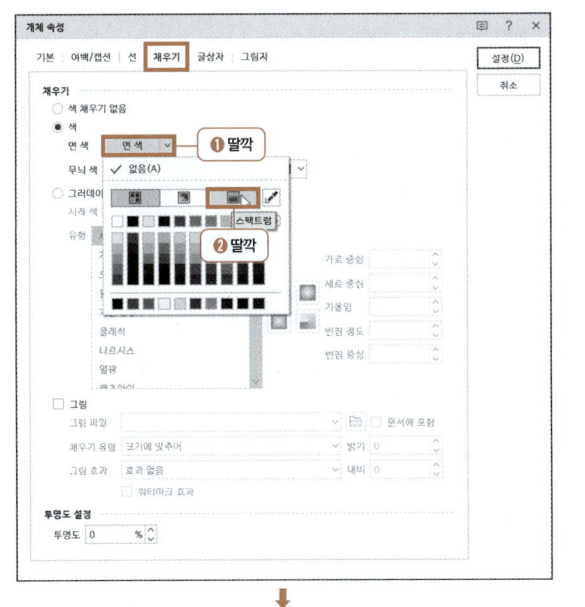

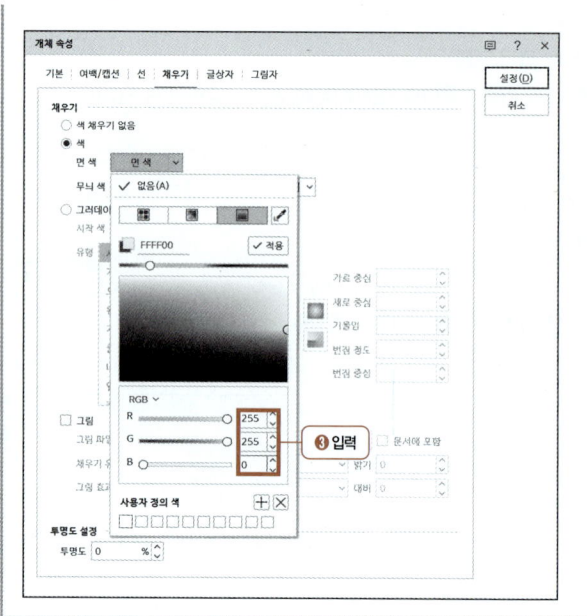

> **궁금해요** **시나공 Q&A 베스트**

Q 글상자가 보이지 않아요! 왜 그런거죠?

A 쪽 윤곽이 꺼져 있어서 그렇습니다. 편집 화면 오른쪽 하단의 '▣(보기 선택 아이콘)'을 클릭한 후 '▢(쪽 윤곽)'을 선택하세요.

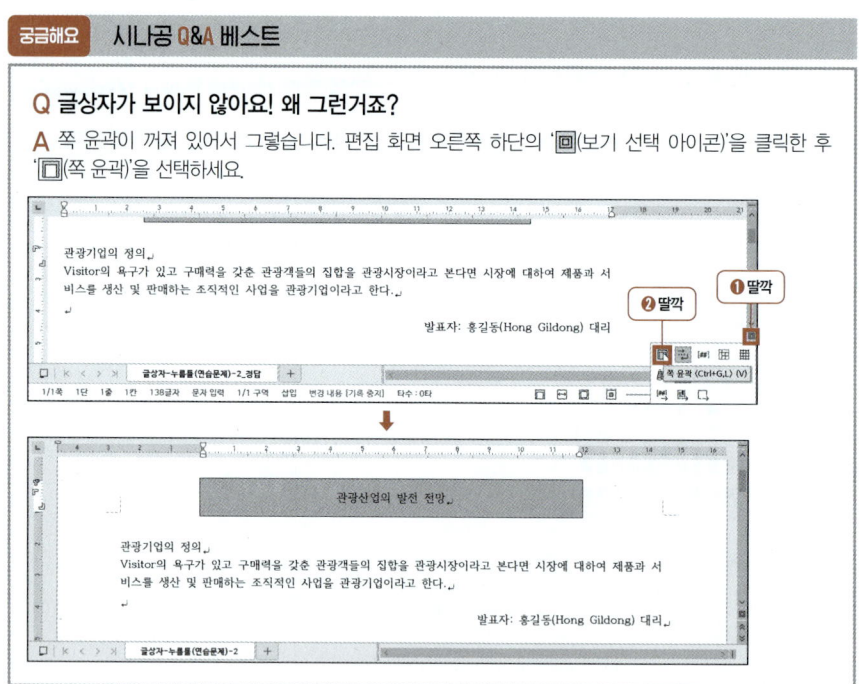

| 문제 3 | 다음 규격에 맞게 글상자를 작성하시오. |

- 문제지에 주어진 대로 입력하시오.
- 제한시간(용지 설정 시간 제외) : 1분
- 저장위치 : C:\WP\글상자-누름틀(연습문제)-3.hwpx
- 용지 종류 : A4
- 여백 설정 : 왼쪽·오른쪽은 20mm, 위쪽·아래쪽·머리말·꼬리말은 10mm
- 색상은 '기본' 테마가 포함된 색상 팔레트를 사용하시오.
- 글상자 규격
  - 크기 : 너비 170mm, 높이 24mm, 크기 고정
  - 위치 : 본문과의 배치 – 자리 차지, 가로 – 종이의 가운데 0mm, 세로 – 종이의 위 20mm
  - 바깥 여백 : 아래쪽 8mm
  - 선 속성 : 검정(RGB : 0,0,0), 실선 0.5mm
  - 색 채우기 : 주황(RGB : 255,132,58) 80% 밝게
- 글상자 내용
  - 제목(1) : 가운데 정렬
  - 제목(2) : 여백–왼쪽(340pt)
- 누름틀
  - 입력할 내용의 안내문 : '직책 이름', 입력 데이터 : '팀장 김예소'

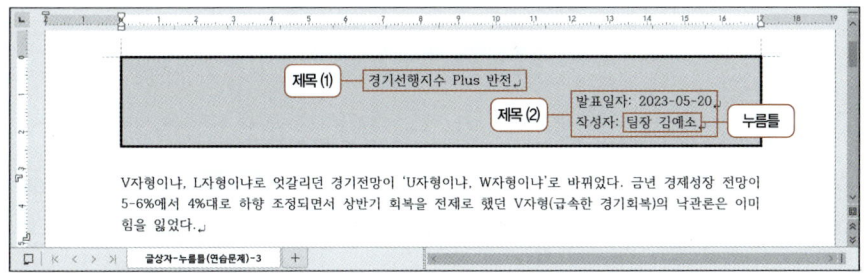

 전문가의 조언

데이터를 입력하지 않고 기능만 연습하려면 '길벗워드실기\섹션\입력완성본\글상자-누름틀(연습문제)-3.hwpx' 파일을 불러와서 글상자와 누름틀 삽입만 수행하세요.

전문가의 조언

데이터를 입력하지 않고 기능만 연습하려면 '길벗워드실기\섹션\입력완성본\글상자-누름틀(연습문제)-4.hwpx' 파일을 불러와서 글상자와 누름틀 삽입만 수행하세요.

문제 4 다음 규격에 맞게 글상자를 작성하시오.

- 문제지에 주어진 대로 입력하시오.
- 제한시간(용지 설정 시간 제외) : 1분
- 저장위치 : C:\WP\글상자-누름틀(연습문제)-4.hwpx
- 용지 종류 : A4
- 여백 설정 : 위쪽·아래쪽·왼쪽·오른쪽은 20mm, 머리말·꼬리말은 10mm
- 색상은 '오피스' 테마가 포함된 색상 팔레트를 사용하시오.
- 글상자 규격
  - 크기 : 너비 60mm, 높이 13mm, 크기 고정
  - 위치 : 본문과의 배치 – 자리 차지, 가로 – 종이의 가운데 0mm, 세로 – 종이의 위 19mm
  - 바깥 여백 : 아래쪽 5mm
  - 선 속성 : 검정(RGB : 0,0,0), 점선 0.5mm
  - 색 채우기 : 주황(RGB : 255,102,0) 80% 밝게
- 글상자 내용 : 가운데 정렬
- 누름틀
  - 입력할 내용의 안내문 : '성명(영문) 직책', 입력 데이터 : '김우민(Kim Woomin) 과장'
  - 오른쪽 정렬

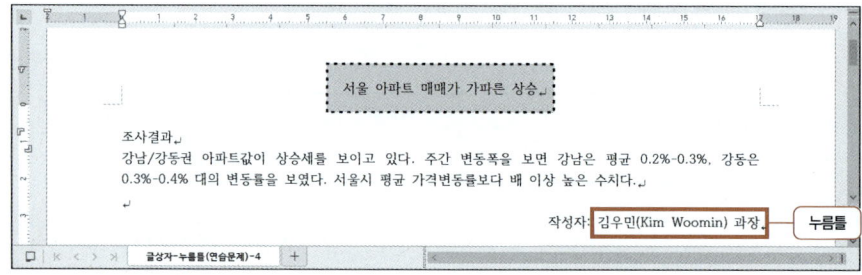

잠깐만요 외곽선을 점선으로 바꾸기

'개체 속성' 대화상자의 '선' 탭에서 종류와 굵기를 다음과 같이 변경하세요.

문제 5 다음 규격에 맞게 글상자를 작성하시오.

- 문제지에 주어진 대로 입력하시오.
- 제한시간(용지 설정 시간 제외) : 1분
- 저장위치 : C:\WP\글상자-누름틀(연습문제)-5.hwpx
- 용지 종류 : A4
- 여백 설정 : 왼쪽·오른쪽은 20mm, 위쪽·아래쪽·머리말·꼬리말은 10mm
- 색상은 '기본' 테마가 포함된 색상 테마를 사용하시오.
- 글상자 규격
  - 크기 : 너비 168mm, 높이 23mm, 크기 고정
  - 위치 : 본문과의 배치 – 자리 차지, 가로 – 종이의 가운데 0mm, 세로 – 종이의 위 20mm
  - 바깥 여백 : 아래쪽 8mm
  - 선 속성 : 검정(RGB : 0,0,0), 실선 0.2mm
  - 색 채우기 : 남색(RGB : 58,60,132) 80% 밝게
- 글상자 내용
  - 제목(1) : 가운데 정렬
  - 제목(2) : 여백–왼쪽(340pt)
- 누름틀
  - 입력할 내용의 안내문 : '0000. 00. 00.', 입력 데이터 : '2025. 10. 12.'

데이터를 입력하지 않고 기능만 연습하려면 '길벗워드실기\섹션\입력완성본\글상자-누름틀(연습문제)-5.hwpx' 파일을 불러와서 글상자와 누름틀 삽입만 수행하세요.

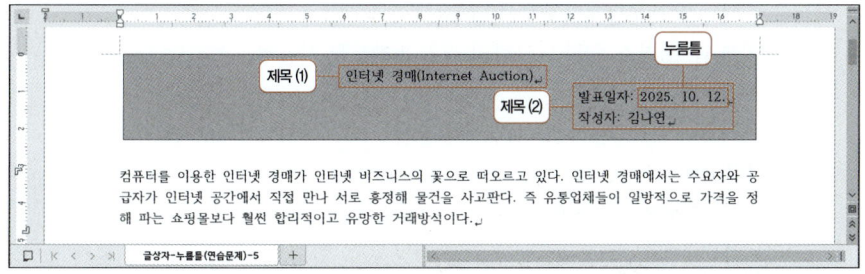

SECTION 08 문단 첫 글자 장식

기능	메뉴 / [기본] 도구 상자	작업 내용
용지 설정	• [서식]의 ▼ → [문단 첫 글자 장식] • [서식] → [갋](문단 첫 글자 장식)]	• 모양 지정하기 • 글꼴 지정하기 • 면색 지정하기 • 본문과의 간격 지정하기 • 글자색 지정하기

다음은 문단의 첫 글자 장식에 관한 문제입니다.
다음 지시사항대로 15초 내에 문단의 첫 글자를 장식했다면 다음 섹션으로 넘어가고, 그렇지 않으면 '따라하기'의 방법을 기초로하여 연습문제를 15초 안에 완성하도록 연습하세요.

기본문제

다음 지시사항대로 문서를 완성하시오.

전문가의 조언

문단 첫 글자 장식에서는 모양, 글꼴, 면 색, 본문과의 간격, 글자색이 변경되어 출제되고 있습니다. 문단 첫 글자 장식과 관련된 세부 지시사항을 정확히 확인한 다음 작성하세요.

- 문제지에 주어진 대로 입력하시오.
- 제한시간(입력시간 제외) : 15초
- 저장위치 : C:\WP\문단첫글자장식.hwpx
- 색상은 '기본'과 '오피스' 테마가 포함된 색상 팔레트를 사용하시오.
- 문단 첫 글자 장식
  - 모양 : 2줄
  - 글꼴 : 휴먼고딕
  - 면색 : 검은 군청(RGB : 27,23,96)
  - 본문과의 간격 : 3mm
  - 글자색 : 하양(RGB : 255,255,255)

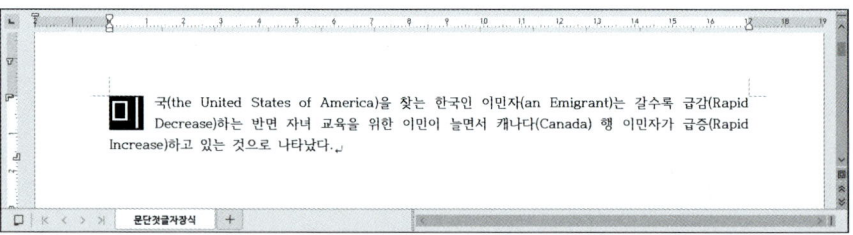

정답 및 감점 기준

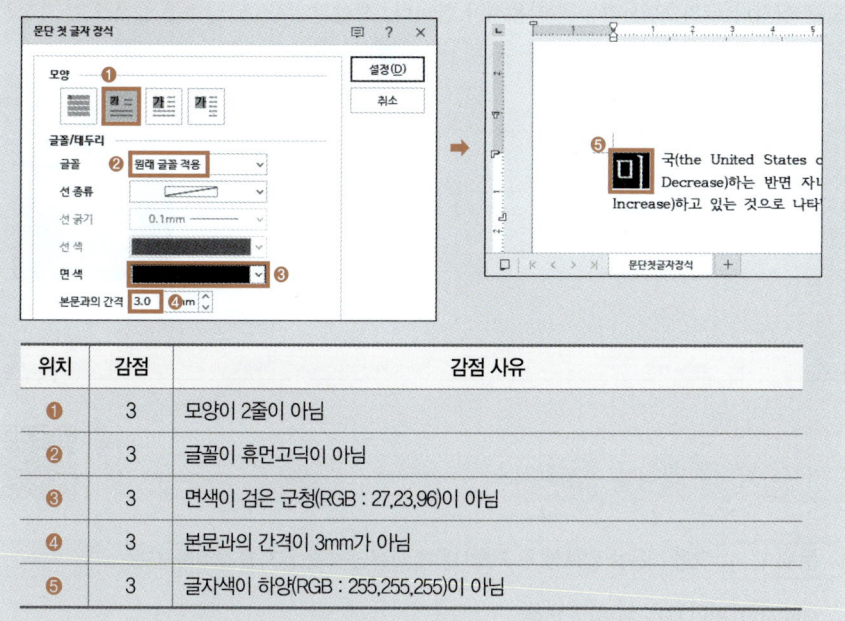

위치	감점	감점 사유
❶	3	모양이 2줄이 아님
❷	3	글꼴이 휴먼고딕이 아님
❸	3	면색이 검은 군청(RGB : 27,23,96)이 아님
❹	3	본문과의 간격이 3mm가 아님
❺	3	글자색이 하양(RGB : 255,255,255)이 아님

따라하기

1. 용지 및 여백을 설정하고, 문제에 주어진 대로 내용을 입력합니다.
2. 문단 첫 글자 장식을 적용할 문단에 커서를 놓고, [기본] 도구 상자의 [서식] → [] (문단 첫 글자 장식)]을 클릭하세요(바로 가기 키 : [Alt] → [J] → [A] → [3]).

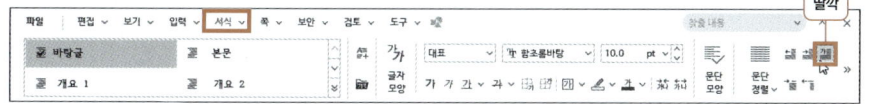

3. '문단 첫 글자 장식' 대화상자에서 모양, 글꼴, 면 색, 본문과의 간격을 다음과 같이 지정한 후 〈설정〉을 클릭하세요.

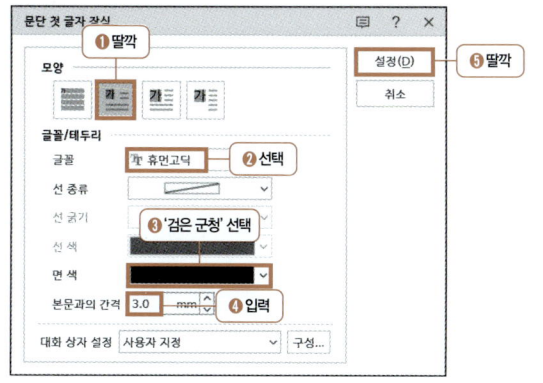

전문가의 조언

데이터를 입력하지 않고 기능만 연습하려면 '길벗워드실기\섹션\입력완성본\문단첫글자장식.hwpx' 파일을 불러와서 문단 첫 글자 장식 작업만 수행하세요.

전문가의 조언

• 문단 첫 글자 장식 기능은 해당 문단의 아무 곳에나 커서를 놓고 수행하면 됩니다. 문제에 제시된 내용은 한 개의 문단이므로 입력한 내용 중 아무 곳에나 커서를 놓고 [문단 첫 글자 장식]을 실행하면 됩니다. 워드프로세서에서는 [Enter]와 [Enter] 사이를 한 문단으로 간주합니다.
• '문단 첫 글자 장식' 대화상자의 '글꼴'에서는 글꼴을 직접 입력할 수는 없고 목록에서 선택만 가능합니다.

전문가의 조언

'하양' 색을 지정하는 다른 방법
현재 글자 색의 색상 테마가 '오피스'로 지정되어 있는 경우에는 테마를 '기본'으로 변경한 후 '하양'을 선택하면 됩니다.

4. 문단 첫 글자 장식 기능을 이용해서는 글자색을 변경할 수 없습니다. 글자색은 [서식] 도구 상자나 글자 모양 기능을 이용해야 합니다. 작성된 문단 첫 글자를 블록으로 지정하고 [서식] 도구 상자의 '(글자 색)'의 ▼ → ■(팔레트) → '하양'을 선택하세요.

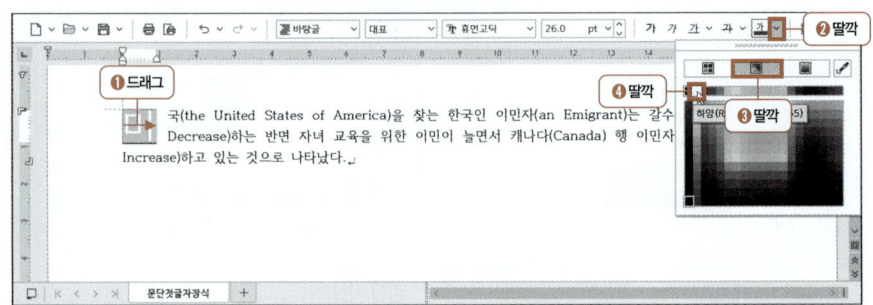

연습문제

다음 지시사항대로 문서를 완성하시오.

 전문가의 조언

데이터를 입력하지 않고 기능만 연습하려면 '길벗워드실기\섹션\입력완성본\문단첫글자장식(연습문제)-1.hwpx' 파일을 불러와서 문단 첫 글자 장식 작업만 수행하세요.

문제 1 다음 내용을 입력한 후 지시사항대로 문단의 첫 글자를 장식하시오.

- 제한시간(입력시간 제외) : 15초
- 저장위치 : C:\WP\문단첫글자장식(연습문제)-1.hwpx
- 색상은 '기본' 테마가 포함된 색상 팔레트를 사용하시오.
- 모양 : 2줄
- 글꼴 : HY궁서
- 면색 : 초록(RGB : 40,155,110)
- 본문과의 간격 : 4mm
- 글자색 : 연한 노랑(RGB : 250,243,219) 10% 어둡게

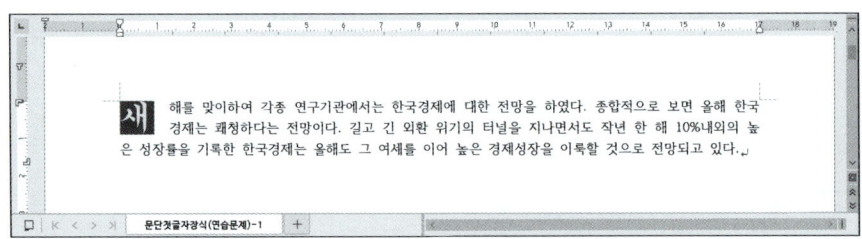

문제 2 다음 내용을 입력한 후 지시사항대로 문단의 첫 글자를 장식하시오.

- 제한시간(입력시간 제외) : 15초
- 저장위치 : C:\WP\문단첫글자장식(연습문제)-2.hwpx
- 색상은 '기본' 테마가 포함된 색상 팔레트를 사용하시오.
- 모양 : 3줄
- 글꼴 : 한컴돋움
- 면색 : 노랑(RGB : 255,215,0)
- 본문과의 간격 : 5mm
- 글자색 : 주황(RGB : 255,132,58) 25% 어둡게

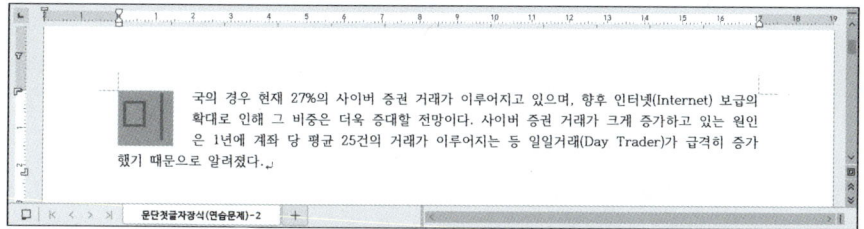

 전문가의 조언

데이터를 입력하지 않고 기능만 연습하려면 '길벗워드실기\섹션\입력완성본\문단첫글자장식(연습문제)-2.hwpx' 파일을 불러와서 문단 첫 글자 장식 작업만 수행하세요.

문제 3 다음 내용을 입력한 후 지시사항대로 문단의 첫 글자를 장식하시오.

- 제한시간(입력시간 제외) : 15초
- 저장위치 : C:\WP\문단첫글자장식(연습문제)-3.hwpx
- 색상은 '기본'과 '오피스' 테마가 포함된 색상 팔레트를 사용하시오.
- 모양 : 2줄
- 글꼴 : 바탕체
- 면색 : 파랑(RGB : 0,0,255)
- 본문과의 간격 : 3mm
- 글자색 : 하양(RGB : 255,255,255)

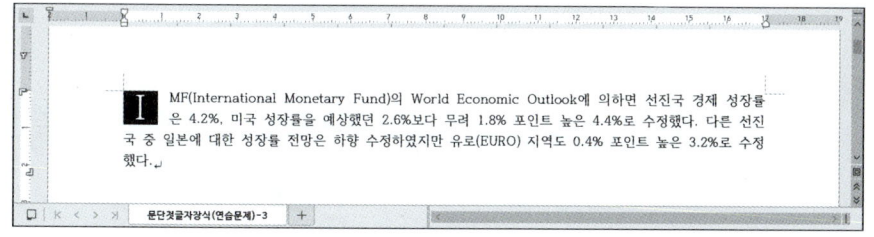

 전문가의 조언

데이터를 입력하지 않고 기능만 연습하려면 '길벗워드실기\섹션\입력완성본\문단첫글자장식(연습문제)-3.hwpx' 파일을 불러와서 문단 첫 글자 장식 작업만 수행하세요.

SECTION 09 한자 변환

기능	바로 가기 키	입력 형식	출제 범위	작업 내용
한자 변환	F9 , 한자	한글(漢字)	교육부 지정 상용 한자 1,800자	한자 변환

한자 변환은 보통 3~5단어, 6~10글자가 출제되며, 틀리면 한 단어당 3점씩 감점됩니다.
다음 문서는 기출문제에서 한자가 포함된 문장을 발췌한 내용입니다. '따라하기'의 방법을 기초로 1분 안에 한자로 모두 변환할 수 있도록 연습하세요.

기본문제

다음 지시사항대로 문서를 완성하시오.

- 문제지에 주어진 대로 입력하시오.
- 제한시간(입력시간 제외) : 1분
- 저장위치 : C:\WP\한자변환.hwpx

 전문가의 조언

한자는 3~5단어가 출제되며, 한 단어당 감점되는 점수가 3점이므로 9~15점은 80점 이상을 맞아야 하는 워드프로세서 실기 시험에서 매우 큰 점수입니다. 문제지에 한글과 한자를 같이 제공하므로 실수만 하지 않으면 어렵지 않게 점수를 얻을 수 있습니다. 비슷한 한자를 혼동하지 않고 정확하게 지정하는 연습을 평소에 충분히 하세요.

1. 소비자 자신이 붙인 가격(價格)에 상품을 구입할 수 있다.
2. 기술 개발(開發)과 더불어 아울러 강조되어야 할 것은 실행 가능성이다.
3. 상공 무역 회사에서 다음과 같은 행사를 개최(開催)하려 한다.
4. 인간게놈프로젝트의 결과(結果)는 생명 현상과 치료에 새로운 장을 연 것으로 평가된다.
5. 산업경제(經濟) 연구소 수석 연구원 김건수
6. 이번 공모(公募)에 응모할 작품을 마감 기한까지 제출하여 주십시오.
7. 장애인 교육(教育)에 대한 정책적 배려가 시급하다.
8. 네트워크 광고시장의 규모(規模)는 점점 더 증가하는 추세이다.
9. 기업들은 XML/EDI 기술(技術)을 이용한 새로운 전자상거래 시대를 대비해야 한다.
10. 법무부의 통계(統計)에 따르면 지난해 이혼 소송률이 3배나 증가했다.

정답 및 감점 기준

한자는 틀리면 단어당 3점씩 감점됩니다.

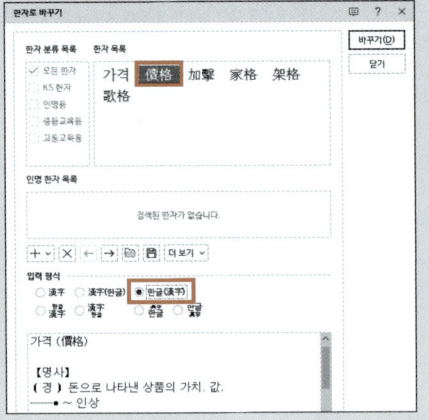

따라하기

1. 한자로 변환할 글자 뒤, 여기서는 '가격'의 '격'자 뒤에 커서를 놓고 F9 나 를 누르세요([기본] 도구 상자 : [입력] → [한자 입력]).

   소비자 자신이 붙인 가격|

2. '한자로 바꾸기' 대화상자에서 문제에 맞는 한자를 선택하고, 입력 형식에서 '한글(漢字)'를 선택한 후 〈바꾸기〉를 클릭하세요.

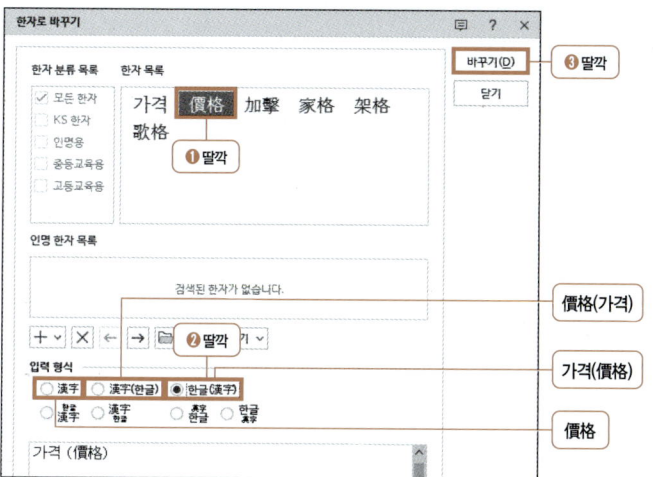

> **전문가의 조언**
>
> 데이터를 입력하지 않고 기능만 연습하려면 '길벗워드실기\섹션\입력완성본\한자변환.hwpx' 파일을 불러와서 한자 변환 작업만 수행하세요.

> **궁금해요** 시나공 Q&A 베스트
>
> **Q** 이상해요! '산업경제'를 입력한 다음 '경제' 뒤에 커서를 놓고 '경제'를 한자로 변경하려는데 '산업'에 대한 한자가 나옵니다.
>
> **A** 이럴 경우 '경제'를 블록으로 지정한 후 한자 변환 바로 가기 키 F9 나 를 눌러 해당 한자를 설정하세요.

3. 나머지 한자도 동일한 방법으로 변경하세요.

연습문제 다음 지시사항대로 문서를 완성하시오.

문제 1

- 제한시간(입력시간 제외) : 1분
- 저장위치 : C:\WP\한자변환(연습문제)-1.hwpx

1. 동일한 배너광고에 사용자는 흥미(興味)를 느끼지 않게 된다.
2. 인류(人類)를 위한 삶의 터전을 창조하는 환경 친화 디자인입니다.
3. 사업가 정신을 갖춘 기업(企業)을 말합니다.
4. 오늘도 끊임없이 노력(努力)하고 있는 중입니다.
5. 오늘날 경영환경은 많은 변화와 도전을 요구(要求)하고 있습니다.
6. 상반기 인기상품을 선정하여 발표하오니 참고(參考)하시기 바랍니다.
7. 원대한 꿈과 희망(希望)을 키우고 있습니다.
8. 참고 자료로 활용(活用)하시기 바랍니다.
9. 웅장한 민속음악 연주(演奏)를 감상하실 수 있습니다.
10. 상공문화재단에서는 한국의 교통문화지수를 발표(發表)하였다.

> **전문가의 조언**
>
> 데이터를 입력하지 않고 기능만 연습하려면 '길벗워드실기\섹션\입력완성본\한자변환(연습문제)-1.hwpx' 파일을 불러와서 한자 변환 작업만 수행하세요.

전문가의 조언

데이터를 입력하지 않고 기능만 연습하려면 '길벗워드실기\섹션\입력완성본\한자변환(연습문제)-2.hwpx' 파일을 불러와서 한자 변환 작업만 수행하세요.

문제 2

- 제한시간(입력시간 제외) : 1분
- 저장위치 : C:\WP\한자변환(연습문제)-2.hwpx

1. 새로운 발전방향이 제시(提示)될 이번 세미나에 여러분을 초대합니다.
2. 행사 담당자에게 문의(問議)하시기 바랍니다.
3. 유익한 정보(情報)를 제공하려 합니다.
4. 신뢰(信賴)할 수 있는 기관의 정보 교육 과정에 동참하세요.
5. 조직(組織)의 생존과 번영의 필수적인 요소가 되고 있습니다.
6. 전략 등에 관한 내용(內容)을 담고 있습니다.
7. 도전과 개척(開拓)을 통하여 모범적인 회사로 성장하고 있습니다.
8. 다음과 같은 프로그램으로 극기 훈련(訓練)을 수행합니다.
9. 21세기의 핵심산업(産業)은 정보기술 산업입니다.
10. 정보기술뿐만 아니라 정보윤리의식의 학습(學習)도 필요하다.

전문가의 조언

데이터를 입력하지 않고 기능만 연습하려면 '길벗워드실기\섹션\입력완성본\한자변환(연습문제)-3.hwpx' 파일을 불러와서 한자 변환 작업만 수행하세요.

문제 3

- 제한시간(입력시간 제외) : 1분
- 저장위치 : C:\WP\한자변환(연습문제)-3.hwpx

1. 리눅스 연구회와 인터넷 카페가 운영(運營)됩니다.
2. 협조에 깊이 감사(感謝)드립니다.
3. 정보 전반에 걸친 이해(理解)가 필요합니다.
4. 개인용으로도 많이 사용(使用)되고 있다.
5. 경험자의 강의(講義)와 토론 형식으로 진행된다.
6. 평가(評價)를 받은 바 있습니다.
7. 모든 문제는 과학(科學) 기술에 의해 해결할 수 있다.
8. 새로운 기술이나 경영(經營) 노하우를 가져야 한다.
9. 건전한 사회(社會)를 방송 지표로 삼고 있습니다.
10. 경쟁력 있는 정보인프라 구축을 목표(目標)로 한다.

SECTION 10 책갈피 / 하이퍼링크

기능	바로 가기 키	메뉴 / [기본] 도구 상자	작업 내용
책갈피	Ctrl + K, B	• [입력]의 ▼ → [책갈피] • [입력] → [책갈피]	지정된 이름으로 책갈피 지정
하이퍼링크	Ctrl + K, H	• [입력]의 ▼ → [하이퍼링크] • [입력] → [하이퍼링크]	지정된 책갈피로 연결 설정

다음 지시사항대로 책갈피와 하이퍼링크를 15초 내에 작성했다면 다음 섹션으로 넘어가고, 그렇지 않으면 '따라하기' 방법을 기초로하여 15초 안에 완성할 수 있도록 연습하세요.

기본문제
다음 지시사항대로 책갈피와 하이퍼링크를 작성하시오.

- 문제지에 주어진대로 입력하시오.
- 제한시간(입력시간 제외) : 15초
- 저장위치 : C:\WP\책갈피-하이퍼링크.hwpx
- 책갈피 : "법무부" 앞에 "참조"란 이름으로 책갈피 지정
- 하이퍼링크
  - "급증"에 하이퍼링크 설정
  - 연결 대상 : "한글 문서", 책갈피의 "참조"로 지정

책갈피 하이퍼링크 지우기

법무부(http://www.moj.go.kr)의 해외이민 통계에 따르면 91년 1만 4,957명에 달하던 미국 이민자는 지난해 6,101명으로 10년 만에 절반가량으로 줄었으나 같은 기간 캐나다 이민자는 1,648명에서 5,118명으로 3배 이상 급증했다. 캐나다 이민자는 01년 이후 05년(2,726명)까지는 소폭 증가세를 보이다가, 06년(3,440명)부터 급격히 늘어나는 추세다.

하이퍼링크

정답 및 감점 기준

- 책갈피 작성 : 3점
- 하이퍼링크 작성 : 5점
- 하이퍼링크 지우기 : 3점

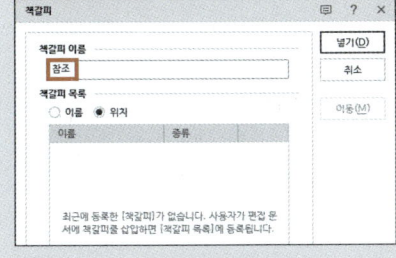
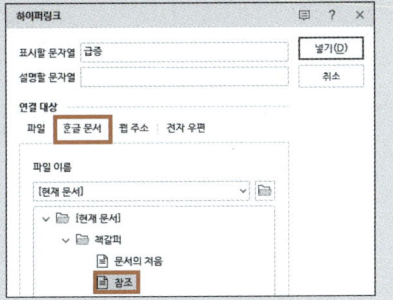

전문가의 조언

- 워드프로세서 실기 시험에서 하이퍼링크는 책갈피를 만든 후 만들어진 책갈피로 연결하는 문제나 URL 주소를 직접 입력하는 문제가 출제됩니다. URL 주소를 직접 입력하여 하이퍼링크를 연결하는 문제는 Section 16 '각주/하이퍼링크'에서 학습합니다.
- 두꺼운 책을 읽을 때 책의 중간 중간에 책갈피를 꽂아두고 필요할 때마다 들쳐보면 편리하듯이, 책갈피 기능은 문서의 특정 위치를 표시해 두는 기능입니다. 하이퍼링크 기능은 현재 커서의 위치에 상관없이 특정 위치로 커서를 한번에 이동시키는 기능입니다. 책갈피 기능으로 특정 위치를 표시한 다음 하이퍼링크 기능을 이용하여 그 위치를 찾아갑니다.

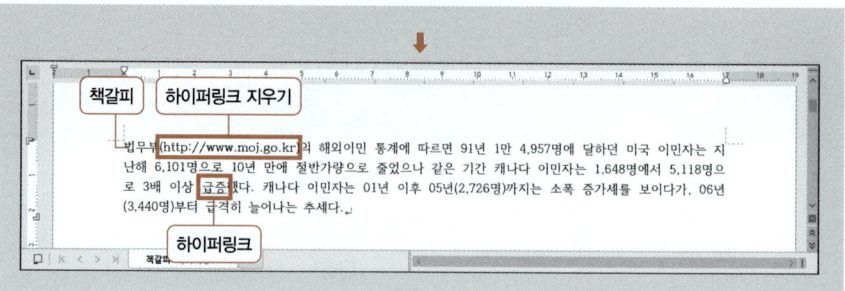

따라하기

전문가의 조언

데이터를 입력하지 않고 기능만 연습하려면 '길벗워드실기\섹션\입력완성본\책갈피-하이퍼링크.hwpx' 파일을 불러와서 책갈피와 하이퍼링크 작업만 수행하세요.

책갈피 만들기

1. 문제지에 주어진 내용을 그대로 입력하세요. 이메일 주소나 홈 페이지 주소 등의 URL을 입력하면 자동으로 하이퍼링크가 설정됩니다. 입력을 모두 마친 후에 제거할 것이니 입력할 때는 신경쓰지 말고 끝까지 입력하세요.

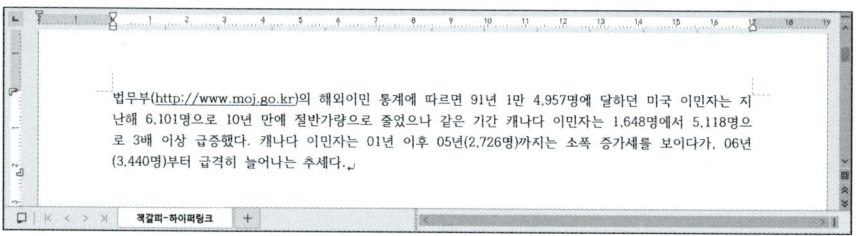

2. Ctrl + PgUp 을 눌러 입력된 문단의 맨 앞(법무부)에 커서를 놓은 다음 책갈피를 만드는 바로 가기 키 Ctrl + K, B를 누르세요(책갈피 만들기 [기본] 도구 상자 : [입력] → [책갈피]).

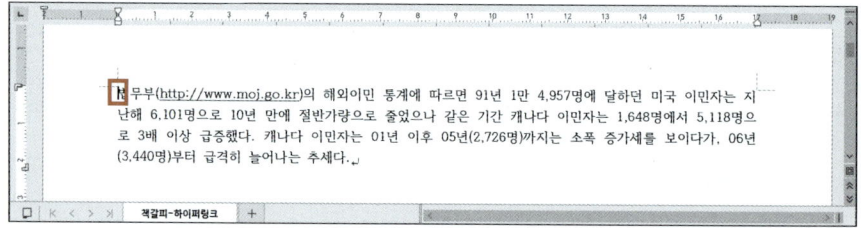

전문가의 조언

책갈피 확인하기

[기본] 도구 상자에서 [보기] → [조판 부호]를 선택합니다. 책갈피가 삽입된 위치에 주황색으로 '책갈피' 표시가 나타나며 커서를 '책갈피' 앞에 위치시키면 '책갈피'가 상황선에 표시됩니다.

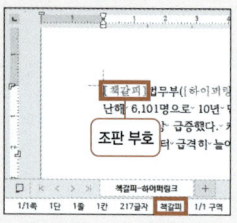

3. '책갈피' 대화상자에서 책갈피 이름에 **참조**를 입력한 후 Enter를 누르세요. 눈에 보이지는 않지만 커서가 있던 위치에 '참조'라는 이름으로 책갈피가 만들어진 것입니다.

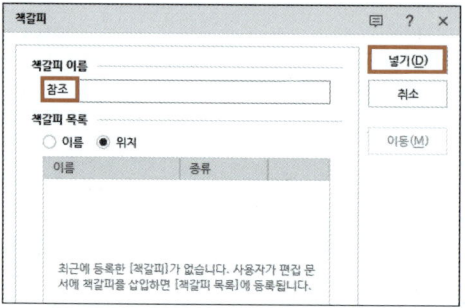

하이퍼링크 만들기

1. 3번에서 지정한 책갈피로 이동할 하이퍼링크를 지정할 차례입니다. 하이퍼링크를 설정할 단어 "급증"을 블록으로 지정하고 하이퍼링크 만들기 바로 가기 키 Ctrl+K, H를 누르세요.(하이퍼링크 만들기 [기본] 도구 상자 : [입력] → [하이퍼링크]).

2. '하이퍼링크' 대화상자에서 연결 대상에 앞에서 만들어 놓은 책갈피 '참조'를 선택한 후 〈넣기〉를 클릭하세요.

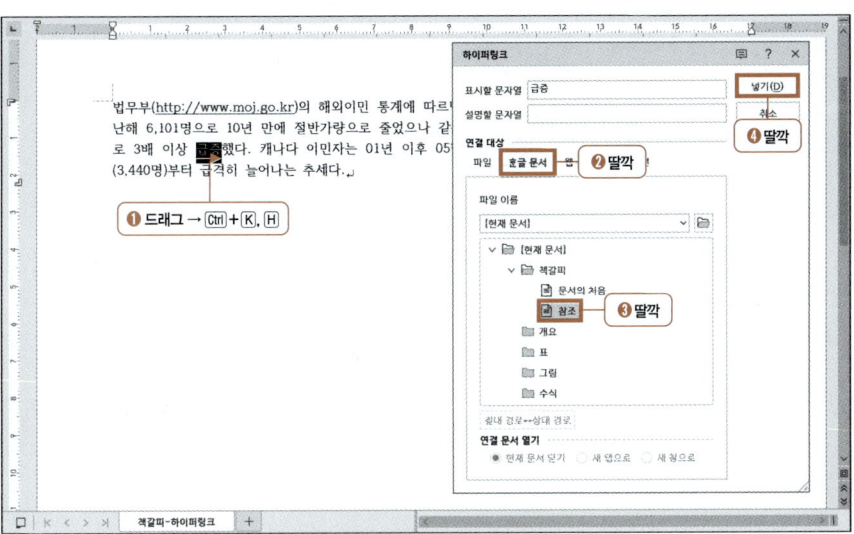

3. 하이퍼링크가 설정된 부분은 기본적으로 글자색이 파랑색으로 변하고 밑줄이 표시됩니다. 하이퍼링크가 설정된 "급증"을 클릭하여 커서가 "법무부" 앞으로 이동하는지 확인해 보세요.

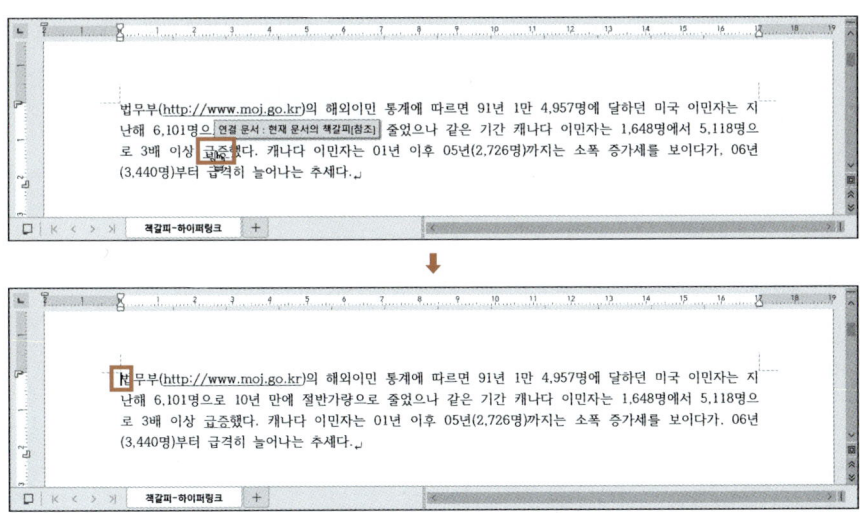

하이퍼링크를 제거하는 다른 방법

홈페이지 주소 위에서 마우스 오른쪽 버튼을 클릭한 다음 바로 가기 메뉴에서 [하이퍼링크 고치기]를 선택한 후 '하이퍼링크 고치기' 대화상자에서 〈링크 지우기〉를 클릭합니다.

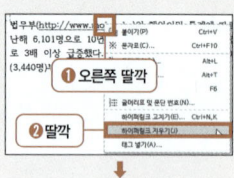

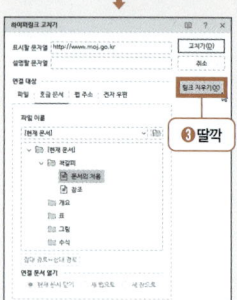

하이퍼링크 제거하기

1. 자동으로 생성된 하이퍼링크를 제거해야 합니다. 법무부의 홈페이지 주소 위에서 마우스 오른쪽 버튼을 클릭한 후 바로 가기 메뉴에서 [하이퍼링크 지우기]를 선택하세요.

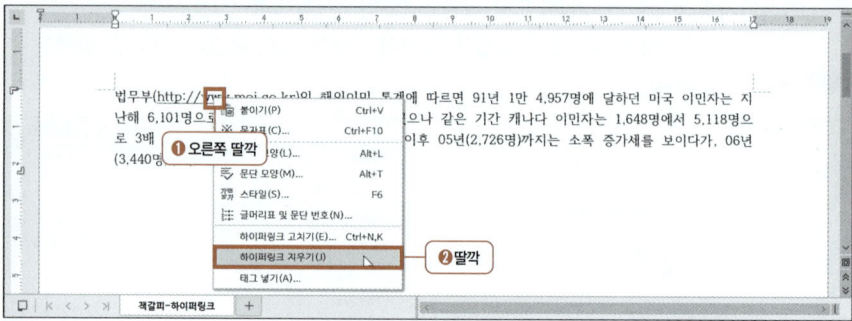

2. 법무부의 홈페이지에 마우스 포인터를 옮겨 놓아도 포인터가 손 모양으로 변경되지 않습니다.

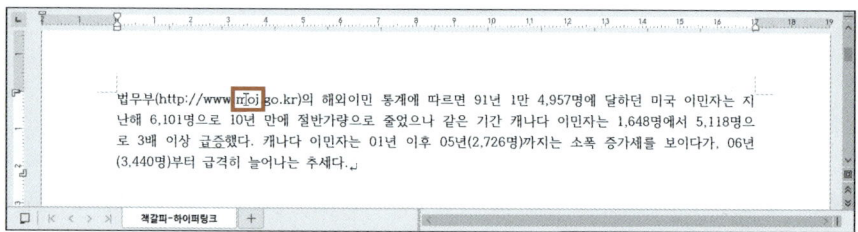

잠깐만요 **하이퍼링크의 서식 변경하기**

[기본] 도구 상자의 [도구] → [환경 설정]을 클릭한 후 '환경 설정' 대화상자의 '편집' 탭에서 하이퍼링크 관련 서식을 변경할 수 있습니다.

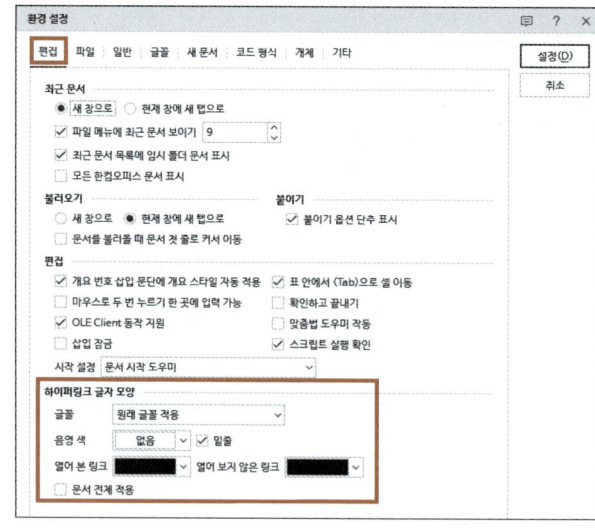

SECTION 11 스타일

기능	스타일 종류	바로 가기 키	메뉴 / [기본] 도구 상자	작업 내용
스타일	글자, 문단	F6	[서식]의  → [스타일]	• 스타일 작성하기 • 스타일 수정하기 • 스타일 서식 지정하기

다음 지시사항대로 1분 내에 스타일 작성 및 적용을 완료했다면 다음 섹션으로 넘어가고, 그렇지 않으면 '따라하기'의 방법을 기초로하여 연습문제를 1분 내에 완성할 수 있도록 연습하세요.

기본문제 다음 지시사항대로 문서를 완성하시오.

- 글자 크기 10으로 문장을 입력한 후 스타일을 적용하세요.
- 제한시간(용지 설정, 단 설정, 입력 시간 제외) : 1분
- 저장위치 : C:\WP\스타일.hwpx
- 용지 종류 : A4
- 여백 설정 : 왼쪽·오른쪽은 20mm, 위쪽·아래쪽·머리말·꼬리말은 10mm
- 단 개수 : 2, 단 간격 : 8mm, 단 구분선 : 실선(0.12mm)
- 스타일(2개소 수정, 4개소 등록)
  - 개요 1(수정) : 여백 – 왼쪽(0pt), 휴먼고딕, 12pt, 진하게
  - 개요 2(수정) : 여백 – 왼쪽(15pt)
  - 소제목(등록) : 스타일 이름 – 소제목, 스타일 종류 – 문단, 번호 문단, 여백 – 왼쪽(10pt), 굴림체, 11pt, 진하게, 양각
  - 표제목(등록) : 스타일 이름 – 표제목, 스타일 종류 – 문단, 가운데 정렬, 돋움체, 11pt, 장평(110%), 자간(10%), 진하게
  - 참고문헌 1(등록) : 스타일 이름 – 참고문헌 1, 스타일 종류 – 문단, 내어쓰기(10pt)
  - 참고문헌 2(등록) : 스타일 이름 – 참고문헌 2, 스타일 종류 – 글자, 기울임

전문가의 조언

스타일은 자주 사용하는 글자 모양이나 문단 모양을 미리 정해 놓고 쓰는 것으로, 스타일을 만들어 놓으면 필요할 때 그 스타일을 선택하는 것만으로 해당 문단의 글자 모양과 문단 모양을 한꺼번에 바꿀 수 있습니다. 워드프로세서 실기 시험에서는 2개의 스타일을 만들어 적용하는 문제나 2개의 스타일은 수정하고 2개의 스타일은 만들어 적용하는 문제가 출제됩니다.

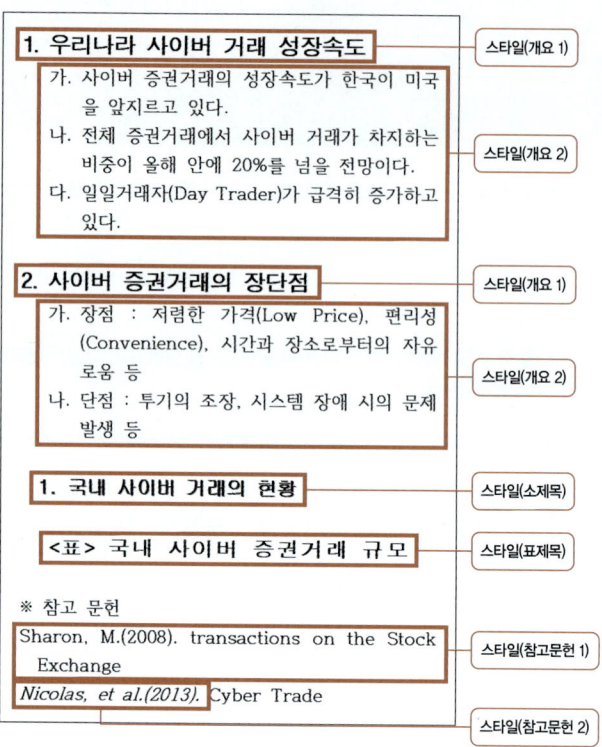

정답 및 감점 기준

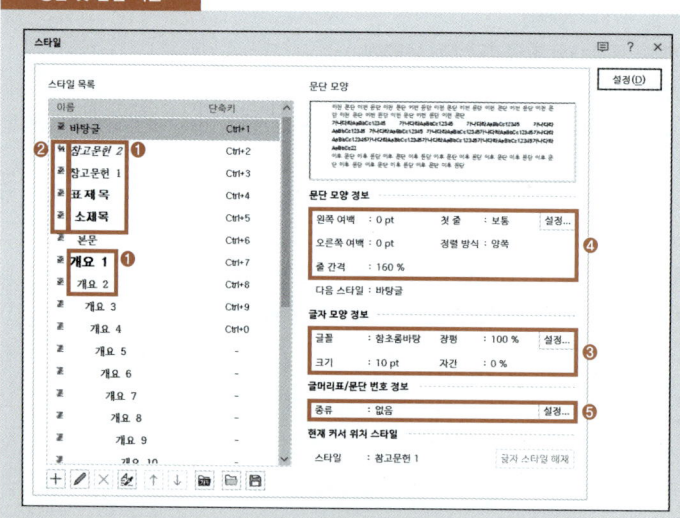

기능	감점	감점 사유	비고
❶	3	스타일 이름이 다름	
❷	3	스타일 종류가 다름	문단, 글자
❸	3	글자 모양이 틀리면 지시사항 당 감점	
❹	3	문단 모양이 틀리면 지시사항 당 감점	
❺	3	문단 번호 지정하지 않음	

따라하기

'개요 1' 스타일 수정하기

1. F7 을 눌러 용지 종류 및 여백을 설정한 후 단 설정을 수행하세요.
2. 문제에 제시된 내용에서 문단 번호를 제외하고 그대로 입력합니다.
3. '개요 1' 스타일을 적용할 문장에 커서를 놓고 '스타일' 대화상자를 실행하는 바로 가기 키 F6 을 누르세요([기본] 도구 상자 : [서식]의 → [스타일]).

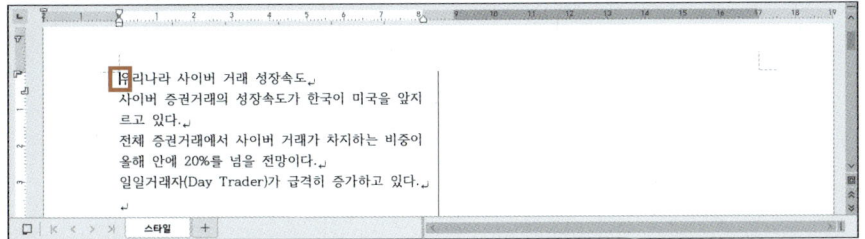

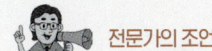 전문가의 조언

데이터를 입력하지 않고 기능만 연습하려면 '길벗워드실기\섹션\입력완성본\스타일.hwpx' 파일을 불러와서 스타일 작업만 수행하세요.

 전문가의 조언

스타일을 적용할 내용이 하나의 문단인 경우에는 블록으로 지정하지 않고 해당 문단 내에 커서를 위치한 후 스타일을 적용해도 됩니다.

4. '스타일' 대화상자의 '스타일 목록'에서 '개요 1'을 클릭한 후 Alt + E 를 누르세요. '스타일 편집하기' 대화상자가 나타납니다.

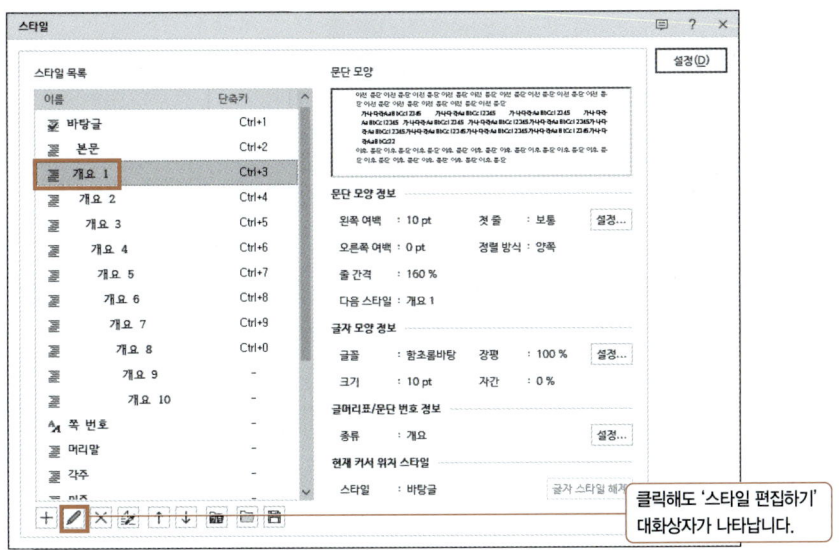

5. '스타일 편집하기' 대화상자에서 Alt + T 를 누르세요. '문단 모양' 대화상자가 나타납니다.

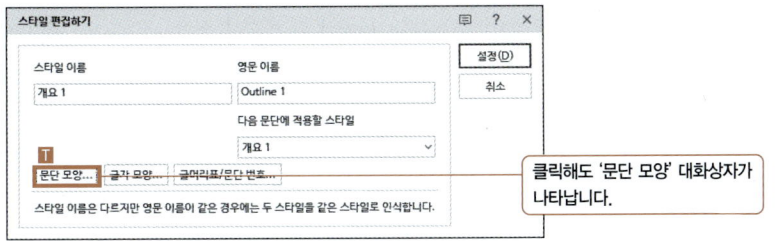

1장 자가진단 및 대책 **95**

6. '문단 모양' 대화상자의 '기본' 탭에서 [Alt]+[F] → 0 → [Enter]를 차례로 눌러 왼쪽 여백을 지정하세요. '스타일 편집하기' 대화상자로 돌아옵니다.

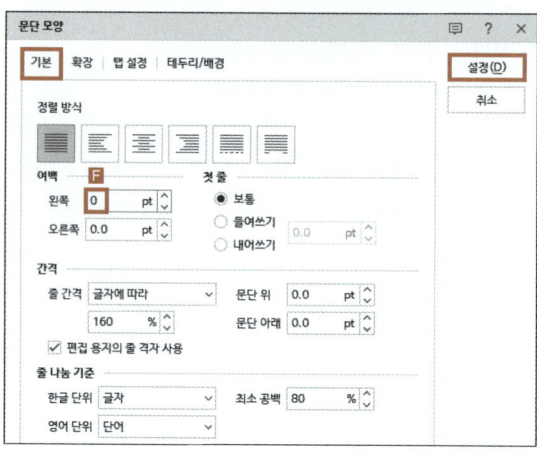

7. '스타일 편집하기' 대화상자에서 [Alt]+[L]을 누르세요. '글자 모양' 대화상자가 나타납니다.

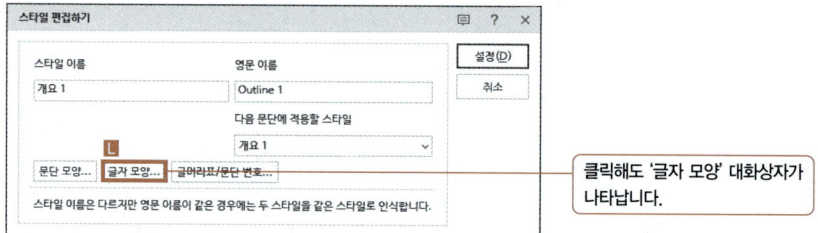

> **전문가의 조언**
>
> 바로 가기 키로 '글자 모양' 대화상자 설정하기
> 휴먼고딕 입력 → [Enter] → [Alt]+[Z]
> → 12 → [Alt]+[B] → [Enter]

8. '글자 모양' 대화상자의 '기본' 탭에서 다음과 같이 글꼴의 모양과 크기, 속성을 지정한 후 〈설정〉을 클릭하세요. '스타일 편집하기' 대화상자로 돌아옵니다.

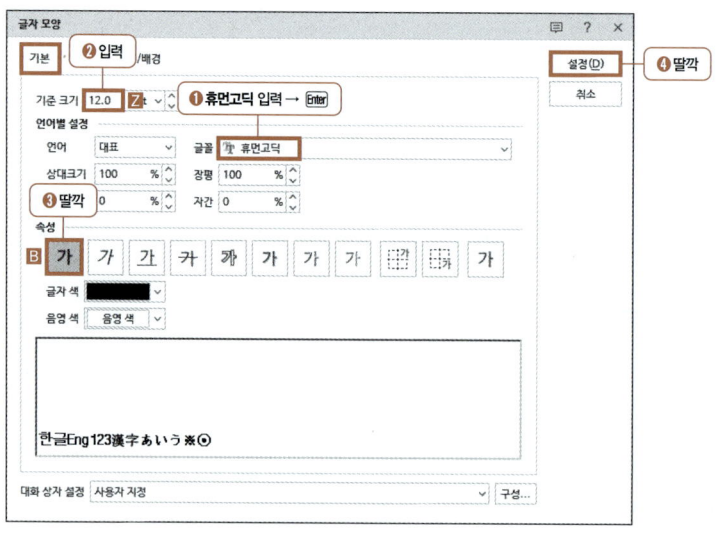

9. '스타일 편집하기' 대화상자에서 〈설정〉을 클릭한 후 '스타일' 대화상자에서도 〈설정〉을 클릭하세요. '개요 1' 스타일이 커서가 있는 문단 전체에 적용됩니다.

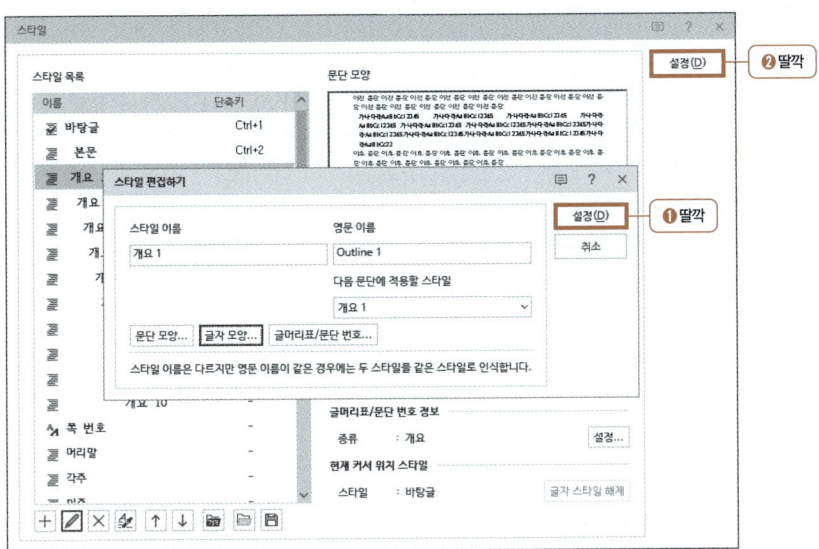

> **전문가의 조언**
>
> '스타일 편집하기' 대화상자에서 〈설정〉을 클릭하지 않고 Enter를 누르면 '글자 모양' 대화상자가 나타나는 이유는 '스타일 편집하기' 대화상자에서 현재 포커스가 〈글자 모양〉 단추에 맞춰져 있기 때문입니다.
>
>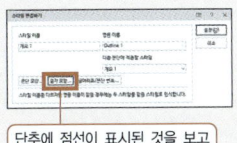
>
> 단추에 점선이 표시된 것을 보고 포커스가 위치하고 있음을 알 수 있습니다.

10. 적용된 스타일을 확인하고, 다음 문단에 스타일을 적용하기 위해 Ctrl + ↓를 한 번 누르세요. 커서가 "사이버 증권거래~" 부분의 "사"자 앞으로 이동합니다.

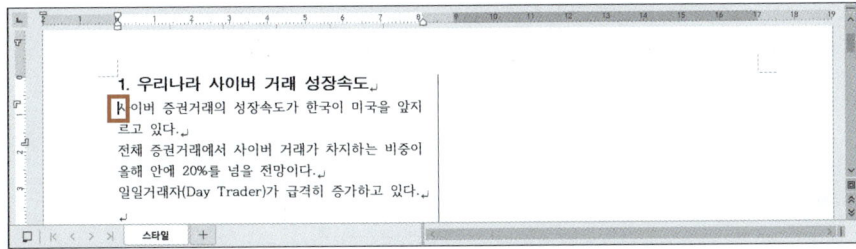

'개요 2' 스타일 수정하기

1. Ctrl + Shift + ↓를 세 번 눌러 '개요 2' 스타일을 적용할 문장을 블록으로 지정한 후 '스타일' 대화상자를 실행하는 바로 가기 키 F6 을 누르세요([기본] 도구 상자 : [서식]의 → [스타일]).

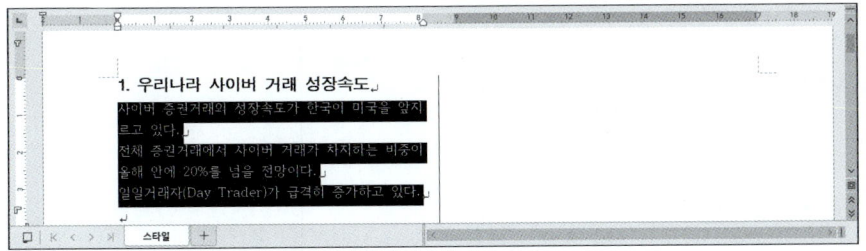

2. '스타일' 대화상자의 '스타일 목록'에서 '개요 2'를 클릭한 후 Alt + E 를 누르세요. '스타일 편집하기' 대화상자가 나타납니다.

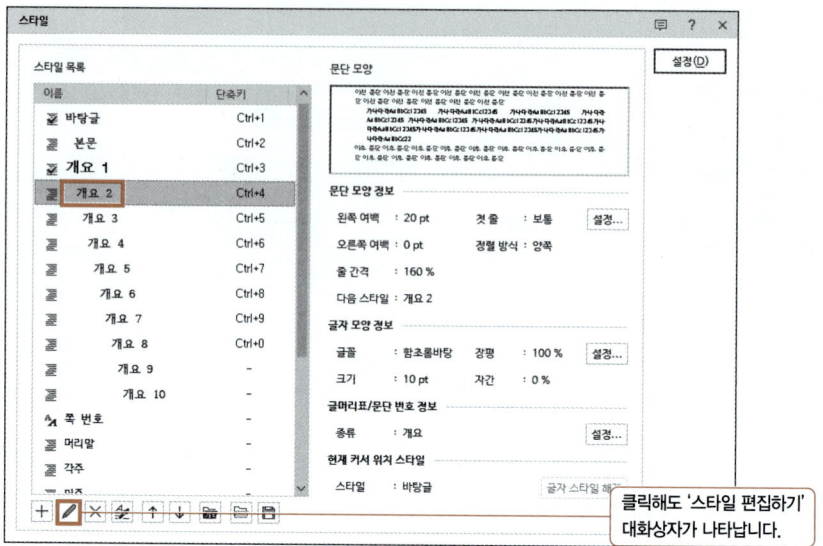

3. '스타일 편집하기' 대화상자에서 Alt + T 를 누르세요. '문단 모양' 대화상자가 나타납니다.

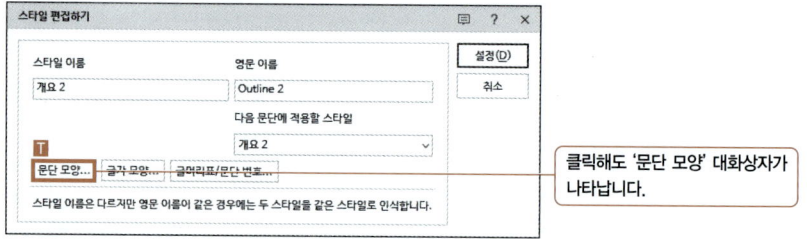

4. '문단 모양' 대화상자의 '기본' 탭에서 Alt + F → 15 → Enter 를 차례로 눌러 왼쪽 여백을 지정하세요. '스타일 편집하기' 대화상자로 돌아옵니다.

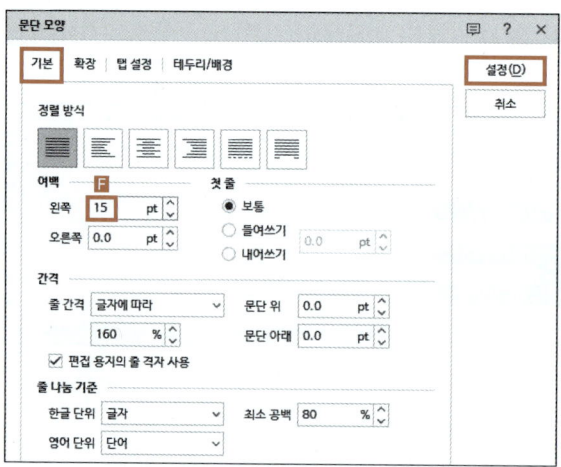

5. '스타일 편집하기' 대화상자에서 〈설정〉을 클릭한 후 '스타일' 대화상자에서도 〈설정〉을 클릭하세요. '개요 2' 스타일이 범위로 지정된 곳에 적용됩니다.

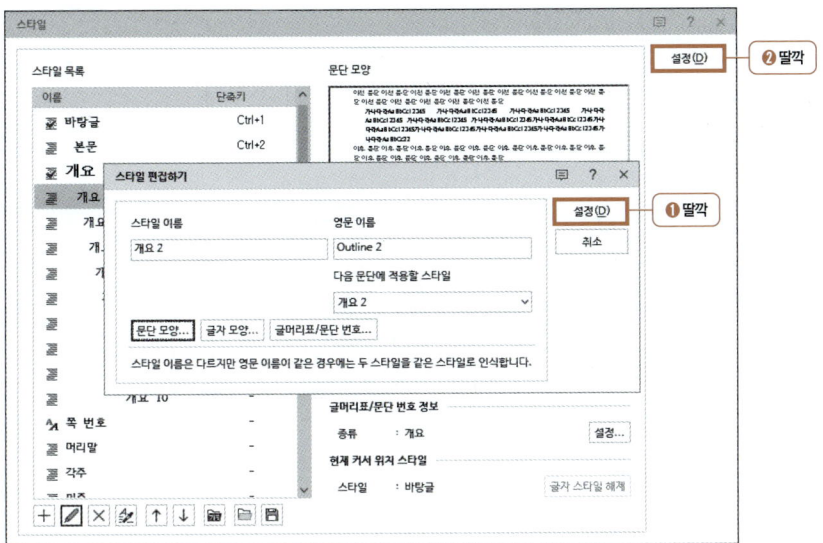

 전문가의 조언

'스타일 편집하기' 대화상자에서 〈설정〉을 클릭하지 않고 Enter를 누르면 '문단 모양' 대화상자가 나타나는 이유는 '스타일 편집하기' 대화상자에서 현재 포커스가 〈문단 모양〉 단추에 맞춰져 있기 때문입니다.

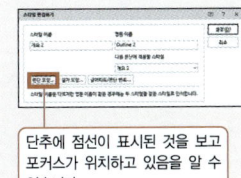

단추에 점선이 표시된 것을 보고 포커스가 위치하고 있음을 알 수 있습니다.

6. 적용된 스타일을 확인하고, 다음 문단에 스타일을 적용하기 위해 Ctrl + ↓를 한 번 누르세요. 커서가 "사이버 증권거래의~" 부분의 "사" 자 앞으로 이동합니다.

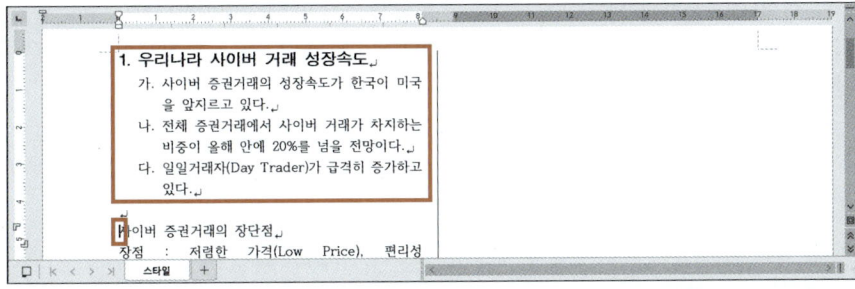

'개요 1', '개요 2' 스타일 적용하기

1. '개요 1' 스타일을 적용하기 위해 [기본] 도구 상자의 [서식]에서 '개요 1'을 클릭합니다.

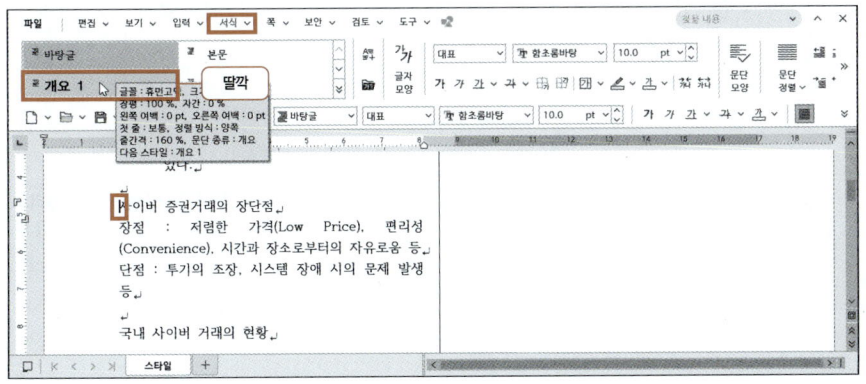

 전문가의 조언

스타일을 적용할 내용이 하나의 문단인 경우에는 블록으로 지정하지 않고 해당 문단 내에 커서를 위치한 후 적용할 스타일을 클릭해도 됩니다.

2. 동일한 방법으로 '개요 2' 스타일도 적용하세요.

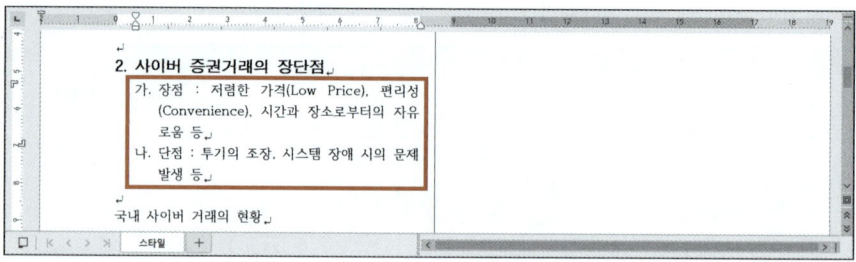

'소제목' 스타일 만들기

1. Ctrl + ↓를 한 번 눌러 '소제목' 스타일을 적용할 문단으로 커서를 이동한 후 스타일을 만드는 바로 가기 키 F6 을 누르세요([기본] 도구 상자 : [서식]의 ∨ → [스타일]).

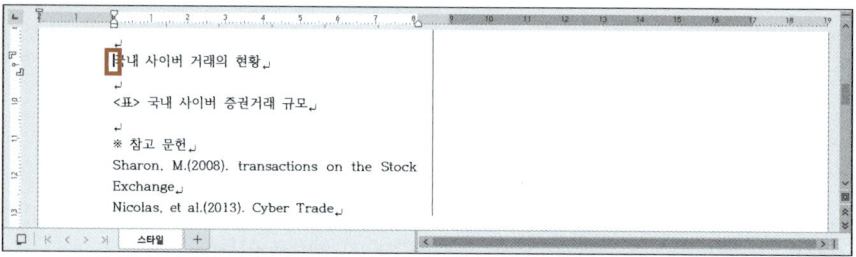

2. '스타일' 대화상자에서 Insert 를 누르면 '스타일 추가하기' 대화상자가 나타납니다. '스타일 추가하기' 대화상자의 스타일 이름에 **소제목**을 입력한 후 Enter 를 누르세요. '소제목'이란 이름으로 스타일이 추가됩니다.

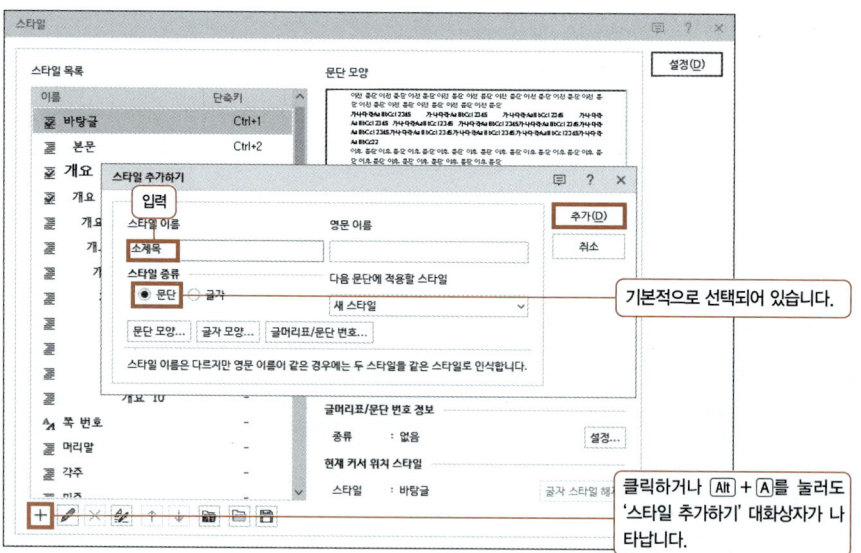

'소제목' 스타일 편집 및 적용하기

3. 이제 '소제목' 스타일을 지시사항대로 편집해야 합니다. '스타일' 대화상자에는 '소제목' 스타일이 선택되어 있으므로 스타일 편집 바로 가기 키 [Alt]+[E]를 누르세요. '소제목' 스타일을 편집할 수 있는 '스타일 편집하기' 대화상자가 나타납니다.

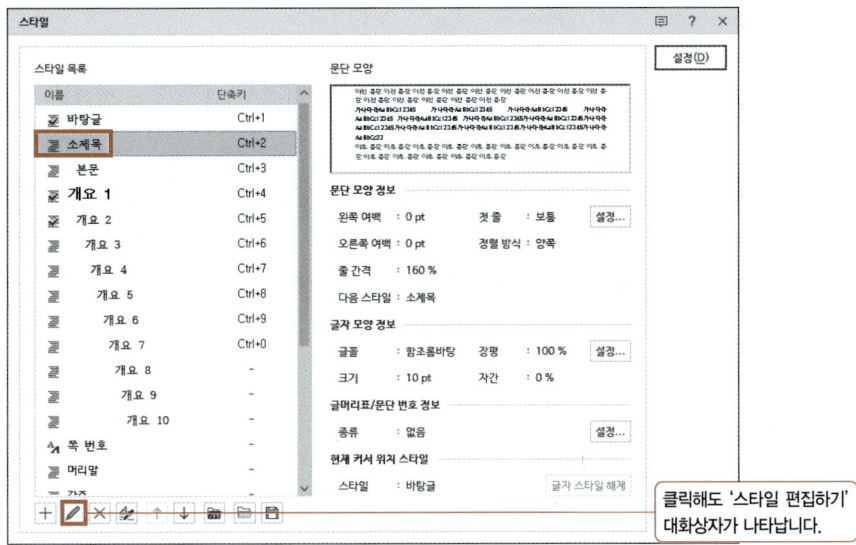

4. '스타일 편집하기' 대화상자에서 [Alt]+[B]를 누르세요. '글머리표 및 문단 번호' 대화상자가 나타납니다.

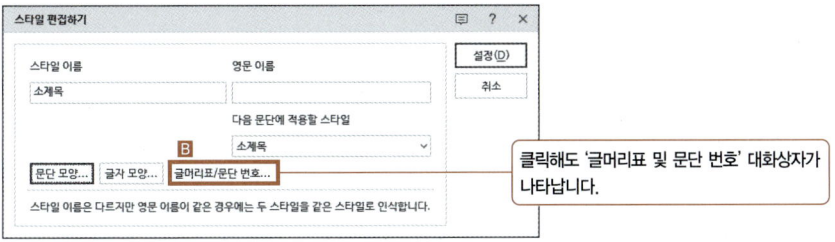

5. '글머리표 및 문단 번호' 대화상자의 '문단 번호' 탭에서 다음과 같이 문단 번호 모양을 지정하고 〈설정〉을 클릭하세요. '스타일 편집하기' 대화상자로 돌아옵니다.

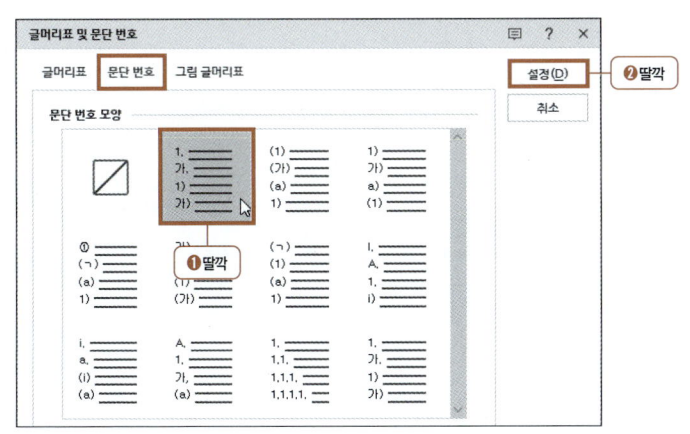

 전문가의 조언

문단 번호 모양은 문제지에 제시된 모양과 동일하게 선택해야 합니다. 94쪽 문제를 보면 문단 번호 모양이 1, 2로 제시되었으므로 '글머리표 및 문단 번호' 대화상자에서 왼쪽의 그림과 같이 선택한 것입니다.

6. '스타일 편집하기' 대화상자에서 Alt + T 를 누르세요. '문단 모양' 대화상자가 나타납니다.

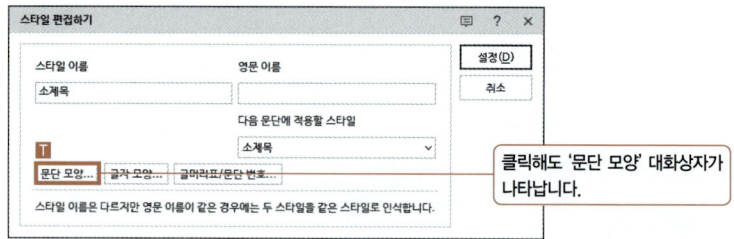

7. '문단 모양' 대화상자의 '기본' 탭에서 Alt + F → 10 → Enter 를 차례로 눌러 왼쪽 여백을 지정하세요. '스타일 편집하기' 대화상자로 돌아옵니다.

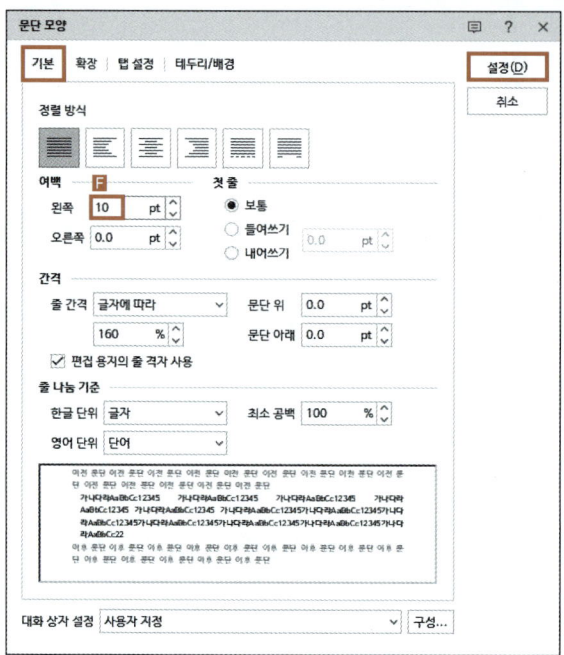

8. '스타일 편집하기' 대화상자에서 Alt + L 을 누르세요. '글자 모양' 대화상자가 나타납니다.

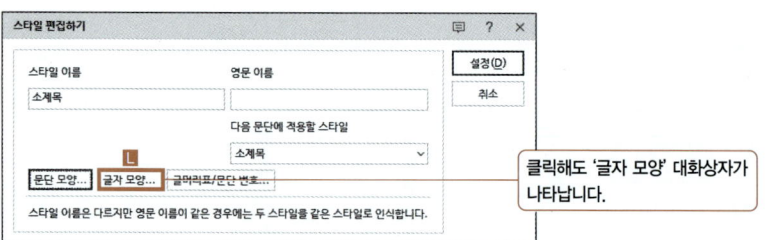

9. '글자 모양' 대화상자의 '기본' 탭에서 다음과 같이 글꼴의 모양과 크기, 속성을 지정한 후 〈설정〉을 클릭하세요. '스타일 편집하기' 대화상자로 돌아옵니다.

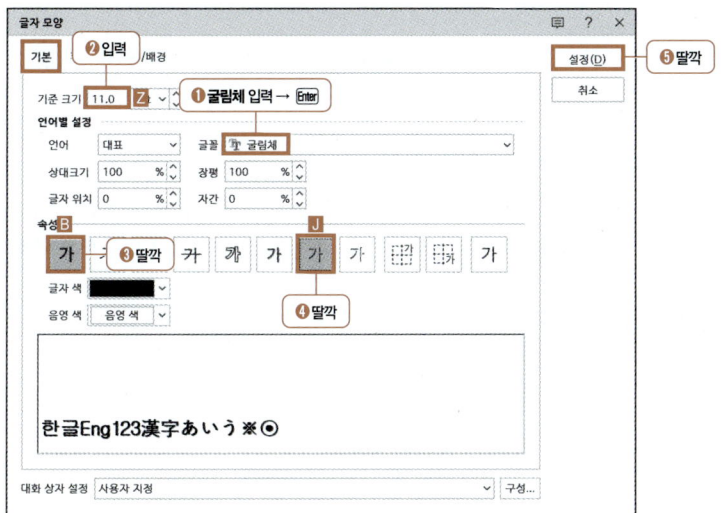

> **전문가의 조언**
>
> 바로 가기 키로 '글자 모양' 대화상자 설정하기
> 굴림체 입력 → Enter → Alt + Z → 11 → Alt + B → Alt + J → Enter

10. '스타일 편집하기' 대화상자에서 〈설정〉을 클릭한 후 이어서 '스타일' 대화상자에서도 〈설정〉을 클릭하세요. '소제목' 스타일이 커서가 있는 문장에 적용됩니다.

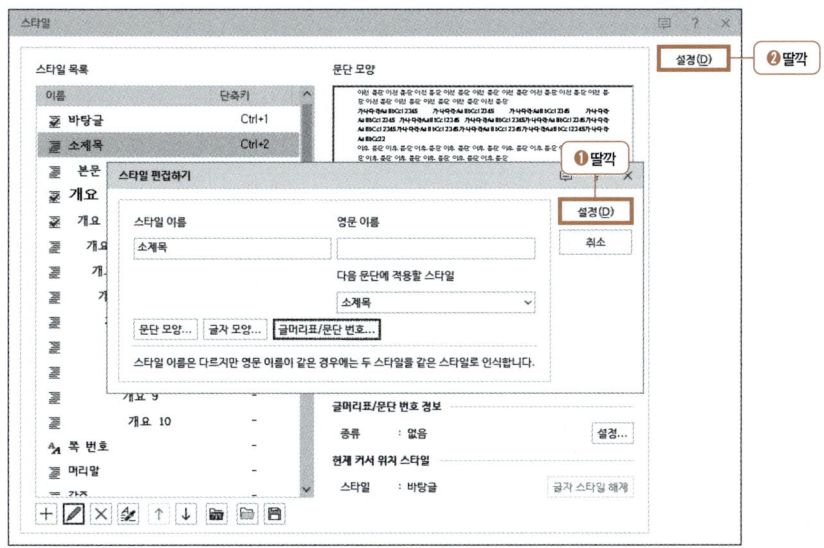

> **전문가의 조언**
>
> '스타일 편집하기' 대화상자에서 〈설정〉을 클릭하지 않고 Enter를 누르면 '글자 모양' 대화상자가 나타나는 이유는 '스타일 편집하기' 대화상자에서 현재 포커스가 〈글자 모양〉 단추에 맞춰져 있기 때문입니다.
>
>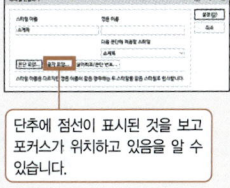
>
> 단추에 점선이 표시된 것을 보고 포커스가 위치하고 있음을 알 수 있습니다.

11. 적용된 스타일을 확인하고 다음 문단에 스타일을 적용하기 위해 Ctrl + ↓ 를 두 번 누르세요. 커서가 "〈표〉 국내~" 부분의 "〈"자 앞으로 이동합니다.

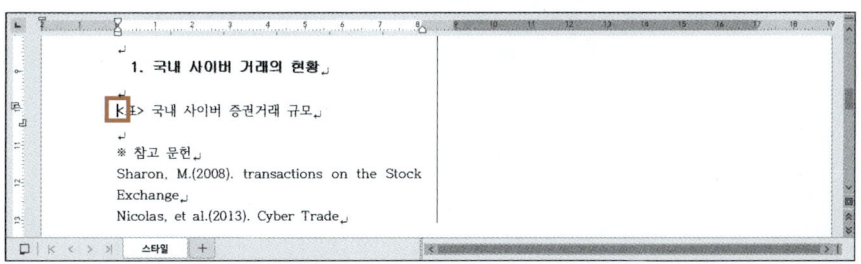

1장 자가진단 및 대책 **103**

'표제목' 스타일 만들기

1. '표제목' 스타일을 적용하기 위해 스타일을 만드는 바로 가기 키 F6을 누르세요([기본] 도구 상자 : [서식]의 ∨ → [스타일]).

2. '스타일' 대화상자에서 Insert를 누르면 '스타일 추가하기' 대화상자가 나타납니다. '스타일 추가하기' 대화상자에서 **표제목**을 입력한 후 Enter를 누르면 '표제목'이란 이름으로 스타일이 추가됩니다.

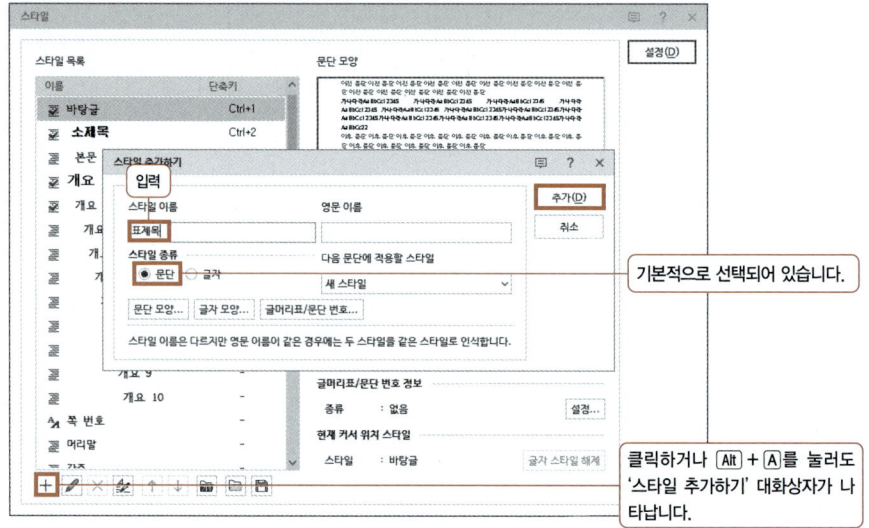

'표제목' 스타일 편집 및 적용하기

3. 이제 '표제목' 스타일을 지시사항대로 편집해야 합니다. '스타일' 대화상자에는 '표제목' 스타일이 선택되어 있으므로 스타일 편집 바로 가기 키 Alt + E를 누르세요. '표제목' 스타일을 편집할 수 있는 '스타일 편집하기' 대화상자가 나타납니다.

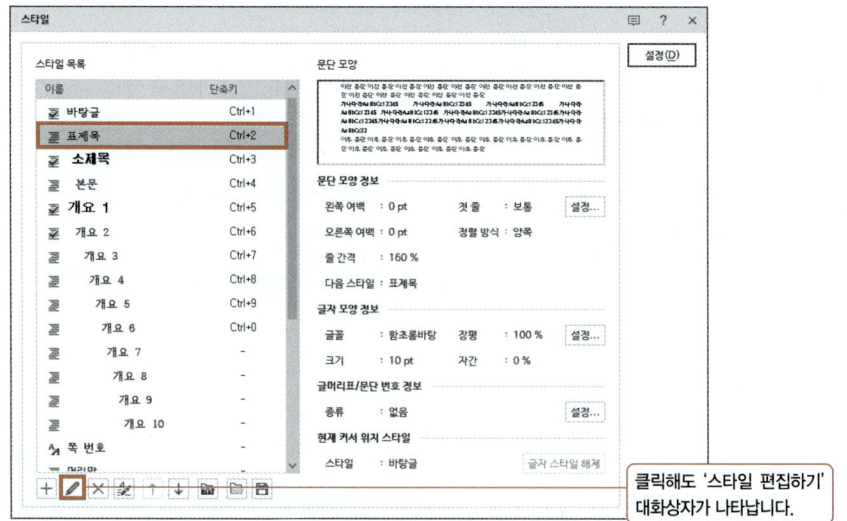

4. '스타일 편집하기' 대화상자에서 Alt + T 를 누르세요. '문단 모양' 대화상자가 나타납니다.

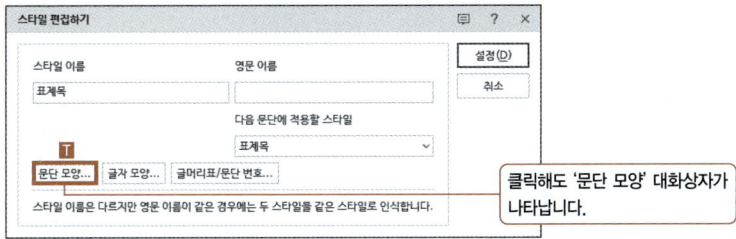

5. '문단 모양' 대화상자의 '기본' 탭에서 Alt + C → Enter 를 차례로 눌러 문단 모양을 설정하세요. '스타일 편집하기' 대화상자로 돌아옵니다.

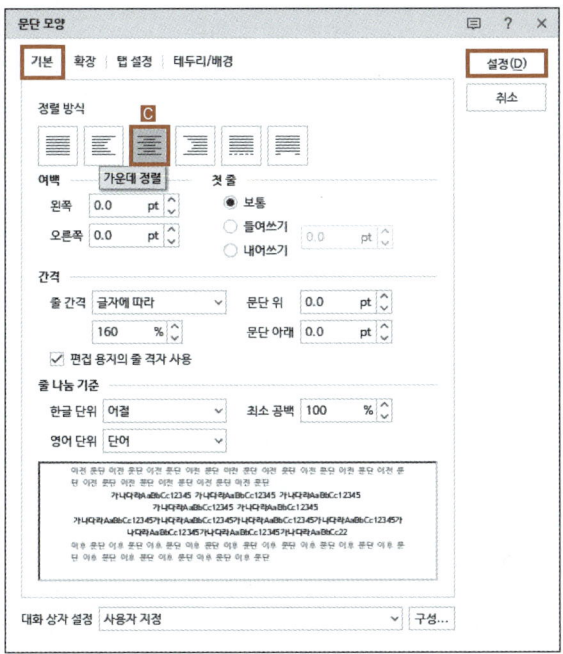

6. 글자 모양에 대한 스타일을 설정해야 합니다. '스타일 편집하기' 대화상자에서 Alt + L 을 누르세요. '글자 모양' 대화상자가 나타납니다.

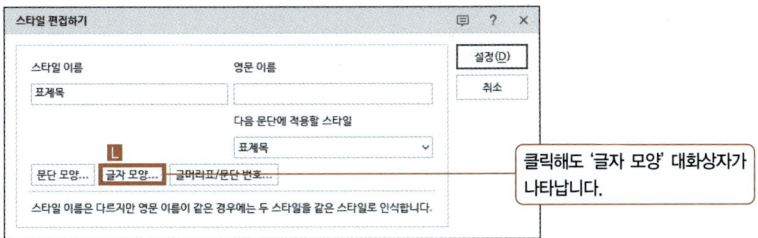

전문가의 조언

바로 가기 키로 '글자 모양' 대화상자 설정하기

돋움체 입력 → Enter → Alt + Z
→ 11 → Alt + W → 110 → Alt +
P → 10 → Alt + B → Enter

7. '글자 모양' 대화상자의 '기본' 탭에서 글꼴의 모양과 크기, 속성을 다음과 같이 지정한 후 〈설정〉을 클릭하세요. '스타일 편집하기' 대화상자로 돌아옵니다.

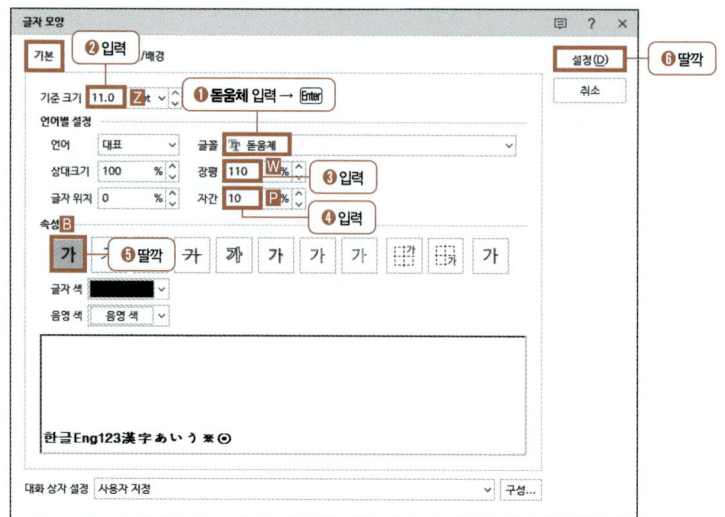

8. '스타일 편집하기' 대화상자에서 〈설정〉을 클릭한 후 '스타일' 대화상자에서도 〈설정〉을 클릭하세요. '표제목' 스타일이 커서가 있는 문장에 적용됩니다.

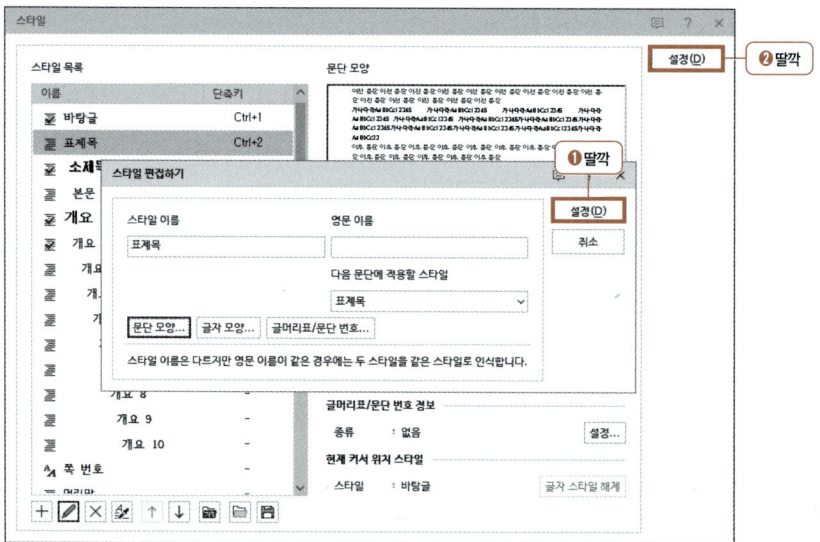

9. 적용된 스타일을 확인하고, "참고문헌 1" 스타일을 만들어 적용하기 위해 Ctrl + ↓를 세 번 누르세요. 커서가 "Sharon, ~" 부분의 "S"자 앞으로 이동합니다.

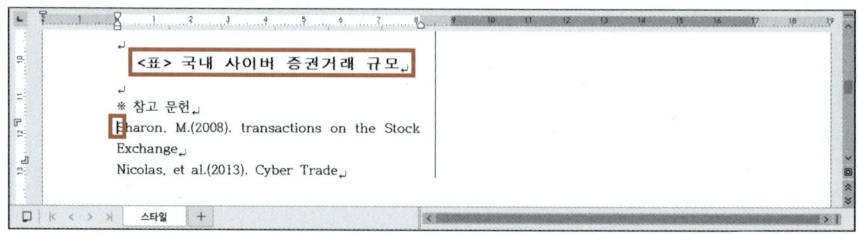

'참고문헌 1' 스타일 만들기

1. `Ctrl`+`Shift`+`↓`를 한 번 눌러 '참고문헌 1' 스타일을 적용할 문장을 블록으로 지정한 후 스타일을 만드는 바로 가기 키 `F6`을 누르세요([기본] 도구 상자 : [서식]의 ▼ → [스타일]).

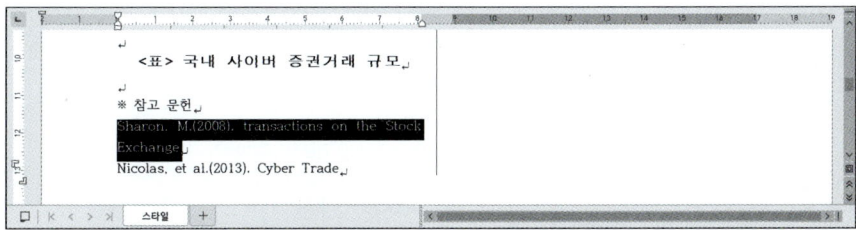

2. '스타일' 대화상자에서 `Insert`를 누르면 '스타일 추가하기' 대화상자가 나타납니다. '스타일 추가하기' 대화상자에서 **참고문헌 1**을 입력한 후 `Enter`를 누르세요. '참고문헌 1'이란 이름으로 스타일이 추가됩니다.

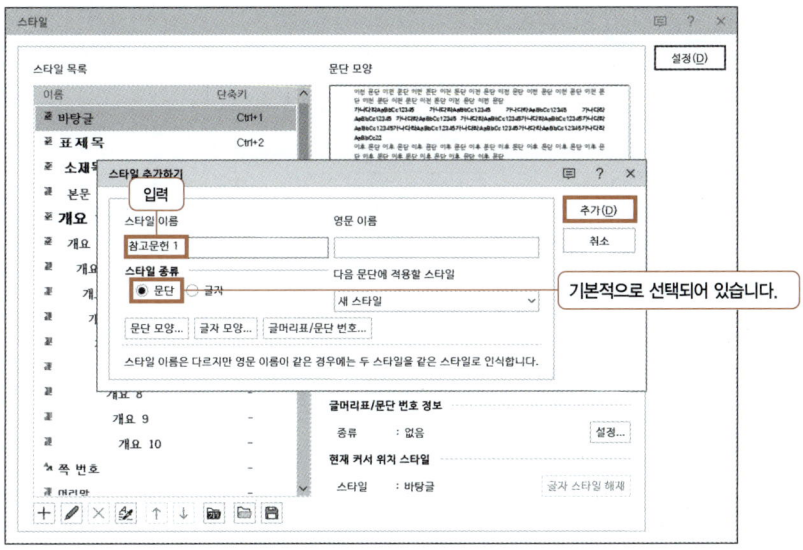

'참고문헌 1' 스타일 편집 및 적용하기

3. 이제 '참고문헌 1' 스타일을 지시사항대로 편집해야 합니다. '스타일' 대화상자에는 '참고문헌 1' 스타일이 선택되어 있으므로 스타일 편집 바로 가기 키 `Alt`+`E`를 누르세요. '참고문헌 1' 스타일을 편집할 수 있는 '스타일 편집하기' 대화상자가 나타납니다.

4. '스타일 편집하기' 대화상자에서 `Alt`+`T`를 누르세요. '문단 모양' 대화상자가 나타납니다.

5. '문단 모양' 대화상자의 '기본' 탭에서 [Alt]+[B] → [Enter]를 차례로 눌러 내어쓰기를 지정하세요. '스타일 편집하기' 대화상자로 돌아옵니다.

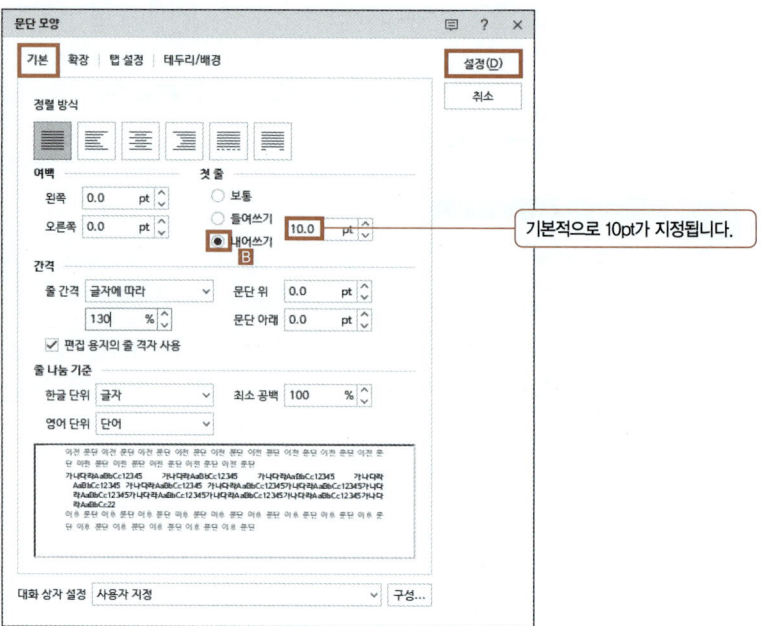

6. '스타일 편집하기' 대화상자에서 〈설정〉을 클릭한 후 '스타일' 대화상자에서도 〈설정〉을 클릭하세요. '참고문헌 1' 스타일이 범위로 지정된 곳에 적용됩니다.

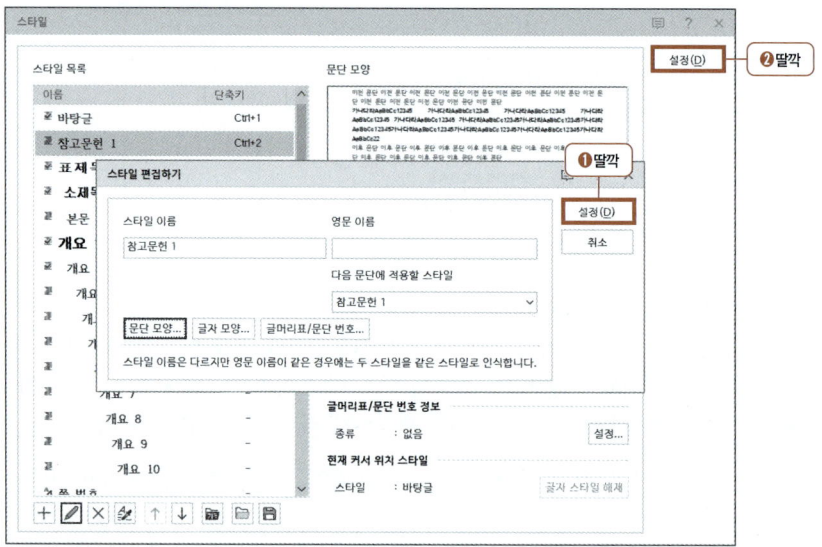

7. 적용된 스타일을 확인하고, '참고문헌 2' 스타일을 만들어 적용하기 위해 ↓를 한 번 누르세요. 커서가 "Nicolas, ~" 부분의 "N" 자 앞으로 이동합니다.

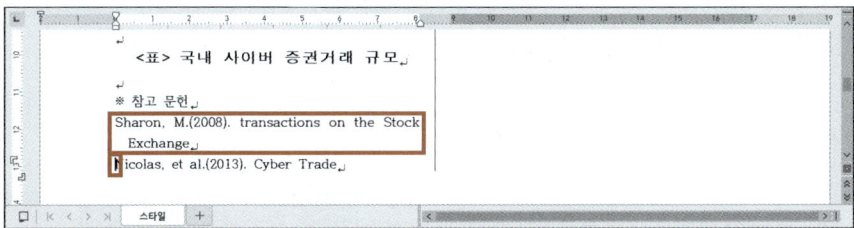

'참고문헌 2' 스타일 만들기

1. Ctrl + Shift + → 를 세 번 누른 후 Shift + ← 를 눌러 '참고문헌 2' 스타일을 적용할 단어들만 블록으로 지정한 다음 스타일을 만드는 바로 가기 키 F6 을 누르세요([기본] 도구 상자 : [서식]의 ⌄ → [스타일]).

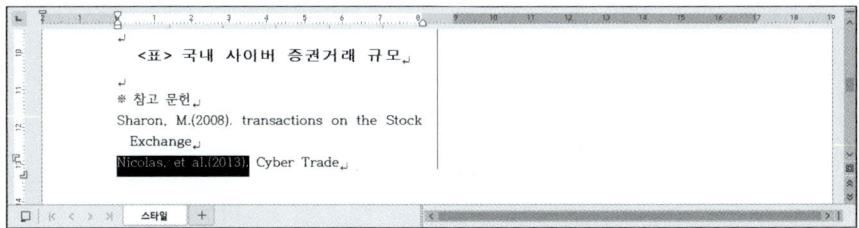

2. '스타일' 대화상자에서 Insert 를 누르면 '스타일 추가하기' 대화상자가 나타납니다. '스타일 추가하기' 대화상자에서 **참고문헌 2**를 입력하고, '스타일 종류'로 '글자'를 선택한 후 Enter 를 누르세요. '참고문헌 2'란 이름으로 스타일이 추가됩니다.

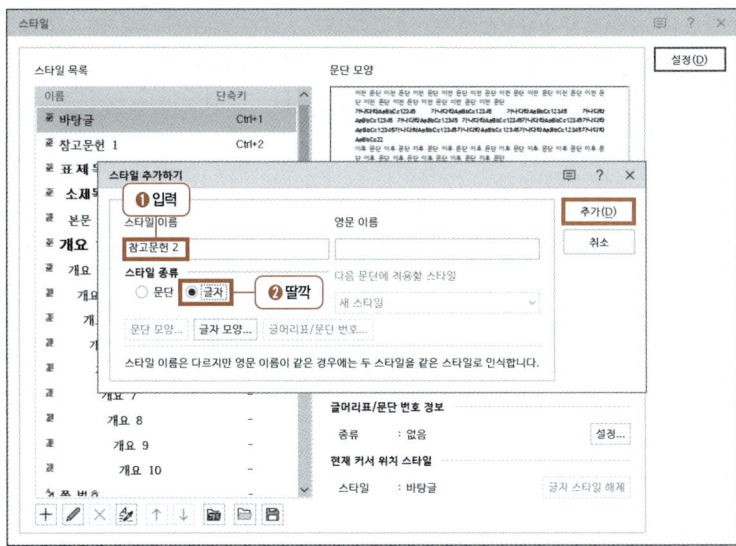

'참고문헌 2' 스타일 편집 및 적용하기

3. 이제 '참고문헌 2' 스타일을 지시사항대로 편집해야 합니다. '스타일' 대화상자에는 '참고문헌 2' 스타일이 선택되어 있으므로 스타일 편집 바로 가기 키 Alt + E를 누르세요. '참고문헌 2' 스타일을 편집할 수 있는 '스타일 편집하기' 대화상자가 나타납니다.

4. '스타일 편집하기' 대화상자에서 Alt + L을 누르세요. '글자 모양' 대화상자가 나타납니다.

5. '글자 모양' 대화상자의 '기본' 탭에서 Alt + I → Enter를 차례로 눌러 '기울임'을 지정하세요. '스타일 편집하기' 대화상자로 돌아옵니다.

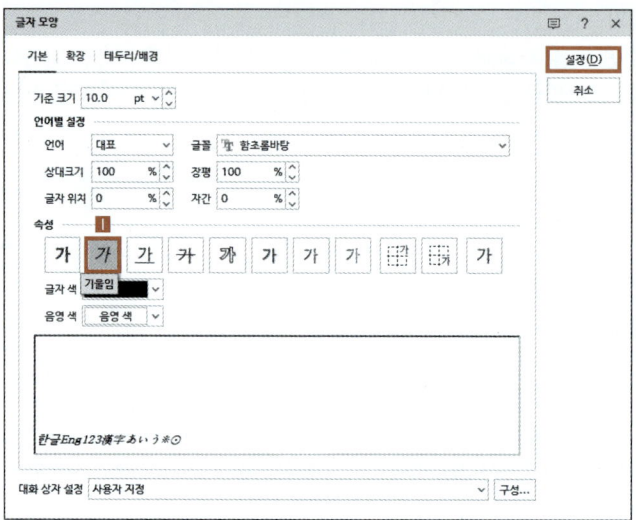

6. '스타일 편집하기' 대화상자에서 〈설정〉을 클릭한 후 '스타일' 대화상자에서도 〈설정〉을 클릭하세요. '참고문헌 2' 스타일이 범위로 지정된 곳에 적용됩니다.

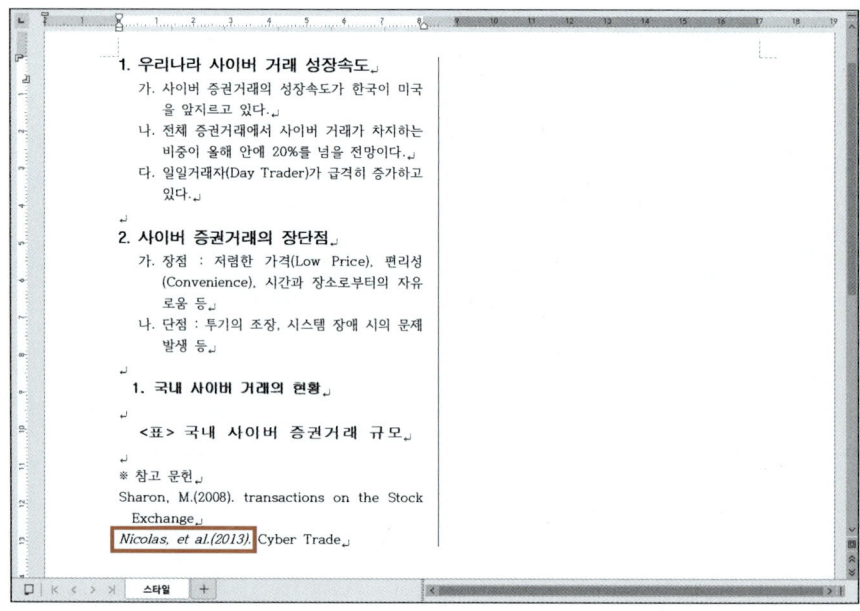

연습문제 — 다음 지시사항대로 문서를 완성하시오.

문제 1

- 글자 크기 10으로 문장을 입력한 후 스타일을 적용하세요.
- 제한시간(용지 설정, 단 설정, 입력 시간 제외) : 1분
- 저장위치 : C:\WP\스타일(연습문제)-1.hwpx
- 용지 종류 : A4
- 여백 설정 : 왼쪽·오른쪽은 20mm, 위쪽·아래쪽·머리말·꼬리말은 10mm
- 단 개수 : 2, 단 간격 : 8mm, 단 구분선 : 실선(0.12mm)
- 스타일(2개소 수정, 3개소 등록)
    - 개요 1(수정) : 여백 – 왼쪽(0pt), 돋움체, 12pt, 진하게
    - 개요 2(수정) : 여백 – 왼쪽(15pt)
    - 표제목(등록) : 스타일 이름 – 표제목, 스타일 종류 – 문단, 가운데 정렬, 중고딕, 11pt, 장평(105%), 자간(5%), 진하게
    - 참고문헌 1(등록) : 스타일 이름 – 참고문헌 1, 스타일 종류 – 문단, 내어쓰기(12pt)
    - 참고문헌 2(등록) : 스타일 이름 – 참고문헌 2, 스타일 종류 – 글자, 기울임

전문가의 조언

데이터를 입력하지 않고 기능만 연습하려면 '길벗워드실기\섹션\입력완성본\스타일(연습문제)-1.hwpx' 파일을 불러와서 스타일만 작업하세요.

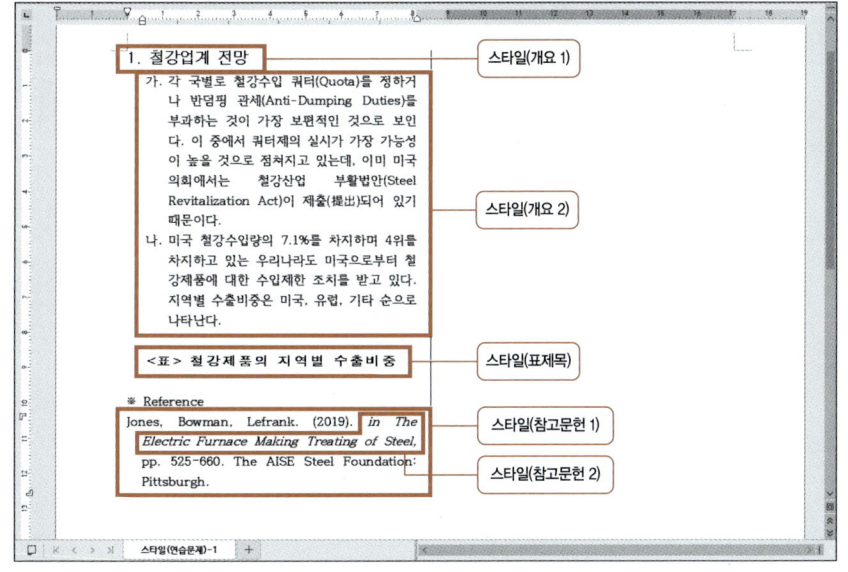

전문가의 조언

데이터를 입력하지 않고 기능만 연습하려면 '길벗워드실기\섹션\입력완성본\스타일(연습문제)-2.hwpx' 파일을 불러와서 스타일만 작업하세요.

문제 2

- 글자 크기 10으로 문장을 입력한 후 스타일을 적용하세요.
- 제한시간(용지 설정, 입력 시간 제외) : 1분
- 저장위치 : C:\WP\스타일(연습문제)-2.hwpx
- 용지 종류 : A4
- 여백 설정 : 위쪽·아래쪽·왼쪽·오른쪽은 20mm, 머리말·꼬리말은 10mm
- 스타일(2개소 등록)
  - 소제목 : 스타일 이름 – 소제목, 스타일 종류 – 문단, 번호 문단, 여백 – 왼쪽(10pt), 궁서체, 12pt, 진하게, 그림자
  - 표제목 : 스타일 이름 – 표제목, 스타일 종류 – 문단, 가운데 정렬, 굴림체, 12pt, 양각

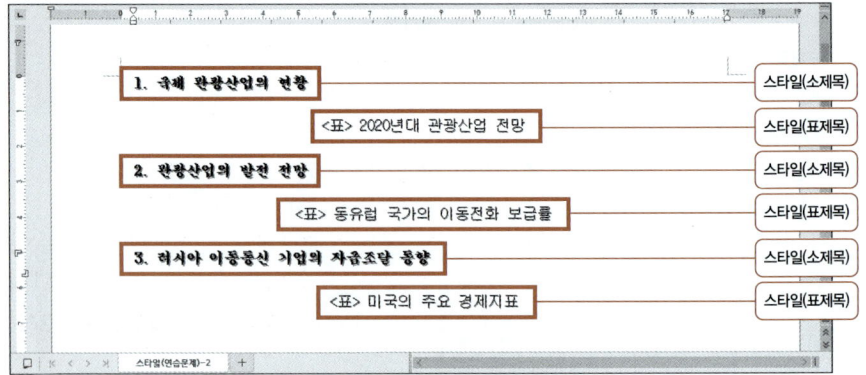

SECTION 12 표 작업

기능	제한시간(실제시험)	바로 가기 키	메뉴 / [기본] 도구 상자	작업 내용
표	3분	Ctrl + N, T	• [입력]의 ⌄ → [표] → [표 만들기] • [입력] → [⊞](표)	• 표 만들기 • 표 위치 지정하기 • 셀 서식 지정하기 • 글자 모양 지정하기 • 셀 높이를 같게 지정하기 • 선 모양 지정하기 • 블록 계산식 수행하기 • 캡션 달기 • 내용 입력하기 • 정렬하기

기본문제에 주어진 표 작업을 3분 내에 완료했다면 다음 섹션으로 넘어가고, 그렇지 않으면 '따라하기'의 방법을 기초로 하여 연습문제를 3분 안에 작성할 수 있도록 연습하세요. 표 작성 방법을 완전히 숙달할 때까지 절대 다음 섹션으로 넘어가지 마세요.

기본문제 다음 지시사항대로 문서를 완성하시오.

- 문제지에 주어진 대로 입력하시오.
- 제한시간 : 3분
- 저장위치 : C:\WP\표작성.hwpx
- 여백 설정 : 위쪽·아래쪽·왼쪽·오른쪽은 20mm, 머리말·꼬리말은 10mm
- 단 개수 : 2, 단 간격 : 8mm, 단 구분선 : 실선 0.12mm
- 색상은 '기본'과 '오피스' 테마가 포함된 색상 팔레트를 사용하시오.
- 표 작성
  - 크기 : 너비 78 ~ 80mm, 높이 : 33 ~ 34mm
  - 위치 : 글자처럼 취급
  - 모든 셀의 안 여백 : 왼쪽·오른쪽 2mm
  - 전체 행 : 셀 높이를 같게
  - 테두리 : 표 안쪽은 실선(0.12mm), 표 바깥의 위쪽과 아래쪽은 실선(0.4mm), 표 바깥의 왼쪽과 오른쪽은 선 없음, 제목 행 아래쪽과 합계 행 위쪽은 이중 실선(0.5mm)
  - 제목 행 : 셀 배경색 – 초록(RGB : 0,128,0), 글자 모양 – 휴먼고딕, 진하게, 하양(RGB : 255,255,255)
  - 합계 행 : 셀 배경색 – 주황(RGB : 255,132, 58) 80% 밝게, 글자 모양 – 진하게
  - 문단의 정렬 방식 : 가운데 정렬
- 블록 계산식 : 표의 합계 행에 블록 계산식을 이용하여 블록 합계 산출
- 캡션 : 표 위에 삽입 후 오른쪽 정렬

전문가의 조언

표 작업 문제에서 변경될 수 있는 요소는 행/열의 수, 셀 구분선의 종류, 셀의 배경색, 글자 모양, 계산식의 종류, 캡션의 위치 등입니다. 워드프로세서 실기 시험에서 가장 중요한 요소는 표와 차트라고 할 수 있습니다. 표 작업의 숙달 없이는 워드프로세서 실기시험에 절대 합격할 수 없다는 것을 명심하고, 작성에서 꾸미기까지 3분 내에 끝낼 수 있도록 연습하세요.

(단위: 개) — 캡션

구분	2020년	2021년	2022년	증감
반포	1,569	1,634	1,762	128
남가좌	738	708	638	-70
성수	567	567	607	50
구로	68	67	68	1
합계	2,942	2,976	3,075	

블록 계산식

전문가의 조언

용지, 여백, 단 설정만 정확히 해주면 한 문단의 길이가 80mm 정도에 맞춰집니다. 표는 문단의 길이에 맞춰 작성되므로 표의 가로 길이(78~80mm)는 신경 쓰지 않아도 됩니다.

정답 및 감점 기준

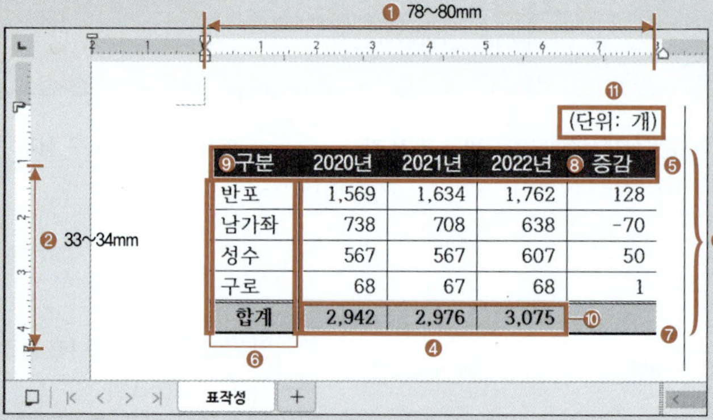

위치	감점	감점 사유	비고
❶	5	표의 가로 길이가 78~80mm를 벗어남	용지와 다단을 정확히 설정하면 표 너비는 벗어나지 않음
❷	5	표의 세로 높이가 33~34mm를 벗어남	Ctrl+↓를 한 번 누름
❸	5	셀 높이를 같게 하지 않음	F5, 바로 가기 메뉴에서 [셀 높이 같게]
❹	5	표 전체가 단의 가운데로 정렬되지 않음	표를 '글자처럼 취급' 후 가운데 정렬
❺	3	셀 안에 있는 데이터가 가운데로 정렬되지 않음	셀당 3점, 최대 5점
❻	3	표 안 여백을 주지 않음	
❼	3	주어진 대로 선 모양을 작성하지 않음	F5 → L, 실선 0.12mm, 실선 0.4mm, 이중 실선 0.5mm
❽	5	셀에 배경색을 지정하지 않음	F5 → C
❾	3	글자 모양을 지정하지 않음	F5 → Alt+L
❿	5	블록 계산식(블록 합계)을 적용하지 않음	Ctrl+Shift+S(블록 합계)
⓫	5	캡션의 내용 및 위치를 정확하게 지정하지 않음	Ctrl+N, C
기타	3	내용을 본문과 동일하게 입력하지 않음	

따라하기

전문가의 조언

Ctrl+N, T → 6 → Tab → 5 → Alt+T → Enter

'표 만들기' 대화상자를 호출(Ctrl+N, T)한 후 줄 수 6, 칸 수 5를 지정하고, '글자처럼 취급'을 선택(Alt+T)한 후 '표 만들기' 대화상자를 종료합니다(Enter).

1. 용지 설정과 다단 설정은 Section 01, 02를 참고하세요.

표 만들기

2. 표를 작성하기 위해서 바로 가기 키 Ctrl+N, T → 6 → Tab → 5 → Alt+T → Enter를 차례대로 누르세요(표 만들기 [기본] 도구 상자 : [입력] → [⊞(표)]). 표가 만들어지면 커서는 1행 1열로 이동됩니다.

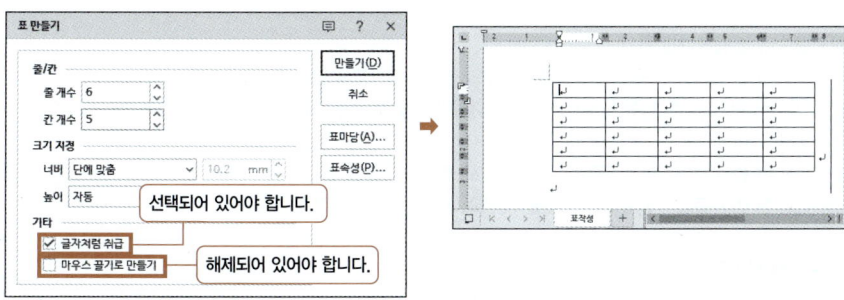

잠깐만요   기타 표 관련 기능

메뉴나 [기본] 도구 상자를 이용하여 표 만들기

❶ [입력] 메뉴나 [기본] 도구 상자를 사용해도 쉽게 표를 작성할 수 있습니다. [입력]의 ▼ → [표] → [표 만들기]를 선택하거나 [입력] → [⊞(표)]를 클릭하면 '표 만들기' 대화상자가 나옵니다.

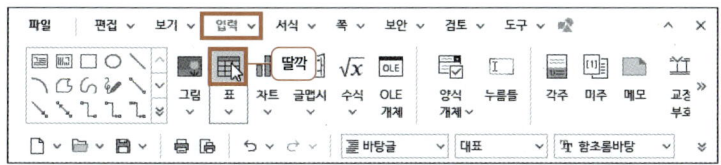

❷ 원하는 줄(행)과 칸(열)을 지정합니다. 〈만들기〉를 클릭하기 전에 '글자처럼 취급'을 선택하고, '마우스 끌기로 만들기'는 반드시 해제해야 합니다.

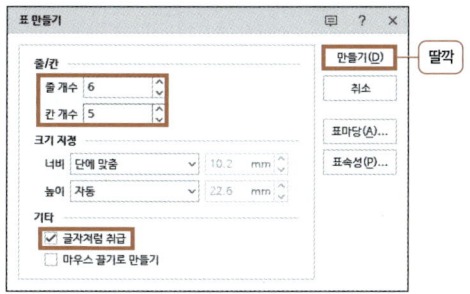

> **전문가의 조언**
>
> '글자처럼 취급'을 선택하여 표를 만들면 다음에 '표 만들기' 대화상자를 호출할 때마다 '글자처럼 취급'이 선택되어 있습니다.

표 지우기

표의 줄과 칸을 잘못 지정하였을 경우 줄과 칸을 수정하는 것보다 표를 삭제하고 새로 작성하는 것이 빠르고 쉽습니다. 표를 삭제하려면 표 밖에서 수행해야 합니다. Shift + Esc 를 눌러 표에서 빠져나간 후 커서가 표 앞에 있을 땐 Delete 를, 커서가 표 뒤에 있을 땐 Backspace 를 눌러 삭제하세요.

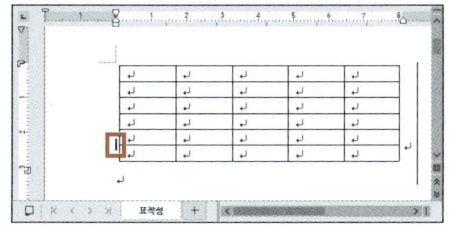

> **키보드로 셀 블록 지정하기**
> - `F5` **한 번 누르기** : 현재 커서가 있는 위치의 셀을 블록으로 지정합니다.
> - `F5` **두 번 누른 후 방향키 누르기** : 현재 위치의 셀을 포함하여 화살표 방향에 위치한 셀을 블록으로 지정합니다.
> - `F5` **한 번 누르고** `F7` **누르기** : 열(칸) 단위로 블록을 지정합니다.
> - `F5` **한 번 누르고** `F8` **누르기** : 행(줄) 단위로 블록을 지정합니다.
>
> **셀과 셀 사이의 이동**
> - `Tab` : 오른쪽으로 이동, `Shift`+`Tab` : 왼쪽으로 이동
> - `↑` : 위로 이동, `↓` : 아래로 이동

표에 내용 입력하기

3. 화살표 방향으로 내용을 입력하는 것이 빠릅니다. 내용을 입력할 때는 정렬에 관계없이 모두 왼쪽에 붙여 입력하세요.

합계는 직접 입력하면 안됩니다. 반드시 블록 계산식 기능을 이용하여 자동으로 결과가 입력되게 해야 합니다.

잠깐만요 **표와 관련된 바로 가기 키**

- `Ctrl`+`N`, `T` : 표 만들기
- `Ctrl`+`N`, `K` : 표/셀 속성
- `Ctrl`+`N`, `C` : 캡션 달기
- `Alt`+`L` : 글자 모양
- `Shift`+`Esc` : 표에서 빠져나오기
- `F5` : 셀 블록 설정하기
- `Ctrl`+`Shift`+`S` : 블록 합계
- `Ctrl`+`Shift`+`A` : 블록 평균
- `Ctrl`+`Shift`+`P` : 블록 곱

- `F5`를 눌러 블록 지정 후 작업하기

바로 가기 키	기능
`L`	테두리 변경하기
`C`	배경 변경하기
`M`	셀 합치기
`F5`	셀 블록 지정하기

표에 캡션 입력하기

4. 표의 캡션을 입력할 차례입니다. 캡션 입력 바로 가기 키 Ctrl+N, C를 누르세요. 자동으로 캡션 입력란에 "표 1"이 입력되어 표시됩니다. ([기본] 도구 상자 : (표 레이아웃)] → [(캡션)]).

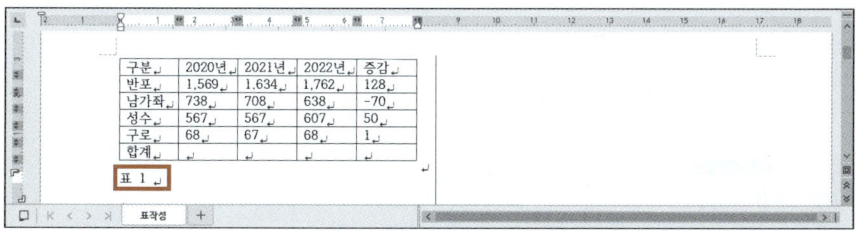

5. "표 1"이 입력되어 있는 상태 그대로 Shift+Home을 눌러 블록을 지정한 후 **(단위: 개)**를 입력하세요.

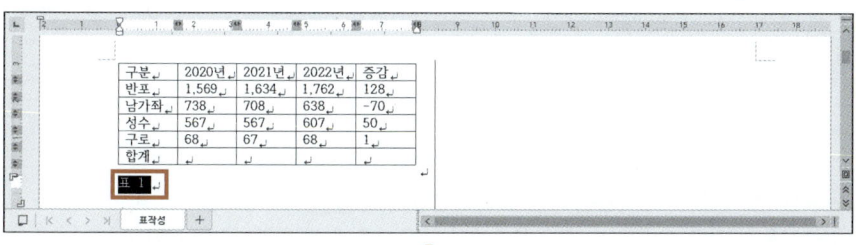

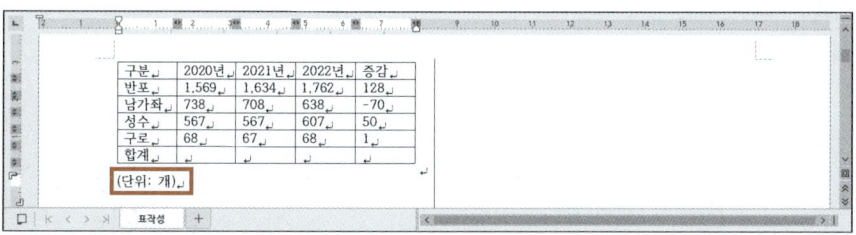

표의 안 여백을 지정하고 내용 정렬하기

6. 표의 안 여백을 지정해야 합니다. 표 안 쪽의 임의의 셀을 클릭한 다음 Ctrl+N, K를 누르세요(표의 [바로 가기 메뉴] → [표/셀 속성]). '표/셀 속성' 대화상자가 표시됩니다.

> **궁금해요** 시나공 Q&A 베스트
> **Q** '▦(표 레이아웃)' 메뉴가 없어요!
> **A** 표를 선택하거나 커서를 표 안으로 이동해 보세요. '▦' 메뉴가 표시됩니다.

> **전문가의 조언**
> Ctrl+A를 눌러 블록을 지정해도 됩니다.

> **전문가의 조언**
> **캡션 삭제하기**
> 표를 마우스 오른쪽 버튼으로 클릭한 후 바로 가기 메뉴에서 [캡션 없음]을 선택하면 됩니다.

7. '표/셀 속성' 대화상자의 '표' 탭에서 다음과 같이 지정한 후 〈설정〉을 클릭하세요.

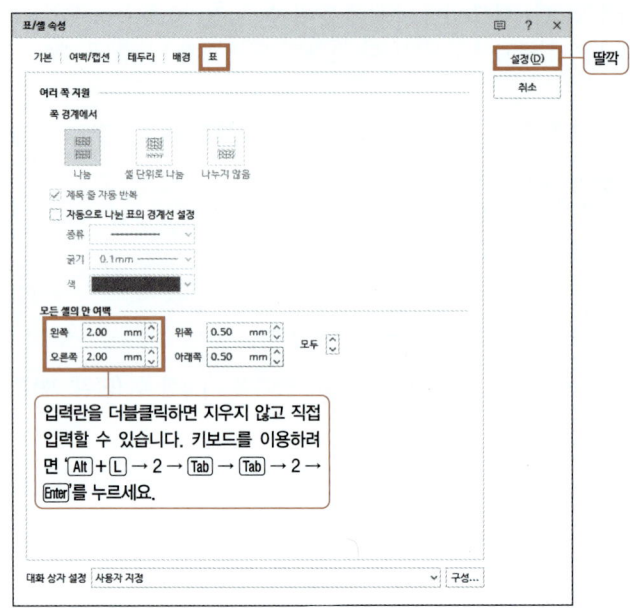

> **전문가의 조언**
> [서식] → [문단 정렬] → (가운데 정렬)'을 클릭해도 됩니다.

8. 표의 행 제목과 6행 1열은 가운데로 정렬합니다. Ctrl과 마우스를 이용하여 그림과 같이 블록을 지정한 후 [서식] 도구 상자에서 '(가운데 정렬)'을 클릭하세요(바로 가기 키 : Ctrl + Shift + C).

> **궁금해요** 시나공 Q&A 베스트
> Q '(가운데 정렬)'을 클릭해도 가운데로 정렬이 되지 않아요!
> A 바로 전에 가운데 정렬을 하여 '(가운데 정렬)'이 눌러져 있기 때문에 발생하는 현상입니다. 바로 옆의 '(왼쪽 정렬)'을 클릭한 후 '(가운데 정렬)'을 다시 클릭해 보세요.

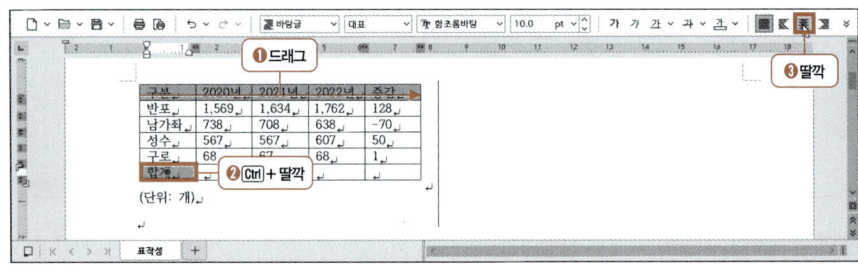

9. 화살표 방향으로 1열 2, 3, 4, 5행을 블록으로 지정한 후 [서식] 도구 상자에서 '(왼쪽 정렬)'을 클릭하세요(바로 가기 키 : Ctrl + Shift + L).

> **전문가의 조언**
> 셀 안의 데이터는 기본적으로 양쪽 정렬인데 문단의 길이가 짧아 왼쪽 정렬처럼 보입니다. 표에 입력된 데이터 내용의 길이가 서로 다른 문자일 경우 왼쪽으로 정렬해야 하므로 왼쪽 정렬된 것처럼 보여도 왼쪽 정렬을 수행해야 합니다.

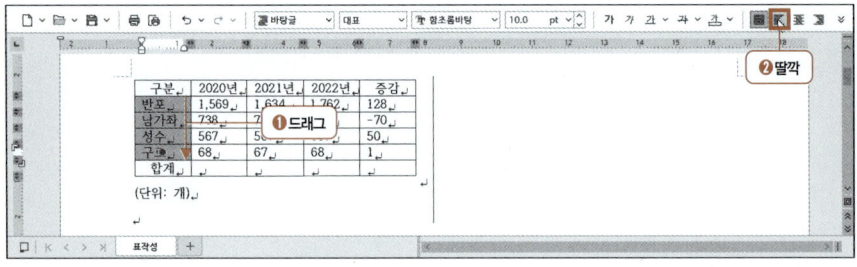

10. 동일한 방법으로 2열 2행부터 5열 6행까지 블록으로 지정한 후 [서식] 도구 상자에서 '(오른쪽 정렬)'을 클릭하세요(바로 가기 키 : Ctrl + Shift + R).

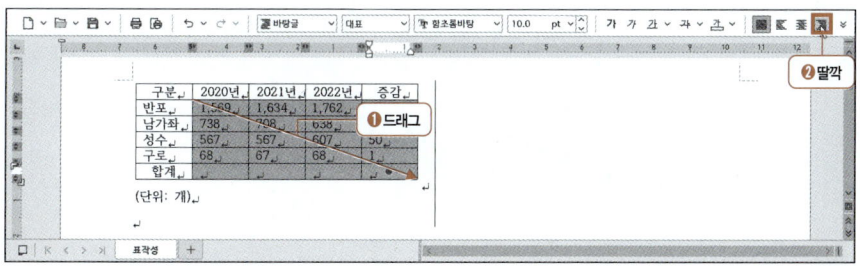

잠깐만요 표 안의 데이터 정렬 기준

❶ 구분		2000년	2020년	평가	비고
유럽	❷	❸ 283	372 ❹	우수 ❺	
미주		94	147	우수	
동아시아		53	101	저조	
남아시아		223	100	저조	
❻ 합계		653	720		

❶ 제목 행 : 가운데 정렬
❷ 내용의 길이가 서로 다른 문자의 경우 : 왼쪽 정렬
❸ 내용의 길이가 서로 다른 숫자의 경우 : 오른쪽 정렬
❹, ❺ 내용의 길이가 서로 같은 경우 : 문자, 숫자 상관없이 가운데 정렬
❻ 합계(평균) 셀 : 가운데 정렬

> **전문가의 조언**
> 표 안의 내용에 대한 정렬은 문제지 첫 번째 장에 언급된 정렬 기준에 따라 작성하되, 언급되지 않은 합계(평균) 셀은 문제지에 제시된 모양을 보고 동일한 정렬 방식을 적용하면 됩니다.

표의 캡션 정렬하기

11. 이제 표의 캡션을 오른쪽으로 정렬할 차례입니다. "(단위: 개)" 부분을 클릭한 후 [서식] 도구 상자에서 '(오른쪽 정렬)'을 클릭하세요(바로 가기 키 : Ctrl + Shift + R).

표의 이중 실선 변경하기

12. 화살표 방향으로 드래그하여 블록을 지정한 후 테두리 모양을 변경하는 바로 가기 키 [L]을 누르세요.

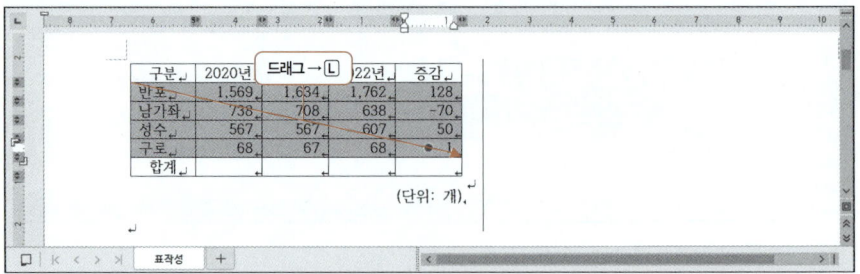

13. '셀 테두리/배경' 대화상자의 '테두리' 탭에서 다음과 같은 순서로 작업하여 제목 행 아래쪽과 합계 행 위쪽 선을 '이중 실선(0.5mm)'으로 지정한 후 〈설정〉을 클릭하세요.

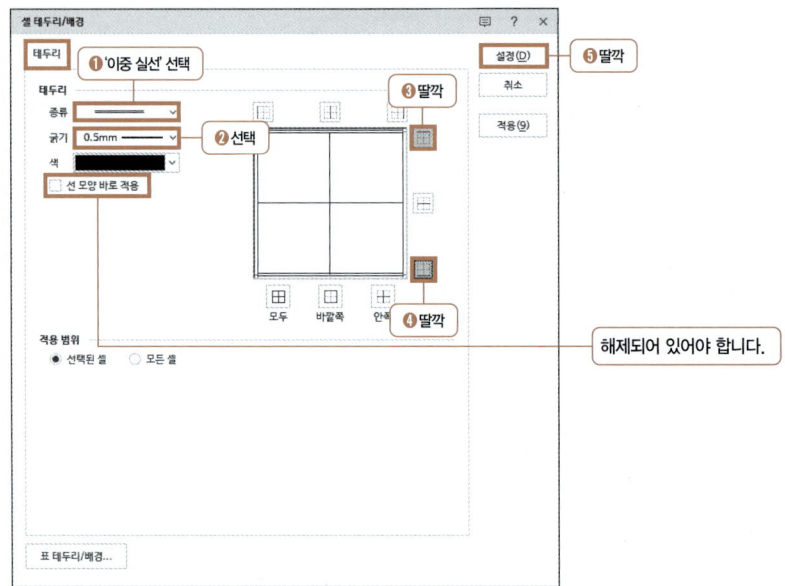

전문가의 조언

선 모양 바로 적용

한글 2022는 셀을 블록으로 지정한 후 '셀 테두리/배경' 대화상자를 호출하면 '선 모양 바로 적용'이 선택되어 있습니다. '선 모양 바로 적용'이 선택되어 있으면 테두리 종류를 선택할 때마다 테두리 단추가 눌러진 곳은 자동으로 선 모양이 적용됩니다. 원하는 곳에만 선 모양을 적용하려면 '선 모양 바로 적용'을 해제하고 작업해야 합니다.

14. 1열 2행부터 5열 5행이 블록으로 지정된 상태에서 [F5]를 눌러 표 전체를 블록으로 지정한 후 테두리 모양을 변경하는 바로 가기 키 [L]을 누르세요.

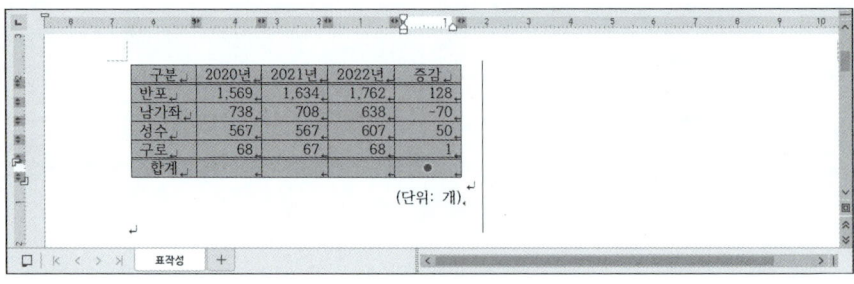

15. '셀 테두리/배경' 대화상자의 '테두리' 탭에서 다음과 같은 순서로 작업하여 표 바깥의 왼쪽과 오른쪽 선을 지우세요. 표의 맨 위와 아래에 두꺼운 선을 지정해야 하니 아직 〈설정〉을 클릭하지 마세요.

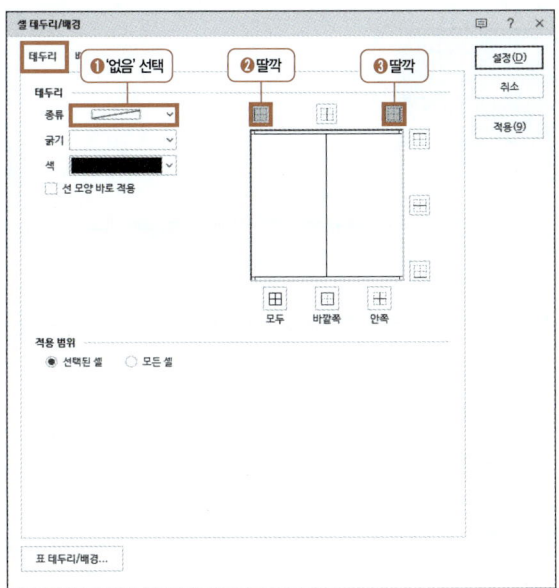

16. 이어서 다음과 같은 순서로 작업하여 표 바깥의 위쪽과 아래쪽을 '실선(0.4mm)'으로 지정한 후 〈설정〉을 클릭하세요.

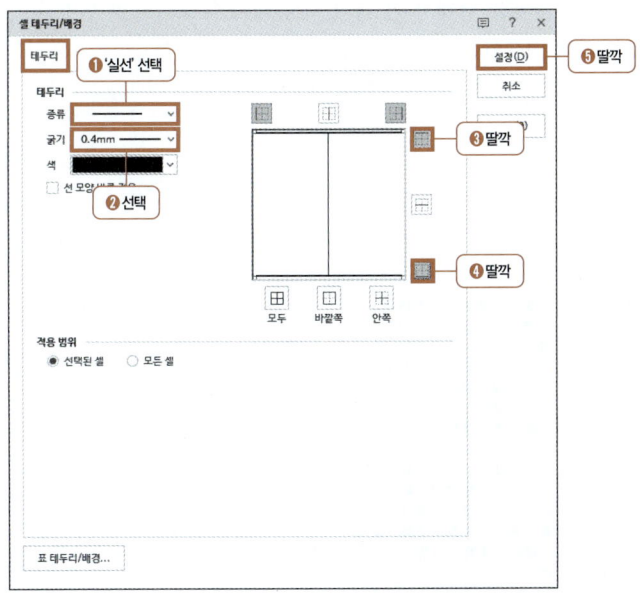

전문가의 조언

표 높이를 33~34mm에 포함되게 작성하려면 표를 초기 작성 상태에서 아래쪽으로 한 번(Ctrl + ↓)만 늘려주면 됩니다.

17. 표 전체가 블록으로 지정된 상태에서 Ctrl + ↓를 눌러 표의 높이를 전체적으로 한 번 늘리세요. 셀 포인터는 6행 5열에 그대로 있습니다.

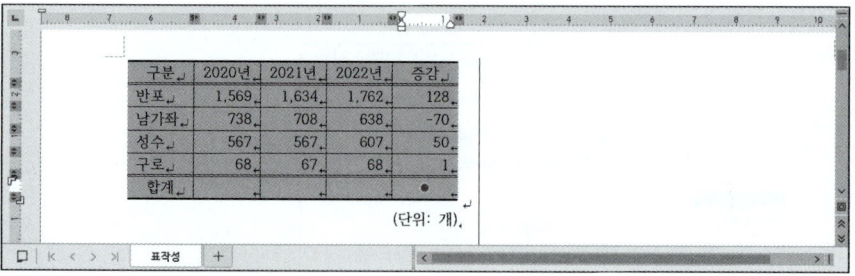

표의 제목 행에 서식 지정하기

18. PgUp을 눌러 첫 번째 행만 블록으로 지정한 후 셀 배경을 변경하는 바로 가기 키 C를 누르세요.

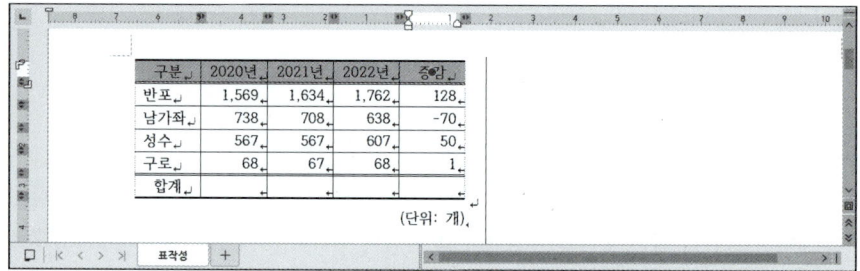

19. '셀 테두리/배경' 대화상자의 '배경' 탭에서 면 색의 색상 테마를 '오피스'로 변경하고, 색을 '초록(RGB : 0,128,0)'으로 지정한 후 〈설정〉을 클릭하세요.

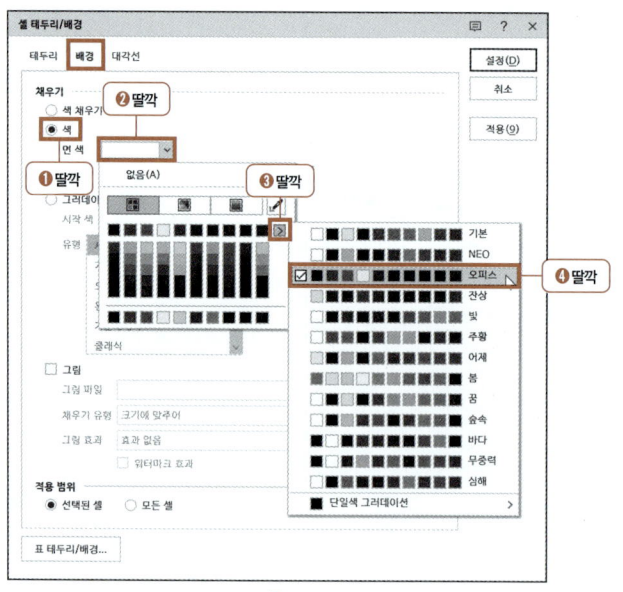

전문가의 조언

표의 선을 지웠을 경우 커서의 위치에 따라 아래와 같이 표시됩니다.
• 커서가 표 안에 있을 때는 지운 선이 빨간색 점선으로 표시됩니다.

• 커서가 표 밖에 있을 때는 지운 선이 표시되지 않습니다.

※ [보기] → [투명 선]이 선택된 상태에서는 커서의 위치에 상관없이 지운 선이 빨간색 점선으로 표시됩니다.

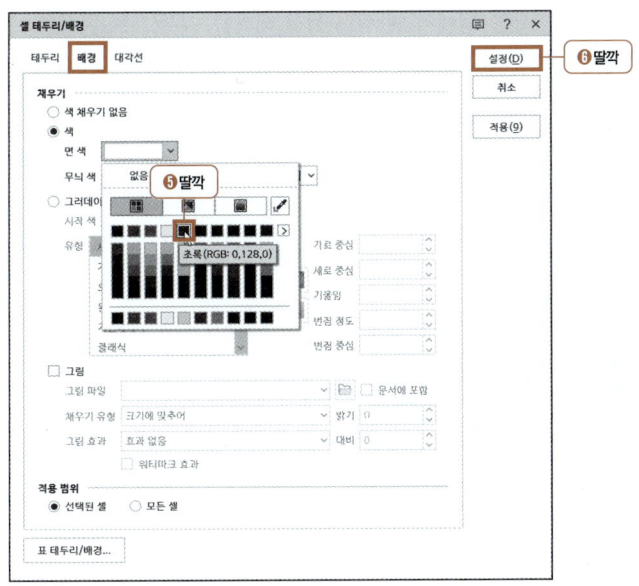

20. 첫 번째 행이 블록으로 지정된 상태에서 Alt + L 을 누르세요.

21. '글자 모양' 대화상자의 '기본' 탭에서 글꼴의 모양과 속성, 글자 색을 다음과 같이 지정한 후 〈설정〉을 클릭하세요.

 전문가의 조언

글자 색 '하양'은 테마 색이 아니라 팔레트에서 선택하세요.

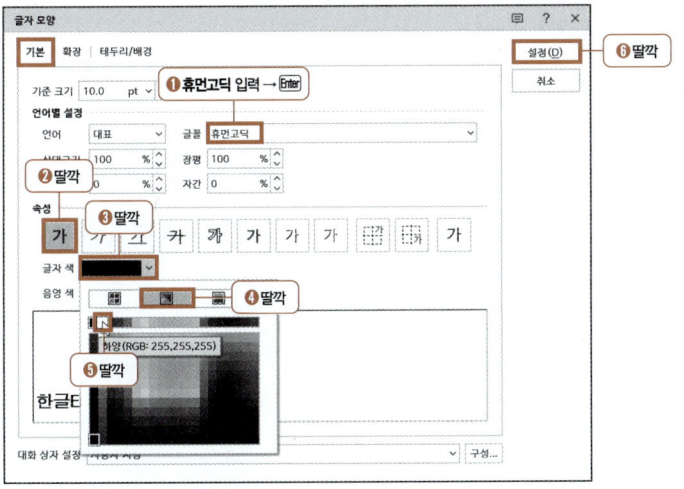

표의 합계 행에 서식 지정하기

22. 마지막 행(6행)만 블록으로 지정한 후 셀 배경을 변경하는 바로 가기 키 C 를 누르세요.

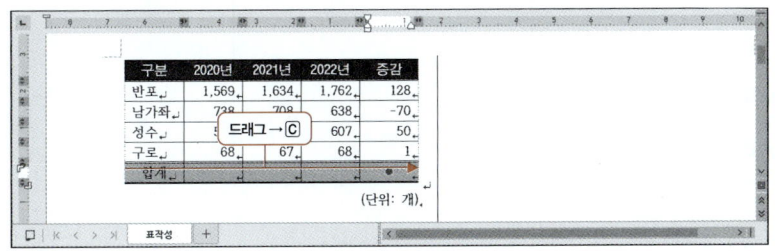

23. '셀 배경/테두리' 대화상자의 '배경' 탭에서 면 색의 색상 테마를 '기본'으로 변경하고, 면 색을 '주황(RGB: 255,132,58) 80% 밝게'로 선택한 후 〈설정〉을 클릭하세요.

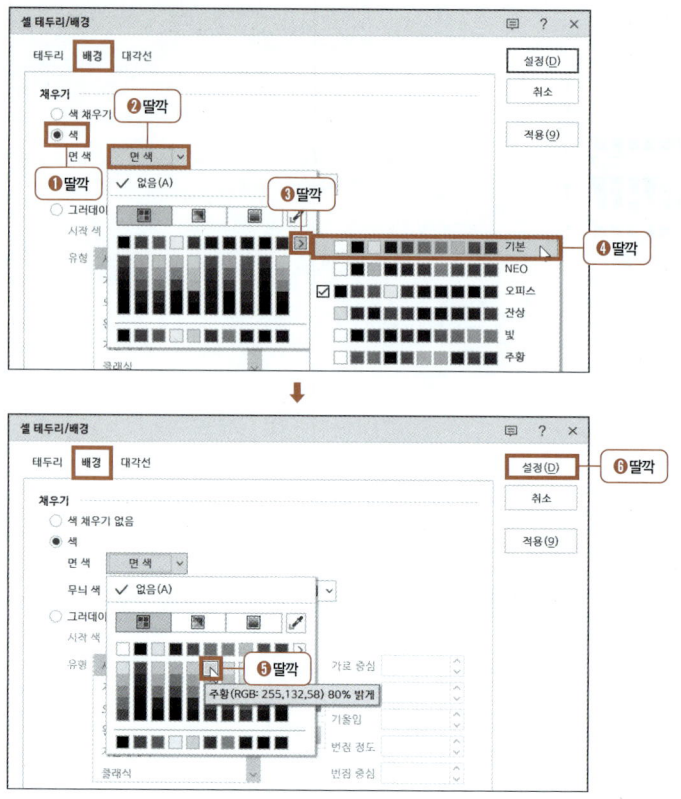

24. 마지막 행이 블록으로 지정된 상태에서 Alt + L 을 누르세요.

25. '글자 모양' 대화상자의 '기본' 탭에서 Alt + B → Enter 를 눌러 '진하게'를 지정하세요.

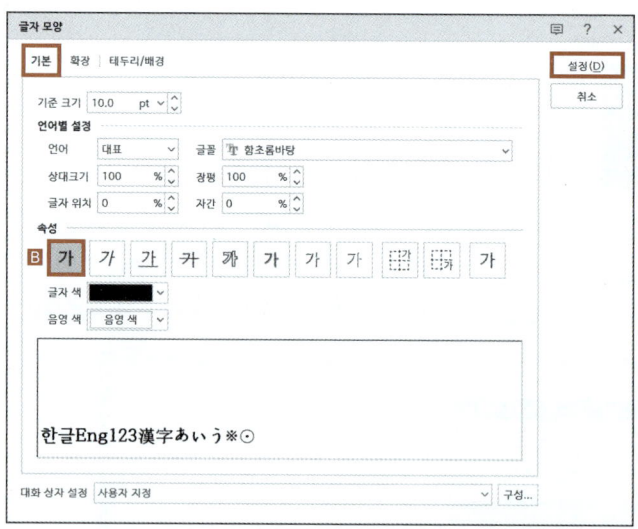

표에 블록 합계 계산하기

26. 블록 합계를 구할 범위와 표시될 위치를 블록으로 지정한 후 Ctrl + Shift + S 를 누르세요(블록 합계 메뉴 : [바로 가기 메뉴] → [블록 계산식] → [블록 합계]).

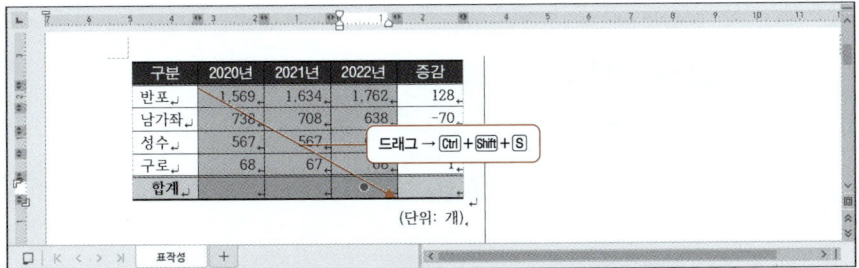

27. 6행의 2, 3, 4열에 합계가 표시됩니다.

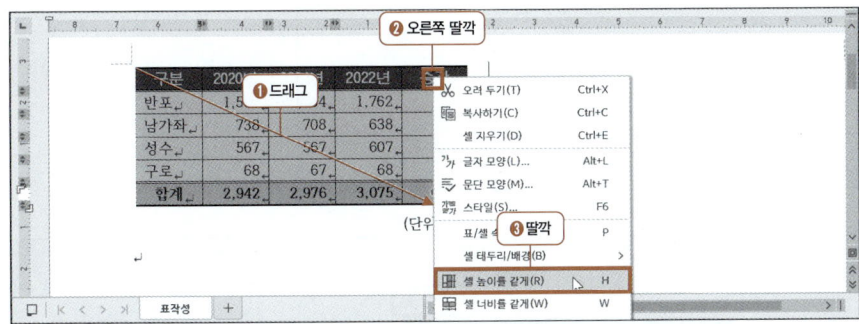

표 전체 행의 셀 높이 같게 하기

28. 표 전체 행의 셀 높이를 같게 하기 위해 표 전체를 블록으로 지정한 후 바로 가기 메뉴에서 [셀 높이를 같게]를 선택합니다([기본] 도구 상자 : [▦](표 레이아웃) → [▦](셀 높이를 같게)]).

> **전문가의 조언**
>
> 표 전체 행의 높이를 같게하라는 지시사항은 "전체 행 : 셀 높이를 같게" 또는 "모든 셀의 높이 : 같게"와 같이 두 가지로 제시될 수 있습니다. 지시 문구만 다를 뿐 작업 방법은 동일합니다.

잠깐만요 셀 높이를 같게

'셀 높이를 같게' 기능은 범위로 지정된 셀의 높이가 동일하게 되도록 셀들의 높이를 조절합니다.

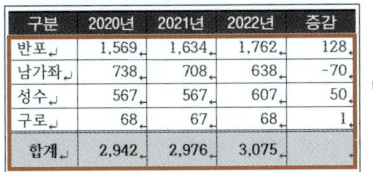

표의 캡션 위치 조정하기

29. '개체 속성' 대화상자는 셀 블록의 지정 여부와 관계없이 호출할 수 있습니다. 28번 작업에 이어 바로 Ctrl+N, K를 눌러 '표/셀 속성' 대화상자를 호출하세요.

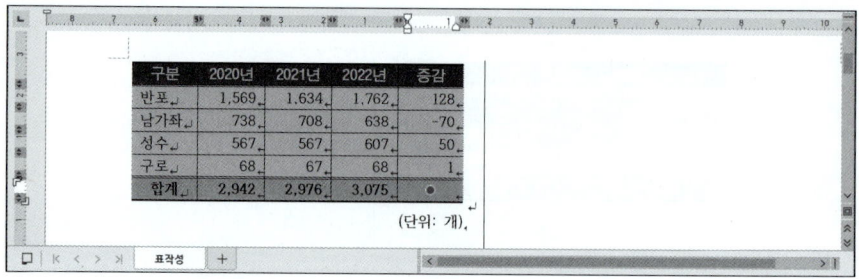

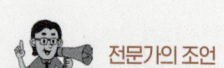

캡션의 위치를 지정하는 다른 방법
[☰▾(표 레이아웃)] → [캡션] → [위]를 선택하면 됩니다.

30. '표/셀 속성' 대화상자의 '여백/캡션' 탭에서 Alt+U → Enter를 눌러 캡션 위치를 '위'로 지정하세요.

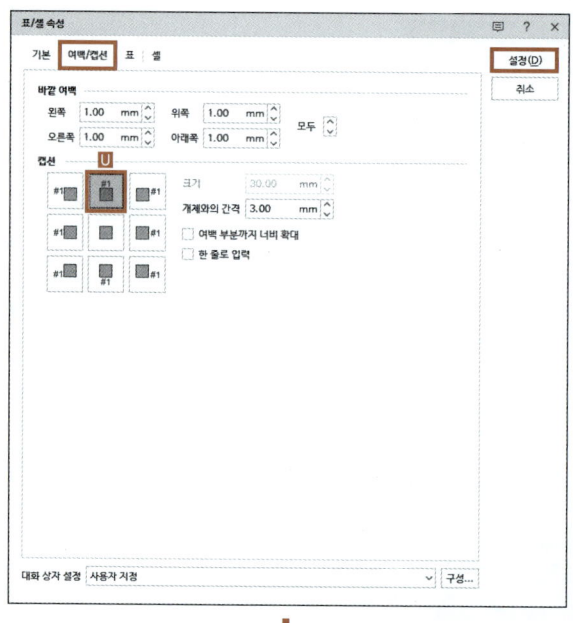

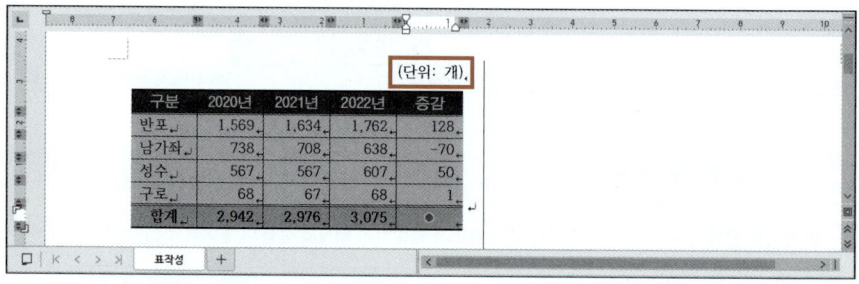

표의 위치 정렬하기

31. 표의 내용이 아닌 표 자체를 가운데로 정렬해야 합니다. Shift + Esc를 눌러 커서를 표의 왼쪽 밖에 위치시킨 후 Ctrl + Shift + C를 눌러 표 자체를 가운데로 정렬하세요.

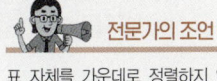

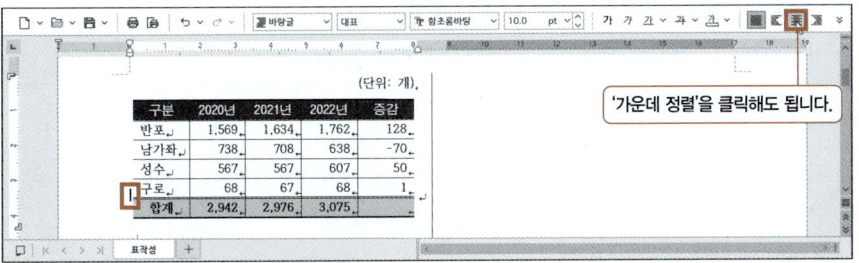

궁금해요 시나공 Q&A 베스트

Q Shift + Esc를 눌렀을 때 커서가 표의 왼쪽 위에 표시돼요!

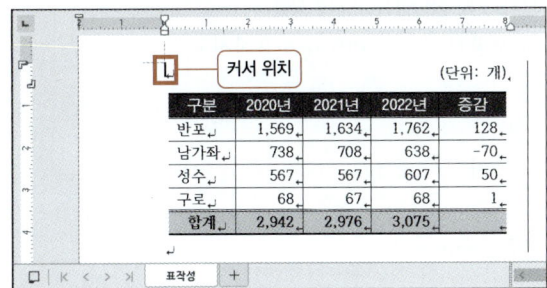

A 표가 글자처럼 취급되지 않았기 때문입니다. Ctrl + N, K를 눌러 나타나는 '표/셀 속성' 대화상자의 '기본' 탭에서 '글자처럼 취급'을 선택하세요.

전문가의 조언

표 자체를 가운데로 정렬하지 않았을 경우 5점이나 감점되므로 가운데 정렬이 정확히 수행되었는지 확인해야 합니다. 하지만 표가 단의 크기에 맞게 작성되므로 표 자체가 가운데로 정렬되었는지 확인하기 어렵습니다. 이럴 때는 [서식] 도구 상자의 정렬 아이콘 중 가운데 정렬이 선택되었는지를 보고 확인하면 됩니다.

| 연습문제 | 다음 지시사항대로 문서를 완성하시오.

- 문제지에 주어진 대로 입력하시오.
- 제한시간 : 3분
- 저장위치 : C:\WP\표작성(연습문제)+문제번호.hwpx
  - 예 연습문제1 : 표작성(연습문제)-1.hwpx
  - 연습문제2 : 표작성(연습문제)-2.hwpx
- 여백 설정 : 위쪽·아래쪽·왼쪽·오른쪽은 20mm, 머리말·꼬리말은 10mm
- 단 개수 : 2, 단 간격 : 8mm, 단 구분선 : 실선 0.12mm
- 표에서 내용의 정렬 방법
  (제목 행과 '합계(평균)' 셀은 가운데 정렬, 나머지는 열 단위를 기준으로 아래와 같이 정렬)
  - 내용의 길이가 서로 다른 문자의 경우 왼쪽 정렬
  - 내용의 길이가 서로 다른 숫자의 경우 오른쪽 정렬
  - 내용의 길이가 서로 같을 경우 문자, 숫자 상관없이 가운데 정렬
- 색상은 '기본'과 '오피스' 테마가 포함된 색상 팔레트를 사용하시오.

문제 1

- 표의 크기 : 너비 78 ~ 80mm, 높이 : 38.65mm
- 위치 : 글자처럼 취급
- 모든 셀의 안 여백 : 왼쪽·오른쪽 2mm
- 전체 행 : 셀 높이를 같게
- 테두리 : 표 안쪽은 실선(0.12mm), 표 바깥의 위쪽과 아래쪽은 이중 실선(0.5mm), 표 바깥의 왼쪽과 오른쪽은 선 없음, 합계 행 위쪽은 실선(0.4mm)
- 제목 행 : 셀 배경색 – 탁한 황갈(RGB : 131,77,0), 글자 모양 – 한컴산뜻돋움, 진하게, 하양(RGB : 255,255,255)
- 합계 행 : 셀 배경색 – 빨강(RGB : 255,0,0) 80% 밝게, 글자 모양 – 진하게
- 문단의 정렬 방식 : 가운데 정렬
- 블록 계산식 : 표의 합계 행에 블록 계산식을 이용하여 블록 합계 산출
- 캡션 : 표 위에 삽입 후 오른쪽 정렬

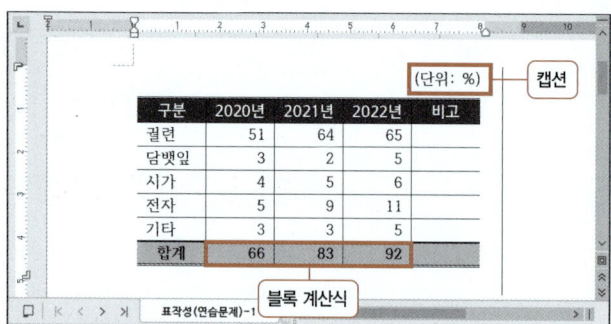

전문가의 조언

표 높이를 38.65mm로 작성하려면 표를 초기 작성 상태에서 전체를 블록으로 지정한 후 아래쪽으로 한 번(Ctrl)+(↓)만 늘려주면 됩니다.

문제 2

- 표의 크기 : 너비 78 ~ 80mm, 높이 : 33~34mm
- 위치 : 글자처럼 취급
- 모든 셀의 안 여백 : 왼쪽·오른쪽 1.5mm
- 전체 행 : 셀 높이를 같게
- 테두리 : 표 안쪽은 실선(0.12mm), 표 바깥의 위쪽과 아래쪽은 실선(0.4mm), 표 바깥의 왼쪽과 오른쪽은 선 없음, 제목 행 아래쪽은 이중 실선 (0.5mm)
- 제목 행 : 셀 배경색 – 남색(RGB : 58,60,132), 글자 모양 – HY궁서, 진하게, 하양 (RGB : 255,255,255)
- 평균 행 : 셀 배경색 – 주황(RGB : 255,132,58) 80% 밝게, 글자 모양 – 진하게
- 문단의 정렬 방식 : 가운데 정렬
- 블록 계산식 : 표의 평균 행에 블록 계산식을 이용하여 블록 평균 산출
- 캡션 : 표 위에 삽입

궁금해요 **시나공 Q&A 베스트**

Q1 표 안의 내용이 두 줄로 표시돼요!
A1 표의 지시사항을 모두 지정한 후 다음과 같이 너비와 높이를 조절하세요.

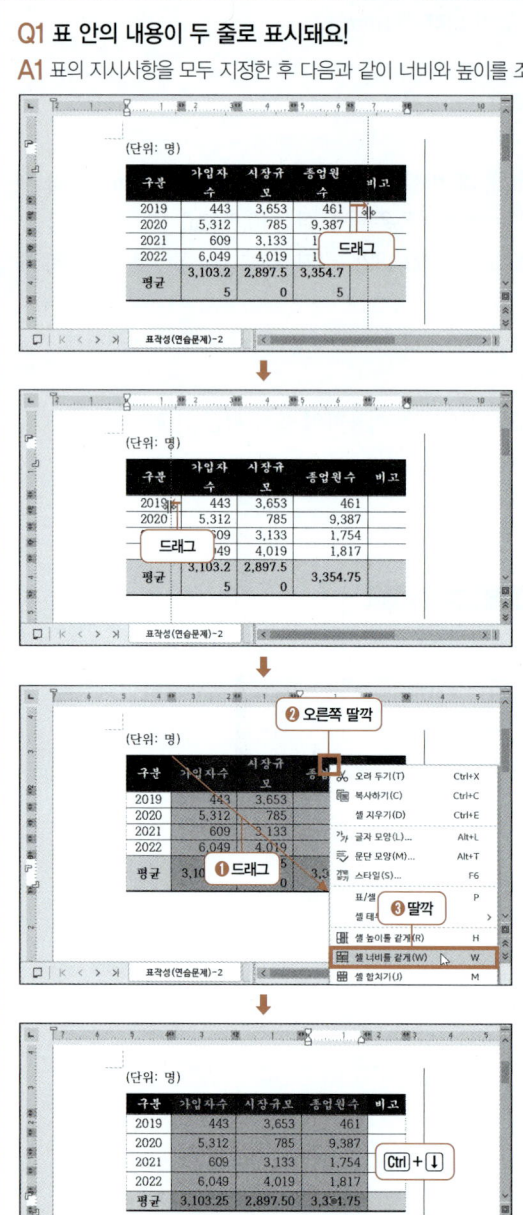

Q2 셀의 너비를 조절할 때 주의할 점이 있으면 알려주세요.

A2
- 셀의 너비를 조절할 때 표 전체 너비가 변경되면 안 되기 때문에 표의 바깥쪽, 즉 가장 왼쪽과 오른쪽 외곽선은 이용하지 않는 것이 좋습니다. 왜냐하면 표의 가로 너비는 78~80mm이어야 하며, 이 길이는 '표 만들기' 대화상자로 표를 만들 때 '너비'를 '단에 맞춤'으로 지정하면 79mm로 표의 너비가 기준에 정확하게 맞게 만들어지기 때문입니다. 이렇게 정확하게 만들어진 표의 바깥쪽 외곽선을 조절할 경우 기준범위인 78~80mm를 벗어나게 될 수 있는 거죠. 실수로 표의 전체 너비를 변경하였을 경우에는 커서를 표 왼쪽 바깥에 놓은 상태에서 위쪽 눈금자로 표 전체의 너비를 확인하면서 잘 맞추세요.
- 표의 셀 너비를 조절하여 두 줄을 한 줄로 만들었는데도 표의 높이가 줄어들지 않았다면 표 전체를 블록으로 지정하고 Ctrl+↑를 6~7번 눌러 표의 높이를 최대한 줄인 다음 Ctrl+↓를 한 번 눌러주세요. 표의 높이에 대해서는 특별한 지시사항이 없지만 실제 출제되는 문제들을 분석해 보면 표 높이가 초기 작성 상태에서 아래쪽으로 Ctrl+↓을 한 번 눌러 늘린 높이와 같기 때문입니다.

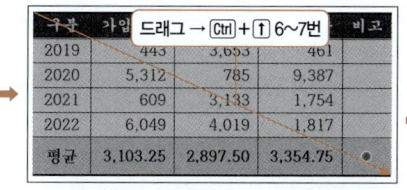

문제 3

- 표의 크기 : 너비 78 ~ 80mm, 높이 : 33~34mm
- 위치 : 글자처럼 취급
- 모든 셀의 안 여백 : 왼쪽·오른쪽 1.5mm
- 전체 행 : 셀 높이를 같게
- 테두리 : 표 안쪽은 실선(0.12mm), 표 바깥의 왼쪽과 오른쪽은 선 없음, 제목 행 아래쪽과 합계 행 위쪽은 이중 실선(0.5mm)
- 제목 행 : 셀 배경색 – 노랑(RGB : 255,255,0), 글자 모양 – 돋움체, 진하게, 보라 (RGB : 128,0,128)
- 합계 행 : 셀 배경색 – 파랑(RGB : 0,0,255) 50% 밝게, 글자 모양 – 진하게
- 문단의 정렬 방식 : 가운데 정렬
- 블록 계산식 : 표의 합계 행에 블록 계산식을 이용하여 블록 합계 산출
- 캡션 : 표 위에 삽입 후 오른쪽 정렬

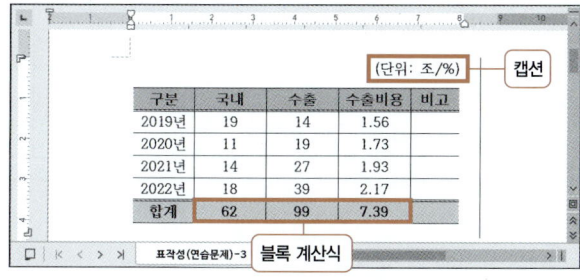

전문가의 조언

표 높이를 27.60mm로 작성하려면 표를 초기 작성 상태에서 전체를 블록으로 지정한 후 아래쪽으로 한 번 (Ctrl)+(↓)만 늘려주면 됩니다.

문제 4

- 표의 크기 : 너비 78 ~ 80mm, 높이 : 27.60mm
- 위치 : 글자처럼 취급
- 모든 셀의 안 여백 : 왼쪽·오른쪽 2mm
- 전체 행 : 셀 높이를 같게
- 테두리 : 표 안쪽은 실선(0.12mm), 1행 1열에 대각선 실선(0.12mm), 표 바깥의 왼쪽과 오른쪽은 선 없음, 제목 행 아래쪽과 평균 행 위쪽은 이중 실선(0.5mm)
- 제목 행 : 셀 배경색 – 남색(RGB : 58,60,132) 80% 밝게, 글자 모양 – 휴먼명조, 진하게, 하양(RGB : 255,255,255)
- 평균 행 : 셀 배경색 – 노랑(RGB : 255,215,0), 글자 모양 – 진하게
- 문단의 정렬 방식 : 가운데 정렬
- 블록 계산식 : 표의 평균 행에 블록 계산식을 이용하여 블록 평균 산출
- 캡션 : 표 위에 삽입

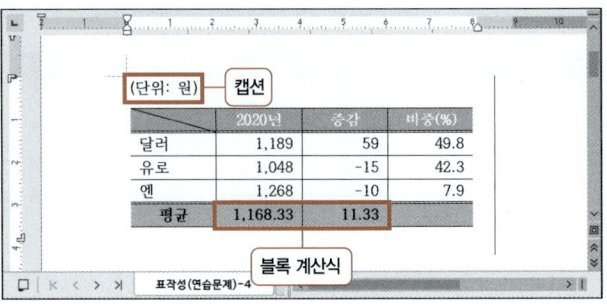

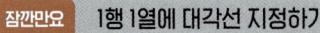

잠깐만요 **1행 1열에 대각선 지정하기**

F5를 눌러 1행 1열을 블록으로 지정한 다음 L을 누르고 '셀 테두리/배경' 대화상자의 '대각선' 탭에서 다음과 같이 지정한 후 〈설정〉을 클릭하세요.

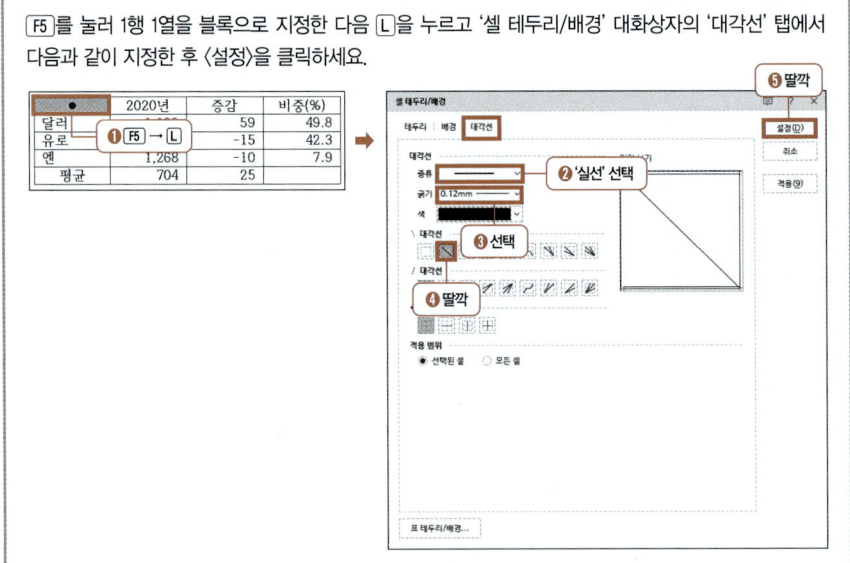

문제 5

- 표의 크기 : 너비 78 ~ 80mm, 높이 : 33~34mm
- 위치 : 글자처럼 취급
- 모든 셀의 안 여백 : 왼쪽·오른쪽 2mm
- 전체 행 : 셀 높이를 같게
- 테두리 : 표 안쪽은 실선(0.12mm), 표 바깥의 위쪽과 아래쪽은 실선(0.4mm), 표 바깥의 왼쪽과 오른쪽은 선 없음, 합계 행 위쪽은 이중 실선(0.5mm)
- 제목 행 : 셀 배경색 – 파랑(RGB : 0,0,255), 글자 모양 – 맑은 고딕, 진하게, 하양(RGB : 255,255,255)
- 합계 행 : 셀 배경색 – 노랑(RGB : 255,255,0) 10% 어둡게, 글자 모양 – 진하게
- 문단의 정렬 방식 : 가운데 정렬
- 블록 계산식 : 표의 합계 행에 블록 계산식을 이용하여 블록 합계 산출
- 캡션 : 표 위에 삽입 후 오른쪽 정렬

SECTION 13 차트

기능	제한시간(실제시험)	메뉴 / [기본] 도구 상자	작업 내용
차트	1분 30초	• [입력]의 ⌄ → [차트] • [입력] → [차트] • [▤(표 디자인)] → [차트 만들기]	• 차트 만들기 • 글꼴, 속성, 크기 지정하기 • 계열색 지정하기 • 범례 위치 지정하기 • 보조 축 지정하기 • 데이터 레이블 표시 및 위치 지정하기 • 눈금선 제거하기 • 값 축에 천 단위 구분 쉼표 지정하기 • 차트 크기 지정하기 • 차트 위치 지정하기 • 차트의 바깥 여백 지정하기

기본문제에 주어진 차트 작업을 1분 30초 내에 완료했다면 다음 섹션으로 넘어가고, 그렇지 않으면 '따라하기'의 방법을 참고하여 연습문제를 1분 30초 안에 완성할 수 있도록 연습하세요. 차트 작성 방법을 완전히 숙달할 때까지 절대 다음 섹션으로 넘어가지 마세요.

기본문제

다음 지시사항대로 문서를 완성하시오.

전문가의 조언

호글 2022에서 가장 오류가 많이 나고 원하는 대로 조정이 안 되는 부분이 차트입니다. 문제 입력이나 편집 도중 차트에 오류가 발생하면 시험에 치명적인 영향을 미칠 수 있으므로 차트를 제외한 모든 작업을 마친 다음 저장하고 나서 차트를 작성하는 것이 바람직합니다.

• 문제지에 주어진 대로 입력하시오.
• 제한시간(표 작성시간 제외) : 1분 30초
• 저장위치 : C:\WP\차트.hwpx
• 여백 설정
  – 위쪽·아래쪽·왼쪽·오른쪽 : 20mm
  – 머리말·꼬리말 : 10mm
• 다단 설정
  – 단 개수 : 2, 단 간격 : 8mm, 단 구분선 : 실선(0.12mm)
• 차트의 모양 : 이중 축 혼합형(묶은 세로 막대형, 표식이 있는 꺾은선형)
• 차트의 크기 : 너비 80mm, 높이 70mm, 크기 고정
• 위치 : 본문과의 배치 – 자리 차지, 가로 – 단의 가운데 0mm, 세로 – 문단의 위 0mm
• 바깥 여백 : 위쪽 5mm, 아래쪽 7mm
• 제목, 항목 축, 값 축, 보조 값 축, 범례의 글꼴 설정 : 진하게, 9pt
• 차트 계열색 바꾸기 : 색상 조합(색4)
• 범례 위치 변경, 보조 축 지정, 데이터 레이블 표시, 레이블 위치(위쪽), 눈금선 제거
• 표의 아래 단락에 배치
※ 차트에서 숫자 데이터의 천 단위 구분 쉼표는 기능을 사용하여 설정하시오.

(단위: 개)

구분	2023년	2024년	2025년	증감
반포	1,569	1,634	1,762	128
남가좌	738	708	638	-70
성수	567	567	607	50
구로	68	67	68	1
합계	2,942	2,976	3,075	

각 지역 이산화질소의 농도

국내 이산화탄소 현황
　최근 이산화탄소의 급증이 심각한 사회 문제로 제시되고 있다.

정답 및 감점 기준

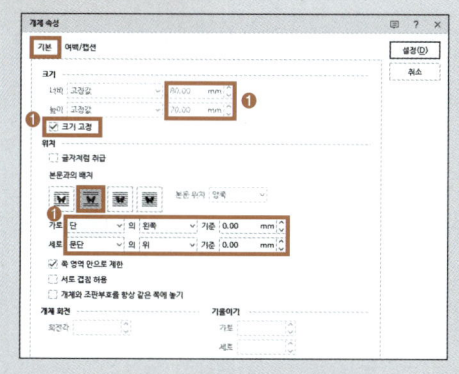 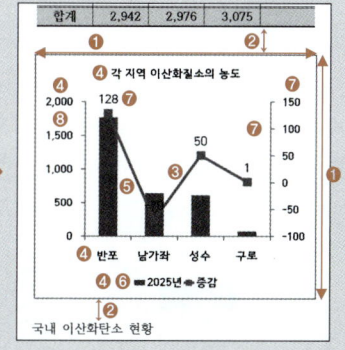

위치	감점	감점 사유	비고
❶	5	• 차트의 너비(80mm), 높이(70mm)가 다름 • '크기 고정'을 지정하지 않음 • 차트의 위치가 다름	
❷	5	차트의 위쪽(5mm), 아래쪽(7mm) 여백이 다름	
❸	5	차트의 종류가 다름	
❹	5	글꼴 속성(진하게, 9pt)이 다름	
❺	5	차트 계열색이 다름	
❻	5	범례의 위치가 다름	
❼	5	차트의 구성 요소가 없거나 있음	보조 축, 데이터 레이블, 눈금선
❽	5	값 축에 천 단위 구분 쉼표 없음	

따라하기

차트 만들기

1. 차트의 데이터로 사용될 표를 작성하세요.

2. 1열의 1~5행을 드래그한 후 Ctrl을 누른 채 4열의 1행부터 5열의 5행까지 드래그하여 차트에 사용할 데이터를 블록으로 지정합니다. 이어서 [▦(표 디자인)] → [차트 만들기]를 클릭하세요.

전문가의 조언

표를 작성하지 않고 차트 작성만 연습하려면 '길벗워드실기\섹션\입력완성본\차트.hwpx' 파일을 불러와서 차트만 작성하세요.

전문가의 조언

▦(표 디자인) 메뉴는 표가 선택된 상태에서만 표시됩니다.

전문가의 조언

차트에 사용할 데이터는 문제에 제시된 차트 그림 중 '항목 축'과 '범례'를 보고 판단해야 합니다. 여기서는 '항목 축'에 표시된 '구분' 열과 '범례'에 표시된 '2025년' 열과 '증감' 열을 차트에 사용할 데이터 범위로 지정합니다.

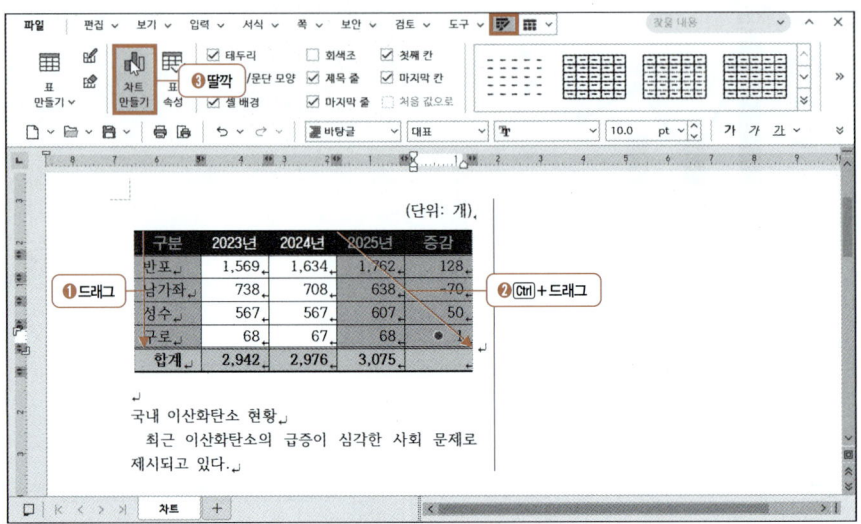

3. 표 아래쪽에 차트가 만들어지면서 '차트 데이터 편집' 창이 표시됩니다. 이미 입력된 데이터를 이용해서 차트를 만들었기 때문에 '차트 데이터 편집' 창에서 수행할 작업은 없습니다. '차트 데이터 편집' 창의 닫기(×) 단추를 클릭하세요.

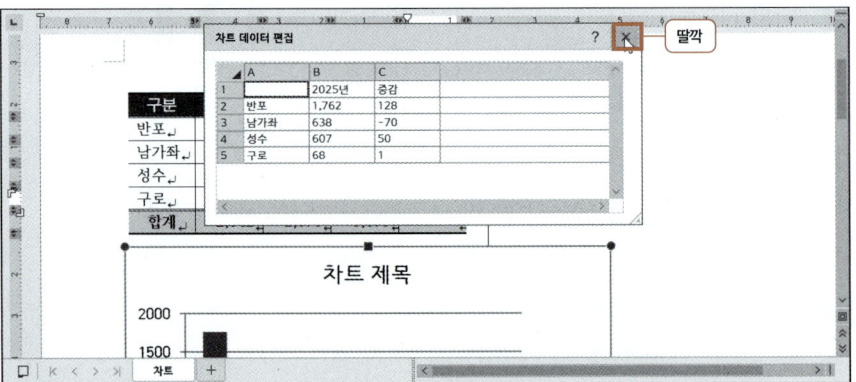

차트 종류 변경하기

4. 차트를 작성하면, 기본적으로 세로 막대형 차트로 만들어 집니다. 문제에 제시된 차트와 같이 '증감' 계열을 '표식이 있는 꺾은선형' 차트로 변경해야 합니다. 차트 종류를 변경하기 위해 '증감' 계열을 클릭하여 선택하세요.

> **전문가의 조언**
>
> '증감' 계열과 같이 막대 높이가 낮아 마우스로 선택하기 어려운 경우에는 차트가 선택된 상태에서 (차트 서식) 메뉴를 클릭한 후 '차트 요소' 항목의 목록 단추를 클릭하여 작업할 요소를 선택하면 됩니다.

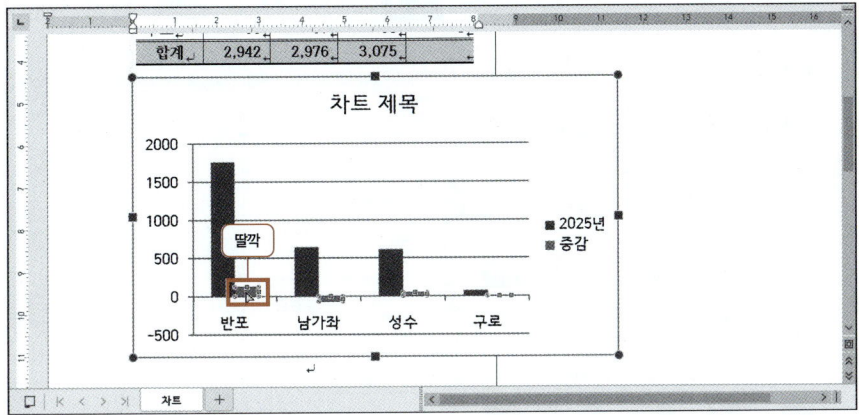

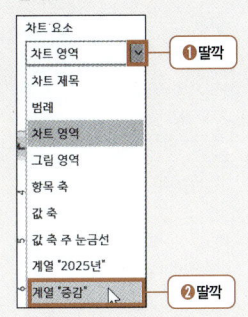

잠깐만요 | 차트 종류 변경과 보조 축을 지정할 계열 찾기

문제지의 지시사항에는 차트의 종류와 보조 축에 대한 세부 지시사항이 없으므로 수험자가 문제지의 그림을 보고 사용할 계열을 판단해야 합니다.

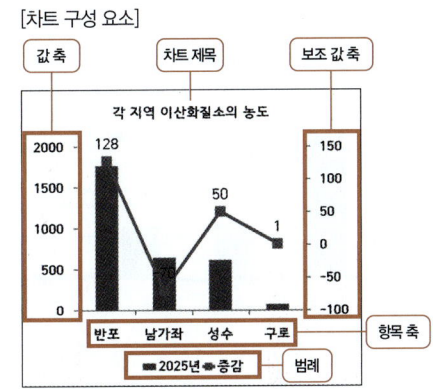

- **차트의 종류** : 차트의 범례 중 '증감' 계열의 범례 표지가 '2025년' 계열에 비해 얇게 표시된 것으로 보아 '증감' 계열의 차트가 '표식이 있는 꺾은선형'임을 알 수 있습니다.
- **보조 축** : 보조 값 축의 범위 –100~150이 속해 있는 계열을 표에서 찾으면 됩니다. –70~128 사이의 데이터가 입력되어 있는 '증감' 필드가 보조 축으로 지정되어 있음을 알 수 있습니다.

5. [⬛(차트 디자인)] → [차트 종류 변경] → [꺾은선/영역형] → [표식이 있는 꺾은선형]을 선택하세요.

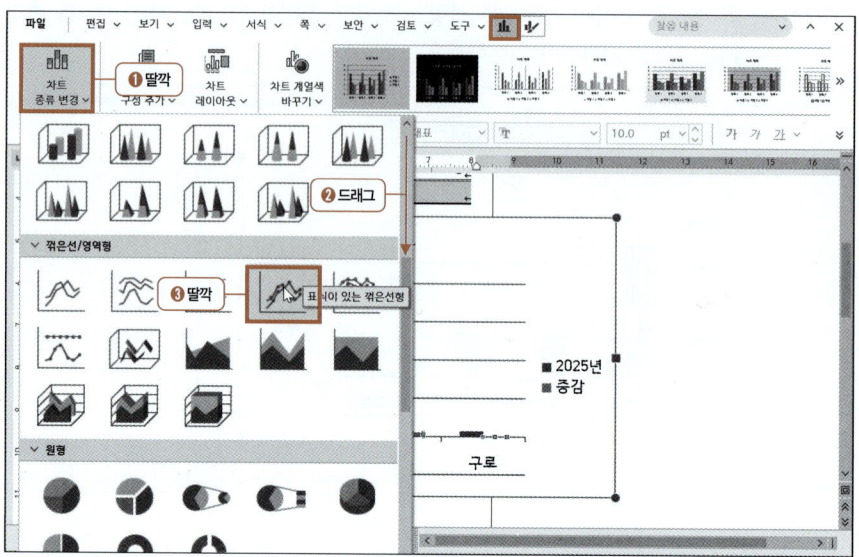

차트 제목, 값 축, 항목 축, 범례 서식 지정하기

6. 차트 제목을 변경하고 글꼴을 지정해야 합니다. '차트 제목'을 선택한 후 바로 가기 메뉴에서 [제목 편집]을 선택하세요.

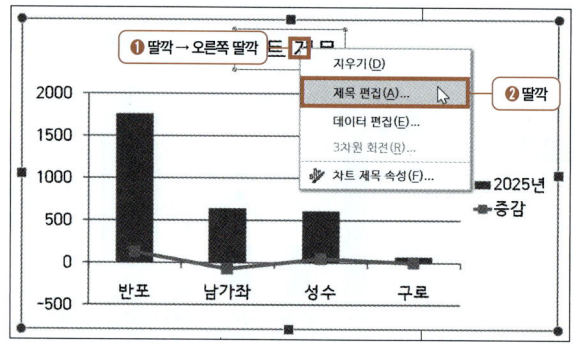

7. '제목 편집' 대화상자에서 '글자 내용'에 **각 지역 이산화질소의 농도**를 입력하세요.

8. 이어서 '속성'에서 '진하게(**가**)'를 클릭하고, '크기'에 **9**를 입력한 후 〈설정〉을 클릭하세요.

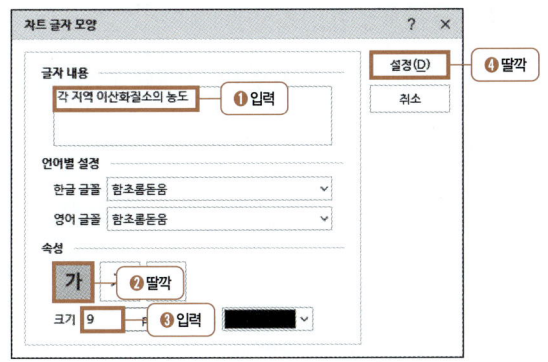

9. 값 축, 항목 축, 범례의 글꼴도 모두 변경해야 합니다. 값 축을 선택한 후 바로 가기 메뉴에서 [글자 모양 편집]을 선택하세요.

10. '차트 글자 모양' 대화상자에서 '속성'을 '진하게(가)', '크기'를 9로 지정한 후 〈설정〉을 클릭하세요.

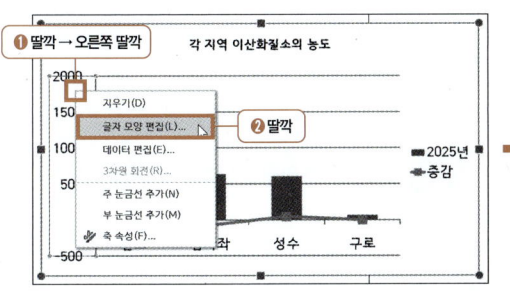 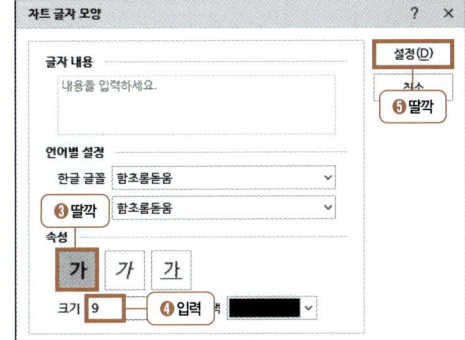

11. 항목 축을 선택한 후 바로 가기 메뉴에서 [글자 모양 편집]을 선택하세요.

12. '차트 글자 모양' 대화상자에서 '속성'을 '진하게(가)', '크기'를 9로 지정한 후 〈설정〉을 클릭하세요.

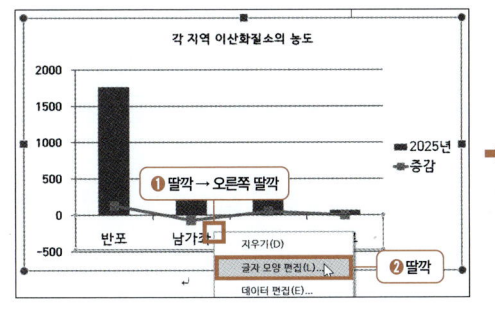 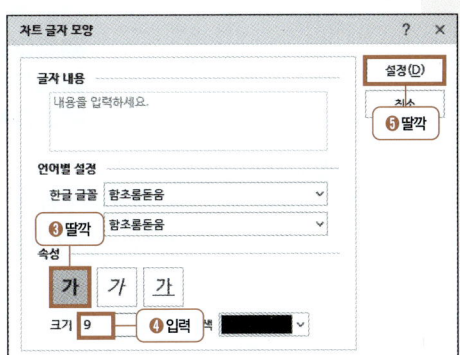

13. 범례를 선택한 후 바로 가기 메뉴에서 [글자 모양 편집]을 선택하세요.

14. '차트 글자 모양' 대화상자에서 '속성'을 '진하게(가)', '크기'를 9로 지정한 후 〈설정〉을 클릭하세요.

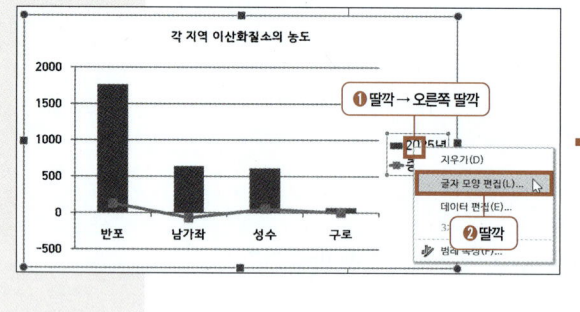
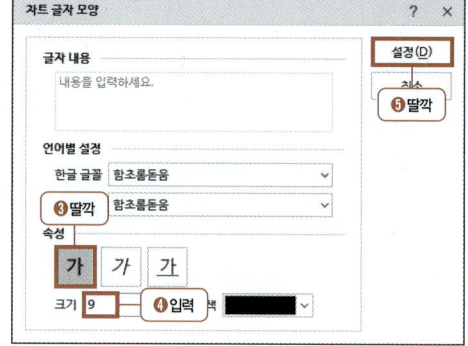

차트 계열색 변경하기

15. 차트의 계열색을 '색상 조합'의 '색4'로 변경해야 합니다. 차트를 선택한 후 [📊(차트 디자인)] → [차트 계열색 바꾸기] → [색4]를 선택하세요.

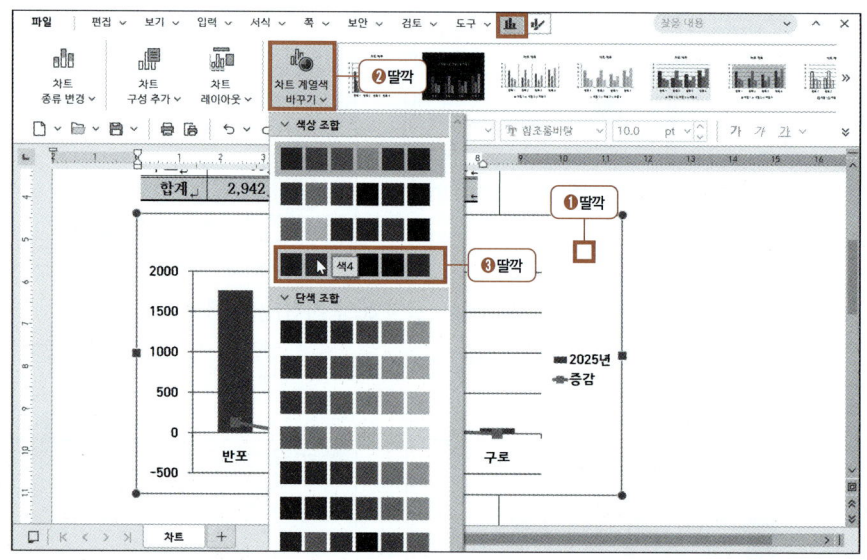

범례 위치 변경하기

16. 범례를 아래쪽에 배치해야 합니다. 차트가 선택된 상태에서 [📊(차트 디자인)] → [차트 구성 추가] → [범례] → [아래쪽]을 선택하세요.

범례 위치를 변경하는 다른 방법
범례를 더블클릭한 후 '개체 속성' 창에서 📊(범례 속성) → [범례 속성] → [아래쪽]을 선택하세요.

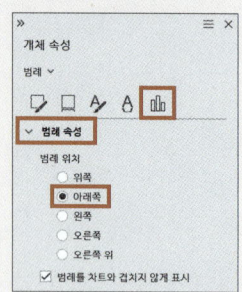

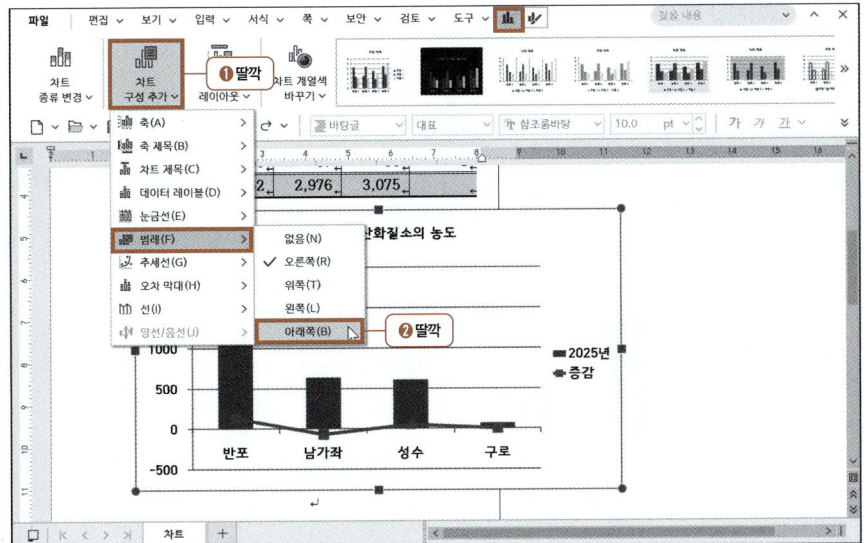

보조 축 지정하기

17. '증감' 계열을 '보조 축'으로 지정해야 합니다. '증감' 계열을 선택하고 마우스 오른쪽 버튼으로 클릭한 후 바로 가기 메뉴에서 [데이터 계열 속성]을 선택하세요.

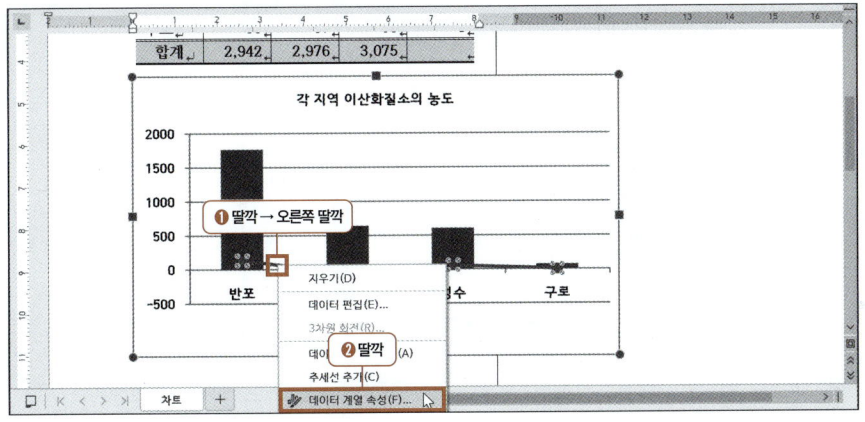

18. '개체 속성' 창에서 [(계열 속성)] → [계열 속성] → [데이터 계열 지정] → [보조 축]을 선택한 후 '닫기()' 단추를 클릭하세요.

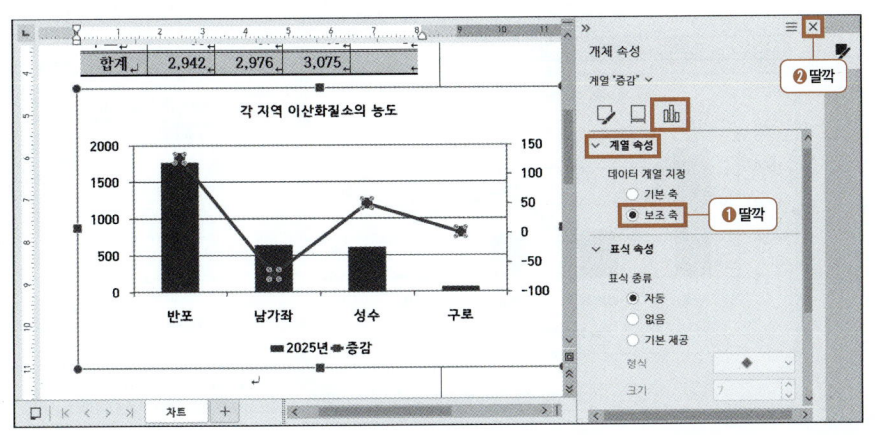

전문가의 조언

- '증감' 계열이 마우스로 선택하기 어려운 경우에는 차트가 선택된 상태에서 (차트 서식) 메뉴를 클릭한 후 '차트 요소' 항목의 목록 단추를 클릭하여 작업할 요소를 선택하면 됩니다.

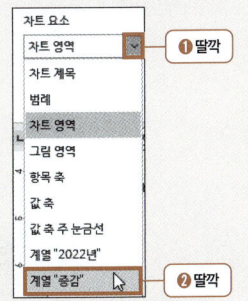

- '증감' 계열을 선택한 후 더블클릭해도 '개체 속성' 창이 표시됩니다.

전문가의 조언

값 축에 서식을 지정한 후 보조 축을 지정하면 보조 값 축에도 값 축의 서식이 그대로 적용되므로 따로 서식을 지정할 필요가 없습니다. 하지만 값 축에 서식을 지정하기 전에 보조 축을 지정했다면 보조 값 축에도 서식을 지정해야 합니다.

전문가의 조언

세로 또는 가로 막대형 차트는 계열의 바로 가기 메뉴에서 [데이터 레이블 추가]를 선택하면 기본적으로 '바깥쪽 끝에'로 지정되고, 꺾은선형 차트는 '오른쪽'으로 지정됩니다.

데이터 레이블을 표시하고 위치 지정하기

19. '증감' 계열에 데이터 레이블을 표시하고 위치를 위쪽으로 지정해야 합니다. 데이터 레이블을 표시하기 위해 '증감' 계열을 선택하고 마우스 오른쪽 버튼으로 클릭한 후 바로 가기 메뉴에서 [데이터 레이블 추가]를 선택하세요.

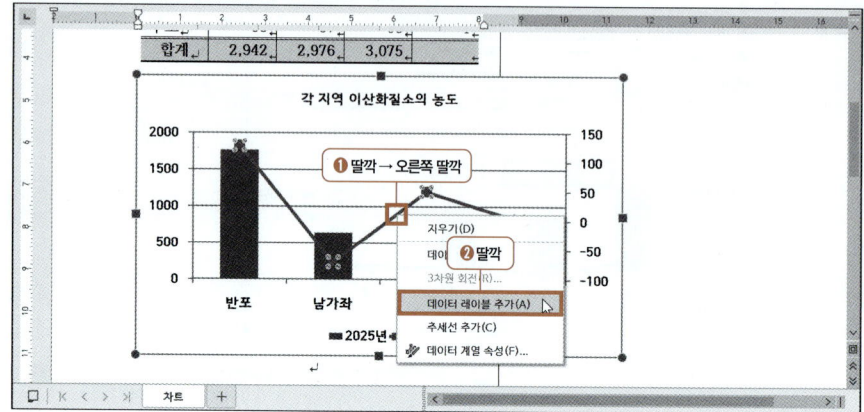

20. 데이터 레이블의 위치를 변경하기 위해 데이터 레이블을 선택하고 마우스 오른쪽 버튼으로 클릭한 후 바로 가기 메뉴에서 [데이터 레이블 속성]을 선택하세요.

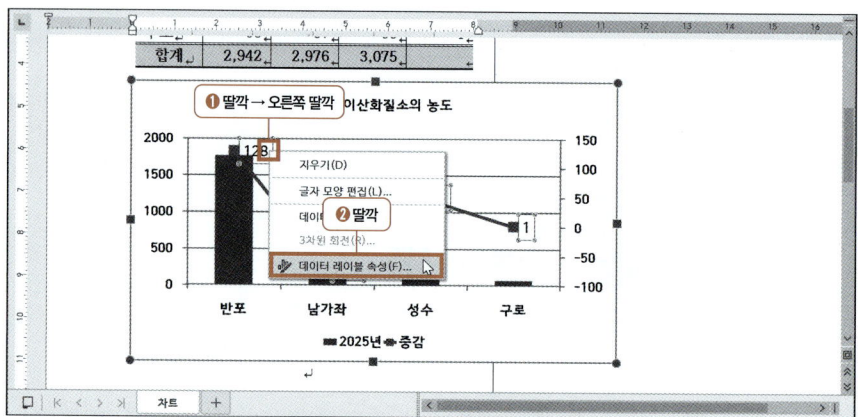

21. '개체 속성' 창에서 [(데이터 레이블 속성)] → [데이터 레이블 속성] → [레이블 위치] → [위쪽]을 선택한 후 '닫기(X)' 단추를 클릭하세요.

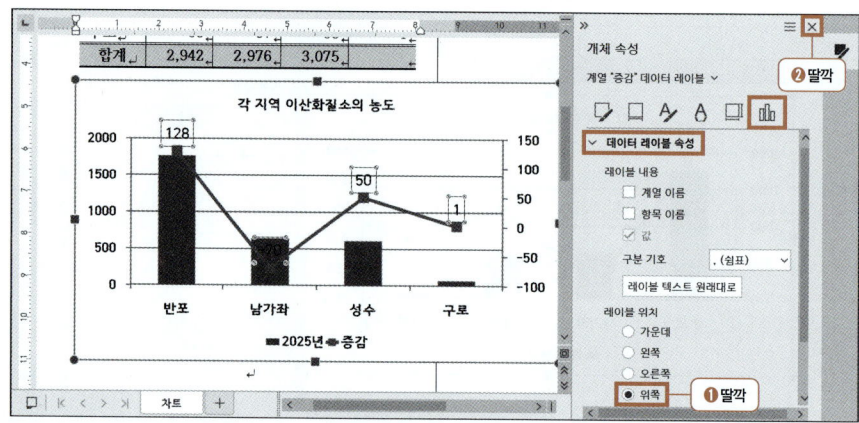

눈금선 제거하기

22. 눈금선을 제거해야 합니다. 그림 영역에서 눈금선을 선택한 후 Delete를 눌러 삭제하세요.

> **전문가의 조언**
>
> **눈금선을 삭제하는 다른 방법**
> 차트를 선택한 후 [📊](차트 디자인) → [차트 구성 추가] → [눈금선] → [기본 주 가로]를 선택하여 체크 표시를 해제하면 됩니다.

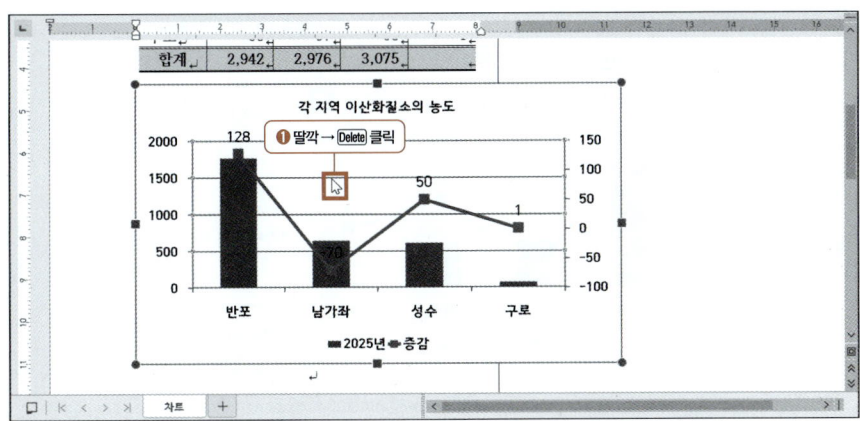

값 축에 천 단위 구분 쉼표 지정하기

23. 값 축의 숫자 데이터에 천 단위 구분 쉼표를 지정해야 합니다. 값 축을 선택하고 마우스 오른쪽 버튼으로 클릭한 후 바로 가기 메뉴에서 [축 속성]을 선택하세요.

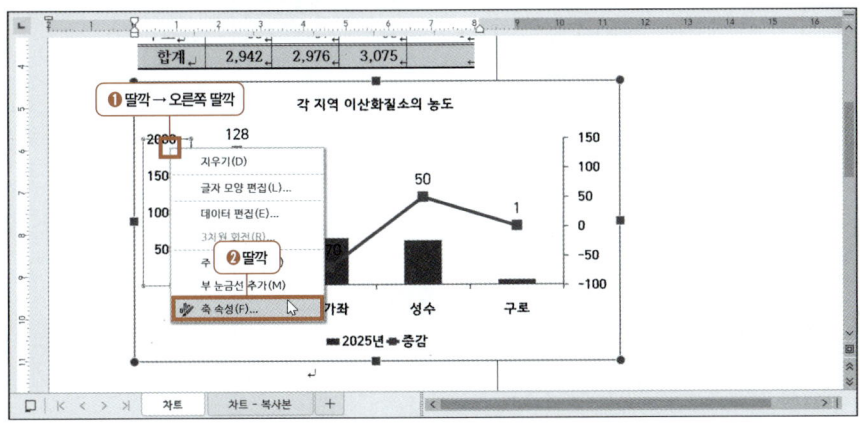

24. '개체 속성' 창에서 [📊(축 속성)] → [표시 형식]에서 '범주'를 '숫자'로 선택하고 '1000 단위 구분기호(,) 사용'을 체크 표시한 후 '닫기(✕)' 단추를 클릭하세요.

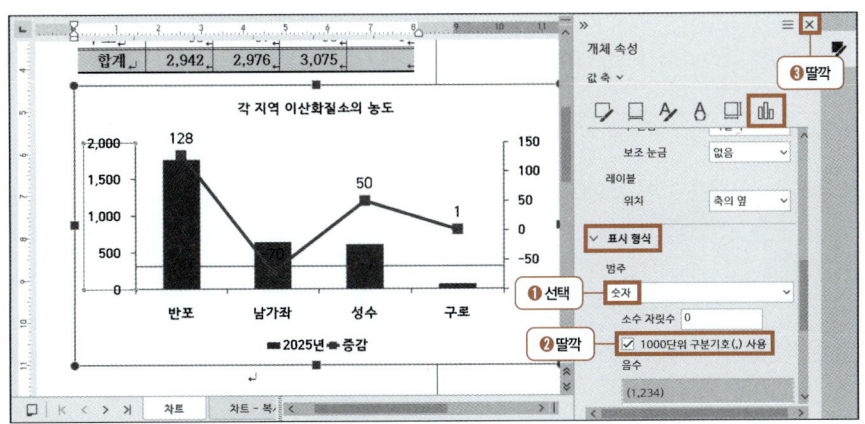

차트의 위치 및 속성 지정하기

25. 이제 차트 자체에 대한 속성을 설정할 차례입니다. 차트 영역을 선택하고 차트를 마우스 오른쪽 버튼으로 클릭한 후 바로 가기 메뉴에서 [개체 속성]을 선택하세요.

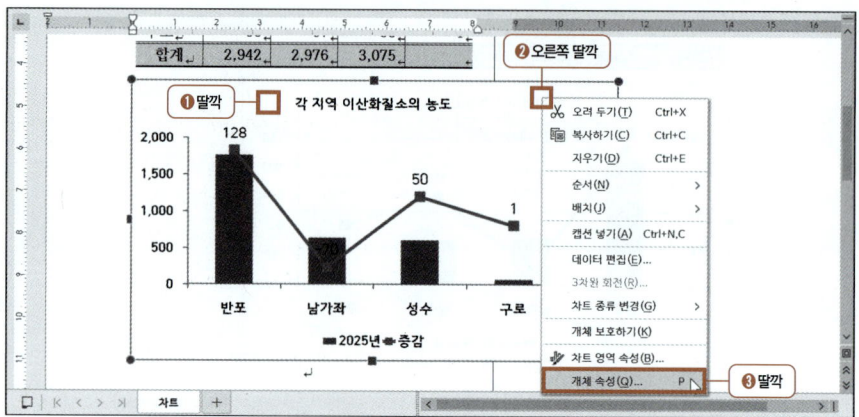

26. '개체 속성' 대화상자의 '기본' 탭에서 차트의 크기(너비 80, 높이 70)와 위치를 다음과 같이 지정하세요.

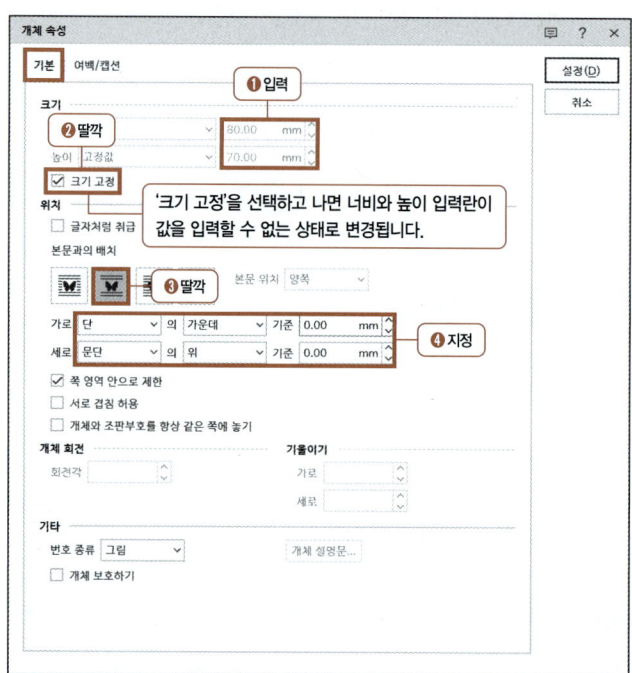

27. 이어서 '여백/캡션' 탭에서 그림과 같이 위쪽(5mm), 아래쪽(7mm) 여백을 지정한 후 〈설정〉을 클릭하세요.

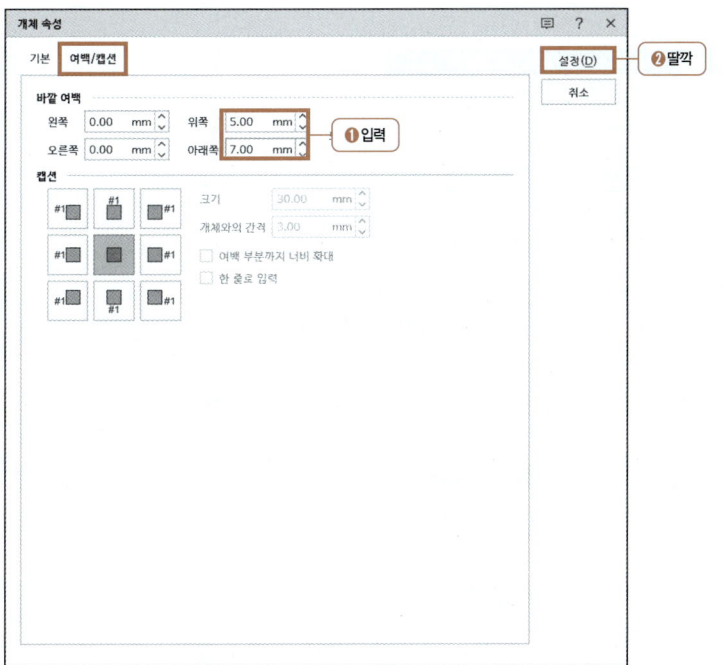

28. 마지막으로 차트를 표의 아래 단락에 위치시켜야 합니다. 앞선 작업으로 인해 차트가 선택된 상태에서 Ctrl + X 를 눌러 잘라내기 합니다.

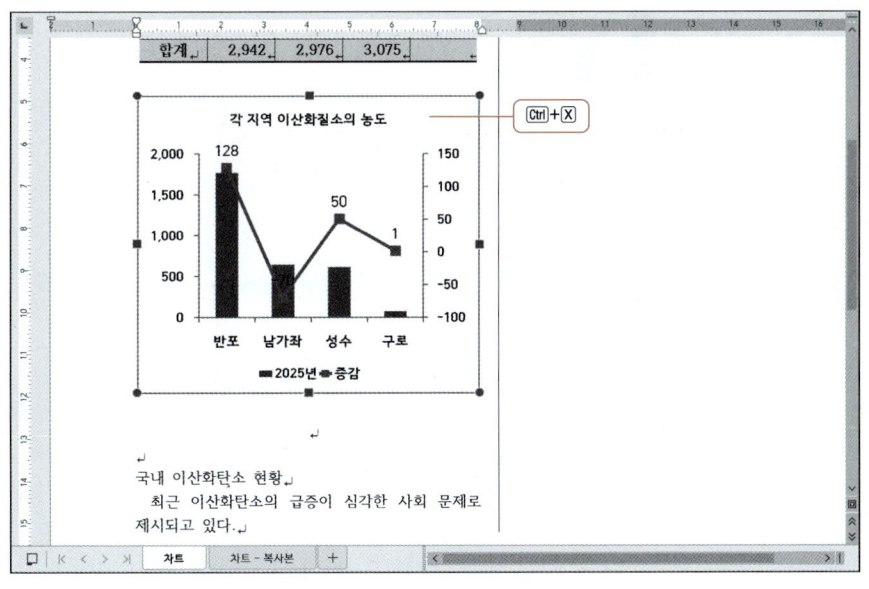

 전문가의 조언

표에서 데이터를 블록으로 지정한 후 차트를 삽입하면 차트는 표와 같은 단락에 삽입됩니다. 차트를 표 아래 단락으로 이동하려면 차트를 잘라내기 한 다음 표 아래 단락을 클릭한 후 붙여넣기하면 됩니다.

29. 표 아래의 빈 행을 클릭한 후 Ctrl + V를 눌러 붙여넣기 합니다.

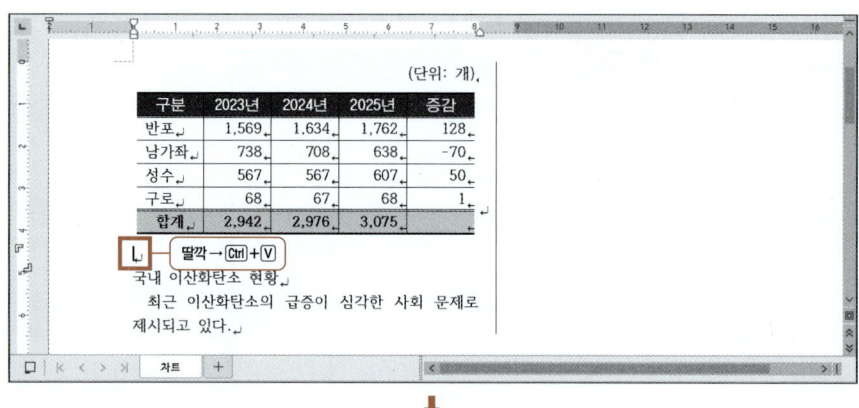

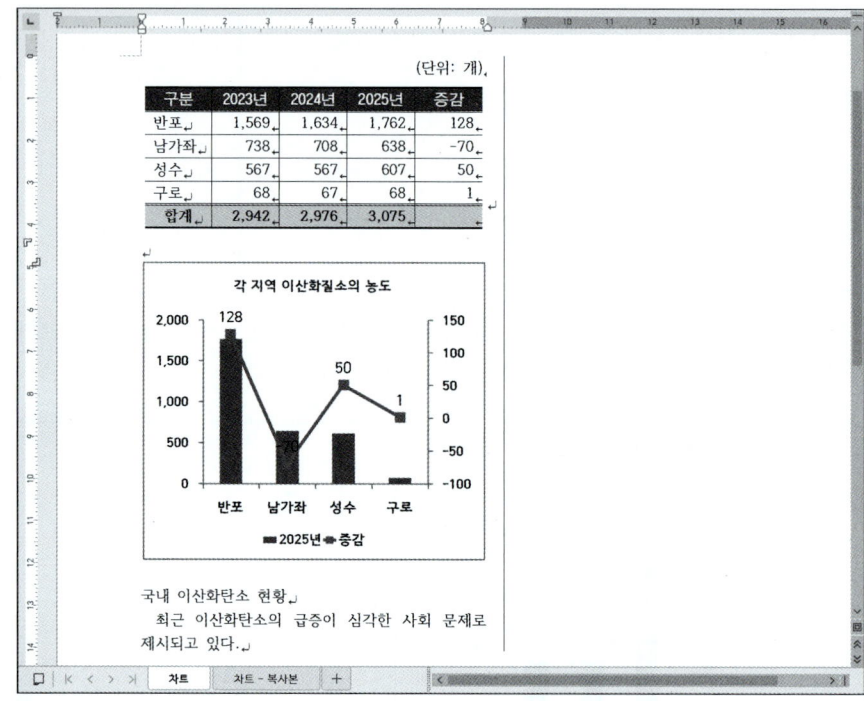

| 연습문제 | 다음 지시사항대로 문서를 완성하시오. |

문제 1

- 문제지에 주어진 대로 입력하시오.
- 제한시간(용지 설정, 단 설정, 표 작성 시간 제외) : 1분 30초
- 저장위치 : C:\WP\차트(연습문제)-1.hwpx
- 용지 종류 : A4
- 여백 설정 : 왼쪽·오른쪽은 20mm, 위쪽·아래쪽은·머리말·꼬리말은 10mm
- 단 개수 : 2, 단 간격 : 8mm
- 차트의 모양 : 누적 세로 막대형
- 차트의 크기 : 너비 80mm, 높이 60mm, 크기 고정
- 위치 : 본문과의 배치 – 자리 차지, 가로 – 단의 가운데 0mm, 세로 – 문단의 위 0mm
- 바깥 여백 : 위쪽 5mm, 아래쪽 8mm
- 항목 축, 값 축, 범례의 글꼴 설정 : 9pt
- 범례 위치 변경
- 표의 아래 단락에 배치

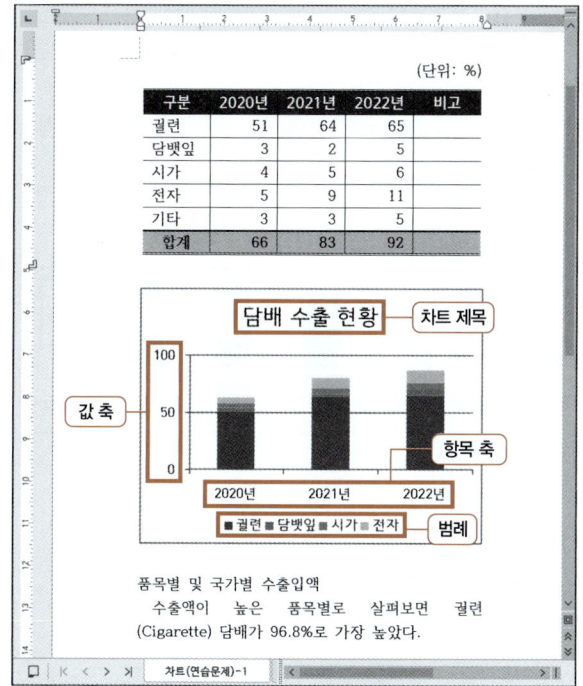

 전문가의 조언

표를 작성하지 않고 차트 작성만 연습하려면 '길벗워드실기\섹션\입력완성본\차트(연습문제)-1.hwpx' 파일을 불러와서 차트만 작성하세요.

 전문가의 조언

범례에 표시된 계열이 '2020년', '2021년', '2022년'이고, 항목 축이 '궐련', '담뱃잎', '시가', '전자'만 표시되었으므로 표의 1열 1행 ~ 4열 5행까지를 범위로 지정한 후 차트를 만들면 됩니다.

> **잠깐만요** 누적 세로 막대형 차트 만들기 / '줄/칸 전환'하기

누적 세로 막대형 차트 만들기

차트가 선택된 상태에서 [(차트 디자인)] → [차트 종류 변경] → [누적 세로 막대형]을 선택하세요.

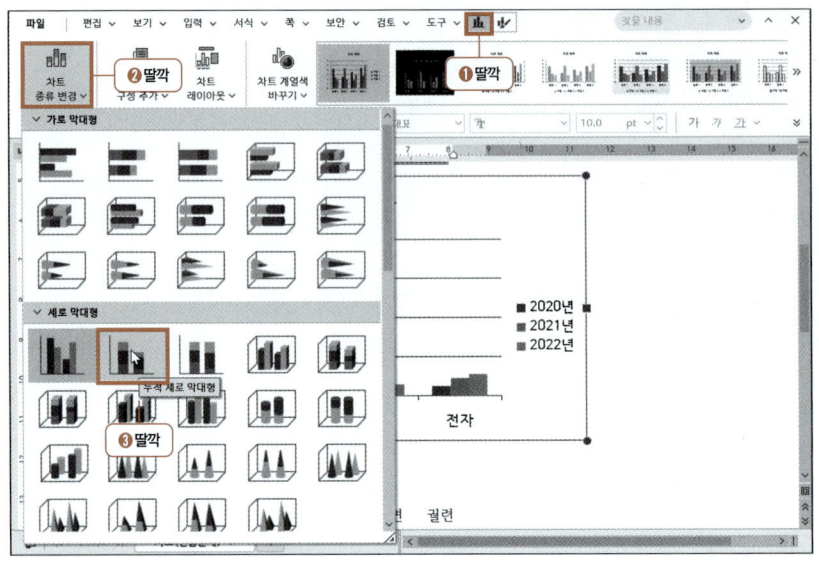

'줄/칸 전환'하기

문제에 제시된 차트와 같이 범례에 '궐련', '담뱃잎', '시가', '전자' 계열이 표시되고, 항목 축에 '2020년', '2021년', '2022년'이 표시되도록 하려면 '줄/칸' 전환을 수행하면 됩니다. 차트가 선택된 상태에서 (차트 디자인)] → [줄/칸 전환]을 클릭하세요.

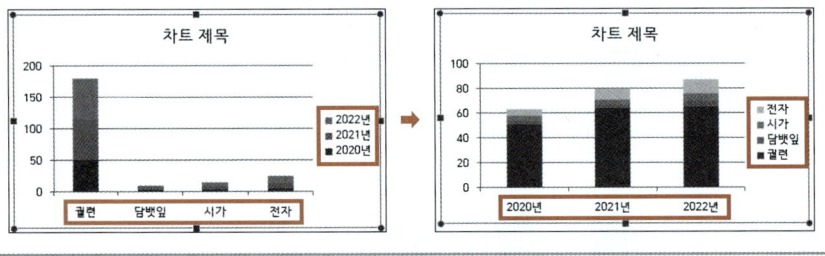

문제 2

- 문제지에 주어진 대로 입력하시오.
- 제한시간(용지 설정, 단 설정, 표 작성 시간 제외) : 1분 30초
- 저장위치 : C:\WP\차트(연습문제)-2.hwpx
- 용지 종류 : A4
- 여백 설정 : 위쪽·아래쪽·왼쪽·오른쪽은 20mm, 머리말·꼬리말은 10mm
- 단 개수 : 2, 단 간격 : 8mm, 단 구분선 : 실선(0.12mm)
- 차트의 모양 : 묶은 가로 막대형
- 차트의 크기 : 너비 80mm, 높이 80mm, 크기 고정
- 위치 : 본문과의 배치 – 자리 차지, 가로 – 단의 가운데 0mm, 세로 – 문단의 위 0mm
- 바깥 여백 : 아래쪽 8mm
- 항목 축, 값 축, 범례의 글꼴 설정 : 진하게, 9pt
- 차트 계열색 바꾸기 : 색상 조합(색3)
- 범례 위치 변경, 눈금선 제거
- 표의 아래 단락에 배치

※ 차트에서 숫자 데이터의 천 단위 구분 쉼표는 기능을 사용하여 설정하시오.

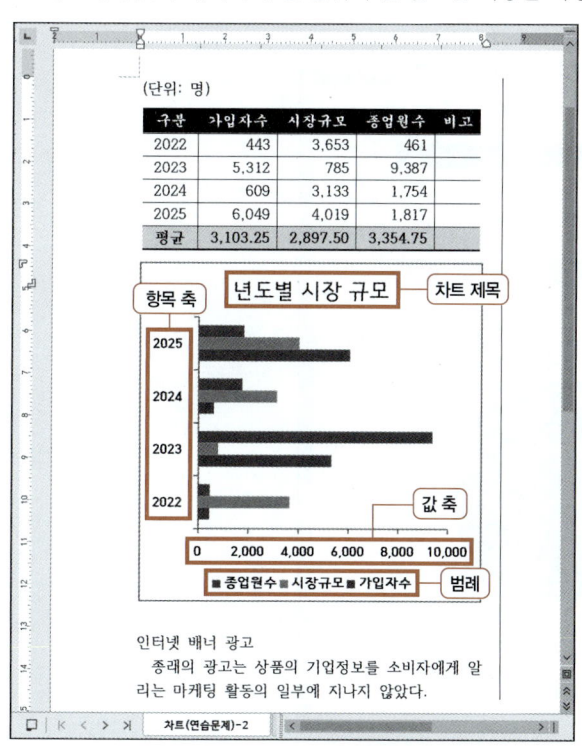

전문가의 조언

표를 작성하지 않고 차트 작성만 연습하려면 '길벗워드실기\섹션\입력완성본\차트(연습문제)-2.hwpx' 파일을 불러와서 차트만 작성하세요.

전문가의 조언

차트의 항목 축과 값 축은 차트의 종류에 따라 위치가 달라집니다. 가로 막대형 차트는 왼쪽이 항목 축, 아래쪽이 값 축이고 세로 막대형 차트는 아래쪽이 항목 축, 왼쪽이 값 축이 됩니다.

전문가의 조언

표를 작성하지 않고 차트 작성만 연습하려면 '길벗워드실기\섹션\입력완성본\차트(연습문제)-3. hwpx' 파일을 불러와서 차트만 작성하세요.

문제 3

- 문제지에 주어진 대로 입력하시오.
- 제한시간(용지 설정, 단 설정, 표 작성 시간 제외) : 1분 30초
- 저장위치 : C:\WP\차트(연습문제)-3.hwpx
- 용지 종류 : A4
- 여백 설정 : 왼쪽·오른쪽은 20mm, 위쪽·아래쪽·머리말·꼬리말은 10mm
- 단 개수 : 2, 단 간격 : 8mm, 단 구분선 : 실선(0.12mm)
- 차트의 모양 : 2차원 원형
- 차트의 크기 : 너비 80mm, 높이 70mm, 크기 고정
- 위치 : 본문과의 배치 – 자리 차지, 가로 – 단의 가운데 0mm, 세로 – 문단의 위 0mm
- 바깥 여백 : 위쪽 5mm, 아래쪽 8mm
- 차트 계열색 바꾸기 : 색상 조합(색2)
- 범례 없음, 데이터 레이블 표시
- 데이터 레이블 속성 : 항목 이름, 값 해제, 백분율, 구분 기호(줄 바꿈), 안쪽 끝에
- 데이터 레이블 글자 모양 : 9pt, 하양(RGB : 255,255,255)
- '독일' 항목 : 도형 채우기 – 시안(RGB : 66,199,241)
- 표의 아래 단락에 배치

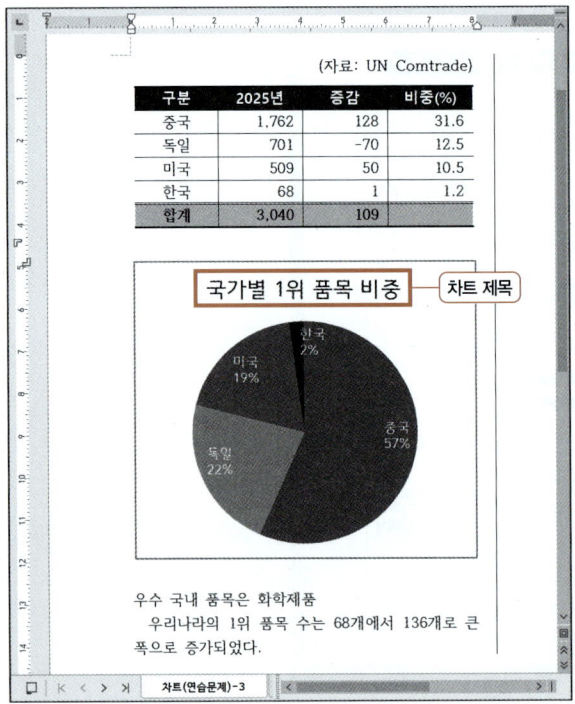

> 잠깐만요 데이터 범위 지정하기 / 데이터 레이블 속성 및 글자 모양 지정하기 / 도형 채우기

데이터 범위 지정하기

차트의 제목에 '비중', 데이터 레이블의 '항목 이름'에 '중국, 독일, 미국, 한국'이 입력된 것으로 보아 '구분'과 '비중' 열이 사용된 것을 알 수 있습니다. 그러므로 '구분'과 '비중' 열을 블록으로 지정한 후 차트를 만들면 됩니다.

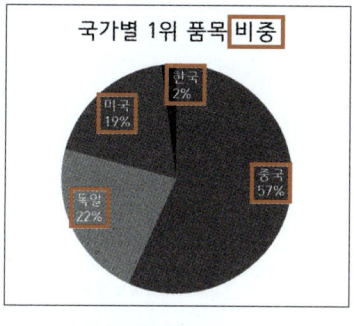

구분	2025년	증감	비중(%)
			(자료: UN Comtrade)
중국	1,762	128	31.6
독일	701	-70	12.5
미국	509	50	10.5
한국	68	1	1.2
합계	3,040	109	

데이터 레이블 속성 지정하기

1. 데이터 레이블을 선택하고 마우스 오른쪽 버튼으로 클릭한 후 바로 가기 메뉴에서 [데이터 레이블 속성]을 선택하세요.
2. '개체 속성' 창에서 [📊](데이터 레이블 속성) → [데이터 레이블 속성]에서 레이블 내용, 구분 기호, 레이블 위치를 그림과 같이 지정한 후 '닫기(✕)' 단추를 클릭하세요.

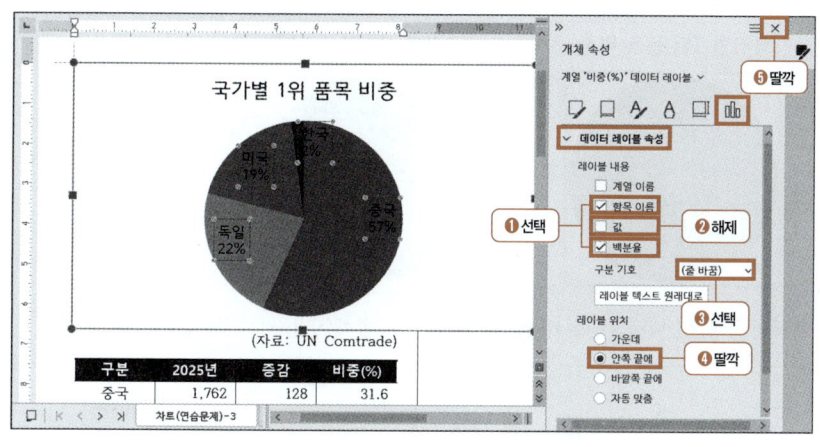

데이터 레이블 글자 모양 지정하기

1. 데이터 레이블을 선택하고 마우스 오른쪽 버튼으로 클릭한 후 바로 가기 메뉴에서 [글자 모양 편집]을 선택하세요.
2. '차트 글자 모양' 편집 대화상자에서 크기를 9로, 글자 색을 '하양'으로 지정한 후 〈설정〉을 클릭하세요.

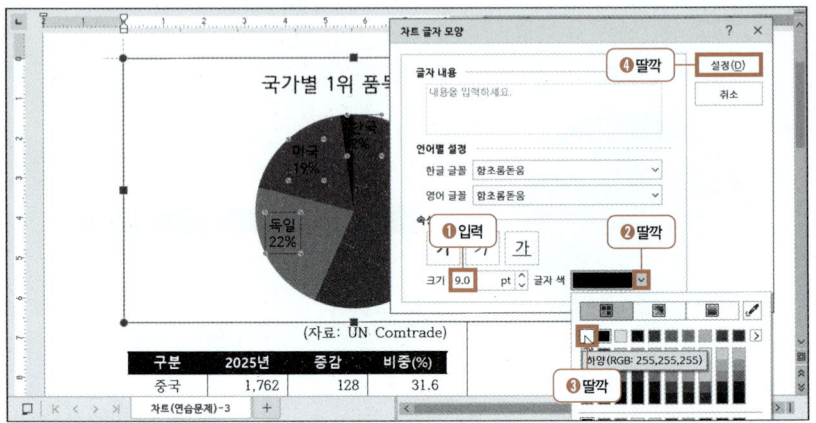

도형 채우기

1. 차트에서 '독일' 항목을 클릭하면 전체 항목이 선택됩니다. 다시 한번 '독일' 항목을 클릭하면 '독일' 항목만 선택됩니다.

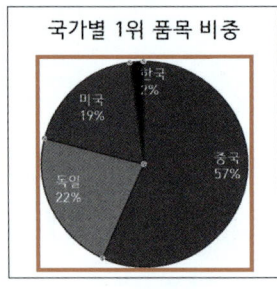 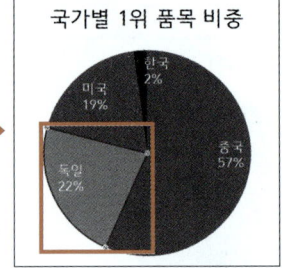

2. '독일' 항목만 선택된 상태에서 [[⬇]](차트 서식)] → [도형 채우기] → [시안]을 선택하세요.

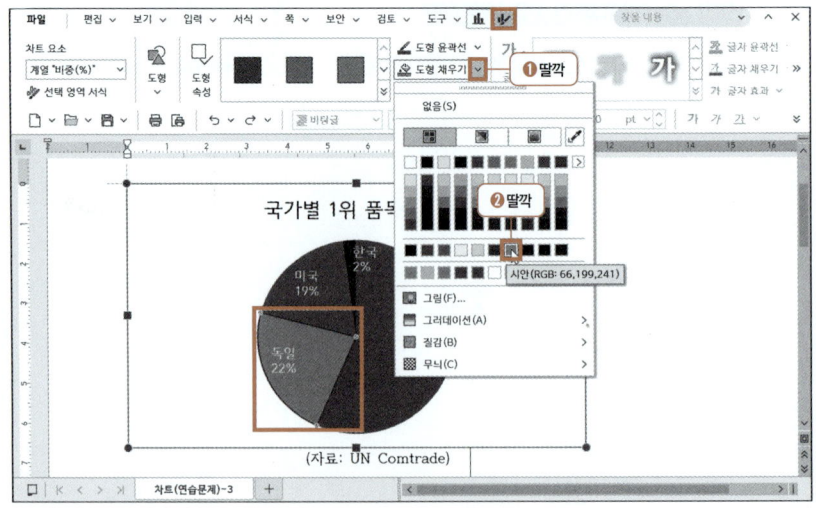

SECTION 14 그림 삽입

기능	제한시간(실제시험)	바로 가기 키	메뉴 / [기본] 도구 상자	작업 내용
그림 삽입	30초	Ctrl + N, I	• [입력]의 ∨ → [그림] → [그림] • [입력] → [(그림)]	• 그림 삽입하기 • 그림 크기 지정하기 • 그림 위치 지정하기 • 그림의 바깥 여백 지정하기

기본문제에 주어진 그림 삽입 작업을 30초 내에 완료했다면 다음 섹션으로 넘어가고, 그렇지 않으면 '따라하기'의 방법을 기초로 하여 연습문제를 30초 안에 작성할 수 있도록 연습하세요.

기본문제 다음 지시사항대로 문서를 완성하시오.

- 문제지에 주어진 대로 입력하시오.
- 제한시간(본문 입력시간 제외) : 30초
- 저장 위치 : C:\WP\그림 삽입.hwpx
- 여백 설정
    - 위쪽·아래쪽·왼쪽·오른쪽 : 20mm
    - 머리말·꼬리말 : 10mm
- 다단 설정
    - 단 개수 : 2, 단 간격 : 8mm, 단 구분선 : 실선(0.12mm)
- 경로 : C:\길벗워드실기\그림\관광.jpg, 문서에 포함
- 크기 : 너비 25mm, 높이 25mm
- 위치 : 본문과의 배치 – 어울림, 가로 – 단의 오른쪽 0mm, 세로 – 문단의 위 0mm
- 바깥 여백 : 왼쪽·위쪽 2mm

전문가의 조언

그림은 크기, 본문과의 배치, 바깥 여백 등이 변경되어 출제되고 있습니다. 그림과 관련된 세부 지시사항을 정확히 읽어보고 작업을 수행하세요.

국제 관광산업의 현황
　Visitor의 욕구가 있고 구매력을 갖춘 관광객들의 집합을 관광시장이라고 본다면 시장에 대하여 제품과 생산 및 판매하는 조직적인 사업을 관광기업이라고 한다. 이러한 기업들을 관광산업(Tourist Industry)이라고 할 수 있습니다.

1장 자가진단 및 대책 153

정답 및 감점 기준

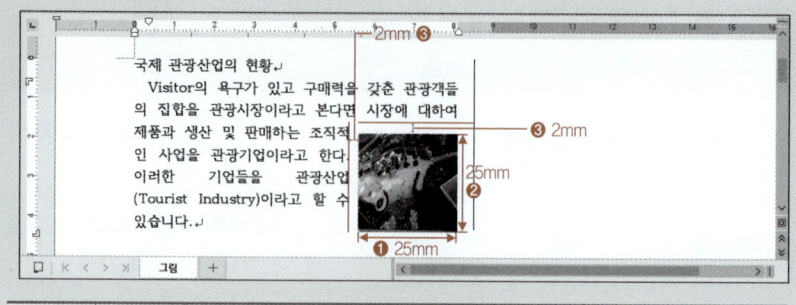

위치	감점	감점 사유
❶	3	너비가 25mm가 아님
❷	3	높이가 25mm가 아님
❸	3	왼쪽·위쪽의 바깥 여백이 2mm가 아님
기타	3	본문과의 배치(어울림), 가로(단의 오른쪽 0mm), 세로(문단의 위 0mm) 위치가 다름
	3	문서에 포함되지 않고 연결 되었음

따라하기

 전문가의 조언

- 데이터를 입력하지 않고 기능만 연습하려면 '길벗워드실기\섹션\입력완성본\그림.hwpx' 파일을 불러와서 그림 삽입만 수행하세요.

- **그림 불러올 때 커서의 위치**
그림의 가로 위치는 단을 기준으로 지정하기 때문에 커서가 해당 줄의 어느 부분에 있는지는 중요하지 않습니다. 하지만 줄의 처음이나 끝 글자에 커서를 놓고 그림을 불러오면 기준 줄이 윗 줄이나 아랫 줄로 변경될 수 있으므로 그림을 단의 왼쪽에 삽입할 때는 커서를 그림이 삽입될 바로 왼쪽에 놓고, 단의 오른쪽에 삽입할 때는 커서를 그림이 삽입될 오른쪽 글자 다음에 놓고 그림을 불러오세요. 여기서는 "조직적인" 부분의 '적'과 '인' 사이가 되겠죠?

용지 설정 및 다단 설정

1. 용지와 다단을 설정한 다음 문제에 주어진 내용을 그대로 입력합니다.

그림 불러오기

2. 그림은 기본적으로 커서가 있는 곳을 기준으로 오른쪽 아래로 삽입됩니다. "조직적인" 부분의 '적'과 '인' 사이에 커서를 놓고 그림 삽입하기 바로 가기 키 Ctrl + N, I를 눌러 '그림 넣기' 대화상자를 호출하세요(그림 삽입 [기본] 도구 상자 : [입력] → [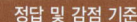(그림)]).

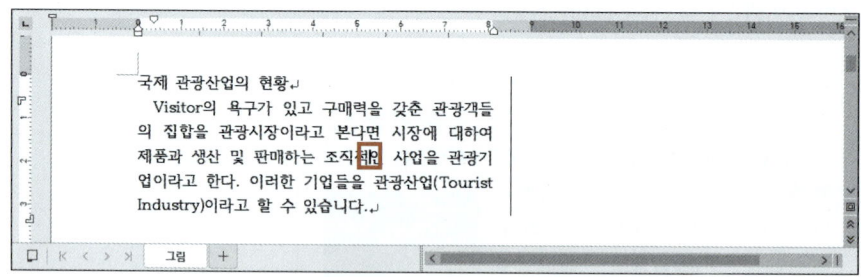

3. '그림 넣기' 대화상자에서 찾는 위치를 C 드라이브의 WP 폴더로 지정하면 문서에 넣을 수 있는 그림 목록이 표시됩니다. '문서에 포함'을 체크 표시한 다음 삽입할 그림을 선택하고 〈열기〉를 클릭하세요.

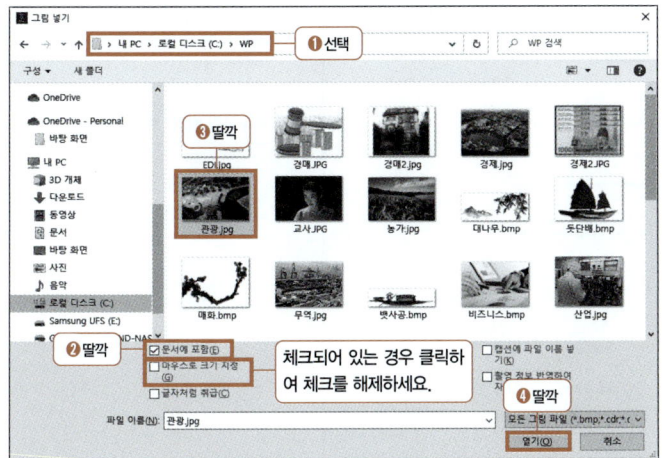

 시나공 Q&A 베스트

Q 그림이 없어요!

A 찾는 위치를 '길벗워드실기\그림'으로 지정하세요.

전문가의 조언

문서에 포함
'그림 넣기' 대화상자에서 '문서에 포함'을 선택해야 그림이 문서에 포함됩니다. '문서에 포함'을 선택하지 않으면 그림이 연결된 형태로 삽입되며, 원본 그림이 없을 경우 연결로 삽입된 그림은 화면에 표시되지 않습니다.

그림 위치 및 크기 조정하기

4. 문서에 그림이 삽입되었습니다. 이제 삽입된 그림의 크기와 위치를 지정해야 합니다. Ctrl + N, K를 눌러 '개체 속성' 대화상자를 호출하세요.

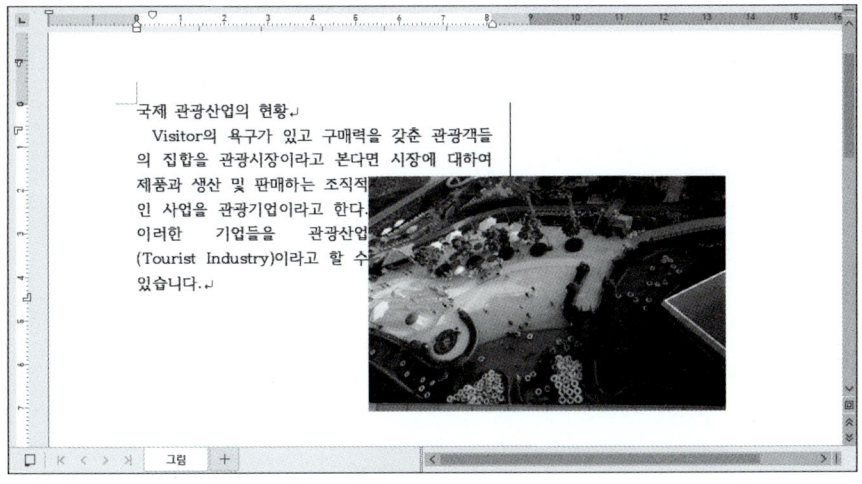

 전문가의 조언

그림을 더블클릭해도 '개체 속성' 대화상자가 나타납니다.

전문가의 조언

그림의 크기와 위치를 지정한 후 그림의 여백을 이어서 지정해야 하므로 '개체 속성' 대화상자에서 '기본' 탭의 설정을 마친 후 Enter를 누르지 말고 '여백/캡션' 탭을 클릭하여 여백을 지정하세요. '기본' 탭 설정 후 Enter를 누르면 '개체 속성' 대화상자를 다시 실행해야 하므로 그 만큼 시간이 늦어집니다.

5. '개체 속성' 대화상자의 '기본' 탭에서 크기와 위치를 다음과 같이 지정하세요.

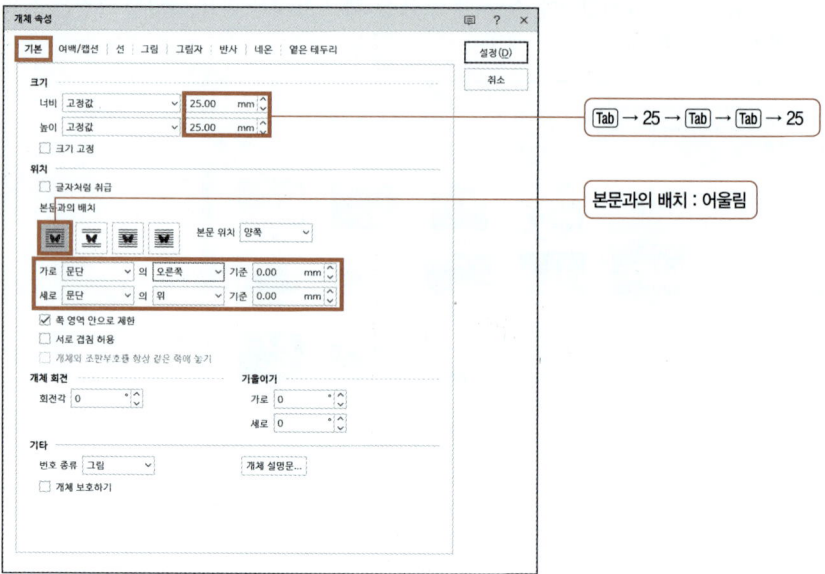

전문가의 조언

Ctrl + Tab 을 눌러 탭 사이를 이동할 수도 있습니다.

6. 이어서 '여백/캡션' 탭에서 바깥 여백을 다음과 같이 지정한 후 〈설정〉을 클릭하세요.

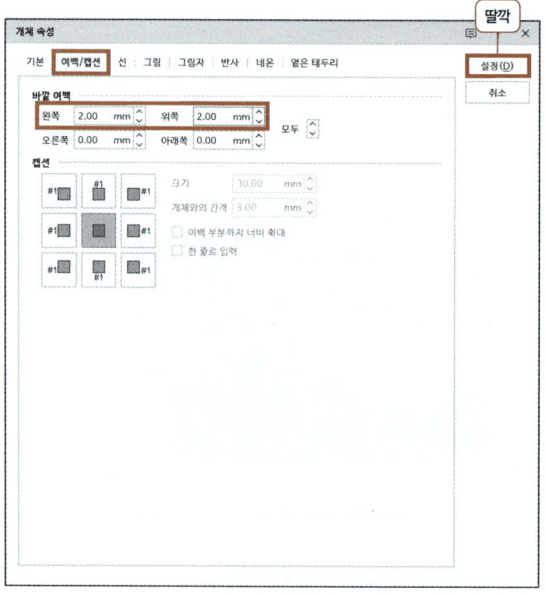

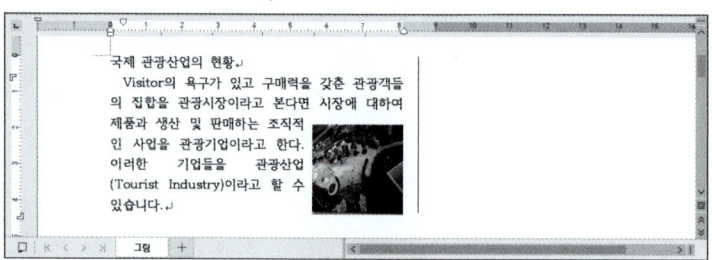

> **잠깐만요** 그림 삽입 옵션

그림은 기본적으로 커서가 있는 곳을 기준으로 오른쪽 아래로 삽입됩니다. 다음 그림은 커서를 "조직적인 사업을" 부분의 '인'과 빈칸 사이에 놓고 그림을 삽입한 경우입니다.

바깥 여백 기준
바깥 여백은 그림의 바깥쪽과 내용 사이의 여백을 말합니다.

- 크기 : 너비 25mm, 높이 25mm
- 바깥 여백 : 왼쪽, 오른쪽, 위쪽, 아래쪽 모두 0mm
- 위치
  - 본문과의 배치 : 어울림
  - 가로 : 단의 오른쪽 0mm
  - 세로 : 문단의 위 0mm

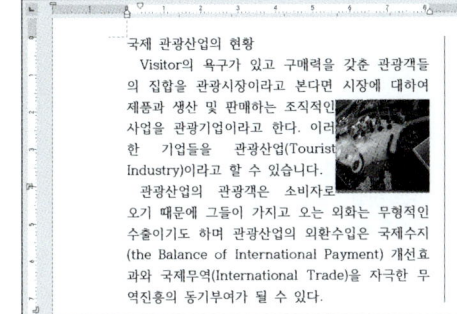

- 크기 : 너비 25mm, 높이 25mm
- 바깥 여백 : 왼쪽, 위쪽, 아래쪽 각각 5mm
- 위치
  - 본문과의 배치 : 어울림
  - 가로 : 단의 오른쪽 0mm
  - 세로 : 문단의 위 0mm

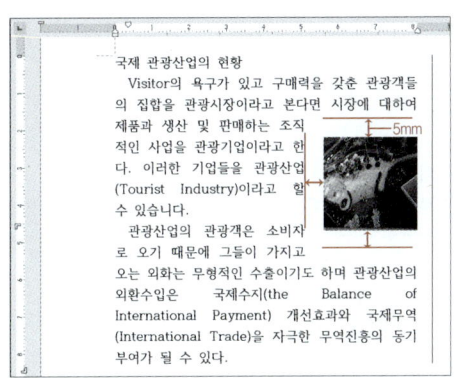

위치 : 가로, 세로 기준
세로 기준으로 문단 위쪽과의 거리는 커서가 있던 줄과의 거리를 말하고, 가로 기준으로 단의 오른쪽과의 거리는 단의 오른쪽 끝 글자를 기준으로 떨어진 거리를 말합니다.

- 크기 : 너비 25mm, 높이 25mm
- 바깥 여백 : 왼쪽, 오른쪽, 위쪽, 아래쪽 모두 0mm
- 위치
  - 본문과의 배치 : 어울림
  - 가로 : 단의 오른쪽 0mm
  - 세로 : 문단의 위 0mm

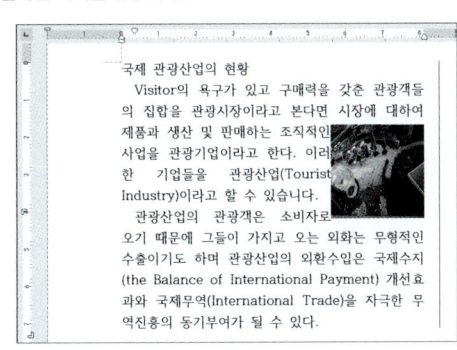

- 크기 : 너비 25mm, 높이 25mm
- 바깥 여백 : 왼쪽, 오른쪽, 위쪽, 아래쪽 모두 0mm
- 위치
  - 본문과의 배치 : 어울림
  - 가로 : 단의 오른쪽 10mm
  - 세로 : 문단의 위 10mm

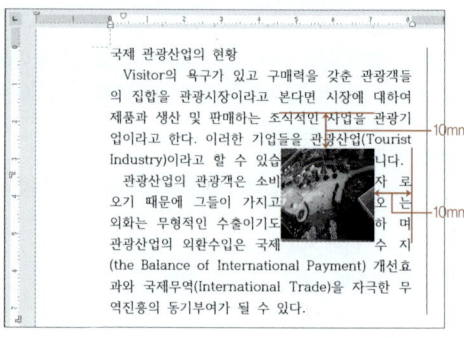

- 크기 : 너비 25mm, 높이 25mm
- 바깥 여백 : 왼쪽, 오른쪽, 위쪽, 아래쪽 모두 0mm
- 위치
  - 본문과의 배치 : 어울림
  - 가로 : 단의 왼쪽 0mm
  - 세로 : 문단의 위 0mm

전문가의 조언

워드프로세서 실기 시험에서는 주로 '어울림'이나 '글 앞으로'가 출제되고 있습니다.

위치 : 본문과의 배치
본문과의 배치는 문서에 입력된 내용과 그림과의 배치 방법을 말합니다.

- 크기 : 너비 25mm, 높이 25mm
- 바깥 여백 : 왼쪽, 오른쪽, 위쪽, 아래쪽 모두 0mm
- 위치
  - 본문과의 배치 : 어울림
  - 가로 : 단의 오른쪽 0mm
  - 세로 : 문단의 위 0mm

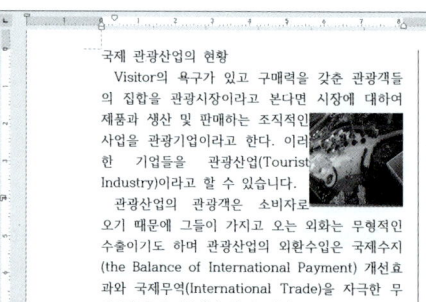

- 크기 : 너비 25mm, 높이 25mm
- 바깥 여백 : 왼쪽, 오른쪽, 위쪽, 아래쪽 모두 0mm
- 위치
  - 본문과의 배치 : 자리 차지
  - 가로 : 단의 오른쪽 0mm
  - 세로 : 문단의 위 0mm

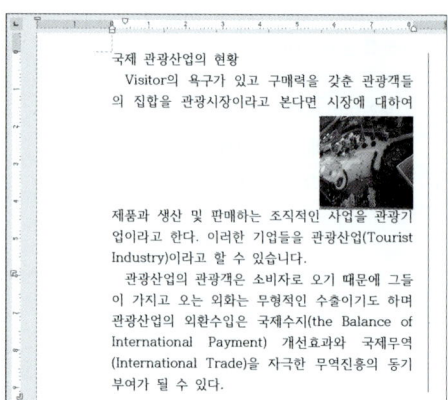

- 크기 : 너비 25mm, 높이 25mm
- 바깥 여백 : 왼쪽, 오른쪽, 위쪽, 아래쪽 모두 0mm
- 위치
  - 본문과의 배치 : 글 앞으로
  - 가로 : 단의 오른쪽 0.0mm
  - 세로 : 문단의 위 0.0mm

- 크기 : 너비 25mm, 높이 25mm
- 바깥 여백 : 왼쪽, 오른쪽, 위쪽, 아래쪽 모두 0mm
- 위치
  - 본문과의 배치 : 글 뒤로
  - 가로 : 단의 오른쪽 0.0mm
  - 세로 : 문단의 위 0.0mm

궁금해요 시나공 Q&A 베스트

Q 그림을 삽입하고 세부 지시사항을 모두 맞게 지정했는데도 그림의 위치가 문제지의 위치보다 한 줄 위쪽이나 아래쪽에 위치합니다. 어떻게 해야하죠?

A 그림을 삽입하고 세부 지시사항을 모두 맞게 지정했는데도 그림의 위치가 문제지의 위치보다 한 줄 위쪽이나 아래쪽에 위치한다면, 그림을 클릭하고 Ctrl+X를 눌러 잘라내기 한 후 문제지의 그림 옆(왼쪽)의 첫 번째 줄 내용 중 임의의 위치를 클릭한 다음 Ctrl+V를 눌러 붙여넣기 하세요.

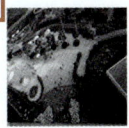

문제지의 그림 옆(왼쪽)의 첫 번째 줄

[문제지의 그림 위치]

문제지의 그림 옆(왼쪽)의 첫 번째 줄에 커서를 놓고 Ctrl+V를 눌러 붙여넣기 합니다.

[붙여넣을 위치]

연습문제   다음 지시사항대로 문서를 완성하시오.

문제 1

- 문제지에 주어진 대로 입력하시오.
- 제한시간(용지 설정, 단 설정, 내용 입력 시간 제외) : 1분 30초
- 저장위치 : C:\WP\그림(연습문제)-1.hwpx
- 용지 종류 : A4
- 여백 설정 : 위쪽·아래쪽·왼쪽·오른쪽은 20mm, 머리말·꼬리말은 10mm
- 단 개수 : 2, 단 간격 : 8mm, 단 구분선 : 실선(0.12mm)
- 경로 : C:\길벗워드실기\그림\통신기기.jpg, 문서에 포함
- 크기 : 너비 35mm, 높이 20mm
- 위치 : 본문과의 배치 – 어울림, 가로 – 단의 오른쪽 0mm, 세로 – 문단의 위 0mm
- 바깥 여백 : 왼쪽·위쪽·아래쪽 3mm
- 회전 : 좌우 대칭

> **전문가의 조언**
> 데이터를 입력하지 않고 기능만 연습하려면 '길벗워드실기\섹션\입력완성본\그림(연습문제)-1.hwpx' 파일을 불러와서 그림 삽입만 수행하세요.

잠깐만요   그림에 좌우 대칭 적용하기

그림을 선택한 후 [(그림)] → [회전] → [좌우 대칭]을 선택합니다.

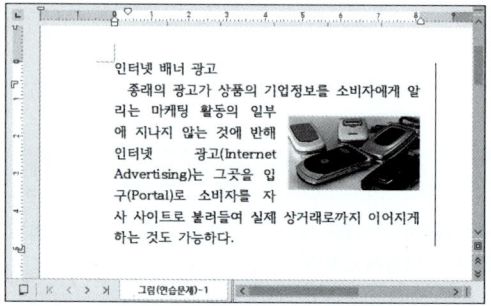

문제 2

- 문제지에 주어진 대로 입력하시오.
- 제한시간(용지 설정, 단 설정, 내용 입력 시간 제외) : 1분 30초
- 저장위치 : C:\WP\그림(연습문제)-2.hwpx
- 용지 종류 : A4
- 여백 설정 : 위쪽·아래쪽·왼쪽·오른쪽은 20mm, 머리말·꼬리말은 10mm
- 단 개수 : 2, 단 간격 : 8mm, 단 구분선 : 실선(0.12mm)
- 경로 : C:\길벗워드실기\그림\경제.jpg, 문서에 포함
- 크기 : 너비 35mm, 높이 25mm
- 위치 : 본문과의 배치 – 어울림, 가로 – 단의 왼쪽 0mm, 세로 – 문단의 위 0mm
- 바깥 여백 : 오른쪽·위쪽·아래쪽 5mm

> **전문가의 조언**
> 데이터를 입력하지 않고 기능만 연습하려면 '길벗워드실기\섹션\입력완성본\그림(연습문제)-2.hwpx' 파일을 불러와서 그림 삽입만 수행하세요.

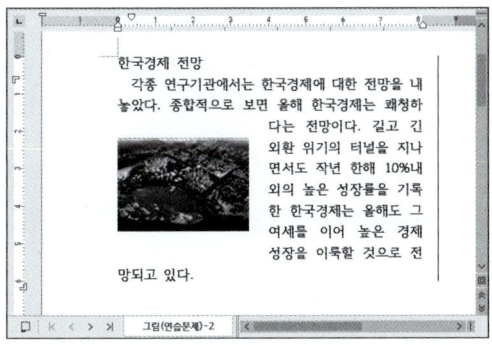

잠깐만요 줄의 처음에 그림 삽입하기

- 그림이 삽입될 바로 오른쪽 글자가 한글일 때는 커서를 그림이 삽입될 바로 오른쪽 글자 다음에 놓고 그림을 삽입하면 됩니다. 여기서는 "쾌청하다는" 부분의 '다'와 '는' 사이에 놓고 삽입하면 됩니다.

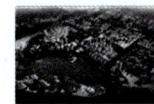

- 그림이 삽입될 바로 오른쪽 글자가 영문이나 숫자일 경우에는 커서를 그림이 삽입될 바로 오른쪽 두 글자 다음에 놓고 그림을 삽입하면 됩니다.

전문가의 조언

데이터를 입력하지 않고 기능만 연습하려면 '길벗워드실기\섹션\입력완성본\그림(연습문제)-3.hwpx' 파일을 불러와서 그림 삽입만 수행하세요.

전문가의 조언

글상자 안쪽을 클릭한 후 그림을 삽입하세요.

문제 3

- 문제지에 주어진 대로 입력하시오.
- 제한시간(용지 설정, 내용 입력 시간 제외) : 20초
- 저장위치 : C:\WP\그림(연습문제)-3.hwpx
- 용지 종류 : A4
- 여백 설정 : 왼쪽·오른쪽은 20mm, 위쪽·아래쪽·머리말·꼬리말은 10mm
- 경로 : C:\길벗워드실기\그림\돛단배.bmp, 문서에 포함
- 크기 : 너비 18mm, 높이 10mm
- 위치 : 본문과의 배치 – 글 앞으로, 가로 – 종이의 왼쪽 23mm, 세로 – 종이의 위 30mm

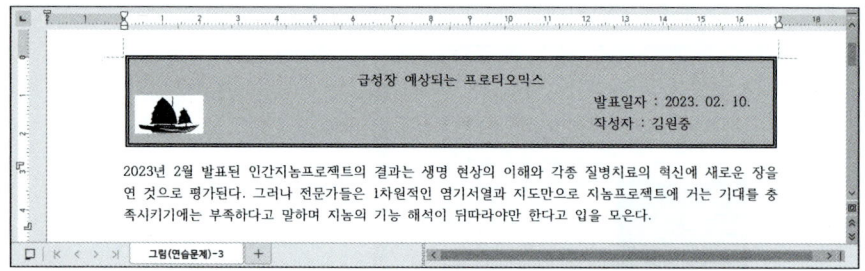

잠깐만요 본문과의 배치

'개체 속성' 대화상자의 '기본' 탭에서 '위치'를 다음과 같이 지정하고 〈설정〉을 클릭합니다.

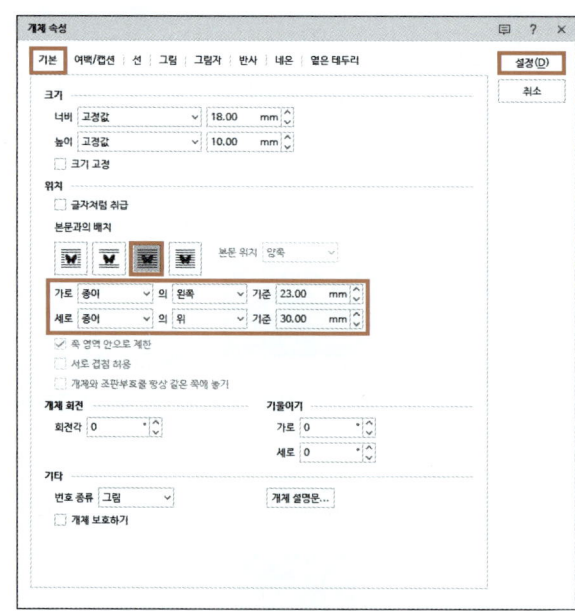

SECTION 15 머리말 / 꼬리말

기능	바로 가기 키	메뉴 / [기본] 도구 상자	작업 내용
머리말 / 꼬리말	Ctrl + N, H	• [쪽]의 → [머리말/꼬리말] • [쪽] → [머리말] → [위쪽] → [모양 없음] • [쪽] → [꼬리말] → [모양 없음]	• 머리말/꼬리말 만들기 • 글꼴 모양 지정하기 • 글꼴 속성 지정하기 • 정렬하기

기본문제에 주어진 머리말/꼬리말 작성 작업을 40초 내에 완료했다면 다음 섹션으로 넘어가고, 그렇지 않으면 '따라하기'의 방법을 기초로 하여 연습문제를 40초 안에 완성할 수 있도록 연습하세요.

기본문제 — 다음 지시사항대로 문서를 완성하시오.

- 문제지에 주어진 대로 입력하시오.
- 제한시간(본문 입력시간 제외) : 40초
- 저장 위치 : C:\WP\머리말-꼬리말.hwpx
- 여백 설정
  - 위쪽·아래쪽·왼쪽·오른쪽 : 20mm
  - 머리말·꼬리말 : 10mm
- 다단 설정
  - 단 개수 : 2
  - 단 간격 : 8mm
- 색상은 '기본' 테마가 포함된 색상 팔레트를 사용하시오.
- 머리말
  - 제목 : 한컴돋움, 10pt, 진하게, 남색(RGB : 58,60,132)
  - 날짜 : 탭 종류(오른쪽), 탭 위치(16.9cm)
- 꼬리말 : 휴먼명조, 10pt, 진하게, 주황(RGB : 255,132,58) 50% 어둡게, 가운데 정렬

전문가의 조언

머리말/꼬리말은 글꼴의 종류, 크기, 속성, 정렬 기준 등이 출제되고 있습니다. 머리말/꼬리말과 관련된 세부 지시사항을 정확히 읽어보고 작업을 수행하세요.

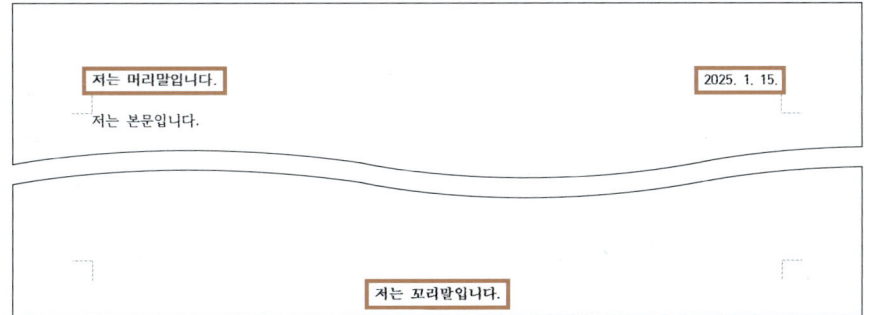

> **정답 및 감점 기준**
> 머리말/꼬리말의 지시사항을 수행하지 않았을 경우 항목당 3점씩 감점됩니다.

따라하기

용지 설정 및 다단 설정

1. 용지 설정과 다단 설정은 Section 01, 02를 참고하여 지정하세요.
2. 문제와 동일하게 **저는 본문입니다.** 를 입력하세요.

머리말 만들기

3. 머리말을 만들기 위해 바로 가기 키 [Ctrl]+[N], [H]를 누르세요(머리말 작성 [기본] 도구 상자 : [쪽] → [머리말] → [위쪽] → [모양 없음]).
4. '머리말/꼬리말' 대화상자에 '머리말'과 '양 쪽'이 기본값으로 설정되어 있습니다. 〈만들기〉를 클릭하세요.

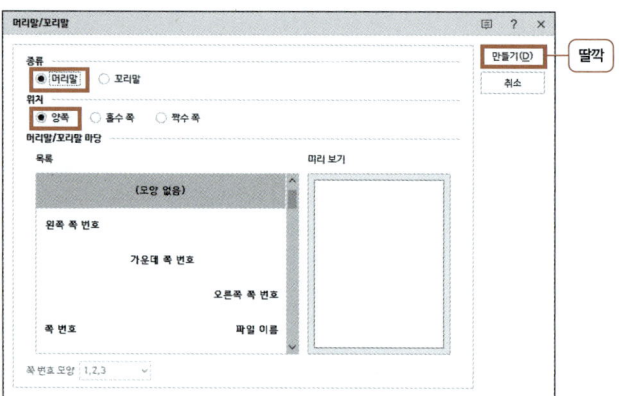

5. 머리말 편집 화면에서 **저는 머리말입니다.** 를 입력하고 [Tab]을 누른 다음 **2025. 1. 15.** 를 입력하세요.

전문가의 조언
- 현재 화면이 쪽 윤곽 상태가 아니라도 [Ctrl]+[N], [H]를 눌러 '머리말 편집 화면'을 나타내면 자동으로 쪽 윤곽 상태로 변경됩니다.
- '머리말 편집 화면'으로 변경되면 [머리말/꼬리말] 탭이 자동으로 표시됩니다.

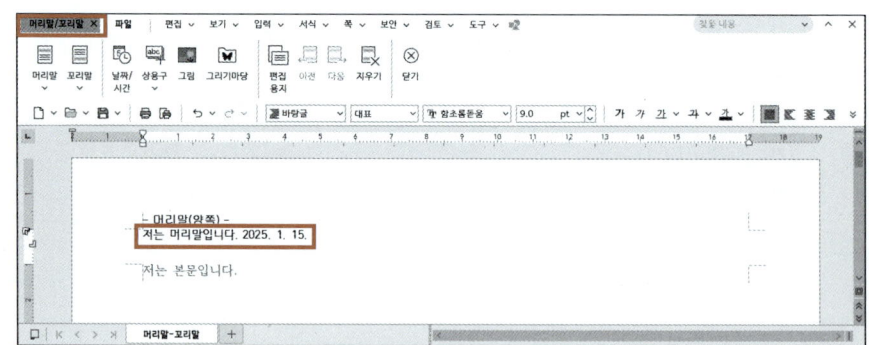

머리말에 탭 설정하기

6. [Alt]+[T]를 눌러 '문단 모양' 대화상자를 호출하여 '탭 설정' 탭에서 '탭 종류'는 '오른쪽', '탭 위치'의 단위는 '센티미터(cm)'로 선택한 후 '탭 위치'에 16.9를 입력하고 〈추가〉를 클릭하세요.

7. 이어서 '문단 오른쪽 끝 자동 탭'을 선택한 후 〈설정〉을 클릭하세요. 머리말 편집 화면으로 돌아옵니다.

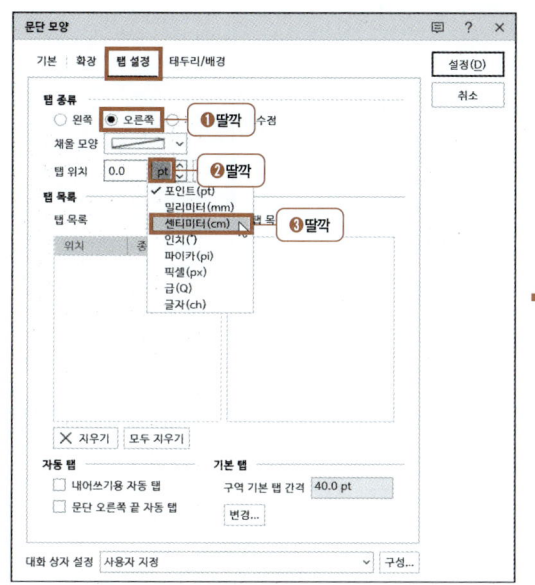 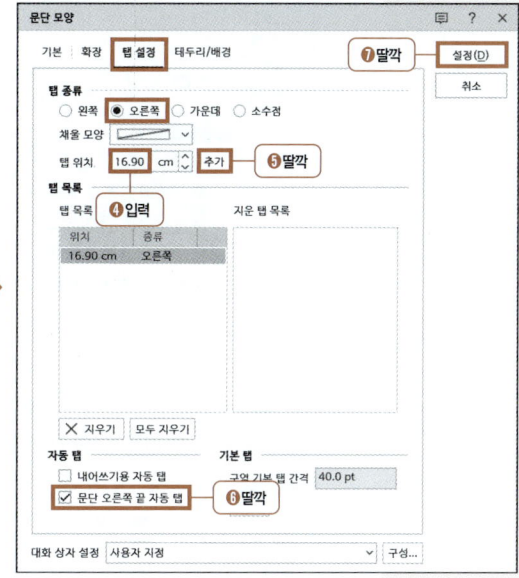

머리말에 서식 지정하기

8. 제목(저는 머리말입니다.)에만 글꼴 서식을 지정하기 위해 [Home]을 눌러 커서를 행의 가장 앞으로 이동하고 [Ctrl]+[Shift]+[→]을 두 번 눌러 제목만 블록으로 지정한 후 [Alt]+[L]을 눌러 '글자 모양' 대화상자를 호출하세요.

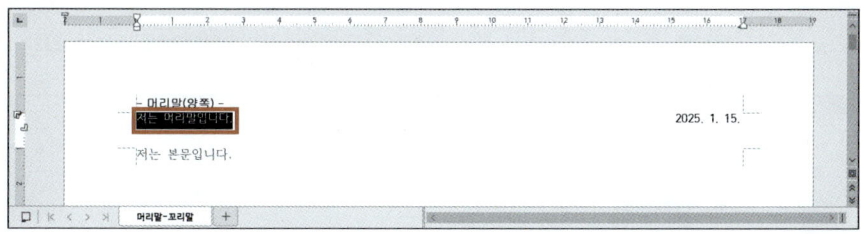

전문가의 조언

바로 가기 키로 '글자 모양' 대화 상자 설정하기

한컴돋움 입력 → Enter → Alt + Z → 10 → Alt + B → Alt + C → '남색' 선택 → Enter → Alt + D

9. '글자 모양' 대화상자의 '기본' 탭에서 글꼴의 모양과 크기 및 속성, 색 등을 다음과 같이 지정한 후 〈설정〉을 클릭하세요. 머리말 편집 화면으로 돌아옵니다.

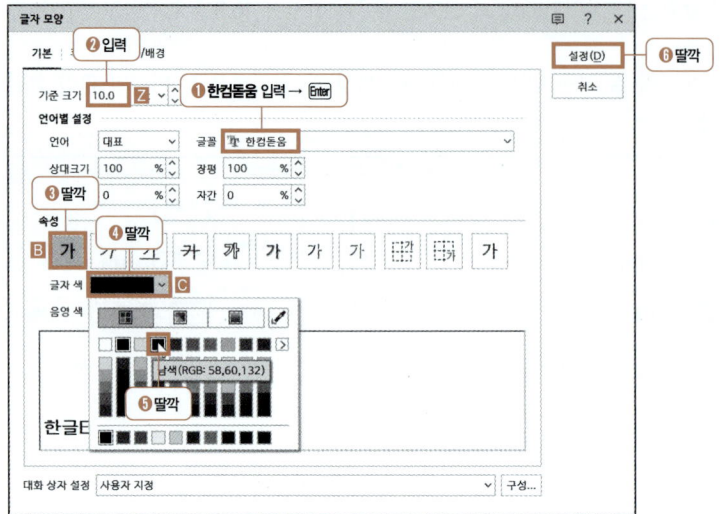

10. Shift + Esc 를 누르거나 [머리말/꼬리말] → [닫기]를 클릭하여 머리말 편집 화면에서 빠져 나온 후 머리말을 확인하세요.

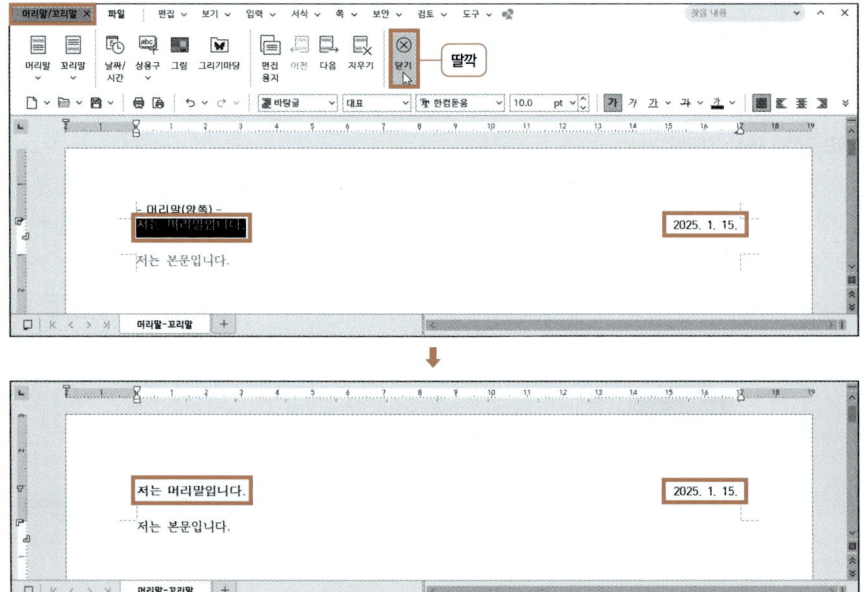

꼬리말 만들기

11. 꼬리말을 만들기 위해 바로 가기 키 Ctrl + N, H를 누르세요(꼬리말 작성 [기본] 도구 상자 : [쪽] → [꼬리말] → [모양 없음]).
12. '머리말/꼬리말' 대화상자에서 '꼬리말'과 '양쪽'을 지정한 후 〈만들기〉를 클릭하세요.

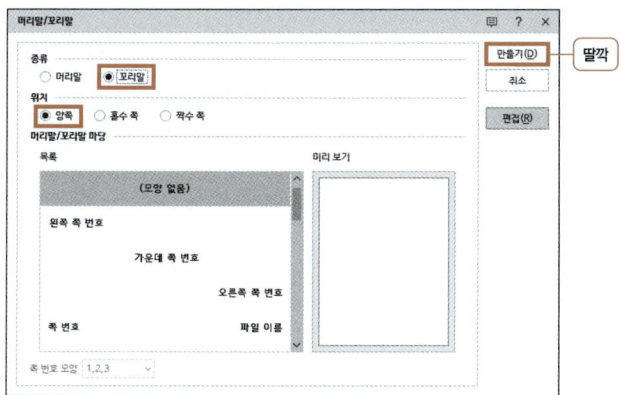

13. 꼬리말 편집 화면에서 **저는 꼬리말입니다.**를 입력하세요.

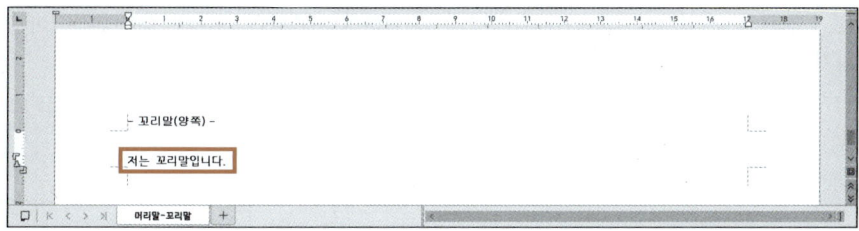

꼬리말에 서식 지정하기

14. 12번 작업에서 커서를 이동시키지 말고, Shift + Home 을 눌러 블록으로 지정한 후 Alt + L 을 눌러 '글자 모양' 대화상자를 호출하세요.

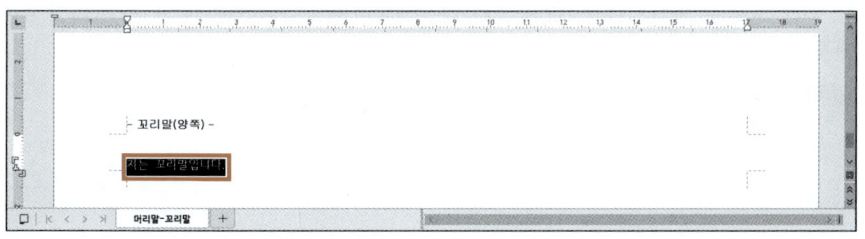

전문가의 조언

Ctrl + A 를 눌러 블록을 지정해도 됩니다.

전문가의 조언

바로 가기 키로 '글자 모양' 대화상자 설정하기

휴먼명조 입력 → Enter → Alt + Z
→ 10 → Alt + B → Alt + C →
'주황 50% 어둡게' 선택 → Enter →
Alt + D

15. '글자 모양' 대화상자의 '기본' 탭에서 글꼴의 모양과 크기 및 속성, 색을 다음과 같이 지정한 후 〈설정〉을 클릭하세요. 꼬리말 편집 화면으로 돌아옵니다.

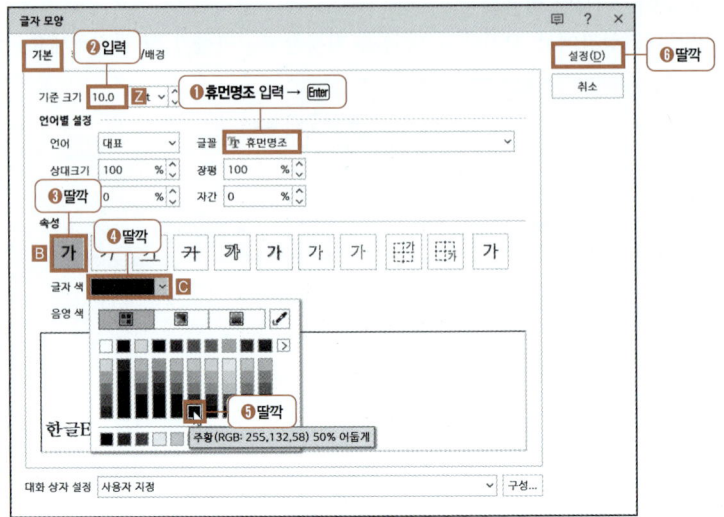

16. [서식] 도구 상자의 '≡(가운데 정렬)'을 클릭하여 꼬리말을 가운데 정렬하세요.(바로 가기 키 : Ctrl + Shift + C).

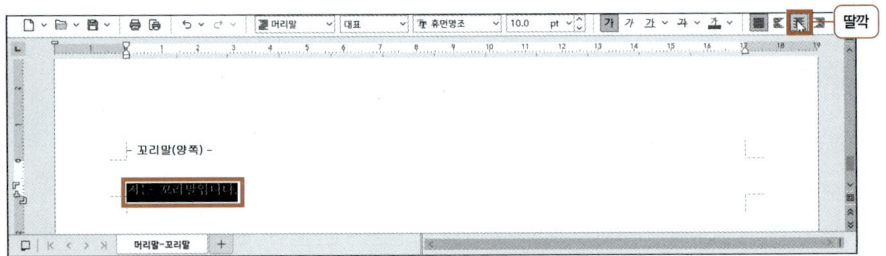

17. Shift + Esc 를 누르거나 [머리말/꼬리말] → [닫기]를 클릭하여 꼬리말 편집 화면에서 빠져 나온 후 꼬리말을 확인하세요.

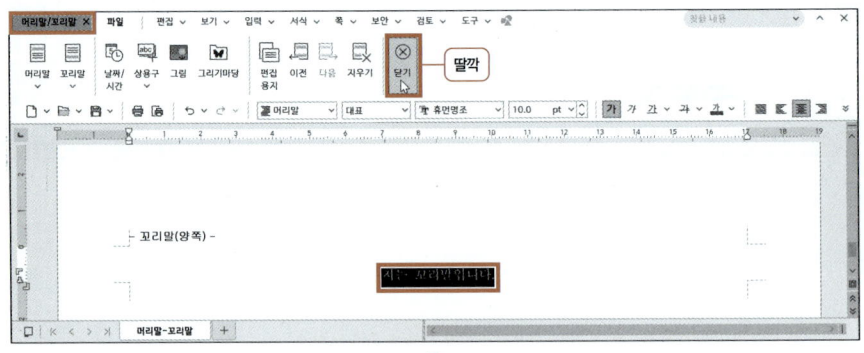

전문가의 조언

현재 커서가 문서 위쪽에 있어 꼬리말이 화면에 보이지 않습니다. 꼬리말을 확인하려면 화면 오른쪽의 세로 스크롤바를 아래쪽으로 드래그해야 합니다.

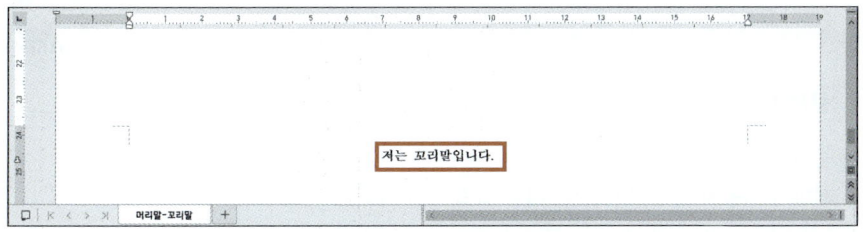

잠깐만요 머리말 / 꼬리말 수정 및 삭제

머리말/꼬리말 수정
입력된 머리말/꼬리말 부분을 더블클릭하면 '머리말/꼬리말 편집 화면'으로 변경됩니다. '머리말/꼬리말 편집 화면'에서 머리말/꼬리말을 수정하면 됩니다.

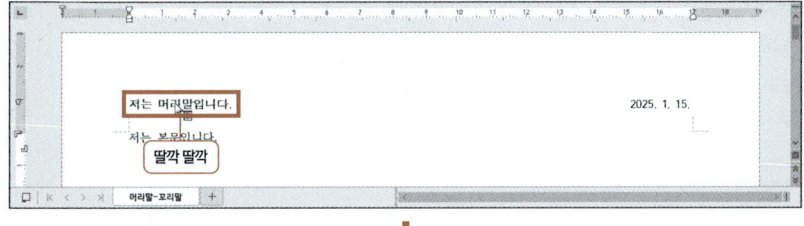

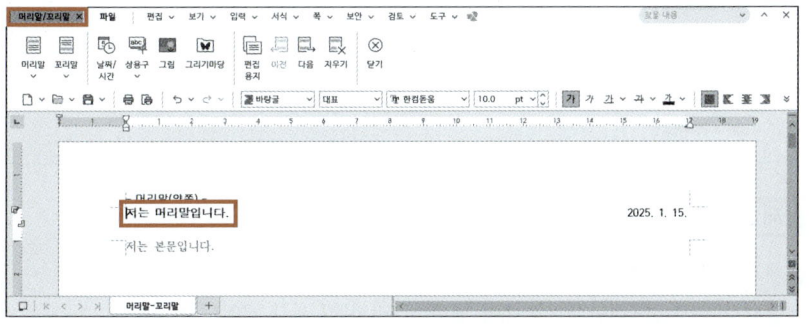

머리말/꼬리말 삭제
입력된 머리말/꼬리말 부분을 더블클릭한 후 [머리말/꼬리말] 탭에서 [지우기]를 클릭합니다.

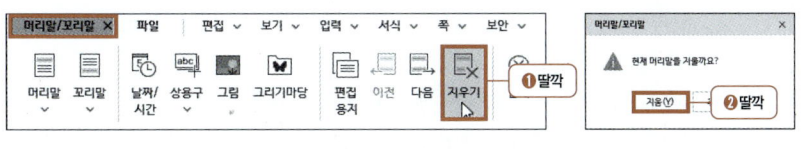

 전문가의 조언

머리말/꼬리말은 쪽 윤곽 상태에서 확인할 수 있으므로 작성된 머리말/꼬리말이 보이지 않을 경우 [보기] → [쪽 윤곽]을 클릭해야 합니다.

| 연습문제 | 다음 지시사항대로 문서를 완성하시오.

 전문가의 조언

머리말의 글꼴 크기나 꼬리말의 정렬 기준은 문제에 제시되지 않았습니다. 이와 같이 문제에 제시되지 않은 경우에는 기본값을 그대로 유지하면 됩니다.

문제 1

- 문제지에 주어진 대로 입력하시오.
- 제한시간(용지 설정, 단 설정, 내용 입력 시간 제외) : 40초
- 저장위치 : C:\WP\머리말-꼬리말(연습문제)-1.hwpx
- 용지 종류 : A4
- 여백 설정 : 위쪽·아래쪽·왼쪽·오른쪽은 20mm, 머리말·꼬리말은 10mm
- 단 개수 : 2, 단 간격 : 8mm, 단 구분선 : 실선(0.12mm)
- 색상은 '기본' 테마가 포함된 색상 팔레트를 사용하시오.
- 머리말
  - 제목 : 맑은 고딕, 진하게, 초록(RGB : 40,155,110)
  - 날짜 : 탭 종류(오른쪽), 탭 위치(16.9cm)
- 꼬리말 : 한컴 윤고딕 720, 10pt, 진하게, 남색(RGB : 58,60,132) 25% 어둡게

```
월드컵 4강의 신화                                          2025-03-25
   2002년 6월 우리들의 꿈은 이루어졌다.



   꿈은 이루어졌다.
```

문제 2

- 문제지에 주어진 대로 입력하시오.
- 제한시간(용지 설정, 단 설정, 내용 입력, 그림 삽입 시간 제외) : 40초
- 저장위치 : C:\WP\머리말-꼬리말(연습문제)-2.hwpx
- 용지 종류 : A4
- 여백 설정 : 왼쪽·오른쪽은 20mm, 위쪽·아래쪽·머리말·꼬리말은 10mm
- 단 개수 : 2, 단 간격 : 8mm
- 색상은 '기본'과 '오피스' 테마가 포함된 색상 팔레트를 사용하시오.
- 머리말 : HY견명조, 12pt, 진하게, 보라(RGB : 157,92,187), 오른쪽 정렬
- 꼬리말 : 중고딕, 11pt, 진하게, 파랑(RGB : 0,0,255), 가운데 정렬

```
                                                        국민연금소식
   국민연금, 수혈이냐 수술이냐



                     국민연금월간보 제10호 (2025년 10월)
```

SECTION 16 각주 / 하이퍼링크

기능	바로 가기 키	메뉴 / [기본] 도구 상자	작업 내용
각주	Ctrl + N, N	• [입력]의 → [주석] → [각주] • [입력] → [각주]	• 각주 만들기 • 글꼴 종류 지정하기 • 글꼴 크기 지정하기 • 번호 모양 지정하기
하이퍼링크	Ctrl + K, H	• [입력]의 ⌵ → [하이퍼링크] • [입력] → [하이퍼링크]	지정된 웹 주소로 연결 설정하기

기본문제에 제시된 각주와 하이퍼링크를 30초 내에 완료했다면 다음 섹션으로 넘어가고, 그렇지 않으면 '따라하기'의 방법을 참고하여 30초 안에 완성할 수 있도록 연습하세요.

기본문제 다음 지시사항대로 문서를 완성하시오.

- 문제지에 주어진 대로 입력하시오.
- 제한시간(용지 설정, 단 설정, 내용 입력 시간 제외) : 30초
- 저장위치 : C:\WP\각주-하이퍼링크.hwpx
- 용지 종류 : A4
- 여백 설정 : 왼쪽·오른쪽은 20mm, 위쪽·아래쪽·머리말·꼬리말은 10mm
- 단 개수 : 2, 단 간격 : 8mm, 단 구분선 : 실선(0.12mm)
- 각주 – 글자 모양 : 돋움, 번호 모양 : 아라비아 숫자
- 하이퍼링크
  - "도서출판 길벗"에 하이퍼링크 설정
  - 연결 대상 : '웹 주소', 'http://www.gilbut.co.kr'

전문가의 조언

- 각주는 글꼴의 종류 및 크기, 번호 모양이 변경되어 출제되고 있습니다. 각주와 관련된 세부 지시사항을 정확히 읽어보고 작업을 수행하세요.
- 책갈피를 이용해 하이퍼링크를 설정하는 내용은 Section 10 '책갈피/하이퍼링크'를 참조하세요.

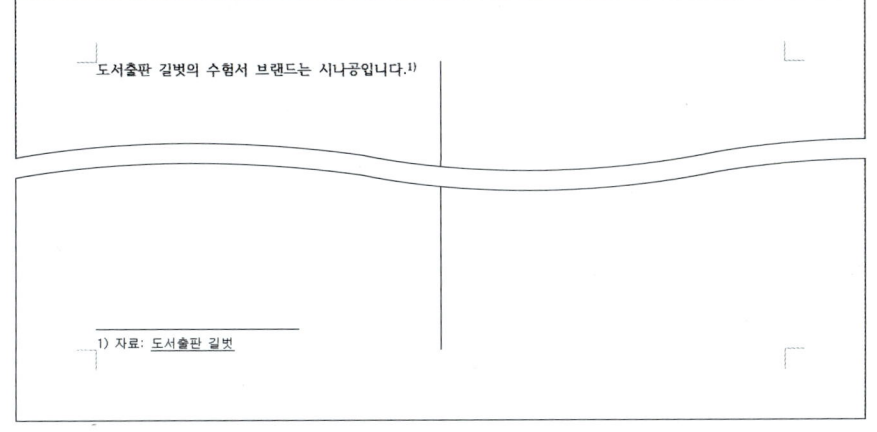

1장 자가진단 및 대책

> **정답 및 감점 기준**
> - 각주의 지시사항을 수행하지 않았을 경우 항목당 3점씩 감점됩니다.
> - 하이퍼링크를 작성하지 않았을 경우 5점 감점됩니다.

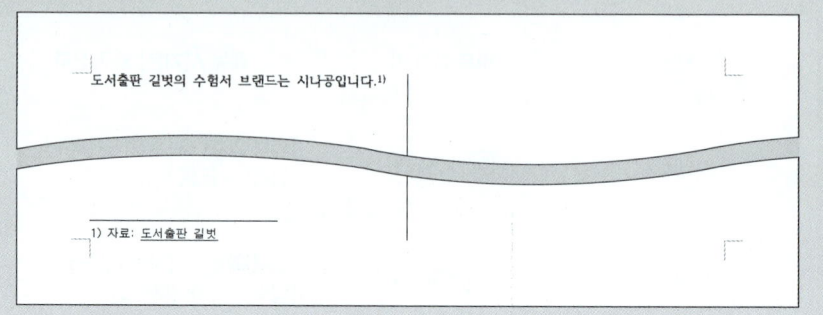

따라하기

1. 을 눌러 용지 종류 및 여백을 설정한 후 단 설정을 수행하세요.
2. 문제와 같이 **도서출판 길벗의 수험서 브랜드는 시나공입니다.**를 입력하세요.

각주 만들기

3. 입력된 내용의 맨 뒤에 커서를 놓고, 각주를 만드는 바로 가기 키 Ctrl+N, N을 누르세요(각주 만들기 [기본] 도구 상자 : [입력] → [각주]).

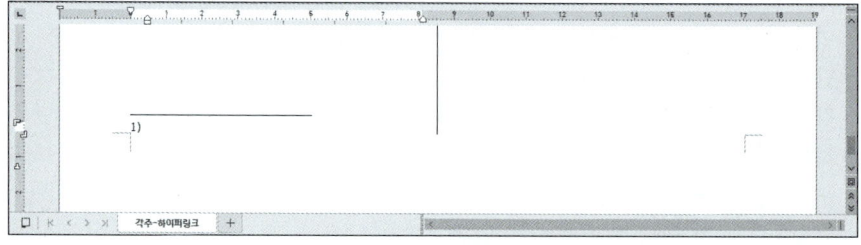

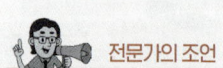

각주 번호 모양은 아라비아 숫자가 기본값입니다. 각주 번호 모양에 대한 조건이 없거나 각주 번호가 아라비아 숫자인 경우에는 그대로 두고 다른 모양일 경우에만 변경하면 됩니다. 각주 번호 모양 변경 방법은 176쪽을 참고하세요.

4. 페이지 하단에 각주 편집 화면이 나타납니다. **자료: 도서출판 길벗**을 입력하세요.

워드프로세서 실기 시험은 2단으로 작업하는 것, 아시죠? 각주의 내용은 각주를 지정한 내용이 위치하는 단의 아래쪽에 표시됩니다.

각주에 서식 지정하기

5. 4번 작업에서 커서를 이동시키지 말고 Shift + Home 을 눌러 블록으로 지정한 후 Alt + L 을 눌러 '글자 모양' 대화상자를 호출하세요.

 전문가의 조언

Ctrl + A 를 눌러 블록을 지정해도 됩니다.

6. '글자 모양' 대화상자의 '기본' 탭에서 글꼴의 모양과 크기를 다음과 같이 지정한 후 〈설정〉을 클릭하세요. 각주 편집 화면으로 돌아옵니다.

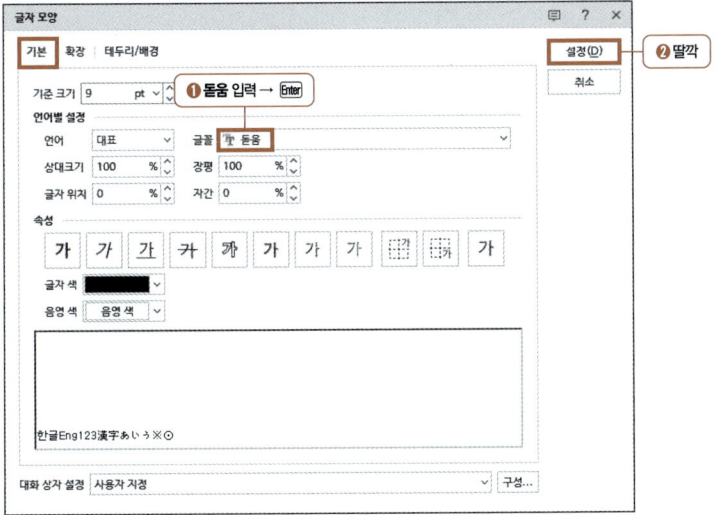

 전문가의 조언

바로 가기 키로 '글자 모양' 대화상자 설정하기
돋움 입력 → Enter → Enter

하이퍼링크 만들기

7. 하이퍼링크를 설정할 단어 "도서출판 길벗"을 블록으로 지정한 후 하이퍼링크 만들기 바로 가기 키 Ctrl + K, H 를 누르세요(하이퍼링크 만들기 [기본] 도구 상자 : [입력] → [하이퍼링크]).

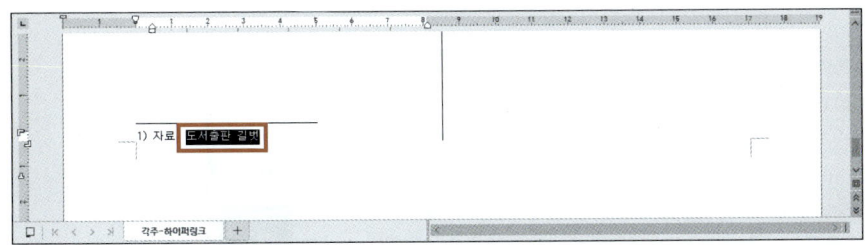

8. '하이퍼링크' 대화상자에서 '연결 대상'을 '웹 주소'로 선택하고, '웹 주소' 난에 http://www.gilbut.co.kr를 입력한 후 〈넣기〉를 클릭하세요.

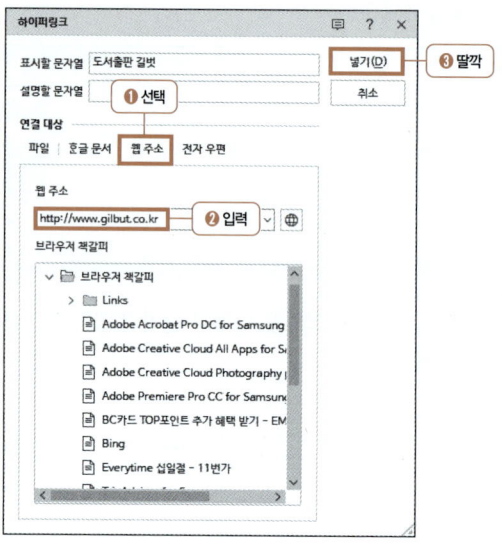

9. 하이퍼링크가 설정된 부분은 기본적으로 글자색이 파랑색으로 변하고 밑줄이 표시됩니다. 하이퍼링크가 설정된 "도서출판 길벗"을 클릭한 후 실행 여부를 묻는 대화상자에서 〈한 번 허용〉을 클릭하면 설정된 URL로 이동합니다.

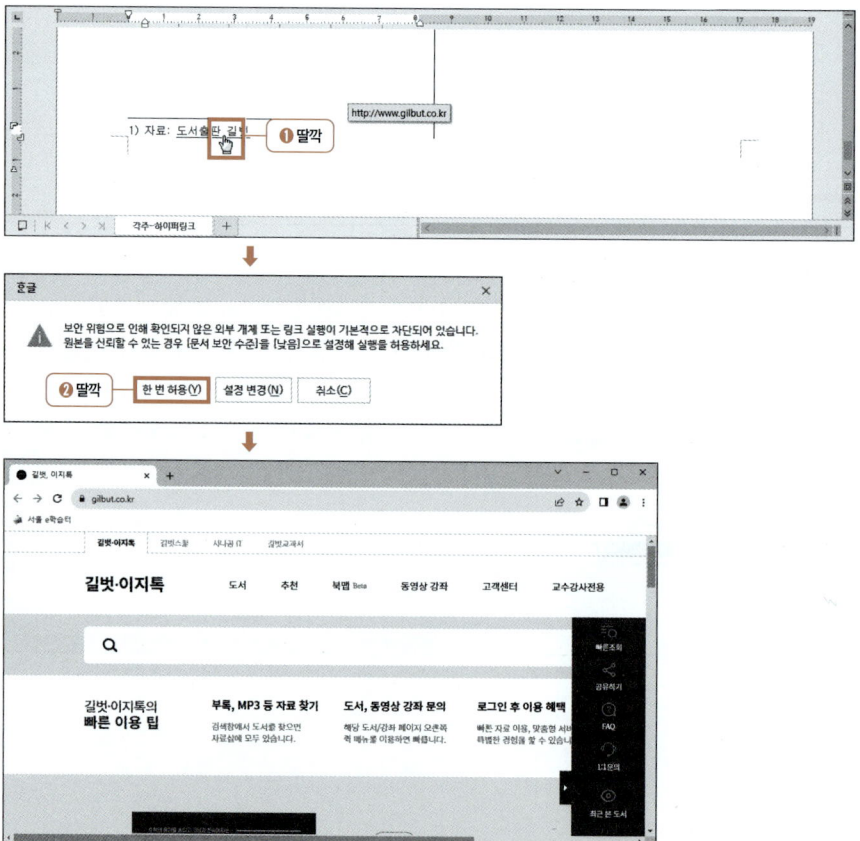

10. Shift + Esc 를 누르거나 [주석] → [닫기]를 클릭하여 각주 편집 화면에서 빠져나온 후 세로 스크롤바를 아래로 드래그하여 각주를 확인하세요.

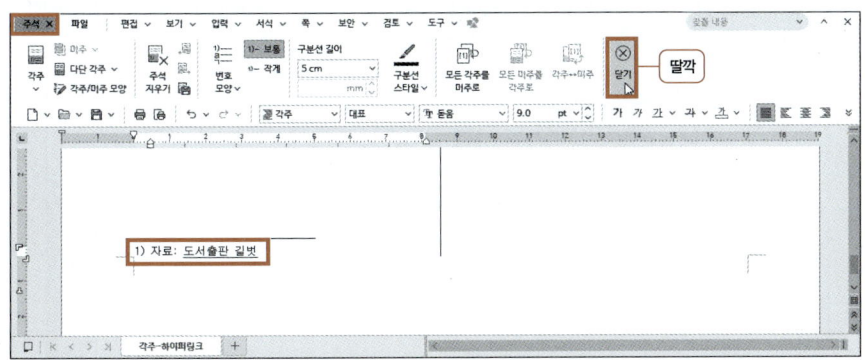

> **잠깐만요** **각주의 수정 및 삭제**
>
> **각주 수정**
> 각주가 지정된 위치에는 각주 번호가 표시됩니다. 각주 번호를 더블클릭하거나 각주 내용을 클릭한 후 각주 편집 화면에서 각주의 내용을 수정하면 됩니다.
>
>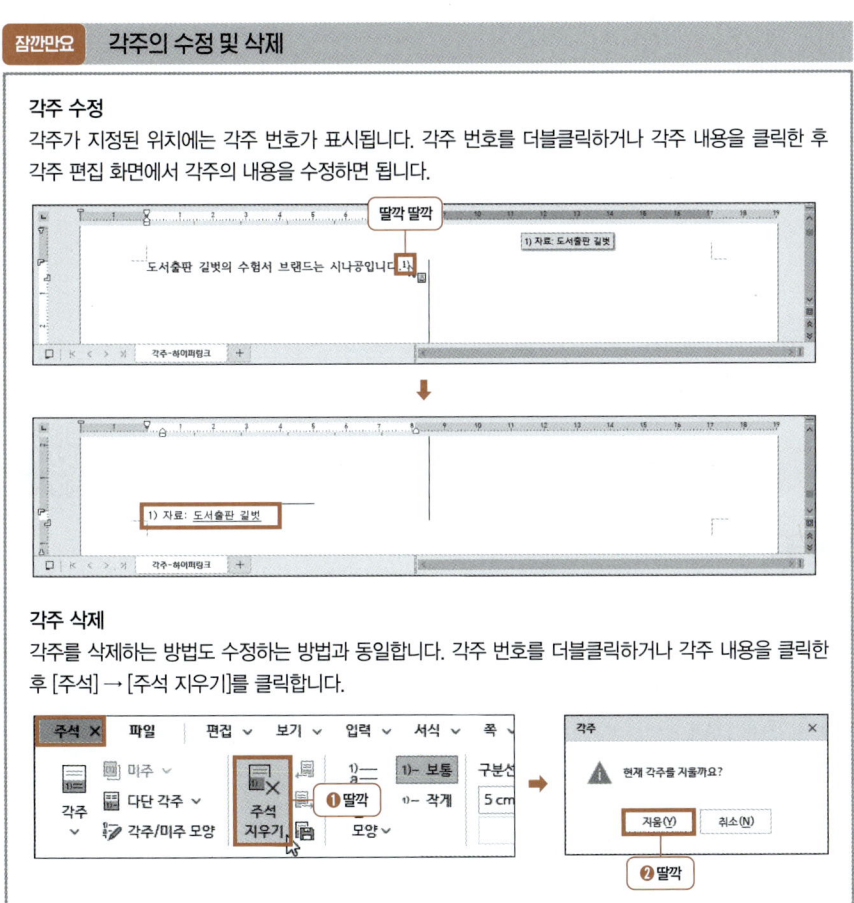
>
> **각주 삭제**
> 각주를 삭제하는 방법도 수정하는 방법과 동일합니다. 각주 번호를 더블클릭하거나 각주 내용을 클릭한 후 [주석] → [주석 지우기]를 클릭합니다.

잠깐만요 각주 번호 모양 변경하기

각주가 지정된 위치에는 각주 번호가 표시됩니다. 각주 번호 모양을 변경하려면 [기본] 도구 상자에서 [주석] → [번호 모양]을 클릭한 후 변경하려는 번호 모양을 선택하면 됩니다.

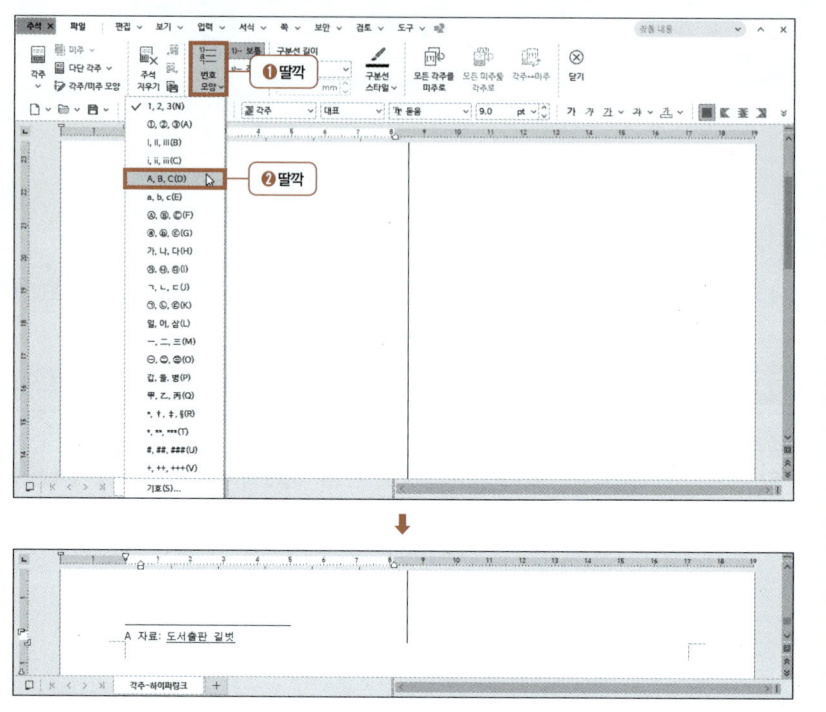

연습문제 다음 지시사항대로 문서를 완성하시오.

문제 1

- 문제지에 주어진 대로 입력하시오.
- 제한시간(용지 설정, 단 설정, 내용 입력 시간 제외) : 20초
- 저장위치 : C:\WP\각주-하이퍼링크(연습문제)-1.hwpx
- 용지 종류 : A4
- 여백 설정 : 위쪽·아래쪽·왼쪽·오른쪽은 20mm, 머리말·꼬리말은 10mm
- 단 개수 : 2, 단 간격 : 8mm, 단 구분선 : 실선(0.12mm)
- 각주 – 글자 모양 : 신명조, 8pt, 번호 모양 : 아라비아 숫자

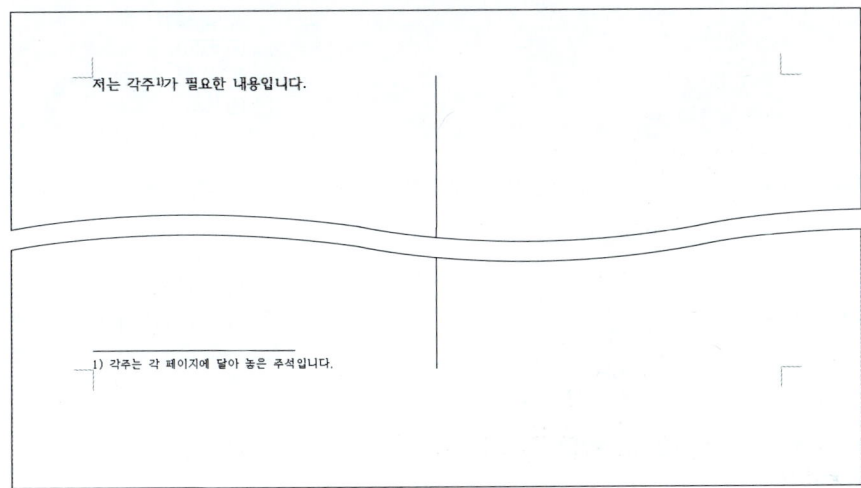

문제 2

- 문제지에 주어진 대로 입력하시오.
- 제한시간(용지 설정, 단 설정, 내용 입력 시간 제외) : 30초
- 저장위치 : C:\WP\각주-하이퍼링크(연습문제)-2.hwpx
- 용지 종류 : A4
- 여백 설정 : 왼쪽·오른쪽은 20mm, 위쪽·아래쪽·머리말·꼬리말은 10mm
- 단 개수 : 2, 단 간격 : 8mm
- 각주 – 글자 모양 : 맑은 고딕, 번호 모양 : 원문자
- 하이퍼링크
   - "국토교통부"에 하이퍼링크 설정
   - 연결 대상 : '웹 주소', 'http://www.molit.go.kr/'

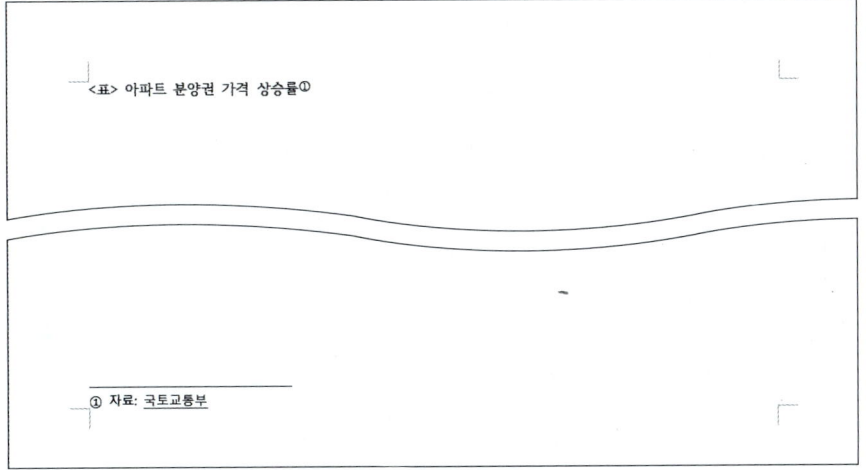

SECTION 17 쪽 번호

기능	바로 가기 키	메뉴 / [기본] 도구 상자	작업 내용
쪽 번호 매기기	Ctrl + N, P	• 쪽 번호 만들기 　- [쪽]의 ⌄ → [쪽 번호 매기기] 　- [쪽] → [쪽 번호 매기기] • 새 번호 지정 　- [쪽]의 ⌄ → [새 번호로 시작] 　- [쪽] → [새 번호로 시작]	• 쪽 번호 만들기 • 쪽 번호 위치 지정하기 • 쪽 번호 모양 지정하기 • 쪽 번호에 줄표 넣기 • 시작 번호 지정하기

기본문제에 제시된 쪽 번호 추가 작업을 15초 내에 완료했다면 다음 섹션으로 넘어가고, 그렇지 않으면 '따라하기'의 방법을 참고하여 연습문제를 15초 안에 작성할 수 있도록 연습하세요.

기본문제

다음 지시사항대로 문서를 완성하시오.

전문가의 조언

쪽 번호는 위치, 모양, 시작 번호 등이 변경되어 출제되고 있습니다. 쪽 번호와 관련된 세부 지시사항을 정확히 읽어보고 작업을 수행하세요.

• 제한시간 : 15초
• 저장위치 : C:\WP\쪽번호.hwpx
• 위치 : 오른쪽 아래
• 모양 : 로마자 대문자, 줄표 넣기 선택
• 시작 번호 지정

```
                                                                    - Ⅱ -
```

정답 및 감점 기준

쪽 번호의 지시사항을 수행하지 않았을 경우 항목당 3점씩 감점됩니다.

따라하기

1. 쪽 번호 넣기 바로 가기 키 Ctrl+N, P를 누르세요(쪽 번호 추가 [기본] 도구 상자 : [쪽] → [쪽 번호 매기기]).
2. '쪽 번호 매기기' 대화상자에서 다음과 같이 번호 위치와 모양, 줄표 넣기를 선택하고 시작 번호를 지정한 후 〈넣기〉를 클릭하세요.

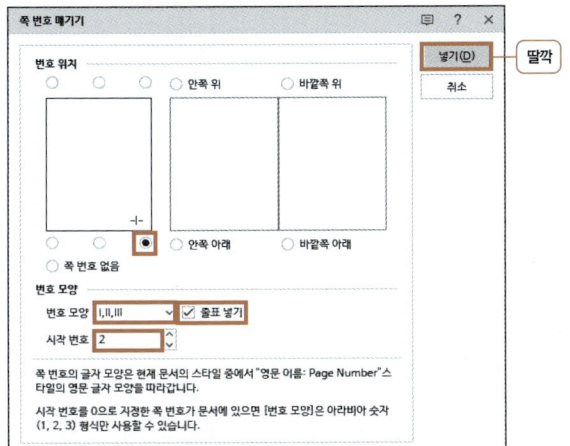

3. [보기] → [쪽 윤곽(Ctrl+G, L)]을 클릭하여 쪽 윤곽 보기 상태에서 쪽 번호를 확인하세요.

> **잠깐만요** '쪽 번호 매기기' 대화상자

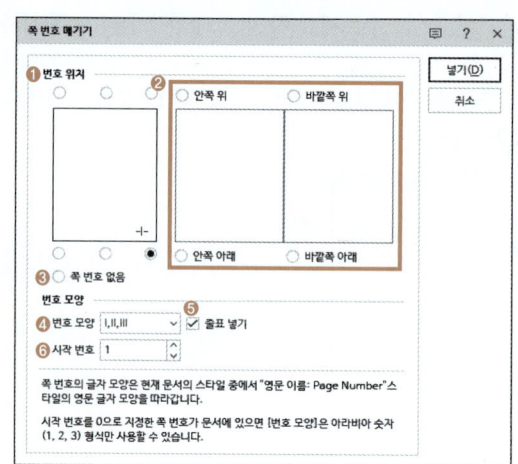

① **번호 위치** : 쪽 번호가 추가될 위치를 지정합니다.
② 짝수/홀수 쪽을 기준으로 쪽의 안쪽과 바깥쪽에 쪽 번호를 지정합니다.
③ **쪽 번호 없음** : 쪽 번호 지정을 해제합니다.
④ **번호 모양** : 지정할 쪽 번호의 모양을 아라비아 숫자(1, 2, 3), 로마자 대문자(I, II, III), 로마자 소문자(i, ii, iii), 원문자(①, ②, ③) 등에서 선택합니다.
⑤ **줄표 넣기** : 쪽 번호 좌우에 '-'을 넣습니다.
  예 - 1 -
⑥ **시작 번호** : 시작 번호를 지정합니다.

2장

실제 시험장을 옮겨 놓았다!

Section 18 실제 시험장을 옮겨 놓았다!
1. 입실(시험 시작 10분 전)
2. 환경 설정(입실 후)
3. 시험 준비 및 유의사항 확인
4. 시험 시작(문제 확인)
5. 워드프로세서 실기시험 작업 순서
6. 문서 작성 시작
7. 확인 및 저장
8. 퇴실(시험 종료)

SECTION 18 실제 시험장을 옮겨 놓았다!

1 입실(시험 시작 10분 전)

> **전문가의 조언**
> '자격검정용 신분확인 증명서'는 대한상공회의소 자격평가사업단 홈페이지(license.korcham.net)의 [고객센터] → [자료실]에서 다운로드 받을 수 있습니다.

워드프로세서 실기 시험은 30분 동안 치러지는데, 보통 10분 전에는 시험장에 입실하여 컴퓨터를 점검하고 수험생 인적사항을 확인받아야 합니다. 수험표와 자신을 증명할 수 있는 신분증을 반드시 지참해야 합니다. 주민등록증, 운전면허증 등이 없는 학생은 학생증, 청소년증, 자격검정용 신분확인 증명서*를 지참하면 됩니다.

2 환경 설정(입실 후)

시험장에 입실하여 자리를 배정받은 후에는 시험장의 컴퓨터를 평소에 자신이 사용하던 환경과 최대한 비슷하게 맞출 필요가 있습니다. 특별한 경우가 아니라면 워드프로세서 실기 시험의 원활한 작업을 위해 다음과 같이 환경을 설정하세요.

[도구] 탭

[기본] 도구 상자의 [도구] → [환경 설정]을 클릭한 후 다음 그림과 같이 설정합니다.

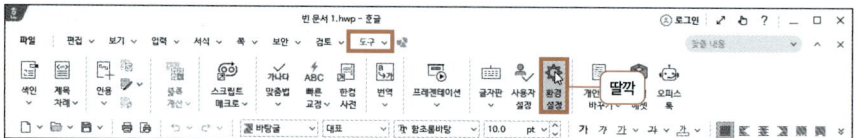

'편집' 탭

> **전문가의 조언**
> '편집' 탭의 항목 중 번호 표시가 없는 부분은 워드프로세서 실기 시험과는 무관한 내용이니 기본 값 그대로 두세요.

'편집' 탭의 항목을 다음 그림과 같이 지정하세요.

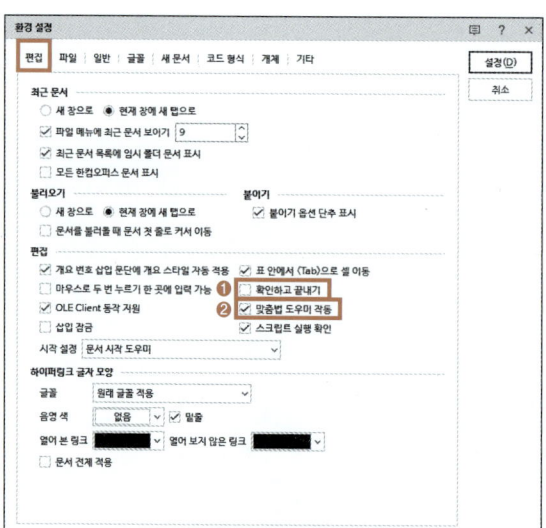

❶ **확인하고 끝내기** : '확인하고 끝내기'를 해제하지 않으면 흔글 2022를 끝낼 때 '흔글을 끝낼까요?'라는 메시지가 화면에 출력됩니다. 그런데 시험이 종료되면 시험관리 프로그램이 전체 화면으로 표시되어 이 메시지를 가리기 때문에 흔글 2022 프로그램을 종료할 수 없게 됩니다. 반드시 해제해야 합니다.

❷ **맞춤법 도우미 작동** : '맞춤법 도우미 작동'을 체크하면 흔글 2022 맞춤법 사전과 비교하여 틀린 글자에 빨간색 밑줄을 그어 표시해 주므로 잘못된 글자를 쉽게 정정할 수 있습니다. 하지만 100% 완벽한 것은 아니므로 정정할 때는 반드시 문제지와 동일한가를 확인해야 합니다.

> **전문가의 조언**
> 입력한 글자가 틀렸다고 아무리 맞춤법 도우미가 빨간색으로 표시를 해도 시험지의 내용을 그대로 입력했다면 감점은 없습니다. 반드시 문제지대로 입력해야 한다는 것을 잊지 마세요!

'파일' 탭

'파일' 탭의 항목을 다음 그림과 같이 지정한 후 〈설정〉을 클릭하세요.

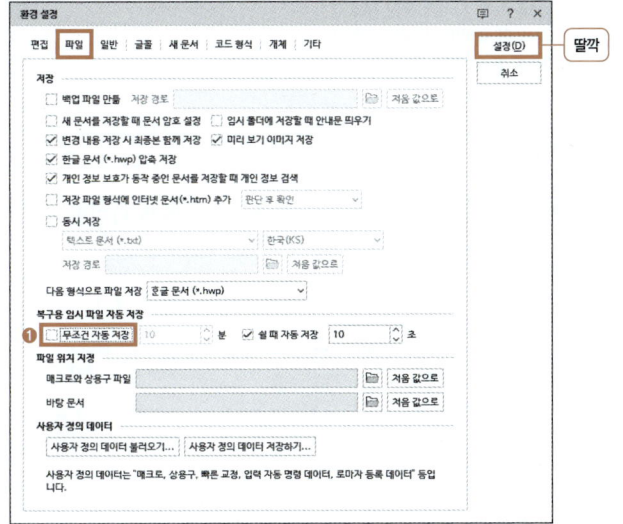

❶ **무조건 자동 저장** : '무조건 자동 저장'을 체크하면 수험생이 저장하지 않아도 지정된 시간이 지나면 자동으로 저장됩니다. 시험을 보느라 긴장된 상태에서 당황하게 되면, 자동 저장 때문에 리듬이 끊어질 수 있습니다. '무조건 자동 저장'에 의존하기보다는 사용자가 중간중간 수시로 저장(Alt +S)하는 것이 바람직합니다.

> **전문가의 조언**
> 순간순간 틈만 나면 저장해야 합니다. 작업중에 컴퓨터가 비정상적으로 종료되면 손해본 만큼 시험 시간을 추가로 주지만, 저장하지 않아 잃어버린 데이터는 찾아주지 않습니다.

[보기] 탭

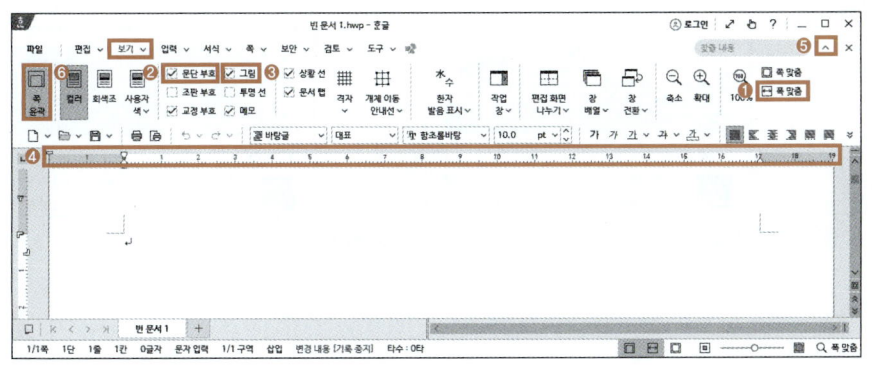

❶ **폭 맞춤** : 워드프로세서 실기 시험에서는 화면에 한 행의 내용이 모두 표시되게 설정해야 작업하기 편리합니다. [기본] 도구 상자의 [보기] → [폭 맞춤]을 클릭하세요.

❷ **문단 부호** : [기본] 도구 상자의 [보기] → [문단 부호]를 선택하여 화면에 문단 부호(↵)를 표시합니다.

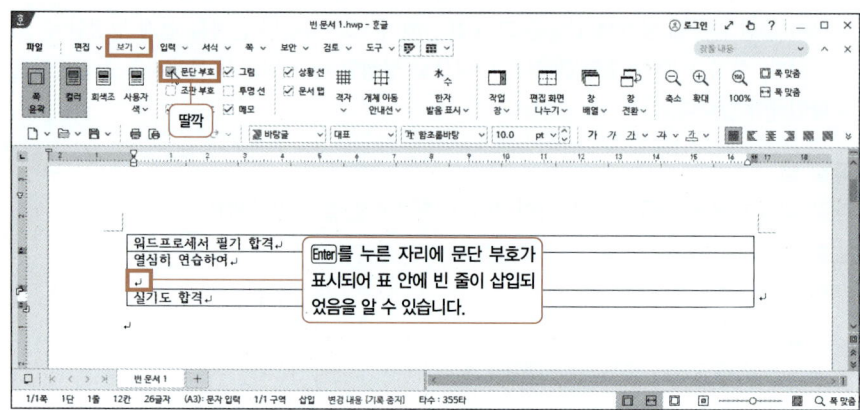

❸ **그림** : [기본] 도구 상자의 [보기] → [그림]을 선택해야 화면에서 그림을 확인할 수 있습니다.

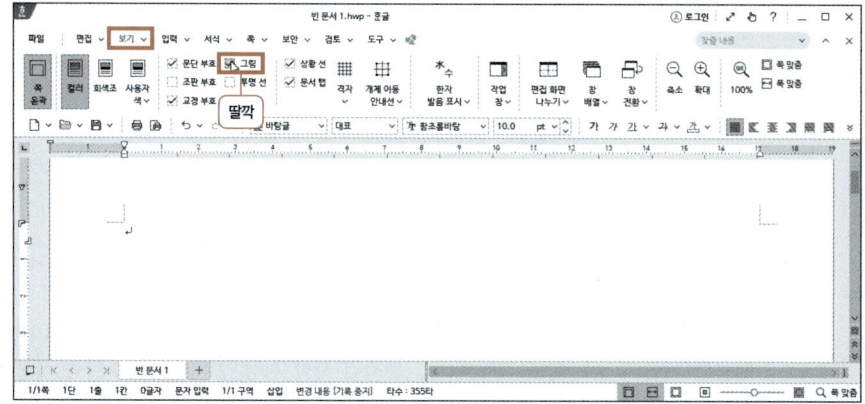

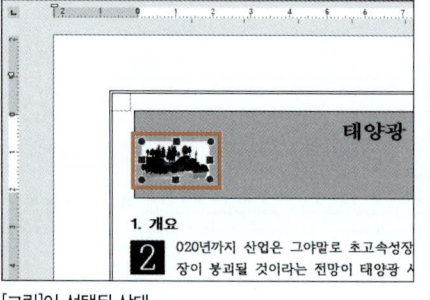

[그림]이 선택된 상태

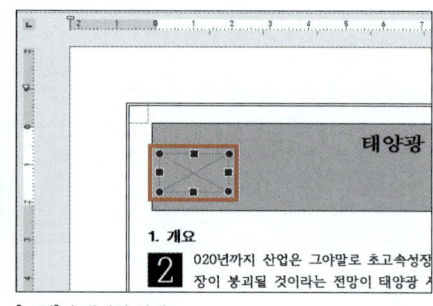

[그림]이 해제된 상태

❹ **가로 눈금자** : 표나 그래프의 가로 길이를 측정할 때 눈금자가 필요합니다. [기본] 도구 상자에서 [보기]의 ⌄ → [문서 창] → [가로 눈금자]를 선택하여 설정하세요.

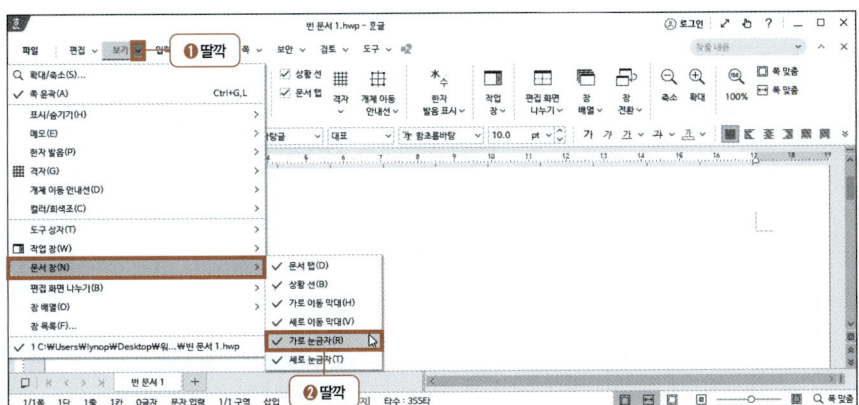

 전문가의 조언

지금 설정하고 있는 항목들은 대부분 흔글 2022의 기본값입니다. 하지만 시험장의 컴퓨터는 여러 사람이 사용하기 때문에 프로그램의 기본값이 변경되어 있을 수 있습니다. 반드시 확인하세요!

❺ **도구 상자** : 워드프로세서 실기 시험에서는 제한된 시간 30분 안에 지시사항대로 입력과 편집을 완성하려면 1분 1초가 소중합니다. 최대한 시간을 절약하기 위해서는 메뉴보다는 바로 가기 키 또는 도구 상자를 이용하는 것이 좋습니다. 도구 상자가 표시되어 있지 않다면 메뉴 모음의 오른쪽 빈 공간을 마우스 오른쪽 버튼으로 클릭한 후 바로 가기 메뉴에서 [기본]과 [서식]을 선택하여 도구 상자를 표시합니다.

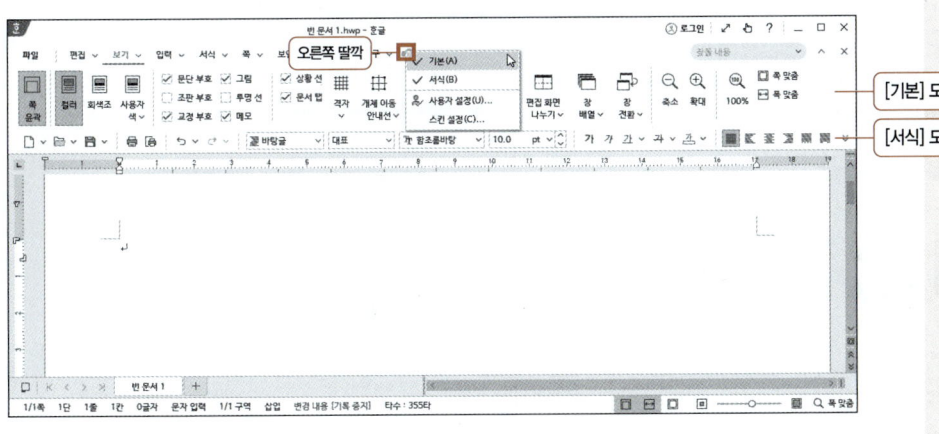

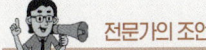 전문가의 조언

'기본' 도구 상자를 표시하는 다른 방법
메뉴 모음 오른쪽 끝의 '△(기본 도구 상자 접기/펴기)'를 클릭하거나 Ctrl + F1 을 누르면 됩니다.

전문가의 조언

[쪽 윤곽]은 화면의 하단 오른쪽의 '▦(보기 선택 아이콘)'을 클릭 → '▢(쪽 윤곽 아이콘)'을 클릭하여 지정할 수도 있습니다.

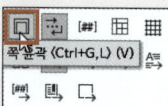

❻ **쪽 윤곽** : '쪽 윤곽' 보기를 선택해야 글상자나 머리말, 쪽 번호 등의 설정 여부를 확인할 수 있습니다. [기본] 도구 상자의 [보기] → [쪽 윤곽]을 클릭하여 '쪽 윤곽'을 선택된 상태로 만듭니다.

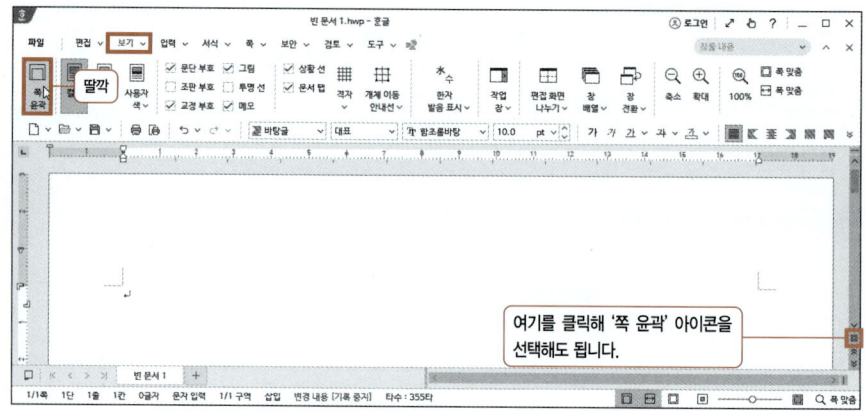

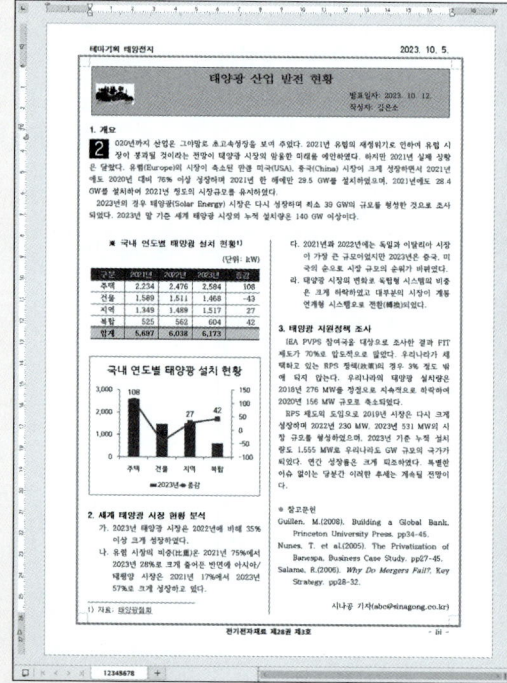

[쪽 윤곽]이 설정된 상태

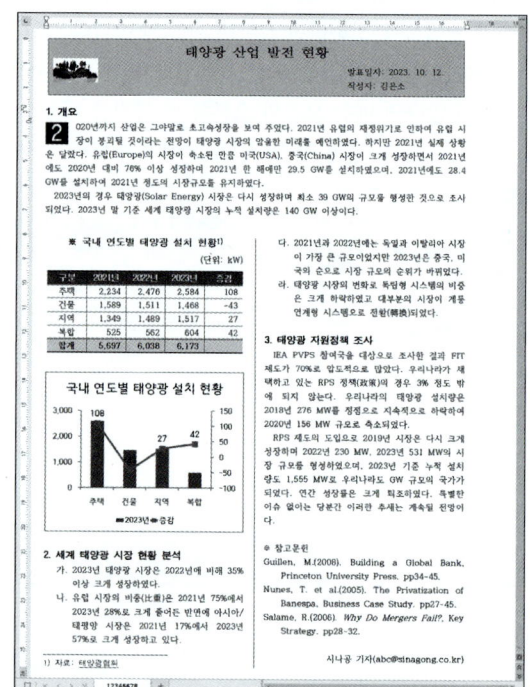

[쪽 윤곽]이 해제된 상태

자판 설정

한글에서 한/영이나 왼쪽 Shift + Spacebar를 눌러 글자판을 전환할 때 전환되는 자판을 설정하는 것입니다. 글자판이 다르게 설정되어 있으면 원하지 않는 엉뚱한 문자가 입력됩니다. [기본] 도구 상자의 [도구] → [글자판] → [글자판 바꾸기]를 선택하여 '한국어', '두벌식 표준'과 '영어', '쿼티'로 설정되어 있는지 확인하세요. 맞게 설정되어 있지 않다면 '한국어', '두벌식 표준'과 '영어', '쿼티'로 변경합니다.

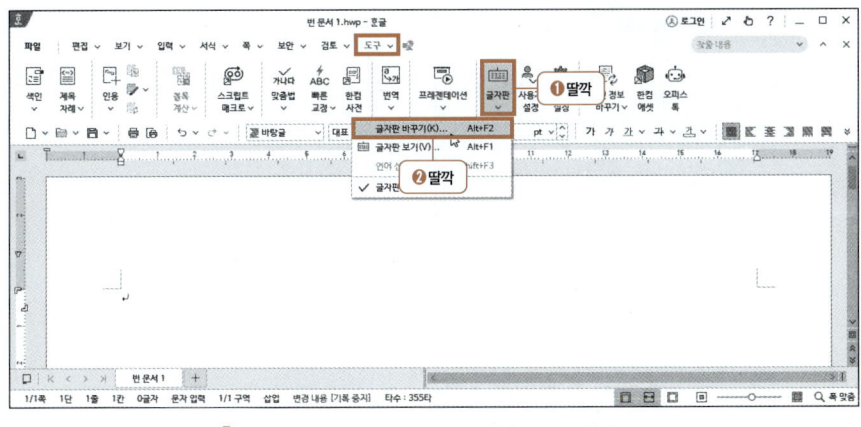

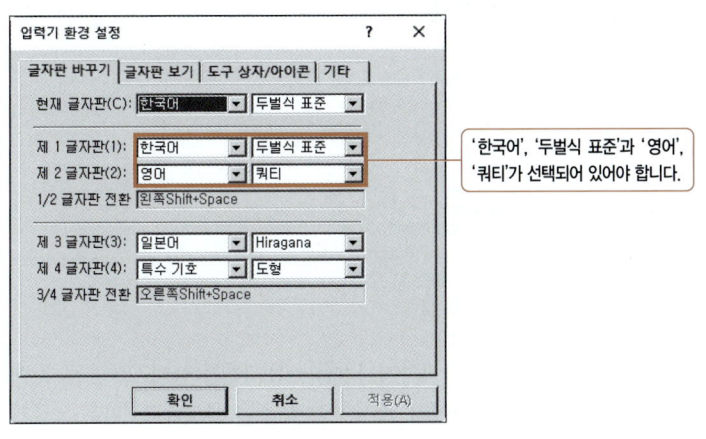

'한국어', '두벌식 표준'과 '영어', '쿼티'가 선택되어 있어야 합니다.

> **잠깐만요** 한글 두벌식 표시하기

❶ 한글 두벌식이 없을 경우 제 1글자판의 첫 번째 목록 단추에서 '한국어'를 선택하세요.

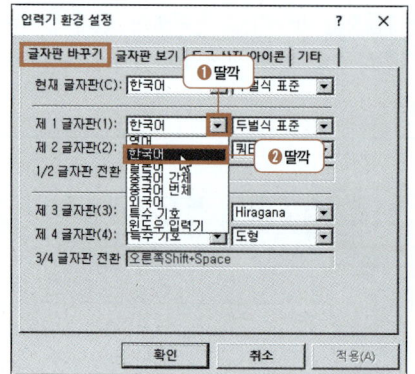

❷ 제 1글자판의 두 번째 목록 단추에서 '두벌식 표준'을 선택한 후 〈확인〉을 클릭하세요.

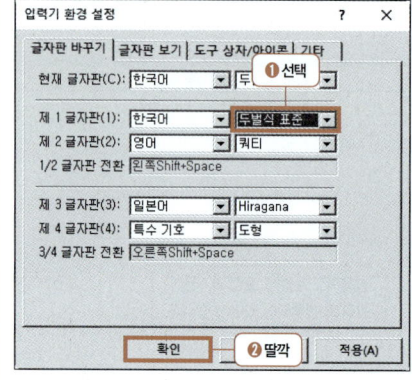

전문가의 조언

표 만들기에 관한 내용은 113쪽을 참조하세요.

표 만들기

[기본] 도구 상자의 [입력] → [⊞(표)]를 클릭하거나 Ctrl + N, T를 눌러 '표 만들기' 대화상자를 호출합니다. '표 만들기' 대화상자에서 '글자처럼 취급'을 체크하고, '마우스 끌기로 만들기'를 해제한 다음 〈만들기〉를 클릭하세요. '마우스 끌기로 만들기'를 해제해야 표를 만들 때 표의 가로 길이가 용지의 폭에(2단 문서이므로 단의 크기에) 맞게 만들어집니다. 지금 만들어진 표는 삭제하세요.

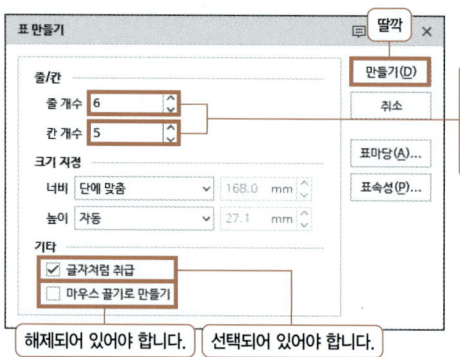

3 시험 준비 및 유의사항 확인

❶ 환경 설정을 위해 실행시켰던 흔글 2022 프로그램을 종료하고 기다리면, 화면에 '시험 준비 및 유의사항' 대화상자가 표시됩니다. 대화상자의 내용을 꼼꼼히 읽으면서 감독위원의 설명을 잘 들으세요.

 전문가의 조언

189~190쪽의 과정은 실제 시험장에서 감독위원의 지시하에 자동으로 이루어지는 과정입니다.

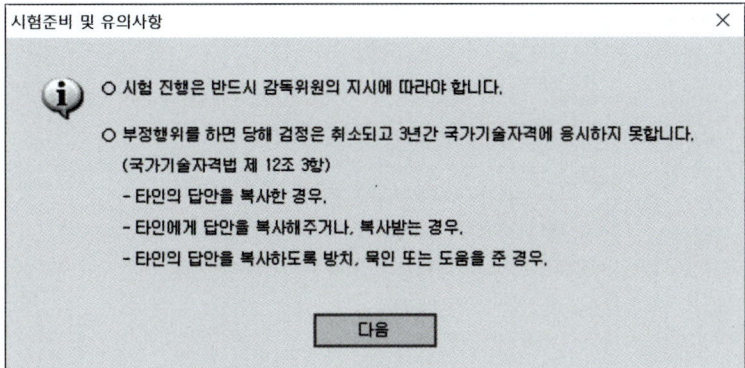

❷ 감독위원의 설명이 끝나면 인적사항 및 응시 프로그램 확인 대화상자가 표시됩니다. 이상 여부를 확인한 후 이상이 없으면 〈다음〉을 클릭하세요.

 전문가의 조언

실제 시험장에서는 인적사항이 자동으로 입력된 화면이 표시되지만 이 부분을 연습할 때는 수험생 여러분이 인적사항을 직접 입력해야 합니다.

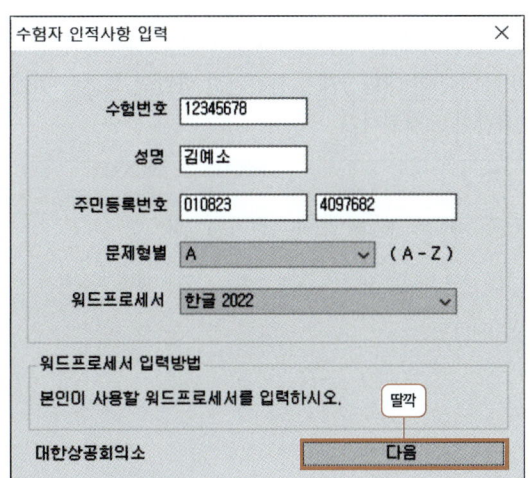

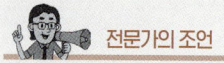

전문가의 조언

실제 시험장에서는 파일 이름이 'wp.hwpx'로 자동 생성됩니다.

❸ 화면에 '시험준비 및 유의사항' 대화상자가 표시됩니다. '시험준비 및 유의사항' 대화상자의 내용을 확인하는 동안 훈글 2022 프로그램이 자동으로 실행되면서 '수험번호(8자리).hwpx' 파일이 생성됩니다. 제목 표시줄에 표시된 파일 이름이 정확한지 확인하세요.

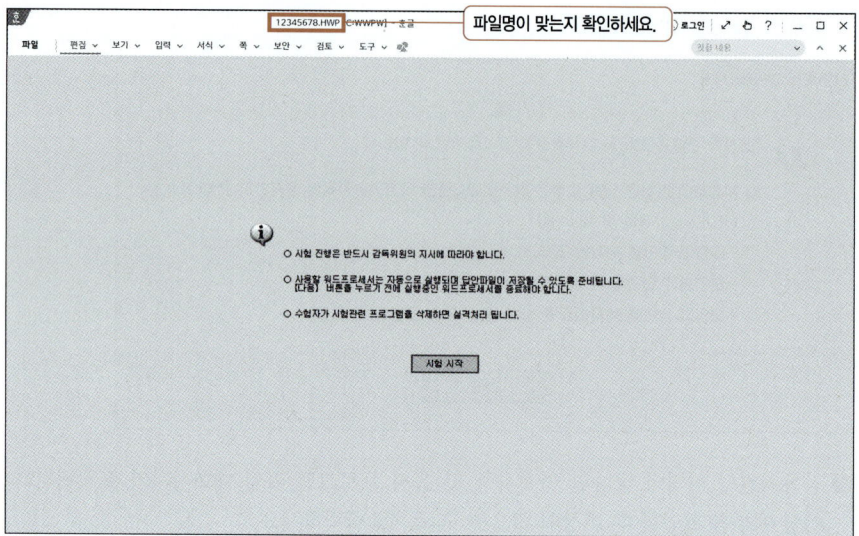

❹ 훈글 프로그램이 정상적으로 실행되었는지 확인되면 감독위원이 시험 시작을 알립니다. 그러면 화면에서 '시험준비 및 유의사항' 대화상자가 사라지고 화면의 오른쪽 위에 현재 수험자의 정보와 함께 남은 시간이 표시됩니다.

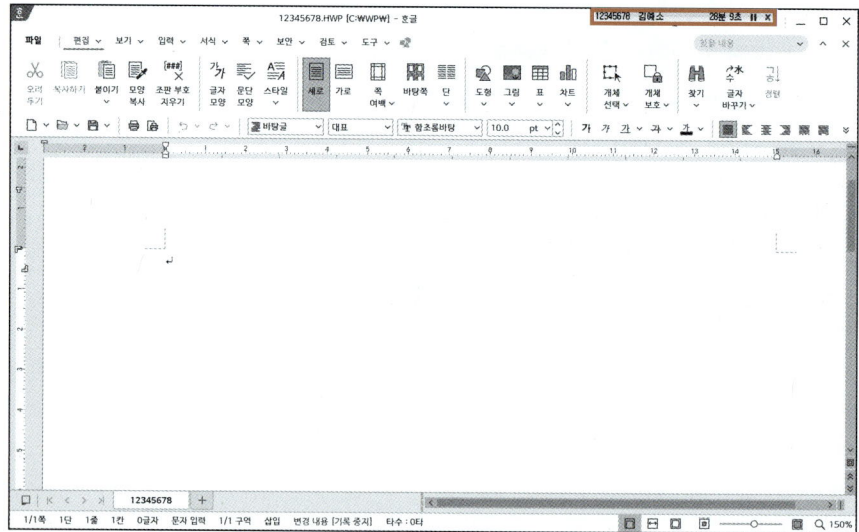

4 시험 시작(문제 확인)

지금 받은 문제는 문제의 전체 지시사항 1쪽, 문서 작성 세부 지시사항 1쪽, 완성할 문서 1쪽 이렇게 총 3쪽으로 구성되어 있습니다. 다음 문제는 대한상공회의소에서 새롭게 공지한 문제 유형들을 모두 분석하여 가능한 많은 기능을 포함하도록 재구성한 문제입니다. 하나하나 따라하면서 문제 작성 방법을 숙지하기 바랍니다. 책갈피, 글상자, 하이퍼링크 등이 문제에 포함되지 않았거나 상황에 따라 작성법을 달리 해야 하는 기능들은 별도로 연습할 수 있도록 섹션과 모의고사에 다양하게 수록했으니 참고하시면 됩니다. 입력과 편집 작업을 충분히 숙달한 수험생은 273쪽으로 이동하여 모의고사를 풀면서 실전 시험을 준비하세요.

문제 1쪽 : 표지 및 전체 지시사항

문제 1쪽에는 워드프로세서 실기 시험 전반에 관한 지시사항이 들어있습니다. 자세하게 읽어 평소 연습하던 내용과 다른 부분이 있는지 확인하세요.

국 가 기 술 자 격 검 정
워드프로세서 모의 문제

※ 무 단 전 재 금 함
(한글 2022)

과 목	제한시간
문서편집기능	30분

예시

〈 다음 쪽의 문서를 아래 지시사항에 따라 작성하시오 〉

- 작성된 답안의 파일은 지정된 경로 및 파일명을 변경하지 마시고 저장해야 합니다. 이를 준수하지 않으면 실격 처리됩니다.
- 편집 용지
  - 용지 종류는 A4 용지(210mm×297mm) 1매에 용지 방향을 세로로 설정하여 문서를 작성하시오.
  - 용지 여백은 왼쪽·오른쪽은 20mm, 위쪽·아래쪽은 10mm, 머리말·꼬리말은 10mm, 기타 여백은 0mm로 지정하시오.
- 문서의 본문은 2단일 경우는 2단으로 편집하고, 혼합단일 경우는 1단에서 2단으로 변하는 모양으로 편집하되, 단 간격은 8mm, 구분선은 실선 0.12mm로 설정하시오.
- 글자 모양
  - 글꼴은 별도의 지시가 없는 한 한글 2022의 기본값으로 작성하시오.
  - 영문, 숫자, 기호 등은 별도의 지시가 없는 한 자판에 있는 문자를 사용하시오.
  - 한자는 '한글2022'의 '한자 입력' 기능을 사용하시오.
- 문단 모양
  - 문장의 들여 쓰기(10pt), 정렬 방식, 여백 등은 문단 모양 기능을 이용하여 작성하시오.
  - 문단 모양은 별도의 지시가 없는 한 한글 2022의 기본값으로 작성하시오.
  - 사이 줄 띄우기는 각 1줄만, 사이 띄우기는 1칸만 띄우시오.
- 표에서 내용의 정렬 방법
  (제목 행과 '합계(평균)' 셀은 가운데 정렬, 나머지는 열 단위를 기준으로 아래와 같이 정렬)
  - 내용의 길이가 서로 다른 문자의 경우 왼쪽 정렬
  - 내용의 길이가 서로 다른 숫자의 경우 오른쪽 정렬
  - 내용의 길이가 서로 같을 경우 문자, 숫자 상관없이 가운데 정렬
- 차트에서 숫자 데이터의 천 단위 구분 쉼표는 기능을 사용하여 설정하시오.
- 색상은 '기본'과 '오피스' 테마가 포함된 색상 팔레트를 사용하시오.
- 각 항목은 별도의 지시가 없는 한 주어진 문서에 기준하여 작성하시오.
- 각 항목은 별도의 지시가 없는 한 기본 설정값으로 처리하시오.
- 문제에 제시된 지시사항은 작성하지 않음

대 한 상 공 회 의 소

(좌측 주석)

- 내용이 한 페이지를 넘기면 감점됩니다. 문서의 끝에 문단 부호가 있는지 확인하세요.
- 이 글을 읽는 순간 [F7]을 눌러 용지 설정부터 하세요.
- '전각 기호'로 지시된 문자를 제외하고는 모두 키보드에 있는 문자를 입력하세요.
- 들여쓰기는 반드시 들여쓰기 기능([Alt]+[T] → [Alt]+[A] → [Enter])을 이용하세요. [Spacebar]를 이용할 경우 감점됩니다.

문제 2쪽 : 문서 작성 세부 지시사항

문제 2쪽에는 문서 작성에 적용할 세부 지시사항이 표시되어 있습니다. 하나도 빼놓지 말고 정확하게 수행하세요.

다음 쪽의 문서를 아래의 〈세부 지시사항〉에 따라 작성하시오.

1. 다단 설정
   - 모양 : 둘, 구분선 : 구분선 넣기, 적용 범위 : 새 다단으로
2. 쪽 테두리
   - 선의 종류 및 굵기 : 이중 실선 0.5mm, 모두
   - 위치 : 쪽 기준, 왼쪽·오른쪽·위쪽·아래쪽 모두 5mm
3. 글상자
   - 크기 : 너비 168mm, 높이 23mm, 크기 고정
   - 위치 : 본문과의 배치 – 자리 차지, 가로 – 종이의 가운데 0mm, 세로 – 종이의 위 20mm
   - 바깥 여백 : 아래쪽 5mm
   - 선 속성 : 검정(RGB : 0,0,0), 실선 0.2mm   - 색 채우기 : 빨강(RGB : 255,0,0) 80% 밝게
4. 제목(1) – 휴먼명조, 15pt, 장평(110%), 자간(-4%), 진하게, 하늘색(RBG : 97,130,214) 50% 어둡게, 가운데 정렬
   제목(2) – 여백 : 왼쪽(340pt)
5. 누름틀 – 입력할 내용의 안내문 : '0000. 00. 00.', 입력 데이터 : '2023. 10. 12.'
6. 그림
   - 경로 : C:\WP\풍경.bmp, 문서에 포함   - 크기 : 너비 18mm, 높이 10mm
   - 위치 : 본문과의 배치 – 글 앞으로, 가로 – 종이의 왼쪽 23mm, 세로 – 종이의 위 28mm
7. 스타일(2개소 수정, 3개소 등록)
   - 개요 1(수정) : 여백 – 왼쪽(0pt), 11pt, 휴먼고딕, 진하게
   - 개요 2(수정) : 여백 – 왼쪽(15pt)
   - 표제목(등록) : 스타일 이름 – 표제목, 스타일 종류 – 문단, 가운데 정렬, 11pt, 돋움체, 진하게
   - 참고문헌 1(등록) : 스타일 이름 – 참고문헌 1, 스타일 종류 – 문단, 내어쓰기(20pt)
   - 참고문헌 2(등록) : 스타일 이름 – 참고문헌 2, 스타일 종류 – 글자, 기울임
8. 문단 첫 글자 장식
   - 모양 : 2줄, 글꼴 : 휴먼고딕, 면 색 : 남색(RGB : 51,51,153), 본문과의 간격 : 3mm
   - 글자색 : 하양(RGB : 255,255,255)
9. 각주 – 글자 모양 : 돋움체, 번호 모양 : 아라비아 숫자
10. 하이퍼링크
    - '태양광협회'에 하이퍼링크 설정   - 연결 대상 : '웹 주소', 'http://www.kopia.asia'
11. 표
    - 크기 : 너비 78mm ~ 80mm, 높이 33mm ~ 34mm   - 위치 : 글자처럼 취급
    - 전체 행 : 셀 높이를 같게   - 모든 셀의 안 여백 : 왼쪽·오른쪽 2mm
    - 테두리 : 표 안쪽은 실선(0.12mm), 표 바깥의 위쪽과 아래쪽은 실선(0.4mm),
              표 바깥의 왼쪽과 오른쪽은 선 없음, 제목 행 아래쪽과 합계 행 위쪽은 이중 실선(0.5mm)
    - 제목 행 : 셀 배경색 – 초록(RGB : 0,128,0), 글자 모양 – 굴림체, 진하게, 하양(RGB : 255,255,255)
    - 합계 행 : 셀 배경색 – 탁한 황갈(RGB : 131,77,0) 80% 밝게, 글자 모양 – 진하게
    - 문단의 정렬 방식 : 가운데 정렬
12. 블록 계산식 – 표의 합계 행에 블록 계산식을 이용하여 블록 합계 산출
13. 캡션 – 표 위에 삽입 후 오른쪽 정렬
14. 차트
    - 차트의 모양 : 이중 축 혼합형(묶은 세로 막대형, 표식이 있는 꺾은선형)
    - 차트의 크기 : 너비 80mm, 높이 65mm, 크기 고정
    - 위치 : 본문과의 배치 – 자리 차지, 가로 – 단의 가운데 0mm, 세로 – 문단의 위 0mm
    - 바깥 여백 : 위쪽 5mm, 아래쪽 8mm
    - 항목 축, 값 축, 보조 값 축, 범례 등의 글자 모양 : 9pt
    - 차트 계열색 바꾸기 : 색상 조합(색4)
    - 범례 위치 변경, 보조 축 지정, 데이터 레이블 표시, 레이블 위치(위쪽), 눈금선 제거
    - 표의 아래 단락에 배치
15. 쪽 번호 – 번호 위치 : 오른쪽 아래, 번호 모양 : 로마자 소문자, 줄표 넣기 선택, 시작 번호 지정
16. 머리말
    - 제목 : 휴먼고딕, 10pt, 진하게, 초록(RGB : 40,155,110) 50% 어둡게
    - 날짜 : 탭 종류(오른쪽), 탭 위치(16.9cm)
17. 꼬리말 – 맑은 고딕, 진하게, 남색(RBG : 58,60,132) 25% 어둡게, 가운데 정렬

문제 3쪽 : 완성할 문서

문제 3쪽은 완성해야 할 문서로서 지시사항을 적용할 번호가 표시되어 있습니다.
문제 2쪽의 세부 지시사항을 해당 번호에 맞게 적용하여 편집하면 됩니다.

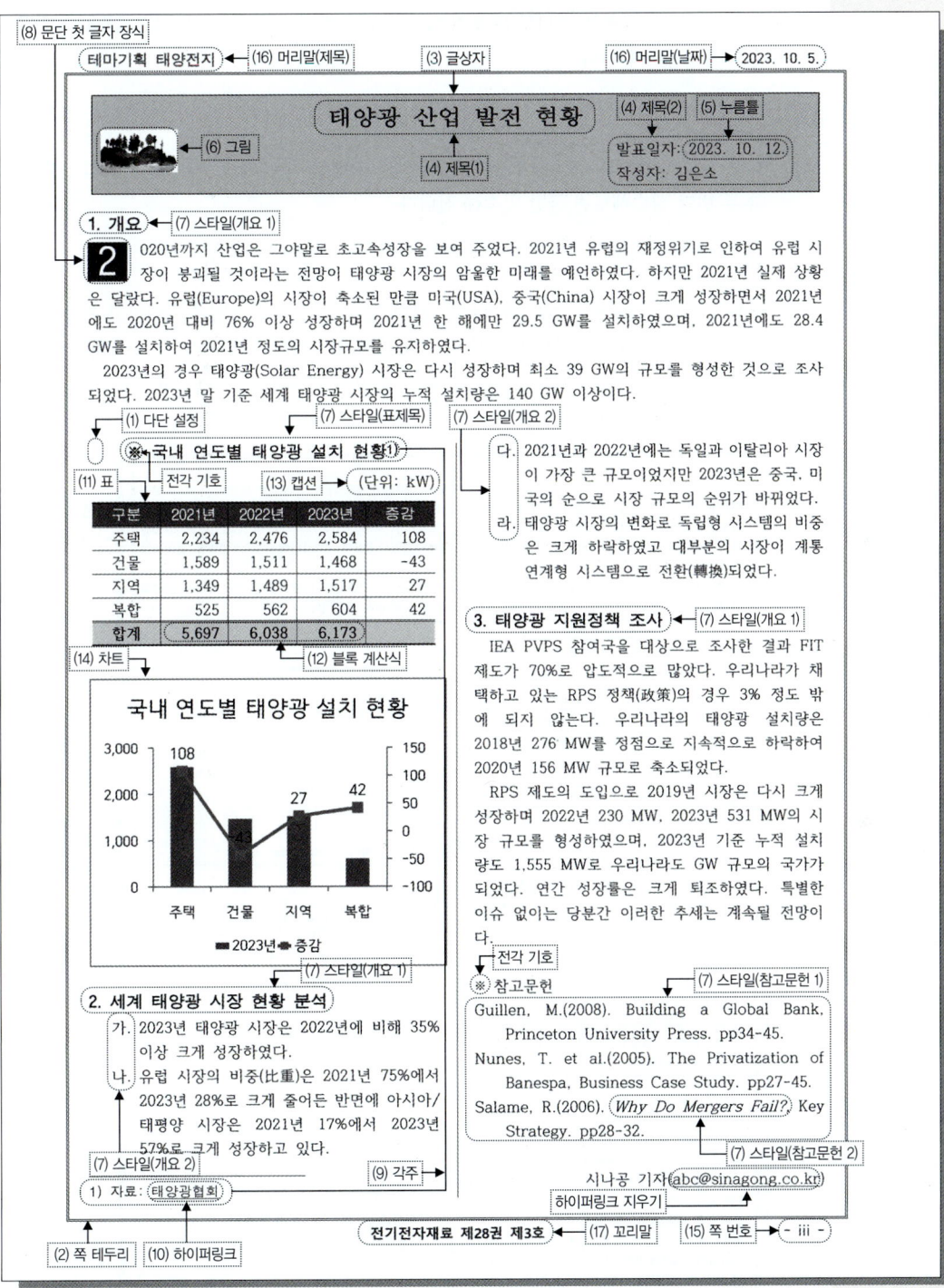

5 워드프로세서 실기 시험 작업 순서

워드프로세서 실기 시험은 시험 시간에 비해 작업할 분량이 많습니다. 제한된 시험 시간 30분안에 지시사항을 하나도 빼놓지 않고 오타없이 완벽하게 작성하려면 효율적인 작업 순서를 정해야 합니다.

1. 기본 작업
용지, 글꼴 모양 및 크기 등 기본적인 작업을 수행합니다. 매번 거의 같은 작업을 하므로 한 두 번만 실습해보면 금방 익숙해 집니다.

2. 내용 입력
내용을 입력할 때는 글상자, 들여쓰기, 문단 정렬 등의 편집 작업은 제외하고 문제의 내용만 가능한 빠르고 정확하게 입력하세요. 표도 마찬가지로 표를 만든 후 내용과 캡션만 입력합니다. 내용 입력 및 다단 설정에 대한 설명은 지면 관계상 다음과 같이 세 부분으로 나눠서 설명하겠습니다.

 전문가의 조언

다단 설정은 세부 지시사항에 포함되어 있기 때문에 내용을 모두 입력하고 표를 만든 후 세부 지시사항 편집 작업 시 설정해도 되지만 다단을 설정한 후 표를 만들면 표의 너비가 세부 지시사항에 제시된 78mm~80mm 사이로 만들어지므로 내용 입력 시 설정하는 것이 좋습니다.

A 부분 : 본문 1
글상자, 스타일, 들여쓰기 등을 수행하지 않습니다.

B 부분 : 다단, 표
다단을 설정하고, 표를 만든 후 내용과 캡션만 정확하게 입력합니다. 정렬이나 블록 계산식은 나중에 작업합니다.

C 부분 : 본문 2-1
스타일을 수행하지 않습니다.

C 부분 : 본문 2-3
스타일, 정렬 등을 수행하지 않습니다.

C 부분 : 본문 2-2
스타일, 들여쓰기 등을 수행하지 않습니다.

개요
2020년까지 산업은 그야말로 초고속성장을 보여 주었다. 2021년 유럽의 재정위기로 인하여 유럽 시장이 붕괴될 것이라는 전망이 태양광 시장의 암울한 미래를 예언하였다. 하지만 2021년 실제 상황은 달랐다. 유럽(Europe)의 시장이 축소된 만큼 미국(USA), 중국(China) 시장이 크게 성장하면서 2021년에도 2020년 대비 76% 이상 성장하여 2021년 한 해에만 29.5 GW를 설치하였으며, 2021년에도 28.4 GW를 설치하여 2021년 정도의 시장규모를 유지하였다.
2023년의 경우 태양광(Solar Energy) 시장은 다시 성장하며 최소 39 GW의 규모를 형성한 것으로 조사되었다. 2023년 말 기준 세계 태양광 시장의 누적 설치량은 140 GW 이상이다.

※ 국내 연도별 태양광 설치 현황

구분	2021년	2022년	2023년	증감
주택	2,234	2,476	2,584	108
건물	1,589	1,511	1,468	-43
지역	1,349	1,489	1,517	27
복합	525	562	604	42
합계				

(단위: kW)

세계 태양광 시장 현황 분석
2023년 태양광 시장은 2022년에 비해 35% 이상 크게 성장하였다.
유럽 시장의 비중(比重)은 2021년 75%에서 2023년 28%로 크게 줄어든 반면에 아시아/태평양 시장은 2021년 17%에서 2023년 57%로 크게 성장하고 있다.
2021년과 2022년에는 독일과 이탈리아 시장이 가장 큰 규모이었지만 2023년은 중국, 미국의 순으로 시장 규모의 순위가 바뀌었다.
태양광 시장의 변화로 독립형 시스템의 비중은 크게 하락하였고 대부분의 시장이 계통 연계형 시스템으로 전환(轉換)되었다.

태양광 지원정책 조사
IEA PVPS 참여국을 대상으로 조사한 결과 FIT 제도가 70%로 압도적으로 많았다. 우리나라가 채택하고 있는 RPS 정책(政策)의 경우 3% 정도 밖에 되지 않는다. 우리나라의 태양광 설치량은 2018년 276 MW를 정점으로 지속적으로 하락하여 2020년 156 MW 규모로 축소되었다.
RPS 제도의 도입으로 2019년 시장은 다시 크게 성장하며 2022년 230 MW, 2023년 531 MW의 시장 규모를 형성하였으며, 2023년 기준 누적 설치량도 1,555 MW로 우리나라도 GW 규모의 국가가 되었다. 연간 성장률은 크게 퇴조하였다. 특별한 이슈 없이 당분간 이러한 추세는 계속될 전망이

다.

※ 참고문헌
Guillen, M.(2008). Building a Global Bank, Princeton University Press. pp34-45.
Nunes, T. et al.(2005). The Privatization of Banespa, Business Case Study. pp27-45.
Salame, R.(2006). Why Do Mergers Fail?, Key Strategy. pp28-32.

시나공 기자(abc@sinagong.co.kr)

3. 들여쓰기, 정렬하기

입력을 모두 마쳤으면 입력한 내용을 확인하면서 들여쓰기, 문단 정렬 등의 작업을 수행합니다. 입력과 동시에 들여쓰기, 문단 정렬 등의 작업을 수행하면 같은 작업을 몇 번 더 반복하거나 작업 요소를 누락하는 일이 발생합니다. 제한된 시간 30분안에 지시사항대로 입력과 편집을 완료하려면 1분 1초가 소중합니다. 최대한 시간을 절약할 수 있는 방법으로 작업해야 합니다.

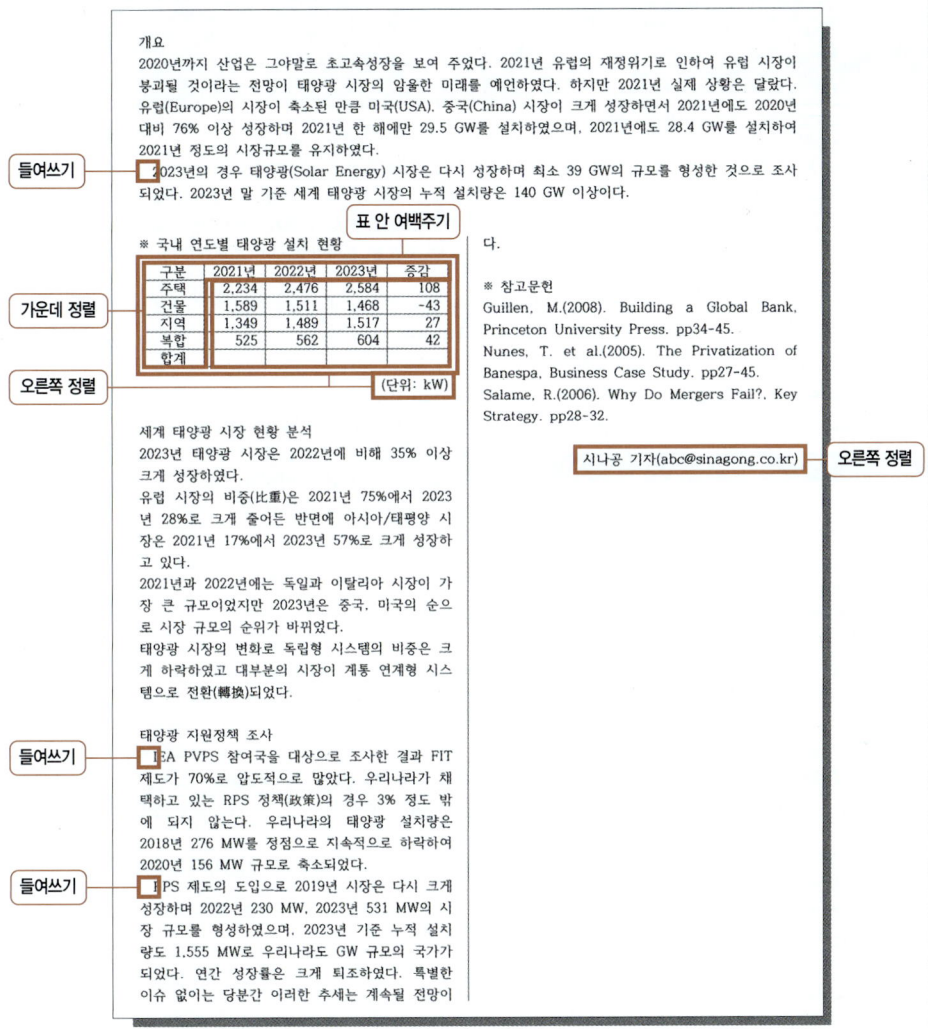

4. 편집 지시사항 수행

편집과 관련된 지시사항은 세부 지시사항의 순서보다 완성된 문서에 표시된 지시사항 순서대로 수행하는 것이 작업 속도나 정확성 면에서 효율적입니다. 완성할 문서에 표시된 지시사항을 문제 2쪽에 표시된 세부 지시사항에 체크하면서 꼼꼼히 수행하세요.

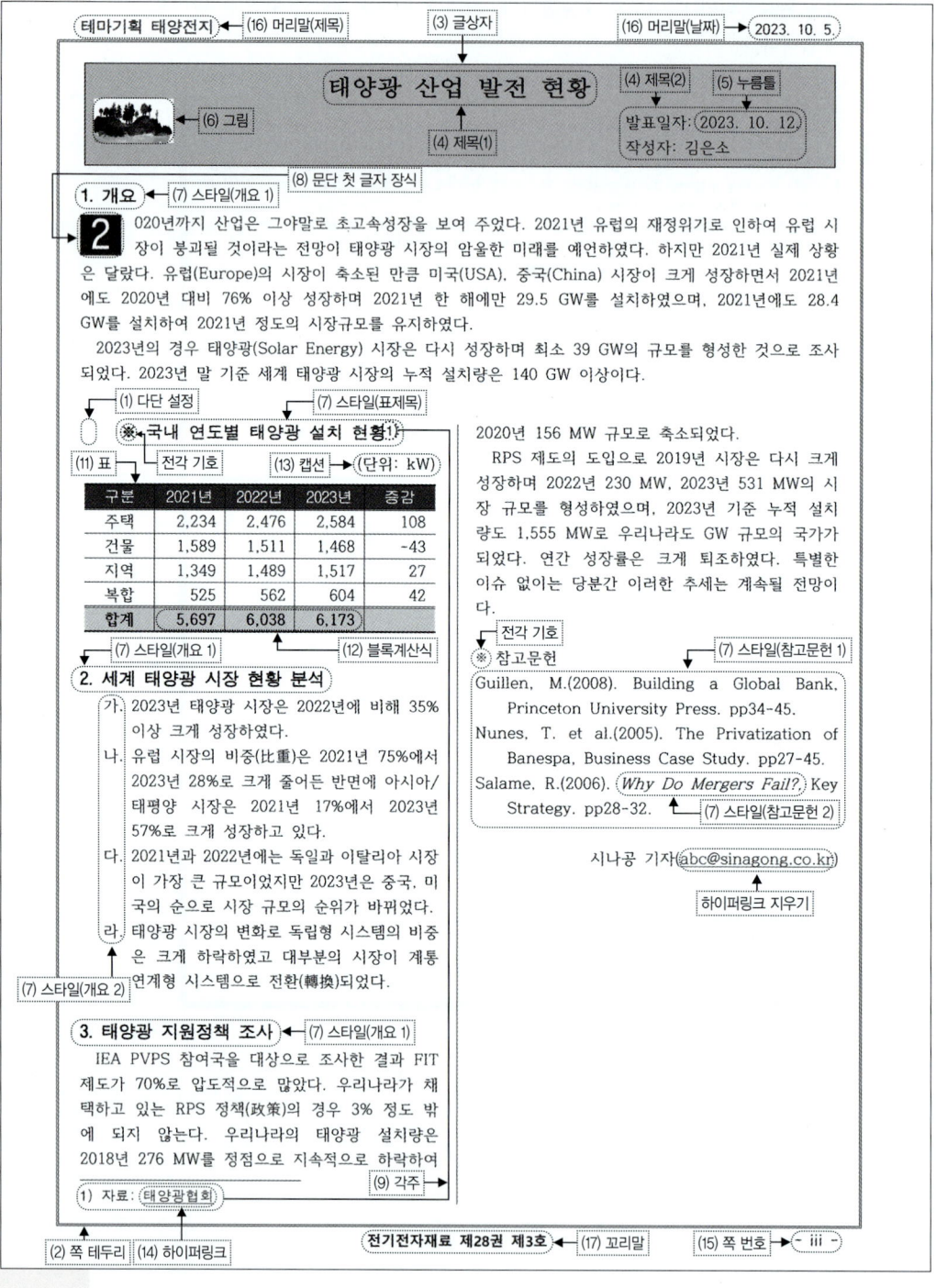

5. 차트 작성

차트는 모든 작업을 마친 다음 작업한 내용을 저장하고 나서 마지막으로 작성하는 것이 바람직합니다. 한글 2022에서 가장 오류가 많이 나고 원하는 대로 조정이 안 되는 부분이 차트이기 때문입니다. 문제 입력이나 편집 도중 차트에 오류가 발생하면 시험에 치명적인 영향을 미칠 수 있습니다.

테마기획 태양전지   2023. 10. 5.

태양광 산업 발전 현황

발표일자: 2023. 10. 12.
작성자: 김은소

1. 개요

2020년까지 산업은 그야말로 초고속성장을 보여 주었다. 2021년 유럽의 재정위기로 인하여 유럽 시장이 붕괴될 것이라는 전망이 태양광 시장의 암울한 미래를 예언하였다. 하지만 2021년 실제 상황은 달랐다. 유럽(Europe)의 시장이 축소된 만큼 미국(USA), 중국(China) 시장이 크게 성장하면서 2021년에도 2020년 대비 76% 이상 성장하며 2021년 한 해에만 29.5 GW를 설치하였으며, 2021년에도 28.4 GW를 설치하여 2021년 정도의 시장규모를 유지하였다.

2023년의 경우 태양광(Solar Energy) 시장은 다시 성장하며 최소 39 GW의 규모를 형성한 것으로 조사되었다. 2023년 말 기준 세계 태양광 시장의 누적 설치량은 140 GW 이상이다.

※ 국내 연도별 태양광 설치 현황[1]

(단위: kW)

구분	2021년	2022년	2023년	증감
주택	2,234	2,476	2,584	108
건물	1,589	1,511	1,468	-43
지역	1,349	1,489	1,517	27
복합	525	562	604	42
합계	5,697	6,038	6,173	

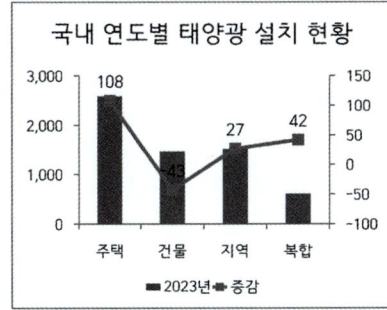

2. 세계 태양광 시장 현황 분석

가. 2023년 태양광 시장은 2022년에 비해 35% 이상 크게 성장하였다.
나. 유럽 시장의 비중(比重)은 2021년 75%에서 2023년 28%로 크게 줄어든 반면에 아시아/태평양 시장은 2021년 17%에서 2023년 57%로 크게 성장하고 있다.

다. 2021년과 2022년에는 독일과 이탈리아 시장이 가장 큰 규모이었지만 2023년은 중국, 미국의 순으로 시장 규모의 순위가 바뀌었다.
라. 태양광 시장의 변화로 독립형 시스템의 비중은 크게 하락하였고 대부분의 시장이 계통연계형 시스템으로 전환(轉換)되었다.

3. 태양광 지원정책 조사

IEA PVPS 참여국을 대상으로 조사한 결과 FIT 제도가 70%로 압도적으로 많았다. 우리나라가 채택하고 있는 RPS 정책(政策)의 경우 3% 정도 밖에 되지 않는다. 우리나라의 태양광 설치량은 2018년 276 MW를 정점으로 지속적으로 하락하여 2020년 156 MW 규모로 축소되었다.

RPS 제도의 도입으로 2019년 시장은 다시 크게 성장하며 2022년 230 MW, 2023년 531 MW의 시장 규모를 형성하였으며, 2023년 기준 누적 설치량도 1,555 MW로 우리나라도 GW 규모의 국가가 되었다. 연간 성장률은 크게 퇴조하였다. 특별한 이슈 없이는 당분간 이러한 추세는 계속될 전망이다.

※ 참고문헌
Guillen, M.(2008). Building a Global Bank, Princeton University Press. pp34-45.
Nunes, T. et al.(2005). The Privatization of Banespa, Business Case Study. pp27-45.
Salame, R.(2006). *Why Do Mergers Fail?*, Key Strategy. pp28-32.

시나공 기자(abc@sinagong.co.kr)

[1] 자료: 태양광협회

6 문서 작성 시작

> **전문가의 조언**
>
> 환경 설정(182~188쪽)은 흔글 프로그램에서 공통으로 사용되는 사항이므로 시험 시작 전에 미리 설정하지만, 용지 설정은 각 파일마다 따로 설정해야 하는 사항이므로 인적 사항을 입력하고 12345678.hwpx 파일이 불려진 후 설정해야 합니다.

> **전문가의 조언**
>
> **키보드를 이용하여 용지 설정하기**
> 마우스를 클릭하여 대화상자의 항목을 이동한 후 값을 입력하려면 이미 입력되어 있는 기본값을 지우고 입력해야 하지만, 키보드의 Tab 을 눌러 항목을 이동하면 지울 필요 없이 바로 입력할 수 있습니다.
>
> F7 → Alt + T → 10 → Tab →
> 10 → Tab → 20 → Tab → Tab →
> 20 → Tab → 10 → Tab → 10 → Enter

기본 작업

용지 설정

[기본] 도구 상자의 [쪽] → [편집 용지]를 클릭한 후 '편집 용지' 대화상자에서 문제지의 지시사항대로 용지의 종류와 여백을 다음 그림과 같이 지정한 후 〈설정〉을 클릭하세요(바로 가기 키 : F7).

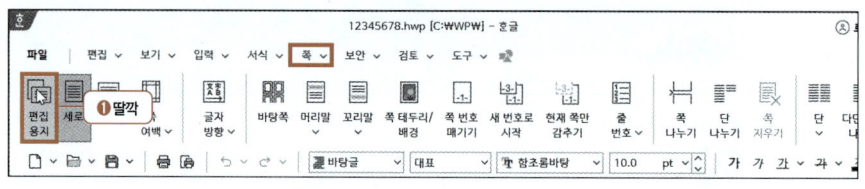

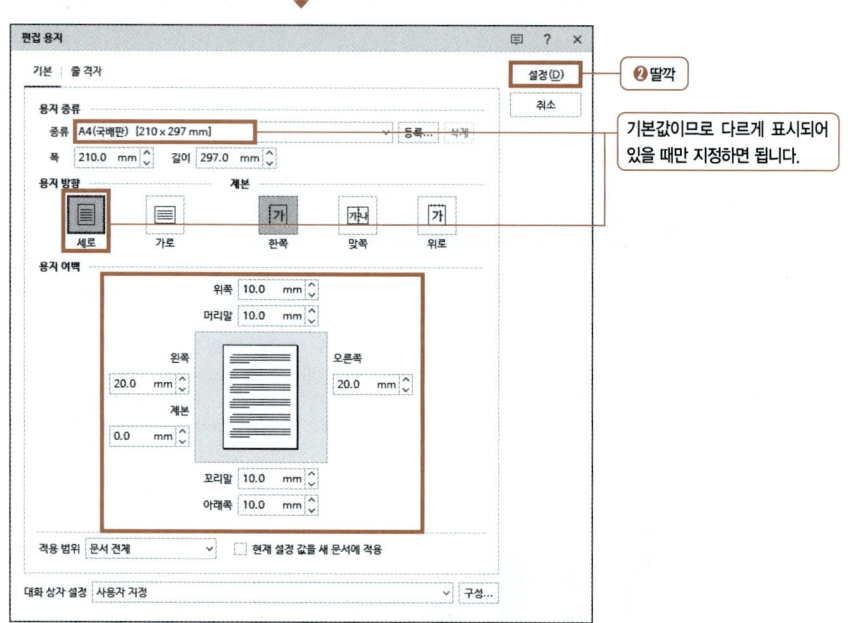

글자 모양/크기 설정

흔글 2022의 기본 글자 모양은 함초롬바탕, 크기는 10, 행간은 160%입니다. 다른 경우에만 기본값으로 수정하세요.

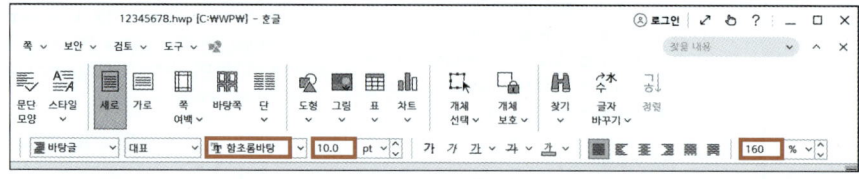

내용 입력

A 부분 : 본문 1 입력

문제지에 표시한 A 부분을 다음 그림과 같은 모양이 되도록 입력하세요.

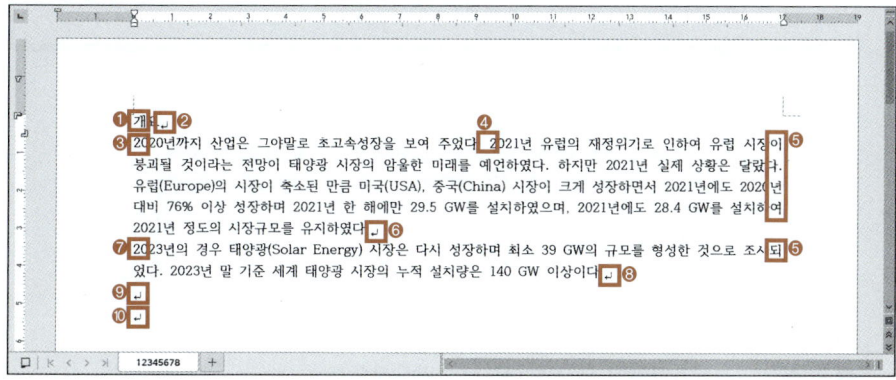

 전문가의 조언

문제가 다음 그림과 같이 전체 2단으로 구성된 문서는 지시사항대로 먼저 다단을 설정하고 내용을 입력해야 합니다. 이 경우 다단 설정에 대한 지시사항은 보통 문제 1쪽의 전체 지시사항에 있습니다. 다단 설정에 관한 내용은 Section 02 다단 설정을 참조하세요.

❶ 스타일을 지정하지 말고, 내용을 입력하세요.
❷ 제목을 입력하고 Enter를 한 번 눌러 다음 줄에서 새롭게 입력하세요.
❸ 문단 첫 글자 장식을 지정하지 말고, 내용을 입력하세요.
❹ 마침표(.)나 쉼표(,) 뒤에는 Spacebar를 한 번 눌러 한 칸을 띄우세요. 문제지의 내용이 두 칸 이상 띄어진 것처럼 보여도 한 칸만 띄어야 합니다.
❺ 문장을 계속 입력하여 내용이 문단의 오른쪽 끝까지 꽉 차면 자동으로 다음 줄에 입력되므로 Enter를 누르지 말고 계속 입력하세요.
❻ 문장을 입력하고 Enter를 한 번 눌러 다음 줄에서 새롭게 입력하세요.
❼ 처음 위치에서 들여쓰기를 하지 말고, 내용을 입력하세요. 들여쓰기는 모든 내용을 입력한 후 Alt + T → Alt + A → Enter를 눌러 수행하세요.
❽ Enter를 두 번 눌러 다음 문단과의 사이를 한 줄 띄우세요.
❾ 띄우지 않거나 두 줄 이상 띄우면 감점됩니다.
❿의 위치에서부터 다음 내용(B 부분)을 입력합니다.

B 부분 : 다단 설정 및 표 작성

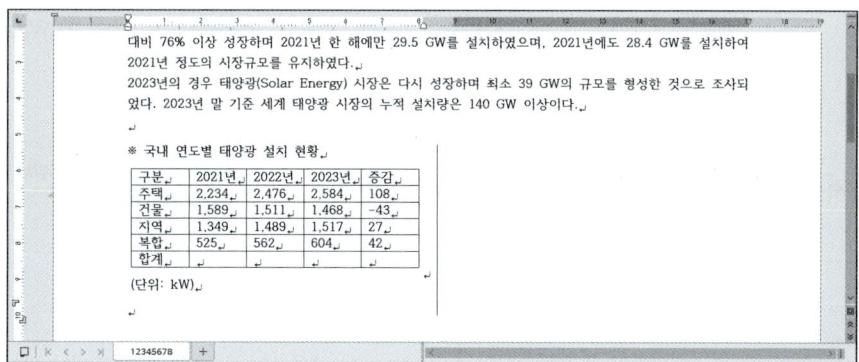

1. 다단 설정

[세부 지시사항]

> 1. 다단 설정
>   - 모양 : 둘, 구분선 : 구분선 넣기, 적용 범위 : 새 다단으로

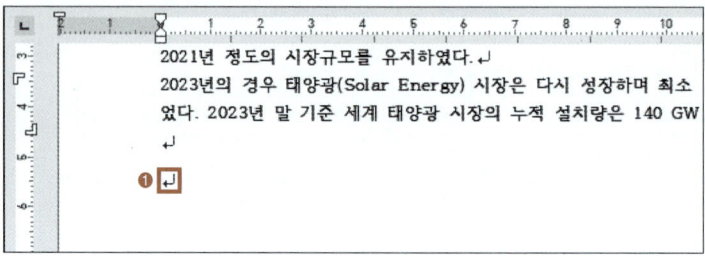

❶ [기본] 도구 상자의 [쪽] → [▦(단)]을 클릭하세요.
❷ '단 설정' 대화상자에서 문제지에 주어진 지시사항대로 단 개수, 구분선, 너비 및 간격, 적용 범위를 다음 그림과 같이 지정한 후 〈설정〉을 클릭하세요.

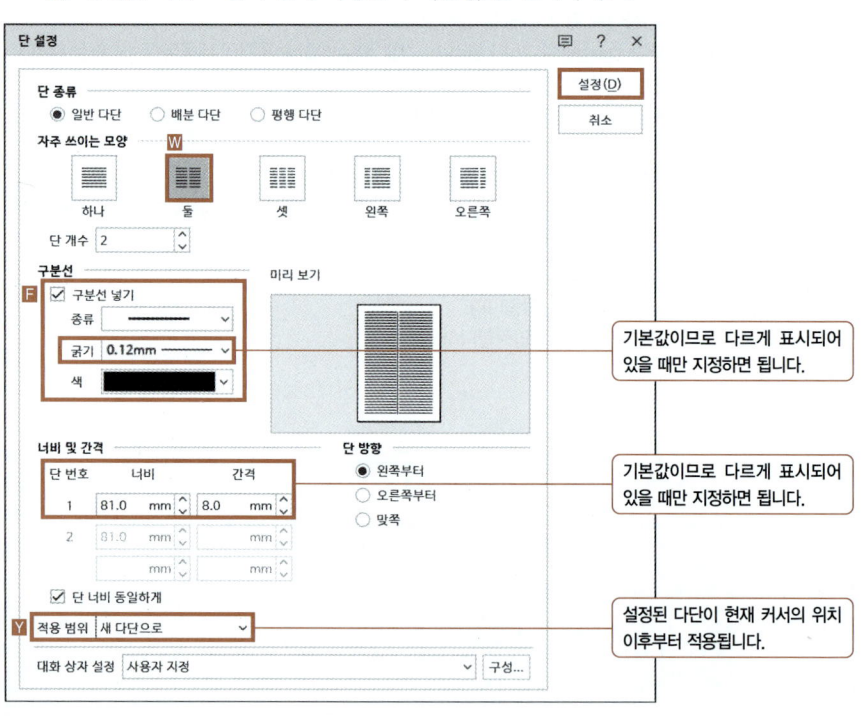

전문가의 조언

키보드로 다단 설정하기
Alt → W → U → E →
Alt + W → Alt + F → Alt + Y
→ End → Enter → Enter 를 누릅니다.

전문가의 조언

다단 설정 적용 범위
- 문서 전체 : 문서 전체에 동일한 다단을 적용함
- 새 쪽으로 : 커서 위치에서 쪽을 나누어 새 페이지에 새로운 다단을 설정함
- 새 다단으로 : 커서 위치 이후부터 새로운 다단을 설정함

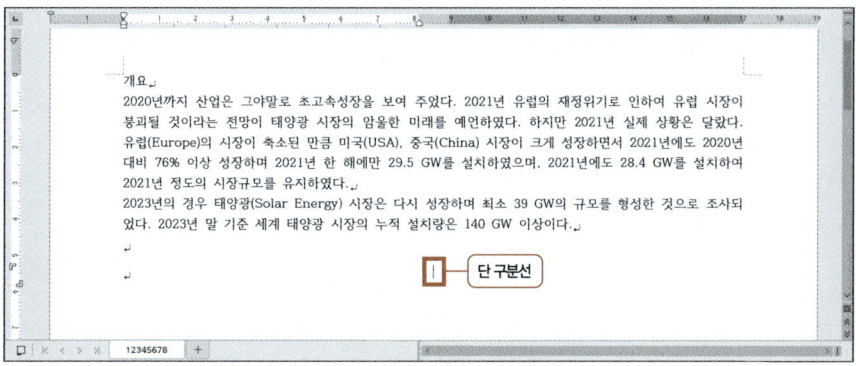

2. 제목 입력

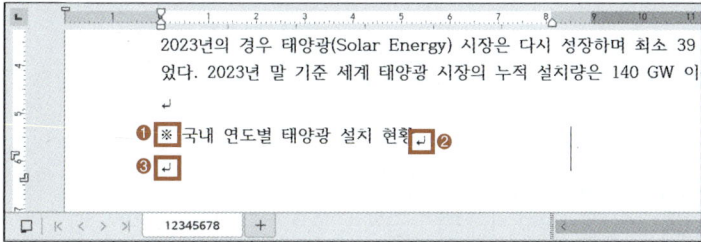

❶ 전각 기호는 키보드로 입력하면 안 됩니다. Ctrl + F10 을 누른 다음 '문자표' 대화상자에서 선택하세요.
❷ 입력한 후 Enter 를 한 번 누르세요.
❸번 위치에서 다음 작업을 수행하세요.

3. 표 만들기

6행 5열의 표를 만들기 위해 Ctrl + N, T → 6 → Tab → 5 → Alt + T → Enter 를 차례로 누르세요([기본] 도구 상자 : [입력] → [▦](표)]).

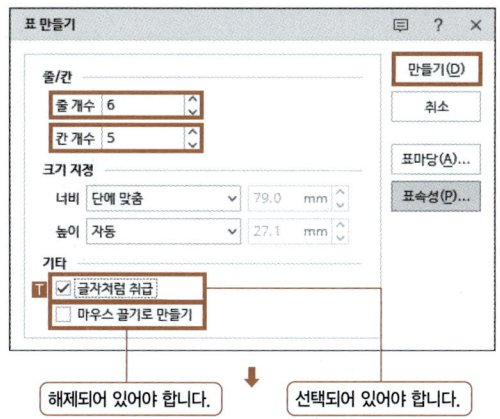

전각 기호(※) 입력 방법

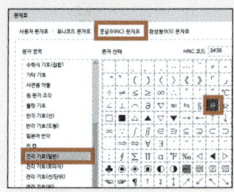

전문가의 조언

Ctrl + N, T → 6 → Tab → 5 → Alt + T → Enter
'표 만들기' 대화상자를 호출 Ctrl + N, T 한 다음 줄 수를 6, 칸 수를 5로 지정한 후 '글자처럼 취급'을 선택 Alt + T 하고, '표 만들기' 대화상자를 종료 Enter 합니다.
'글자처럼 취급'을 선택하여 표를 만들면 이후에는 '표 만들기' 대화상자를 호출할 때마다 '글자처럼 취급'이 선택되어 있습니다.
※ 바로 가기 키가 숙달되면 마우스를 이용하는 것보다 훨씬 빠르게 작업할 수 있습니다.

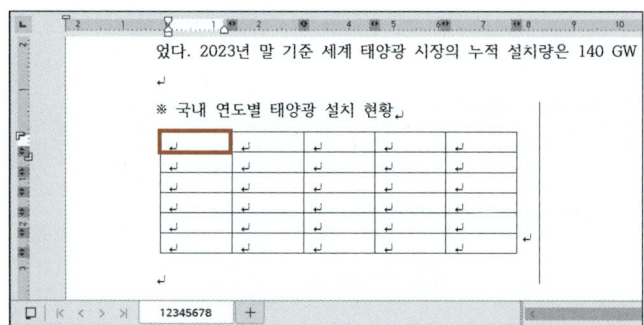

4. 표에 내용 입력하기

화살표 방향으로 내용을 입력하는 것이 빠릅니다. 내용을 입력할 때는 정렬에 관계없이 모두 왼쪽에 붙여 입력하세요.

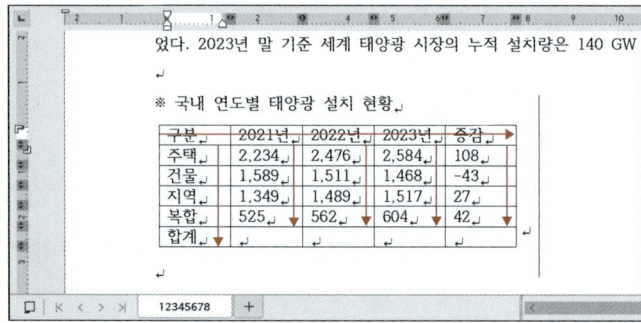

5. 표에 캡션 입력하기

❶ 표에 캡션을 입력할 차례입니다. 표 안에 커서가 있는 상태에서 캡션 입력 바로 가기 키 Ctrl + N, C 를 누르세요. 자동으로 캡션 입력란에 **표 1**이 입력되어 표시됩니다([기본] 도구 상자 : [▦∨(표 레이아웃)] → [▤(캡션)]).

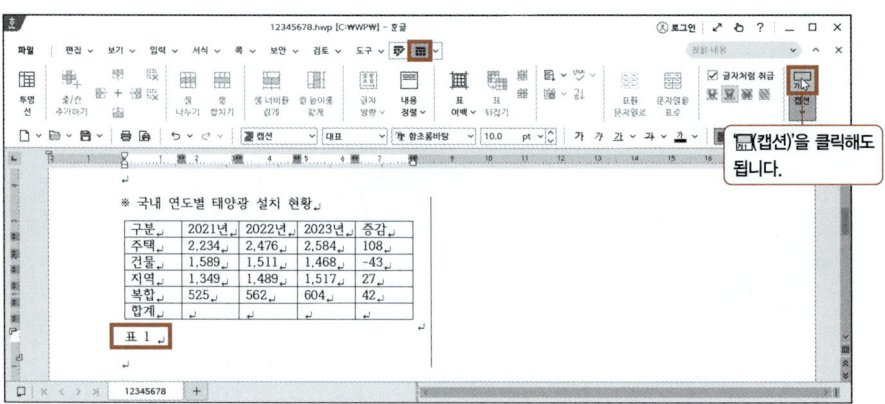

전문가의 조언

'▦∨(표 레이아웃)'은 표가 선택된 상태에서만 표시됩니다.

❷ 표 1이 입력되어 있는 상태에서 Shift+Home을 눌러 블록을 지정한 후 **(단위: kW)**를 입력하세요.

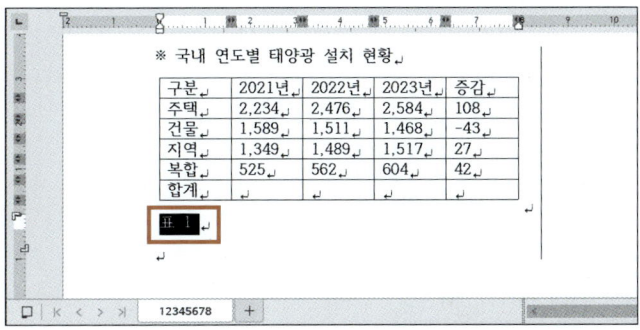

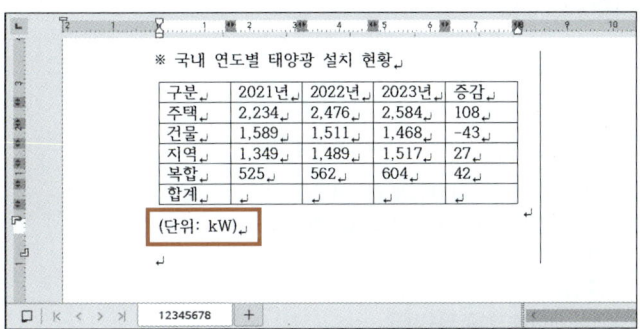

❸ 캡션까지 입력했으면 ↓*를 한 번 눌러 캡션에서 빠져나와 표 아래 줄로 이동한 후 Enter를 한 번 눌러 다음 내용을 입력할 위치로 커서를 이동시킵니다. ❺의 위치에서부터 다음 내용(C 부분)을 입력하세요.

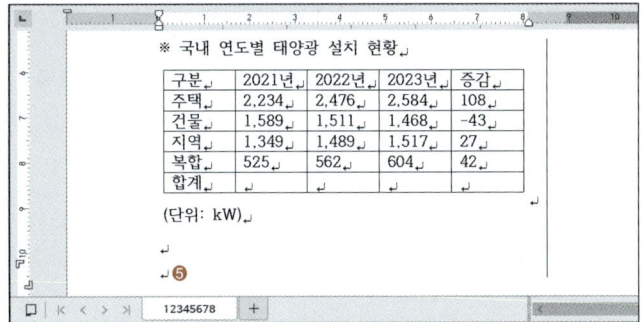

 전문가의 조언

Ctrl+A를 눌러 블록을 지정해도 됩니다.

 전문가의 조언

표 내용의 정렬, 서식 지정, 블록 계산식 등은 입력을 모두 마친 후에 수행하는 것이 빠릅니다.

 전문가의 조언

↓ 대신 Shift+Esc를 눌러도 캡션 영역에서 빠져나와도 됩니다. Shift+Esc를 누르면 커서가 표의 왼쪽 밖으로 이동하니 ↓를 한 번 눌러 표 아래 줄로 이동하세요.

C 부분 : 본문 2-1 입력

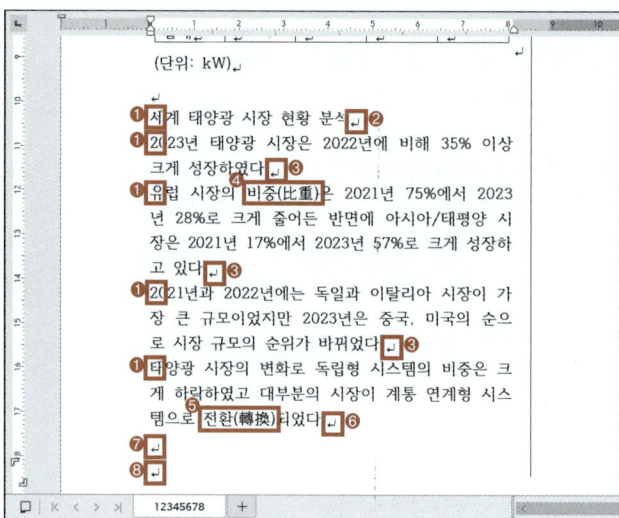

❶ 스타일을 지정하지 말고, 내용을 입력하세요.
❷ 제목을 입력하고 Enter를 한 번 눌러 다음 줄에서 새롭게 입력하세요.
❸ 문장을 입력하고 Enter를 한 번 눌러 다음 줄에서 새롭게 입력하세요.
❹ **비중**을 입력하고 F9 나 한자를 눌러 한자 변환을 수행하세요.
❺ **전환**을 입력하고 F9 나 한자를 눌러 한자 변환을 수행하세요.
❻ Enter를 두 번 눌러 다음 문단과의 사이를 한 줄 띄우세요.
❼ 띄우지 않거나 두 줄 이상 띄우면 감점됩니다.
❽의 위치에서부터 다음 내용(본문 2-2)을 입력합니다.

잠깐만요 비중(比重) 입력하기

❶ 비중을 입력한 후 한자 입력을 위한 바로 가기 키 F9 또는 한자를 누르세요.
❷ '한자로 바꾸기' 대화상자에서 변환할 한자와 입력 형식을 다음 그림과 같이 지정한 후 〈바꾸기〉를 클릭하세요.

> 궁금해요 **시나공 Q&A 베스트**

Q 표와 표 아래 문단이 다음 페이지로 넘어가요.

A 캡션을 입력한 후 캡션 밖으로 나오지 않고 캡션 영역에서 Enter를 누르고 본문을 입력했기 때문에 발생하는 현상입니다. 이때는 다음과 같이 수정하면 됩니다.

❶ "(단위: kW)"의 ')' 뒤에 커서를 놓고 Ctrl+Shift+PgDn을 눌러 다음 페이지로 밀려난 내용 끝까지 블록을 설정한 후 잘라내기(Ctrl+X)를 수행합니다.
❷ Shift+Esc를 눌러 캡션에서 빠져나옵니다. 커서는 표의 왼쪽 밖에 위치합니다.
❸ End를 눌러 커서를 표의 오른쪽 뒤로 이동한 후 Enter를 두 번 누른 후 붙여넣기(Ctrl+V)를 수행합니다.

C 부분 : 본문 2-2 입력

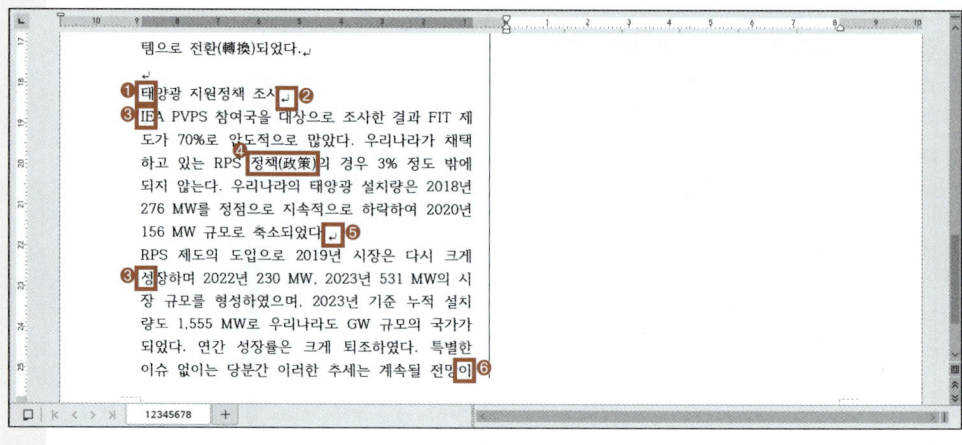

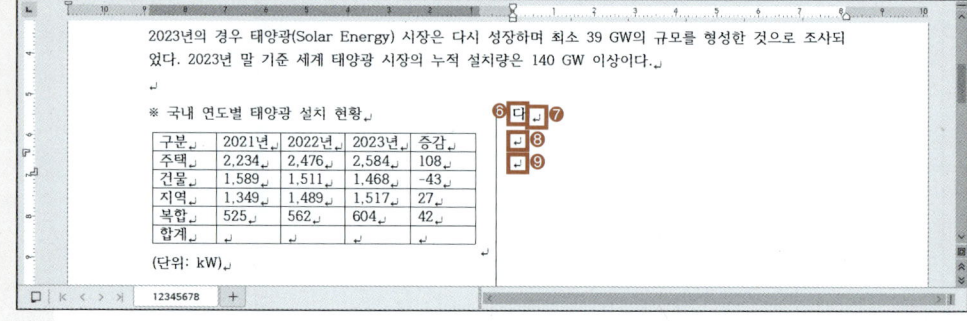

❶ 스타일을 지정하지 말고, 내용을 입력하세요.
❷ 제목을 입력하고 Enter를 한 번 눌러 다음 줄에서 새롭게 입력하세요.
❸ 처음 위치에서 들여쓰기를 하지 말고, 그대로 내용을 입력하세요. 들여쓰기는 모든 내용을 입력한 후 Alt + T → Alt + A → Enter를 눌러 수행하세요.
❹ **정책***을 입력하고 F9나 한자를 눌러 한자 변환을 수행하세요.
❺ 문장을 입력하고 Enter를 한 번 눌러 다음 줄에서 새롭게 입력하세요.
❻ 입력한 내용이 왼쪽 단에 꽉 차면, 자동으로 커서가 오른쪽 단의 처음으로 이동하므로 Enter를 누르지 말고 그냥 내용을 입력하세요.
❼ Enter를 두 번 눌러 다음 문단과의 사이를 한 줄 띄우세요.
❽ 띄우지 않거나 두 줄 이상 띄우면 감점됩니다.
❾의 위치에서부터 다음 내용(본문 2-3)을 입력합니다.

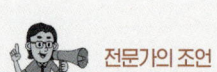 전문가의 조언

정책(政策) 입력 방법
정책을 입력한 후 F9 또는 한자를 눌러 나타나는 '한자로 바꾸기' 대화상자에서 변환할 한자와 입력 형식을 지정한 후 〈바꾸기〉를 클릭하세요.

C 부분 : 본문 2-3 입력

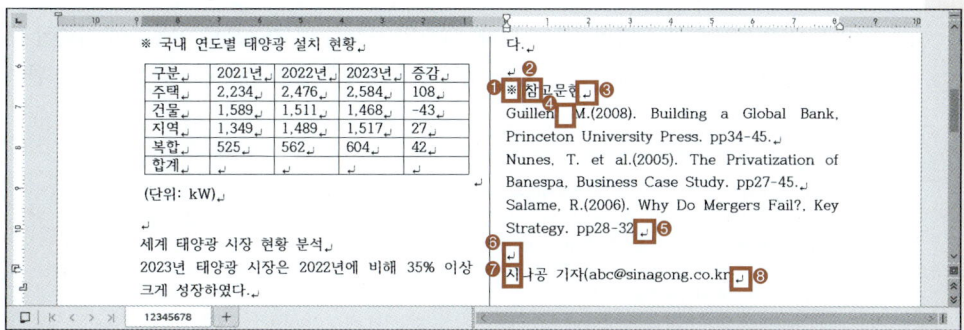

❶ 전각 기호는 키보드로 입력하면 안 됩니다. Ctrl + F10 을 누른 다음 '문자표 입력' 대화상자에서 선택하세요.
❷ 전각 기호(※) 다음에 한 칸을 띄우세요.
❸ 제목을 입력하고 Enter 를 한 번 누른 다음 줄에서 새롭게 입력하세요.
❹ 단어와 단어 사이의 간격이 넓어 보여도 한 칸만 띄어야 합니다.
❺ Enter 를 두 번 눌러 다음 문단과의 사이를 한 줄 띄우세요.
❻ 띄우지 않거나 두 줄 이상 띄우면 감점됩니다.
❼ 오른쪽 정렬을 지정하지 말고, 내용을 입력하세요.
❽ 마지막까지 입력한 후 Enter 나 Spacebar 를 누르지 마세요.

잠깐만요 하이퍼링크 지우기

이메일 주소나 웹 주소 등에는 자동으로 하이퍼링크가 설정됩니다. 이처럼 자동으로 설정되는 하이퍼링크를 방지하려면 이메일 주소나 웹 주소를 입력한 다음 Spacebar 나 Enter 를 누르지 않으면 됩니다. 만약 실수로 이메일 주소나 웹 주소에 하이퍼링크가 설정되었다면 다음과 같은 방법으로 제거해야 합니다.
방법 : 하이퍼링크가 설정된 내용 위에서 마우스 오른쪽 버튼을 클릭하여 나타나는 바로 가기 메뉴에서 **[하이퍼링크 지우기]**를 선택하세요.

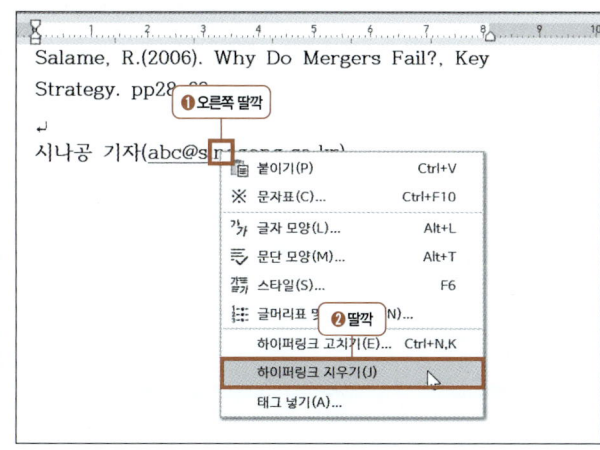

들여쓰기, 정렬하기

이제 기본적인 입력 작업이 끝났습니다. 입력된 문서의 맨 처음으로 이동하여 입력된 내용을 확인하면서 문단 들여쓰기, 문단 정렬하기 등의 작업을 수행하여 다음과 같이 완성하세요.

개요

2020년까지 산업은 그야말로 초고속성장을 보여 주었다. 2021년 유럽의 재정위기로 인하여 유럽 시장이 붕괴될 것이라는 전망이 태양광 시장의 암울한 미래를 예언하였다. 하지만 2021년 실제 상황은 달랐다. 유럽(Europe)의 시장이 축소된 만큼 미국(USA), 중국(China) 시장이 크게 성장하면서 2021년에도 2020년 대비 76% 이상 성장하며 2021년 한 해에만 29.5 GW를 설치하였으며, 2021년에도 28.4 GW를 설치하여 2021년 정도의 시장규모를 유지하였다.

　2023년의 경우 태양광(Solar Energy) 시장은 다시 성장하며 최소 39 GW의 규모를 형성한 것으로 조사되었다. 2023년 말 기준 세계 태양광 시장의 누적 설치량은 140 GW 이상이다.

※ 국내 연도별 태양광 설치 현황

구분	2021년	2022년	2023년	증감
주택	2,234	2,476	2,584	108
건물	1,589	1,511	1,468	-43
지역	1,349	1,489	1,517	27
복합	525	562	604	42
합계				

(단위: kW)

※ 참고문헌
Guillen, M.(2008). Building a Global Bank. Princeton University Press. pp34-45.
Nunes, T. et al.(2005). The Privatization of Banespa, Business Case Study. pp27-45.
Salame, R.(2006). Why Do Mergers Fail?, Key Strategy. pp28-32.

세계 태양광 시장 현황 분석

2023년 태양광 시장은 2022년에 비해 35% 이상 크게 성장하였다.
유럽 시장의 비중(比重)은 2021년 75%에서 2023년 28%로 크게 줄어든 반면에 아시아/태평양 시장은 2021년 17%에서 2023년 57%로 크게 성장하고 있다.
2021년과 2022년에는 독일과 이탈리아 시장이 가장 큰 규모이였지만 2023년은 중국, 미국의 순으로 시장 규모의 순위가 바뀌었다.
태양광 시장의 변화로 독립형 시스템의 비중은 크게 하락하였고 대부분의 시장이 계통 연계형 시스템으로 전환(轉換)되었다.

태양광 지원정책 조사

　IEA PVPS 참여국을 대상으로 조사한 결과 FIT 제도가 70%로 압도적으로 많았다. 우리나라가 채택하고 있는 RPS 정책(政策)의 경우 3% 정도 밖에 되지 않는다. 우리나라의 태양광 설치량은 2018년 276 MW를 정점으로 지속적으로 하락하여 2020년 156 MW 규모로 축소되었다.
　RPS 제도의 도입으로 2019년 시장은 다시 크게 성장하며 2022년 230 MW, 2023년 531 MW의 시장 규모를 형성하였으며. 2023년 기준 누적 설치량도 1,555 MW로 우리나라도 GW 규모의 국가가 되었다. 연간 성장률은 크게 퇴조하였다. 특별한 이슈 없이는 당분간 이러한 추세는 계속될 전망이다.

시나공 기자(abc@sinagong.co.kr)

> **잠깐만요** 들여쓰기, 문단 정렬 등은 입력을 모두 마친 후에 …

- 들여쓰기, 문단 정렬 등은 입력을 모두 마친 후에 입력한 내용을 점검하면서 수행하는 것이 원칙입니다. 입력과 동시에 들여쓰기, 문단 정렬 등의 작업을 수행하면 같은 작업을 몇 번 더 반복하는 일이 발생하거든요. 주어진 시간내에 입력을 마치고 틀린 글자를 찾아 고친 후 지시사항대로 문서를 편집하려면 1분 1초가 소중합니다. 최대한 시간을 절약할 수 있는 방법으로 작업해야 합니다.
- **작업이 반복되는 예** : '본문 1'의 마지막 문단(2023년의~)에 들여쓰기를 지정하고 Enter를 누르면 다음 줄에도 아래 그림과 같이 자동으로 들여쓰기가 지정됩니다. 표 제목과 표에는 들여쓰기를 지정하면 안되므로 들여쓰기를 해제해야 하겠죠.

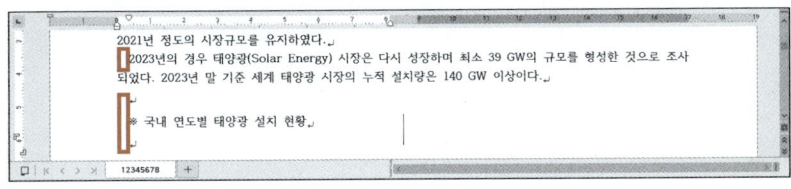

"2023년의 경우~" 부분 들여쓰기

❶ Ctrl + PgUp을 눌러 문서의 처음으로 커서를 옮기세요. Ctrl + ↓를 두 번 누르면 커서가 "2023년의 경우"의 숫자 2 앞으로 이동합니다.

❷ Alt + T → Alt + A → Enter를 눌러 들여쓰기를 10pt로 지정하세요.

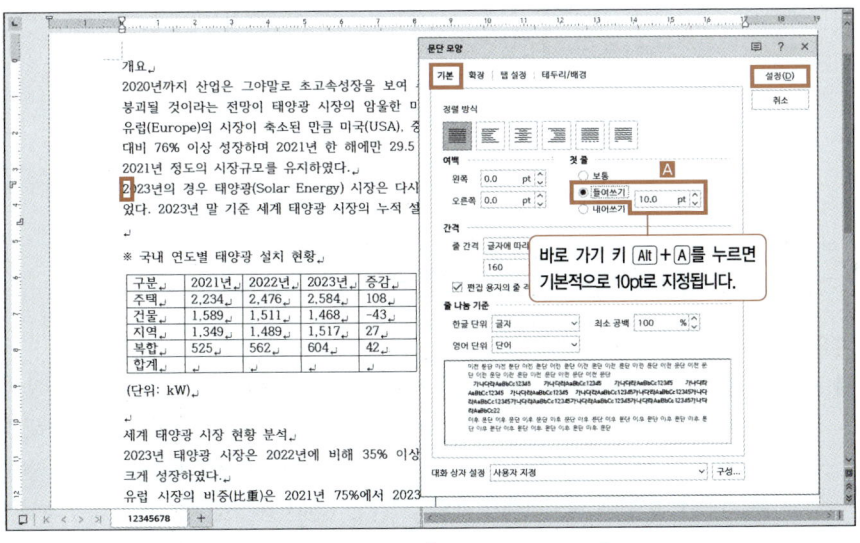

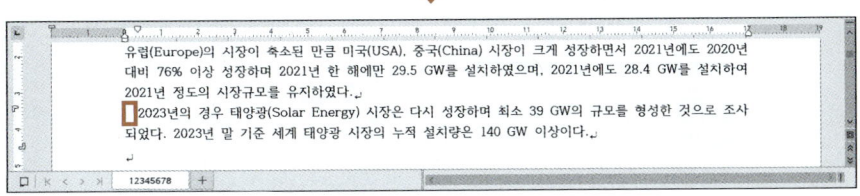

> **전문가의 조언**
> - Ctrl + ↓를 누르면 커서가 문단 단위로 이동하고, Ctrl + →를 누르면 커서가 단어 단위로 이동합니다.
> - 들여쓰기, 문단 정렬 등은 키보드와 마우스를 적절하게 사용하면 효율적으로 작업할 수 있습니다. 키보드를 사용할 때는 바로 가기 키를 이용하고, 마우스를 사용해야할 때는 도구 상자를 이용하여 작업을 수행하세요.
> - '문단 모양' 대화상자를 호출 Alt + T 한 후 들여쓰기 10pt를 지정 Alt + A 하고 〈설정〉을 클릭 Enter 합니다.

표 안의 셀에 여백 지정하기

[세부 지시사항]

> 11. 표
>   - 모든 셀의 안 여백 : 왼쪽·오른쪽 2mm

❶ 표 안의 모든 셀의 왼쪽과 오른쪽에 여백을 지정해야 합니다. 표에 있는 임의의 셀을 클릭한 다음 Ctrl + N, K를 누르세요(표의 [바로 가기 메뉴] → [표/셀 속성]).

❷ '표/셀 속성' 대화상자의 '표' 탭에서 다음 그림과 같이 지정한 후 〈설정〉을 클릭하세요.

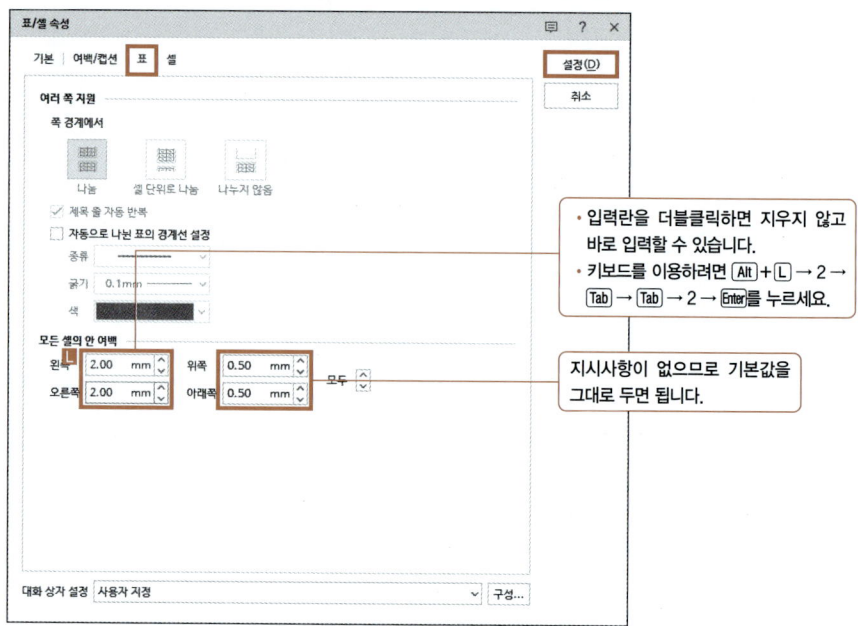

표의 내용 정렬하기

❶ 표의 열 제목(1행 전체)과 6행 1열은 항상 가운데로 정렬해야 하며, 2~5행 1열의 경우 문자의 길이가 같은 경우 가운데로 정렬, 문자의 길이가 다른 경우 왼쪽으로 정렬해야 합니다. Ctrl과 마우스를 이용하여 다음 그림과 같이 블록을 지정한 후 [서식] 도구 상자에서 '(가운데 정렬)'을 클릭하세요(바로 가기 키 : Ctrl + Shift + C).

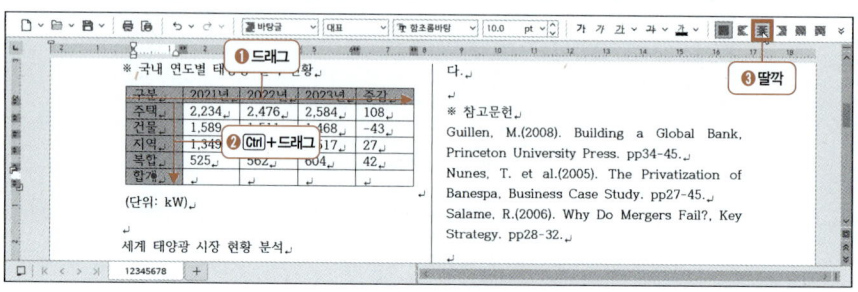

궁금해요 시나공 Q&A 베스트

Q '(가운데 정렬)'을 클릭해도 가운데 정렬이 되지 않아요!

A 바로 전에 '가운데 정렬'을 지정하여 '(가운데 정렬)'이 눌러져 있기 때문에 발생하는 현상입니다. 바로 옆의 '(왼쪽 정렬)'을 클릭한 후 '(가운데 정렬)'을 다시 클릭해 보세요.

❷ 숫자는 오른쪽에 맞게 정렬해야 합니다. 그림과 같이 화살표 방향으로 드래그하여 2행 2열부터 6행 5열까지 블록을 지정한 후 [서식] 도구 상자에서 '(오른쪽 정렬)'을 클릭하세요(바로 가기 키 : Ctrl + Shift + R).

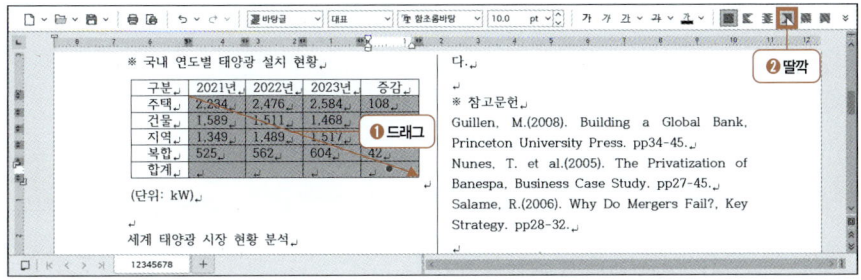

표의 캡션 정렬하기

이제 표의 캡션을 오른쪽으로 정렬할 차례입니다. "(단위: kW)" 부분을 클릭한 후 [서식] 도구 상자에서 '(오른쪽 정렬)'을 클릭하세요(바로 가기 키 : Ctrl + Shift + R).

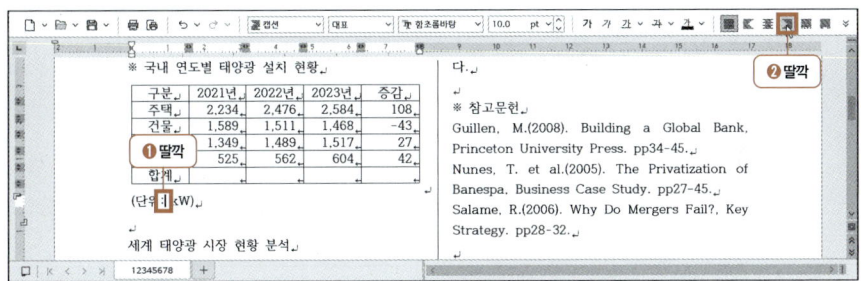

"IEA PVPS~" 부분과 "RPS 제도의~" 부분 들여쓰기

❶ 캡션을 오른쪽으로 정렬한 상태에서 ↓를 한 번 눌러 캡션에서 빠져나오세요.
❷ 이어서 Ctrl + ↓를 8번 눌러 "IEA PVPS~" 부분이 있는 문단의 처음으로 이동한 후 Alt + T → Alt + A → Enter를 눌러 10pt 들여쓰기를 수행하세요.

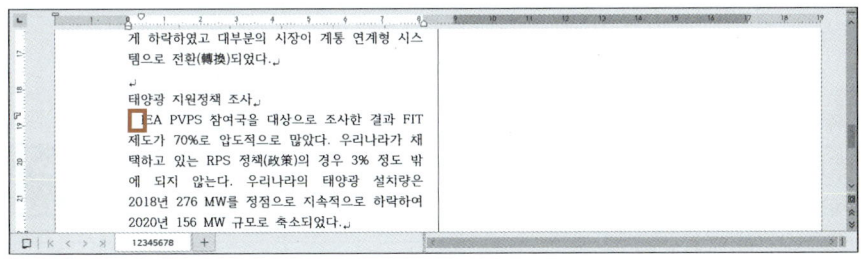

 전문가의 조언

• 캡션에서는 Ctrl + ↓를 누르면 캡션을 빠져나가지 못합니다. Ctrl을 누르지 않고 그냥 ↓만 한 번 누르거나 Shift + Esc를 눌러야 캡션을 빠져나옵니다.
• '문단 모양' 대화상자를 호출 Alt + T한 후 들여쓰기를 지정 Alt + A하고 〈설정〉을 클릭 Enter합니다.

❸ `Ctrl`+`↓`을 한 번 눌러 "RPS 제도의~" 부분이 있는 문단의 처음으로 이동한 후 `Alt`+`T` → `Alt`+`A` → `Enter`를 눌러 10pt 들여쓰기를 수행하세요.

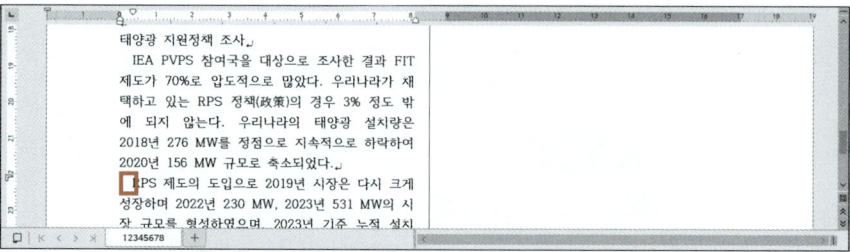

"시나공 기자~" 부분 오른쪽 정렬하기

`Ctrl`+`PgDn`을 누르면 커서가 문서의 마지막 문단인 "시나공 기자~"의 끝으로 이동한 후 `Ctrl`+`Shift`+`R`을 눌러 오른쪽으로 정렬하세요.

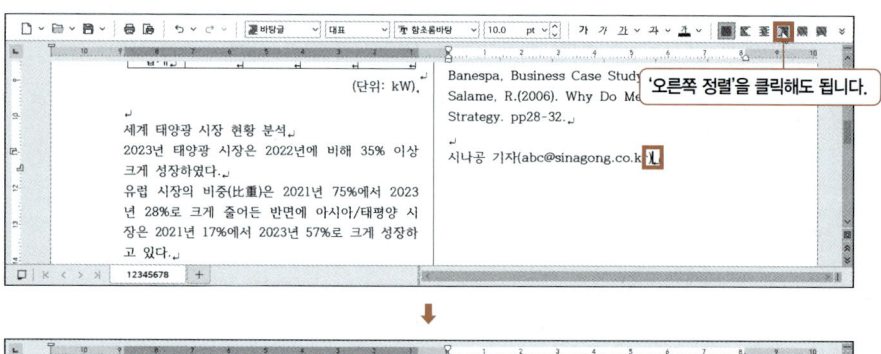

'오른쪽 정렬'을 클릭해도 됩니다.

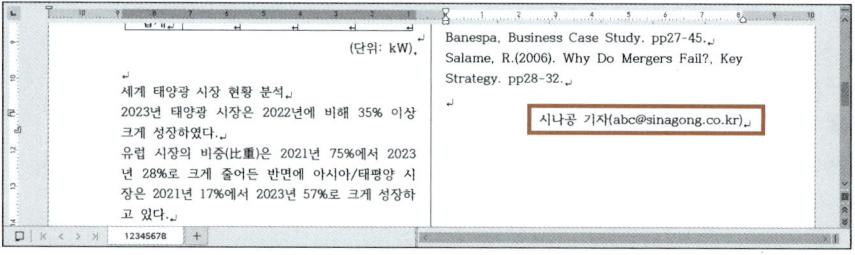

편집 지시사항 수행하기

쪽 테두리 지정하기
[세부 지시사항]

2. 쪽 테두리
 - 선의 종류 및 굵기 : 이중 실선 0.5mm, 모두
 - 위치 : 쪽 기준, 왼쪽·오른쪽·위쪽·아래쪽 모두 5mm

편집 지시사항 수행 순서

편집 지시사항 수행 순서는 세부 지시사항의 번호 순서가 아닌 완성된 문서의 지시 내용을 처음부터 순서대로 수행하는 것이 효율적입니다. 처음에는 해당 지시사항이 몇 번인지 찾는 데 시간이 조금 걸리겠지만 몇 번만 작성해 보면 쉽게 찾을 수 있습니다.

❶ [기본] 도구 상자의 [쪽] → [쪽 테두리/배경]을 클릭하세요.
❷ '쪽 테두리/배경' 대화상자의 '테두리' 탭에서 주어진 세부 지시사항대로 선의 종류 및 굵기, 위치를 다음과 같이 지정한 후 〈설정〉을 클릭하세요.

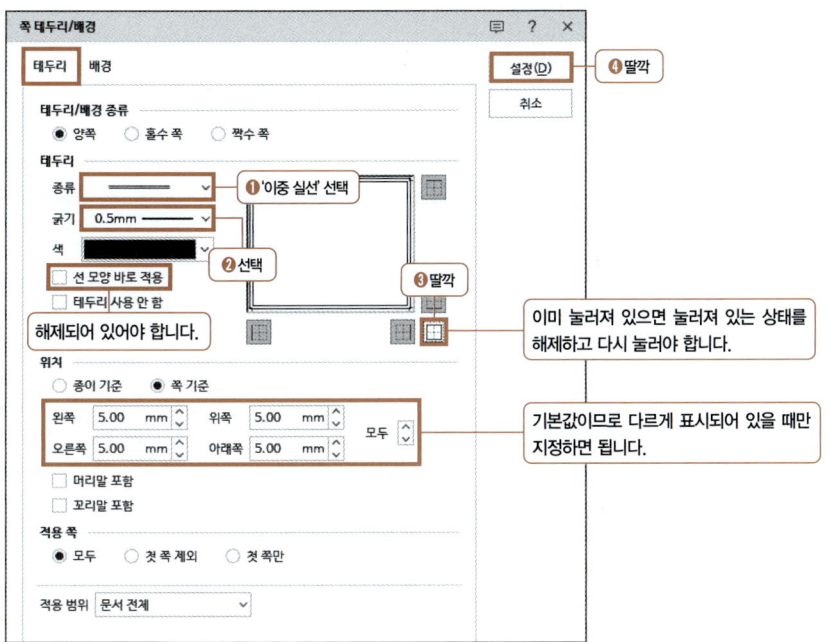

❸ 쪽 테두리가 제대로 만들어졌는지 확인하세요.

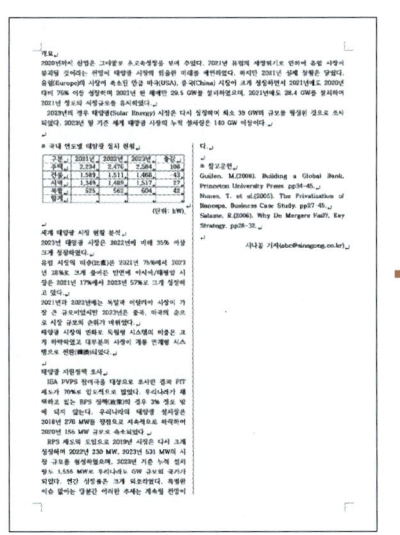 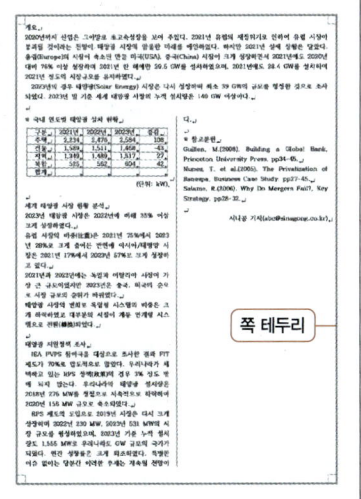

궁금해요 시나공 Q&A 베스트

Q 쪽 테두리가 안 보여요!

A 보기가 [쪽 윤곽 보기] 상태가 아니라서 그렇습니다. Ctrl + G, L을 눌러 [쪽 윤곽 보기] 상태로 변경하세요.([기본] 도구 상자 : [보기] → [쪽 윤곽]).

글상자 작성하기

[세부 지시사항]

> 3. 글상자
>   - 크기 : 너비 168mm, 높이 23mm, 크기 고정
>   - 위치 : 본문과의 배치 – 자리 차지, 가로 – 종이의 가운데 0mm, 세로 – 종이의 위 20mm
>   - 바깥 여백 : 아래쪽 5mm
>   - 선 속성 : 검정(RGB : 0,0,0), 실선 0.2mm
>   - 색 채우기 : 빨강(RGB : 255,0,0) 80% 밝게

1. 글상자 만들고 내용 입력하기

❶ `Ctrl`+`PgUp`을 눌러 커서를 문서의 맨 처음으로 이동시킵니다.

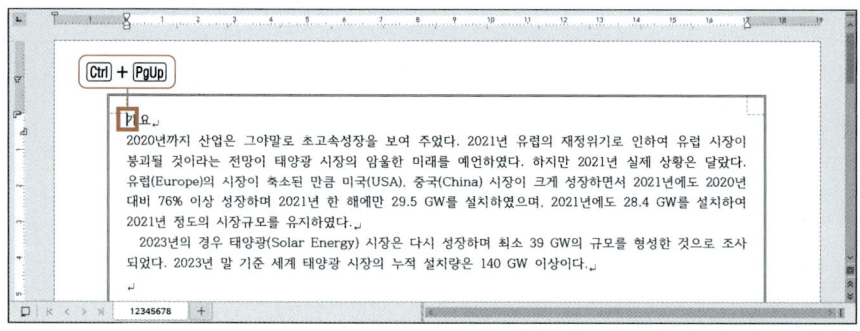

 전문가의 조언

지금 진행하는 작업은 시간을 단축시키기 위해 키보드를 이용하는 방법이므로 그대로 따라해야 합니다. 지시가 없는데 마우스를 클릭하거나 키보드를 누르면 안 됩니다.

❷ 글상자를 만들기 위해 `Ctrl`+`N`, `B`를 누른 후 `Ctrl`+`Z`를 누릅니다([기본] 도구 상자 : [입력] → [▦(가로 글상자)]).

❸ 빈 글상자가 만들어지면 다음 그림과 같이 내용을 입력하세요.

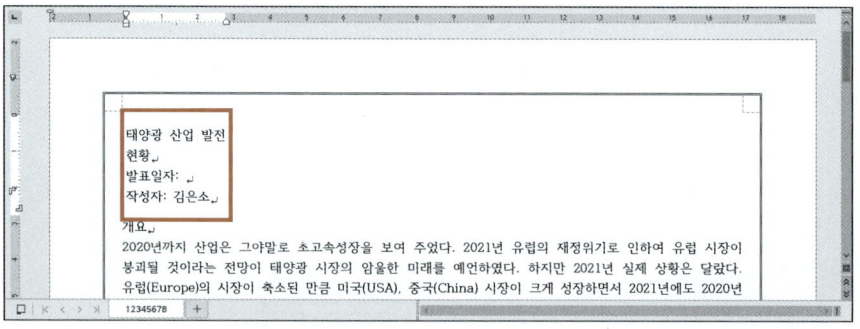

 전문가의 조언

누름틀의 삽입 위치를 위해 **"발표일자 :"** 입력 시 콜론(:) 뒤에 공백을 한 칸 입력하세요.

> **궁금해요** 시나공 Q&A 베스트
>
> **Q** 글상자를 만들면 글상자의 선 색이 빨강, 면 색이 파랑으로 표시돼요!
>
> **A** 이전에 작업하던 흔적이 남아서 그렇습니다. 선 색과 면 색에 대한 지시사항이 제시되므로 이후 작업 과정에서 지시사항대로 선 색과 면 색을 바꾸어 주면 됩니다.

2. 글상자의 크기, 위치 및 서식 지정하기

❶ Ctrl + N , K 를 눌러 '개체 속성' 대화상자를 호출한 후 '기본' 탭에서 다음 그림과 같이 지정하세요.

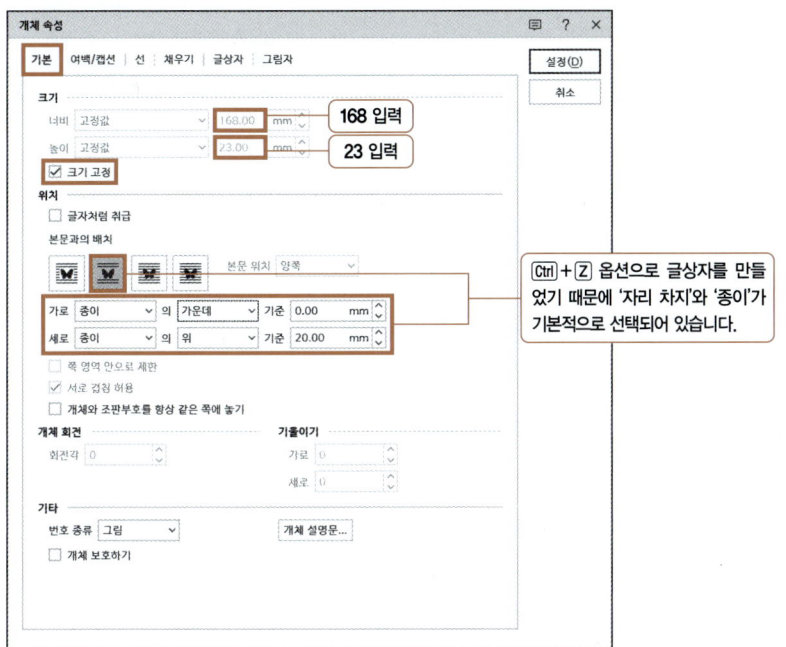

❷ 여백을 지정할 차례입니다. '여백/캡션' 탭으로 이동한 후 바깥 여백의 아래쪽에 5를 입력하세요.

궁금해요 시나공 Q&A 베스트

Q 글자가 글상자의 위쪽에 붙어 있습니다. 어떻게 하죠?

A Ctrl + N , K 를 누른 후 '글상자' 탭에서 '세로 정렬'을 (가운데)로 지정합니다. 자세한 내용은 72쪽을 참조하세요.

전문가의 조언

'개체 속성' 대화상자는 Ctrl + N , K 를 눌러 호출해야 하는데 실수로 Alt + N , K 를 누르는 경우가 있습니다. Alt + N , K 를 누르면 새글(Alt + N)이 열리는데, 이때는 당황하지 말고 열린 새 글(문서)을 닫으면 됩니다.

전문가의 조언

• 대화상자에서 Ctrl + Tab 을 눌러 탭 사이를 이동할 수도 있습니다.
• ❶번에서 Enter 를 눌렀다면 다시 Ctrl + N , K 를 누르세요.

❸ 이어서 '선' 탭으로 이동한 후 선의 종류와 굵기를 다음 그림과 같이 지정하세요.

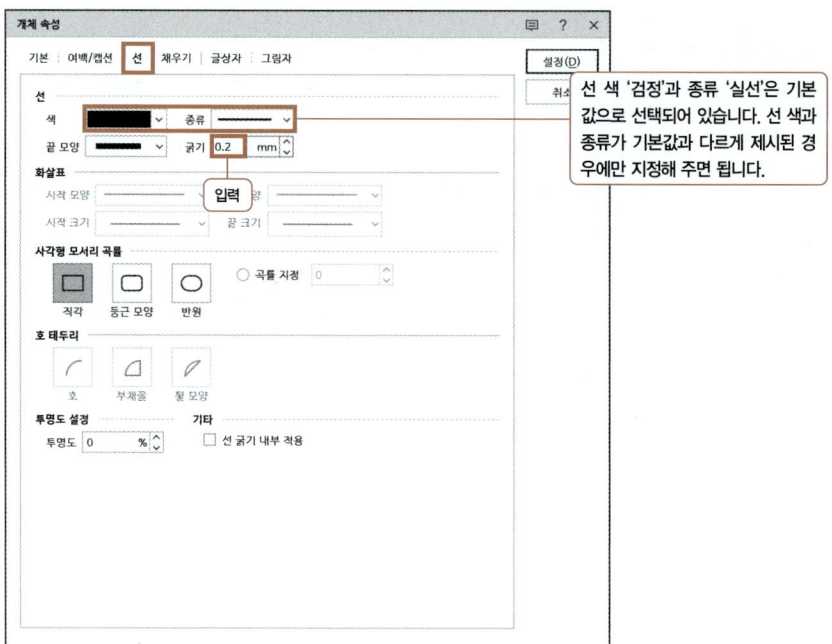

선 색 '검정'과 종류 '실선'은 기본 값으로 선택되어 있습니다. 선 색과 종류가 기본값과 다르게 제시된 경우에만 지정해 주면 됩니다.

 전문가의 조언

색상 확인

색상이 혼동될 때 정확한 색상명을 확인하려면 '개체 속성' 대화상자에서 '면 색' 목록 상자를 클릭한 후 색상표의 특정 색상에 마우스 포인터를 놓으세요. 마우스 포인터를 놓고 잠시 기다리면 색상명이 표시됩니다.

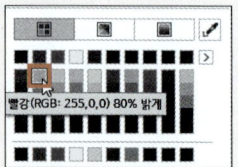

❹ 마지막으로 '채우기' 탭에서 면 색을 '빨강 80% 밝게'로 지정한 후 〈설정〉을 클릭하세요.

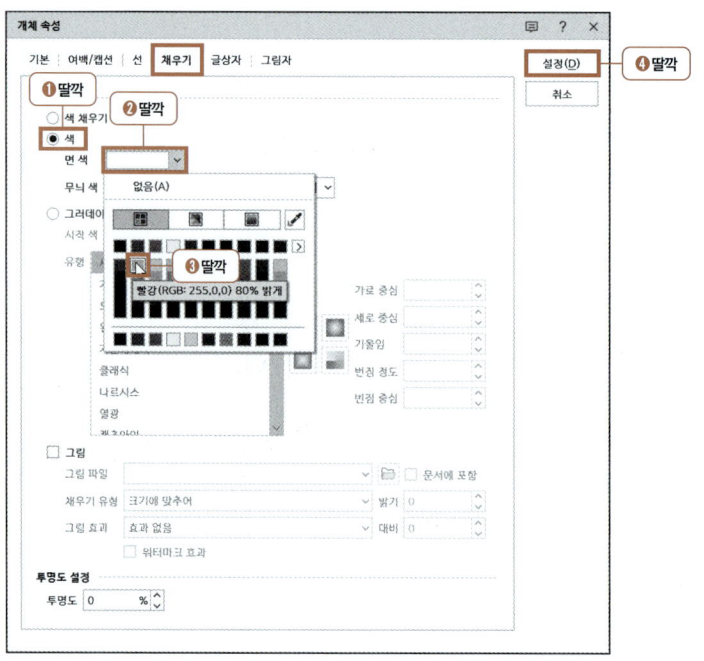

궁금해요 시나공 Q&A 베스트

Q '빨강 80% 밝게' 색이 없어요!

A 면 색의 색상 테마가 '기본'으로 되어 있기 때문입니다. 색상 테마를 '오피스'로 변경한 후 면 색을 지정하세요!

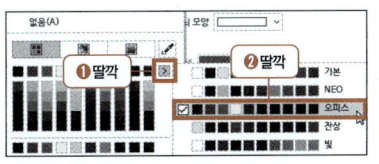

3. 제목에 서식 지정하기

4. 제목(1) – 휴먼명조, 15pt, 장평(110%), 자간(-4%), 진하게, 하늘색(RGB : 97,130,214) 50% 어둡게, 가운데 정렬
   제목(2) – 여백 : 왼쪽(340pt)

❶ '제목(1)' 지시사항을 먼저 적용하도록 하겠습니다. 현재 커서는 "김은소"의 "소"자 뒤에 있습니다. Ctrl + Home, Home 을 눌러 첫 번째 줄의 첫 글자 앞으로 커서를 이동시킨 후 Ctrl + Shift + C 를 눌러 문자열을 가운데로 정렬하세요.

> **전문가의 조언**
>
> 문단 정렬은 주로 [서식] 도구 상자를 이용하지만, 지금처럼 계속해서 키보드로 작업해야 할 경우에는 바로 가기 키를 사용하는 것이 효율적입니다.

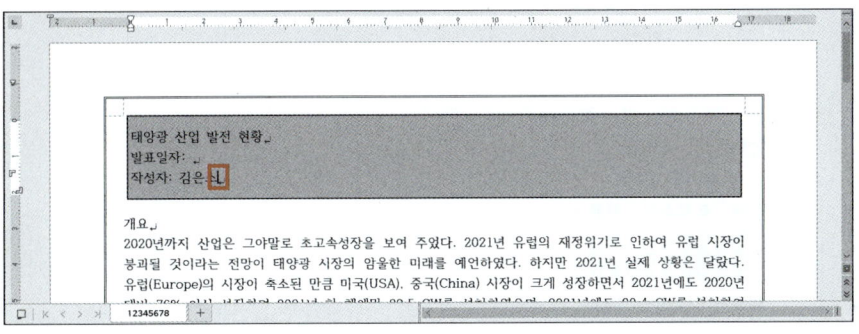

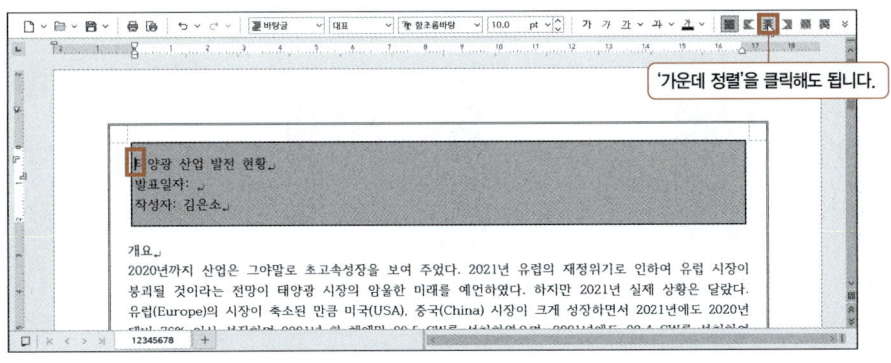

'가운데 정렬'을 클릭해도 됩니다.

❷ "태"자 앞에 커서가 놓인 상태에서 Shift+End를 눌러 첫 번째 줄 모든 내용을 블록으로 지정한 후 Alt+L을 눌러 '글자 모양' 대화상자를 호출하세요.

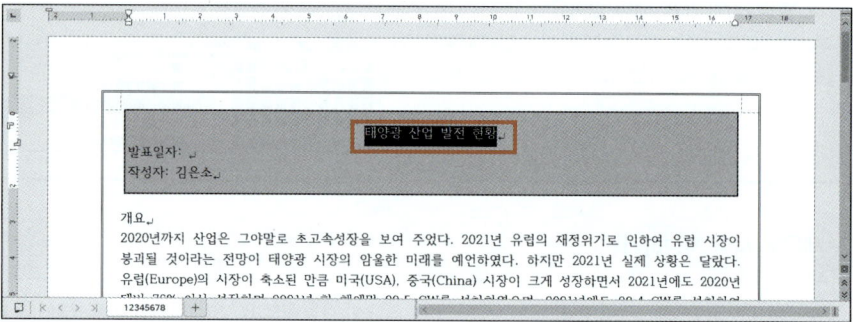

❸ '글자 모양' 대화상자의 '기본' 탭에서 제목의 글자 모양과 크기, 속성을 다음 그림과 같이 지정한 후 〈설정〉을 클릭하세요.

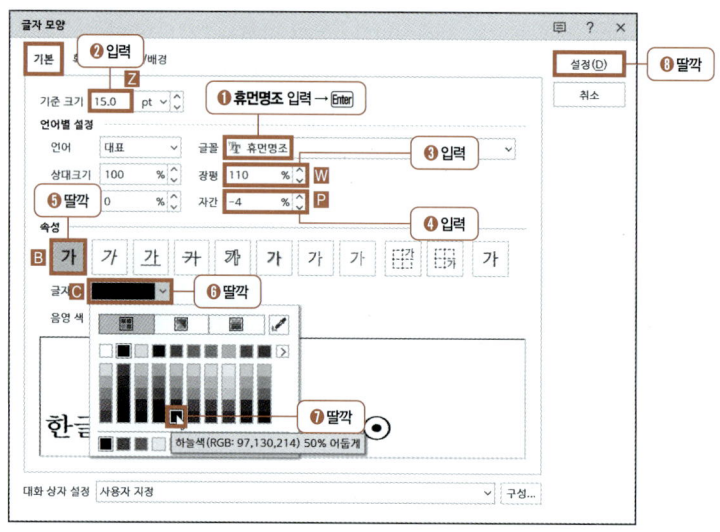

> **전문가의 조언**
>
> • 글자 색의 색상 테마가 '오피스'로 되어 있는 경우에는 '기본'으로 변경한 후 글자 색을 지정하세요.
>
>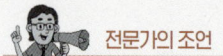
>
> • 바로 가기 키로 '글자 모양' 대화상자 설정하기
>
>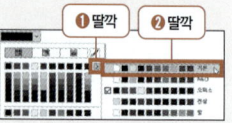
> 휴먼명조 입력 → Enter → Alt+Z → 15 → Alt+W → 110 → Alt+P → -4 → Alt+B → Alt+C → '하늘색 50% 어둡게' 선택 → Enter → Alt+D

❹ '제목(2)' 지시사항을 적용하도록 하겠습니다. 제목의 첫 번째 줄 전체가 블록으로 지정된 상태에서 ↓을 눌러 커서를 두 번째 줄로 이동하세요.

❺ Shift+↓을 눌러 2, 3번째 줄을 블록으로 지정한 후 Alt+T를 눌러 '문단 모양' 대화상자를 호출하세요.

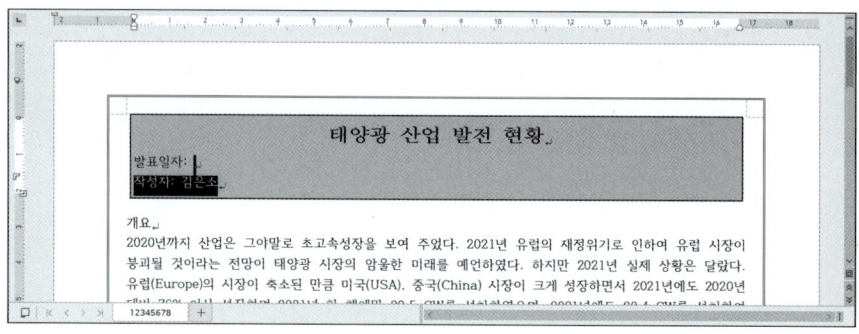

❻ '문단 모양' 대화상자의 '기본' 탭에서 Alt + F → 340 → Enter 를 차례로 눌러 왼쪽 여백을 지정하세요.

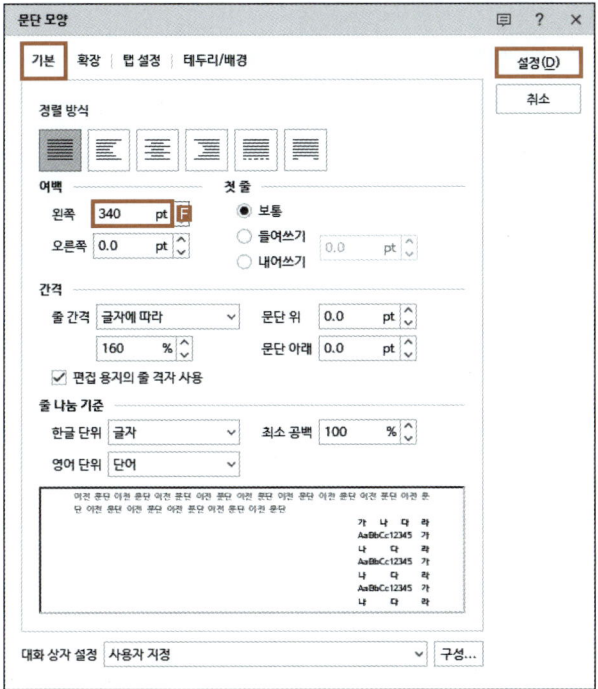

누름틀 작성하기
[세부 지시사항]

5. 누름틀 – 입력할 내용의 안내문 : '0000. 00. 00.', 입력 데이터 : '2023. 10. 12.'

❶ 앞선 ❻번에서의 작업으로 인해 제목의 2, 3번째 문장이 블록으로 지정된 상태입니다. Esc 를 눌러 블록을 해제하고 ↑ 을 눌러 2번째 줄의 끝으로 커서를 이동한 후 필드 입력 바로 가기 키 Ctrl + K , E 를 누르세요([입력]의 ✓ → [개체] → [필드 입력]).

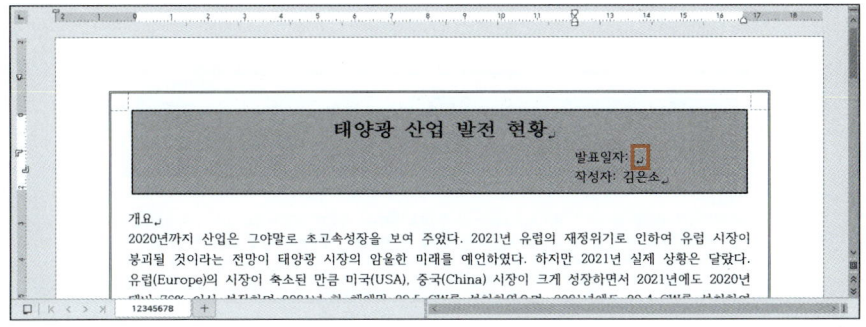

전문가의 조언

"**발표일자:** "의 콜론(:) 뒤에 공백이 한 칸 입력되어 있지 않을 경우 Spacebar 를 누른 후 필드 입력 바로 가기 키 Ctrl + K , E 를 누르세요.

전문가의 조언

누름틀을 삽입할 때 '필드 입력'을 이용하는 이유

시간을 절약하기 위해서입니다. '누름틀'을 클릭하면 바로 누름틀이 삽입되면서 "*이곳을 마우스로 누르고 내용을 입력하세요.*"라는 메시지가 표시되는데, 워드 실기시험에서는 이 안내문을 지시사항에 맞게 수정해야 하므로 '필드 입력 고치기' 대화 상자를 호출해서 한 번 더 작업을 해야 합니다. 하지만 '필드 입력' 기능을 이용하면 바로 누름틀에 표시할 안내문을 넣을 수 있는 대화상자가 표시되기 때문에 한 번에 작업을 끝낼 수 있죠.

❷ '필드 입력' 대화상자의 '누름틀' 탭에서 '입력할 내용의 안내문'에 **0000. 00. 00.**을 입력한 후 〈넣기〉를 클릭하세요.

❸ 화면에 표시된 누름틀을 마우스로 클릭한 후 **2023. 10. 12.**를 입력하세요.

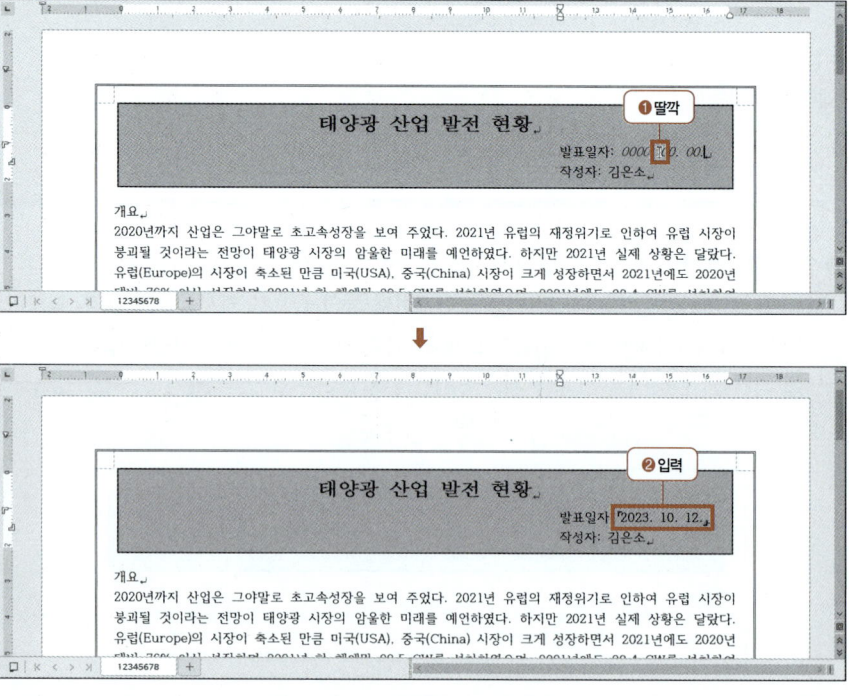

❹ ↓를 눌러 누름틀 편집 상태에서 빠져나오세요.

그림 삽입하기
[세부 지시사항]

```
6. 그림
 - 경로 : C:\WP\풍경.bmp, 문서에 포함
 - 크기 : 너비 18mm, 높이 10mm
 - 위치 : 본문과의 배치 – 글 앞으로, 가로 – 종이의 왼쪽 23mm, 세로 – 종이의 위 28mm
```

❶ 앞선 ❹번에서의 작업으로 인해 커서는 "김은소"의 "소" 자 뒤에 있습니다. 그 상태에서 그림을 삽입하는 바로 가기 키 Ctrl+N, I를 눌러 '그림 넣기' 대화상자를 호출하세요([기본] 도구 상자 : [입력] → [▣(그림)].

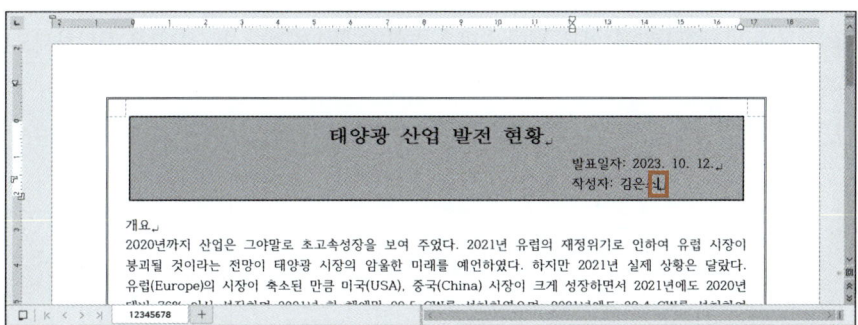

❷ '그림 넣기' 대화상자에서 찾는 위치를 C 드라이브의 'WP 폴더'로 지정하면 문서에 넣을 수 있는 그림 목록이 표시됩니다. '문서에 포함'만 체크 표시하고 문제에 제시된 그림(풍경.bmp)을 선택한 후 〈열기〉를 클릭하세요.

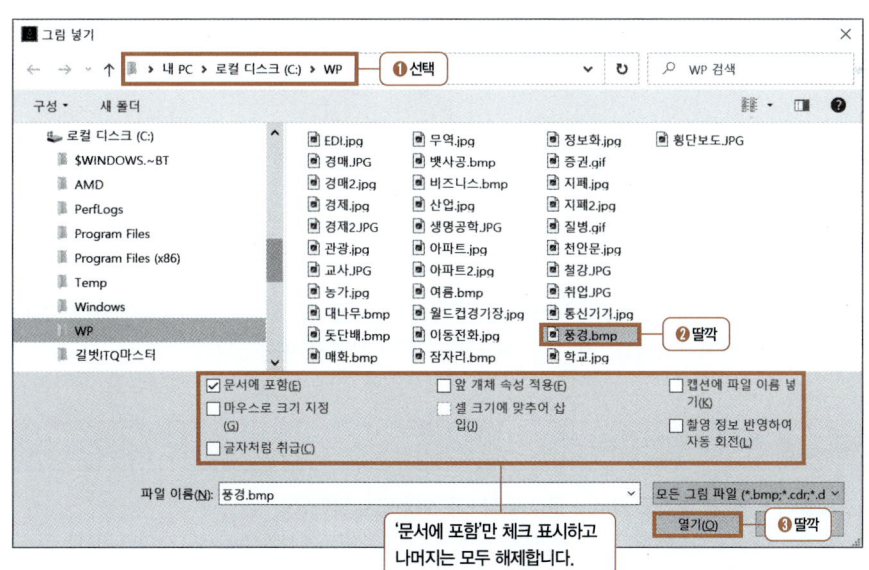

시나공 Q&A 베스트

Q 그림이 없어요.

A 그림 찾는 위치를 '길벗워드실기\그림'으로 지정하세요. 실습파일을 설치하는 방법은 14쪽을 참고하세요.

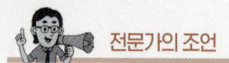

전문가의 조언

삽입된 그림을 더블클릭해도 '개체 속성' 대화상자가 나타납니다.

❸ 글상자 안에 그림이 삽입되었습니다. 삽입된 그림의 크기 및 위치를 지정하기 위해 Ctrl + N , K 를 눌러 '개체 속성' 대화상자를 호출합니다.

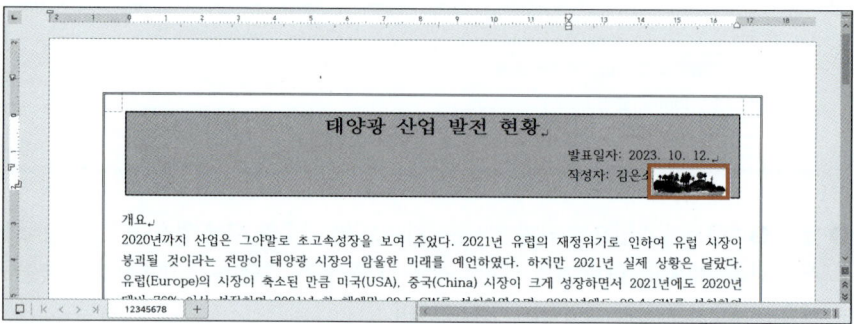

❹ '개체 속성' 대화상자의 '기본' 탭에서 다음 그림과 같이 지정한 후 〈설정〉을 클릭하세요.

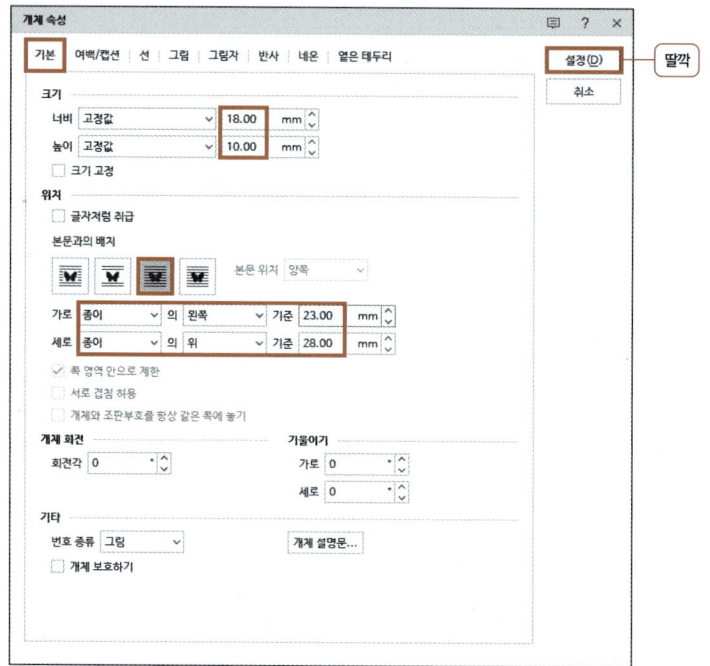

❺ 문제지대로 완성된 글상자와 누름틀, 그림을 확인할 수 있습니다. Shift + Esc 를 눌러 글상자를 빠져나오세요. 커서가 "개요"의 "개"자 앞으로 이동합니다.

> **궁금해요** **시나공 Q&A 베스트**
>
> **Q** Shift + Esc 를 눌러도 커서가 글상자 밖으로 이동되지 않아요!
>
> **A** Shift + Esc 를 눌렀을 때 커서가 글상자 밖으로 이동되지 않을 때는 ↓ 를 누르세요. 그러면 커서가 글상자 밖으로 빠져나가 "개요"의 '요'자 뒤로 갑니다. 이때 Home 을 눌러 "개요"의 '개'자 앞으로 커서를 이동하세요.

"개요"에 '개요 1' 스타일을 수정한 후 적용하기

[세부 지시사항]

> 7. 스타일(2개소 수정, 3개소 등록)
>   - 개요 1(수정) : 여백 – 왼쪽(0pt), 11pt, 휴먼고딕, 진하게

❶ 앞선 ❺번에서의 작업으로 인해 커서가 "개요"의 "개"자 앞에 있습니다. '개요 1' 스타일을 수정한 후 적용하기 위해 스타일 바로 가기 키 F6 을 누릅니다([기본] 도구 상자 : [서식] → [스타일]의 ▽(자세히) → [스타일]). '스타일' 대화상자가 나타납니다.

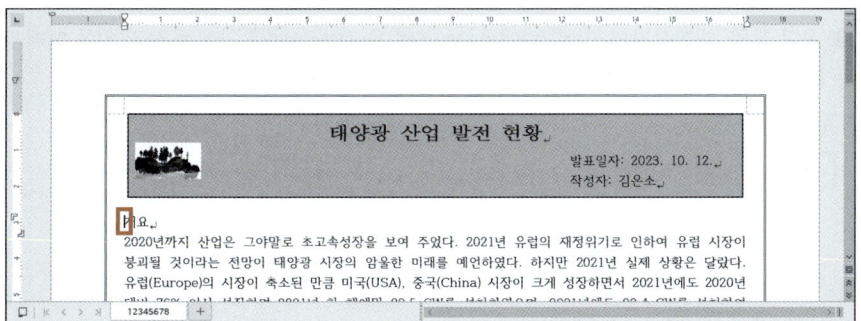

❷ '스타일' 대화상자에서 ↓을 두 번 눌러 '개요 1'을 선택한 후 Alt + E 를 누르세요. '개요 1' 스타일을 수정할 수 있는 '스타일 편집하기' 대화상자가 나타납니다.

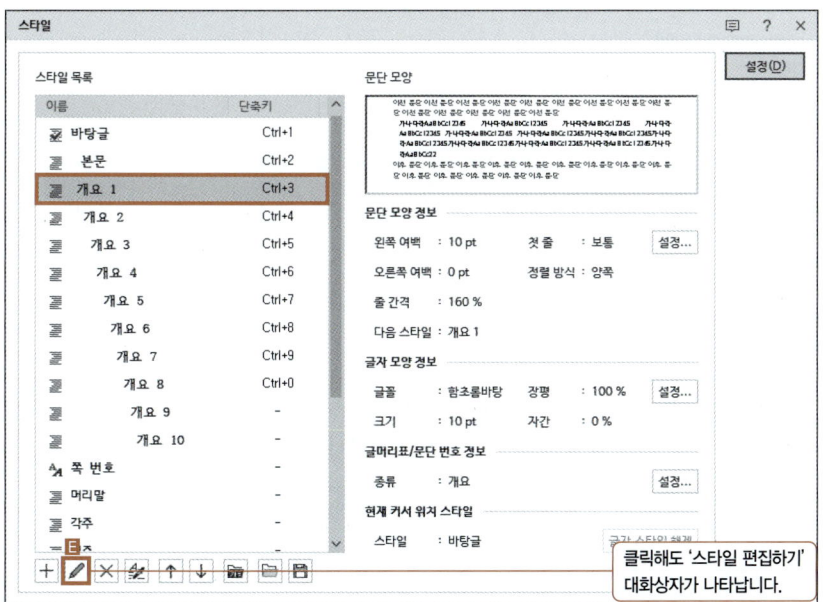

전문가의 조언

"개요"에 '개요 1' 스타일 적용하기?
이름이 비슷해 혼동될 수 있는데, "개요"는 본문에 입력된 내용이고 '개요 1'은 한글 프로그램에서 기본으로 제공하는 스타일의 이름입니다. "2개소 수정"은 기본적으로 등록되어 있는 '개요' 스타일 2개를 수정해서 사용하라는 의미이고, "3개소 등록"은 스타일 3개를 만들어서 등록한 후 사용하라는 의미입니다.

❸ '스타일 편집하기' 대화상자에서 Alt+T를 누르세요. '문단 모양' 대화상자가 나타납니다.

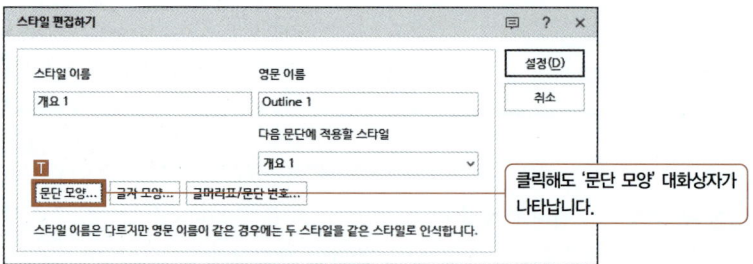

❹ '문단 모양' 대화상자의 '기본' 탭에서 Alt+F → 0 → Enter를 차례로 눌러 왼쪽 여백을 지정하세요. '스타일 편집하기' 대화상자로 돌아옵니다.

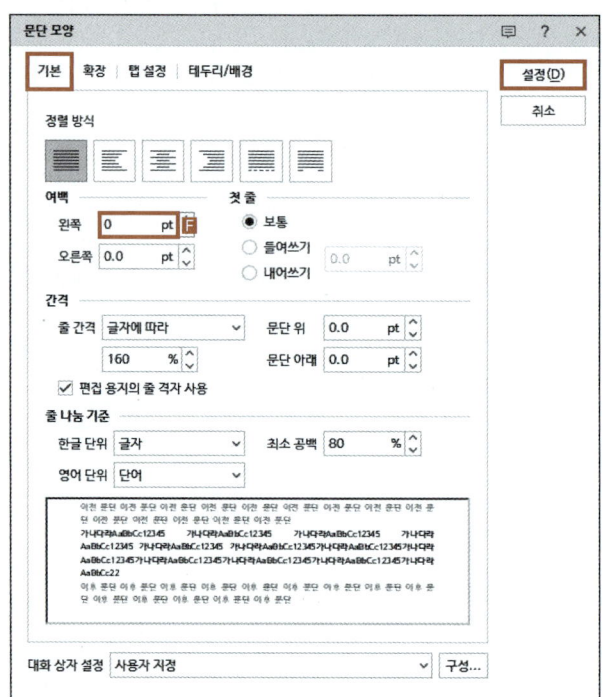

❺ 글꼴 속성에 대한 스타일을 지정해야 합니다. '스타일 편집하기' 대화상자에서 Alt+L을 누르세요. '글자 모양' 대화상자가 나타납니다.

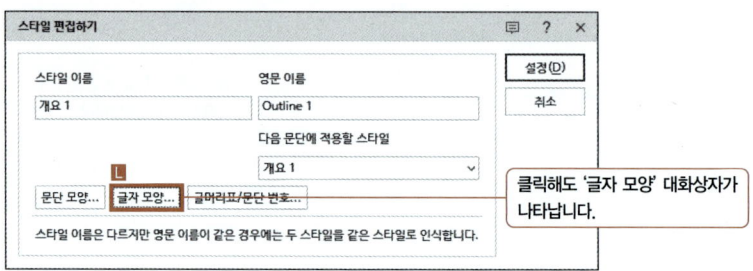

❻ '글자 모양' 대화상자의 '기본' 탭에서 글꼴과 크기, 속성을 다음 그림과 같이 지정한 후 〈설정〉을 클릭하세요. '스타일 편집하기' 대화상자로 돌아옵니다.

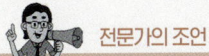

전문가의 조언

바로 가기 키로 '글자 모양' 대화상자 설정하기
휴먼고딕 입력 → Enter → Alt + Z
→ 11 → Alt + B → Enter

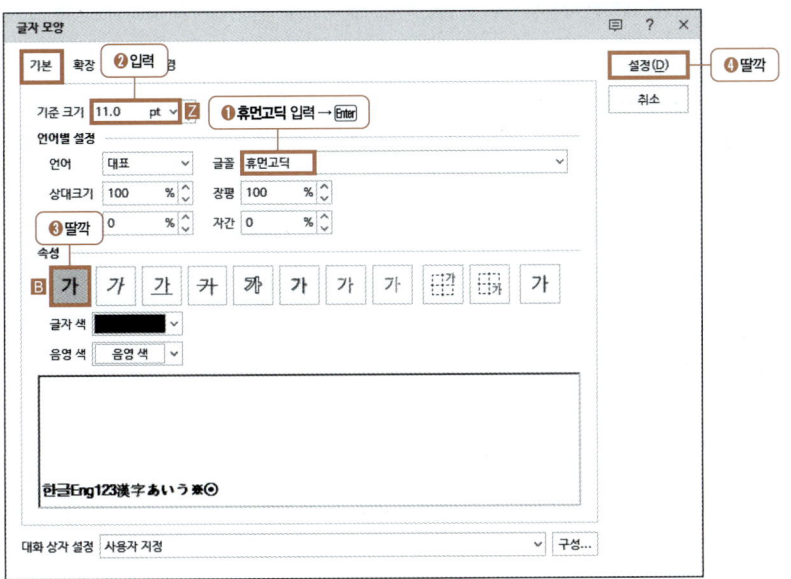

❼ '스타일 편집하기' 대화상자에서 〈설정〉을 클릭한 후 '스타일' 대화상자에서도 〈설정〉을 클릭하세요. 수정된 '개요 1' 스타일이 "개요"에 적용됩니다.

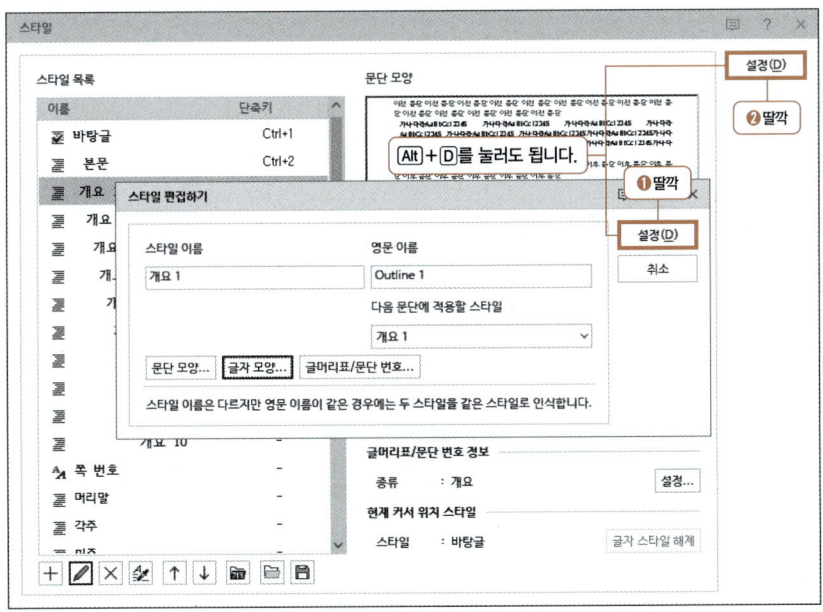

❽ 적용된 스타일을 확인하고 다음 작업을 위해 Ctrl + ↓ 을 누르세요. 커서가 다음 문단의 처음으로 이동합니다.

> **궁금해요** **시나공 Q&A 베스트**
>
> **Q** '스타일 편집하기' 대화상자에서 Enter를 눌렀더니 '글자 모양' 대화상자가 나타나요. 왜 그런거죠?
>
> **A** '스타일 편집하기' 대화상자에서 현재 포커스가 〈글자 모양〉에 위치하고 있기 때문입니다. 아래 그림에서 〈글자 모양〉에 점선이 표시된 것을 보고 포커스가 위치하고 있음을 알 수 있습니다. 그러므로 〈설정〉을 클릭하거나 Alt + D 를 눌러야 합니다.
>
>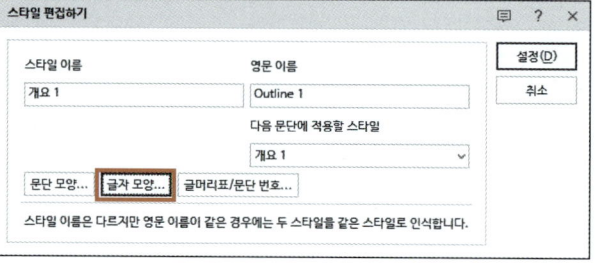

문단 첫 글자 장식하기
[세부 지시사항]

> 8. 문단 첫 글자 장식
>   - 모양 : 2줄, 글꼴 : 휴먼고딕, 면 색 : 남색(RGB : 51,51,153), 본문과의 간격 : 3mm
>   - 글자색 : 하양(RGB : 255,255,255)

❶ 앞선 ❽번에서의 작업으로 인해 커서는 문단의 첫 글자를 장식할 첫 번째 문단에 놓여 있습니다. [기본] 도구 상자의 [서식] → [갤(문단 첫 글자 장식)]을 클릭하세요. '문단 첫 글자 장식' 대화상자가 나타납니다.

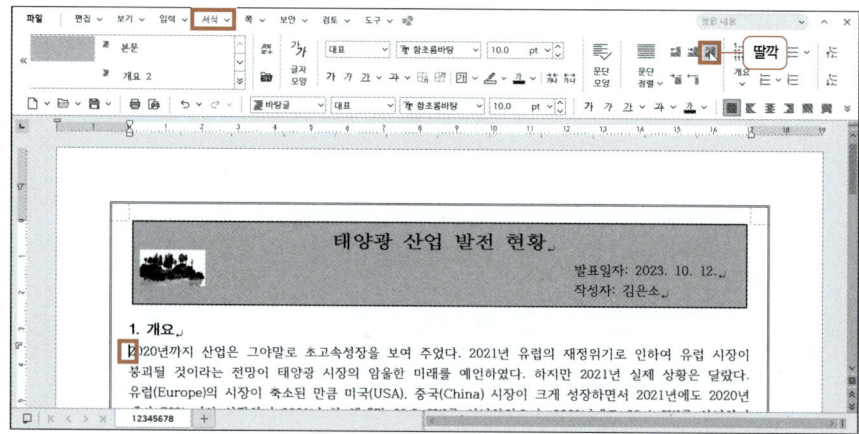

❷ '문단 첫 글자 장식' 대화상자에서 글자의 모양, 글꼴, 면 색, 본문과의 간격을 다음 그림과 같이 지정한 후 〈설정〉을 클릭하세요.

전문가의 조언

바로 가기 키로 '문단 첫 글자 장식' 대화상자 설정하기
Alt + 2 → Alt + F → 휴먼고딕 선택 → Alt + G → '남색' 선택 → Enter → Alt + R → 3 → Enter

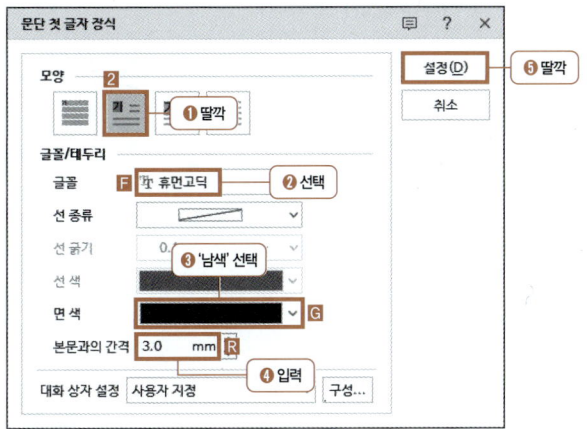

❸ 문단 첫 글자의 글자색을 하양으로 변경해야 합니다. 작성된 문단 첫 글자를 블록으로 지정한 후 [서식] 도구 상자에서 [글자 색(가▼)]의 ▼ → [▦(팔레트)] → [하양]을 선택하세요.

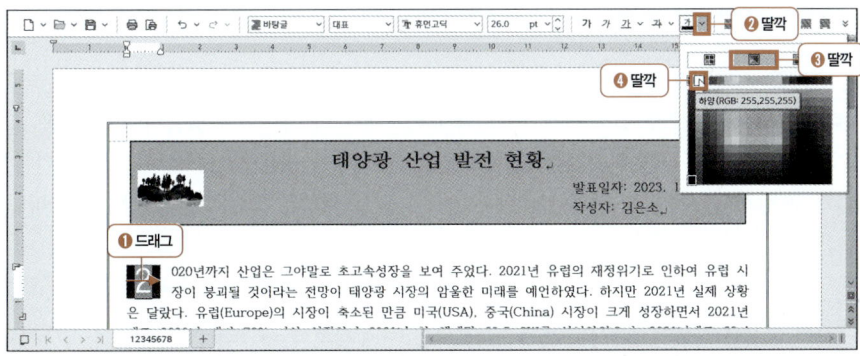

잠깐만요 '하양' 색을 지정하는 다른 방법

글자 색의 색상 테마를 '기본'으로 변경한 후 '하양'을 선택하면 됩니다.

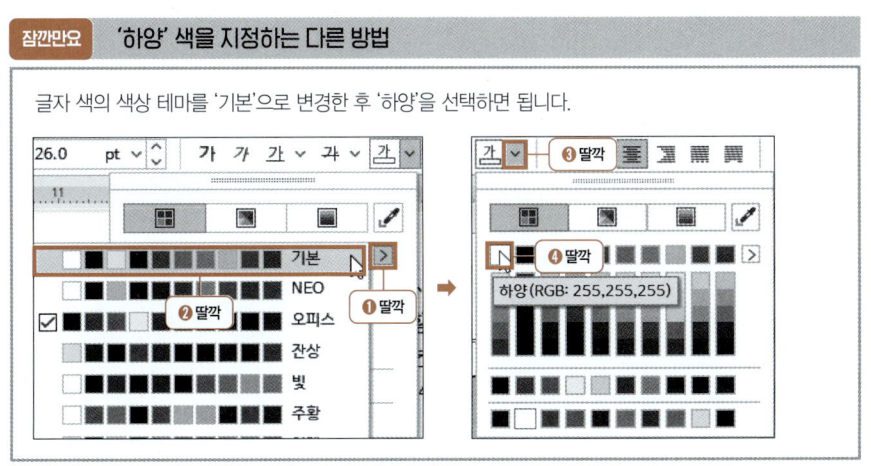

전문가의 조언

'문단 첫 글자 장식' 기능이 적용된 문단의 첫 글자에서는 Ctrl+↓를 눌러 문단 첫 글자를 빠져 나갈 수 없습니다. Ctrl을 누르지 않고 그냥 ↓나 Shift, Esc를 눌러 빠져 나온 다음 적절한 횟수의 Ctrl+↓를 눌러 다음 지시사항을 수행할 문단으로 이동하세요.

④ Esc를 눌러 블록을 해제한 후 완성된 문단 첫 글자의 장식을 확인하세요.

⑤ 다음 작업을 위해 ↓를 한 번 눌러 '문단 첫 글자 장식'에서 빠져 나온 후 Ctrl+↓을 세 번 눌러 스타일을 적용할 문단으로 이동하세요.

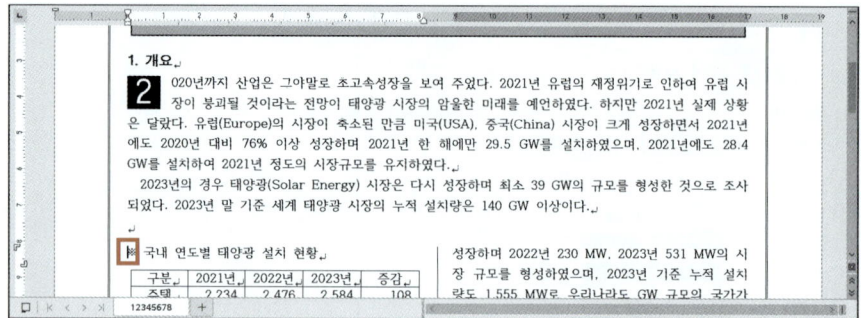

'표제목' 스타일 적용하기
[세부 지시사항]

> 7. 스타일(2개소 수정, 3개소 등록)
>   – 표제목(등록) : 스타일 이름 – 표제목, 스타일 종류 – 문단, 가운데 정렬, 11pt, 돋움체, 진하게

1. '표제목' 스타일 만들기

❶ 앞선 ❹번 작업으로 인해 커서가 "※ 국내 연도별~"의 "※" 앞에 있습니다. '표제목' 스타일을 만든 후 적용하기 위해 스타일을 만드는 바로 가기 키 F6을 누르세요([기본] 도구 상자 : [서식] → [스타일]의 ▼(자세히) → [스타일]). '스타일' 대화상자가 나타납니다.

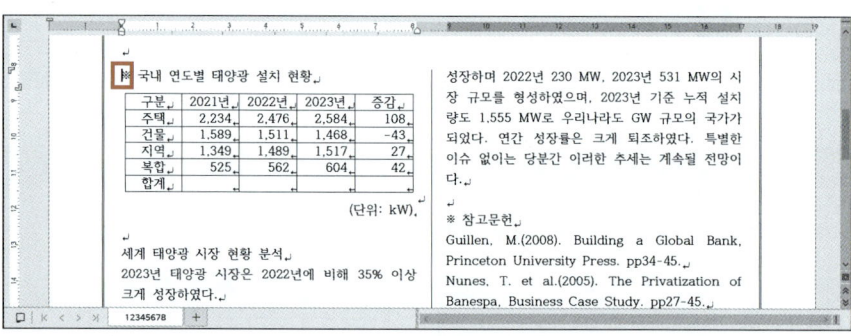

❷ '스타일' 대화상자에서 Insert를 누르면 '스타일 추가하기' 대화상자가 나타납니다.
❸ '스타일 추가하기' 대화상자에서 스타일 이름에 **표제목**을 입력한 후 Enter를 누르세요. '표제목'이란 이름으로 스타일이 추가됩니다.

전문가의 조언

'스타일' 대화상자에서 Alt+A를 눌러도 '스타일 추가하기' 대화상자가 나타납니다.

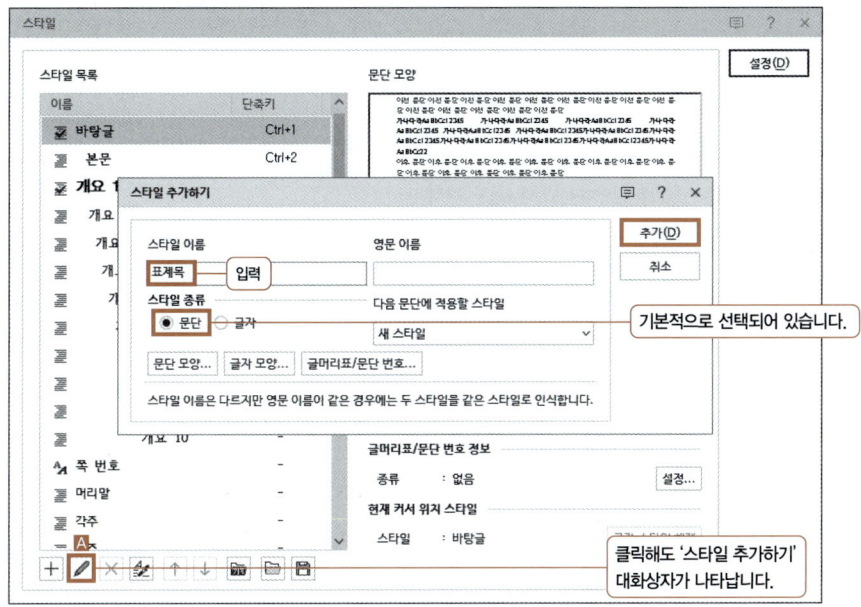

2. '표제목' 스타일 편집 및 적용하기

❶ 이제 '표제목' 스타일을 문제의 지시사항대로 편집해야 합니다. '스타일' 대화상자에는 '표제목' 스타일이 선택되어 있으므로 스타일 편집 바로 가기 키 Alt+E를 누르세요. '표제목' 스타일을 편집할 수 있는 '스타일 편집하기' 대화상자가 나타납니다.

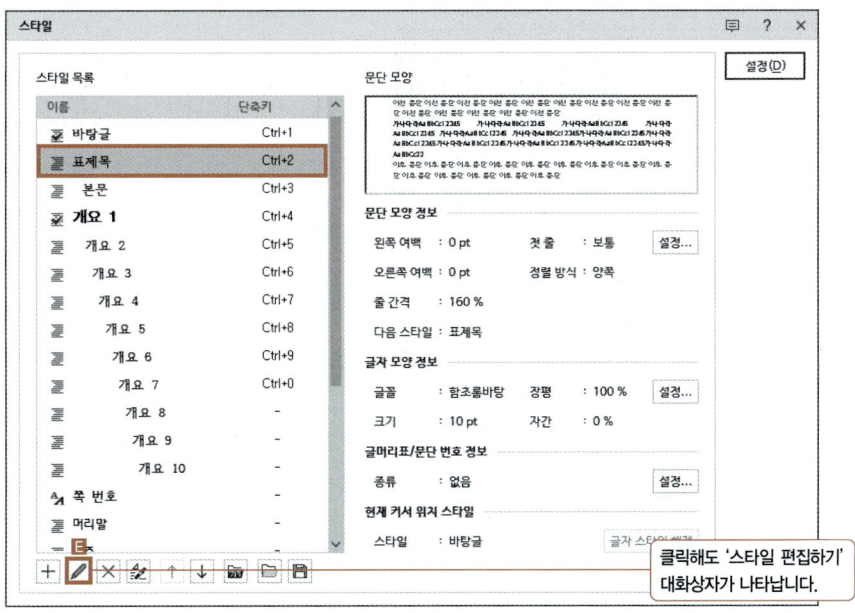

❷ '스타일 편집하기' 대화상자에서 Alt + T를 누르세요. '문단 모양' 대화상자가 나타납니다.

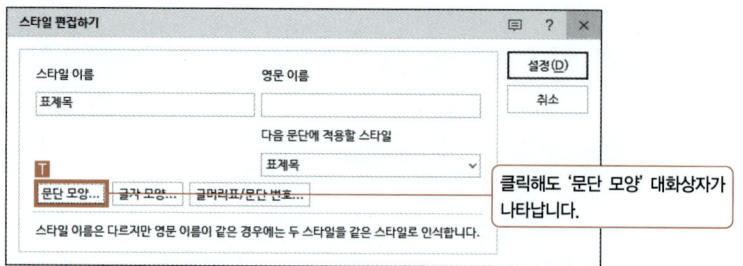

❸ '문단 모양' 대화상자의 '기본' 탭에서 Alt + C → Enter를 차례로 눌러 문단 모양을 지정하세요. '스타일 편집하기' 대화상자로 돌아옵니다.

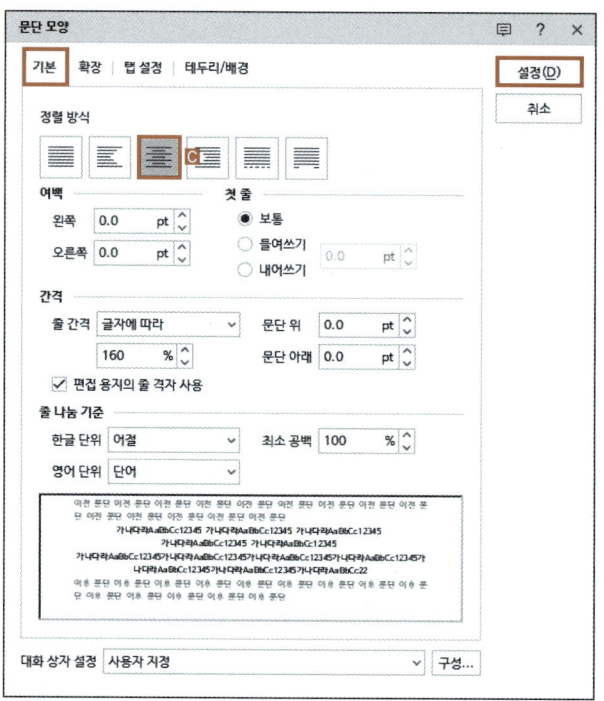

❹ 글자에 대한 스타일을 지정해야 합니다. '스타일 편집하기' 대화상자에서 Alt + L을 누르세요. '글자 모양' 대화상자가 나타납니다.

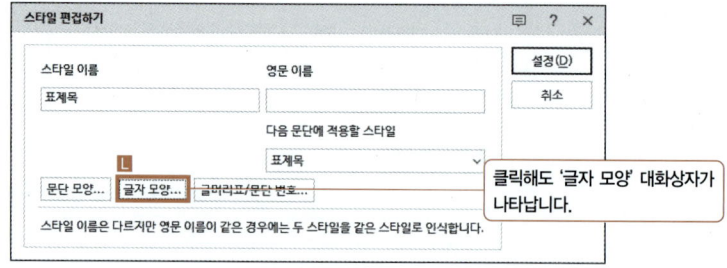

❺ '글자 모양' 대화상자의 '기본' 탭에서 글꼴의 모양과 크기, 속성을 다음 그림과 같이 지정한 후 〈설정〉을 클릭하세요. '스타일 편집하기' 대화상자로 돌아옵니다.

전문가의 조언

바로 가기 키로 '글자 모양' 대화상자 설정하기
돋움체 입력 → Enter → Alt + Z → 11 → Alt + B → Enter

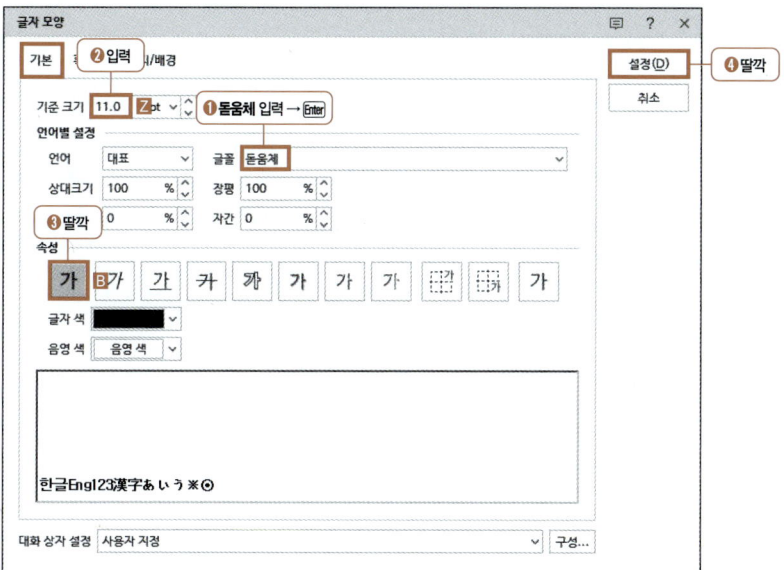

❻ '스타일 편집하기' 대화상자에서 〈설정〉을 클릭한 후 '스타일' 대화상자에서도 〈설정〉을 클릭하세요. '표제목' 스타일이 적용됩니다.

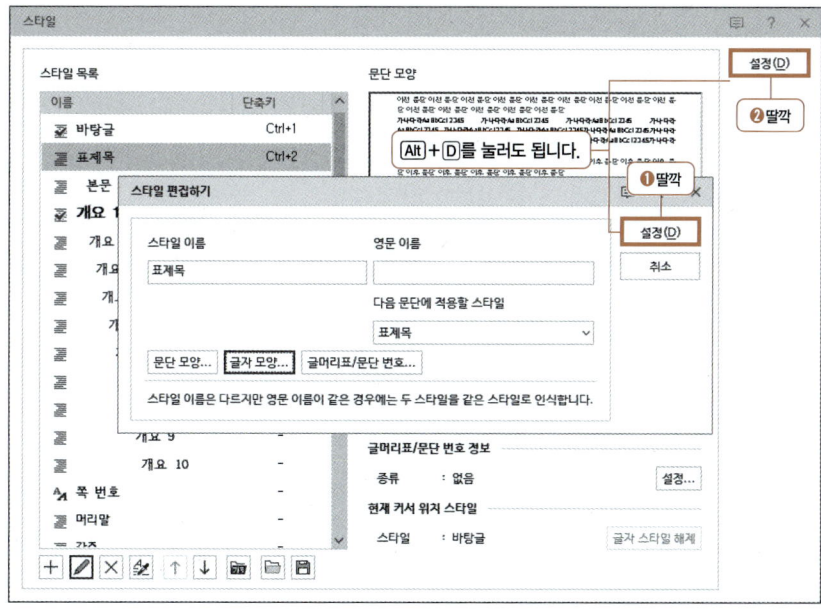

2장 실제 시험장을 옮겨 놓았다! **231**

"※ 국내 연도별 태양광 설치 현황" 뒤에 각주 추가하기

[세부 지시사항]

> 9. 각주 – 글자 모양 : 돋움체, 번호 모양 : 아라비아 숫자

1. 각주 만들기

❶ 표 제목의 가장 앞에 커서를 놓고 스타일을 지정했기 때문에 커서의 위치는 그대로입니다. 그 상태에서 End를 눌러 표 제목의 가장 뒤로 커서를 이동시킨 후 각주를 만드는 바로 가기 키 Ctrl + N, N을 누르세요([기본] 도구 상자 : [입력] → [각주]).

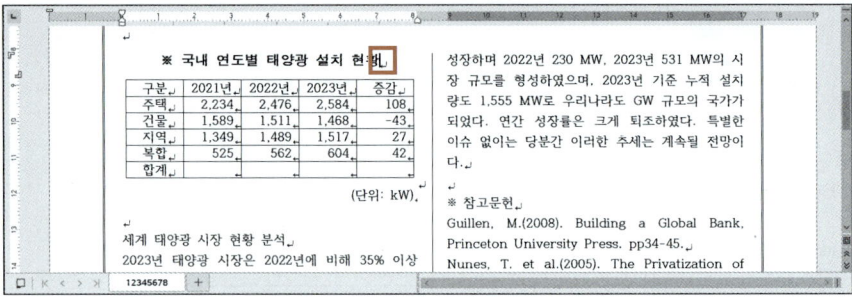

❷ 왼쪽 단 하단에 각주 편집 화면이 나타납니다. **자료: 태양광협회**를 입력하세요.

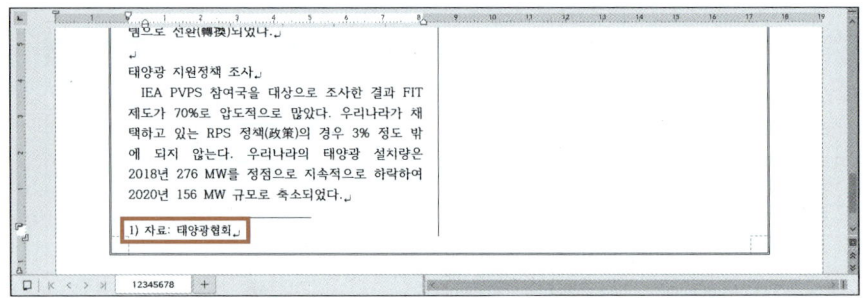

2. 각주에 서식 및 번호 모양 지정하기

❶ 앞선 ❷번 작업에서 커서를 이동시키지 말고 Shift + Home 을 눌러 각주의 모든 내용을 블록으로 지정한 후 Alt + L 을 눌러 '글자 모양' 대화상자를 호출하세요.

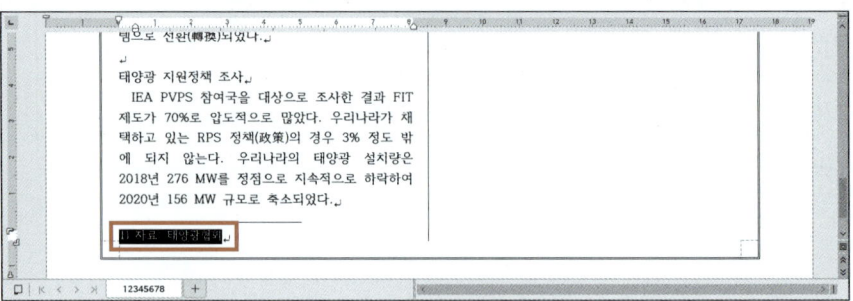

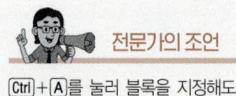

전문가의 조언

Ctrl + A 를 눌러 블록을 지정해도 됩니다.

❷ '글자 모양' 대화상자의 '기본' 탭에서 글꼴의 모양과 크기를 다음 그림과 같이 지정한 후 〈설정〉을 클릭하세요. 각주 편집 화면으로 돌아옵니다.

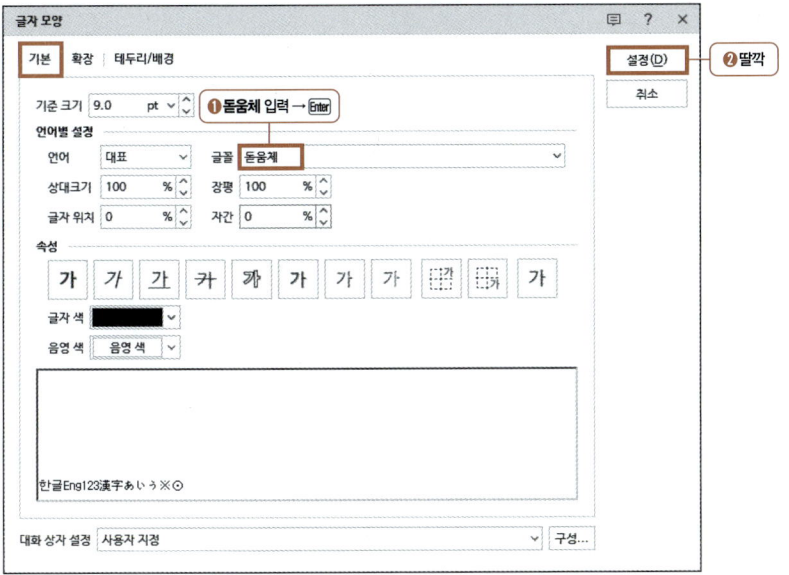

 전문가의 조언

바로 가기 키로 '글자 모양' 대화 상자 설정하기
돋움체 입력 → Enter → Enter

❸ 각주의 번호 모양은 기본값이 아라비아 숫자이므로 그냥 두면 됩니다. 다음 작업을 위해 Esc 를 눌러 블록을 해제하세요.

하이퍼링크 지정하기
[세부 지시사항]

> 10. 하이퍼링크
>   - '태양광협회'에 하이퍼링크 설정
>   - 연결 대상 : '웹 주소', 'http://www.kopia.asia'

 전문가의 조언

각주 번호 모양 변경하기
각주 번호 모양을 변경하려면 [기본] 도구 상자에서 [주석] → [번호 모양]을 클릭한 후 변경하려는 번호 모양을 선택하면 됩니다.

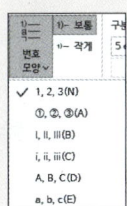

❶ 앞선 ❸번 작업에서 각주에 글자 속성을 지정한 후 Esc 를 눌렀기 때문에 커서는 숫자 "1" 앞에 놓여 있습니다. 그 상태에서 End → Ctrl + Shift + ← 을 차례로 눌러 하이퍼링크를 설정할 단어인 "태양광협회"를 블록으로 지정한 후 하이퍼링크를 만드는 바로 가기 키 Ctrl + K , H 를 누르세요.

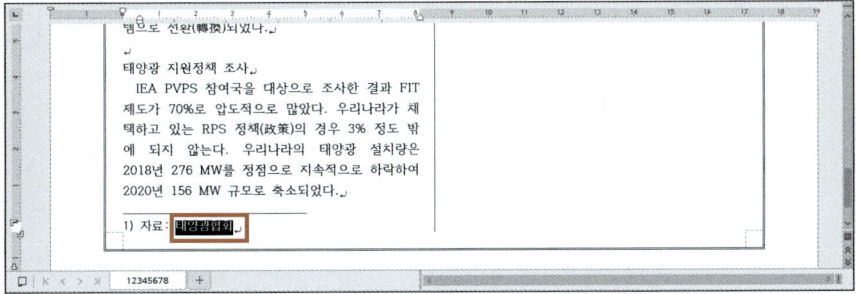

❷ '하이퍼링크' 대화상자의 '연결 대상'에서 '웹 주소'를 선택하고, '웹 주소' 난에 http://www.kopia.asia를 입력한 후 〈넣기〉를 클릭하세요.

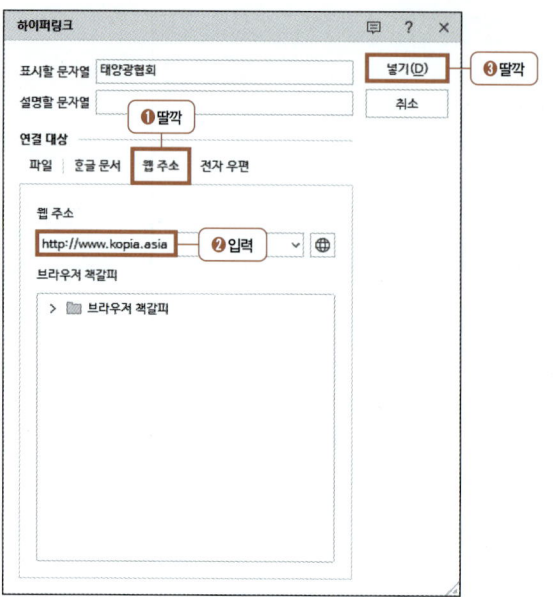

> **전문가의 조언**
> '주석' 탭은 각주 편집 화면 안에 커서가 놓인 상태에서만 표시됩니다.

❸ 다음 작업을 위해 Shift + Esc 를 누르거나 [주석] → [닫기]를 클릭하여 각주 편집 화면에서 빠져나오세요.

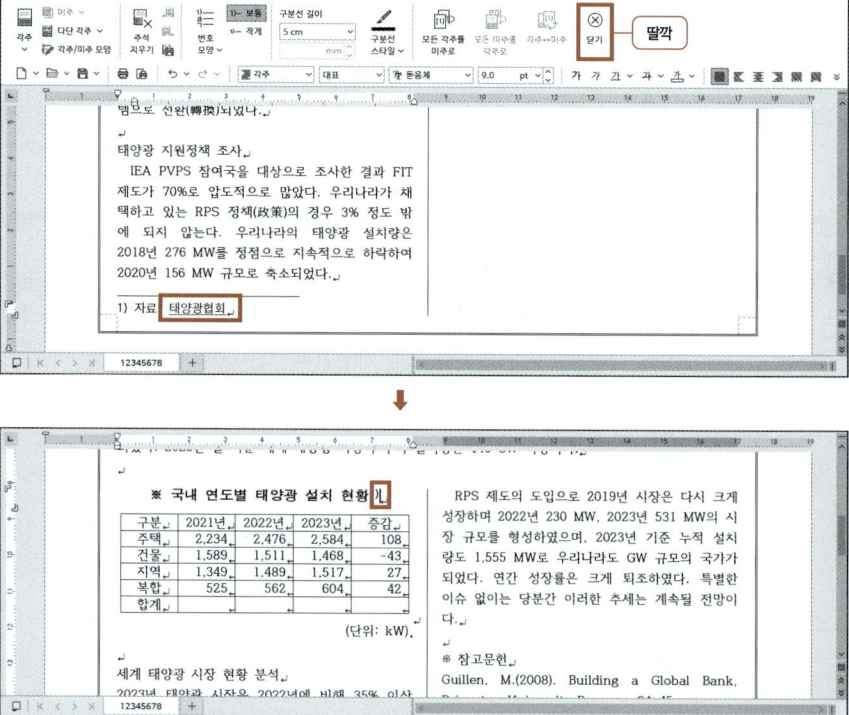

표 편집하기
[세부 지시사항]

11. 표
    - 크기 : 너비 78mm ~ 80mm, 높이 33mm ~ 34mm   - 위치 : 글자처럼 취급
    - 전체 행 : 셀 높이를 같게
    - 테두리 : 표 안쪽은 실선(0.12mm), 표 바깥의 위쪽과 아래쪽은 실선(0.4mm),
            표 바깥의 왼쪽과 오른쪽은 선 없음, 제목 행 아래쪽과 합계 행 위쪽은 이중 실선(0.5mm)
    - 제목 행 : 셀 배경색 – 초록(RGB : 0,128,0), 글자 모양 – 굴림체, 진하게, 하양(RGB : 255,255,255)
    - 합계 행 : 셀 배경색 – 탁한 황갈(RGB : 131,77,0) 80% 밝게, 글자 모양 – 진하게
    - 문단의 정렬 방식 : 가운데 정렬

> **전문가의 조언**
>
> 표의 가로 길이를 78mm ~ 80mm가 되게 조절하고, 글자처럼 취급되게 하는 것은 표를 만들 때 설정했으므로 신경 쓰지 않아도 됩니다.

1. 표의 괘선 변경하기

❶ 다음 그림과 같이 화살표 방향으로 드래그하여 블록으로 지정한 후 테두리 모양을 변경하는 바로 가기 키 ⓛ을 누르세요. '셀 테두리/배경' 대화상자가 나타납니다.

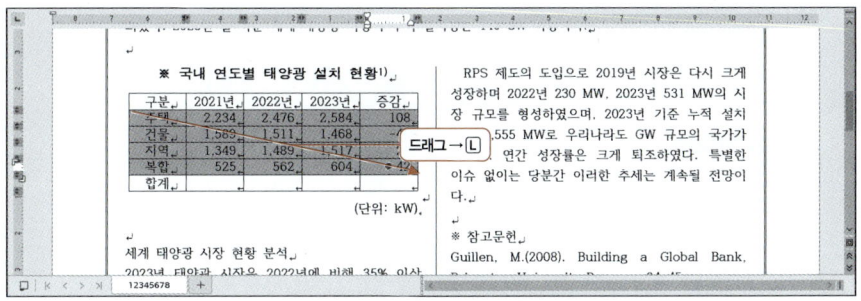

> **전문가의 조언**
>
> **표 안쪽의 선 굵기**
>
> 표가 만들어질 때 표를 구성하는 모든 선이 실선 0.12mm로 만들어지므로 표 안쪽의 선 굵기를 다시 0.12mm로 지정할 필요는 없습니다. 세부 지시사항에 표 안쪽 실선의 굵기가 0.12mm가 아닐 때만 전체 범위를 지정한 다음 변경해 주면 됩니다.

❷ '셀 테두리/배경' 대화상자의 '테두리' 탭에서 다음 그림과 같은 순서로 작업하여 제목 행 아래쪽과 합계 행 위쪽 선을 '이중 실선(0.5mm)'으로 지정한 후 〈설정〉을 클릭하세요.

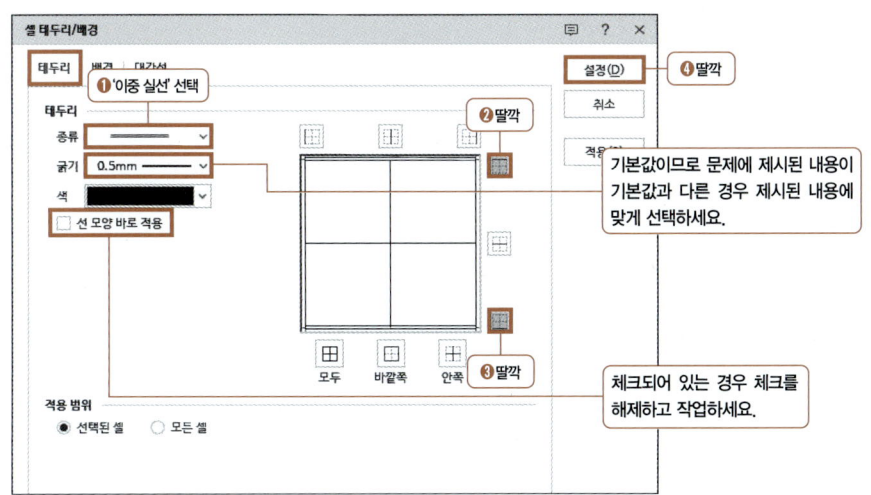

> **전문가의 조언**
>
> **선 모양 바로 적용**
>
> '셀 테두리/배경' 대화상자의 '테두리' 탭에 '선 모양 바로 적용'이 선택되어 있습니다. '선 모양 바로 적용'이 선택되어 있으면 테두리 종류를 선택할 때마다 테두리 단추가 눌러진 곳은 자동으로 선 모양이 적용되어 원하는 모양을 만들기가 쉽지 않습니다. 원하는 곳에만 선 모양을 적용하려면 '선 모양 바로 적용'을 해제하고 작업해야 합니다.

❸ ❷번 작업을 마친 상태에서 그대로 F5 를 눌러 표 전체를 블록으로 지정한 후 테두리 모양을 변경하는 바로 가기 키 L 을 누르세요.

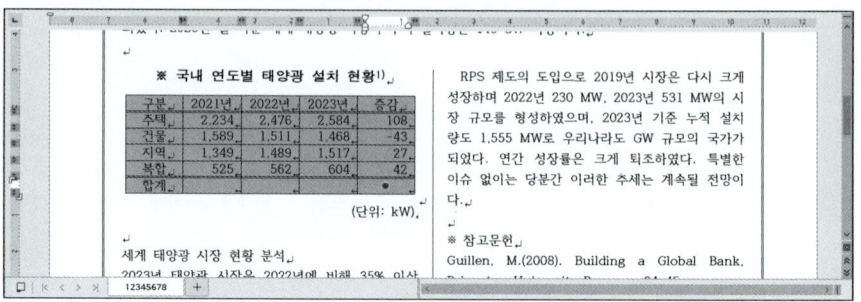

❹ '셀 테두리/배경' 대화상자의 '테두리' 탭에서 다음 그림과 같은 순서로 작업하여 표 바깥의 왼쪽과 오른쪽 선을 지우세요. 이어서 표의 맨 위쪽과 아래쪽에 두꺼운 선을 지정해야 하니 아직 〈설정〉을 클릭하지 마세요.

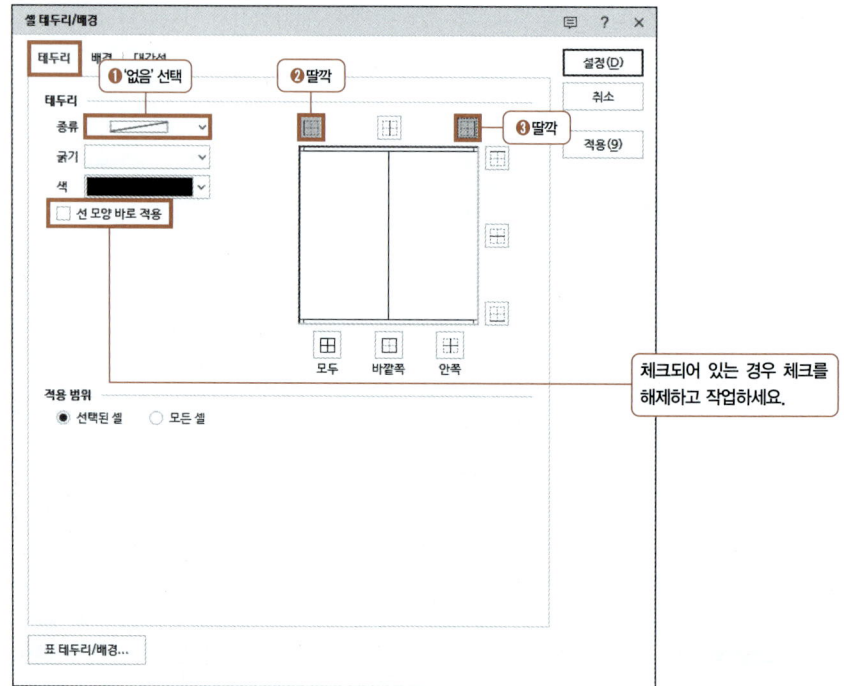

❺ 다음 그림과 같은 순서로 작업하여 표 바깥의 위쪽과 아래쪽 선을 '실선(0.4mm)'으로 지정한 후 〈설정〉을 클릭하세요.

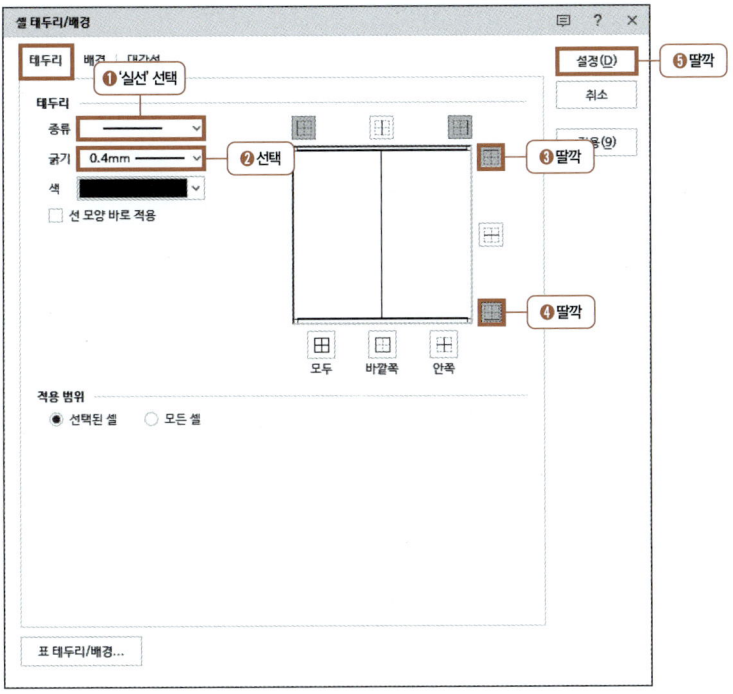

2. 표의 제목 행에 서식 지정하기

❶ 표 전체가 블록으로 지정된 상태에서 PgUp을 눌러 첫 번째 행만 블록으로 지정한 후 셀 배경색을 변경하는 바로 가기 키 C를 누르세요.

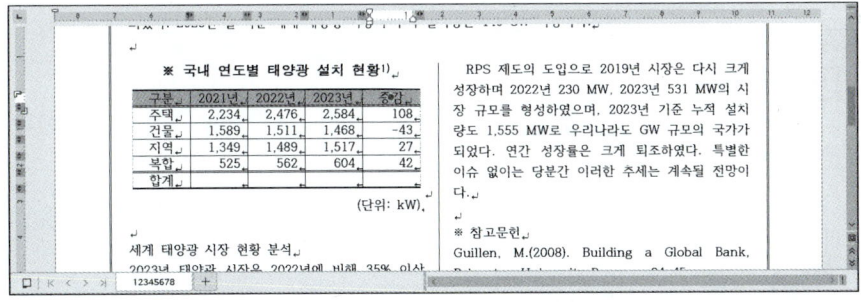

❷ '셀 테두리/배경' 대화상자의 '배경' 탭에서 면 색을 '초록'으로 지정한 후 〈설정〉을 클릭하세요.

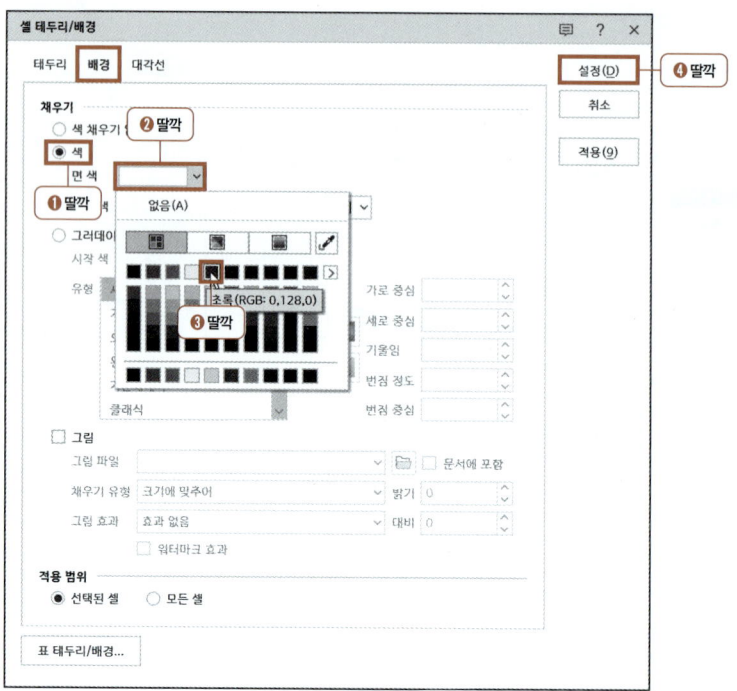

❸ 첫 번째 행이 블록으로 지정된 상태에서 글자 모양을 변경하는 바로 가기 키 [Alt]+[L]을 누르세요.

❹ '글자 모양' 대화상자의 '기본' 탭에서 글꼴의 모양과 속성, 글자 색을 다음 그림과 같이 지정한 후 〈설정〉을 클릭하세요.

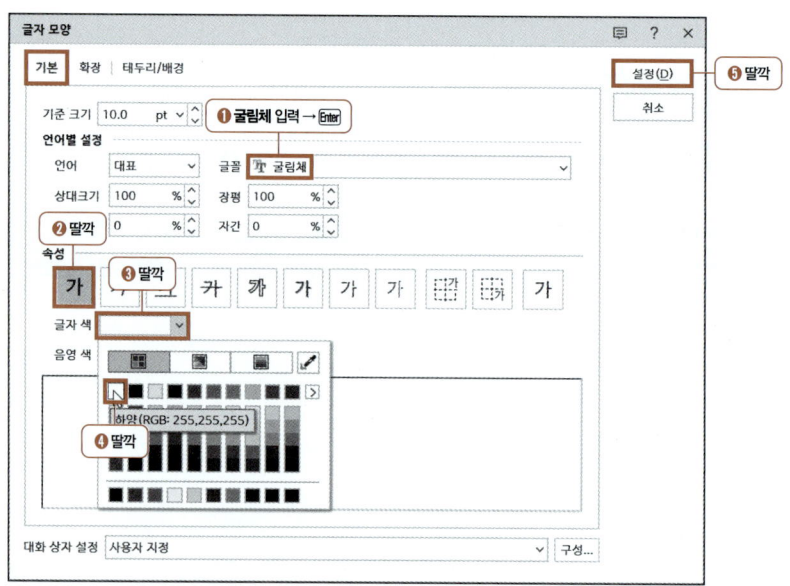

3. 표의 합계 행에 서식 지정하기

❶ 다음 그림과 같이 마우스로 드래그하여 마지막 행(6행)만 블록으로 지정한 후 셀 배경 색을 변경하는 바로 가기 키 ⓒ를 누르세요.

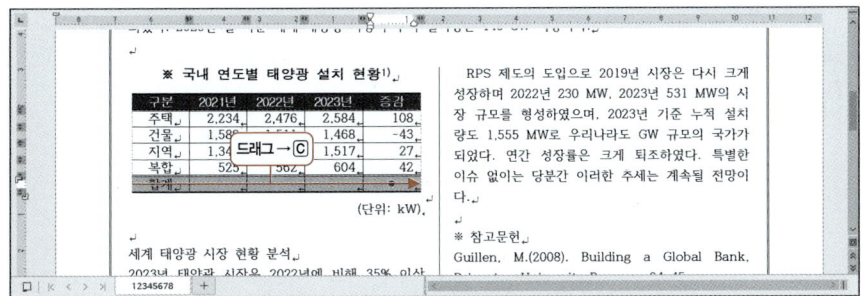

❷ '셀 테두리/배경' 대화상자의 '배경' 탭에서 면 색을 '탁한 황갈 80% 밝게'로 지정한 후 〈설정〉을 클릭하세요.

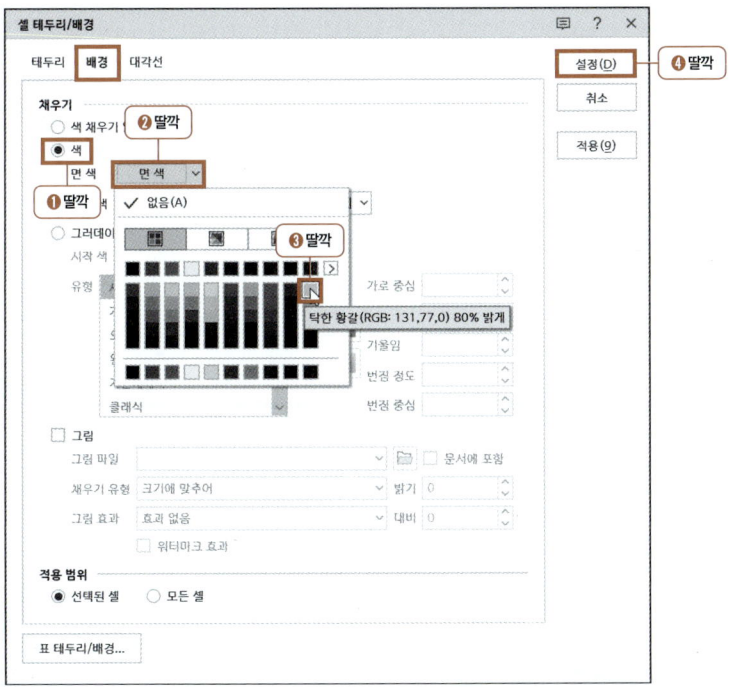

❸ 마지막 행이 블록으로 지정된 상태에서 글자 모양을 변경하는 바로 가기 키 Alt + L 을 누르세요.

❹ '글자 모양' 대화상자의 '기본' 탭에서 Alt + B → Enter 를 차례로 눌러 '진하게(가)'를 지정하세요.

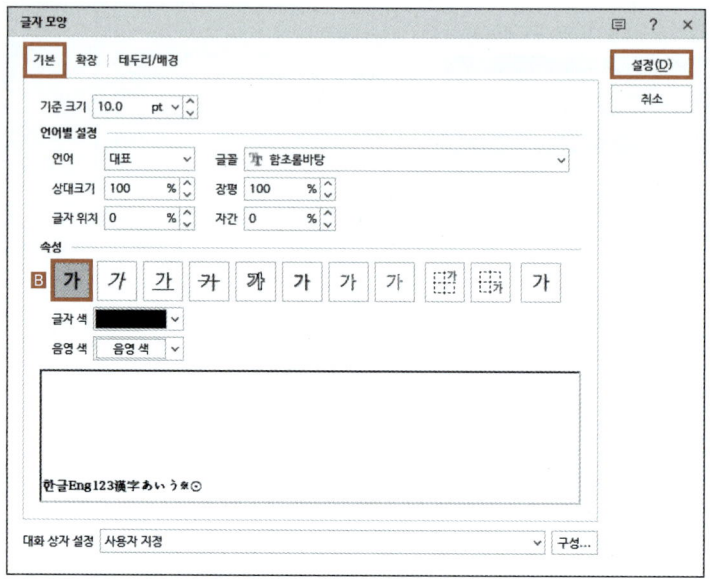

4. 표에 블록 합계 계산하기
[세부 지시사항]

12. 블록 계산식 – 표의 합계 행에 블록 계산식을 이용하여 블록 합계 산출

블록 합계를 구할 범위와 표시될 위치를 다음 그림과 같이 마우스로 드래그하여 블록으로 지정한 후 Ctrl + Shift + S 를 누르세요(표의 [바로 가기 메뉴] → [블록 계산식] → [블록 합계]).

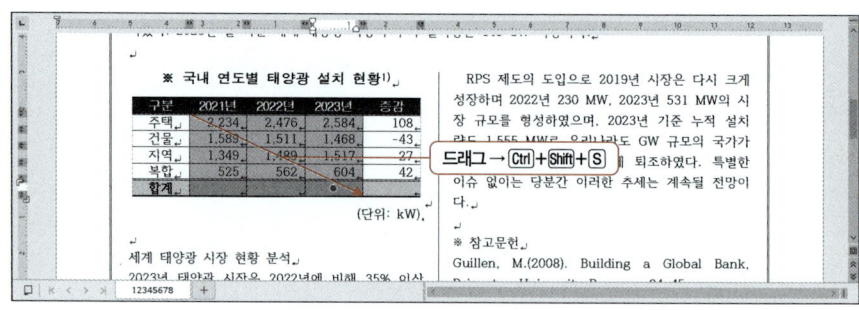

5. 표의 높이 조절하기

표의 높이를 33mm~34mm로 조절해야 합니다. 다음 그림과 같이 마우스로 드래그하여 표 전체를 블록으로 지정한 후 Ctrl + ↓을 한 번 누르세요.

 전문가의 조언

표 셀의 내용이 모두 한 줄로 표시되면 모든 셀의 높이는 같으므로 따로 셀의 높이를 같도록 조절하지 않아도 됩니다.

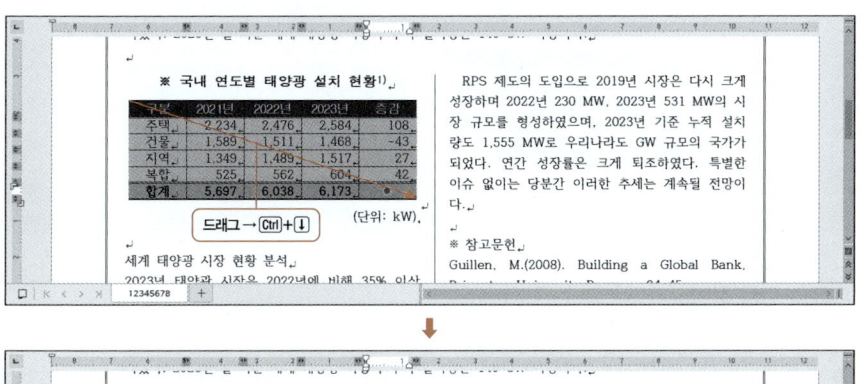

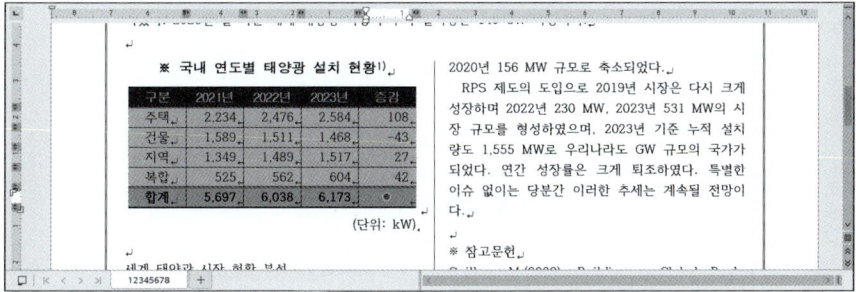

6. 표의 캡션 위치 조정하기

[세부 지시사항]

> 13. 캡션 – 표 위에 삽입 후 오른쪽 정렬

 전문가의 조언

표의 정렬을 수행할 때 캡션도 오른쪽으로 정렬했으므로 캡션을 표의 위쪽으로 배치하기만 하면 됩니다.

캡션의 위치를 위쪽으로 이동시켜야 합니다. 표 전체가 블록으로 지정된 상태에서 [⊞] (표 레이아웃)] → [캡션] → [위]를 선택하세요.

 전문가의 조언

캡션 위치를 지정하는 다른 방법
표 안에 커서를 놓고 Ctrl + N, K 를 눌러 나타나는 '표/셀 속성' 대화상자의 '여백/캡션' 탭에서 '캡션' 위치를 '위'로 지정하면 됩니다.

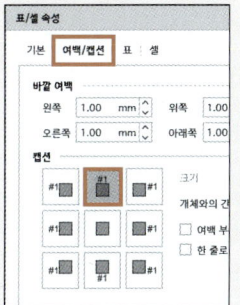

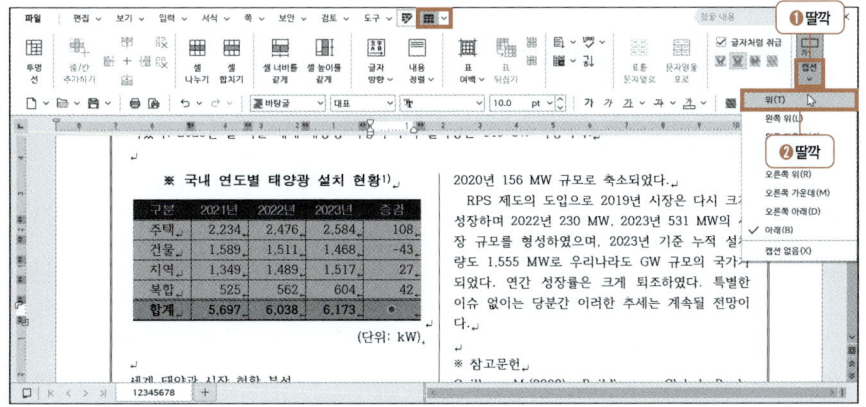

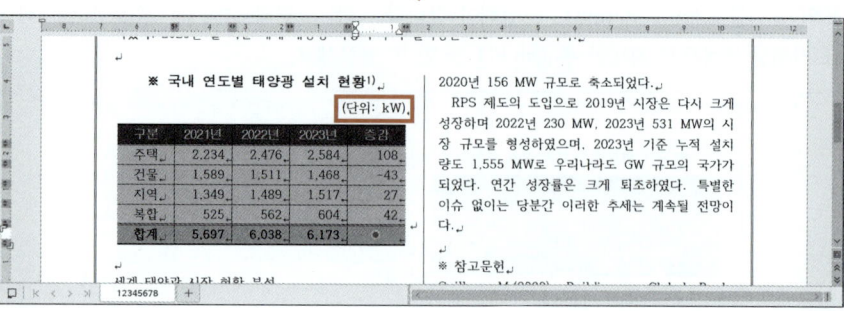

7. 표의 위치 정렬하기

표의 내용이 아닌 표 자체를 가운데 정렬해야 합니다. Shift + Esc 를 눌러 커서를 표의 왼쪽 밖에 위치시킨 후 Ctrl + Shift + C 를 눌러 표 자체를 가운데로 정렬하세요.

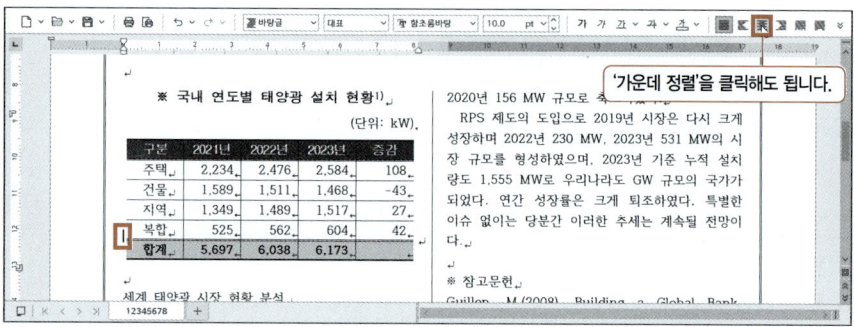

'가운데 정렬'을 클릭해도 됩니다.

전문가의 조언

- 표 자체를 가운데로 정렬하지 않았을 경우 5점이나 감점되므로 가운데 정렬이 정확히 수행되었는지 확인해야 합니다. 하지만 표가 단의 크기에 맞게 작성되므로 가운데 정렬이 정확히 적용되었는지 확인하기 어렵습니다. 이럴 때는 [서식] 도구 모음의 정렬 아이콘 항목이 '가운데 정렬'에 위치하는지를 보고 확인할 수 있습니다.
- Shift + Esc 를 눌렀을 때 커서가 표 밖으로 이동되지 않는 경우 마우스로 표 제목 부분을 클릭한 후 Ctrl + ↓ 를 누르면 커서가 표의 왼쪽에 위치합니다.

궁금해요 시나공 Q&A 베스트

Q '가운데 정렬'이 수행되지 않아요!

A Shift + Esc 를 눌렀을 때 커서가 표의 왼쪽 위에 표시되며, Ctrl + Shift + C 를 눌러도 표가 가운데로 정렬되지 않습니다.

커서의 위치

이것은 표가 '글자처럼 취급'이 되지 않았기 때문입니다. Ctrl + N, K 를 눌러 '표/셀 속성' 대화상자의 '기본' 탭에서 '글자처럼 취급'을 선택한 후 다시 작업해 보세요.

"세계 태양광~"에 '개요 1' 스타일 적용하기

[세부 지시사항]

```
7. 스타일(2개소 수정, 3개소 등록)
   - 개요 1(수정) : 여백 - 왼쪽(0pt), 11pt, 휴먼고딕, 진하게
```

❶ 앞선 7번 작업을 마친 후 Ctrl + ↓를 두 번 누르세요. 커서가 '개요 1' 스타일을 적용할 "세계 태양광~"의 "세"자 앞으로 이동합니다.

❷ [기본] 도구 상자의 [서식] → [개요 1]을 클릭하여 '개요 1' 스타일을 지정하세요.

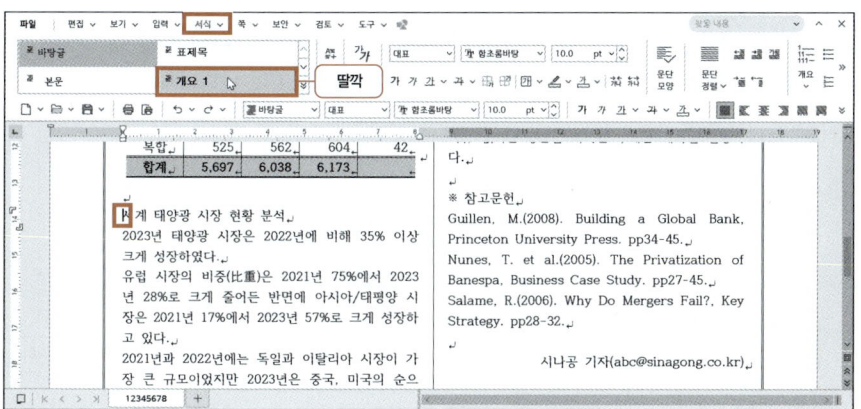

❸ 적용된 스타일을 확인한 후 다음 작업을 위해 Ctrl + ↓을 한 번 누르세요. 커서가 다음 문단의 처음으로 이동합니다.

"2023년 태양광~"에 '개요 2' 스타일 수정한 후 적용하기

[세부 지시사항]

```
7. 스타일(2개소 수정, 3개소 등록)
   - 개요 2(수정) : 여백 - 왼쪽(15pt)
```

❶ 앞선 ❸번에서의 작업으로 인해 커서가 "2023년"의 숫자 2 앞에 있습니다. '개요 2' 스타일을 수정한 후 적용하기 위해 Ctrl + Shift + ↓을 네 번 눌러 '개요 2' 스타일을 적용할 문단을 블록으로 지정한 후 스타일 바로 가기 키 F6을 누릅니다([기본] 도구 상자 : [서식] → [스타일]의 ✓(자세히) → [스타일]). '스타일' 대화상자가 나타납니다.

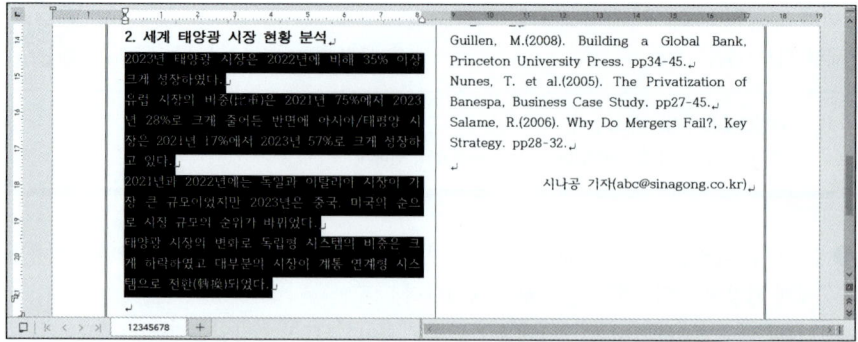

❷ '스타일' 대화상자에서 ↓을 네 번 눌러 '개요 2'를 선택한 후 Alt + E 를 누르세요. '개요 2' 스타일을 수정할 수 있는 '스타일 편집하기' 대화상자가 나타납니다.

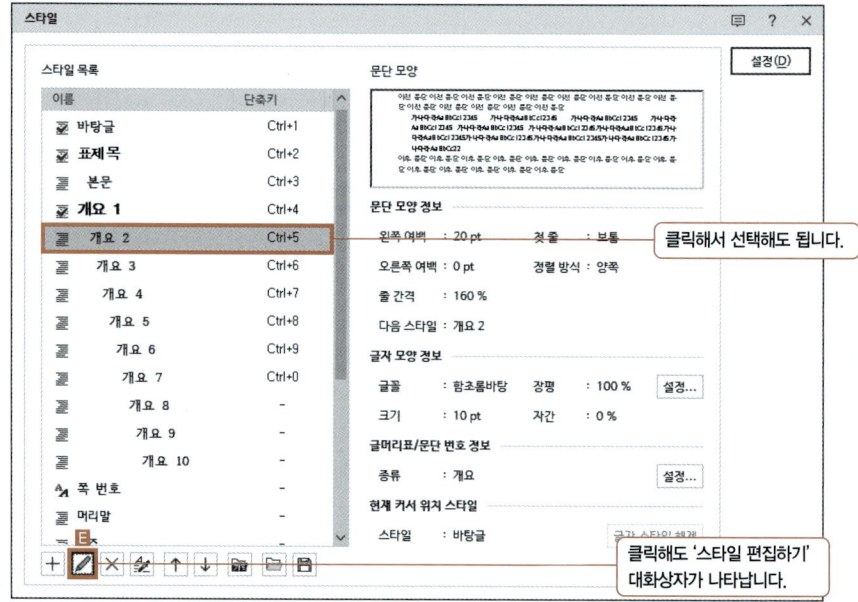

❸ '스타일 편집하기' 대화상자에서 Alt + T 를 누르세요. '문단 모양' 대화상자가 나타납니다.

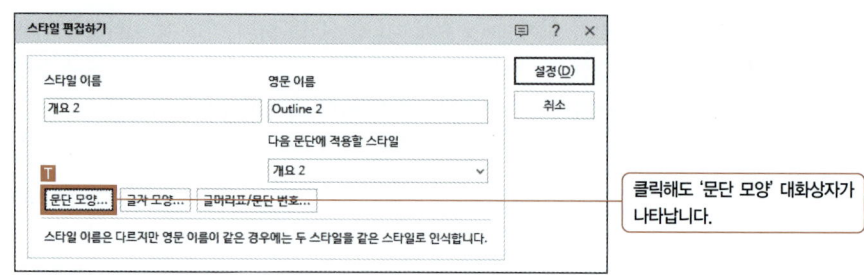

❹ '문단 모양' 대화상자의 '기본' 탭에서 Alt + F → 15 → Enter 를 차례로 눌러 왼쪽 여백을 지정하세요. '스타일 편집하기' 대화상자로 돌아옵니다.

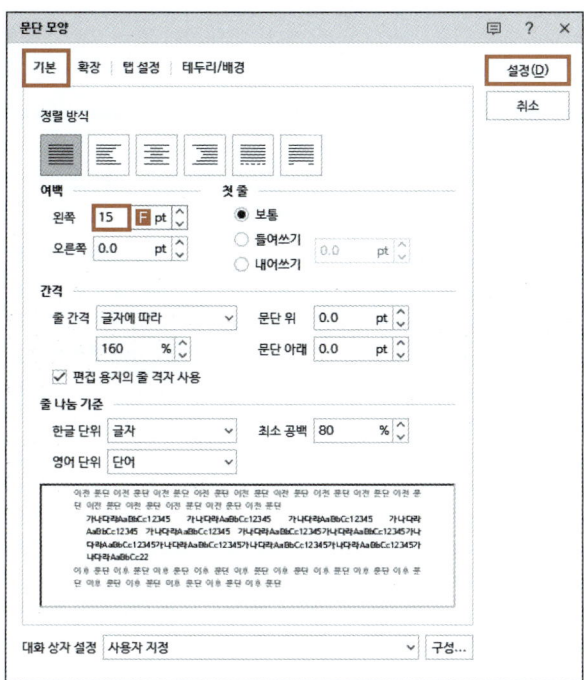

❺ '스타일 편집하기' 대화상자에서 〈설정〉을 클릭한 후 '스타일' 대화상자에서도 〈설정〉을 클릭하세요. 수정된 '개요 2' 스타일이 적용됩니다.

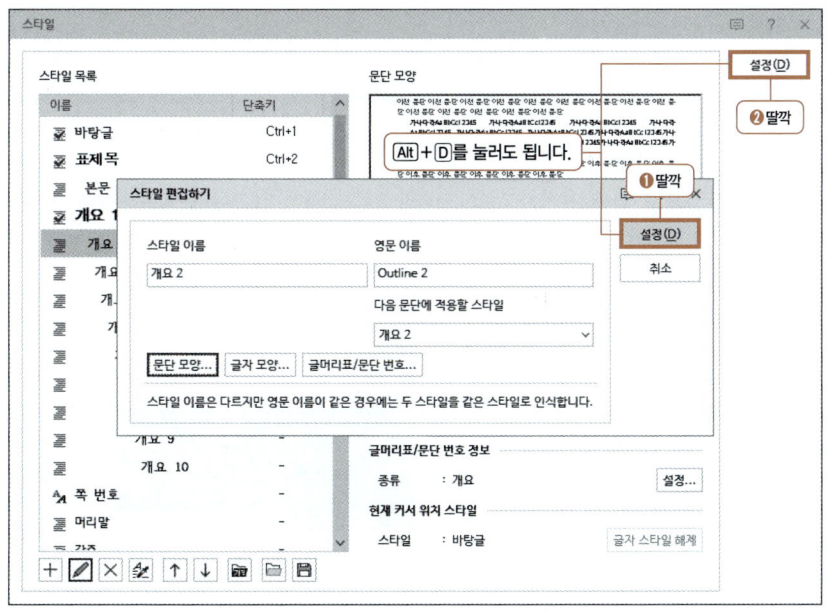

❻ 적용된 스타일을 확인한 후 다음 작업을 위해 Ctrl + ↓ 을 누르세요. 커서가 다음 문단의 처음으로 이동합니다.

"태양광~"에 '개요 1' 스타일 적용하기
[세부 지시사항]

```
7. 스타일(2개소 수정, 3개소 등록)
   - 개요 1(수정) : 여백 – 왼쪽(0pt), 11pt, 휴먼고딕, 진하게
```

❶ 앞선 ❻번에서의 작업으로 인해 커서가 "태양광"의 "태"자 앞에 있습니다. [기본] 도구 상자의 [서식] → [개요 1]을 클릭하여 '개요 1' 스타일을 지정하세요.

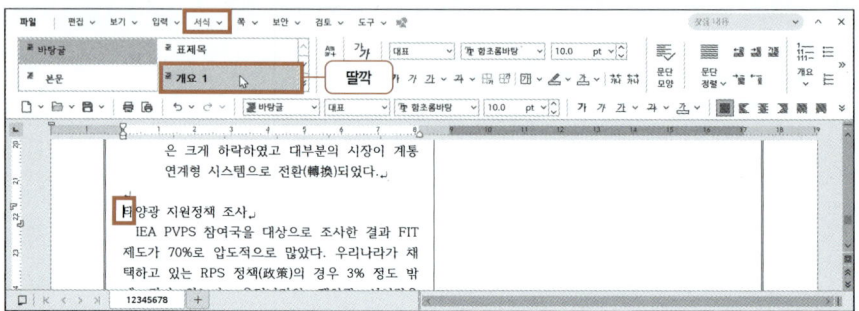

❷ 적용된 스타일을 확인하고 다음 작업을 위해 Ctrl + ↓을 5번 누르세요. 커서가 '참고문헌' 스타일을 적용할 문단의 처음으로 이동합니다.

'참고문헌 1' 스타일 적용하기
[세부 지시사항]

```
7. 스타일(2개소 수정, 3개소 등록)
   - 참고문헌 1(등록) : 스타일 이름 – 참고문헌 1, 스타일 종류 – 문단, 내어쓰기(20pt)
```

1. '참고문헌 1' 스타일 만들기

❶ 앞선 ❷번 작업으로 인해 커서가 "Guillen"의 "G"자 앞에 있습니다. Ctrl + Shift + ↓ 를 세 번 눌러 '참고문헌 1' 스타일을 적용할 문장을 블록으로 지정한 후 스타일 바로 가기 키 F6 을 누르세요([기본] 도구 상자 : [서식] → [스타일]의 (자세히) → [스타일]). '스타일' 대화상자가 나타납니다.

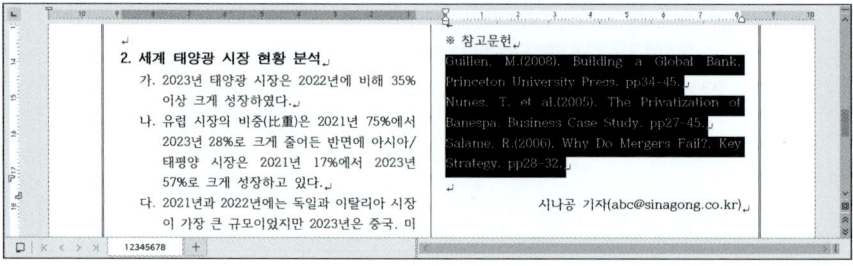

❷ '스타일' 대화상자에서 Insert를 누르면 '스타일 추가하기' 대화상자가 나타납니다. '스타일 추가하기' 대화상자에서 스타일 이름에 **참고문헌 1**을 입력한 후 Enter를 누르면 '참고문헌 1'이란 이름으로 스타일이 추가됩니다.

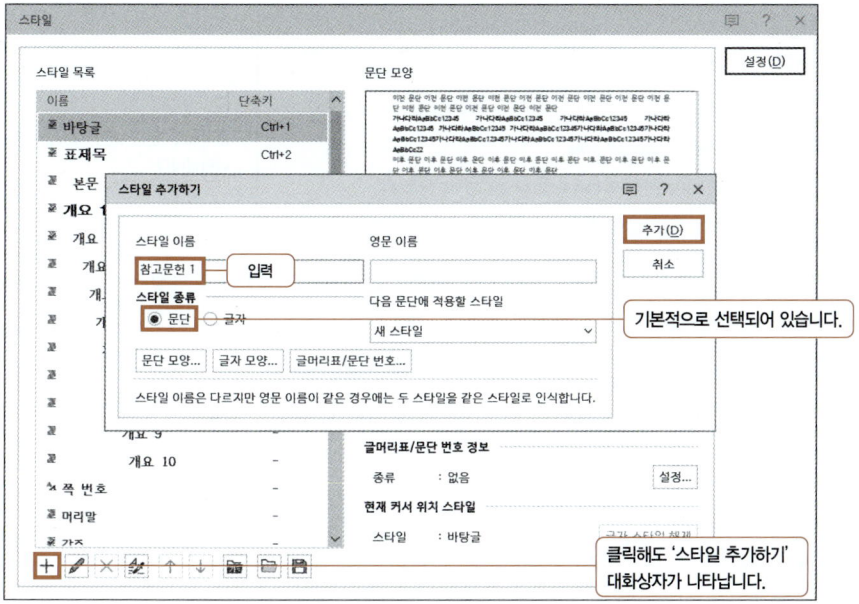

2. '참고문헌 1' 스타일 편집 및 적용하기

❶ 이제 '참고문헌 1' 스타일을 문제의 지시사항대로 편집해야 합니다. '스타일' 대화상자에는 '참고문헌 1' 스타일이 선택되어 있으므로 스타일 편집 바로 가기 키 Alt + E 를 누르세요. '참고문헌 1' 스타일을 편집할 수 있는 '스타일 편집하기' 대화상자가 나타납니다.

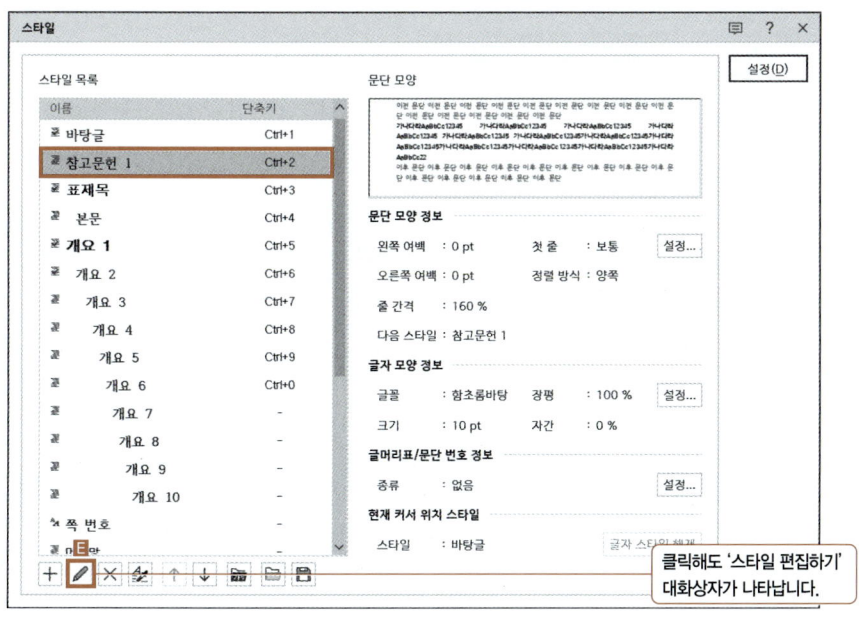

❷ '스타일 편집하기' 대화상자에서 Alt + T 를 누르세요. '문단 모양' 대화상자가 나타납니다.

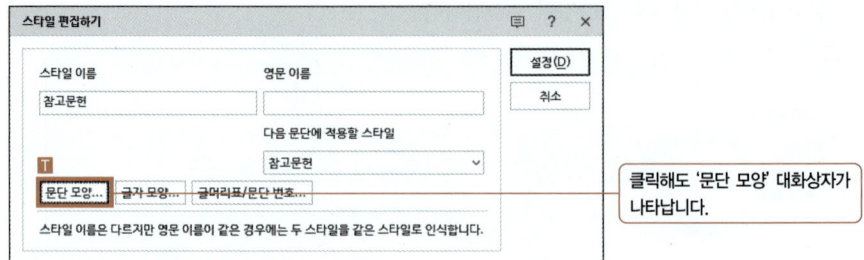

전문가의 조언

바로 가기 키로 '문단 모양' 대화상자 설정하기
Alt + B → Tab → 20 → Enter

❸ '문단 모양' 대화상자의 '기본' 탭에서 내어쓰기를 20pt로 지정한 후 〈설정〉을 클릭하세요. '스타일 편집하기' 대화상자로 돌아옵니다.

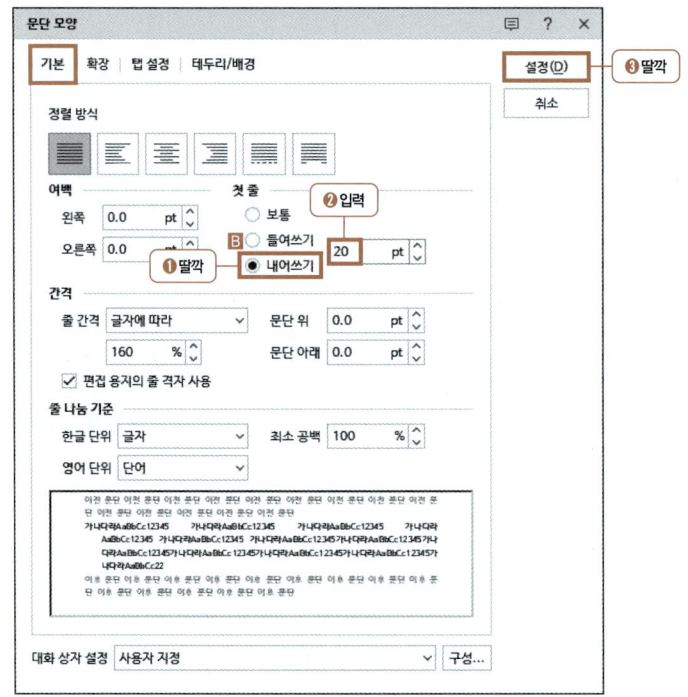

❹ '스타일 편집하기' 대화상자에서 〈설정〉을 클릭한 후 '스타일' 대화상자에서도 〈설정〉을 클릭하세요. '참고문헌 1' 스타일이 범위로 지정된 곳에 적용됩니다.

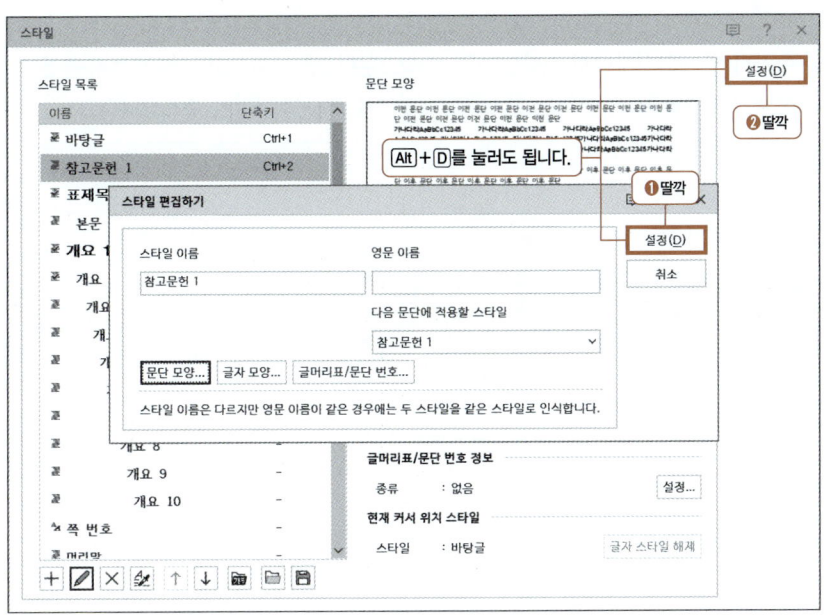

❺ 적용된 스타일을 확인한 후 다음 작업을 위해 Esc 를 눌러 블록을 해제하세요.

'참고문헌 2' 스타일 지정하기
[세부 지시사항]

> 7. 스타일(2개소 수정, 3개소 등록)
>   – 참고문헌 2(등록) : 스타일 이름 – 참고문헌 2, 스타일 종류 – 글자, 기울임

1. '참고문헌 2' 스타일 만들기

❶ '참고문헌 2' 스타일을 적용할 문장을 마우스로 드래그하여 블록으로 지정한 후 스타일 바로 가기 키 F6 을 누르세요([기본] 도구 상자 : [서식] → [스타일]의 ⌵(자세히) → [스타일]). '스타일' 대화상자가 나타납니다.

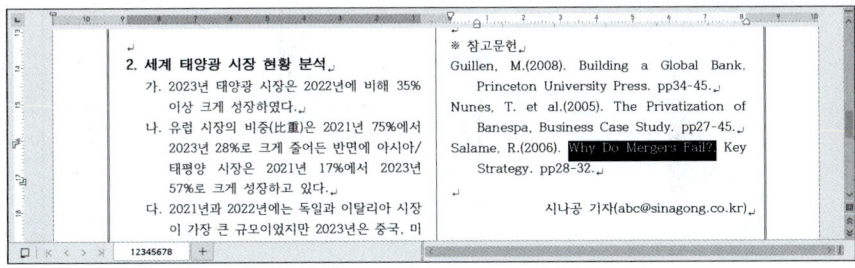

❷ '스타일' 대화상자에서 Insert를 누르면 '스타일 추가하기' 대화상자가 나타납니다. '스타일 추가하기' 대화상자에서 스타일 이름에 **참고문헌 2**을 입력하고 스타일 종류를 '글자'로 선택한 후 Enter를 누르세요. '참고문헌 2'란 이름으로 스타일이 추가됩니다.

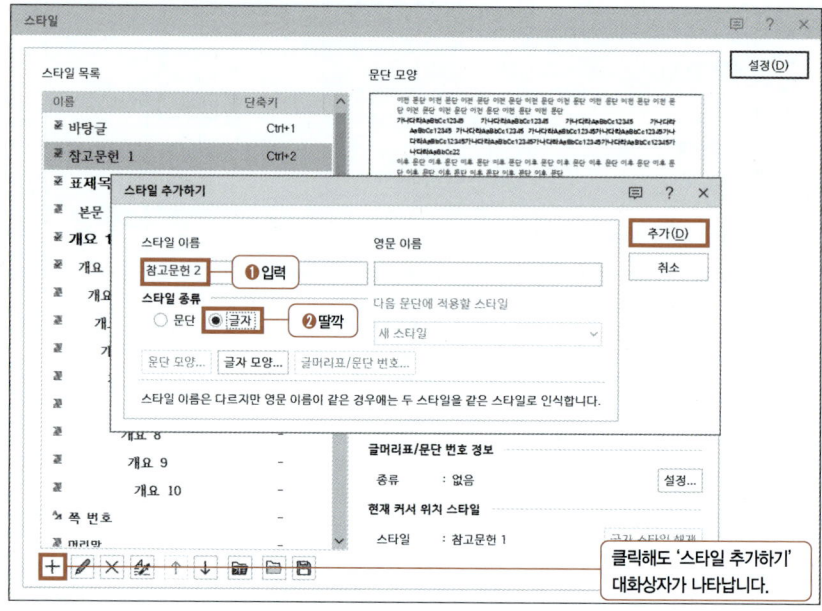

2. '참고문헌 2' 스타일 편집 및 적용하기

❶ 이제 '참고문헌 2' 스타일을 문제의 지시사항대로 편집해야 합니다. '스타일' 대화상자에는 '참고문헌 2' 스타일이 선택되어 있으므로 스타일 편집 바로 가기 키 Alt + E를 누르세요. '참고문헌 2' 스타일을 편집할 수 있는 '스타일 편집하기' 대화상자가 나타납니다.

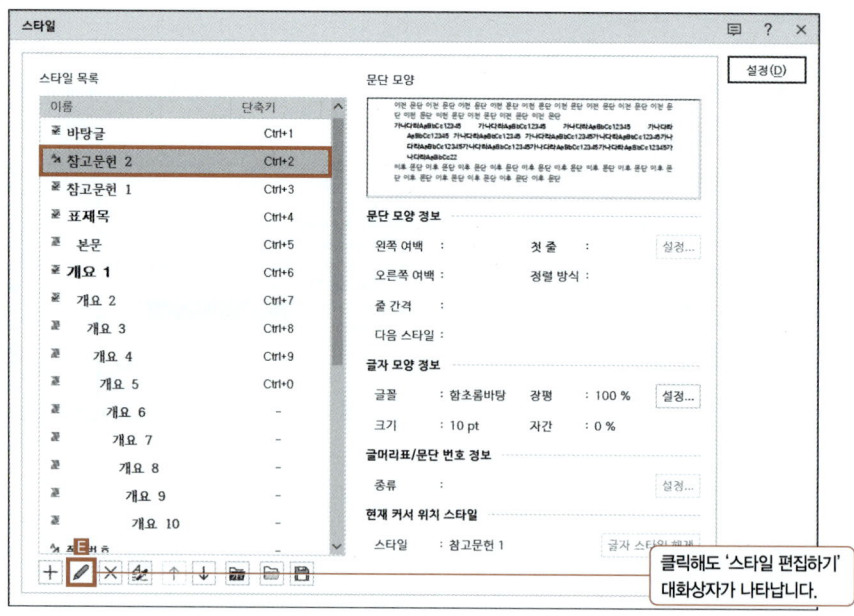

❷ '스타일 편집하기' 대화상자에서 Alt + L 를 누르세요. '글자 모양' 대화상자가 나타납니다.

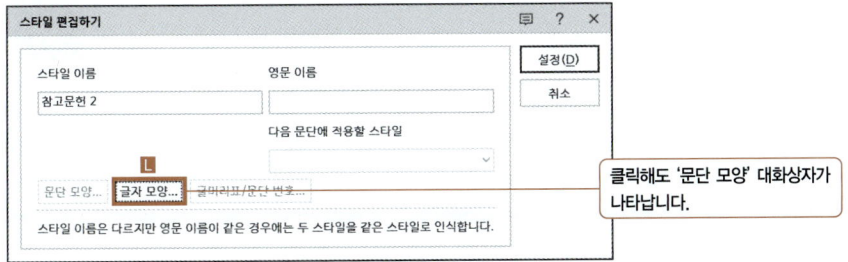

❸ '문글자 모양' 대화상자의 '기본' 탭에서 Alt + I → Enter 를 차례로 눌러 '기울임(가)'을 지정하세요. '스타일 편집하기' 대화상자로 돌아옵니다.

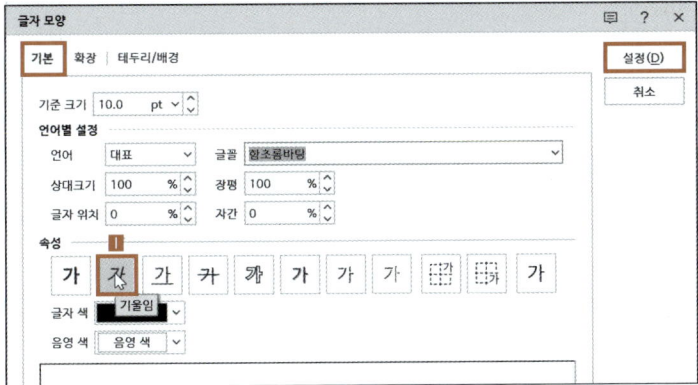

❹ '스타일 편집하기' 대화상자에서 〈설정〉을 클릭한 후 이어서 '스타일' 대화상자에서도 〈설정〉을 클릭하세요. '참고문헌 2' 스타일이 범위로 지정된 곳에 적용됩니다.

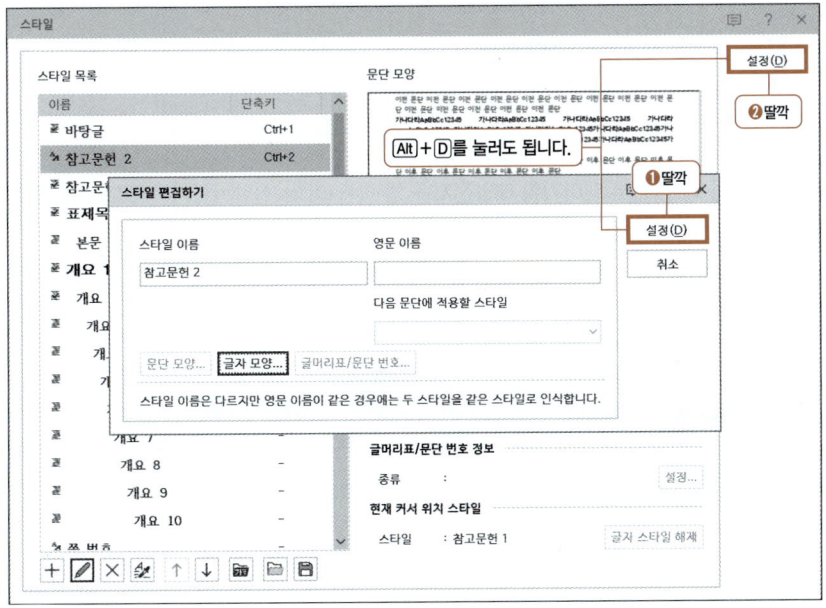

❺ 적용된 스타일을 확인하고 다음 작업을 위해 Esc를 눌러 블록을 해제하세요.

머리말 추가하기
[세부 지시사항]

```
16. 머리말
   - 제목 : 휴먼고딕, 10pt, 진하게, 초록(RGB : 40,155,110) 50% 어둡게
   - 날짜 : 탭 종류(오른쪽), 탭 위치(16.9cm)
```

1. 머리말 만들기

❶ 머리말은 커서가 놓여있는 위치와 관계없이 항상 지정한 곳에 만들어 집니다. '참고 문헌' 스타일 설정 작업을 마친 후 커서를 옮기지 말고 머리말을 추가하는 바로 가기 키 Ctrl + N, H를 누르세요.([기본] 도구 상자 : [쪽] → [머리말] → [위쪽] → [모양 없음]).

❷ '머리말/꼬리말' 대화상자에서 기본값이 '머리말'이므로 그냥 Enter를 누르세요. '머리말 편집 화면'이 나타납니다.

> **궁금해요 시나공 Q&A 베스트**
> Q 머리말 바로 가기 키를 눌러도 아무런 변화가 없어요!
> A 아무 곳이라도 블록이 지정되어 있는 경우 머리말을 지정할 수 없습니다. Esc를 눌러 지정되어 있는 블록을 해제한 후 수행해 보세요.

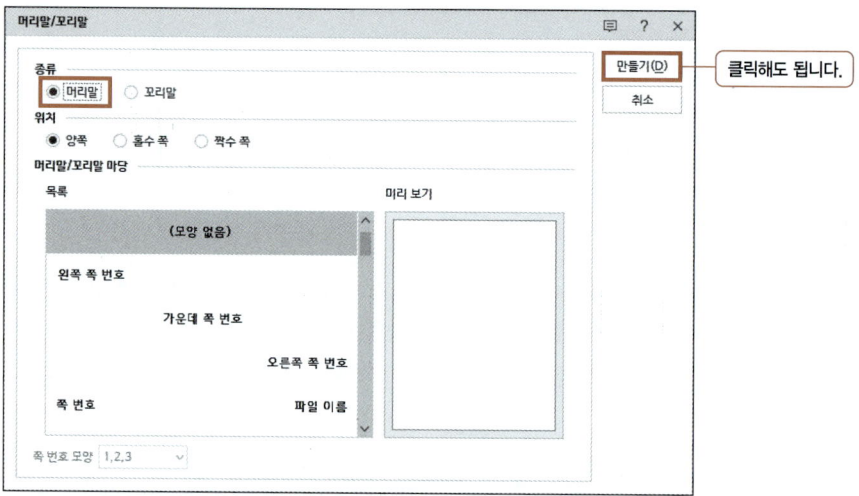

❸ '머리말 편집 화면'에서 **테마기획 태양전지**를 입력하고 Tab을 누른 다음 **2023. 10. 5.**를 입력하세요.

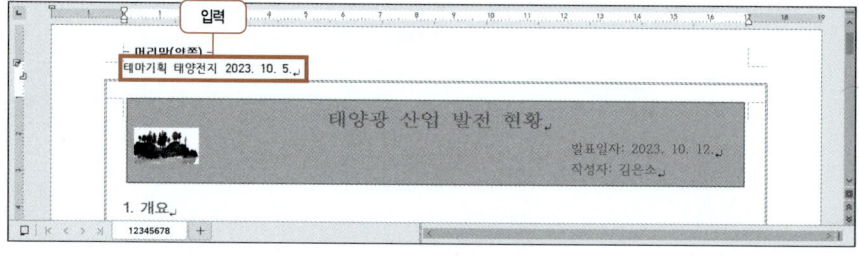

2. 머리말에 탭 설정 및 서식 지정하기

❶ 탭 설정을 지정하기 위해 Alt + T 를 눌러 '문단 모양' 대화상자를 호출하세요.

❷ '문단 모양' 대화상자의 '탭 설정' 탭에서 '탭 종류'는 '오른쪽', '탭 위치'의 단위는 '센티미터(cm)'로 선택한 후 '탭 위치'에 **16.9**를 입력하고 〈추가〉를 클릭하세요.

❸ 이어서 '문단 오른쪽 끝 자동 탭'을 선택한 후 〈설정〉을 클릭하세요. 머리말 편집 화면으로 돌아옵니다.

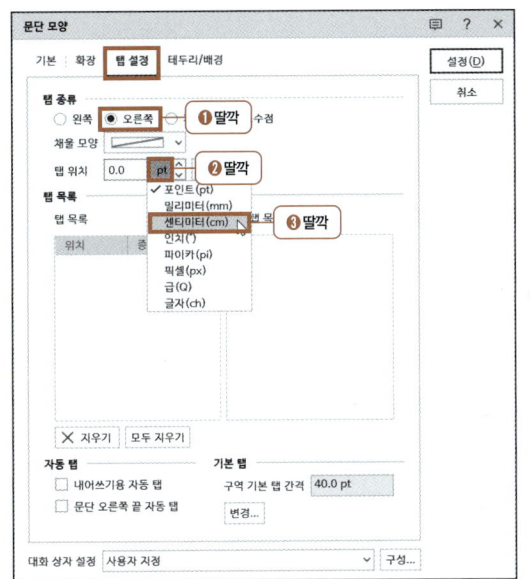 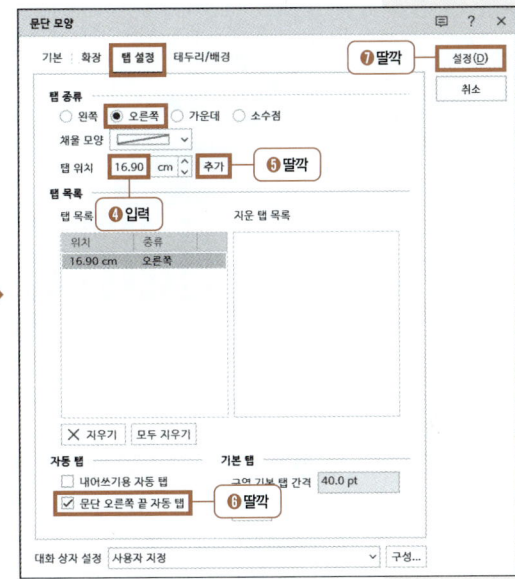

❹ 제목(테마기획 태양전지)에만 글꼴 서식을 지정하기 위해 Home 을 눌러 커서를 행의 가장 앞으로 이동하고 Ctrl + Shift + → 을 두 번 눌러 제목만 블록으로 지정한 후 Alt + L 을 눌러 '글자 모양' 대화상자를 호출하세요.

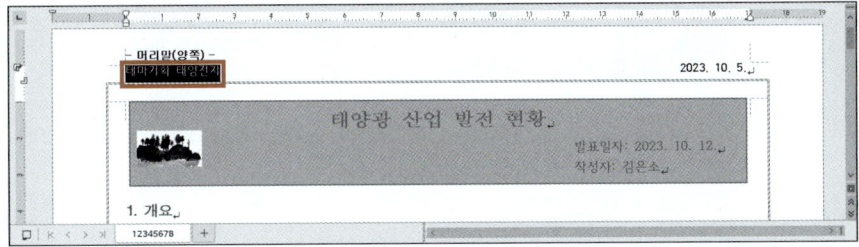

전문가의 조언

바로 가기 키로 '글자 모양' 대화 상자 설정하기

휴먼고딕 입력 → Enter → Alt + Z → 10 → Alt + B → Alt + C → '초록 50% 어둡게' 선택 → Enter → Alt + D

❺ '글자 모양' 대화상자의 '기본' 탭에서 글꼴의 모양과 크기, 속성을 다음 그림과 같이 지정한 후 〈설정〉을 클릭하세요. 머리말 편집 화면으로 돌아옵니다.

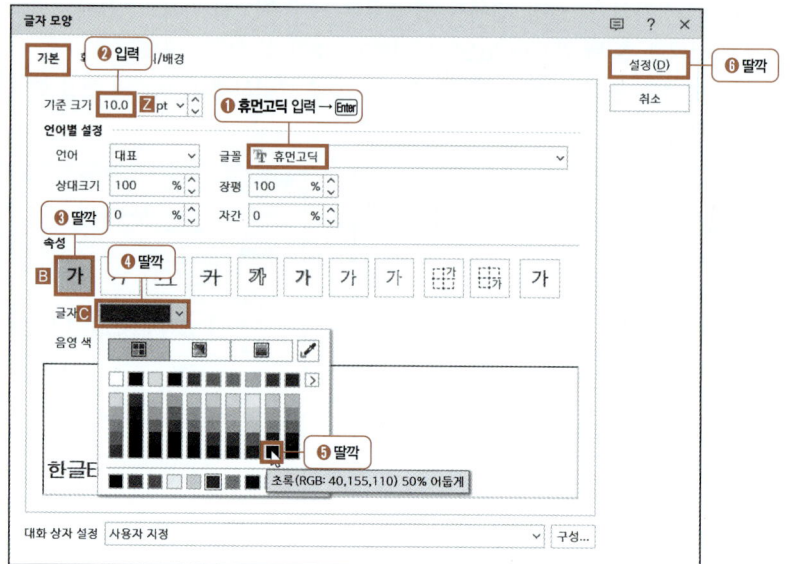

❻ Shift + Esc 를 눌러 '머리말 편집 화면'에서 빠져나오세요. 문서의 위쪽에 표시된 머리말을 확인할 수 있습니다.

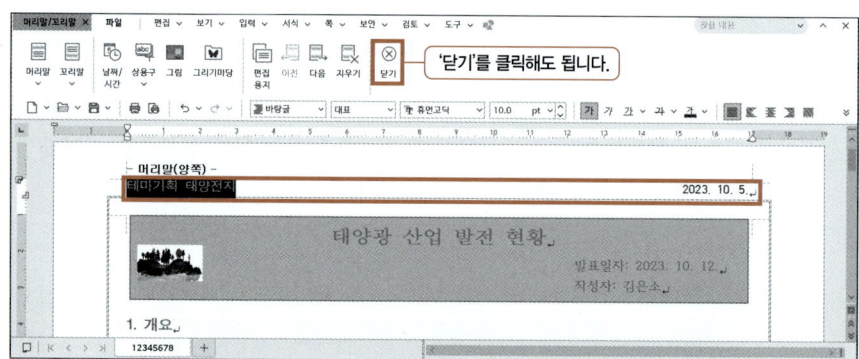

꼬리말 추가하기
[세부 지시사항]

17. 꼬리말 - 맑은 고딕, 진하게, 남색(RBG : 58,60,132) 25% 어둡게, 가운데 정렬

1. 꼬리말 만들기

❶ 꼬리말도 머리말과 같이 커서가 놓여있는 위치와 관계없이 항상 지정한 곳에 만들어지므로, 머리말 작업을 마친 상태에서 그대로 꼬리말을 추가하는 바로 가기 키 Ctrl + N, H를 누르세요([기본] 도구 상자 : [쪽] → [꼬리말] → [모양 없음]).

❷ '머리말/꼬리말' 대화상자에서 '꼬리말'을 선택한 후 〈만들기〉를 클릭하세요.

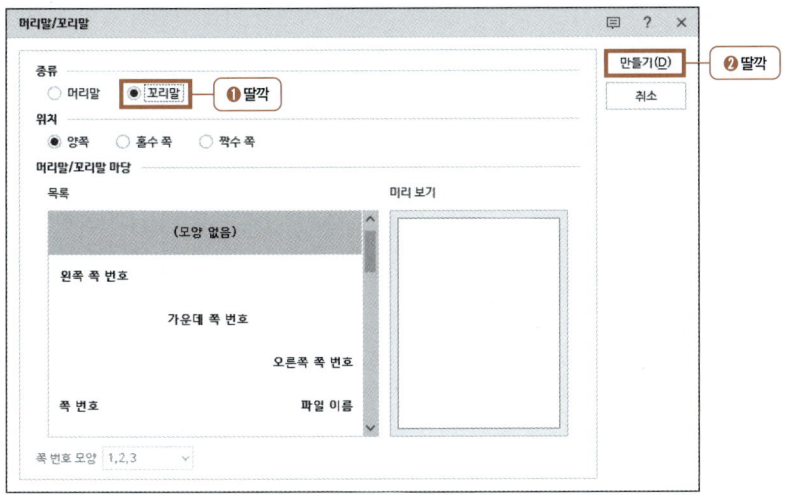

❸ '꼬리말 편집 화면'에서 **전기전자재료 제28권 제3호**를 입력하세요.

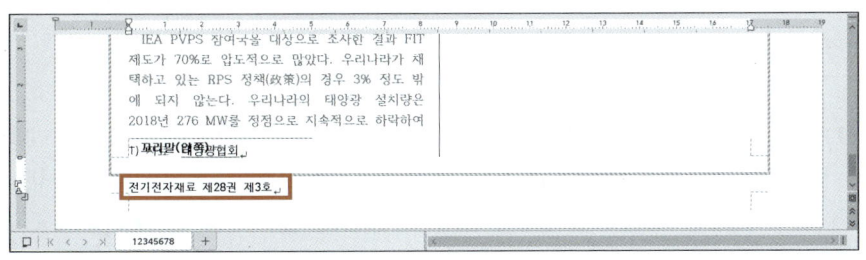

> **궁금해요** 시나공 Q&A 베스트
>
> **Q** 꼬리말 바로 가기 키를 눌러도 아무런 변화가 없어요!
>
> **A** 아무 곳이라도 블록이 지정되어 있는 경우 꼬리말을 지정할 수 없습니다. Esc를 눌러 설정되어 있는 블록을 해제한 후 수행해 보세요.

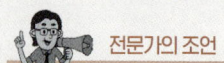

전문가의 조언

Ctrl + A 를 눌러 블록을 지정해도 됩니다.

전문가의 조언

바로 가기 키로 '글자 모양' 대화상자 설정하기

맑은 고딕 입력 → Enter → Alt + B → Alt + C → '남색 25% 어둡게' 선택 → Enter → Alt + D

2. 꼬리말에 서식 및 정렬 지정하기

❶ 앞선 ❸번 작업에서 커서를 이동시키지 말고 Shift + Home 을 눌러 모든 내용을 블록으로 지정한 후 Alt + L 을 눌러 '글자 모양' 대화상자를 호출하세요.

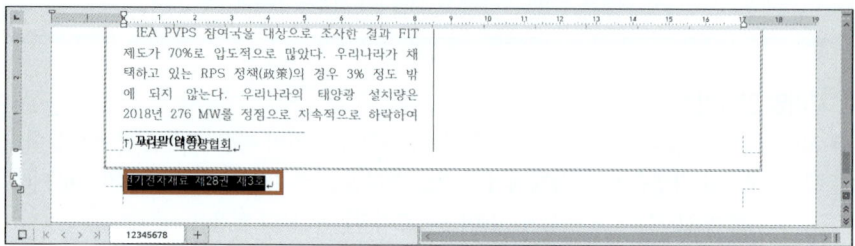

❷ '글자 모양' 대화상자의 '기본' 탭에서 글꼴의 모양과 속성을 다음 그림과 같이 지정한 후 〈설정〉을 클릭하세요. 꼬리말 편집 화면으로 돌아옵니다.

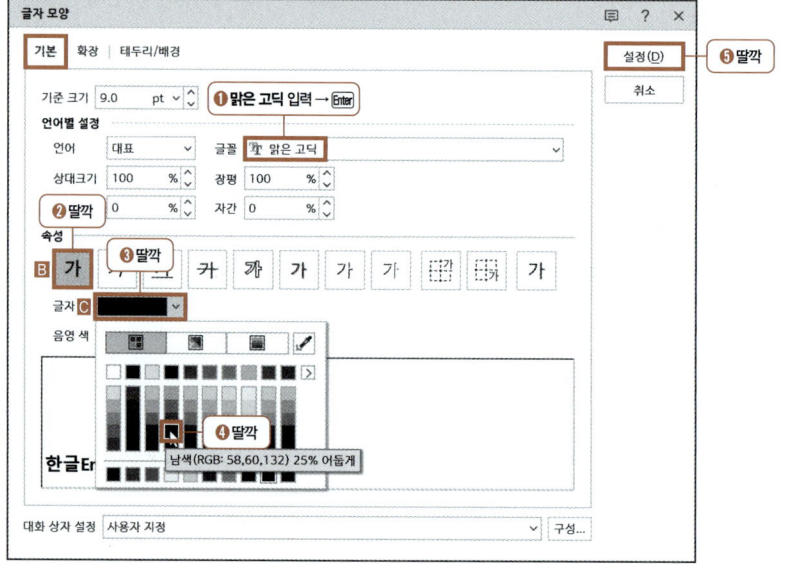

❸ 이어서 Ctrl + Shift + C 를 눌러 꼬리말을 가운데로 정렬하고, Shift + Esc 를 눌러 '꼬리말 편집 화면'에서 빠져나오세요. 문서의 아래쪽에 표시된 꼬리말을 확인할 수 있습니다.

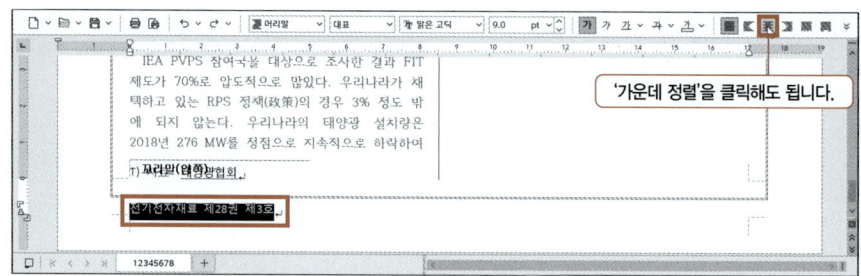

쪽 번호 매기기
[세부 지시사항]

> 15. 쪽 번호 - 번호 위치 : 오른쪽 아래, 번호 모양 : 로마자 소문자, 줄표 넣기 선택, 시작 번호 지정

❶ 쪽 번호 매기기도 커서가 놓여있는 위치와 관계없이 항상 지정된 곳에 만들어집니다. 앞선 꼬리말 작업을 마친 후 커서를 옮기지 말고 쪽 번호를 추가하는 바로 가기 키 Ctrl + N, P를 누르세요([기본] 도구 상자 : [쪽] → [쪽 번호 매기기]).

❷ '쪽 번호 매기기' 대화상자에서 지시사항에 맞게 '번호 위치', '번호 모양', '줄표 넣기', '시작 번호'를 다음 그림과 같이 지정한 후 〈넣기〉를 클릭하세요.

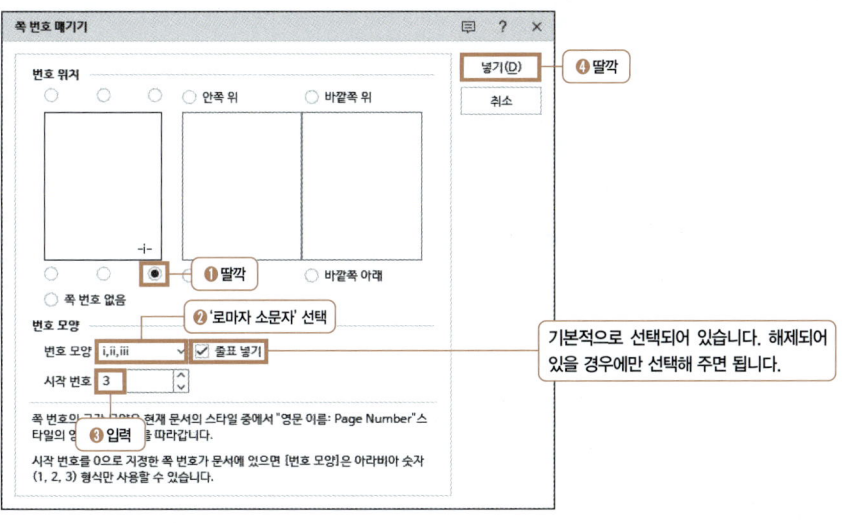

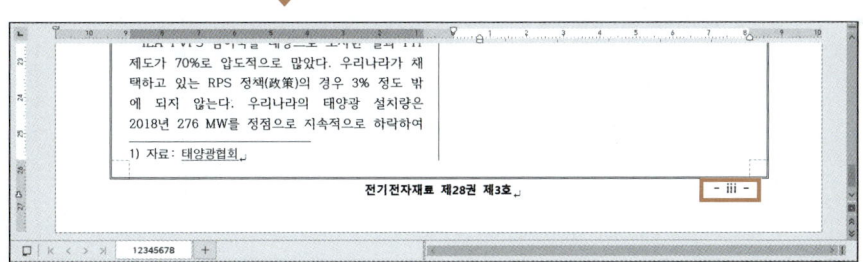

차트 작성

차트 만들기
[세부 지시사항]

14. 차트
    - 차트의 모양 : 이중 축 혼합형(묶은 세로 막대형, 표식이 있는 꺾은선형)

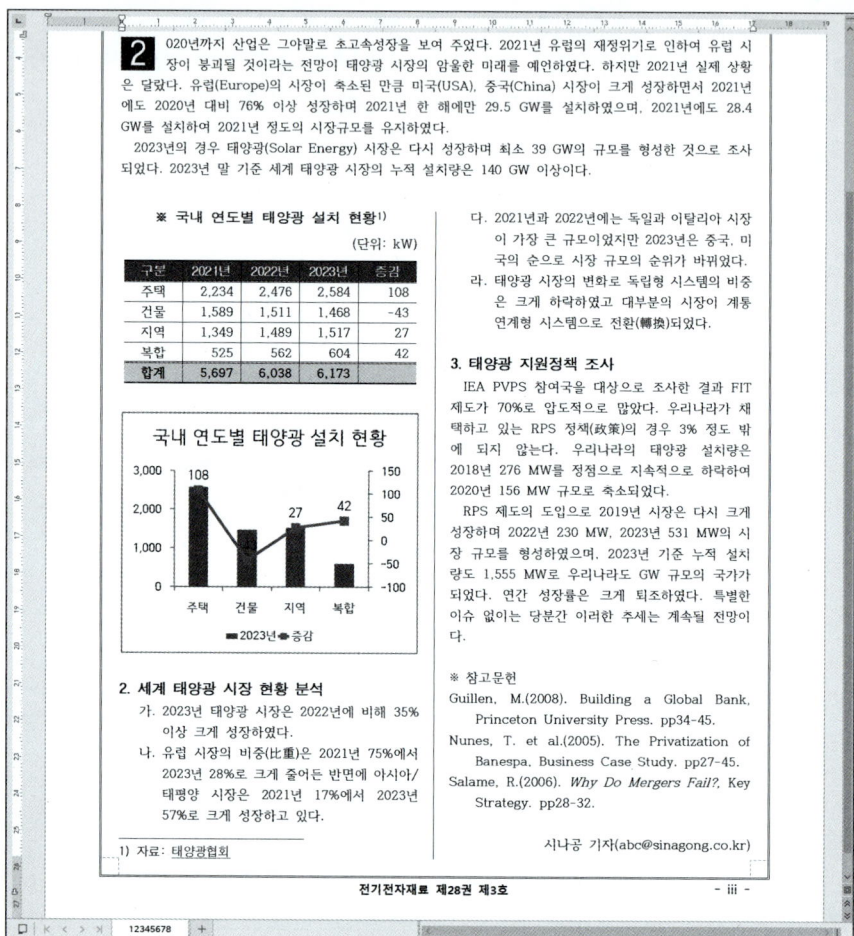

❶ 1열 1~5행을 마우스로 드래그한 후 Ctrl을 누른 채 4열 1행부터 5열 5행까지 드래그하여 차트에 사용할 데이터를 블록으로 지정합니다. 이어서 [[↓](표 디자인)] → [차트 만들기]를 클릭하세요.

> **전문가의 조언**
>
> • 차트 작성 시 데이터 범위는 문제에 제시된 차트의 내용을 반드시 확인한 후 지정해야 합니다.
> • [↓](표 디자인)' 메뉴는 표가 선택된 상태에서만 표시됩니다.

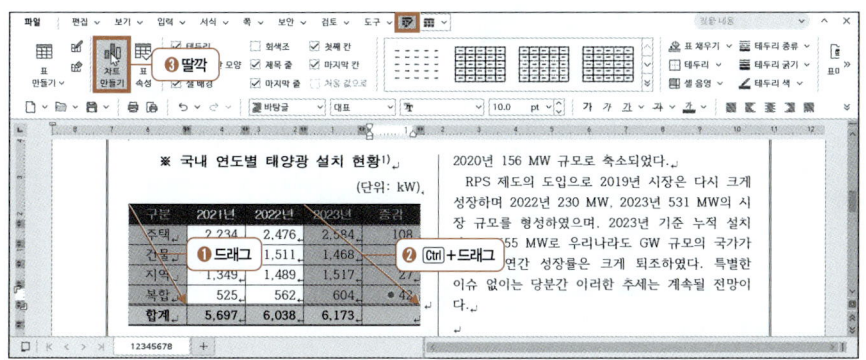

❷ 표 아래쪽에 차트가 만들어지면서 '차트 데이터 편집' 창이 표시됩니다. 입력된 데이터를 이용해서 차트를 만들었기 때문에 '차트 데이터 편집' 창에서 할 작업은 없습니다. '차트 데이터 편집' 창의 '⊠(닫기)' 단추를 클릭하세요.

> **전문가의 조언**
>
> 차트에 사용할 데이터는 문제에 제시된 차트 그림 중 '항목 축'과 '범례'를 보고 판단해야 합니다. 여기서는 '항목 축'에 표시된 '구분' 열과 '범례'에 표시된 '2023년' 열과 '증감' 열을 차트에 사용할 데이터 범위로 지정합니다.

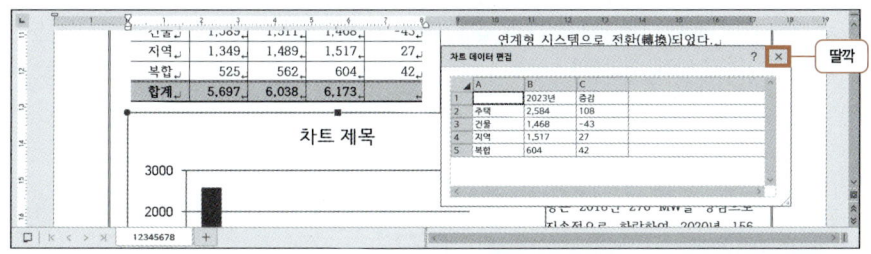

❸ 차트를 작성하면, 기본적으로 '세로 막대형' 차트가 만들어집니다. '증감' 계열을 '꺾은선형' 차트로 변경해야 합니다. 차트 종류를 변경하기 위해 '증감' 계열의 임의의 항목을 클릭하여 선택합니다.

> **전문가의 조언**
>
> '증감' 계열과 같이 막대 높이가 낮아 마우스로 선택하기 어려운 경우에는 차트가 선택된 상태에서 메뉴 모음 오른쪽의 [↓](차트 서식)' 메뉴를 클릭한 후 '차트 요소' 항목의 목록 단추(▼)를 클릭하여 작업할 요소를 선택하면 됩니다.
>
>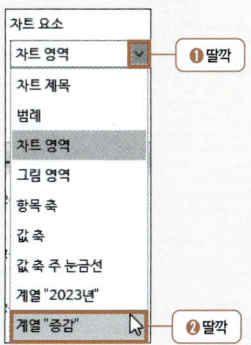

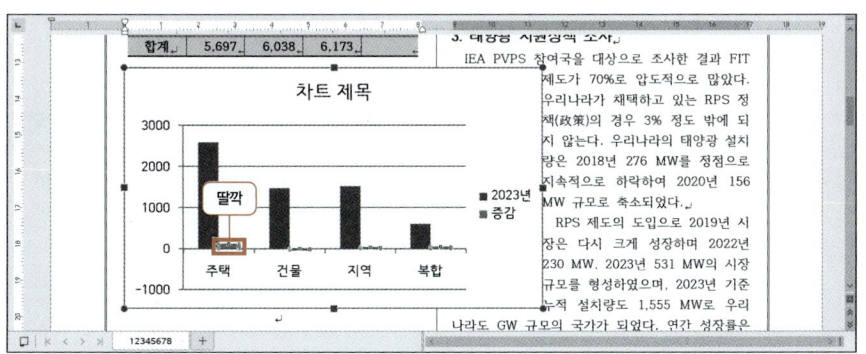

2장 실제 시험장을 옮겨 놓았다! **259**

❹ [📊(차트 디자인)] → [차트 종류 변경] → [꺾은선/영역형] → [표식이 있는 꺾은선형]
을 선택하세요.

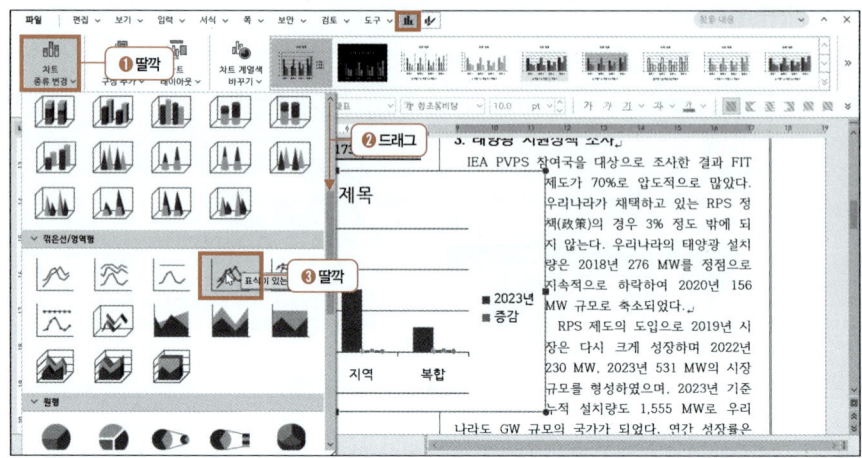

> **잠깐만요** 차트 종류 변경과 보조 축을 지정할 계열 찾기

문제지의 지시사항에는 차트의 종류와 보조 축에 대한 세부 지시사항이 없으므로 수험자가 문제지의 그림을 보고 사용할 계열을 판단해야 합니다.

[차트 구성 요소]

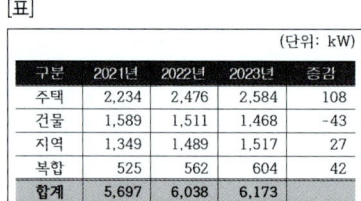

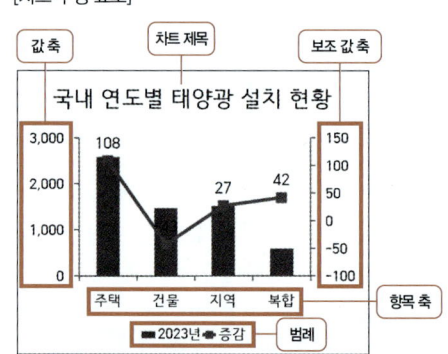

- 차트의 종류 : 차트의 범례 중 '증감' 계열의 범례 표지가 '2023년' 계열에 비해 얇게 표시된 것으로 보아 '증감' 계열의 차트가 '표식이 있는 꺾은선형'임을 알 수 있습니다.
- 보조 축 : 보조 값 축의 범위 -100~150이 속해 있는 계열을 표에서 찾으면 됩니다. -43~108 사이의 데이터가 입력되어 있는 '증감' 필드가 보조 축으로 지정되어 있음을 알 수 있습니다.

차트 편집하기

[세부 지시사항]

14. 차트
    - 차트의 크기 : 너비 80mm, 높이 65mm, 크기 고정
    - 위치 : 본문과의 배치 – 자리 차지, 가로 – 단의 가운데 0mm, 세로 – 문단의 위 0mm
    - 바깥 여백 : 위쪽 5mm, 아래쪽 8mm
    - 항목 축, 값 축, 보조 값 축, 범례 등의 글자 모양 : 9pt
    - 차트 계열색 바꾸기 : 색상 조합(색4)
    - 범례 위치 변경, 보조 축 지정, 데이터 레이블 표시, 레이블 위치(위쪽), 눈금선 제거
    - 표의 아래 단락에 배치
    ※ 차트에서 숫자 데이터의 천 단위 구분 쉼표는 기능을 사용하여 설정하시오.

 전문가의 조언

차트에서 숫자 데이터에 천 단위 구분 쉼표를 지정하는 지시사항은 문제 1쪽의 '표지 및 전체 지시사항'에 제시되어 있습니다.

1. 차트 제목, 항목 축, 값 축, 범례 서식 지정하기

❶ 먼저 차트 제목을 변경해야 합니다. ❹번에서의 작업으로 인해 현재 차트가 선택된 상태입니다. 차트 제목을 선택한 후 바로 가기 메뉴에서 [제목 편집]을 선택하세요.

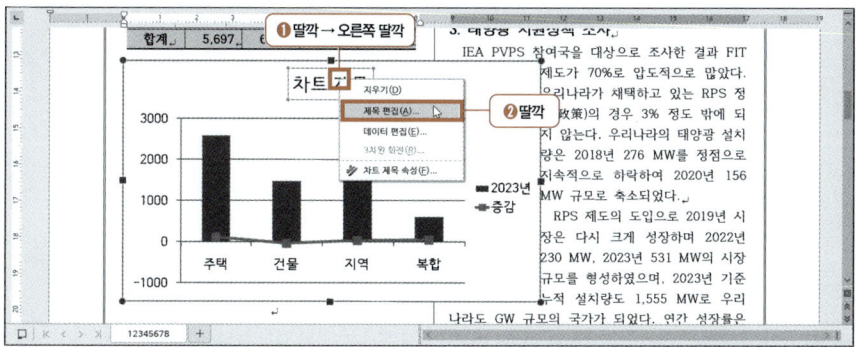

❷ '제목 편집' 대화상자에서 '글자 내용'에 **국내 연도별 태양광 설치 현황**을 입력한 후 〈설정〉을 클릭하세요.

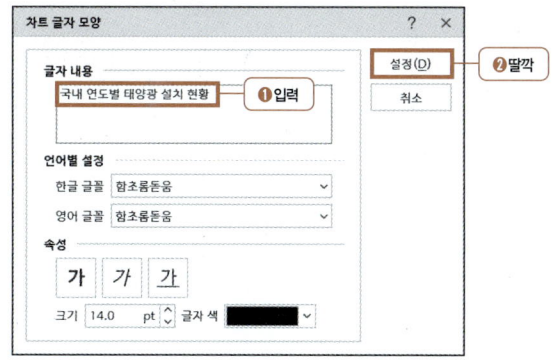

❸ 값 축, 항목 축, 범례의 글꼴 속성도 변경해야 합니다. 값 축을 선택한 후 바로 가기 메뉴에서 [글자 모양 편집]을 선택하세요.

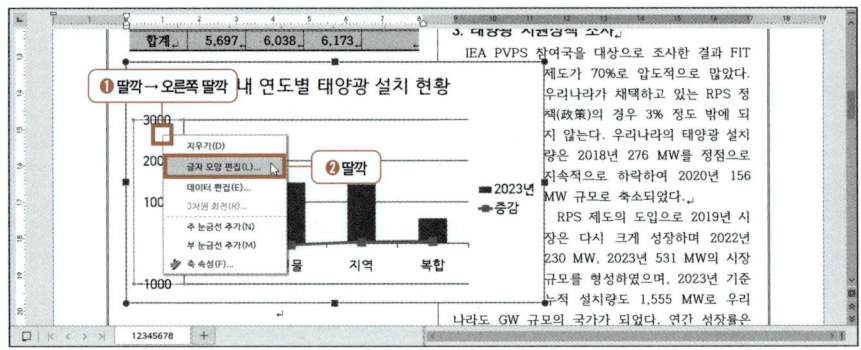

> **전문가의 조언**
>
> 바로 가기 키로 '차트 글자 모양' 대화상자 설정하기
> Alt + H → 9 → Enter

❹ '차트 글자 모양' 대화상자에서 '크기'를 9로 지정한 후 〈설정〉을 클릭하세요.

❺ ❹번과 동일한 방법으로 항목 축과 범례의 글꼴 '크기'를 9로 지정하세요.

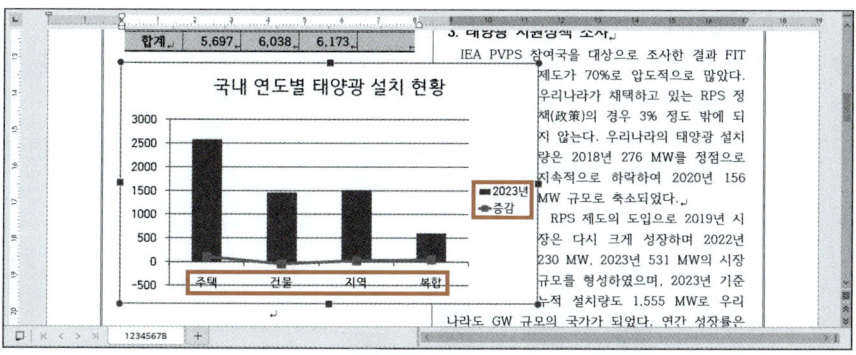

2. 차트 계열색 변경하기

차트의 계열색을 변경해야 합니다. ❺번에서의 작업으로 인해 현재 차트 요소가 선택된 상태이므로 차트를 선택한 후 [📊(차트 디자인)] → [차트 계열색 바꾸기] → [색4]를 선택하세요.

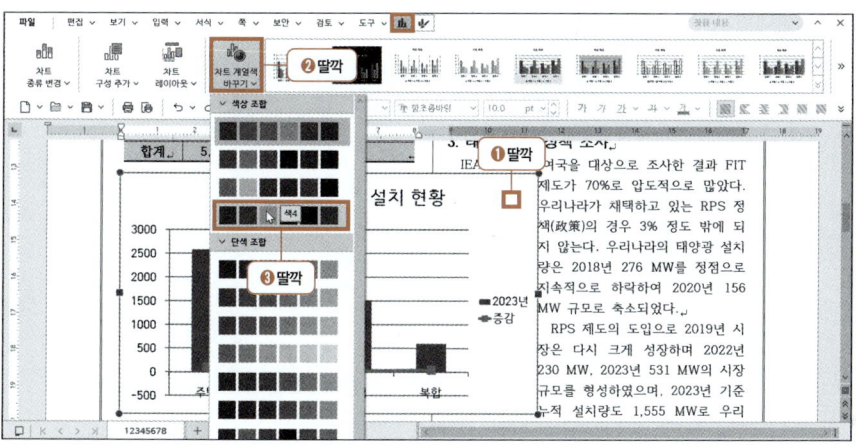

3. 범례 위치 변경하기

범례의 위치를 변경해야 합니다. 차트가 선택된 상태에서 [📊(차트 디자인)] → [차트 구성 추가] → [범례] → [아래쪽]을 선택하세요.

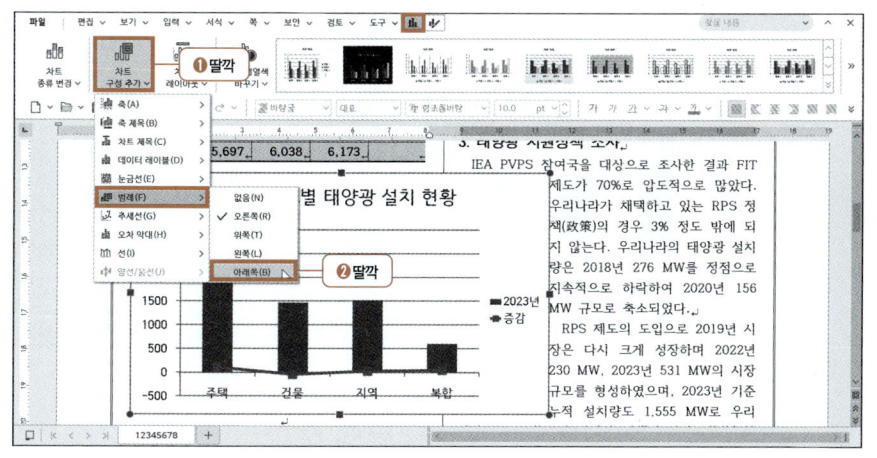

> **전문가의 조언**
>
> **범례 위치를 변경하는 다른 방법**
> 범례를 더블클릭한 후 '개체 속성' 창에서 [📊(범례 속성)] → [범례 속성] → [아래쪽]을 선택하세요.
>
>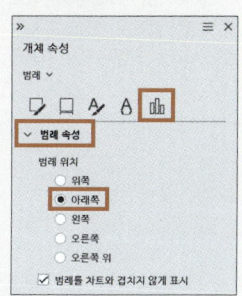

전문가의 조언

• '증감' 계열이 마우스로 선택하기 어려운 경우에는 차트가 선택된 상태에서 메뉴 모음 오른쪽의 '(차트 서식)' 메뉴를 클릭한 후 '차트 요소' 항목의 목록 단추(☑)를 클릭하여 작업할 요소를 선택하면 됩니다.

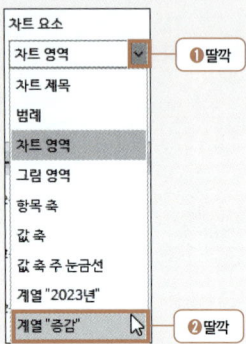

• '증감' 계열을 선택한 후 더블클릭해도 '개체 속성' 창이 표시됩니다.

전문가의 조언

값 축에 서식을 지정한 후 보조 축을 지정하면 보조 값 축에도 값 축의 서식이 그대로 적용되므로 따로 서식을 지정할 필요가 없습니다. 하지만 값 축에 서식을 지정하기 전에 보조 축을 지정했다면 보조 값 축에도 서식을 지정해야 합니다.

전문가의 조언

세로 또는 가로 막대형 차트는 계열의 바로 가기 메뉴에서 [데이터 레이블 추가]를 선택하면 기본적으로 '바깥쪽 끝에'로 지정되고, 꺾은선형 차트는 '오른쪽'으로 지정됩니다.

4. 보조 축 지정하기

❶ '증감' 계열을 '보조 축'으로 지정해야 합니다. '증감' 계열을 선택하고 마우스 오른쪽 버튼으로 클릭한 후 바로 가기 메뉴에서 [데이터 계열 속성]을 선택하세요.

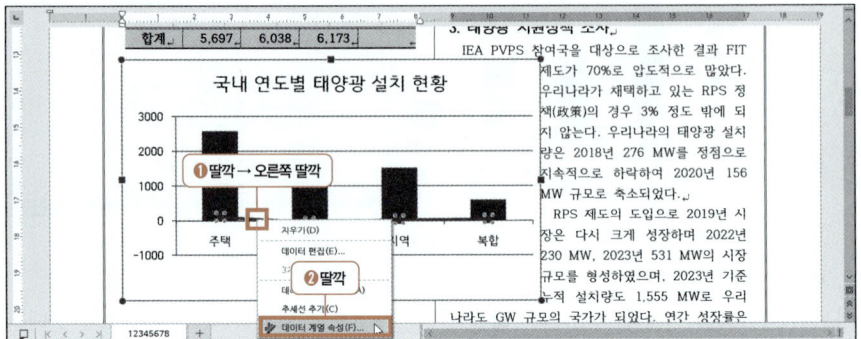

❷ '개체 속성' 창에서 [ᴵᴵᴵ(계열 속성)] → [계열 속성] → [데이터 계열 지정] → [보조 축]을 선택한 후 '닫기(☒)' 단추를 클릭하세요.

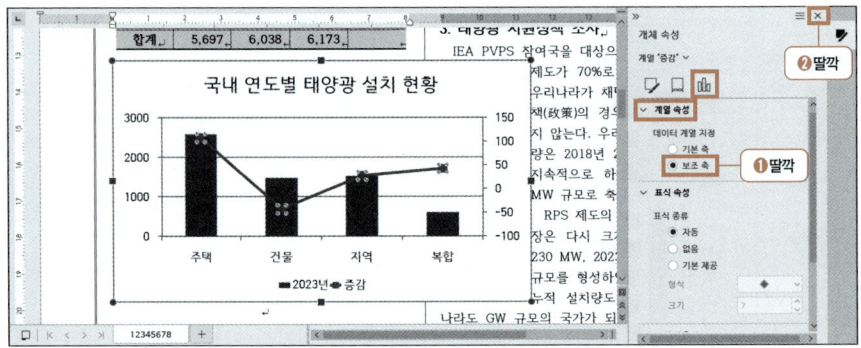

5. 데이터 레이블을 표시하고 위치 지정하기

❶ '증감' 계열에 데이터 레이블을 표시하고 위치를 위쪽으로 지정해야 합니다. 위의 작업으로 인해 현재 '증감' 계열이 선택된 상태이므로 마우스 오른쪽 버튼으로 클릭한 후 바로 가기 메뉴에서 [데이터 레이블 추가]를 선택하세요.

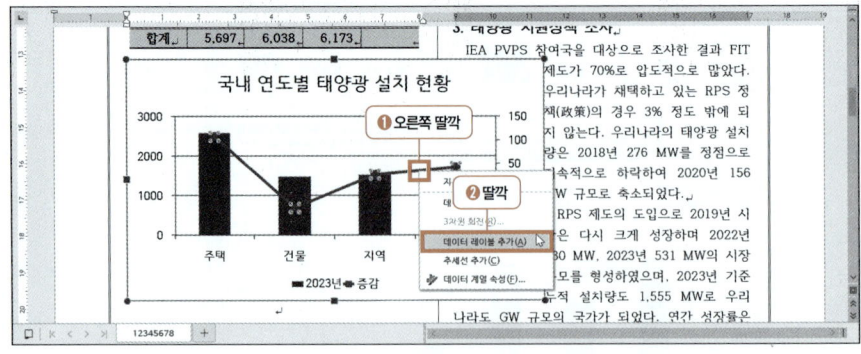

❷ 데이터 레이블의 위치를 변경하기 위해 데이터 레이블을 선택하고 마우스 오른쪽 버튼으로 클릭한 후 바로 가기 메뉴에서 [데이터 레이블 속성]을 선택하세요.

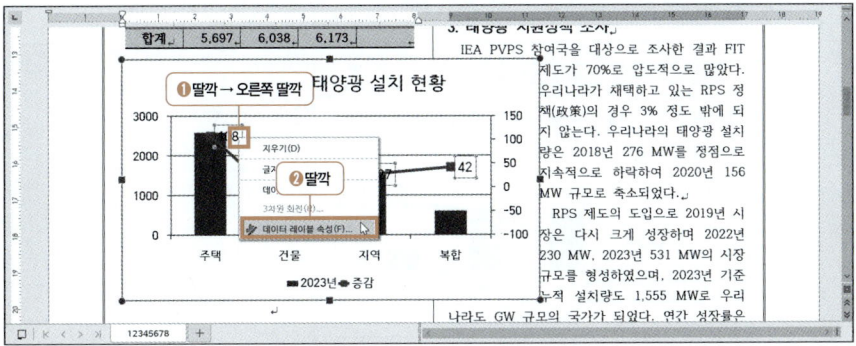

❸ '개체 속성' 창에서 [(데이터 레이블 속성)] → [데이터 레이블 속성] → [레이블 위치] → [위쪽]을 선택한 후 '닫기([X])' 단추를 클릭하세요.

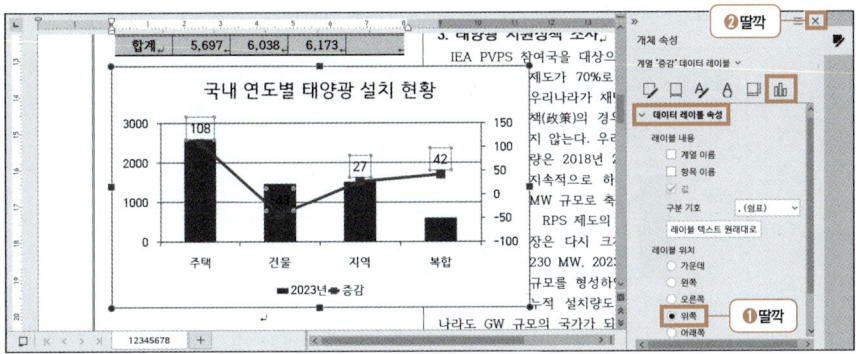

6. 눈금선 제거하기

눈금선을 제거해야 합니다. 그림 영역에서 눈금선을 선택한 후 Delete 를 눌러 삭제하세요.

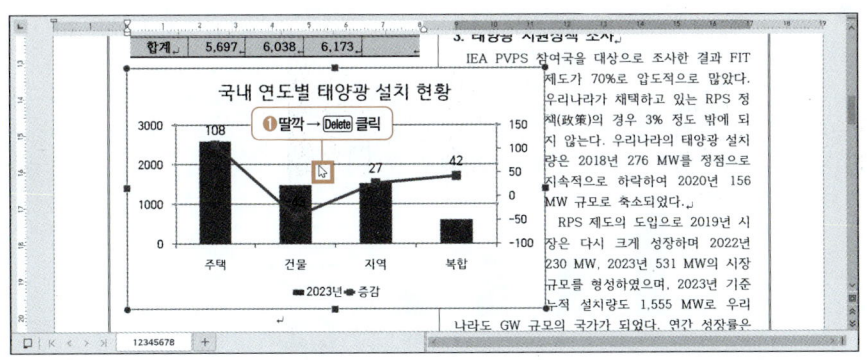

 전문가의 조언

눈금선을 삭제하는 다른 방법
차트를 선택한 후 [](차트 디자인)] → [차트 구성 추가] → [눈금선] → [기본 주 가로]를 선택하여 체크 표시를 해제하면 됩니다.

2장 실제 시험장을 옮겨 놓았다! **265**

7. 값 축에 천 단위 구분 쉼표 지정하기

❶ 값 축의 숫자 데이터에 천 단위 구분 쉼표를 지정해야 합니다. 값 축을 선택하고 마우스 오른쪽 버튼으로 클릭한 후 바로 가기 메뉴에서 [축 속성]을 선택하세요.

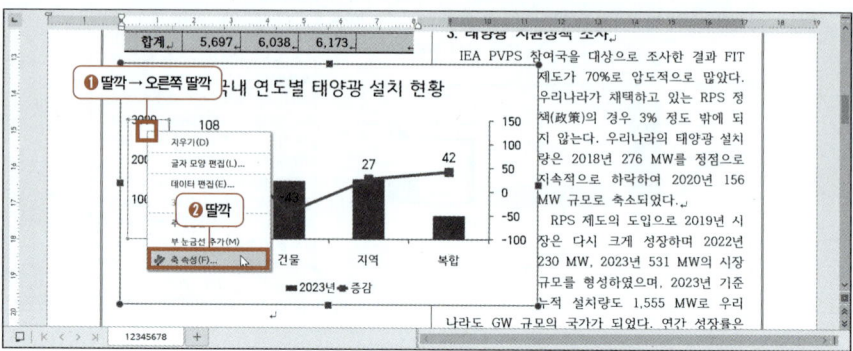

❷ '개체 속성' 창에서 [(축 속성)] → [표시 형식]에서 '범주'를 '숫자'로 선택하고 '1000 단위 구분기호(,) 사용'을 선택하여 체크 표시한 후 '닫기([X])' 단추를 클릭하세요.

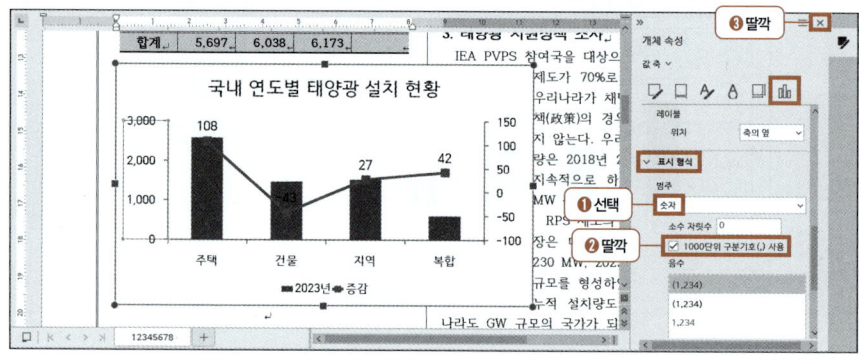

8. 차트의 속성 및 위치 지정하기

❶ 위의 작업으로 인해 현재 차트 요소가 선택된 상태이므로 차트 영역을 클릭한 후 바로 가기 메뉴에서 [개체 속성]을 선택합니다.

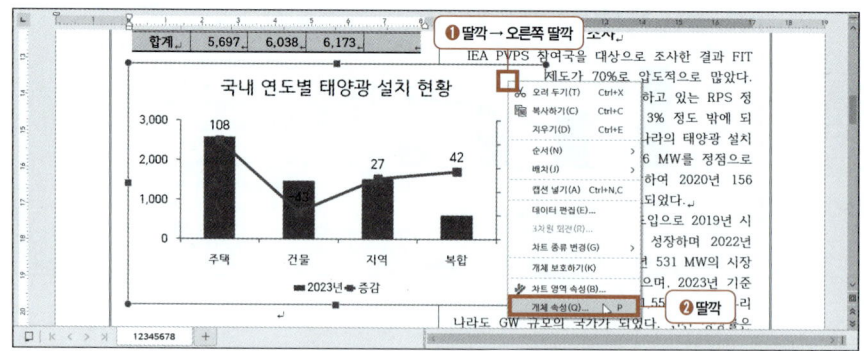

❷ '개체 속성' 대화상자의 '기본' 탭에서 차트의 크기와 위치를 다음 그림과 같이 지정하세요. 바깥 여백을 지정해야 하니 아직 〈설정〉을 클릭하지 마세요.

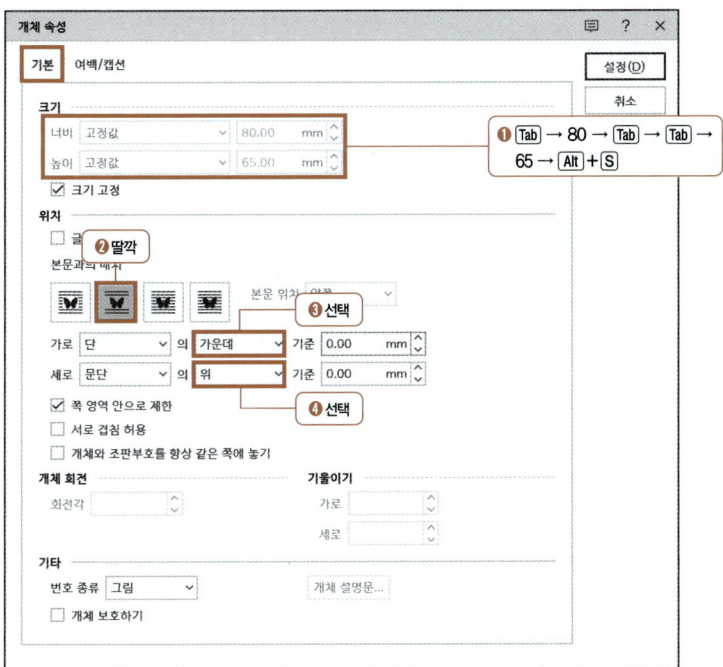

 전문가의 조언

'개체 속성' 대화상자에서 '기본' 탭을 설정한 후 Enter를 누르는 실수를 많이 합니다. '개체 속성' 대화상자를 반복해서 실행하지 않으려면 '여백/캡션' 탭에서 지정할 내용을 모두 수행한 후 Enter를 누르세요.

❸ '개체 속성' 대화상자의 '여백/캡션' 탭에서 차트의 바깥 여백을 다음 그림과 같이 지정한 후 〈설정〉을 클릭하세요.

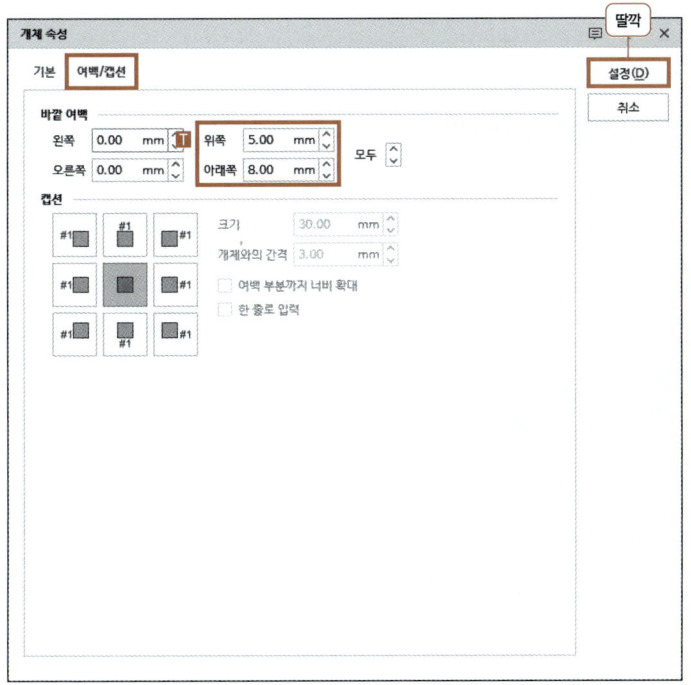

 전문가의 조언

• 대화상자에서 Ctrl + Tab 을 누르면 오른쪽 시트 탭으로 이동되고, Ctrl + Shift + Tab 을 누르면 왼쪽 시트 탭으로 이동됩니다.

• 바로 가기 키로 '개체 속성' 대화상자 설정하기
Alt + T → 5 → Tab → Tab → 8 → Enter

전문가의 조언

표에서 데이터를 블록으로 지정한 후 차트를 삽입하면 차트는 표와 같은 단락에 삽입됩니다. 차트를 표 아래 단락으로 이동하려면 차트를 잘라내기 한 후 표 아래 단락을 클릭하고 붙여넣기하면 됩니다.

❹ 마지막으로 차트를 표의 아래 단락에 놓아야 합니다. 앞선 작업으로 인해 현재 차트가 선택된 상태이므로 바로 Ctrl+X를 눌러 차트를 잘라냅니다.

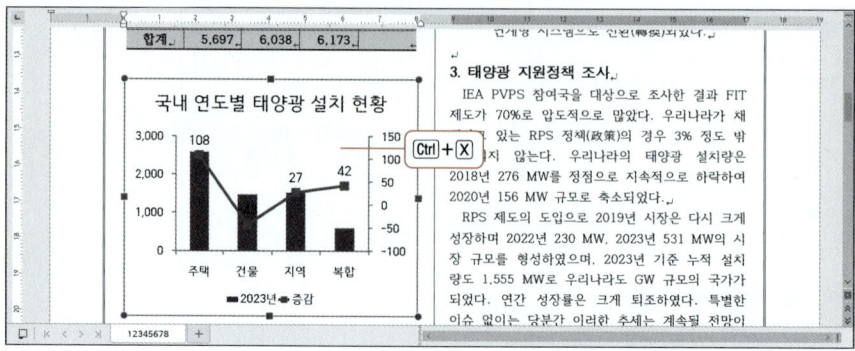

❺ 표 아래의 빈 행을 클릭한 후 Ctrl+V를 눌러 붙여넣기 합니다.

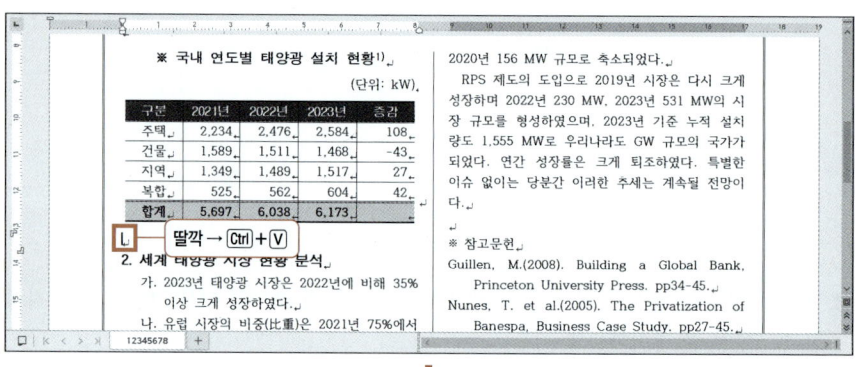

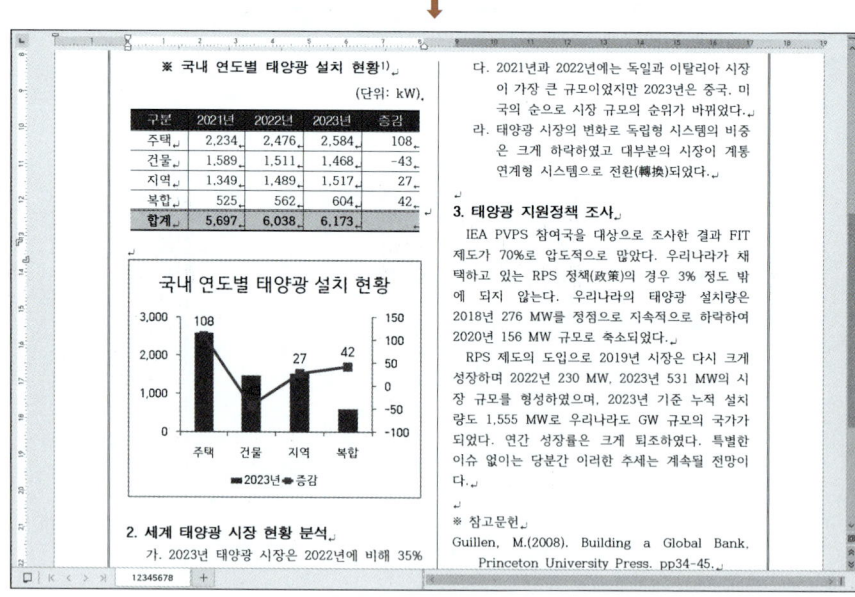

268 1부 기본기 다지기

> **잠깐만요** 차트를 만든 후 차트나 표가 다른 곳에 위치한 경우

차트를 만들었을 때 차트가 오른쪽 단 또는 표 위쪽에 위치할 경우에는 다음과 같은 방법을 수행하면 됩니다.

❶ 작성된 차트를 클릭한 후 Ctrl + X 를 눌러 잘라냅니다.

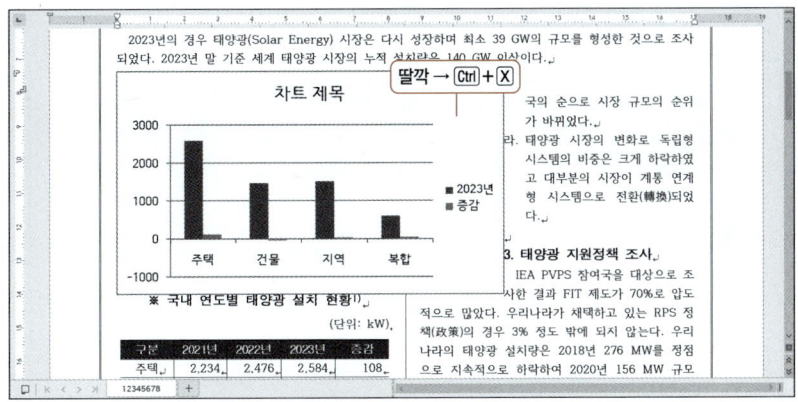

❷ 표 아래의 빈 행을 클릭한 후 Ctrl + V 를 눌러 붙여넣습니다.

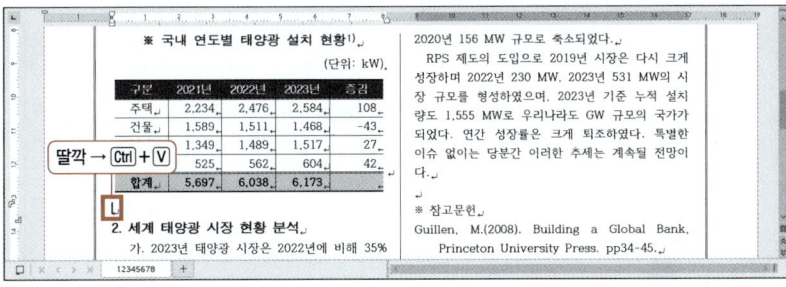

❸ 문제지에 있는 차트에 대한 〈세부 지시사항〉을 수행합니다.

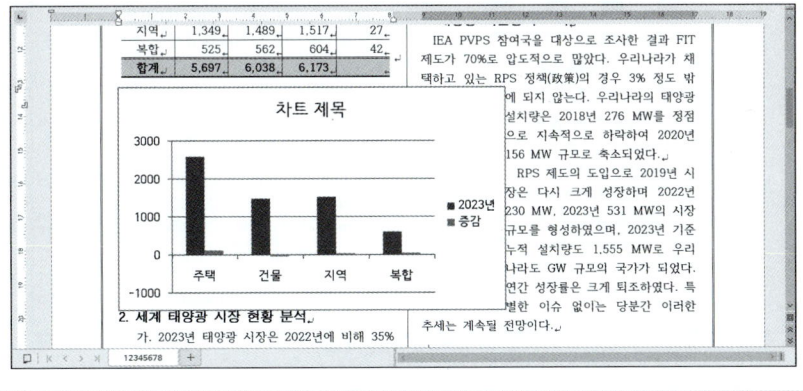

7 확인 및 저장

모든 작업이 끝났습니다. 완성된 문서를 확인하고 Ctrl+S를 누르거나 [서식] 도구 상자에서 '🖫(저장하기)'를 클릭하세요.

테마기획 태양전지　　　　　　　　　　　　　　　　　　　　2023. 10. 5.

태양광 산업 발전 현황

발표일자: 2023. 10. 12.
작성자: 김은소

1. 개요

020년까지 산업은 그야말로 초고속성장을 보여 주었다. 2021년 유럽의 재정위기로 인하여 유럽 시장이 붕괴될 것이라는 전망이 태양광 시장의 암울한 미래를 예언하였다. 하지만 2021년 실제 상황은 달랐다. 유럽(Europe)의 시장이 축소된 만큼 미국(USA), 중국(China) 시장이 크게 성장하면서 2021년에도 2020년 대비 76% 이상 성장하며 2021년 한 해에만 29.5 GW를 설치하였으며, 2021년에도 28.4 GW를 설치하여 2021년 정도의 시장규모를 유지하였다.

2023년의 경우 태양광(Solar Energy) 시장은 다시 성장하며 최소 39 GW의 규모를 형성한 것으로 조사되었다. 2023년 말 기준 세계 태양광 시장의 누적 설치량은 140 GW 이상이다.

※ 국내 연도별 태양광 설치 현황[1]

(단위: kW)

구분	2021년	2022년	2023년	증감
주택	2,234	2,476	2,584	108
건물	1,589	1,511	1,468	-43
지역	1,349	1,489	1,517	27
복합	525	562	604	42
합계	5,697	6,038	6,173	

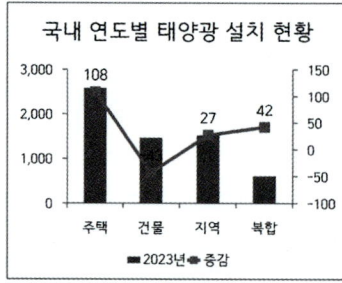

2. 세계 태양광 시장 현황 분석

가. 2023년 태양광 시장은 2022년에 비해 35% 이상 크게 성장하였다.
나. 유럽 시장의 비중(比重)은 2021년 75%에서 2023년 28%로 크게 줄어든 반면에 아시아/태평양 시장은 2021년 17%에서 2023년 57%로 크게 성장하고 있다.

다. 2021년과 2022년에는 독일과 이탈리아 시장이 가장 큰 규모이였지만 2023년은 중국, 미국의 순으로 시장 규모의 순위가 바뀌었다.
라. 태양광 시장의 변화로 독립형 시스템의 비중은 크게 하락하였고 대부분의 시장이 계통 연계형 시스템으로 전환(轉換)되었다.

3. 태양광 지원정책 조사

IEA PVPS 참여국을 대상으로 조사한 결과 FIT 제도가 70%로 압도적으로 많았다. 우리나라가 채택하고 있는 RPS 정책(政策)의 경우 3% 정도 밖에 되지 않는다. 우리나라의 태양광 설치량은 2018년 276 MW를 정점으로 지속적으로 하락하여 2020년 156 MW 규모로 축소되었다.

RPS 제도의 도입으로 2019년 시장은 다시 크게 성장하며 2022년 230 MW, 2023년 531 MW의 시장 규모를 형성하였으며, 2023년 기준 누적 설치량도 1,555 MW로 우리나라도 GW 규모의 국가가 되었다. 연간 성장률은 크게 퇴조하였다. 특별한 이슈 없이는 당분간 이러한 추세는 계속될 전망이다.

※ 참고문헌
Guillen, M.(2008). Building a Global Bank. Princeton University Press. pp34-45.
Nunes, T. et al.(2005). The Privatization of Banespa, Business Case Study. pp27-45.
Salame, R.(2006). Why Do Mergers Fail?, Key Strategy. pp28-32.

시나공 기자(abc@sinagong.co.kr)

1) 자료: 태양광협회

잠깐만요　채점 프로그램

채점 프로그램을 이용하여 여러분이 완성한 답안 파일을 채점해 보세요. 채점 프로그램의 사용법에 대한 내용은 12쪽을 참고하세요.

1. 문서 작성 완료

문서 작성을 완료하였으면 시험이 끝났음을 알리는 화면이 표시될 때까지 세부 지시사항과 완성할 문서 그리고 작업한 문서를 꼼꼼히 비교하여 다르게 작성된 부분을 수정하세요. 시험 시간 30분이 지나면 시험이 끝났음을 알리는 '시험종료' 대화상자가 표시되면서 화면이 차단됩니다. 감독위원의 지시에 따라 〈확인〉을 클릭하세요.

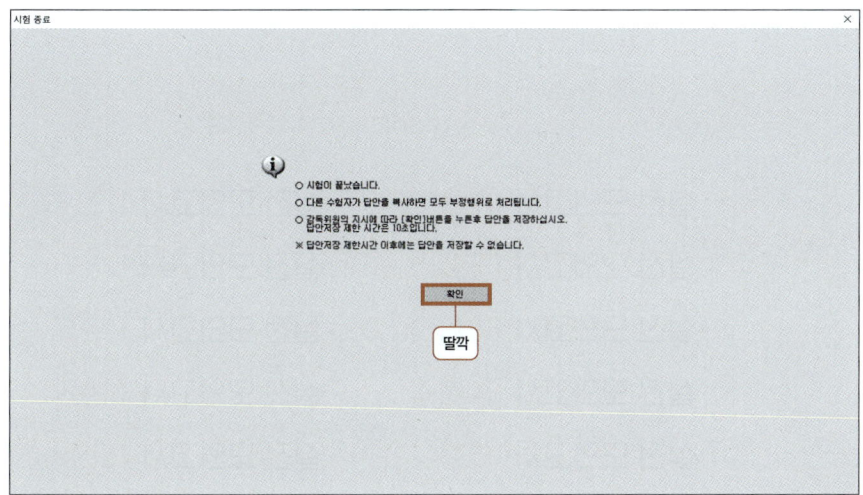

2. 프로그램 종료

워드프로세서의 〈닫기〉 버튼을 클릭한 후 '시험종료' 대화상자에서 〈확인〉을 클릭하세요.

8 퇴실(시험 종료)

놓고 가는 소지품은 없는지 확인한 후 퇴실하면 됩니다. 시험 결과는 시험일을 포함한 주를 제외하고 2주 뒤 금요일, https://license.korcham.net/에서 확인할 수 있습니다.

2부 실전처럼 연습하기

실전 모의고사 01회 실전 모의고사 11회
실전 모의고사 02회 실전 모의고사 12회
실전 모의고사 03회 실전 모의고사 13회
실전 모의고사 04회 실전 모의고사 14회
실전 모의고사 05회 실전 모의고사 15회
실전 모의고사 06회 실전 모의고사 16회
실전 모의고사 07회 실전 모의고사 17회
실전 모의고사 08회 실전 모의고사 18회
실전 모의고사 09회 실전 모의고사 19회
실전 모의고사 10회 실전 모의고사 20회

EXAMINATION 01회 실전 모의고사

과목	제한시간
문서편집기능	30분

〈다음 쪽의 문서를 아래 지시사항에 따라 작성하시오〉

- 작성된 답안의 파일은 지정된 경로 및 파일명을 변경하지 마시고 저장해야 합니다. 이를 준수하지 않으면 실격 처리됩니다.

- **편집 용지**
  - 용지 종류는 A4 용지(210mm×297mm) 1매에 용지 방향을 세로로 설정하여 문서를 작성하시오.
  - 용지 여백은 왼쪽·오른쪽·위쪽·아래쪽은 20mm, 머리말·꼬리말은 10mm, 기타 여백은 0mm로 지정하시오.

- 문서의 본문은 2단일 경우는 2단으로 편집하고, 혼합단일 경우는 1단에서 2단으로 변하는 모양으로 편집하되, 단 간격은 8mm, 구분선은 실선 0.12mm로 설정하시오.

- **글자 모양**
  - 글꼴은 별도의 지시가 없는 한 한글 2022의 기본값으로 작성하시오.
  - 영문, 숫자, 기호 등은 별도의 지시가 없는 한 자판에 있는 문자를 사용하시오.
  - 한자는 '한글2022'의 '한자 입력' 기능을 사용하시오.

- **문단 모양**
  - 문장의 들여 쓰기(10pt), 정렬 방식, 여백 등은 문단 모양 기능을 이용하여 작성하시오.
  - 문단 모양은 별도의 지시가 없는 한 한글 2022의 기본값으로 작성하시오.
  - 사이 줄 띄우기는 각 1줄만, 사이 띄우기는 1칸만 띄우시오.

- **표에서 내용의 정렬 방법**
  (제목 행과 '합계(평균)' 셀은 가운데 정렬, 나머지는 열 단위를 기준으로 아래와 같이 정렬)
  - 내용의 길이가 서로 다른 문자의 경우 왼쪽 정렬
  - 내용의 길이가 서로 다른 숫자의 경우 오른쪽 정렬
  - 내용의 길이가 서로 같을 경우 문자, 숫자 상관없이 가운데 정렬

- 차트에서 숫자 데이터의 천 단위 구분 쉼표는 기능을 사용하여 설정하시오.

- 색상은 '기본' 테마가 포함된 색상 팔레트를 사용하시오.

- 각 항목은 별도의 지시가 없는 한 주어진 문서에 기준하여 작성하시오.

- 각 항목은 별도의 지시가 없는 한 기본 설정값으로 처리하시오.

- 문제에 제시된 지시사항은 작성하지 않음

대한상공회의소

다음 쪽의 문서를 아래의 〈세부 지시사항〉에 따라 작성하시오.

(1) 쪽 테두리	• 선의 종류 및 굵기 : 실선 0.5mm, 모두	• 위치 : 쪽 기준, 왼쪽·오른쪽·위쪽·아래쪽 모두 5mm
(2) 글상자	• 크기 : 너비 110mm, 높이 12mm, 크기 고정 • 위치 : 본문과의 배치 – 자리 차지, 가로 – 종이의 가운데 0mm, 세로 – 종이의 위 19mm • 선 속성 : 검정(RGB : 0,0,0), 이중 실선 0.5mm	• 바깥 여백 : 아래쪽 5mm • 색 채우기 : 초록(RGB : 40,155,110) 80% 밝게
(3) 제목	• 맑은 고딕, 14pt, 장평(120%), 자간(10%), 양각, 하늘색(RGB : 97,130,214), 가운데 정렬	
(4) 문단 첫 글자 장식	• 모양 : 2줄, 글꼴 : 휴먼옛체, 면색 : 남색(RGB : 58,60,132) 50% 어둡게, 본문과의 간격 : 3mm • 글자색 : 노랑(RGB : 255,215,0)	
(5) 스타일 (2개소 등록)	• 소제목 : 스타일 이름 – 소제목, 스타일 종류 – 문단, 번호 문단, 여백 – 왼쪽(10pt), 돋움체, 12pt, 진하게, 그림자 • 표제목 : 스타일 이름 – 표제목, 스타일 종류 – 문단, 가운데 정렬, 굴림체, 11pt, 장평(90%), 자간(10%), 진하게	
(6) 책갈피	• '여기에' 앞에 '참조'란 이름으로 책갈피 지정	
(7) 그림	• 경로 : C:\WP\무역.jpg, 문서에 포함 • 크기 : 너비 30mm, 높이 20mm • 위치 : 본문과의 배치 – 어울림, 가로 – 단의 오른쪽 0mm, 세로 – 문단의 위 0mm • 바깥 여백 : 왼쪽·아래쪽 2mm	
(8) 각주	• 글자 모양 : 굴림, 번호 모양 : 아라비아 숫자	
(9) 표	• 크기 : 너비 78mm ~ 80mm, 높이 33mm ~ 34mm • 위치 : 글자처럼 취급 • 모든 셀의 안 여백 : 왼쪽·오른쪽 2mm • 전체 행 : 셀 높이를 같게 • 테두리 : 표 안쪽은 실선(0.12mm), 표 바깥의 위쪽과 아래쪽은 실선(0.4mm), 표 바깥의 왼쪽과 오른쪽은 선 없음, 제목 행 아래쪽과 평균 행 위쪽은 이중 실선(0.5mm) • 제목 행 : 셀 배경색 – 노랑(RGB : 255,215,0), 글자 모양 – 돋움체, 진하게, 보라(RGB : 157,92,187) • 평균 행 : 셀 배경색 – 남색(RGB : 58,60,132) 80% 밝게, 글자 모양 – 진하게 • 문단의 정렬 방식 : 가운데 정렬	
(10) 블록 계산식	• 표의 평균 행에 블록 계산식을 이용하여 블록 평균 산출	
(11) 캡션	• 표 위에 삽입 후 오른쪽 정렬	
(12) 차트	• 차트의 모양 : 묶은 세로 막대형 • 차트의 크기 : 너비 80mm, 높이 80mm, 크기 고정 • 위치 : 본문과의 배치 – 자리 차지, 가로 – 단의 가운데 0mm, 세로 – 문단의 위 0mm • 바깥 여백 : 아래쪽 8mm • 제목, 항목 축, 값 축, 범례의 글꼴 설정 : 진하게, 9pt • 범례 위치 변경 • 표의 아래 단락에 배치	
(13) 하이퍼링크	• '직결'에 하이퍼링크 설정 • 연결 종류 : '흔글 문서', 책갈피의 '참조'로 지정	
(14) 쪽 번호	• 번호 위치 : 가운데 아래, 번호 모양 : 아라비아 숫자, 줄표 넣기 선택 안함, 시작 번호 지정	
(15) 머리말	• HY견명조, 10pt, 진하게, 주황(RGB : 255,132,58) 50% 어둡게	
(16) 꼬리말	• 한컴바탕, 11pt, 진하게, 보라(RGB : 157,92,187) 25% 어둡게	

2025년 무역지수 전망

1. 무역수지 현황

우리나라의 2020년 무역(貿易)수지(Balance of Payments)는 수입 급증에도 불구하고 하반기 들어 수출이 활기를 띰으로써 9월까지 218억 달러의 흑자를 달성하였으며, 세계경기가 회복세를 보이면서 반도체(Semiconductor), 석유화학(Petrochemistry) 등 우리나라 주력 수출제품의 국제가격이 상승세로 돌아선 것과 전 세계적인 정보통신(Information Communication) 부문에 대한 투자 확대와 인터넷, 정보화 열기의 확산(擴散)으로 반도체(Semiconductor), 컴퓨터(Computer), 무선통신(Radio Wireless Communications) 기기, LCD(Liquid Crystal Display) 등 전기전자 제품의 수출이 활기를 띤 것도 수출증가에 크게 기여하였다.

여기에 하반기 들어 엔화가 강세로 반전됨에 따라 우리 수출상품의 가격경쟁력이 크게 회복되면서 경공업제품(Light Industry Articles) 등 수출부진 품목(品目)의 수출마저 모두 증가세로 돌아섰다. 그러면 2025년 수출 전망은 어떠할까? 우선 국내외 여건 면에서는 2020년 하반기부터 나타나고 있는 세계경제의 회복세가 2015년에 보다 본격적으로 나타날 것으로 보인다.

※ 2025년 수출입 및 경상수지 전망

(단위: 억 달러)

	2015년	2020년	2025년	비고
수출	1,323	1,534	1,763	
수입	933	1,094	1,224	
수출입차	390	440	539	
경상수지	306	357	416	
평균	738.00	856.25	985.50	

2. 국내 경제성장 전망

첫째, 2020년 우리나라 경제는 7% 내외의 성장률을 달성, 우리 경제가 본격적인 성장국면에 접어

1) 절연체보다는 비교적 전하를 잘 이동시키는 물질

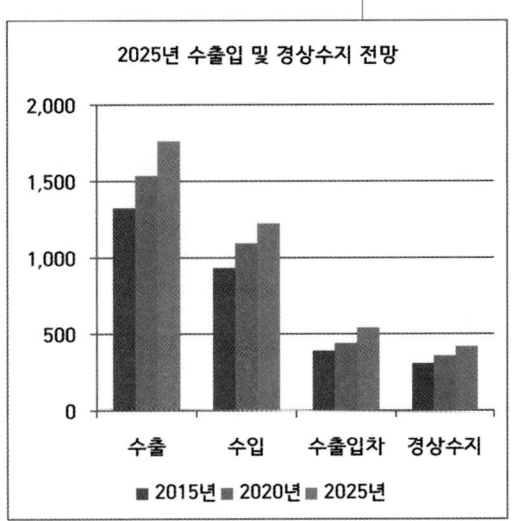

들 것이라는 점이다. 기업 구조조정(Structural Reform)이 어느 정도 진전됨에 따라 2025년에는 기업들이 설비투자를 본격 확대할 것으로 예상되며, 기업실적 호조에 따른 임금(賃金) 상승 등으로 민간부문의 소비여력은 더욱 늘어날 것이다.

둘째, 2025년에도 경상수지(Balance of Current Account) 흑자가 지속되고 외국인 투자 유치 및 증시활황 등으로 외국인 자금이 계속 유입될 것으로 보여 최근의 달러인상 추세는 이어질 전망(展望)이다.

셋째, 세계경제(World Economy)가 본격적으로 회복국면에 접어들면서 원자재 가격이 상승할 것으로 예상되는데, 국제원자재 가격의 상승은 바로 수입금액의 증가로 직결될 것이라는 점이다.

산업경제연구원 수석 연구원 신현수
sinhs@industrial.re.kr

> **잠깐만요** 채점 프로그램
>
> 채점 프로그램을 이용하여 여러분이 완성한 답안 파일을 채점해 보세요. 채점 프로그램의 사용법에 대한 내용은 12쪽을 참고하세요.

> **잠깐만요** 책갈피 만들기 / 하이퍼링크 설정하기 / 차트 작성 시 표 아래 밀려난 공간 제거하기

책갈피 만들기

1. 책갈피를 지정할 "여기에 하반기~"의 "여"자 앞에 커서를 두고 책갈피를 만드는 바로 가기 키 Ctrl + K, B를 누르세요([기본] 도구 상자 : [입력] → [책갈피(📑)]).

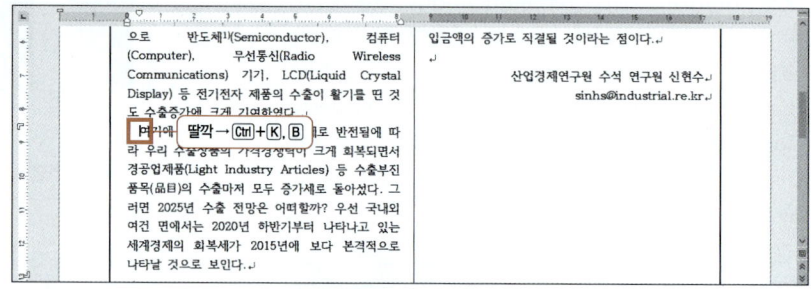

2. '책갈피' 대화상자에서 책갈피 이름에 참조를 입력한 후 Enter를 누르세요.

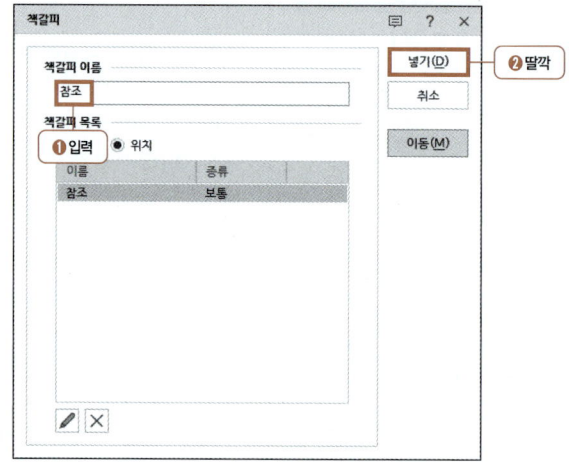

하이퍼링크 설정하기

1. 하이퍼링크를 설정할 단어 "직결"을 블록으로 지정한 후 하이퍼링크를 만드는 바로 가기 키 Ctrl + K, H를 누릅니다.

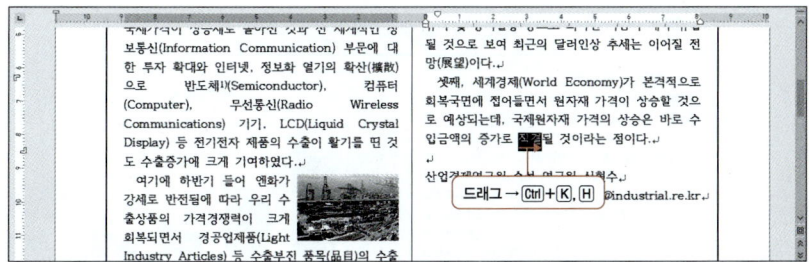

2. '하이퍼링크' 대화상자의 연결 대상에서 앞에서 설정한 책갈피 '참조'를 선택한 후 〈넣기〉를 클릭하세요.

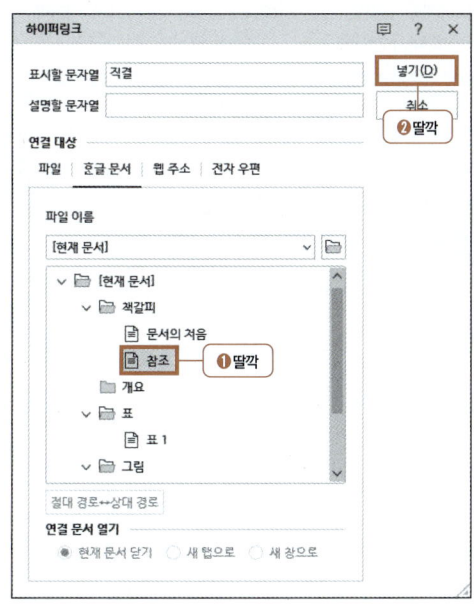

차트 작성 시 표 아래 밀려난 공간 제거하기

1. 차트를 만든 후 차트 밖의 빈 공간을 클릭하고 차트의 형태를 확인하세요.

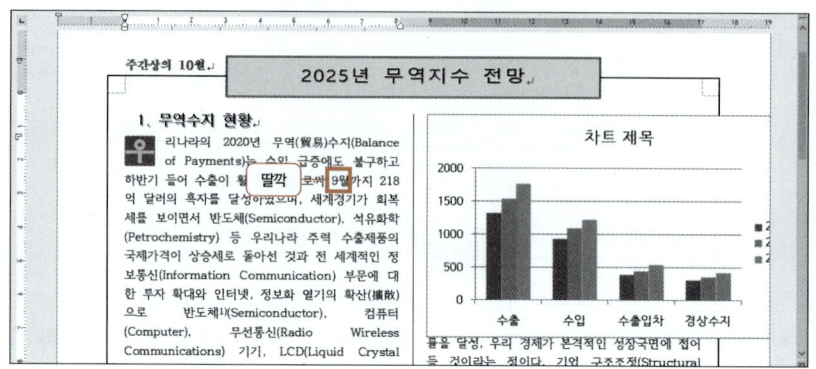

2. 차트를 확인했으면 차트 작성으로 인해 표 아래로 밀려난 문단 기호(↵)를 표 오른쪽으로 이동해야 합니다. 차트를 클릭한 후 Ctrl + X를 눌러 잘라내기 하세요.

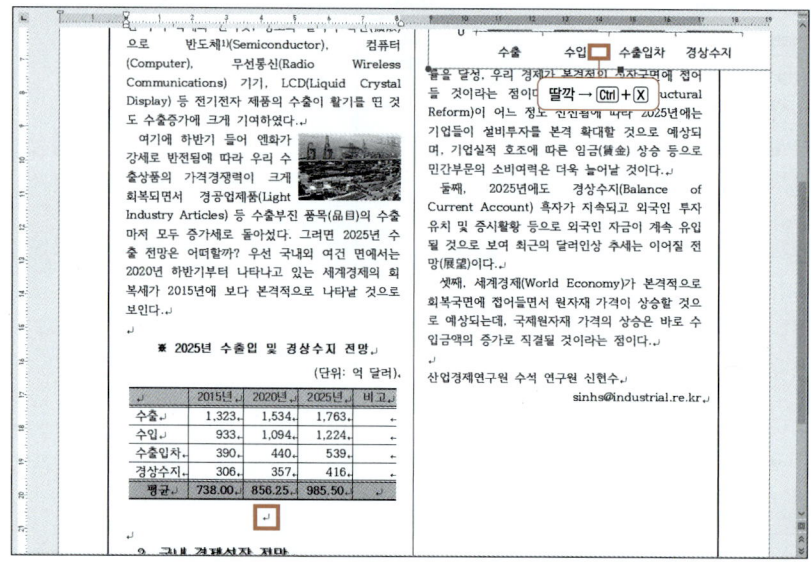

3. 표의 아래 빈 행을 클릭한 후 Ctrl + V를 눌러 붙여넣기 하세요. 이렇게 차트를 표의 아래 단락에 삽입하면 표 아래 밀려난 공간이 제거됩니다.

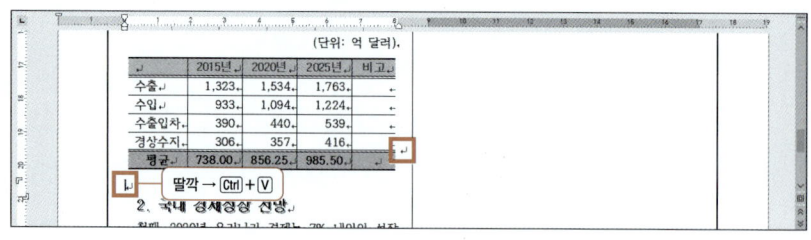

4. 계속해서 〈세부 지시사항〉에 제시된 차트 관련 지시사항에 맞게 차트를 편집하세요.

EXAMINATION 02회 실전 모의고사

과목	제한시간
문서편집기능	30분

〈다음 쪽의 문서를 아래 지시사항에 따라 작성하시오〉

- 작성된 답안의 파일은 지정된 경로 및 파일명을 변경하지 마시고 저장해야 합니다. 이를 준수하지 않으면 실격 처리됩니다.

- **편집 용지**
  - 용지 종류는 A4 용지(210mm×297mm) 1매에 용지 방향을 세로로 설정하여 문서를 작성하시오.
  - 용지 여백은 왼쪽·오른쪽은 20mm, 위쪽·아래쪽은 10mm, 머리말·꼬리말은 10mm, 기타 여백은 0mm로 지정하시오.

- 문서의 본문은 2단일 경우는 2단으로 편집하고, 혼합단일 경우는 1단에서 2단으로 변하는 모양으로 편집하되, 단 간격은 8mm, 구분선은 실선 0.12mm로 설정하시오.

- **글자 모양**
  - 글꼴은 별도의 지시가 없는 한 한글 2022의 기본값으로 작성하시오.
  - 영문, 숫자, 기호 등은 별도의 지시가 없는 한 자판에 있는 문자를 사용하시오.
  - 한자는 '한글2022'의 '한자 입력' 기능을 사용하시오.

- **문단 모양**
  - 정렬 방식, 여백 등은 문단 모양 기능을 이용하여 작성하시오.
  - 문단 모양은 별도의 지시가 없는 한 한글 2022의 기본값으로 작성하시오.
  - 사이 줄 띄우기는 각 1줄만, 사이 띄우기는 1칸만 띄우시오.

- **표에서 내용의 정렬 방법**
  (제목 행과 '합계(평균)' 셀은 가운데 정렬, 나머지는 열 단위를 기준으로 아래와 같이 정렬)
  - 내용의 길이가 서로 다른 문자의 경우 왼쪽 정렬
  - 내용의 길이가 서로 다른 숫자의 경우 오른쪽 정렬
  - 내용의 길이가 서로 같을 경우 문자, 숫자 상관없이 가운데 정렬

- 차트에서 숫자 데이터의 천 단위 구분 쉼표는 기능을 사용하여 설정하시오.

- 색상은 '기본' 테마가 포함된 색상 팔레트를 사용하시오.

- 각 항목은 별도의 지시가 없는 한 주어진 문서에 기준하여 작성하시오.

- 각 항목은 별도의 지시가 없는 한 기본 설정값으로 처리하시오.

- 문제에 제시된 지시사항은 작성하지 않음

대 한 상 공 회 의 소

다음 쪽의 문서를 아래의 〈세부 지시사항〉에 따라 작성하시오.

(1) 쪽 테두리	• 선의 종류 및 굵기 : 이중 실선 1mm, 위·아래
(2) 글상자	• 크기 : 너비 168mm, 높이 28mm, 크기 고정 • 위치 : 본문과의 배치 – 자리 차지, 가로 – 종이의 가운데 0mm, 세로 – 종이의 위 20mm • 바깥 여백 : 아래쪽 8mm • 선 속성 : 검정(RGB : 0,0,0), 실선 0.2mm • 색 채우기 : 하늘색(RGB : 97,130,214)
(3) 제목	• 제목(1) : 휴먼명조, 15pt, 장평(110%), 자간(-4%), 진하게, 주황(RGB : 255,132,58) 80% 밝게, 가운데 정렬 • 제목(2) : 여백 – 왼쪽(340pt)
(4) 누름틀	• 입력할 내용의 안내문 : '(메일 주소)', **입력 데이터** : '(yeso82@sang.co.kr)'
(5) 그림	• 경로 : C:\WP\돗단배.bmp, 문서에 포함 • 크기 : 너비 30mm, 높이 15mm • 위치 : 본문과의 배치 – 글 앞으로, 가로 – 종이의 왼쪽 24mm, 세로 – 종이의 위 24mm • 회전 : 좌우 대칭
(6) 스타일 (2개소 수정, 3개소 등록)	• 개요 1(수정) : 여백 – 왼쪽(0pt), 휴먼고딕, 12pt, 진하게 • 개요 2(수정) : 여백 – 왼쪽(15pt) • 표제목(등록) : 스타일 이름 – 표제목, 스타일 종류 – 문단, 가운데 정렬, 돋움체, 장평(98%), 자간(-2%), 진하게 • 참고문헌 1(등록) : 스타일 이름 – 참고문헌 1, 스타일 종류 – 문단, 내어쓰기 – 20pt • 참고문헌 2(등록) : 스타일 이름 – 참고문헌 2, 스타일 종류 – 글자, 기울임
(7) 문단 첫 글자 장식	• 모양 : 2줄, 글꼴 : 휴먼고딕, **면색** : 남색(RGB : 58,60,132) 25% 어둡게, **본문과의 간격** : 3mm • 글자색 : 하양(RGB : 255,255,255)
(8) 각주	• 글자 모양 : 돋움, 번호 모양 : 아라비아 숫자
(9) 하이퍼링크	• '대한의사협회'에 하이퍼링크 설정 • 연결 대상 : '웹 주소', 'https://www.kma.org'
(10) 표	• 크기 : 너비 78mm ~ 80mm, 높이 33mm ~ 34mm • 위치 : 글자처럼 취급 • 모든 셀의 안 여백 : 왼쪽·오른쪽 2.5mm • 전체 행 : 셀 높이를 같게 • 테두리 : 표 안쪽은 실선(0.12mm), 표 바깥의 위쪽과 아래쪽은 실선(0.4mm), 표 바깥의 왼쪽과 오른쪽은 선 없음, 제목 행 아래쪽은 이중 실선(0.5mm) • 제목 행 : 셀 배경색 – 초록(RGB : 40,155,110), 글자 모양 – 굴림체, 진하게, 하양(RGB : 255,255,255) • 평균 행 : 셀 배경색 – 검정(RGB : 0,0,0) 50% 밝게, 글자 모양 – 돋움체, 진하게, 하양(RGB : 255,255,255) • 문단의 정렬 방식 : 가운데 정렬
(11) 블록 계산식	• 표의 평균 행에 블록 계산식을 이용하여 블록 평균 산출
(12) 캡션	• 표 아래에 삽입 후 오른쪽 정렬
(13) 차트	• 차트의 모양 : 누적 세로 막대형 • 차트의 크기 : 너비 80mm, 높이 65mm, 크기 고정 • 위치 : 본문과의 배치 – 자리 차지, 가로 – 단의 가운데 0mm, 세로 – 문단의 위 0mm • 바깥 여백 : 위쪽 5mm, 아래쪽 7mm • 항목 축, 값 축, 범례의 글꼴 설정 : 9pt • 차트 계열색 바꾸기 : 색상 조합(색2) • 범례 위치 변경, 데이터 레이블 표시, 레이블 위치(안쪽 끝에), 눈금선 제거 • 표의 아래 단락에 배치
(14) 쪽 번호	• 번호 위치 : 오른쪽 아래, 번호 모양 : 아라비아 숫자, 줄표 넣기 선택, 시작 번호 지정
(15) 머리말	• 제목 : 휴먼고딕, 10pt, 진하게, 시안(RGB : 66,199,241) • 날짜 : 탭 종류(오른쪽), 탭 위치(16.9cm)
(16) 꼬리말	• 맑은 고딕, 10pt, 진하게, 남색(RGB : 58,60,132) 50% 어둡게, 가운데 정렬

한국인의 질병(Disease)

김예소
상공대 연구원
(yeso82@sang.co.kr)

1. 개요

생활 습관의 변화 등으로 최근 30년간 한국인의 질병(疾病) 양상(Aspect)이 크게 바뀐 것으로 조사됐다. 국민건강 보험공단(www.nhic.or.kr)에 따르면 지난해 입원환자(a Patient)의 진료(診療) 건수가 가장 많은 질병은 치질, 백내장, 폐렴, 맹장염, 정신분열증 순으로 집계되었는데 이는 2015년 조사 자료(Data)의 경우 맹장염, 위장염, 정신분열증, 폐렴 순이었던 것과는 상당히 달라졌음을 알 수 있다.

입원환자 질병 비율 추이

구분	2015년	2020년	2025년	비고
맹장염	25.3	23	18.4	
위장염	19	16	13.2	
치질	11.4	21.6	27	
디스크	10	11.4	12.1	
평균	16.43	18.00	17.68	

(단위: %)

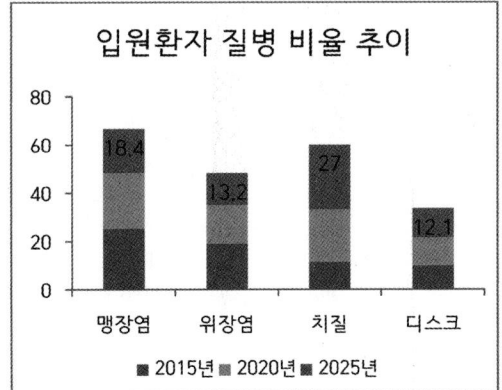

2. 한국인의 질병 양상 변화

가. 2015년의 경우 16위였던 치질(Hemorrhoids)이 지난해 1위로 부상한 것은 식생활이 서구화된 것에 가장 큰 원인이 있는 것으로 보고 있다.

나. 과거에는 수술비(Operation Charges)가 비싸 수술을 받지 못한 환자들이 경제적으로 여유가 생기면서 병원을 많이 찾게 된 것에서도 그 원인(原因)을 찾을 수 있을 것이다.

다. 한 가지 뚜렷하게 늘어나고 있는 질병은 암(Cancer)으로 유방암은 10년 사이 4.4배, 폐암은 3.2배, 간암은 3.1배, 위암은 1.8배 등의 변화를 보이고 있다.

3. 질병 예방 대책

가. 한국인의 질병 예방에서 무엇보다 중요한 것은 정기적인 건강검진(a Health Examination)과 식생활(Eating Habits) 개선, 적당한 운동(運動) 등 생활 패턴(Pattern)을 바꾸는 일이라고 할 수 있다.

나. 고열량, 고지방 음식을 자제하고 정기 검진으로 암 등을 조기에 발견하는 것이 매우 중요하다.

다. 소아비만이 성인병을 불러오고 잘못된 식생활이 평생의 건강을 좌우한다는 점을 감안, 초등학교(Elementary School) 어린이들에게도 조기에 건강의 중요성(Importance)을 심어주는 등 건강 관련 교육이 절실히 필요하다.

◎ 참고문헌

Guillen, M.(2008). Building a Global Bank, Princeton University Press. pp34-45.
Nunes, T. et al.(2005). The Privatization of Banespa, *Business Case Study*. pp27-45.
Salame, R.(2006). Why Do Mergers Fail?, Key Strategy. pp28-32.

---
1) 자료:대한의사협회

의료소식 질병예방   2025. 8. 20.

한국인의 질병(Disease)

김예소
상공대 연구원
(yeso82@sang.co.kr)

1. 개요

생활 습관의 변화 등으로 최근 30년간 한국인의 질병(疾病) 양상(Aspect)이 크게 바뀐 것으로 조사됐다. 국민건강 보험공단(www.nhic.or.kr)에 따르면 지난해 입원환자(a Patient)의 진료(診療) 건수가 가장 많은 질병은 치질, 백내장, 폐렴, 맹장염, 정신분열증 순으로 집계되었는데 이는 2015년 조사 자료(Data)의 경우 맹장염, 위장염, 정신분열증, 폐렴 순이었던 것과는 상당히 달라졌음을 알 수 있다.

입원환자 질병 비율 추이

구분	2015년	2020년	2025년	비고
맹장염	25.3	23	18.4	
위장염	19	16	13.2	
치질	11.4	21.6	27	
디스크	10	11.4	12.1	
평균	16.43	18.00	17.68	

(단위: %)

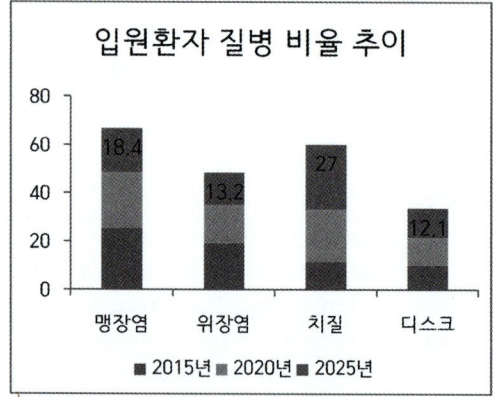

2. 한국인의 질병 양상 변화

가. 2015년의 경우 16위였던 치질(Hemorrhoids)이 지난해 1위로 부상한 것은 식생활이 서구화된 것에 가장 큰 원인이 있는 것으로 보고 있다.

나. 과거에는 수술비(Operation Charges)가 비싸 수술을 받지 못한 환자들이 경제적으로 여유가 생기면서 병원을 많이 찾게 된 것에서도 그 원인(原因)을 찾을 수 있을 것이다.

다. 한 가지 뚜렷하게 늘어나고 있는 질병은 암(Cancer)으로 유방암은 10년 사이 4.4배, 폐암은 3.2배, 간암은 3.1배, 위암은 1.8배 등의 변화를 보이고 있다.

3. 질병 예방 대책

가. 한국인의 질병 예방에서 무엇보다 중요한 것은 정기적인 건강검진(a Health Examination)과 식생활(Eating Habits) 개선, 적당한 운동(運動) 등 생활 패턴(Pattern)을 바꾸는 일이라고 할 수 있다.

나. 고열량, 고지방 음식을 자제하고 정기 검진으로 암 등을 조기에 발견하는 것이 매우 중요하다.

다. 소아비만이 성인병을 불러오고 잘못된 식생활이 평생의 건강을 좌우한다는 점을 감안, 초등학교(Elementary School) 어린이들에게도 조기에 건강의 중요성(Importance)을 심어주는 등 건강 관련 교육이 절실히 필요하다.

◎ 참고문헌

Guillen, M.(2008). Building a Global Bank, Princeton University Press. pp34-45.
Nunes, T. et al.(2005). The Privatization of Banespa, *Business Case Study*. pp27-45.
Salame, R.(2006). Why Do Mergers Fail?, Key Strategy. pp28-32.

1) 자료: 대한의사협회

EXAMINATION 03회 실전 모의고사

과목	제한시간
문서편집기능	30분

〈다음 쪽의 문서를 아래 지시사항에 따라 작성하시오〉

- 작성된 답안의 파일은 지정된 경로 및 파일명을 변경하지 마시고 저장해야 합니다. 이를 준수하지 않으면 실격 처리됩니다.

- **편집 용지**
  - 용지 종류는 A4 용지(210mm×297mm) 1매에 용지 방향을 세로로 설정하여 문서를 작성하시오.
  - 용지 여백은 왼쪽·오른쪽은 20mm, 위쪽·아래쪽은 10mm, 머리말·꼬리말은 10mm, 기타 여백은 0mm로 지정하시오.

- 문서의 본문은 2단일 경우는 2단으로 편집하고, 혼합단일 경우는 1단에서 2단으로 변하는 모양으로 편집하되, 단 간격은 8mm, 구분선은 실선 0.12mm로 설정하시오.

- **글자 모양**
  - 글꼴은 별도의 지시가 없는 한 한글 2022의 기본값으로 작성하시오.
  - 영문, 숫자, 기호 등은 별도의 지시가 없는 한 자판에 있는 문자를 사용하시오.
  - 한자는 '한글2022'의 '한자 입력' 기능을 사용하시오.

- **문단 모양**
  - 정렬 방식, 여백 등은 문단 모양 기능을 이용하여 작성하시오.
  - 문단 모양은 별도의 지시가 없는 한 한글 2022의 기본값으로 작성하시오.
  - 사이 줄 띄우기는 각 1줄만, 사이 띄우기는 1칸만 띄우시오.

- **표에서 내용의 정렬 방법**
  (제목 행과 '합계(평균)' 셀은 가운데 정렬, 나머지는 열 단위를 기준으로 아래와 같이 정렬)
  - 내용의 길이가 서로 다른 문자의 경우 왼쪽 정렬
  - 내용의 길이가 서로 다른 숫자의 경우 오른쪽 정렬
  - 내용의 길이가 서로 같을 경우 문자, 숫자 상관없이 가운데 정렬

- 차트에서 숫자 데이터의 천 단위 구분 쉼표는 기능을 사용하여 설정하시오.

- 색상은 '기본'과 '오피스' 테마가 포함된 색상 팔레트를 사용하시오.

- 각 항목은 별도의 지시가 없는 한 주어진 문서에 기준하여 작성하시오.

- 각 항목은 별도의 지시가 없는 한 기본 설정값으로 처리하시오.

- 문제에 제시된 지시사항은 작성하지 않음

다음 쪽의 문서를 아래의 〈세부 지시사항〉에 따라 작성하시오.

(1) 다단 설정	• **모양** : 둘, **구분선** : 구분선 넣기, **적용 범위** : 새 다단으로
(2) 쪽 테두리	• **선의 종류 및 굵기** : 이중 실선 0.5mm, 위·아래
(3) 글상자	• **크기** : 너비 170mm, 높이 28mm, 크기 고정 • **위치** : 본문과의 배치 – 자리 차지, 가로 – 종이의 가운데 0mm, 세로 – 종이의 위 20mm • **바깥 여백** : 아래쪽 5mm • **선 속성** : 검정(RGB : 0,0,0), 실선 0.2mm　　　• **색 채우기** : 보라(RGB : 157,92,187) 40% 밝게
(4) 제목	• **제목(1)** : 궁서체, 15pt, 장평(105%), 자간(5%), 진하게, 검은 군청(RGB : 27,23,96), 가운데 정렬 • **제목(2)** : 여백 – 왼쪽(340pt)
(5) 누름틀	• **입력할 내용의 안내문** : '(메일 주소)', **입력 데이터** : '(ksw@korea.co.kr)'
(6) 그림	• **경로** : C:\WP\뱃사공.bmp, 문서에 포함　　　• **크기** : 너비 18mm, 높이 10mm • **위치** : 본문과의 배치 – 글 앞으로, 가로 – 종이의 왼쪽 25mm, 세로 – 종이의 위 25mm
(7) 스타일 (2개소 수정, 2개소 등록)	• **개요 1(수정)** : 여백 – 왼쪽(0pt), 맑은 고딕, 12pt, 진하게 • **개요 2(수정)** : 여백 – 왼쪽(15pt) • **표제목(등록)** : 스타일 이름 – 표제목, 스타일 종류 – 문단, 가운데 정렬, 굴림체, 11pt, 장평(95%), 자간(–4%), 진하게 • **참고문헌(등록)** : 스타일 이름 – 참고문헌, 스타일 종류 – 문단, 내어쓰기 – 20pt, 줄 간격(140%), 바탕체, 9pt
(8) 문단 첫 글자 장식	• **모양** : 2줄, **글꼴** : 돋움체, **면색** : 초록(RGB : 0,128,0), **본문과의 간격** : 3mm • **글자색** : 하양(255,255,255)
(9) 각주	• **글자 모양** : 돋움체, **번호 모양** : 원문자
(10) 하이퍼링크	• '한국관광공사'에 하이퍼링크 설정　　　• **연결 대상** : '웹 주소', 'http://www.visitkorea.or.kr'
(11) 표	• **크기** : 너비 78mm ~ 80mm, 높이 27.60mm　　　• **위치** : 글자처럼 취급 • **모든 셀의 안 여백** : 왼쪽·오른쪽 2mm　　　• **전체 행** : 셀 높이를 같게 • **테두리** : 표 안쪽은 실선(0.12mm), 표 바깥의 위쪽과 아래쪽은 실선(0.4mm), 　　　　　표 바깥의 왼쪽과 오른쪽은 선 없음, 제목 행 아래쪽과 합계 행 위쪽은 이중 실선(0.5mm) • **제목 행** : 셀 배경색 – 초록(RGB : 40,155,110), 글자 모양 – 돋움체, 진하게, 하양(255,255,255) • **합계 행** : 셀 배경색 – 하양(RGB : 255,255,255) 15% 어둡게, 글자 모양 – 진하게 • **문단의 정렬 방식** : 가운데 정렬
(12) 블록 계산식	• 표의 합계 행에 블록 계산식을 이용하여 블록 합계 산출
(13) 캡션	• 표 아래에 삽입 후 오른쪽 정렬
(14) 차트	• **차트의 모양** : 이중 축 혼합형(묶은 세로 막대형, 표식이 있는 꺾은선형) • **차트의 크기** : 너비 80mm, 높이 65mm, 크기 고정 • **위치** : 본문과의 배치 – 자리 차지, 가로 – 단의 가운데 0mm, 세로 – 문단의 위 0mm • **바깥 여백** : 위쪽 5mm, 아래쪽 8mm　　　• **항목 축, 값 축, 보조 값 축, 범례의 글꼴 설정** : 9pt • **차트 계열색 바꾸기** : 색상 조합(색3) • 범례 위치 변경, 보조 축 지정, 데이터 레이블 표시, 레이블 위치(위쪽), 눈금선 제거 • 표의 아래 단락에 배치
(15) 쪽 번호	• **번호 위치** : 왼쪽 아래, **번호 모양** : 로마자 대문자, 줄표 넣기 선택, 시작 번호 지정
(16) 머리말	• **제목** : 한컴 고딕, 11pt, 진하게, 파랑(RGB : 0,0,255) • **날짜** : 탭 종류(오른쪽), 탭 위치(16.9cm)
(17) 꼬리말	• 한컴돋움, 10pt, 진하게, 초록(RGB : 0,128,0) 25% 어둡게, 가운데 정렬

상공관광협회 조사   2025-09-17

관광산업의 발전 전망

김상욱
한국대학교 교수
(ksw@korea.co.kr)

1. 개요

Visitor의 욕구가 있고 구매력을 갖춘 관광객들의 집합을 관광시장이라고 본다면 시장에 대하여 제품과 서비스를 생산 및 판매하는 조직적인 사업을 관광기업이라고 한다. 이러한 기업들을 관광산업(Tourist Industry)이라고 할 수 있다. 관광산업의 정의를 보면, 관광산업은 여행과 Recreation을 위해 전체적인 면에서 Merchandise, Communication, Service 시설과 기타 시설, 그리고 정부기관이 상호 관련된 합성체로 정의하고 있다. 관광산업의 관광객은 소비자로 오기 때문에 그들이 가지고 오는 외화는 무형적인 수출이기도 하며 관광산업의 외환수입은 국제수지(the Balance of International Payment) 개선효과와 국제무역(International Trade)을 자극한 무역진흥의 동기부여가 될 수 있다. 관광산업은 국토개발(Land Development)의 일환으로 1, 2차 산업보다 비교적 공해가 적으며 자원 절약적이다.

2030년대 관광산업 전망①

구분	2030년 전망	예상 증감	비중(%)
유럽	4,860	1,680	23
미주	2,240	910	19
아시아	990	270	31
합계	8,090	2,860	

(단위: 만 명)

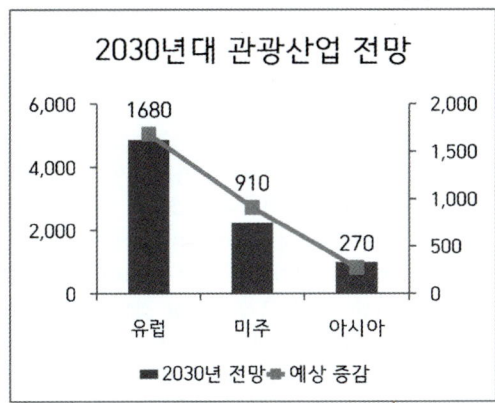

경제발전으로 관광여건이 개선되는 가운데 성장을 지속하여 관광객 수가 2030년에는 2025년에 비해 2억800만 명으로 2배 이상 성장할 것으로 보인다.

다. 관광산업의 시장점유율은 20%로 급상승할 것이며 특히 수송(輸送)수단이 획기적으로 개선될 것으로 기대되는 2030년 이후에는 10%대 이상의 고도성장을 지속함으로써 21세기 세계 관광시장을 주도할 것으로 예상된다.

3. 제안

가. 우리나라도 21세기에는 China, Russia로 가는 경유지로서의 역할(役割)이 부각되고 관광 형태도 유적지나 휴양지를 방문하던 단순한 패턴에서 일정기간 각종 Tourist Event에 참가하는 참여관광 형태로 바뀌면서 관광입지가 크게 호전될 것으로 보인다.

나. 국제경기를 가능한 많이 유치하는 것은 관광산업 발전을 위한 기회라 할 수 있다.

※ References
R. K. Dragon(2006). A Civil Organic Modern Chemistry, Gilbut. pp34-56.
Wiliam. K. Narayan(2010). The Autobiography Urinalysis of the way to Samurai, Easy Press. pp56-89.
Jerry Vanzant(2012). The Emergence of Puddiing Away, ABC Press. pp13-25.

2. 관광산업 전망

가. 관광산업은 앞으로 10년간 연평균 5% 성장하여 정보통신 산업과 더불어 21세기 성장을 주도하는 산업으로 각광받을 것으로 예측(豫測)되고 있다.

나. 동아태지역은 다양한 관광자원과 전반적인

① 자료: 한국관광공사

한국관광공사 보고서 제17권 제2호 (2025년 9월)

관광산업의 발전 전망

김상욱
한국대학교 교수
(ksw@korea.co.kr)

1. 개요

Visitor의 욕구가 있고 구매력을 갖춘 관광객들의 집합을 관광시장이라고 본다면 시장에 대하여 제품과 서비스를 생산 및 판매하는 조직적인 사업을 관광기업이라고 한다. 이러한 기업들을 관광산업(Tourist Industry)이라고 할 수 있다. 관광산업의 정의를 보면, 관광산업은 여행과 Recreation을 위해 전체적인 면에서 Merchandise, Communication, Service 시설과 기타 시설, 그리고 정부기관이 상호 관련된 합성체로 정의하고 있다. 관광산업의 관광객은 소비자로 오기 때문에 그들이 가지고 오는 외화는 무형적인 수출이기도 하며 관광산업의 외환수입은 국제수지(the Balance of International Payment) 개선 효과와 국제무역(International Trade)을 자극한 무역진흥의 동기부여가 될 수 있다. 관광산업은 국토개발(Land Development)의 일환으로 1, 2차 산업보다 비교적 공해가 적으며 자원 절약적이다.

2030년대 관광산업 전망①

구분	2030년 전망	예상 증감	비중(%)
유럽	4,860	1,680	23
미주	2,240	910	19
아시아	990	270	31
합계	8,090	2,860	

(단위: 만 명)

경제발전으로 관광여건이 개선되는 가운데 성장을 지속하여 관광객 수가 2030년에는 2025년에 비해 2억800만 명으로 2배 이상 성장할 것으로 보인다.

다. 관광산업의 시장점유율은 20%로 급상승할 것이며 특히 수송(輸送)수단이 획기적으로 개선될 것으로 기대되는 2030년 이후에는 10%대 이상의 고도성장을 지속함으로써 21세기 세계 관광시장을 주도할 것으로 예상된다.

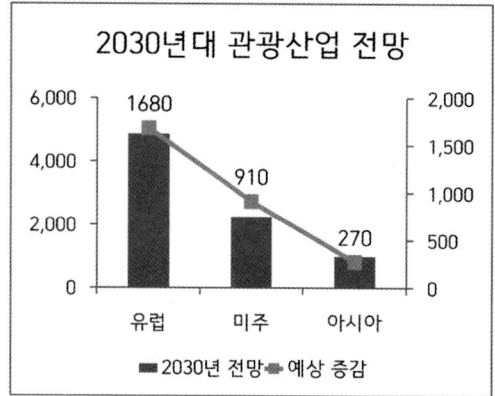

3. 제안

가. 우리나라도 21세기에는 China, Russia로 가는 경유지로서의 역할(役割)이 부각되고 관광 형태도 유적지나 휴양지를 방문하던 단순한 패턴에서 일정기간 각종 Tourist Event에 참가하는 참여관광 형태로 바뀌면서 관광입지가 크게 호전될 것으로 보인다.
나. 국제경기를 가능한 많이 유치하는 것은 관광 산업 발전을 위한 기회라 할 수 있다.

2. 관광산업 전망

가. 관광산업은 앞으로 10년간 연평균 5% 성장하여 정보통신 산업과 더불어 21세기 성장을 주도하는 산업으로 각광받을 것으로 예측(豫測)되고 있다.
나. 동아태지역은 다양한 관광자원과 전반적인

① 자료: 한국관광공사

※ References
R. K. Dragon(2006). A Civil Organic Modern Chemistry, Gilbut. pp34-56.
Wiliam. K. Narayan(2010). The Autobiography Urinalysis of the way to Samurai, Easy Press. pp56-89.
Jerry Vanzant(2012). The Emergence of Puddiing Away, ABC Press. pp13-25.

EXAMINATION 04회 실전 모의고사

과목	제한시간
문서편집기능	30분

〈다음 쪽의 문서를 아래 지시사항에 따라 작성하시오〉

- 작성된 답안의 파일은 지정된 경로 및 파일명을 변경하지 마시고 저장해야 합니다. 이를 준수하지 않으면 실격 처리됩니다.

- 편집 용지
  - 용지 종류는 A4 용지(210mm×297mm) 1매에 용지 방향을 세로로 설정하여 문서를 작성하시오.
  - 용지 여백은 왼쪽·오른쪽·위쪽·아래쪽은 20mm, 머리말·꼬리말은 10mm, 기타 여백은 0mm로 지정하시오.

- 문서의 본문은 2단일 경우는 2단으로 편집하고, 혼합단일 경우는 1단에서 2단으로 변하는 모양으로 편집하되, 단 간격은 8mm, 구분선은 실선 0.12mm로 설정하시오.

- 글자 모양
  - 글꼴은 별도의 지시가 없는 한 한글 2022의 기본값으로 작성하시오.
  - 영문, 숫자, 기호 등은 별도의 지시가 없는 한 자판에 있는 문자를 사용하시오.
  - 한자는 '한글2022'의 '한자 입력' 기능을 사용하시오.

- 문단 모양
  - 문장의 들여 쓰기(10pt), 정렬 방식, 여백 등은 문단 모양 기능을 이용하여 작성하시오.
  - 문단 모양은 별도의 지시가 없는 한 한글 2022의 기본값으로 작성하시오.
  - 사이 줄 띄우기는 각 1줄만, 사이 띄우기는 1칸만 띄우시오.

- 표에서 내용의 정렬 방법
  (제목 행과 '합계(평균)' 셀은 가운데 정렬, 나머지는 열 단위를 기준으로 아래와 같이 정렬)
  - 내용의 길이가 서로 다른 문자의 경우 왼쪽 정렬
  - 내용의 길이가 서로 다른 숫자의 경우 오른쪽 정렬
  - 내용의 길이가 서로 같을 경우 문자, 숫자 상관없이 가운데 정렬

- 차트에서 숫자 데이터의 천 단위 구분 쉼표는 기능을 사용하여 설정하시오.

- 색상은 '기본' 테마가 포함된 색상 팔레트를 사용하시오.

- 각 항목은 별도의 지시가 없는 한 주어진 문서에 기준하여 작성하시오.

- 각 항목은 별도의 지시가 없는 한 기본 설정값으로 처리하시오.

- 문제에 제시된 지시사항은 작성하지 않음

다음 쪽의 문서를 아래의 〈세부 지시사항〉에 따라 작성하시오.

(1) 쪽 테두리	• **선의 종류 및 굵기** : 이중 실선 0.5mm, 모두 • **위치** : 쪽 기준, 왼쪽·오른쪽·위쪽·아래쪽 모두 4mm
(2) 글상자	• **크기** : 너비 100mm, 높이 12mm, 크기 고정 • **위치** : 본문과의 배치 – 자리 차지, 가로 – 종이의 가운데 0mm, 세로 – 종이의 위 19mm • **바깥 여백** : 아래쪽 5mm • **선 속성** : 검정(RGB : 0,0,0), 이중 실선 1mm • **색 채우기** : 하늘색(RGB : 97,130,214) 40% 밝게
(3) 제목	• 궁서체, 14pt, 장평(105%), 자간(5%), 진하게, 양각, 주황(RGB : 255,132,58), 가운데 정렬
(4) 문단 첫 글자 장식	• **모양** : 3줄, **글꼴** : 굴림체, **면색** : 보라(RGB : 157,92,187) 25% 어둡게, **본문과의 간격** : 3mm • **글자색** : 시멘트(RGB : 178,178,178) 80% 밝게
(5) 스타일 (2개소 등록)	• **소제목** : 스타일 이름 – 소주제, 스타일 종류 – 문단, 번호 문단, 여백 – 왼쪽(15pt), 굴림체, 진하게, 그림자 • **표제목** : 스타일 이름 – 표주제, 스타일 종류 – 문단, 가운데 정렬, 굴림체, 장평(90%), 자간(10%), 진하게
(6) 그림	• **경로** : C:\WP\경제.jpg, 문서에 포함 • **크기** : 너비 25mm, 높이 25mm • **위치** : 본문과의 배치 – 어울림, 가로 – 단의 오른쪽 0mm, 세로 – 문단의 위 0mm • **바깥 여백** : 왼쪽·아래쪽 3mm
(7) 각주	• **글자 모양** : 궁서체, **번호 모양** : 아라비아 숫자
(8) 표	• **크기** : 너비 78mm ~ 80mm, 높이 33mm ~ 34mm • **위치** : 글자처럼 취급 • **모든 셀의 안 여백** : 왼쪽·오른쪽 2mm • **전체 행** : 셀 높이를 같게 • **테두리** : 표 안쪽은 실선(0.12mm), 표 바깥의 위쪽과 아래쪽은 실선(0.5mm), 표 바깥의 왼쪽과 오른쪽은 선 없음, 합계 행 위쪽은 이중 실선(0.4mm) • **제목 행** : 셀 배경색 – 보라(RGB : 157,92,187), 글자 모양 – 굴림체, 진하게, 노랑(RGB : 255,215,0) • **합계 행** : 셀 배경색 – 주황(RGB : 255,132,58) 80% 밝게, 글자 모양 – 진하게 • **문단의 정렬 방식** : 가운데 정렬
(9) 블록 계산식	• 표의 합계 행에 블록 계산식을 이용하여 블록 합계 산출
(10) 캡션	• 표 위에 삽입
(11) 차트	• **차트의 모양** : 꺾은선형 • **차트의 크기** : 너비 80mm, 높이 70mm, 크기 고정 • **위치** : 본문과의 배치 – 자리 차지, 가로 – 단의 가운데 0mm, 세로 – 문단의 위 0mm • **바깥 여백** : 아래쪽 8mm • **항목 축, 값 축, 범례의 글꼴 설정** : 진하게, 11pt • 범례 위치 변경 • 표의 아래 단락에 배치
(12) 누름틀	• **입력할 내용의 안내문** : '이름(영문) 직책', **입력 데이터** : '김우경(Kim Woogyung) 파트장'
(13) 하이퍼링크	• '원문으로'에 하이퍼링크 설정 • **연결 대상** : '웹 주소', 'http://www.getnews.co.kr'
(14) 쪽 번호	• **번호 위치** : 오른쪽 아래, **번호 모양** : 로마자 대문자, 줄표 넣기 선택 안함, 시작 번호 지정
(15) 머리말	• 궁서체, 10pt, 진하게, 하늘색(RGB : 97,130,214) 25% 어둡게, 오른쪽 정렬
(16) 꼬리말	• 견고딕, 10pt, 초록(RGB : 40,155,110) 50% 어둡게

2023년 세계경제 결산

지금 세계는 23년 만에 가장 높은 4.7%라는 성장률을 기록한 기쁨보다는 두려움으로 한해를 마감하고 있다. 뉴밀레니엄(New Millennium)과 오랜 경제호황으로 흥분과 기대에 들떠 새해를 맞았던 지난 연초나 예상 외로 고도성장을 기록한 실적(實績)에 비추어 보면 이례적인 일이다. 이러한 성장의 실체를 국제통화기금(IMF)의 지난 전망과 함께 알아보자.

1. IMF의 전망

IMF(International Monetary Fund)의 World Economic Outlook에 의하면 세계 경제성장률을 4.2%, 미국 성장률을 예상했던 2.6%보다 무려 1.8%포인트 높은 4.4%로 수정(修正)했다. 다른 선진국 중 일본에 대한 성장률 전망은 하향 수정하였지만 유로(EURO) 지역도 0.4%포인트 높은 3.5%로 수정했다. 아시아 신흥공업국(Newly Industrializing Countries)의 성장률도 2021년 10월에 5.2%로 전망했으나 작년 10월에는 전망치를 6.6%로 상향 조정했다(표 참조).

그러나 이것도 지나치게 보수적인 전망이었음이 곧 드러났다. 금년 10월의 전망에서 IMF는 세계 경제성장률을 4.7%, 미국의 성장률을 5.2%, 그리고 유로 지역과 일본의 성장률을 각각 3.5%와 1.4%로 수정한 것이다. 경제전망 능력에서 국제통화기금(IMF)의 무능을 탓하기 앞서 2023년 세계경제의 성장이 놀랄 만했음을 먼저 인정하지 않을 수 없는 것이다.

◎ IMF의 시점별 2024년 경제전망

(단위: %)

구분	2021.10	2022.10	2023.10	비고
미국	2.6	4.4	5.2	
일본	1.5	1.9	1.4	
유로	2.8	3.2	3.5	
아시아	5.2	6.6	7.8	
합계	12.1	16.1	17.9	

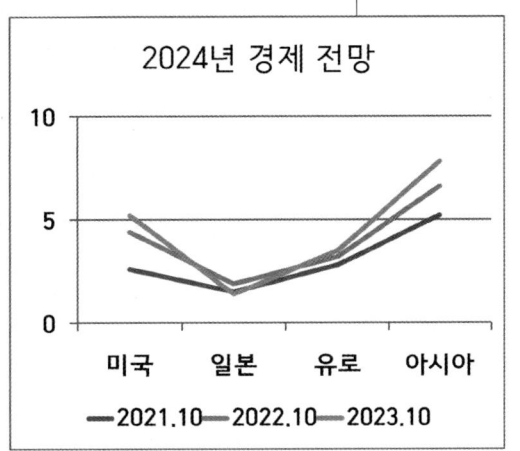

2. 미국의 호황

2023년 세계경제의 고도성장은 경제하강이 예상되었던 미국경제가 호황을 지속하여 세계의 수요를 진작시켰기 때문이다. 특히 연방준비제도이사회(FRB : Federal Reserve Board) 의장인 앨런 그린스펀1)(Allen Greenspan)이 큰 역할(役割)을 담당했다. 1월 14일 뉴욕의 다우지수(Dow-Jones Stock Price Average)는 사상 최고치인 11,723포인트를 기록(記錄)했으며 3월 10일 나스닥(NASDAQ)지수 역시 사상 최고치인 5,049포인트를 기록했다.

미국의 성장은 낙관적인 시장 전망에 기반을 두고 있었다. 고성장, 낮은 인플레이션의 경제현상이 새로운 경제(經濟) 패러다임(Paradigm)이라고 생각되었던 것이다. 실제로 지난 10여 년간의 정보기술에 대한 투자 결과, 생산성이 급격히 상승했다는 연구결과들이 쏟아져 나왔다.

작성자: 김우경(Kim Woogyung) 파트장
작성일: 2023. 10. 30.

―――――――
1) The Greenspan Effect의 주인공

2023년 세계경제 결산

금 세계는 23년 만에 가장 높은 4.7%라는 성장률을 기록한 기쁨보다는 두려움으로 한해를 마감하고 있다. 뉴밀레니엄(New Millennium)과 오랜 경제호황으로 흥분과 기대에 들떠 새해를 맞았던 지난 연초나 예상 외로 고도성장을 기록한 실적(實績)에 비추어 보면 이례적인 일이다. 이러한 성장의 실체를 국제통화기금(IMF)의 지난 전망과 함께 알아보자.

1. IMF의 전망

IMF(International Monetary Fund)의 World Economic Outlook에 의하면 세계 경제성장률을 4.2%, 미국 성장률을 예상했던 2.6%보다 무려 1.8%포인트 높은 4.4%로 수정(修正)했다. 다른 선진국 중 일본에 대한 성장률 전망은 하향 수정하였지만 유로(EURO) 지역도 0.4%포인트 높은 3.5%로 수정했다. 아시아 신흥공업국(Newly Industrializing Countries)의 성장률도 2021년 10월에 5.2%로 전망했으나 작년 10월에는 전망치를 6.6%로 상향 조정했다(표 참조).

그러나 이것도 지나치게 보수적인 전망이었음이 곧 드러났다. 금년 10월의 전망에서 IMF는 세계 경제성장률을 4.7%, 미국의 성장률을 5.2%, 그리고 유로 지역과 일본의 성장률을 각각 3.5%와 1.4%로 수정한 것이다. 경제전망 능력에서 국제통화기금(IMF)의 무능을 탓하기 앞서 2023년 세계경제의 성장이 놀랄 만했음을 먼저 인정하지 않을 수 없는 것이다.

◎ IMF의 시점별 2024년 경제전망
(단위: %)

구분	2021.10	2022.10	2023.10	비고
미국	2.6	4.4	5.2	
일본	1.5	1.9	1.4	
유로	2.8	3.2	3.5	
아시아	5.2	6.6	7.8	
합계	12.1	16.1	17.9	

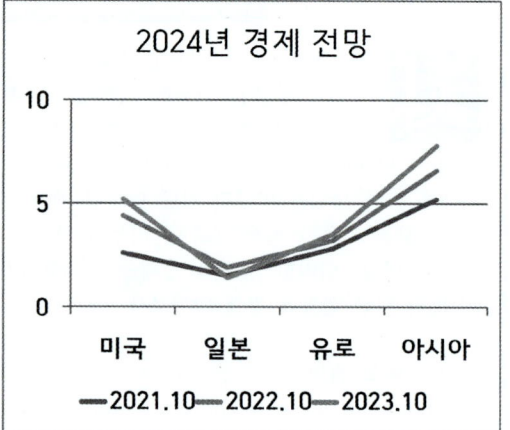

2. 미국의 호황

2023년 세계경제의 고도성장은 경제하강이 예상되었던 미국경제가 호황을 지속하여 세계의 수요를 진작시켰기 때문이다. 특히 연방준비제도이사회(FRB : Federal Reserve Board) 의장인 앨런 그린스펀1)(Allen Greenspan)이 큰 역할(役割)을 담당했다. 1월 14일 뉴욕의 다우지수(Dow-Jones Stock Price Average)는 사상 최고치인 11,723포인트를 기록(記錄)했으며 3월 10일 나스닥(NASDAQ)지수 역시 사상 최고치인 5,049포인트를 기록했다.

미국의 성장은 낙관적인 시장 전망에 기반을 두고 있었다. 고성장, 낮은 인플레이션의 경제현상이 새로운 경제(經濟) 패러다임(Paradigm)이라고 생각되었던 것이다. 실제로 지난 10여 년간의 정보기술에 대한 투자 결과, 생산성이 급격히 상승했다는 연구결과들이 쏟아져 나왔다.

작성자: 김우경(Kim Woogyung) 파트장
작성일: 2023. 10. 30.

1) The Greenspan Effect의 주인공

EXAMINATION 05회 실전 모의고사

과목	제한시간
문서편집기능	30분

〈다음 쪽의 문서를 아래 지시사항에 따라 작성하시오〉

- 작성된 답안의 파일은 지정된 경로 및 파일명을 변경하지 마시고 저장해야 합니다. 이를 준수하지 않으면 실격 처리됩니다.

- **편집 용지**
  - 용지 종류는 A4 용지(210mm×297mm) 1매에 용지 방향을 세로로 설정하여 문서를 작성하시오.
  - 용지 여백은 왼쪽·오른쪽은 20mm, 위쪽·아래쪽은 10mm, 머리말·꼬리말은 10mm, 기타 여백은 0mm로 지정하시오.

- 문서의 본문은 2단일 경우는 2단으로 편집하고, 혼합단일 경우는 1단에서 2단으로 변하는 모양으로 편집하되, 단 간격은 8mm, 구분선은 실선 0.12mm로 설정하시오.

- **글자 모양**
  - 글꼴은 별도의 지시가 없는 한 한글 2022의 기본값으로 작성하시오.
  - 영문, 숫자, 기호 등은 별도의 지시가 없는 한 자판에 있는 문자를 사용하시오.
  - 한자는 '한글2022'의 '한자 입력' 기능을 사용하시오.

- **문단 모양**
  - 정렬 방식, 여백 등은 문단 모양 기능을 이용하여 작성하시오.
  - 문단 모양은 별도의 지시가 없는 한 한글 2022의 기본값으로 작성하시오.
  - 사이 줄 띄우기는 각 1줄만, 사이 띄우기는 1칸만 띄우시오.

- **표에서 내용의 정렬 방법**
  (제목 행과 '합계(평균)' 셀은 가운데 정렬, 나머지는 열 단위를 기준으로 아래와 같이 정렬)
  - 내용의 길이가 서로 다른 문자의 경우 왼쪽 정렬
  - 내용의 길이가 서로 다른 숫자의 경우 오른쪽 정렬
  - 내용의 길이가 서로 같을 경우 문자, 숫자 상관없이 가운데 정렬

- 차트에서 숫자 데이터의 천 단위 구분 쉼표는 기능을 사용하여 설정하시오.

- 색상은 '기본' 테마가 포함된 색상 팔레트를 사용하시오.

- 각 항목은 별도의 지시가 없는 한 주어진 문서에 기준하여 작성하시오.

- 각 항목은 별도의 지시가 없는 한 기본 설정값으로 처리하시오.

- 문제에 제시된 지시사항은 작성하지 않음

다음 쪽의 문서를 아래의 〈세부 지시사항〉에 따라 작성하시오.

(1) 쪽 테두리	• **선의 종류 및 굵기** : 이중 실선 0.5mm, 위·아래
(2) 글상자	• **크기** : 너비 170mm, 높이 24mm, 크기 고정 • **위치** : 본문과의 배치 – 자리 차지, 가로 – 종이의 가운데 0mm, 세로 – 종이의 위 20mm • **바깥 여백** : 아래쪽 8mm • **선 속성** : 검정(RGB : 0,0,0), 실선 : 0.2mm　　• **색 채우기** : 주황(RGB : 255,132,58) 60% 밝게
(3) 제목	• **제목(1)** : 돋움체, 14pt, 장평(105%), 자간(-2%), 진하게, 초록(RGB : 40,155,110) 50% 어둡게, 가운데 정렬 • **제목(2)** : 여백 – 왼쪽(340pt)
(4) 누름틀	• **입력할 내용의 안내문** : '(메일 주소)', **입력 데이터** : '(sh0816@gilbut.co.kr)'
(5) 그림	• **경로** : C:\WP\잠자리.bmp, 문서에 포함　　• **크기** : 너비 35mm, 높이 18mm • **위치** : 본문과의 배치 – 글 앞으로, 가로 – 종이의 왼쪽 23mm, 세로 – 종이의 위 23mm
(6) 스타일 (2개소 수정, 3개소 등록)	• **개요 1(수정)** : 여백 – 왼쪽(0pt), 굴림체, 12pt, 진하게 • **개요 2(수정)** : 여백 – 왼쪽(15pt) • **표제목(등록)** : 스타일 이름 – 표제목, 스타일 종류 – 문단, 가운데 정렬, 돋움체, 장평(95%), 자간(5%), 진하게 • **참고문헌 1(등록)** : 스타일 이름 – 참고문헌 1, 스타일 종류 – 문단, 내어쓰기 – 20pt • **참고문헌 2(등록)** : 스타일 이름 – 참고문헌 2, 스타일 종류 – 글자, 기울임
(7) 문단 첫 글자 장식	• **모양** : 3줄, **글꼴** : 궁서체, **면색** : 노랑(RGB : 255,215,0), **본문과의 간격** : 4mm • **글자색** : 주황(RGB : 255,132,58)
(8) 각주	• **글자 모양** : 굴림체, 10pt, **번호 모양** : 로마자 소문자
(9) 하이퍼링크	• '한국거래소'에 하이퍼링크 설정　　• **연결 대상** : '웹 주소', 'http://www.krx.co.kr'
(10) 표	• **크기** : 너비 78mm ~ 80mm, 높이 38.65mm　　• **위치** : 글자처럼 취급 • **모든 셀의 안 여백** : 왼쪽·오른쪽 2mm　　• **전체 행** : 셀 높이를 같게 • **테두리** : 표 안쪽은 실선(0.12mm), 표 바깥의 위쪽과 아래쪽은 실선(0.4mm), 　　　　　표 바깥의 왼쪽과 오른쪽은 선 없음, 제목 행 아래쪽은 이중 실선(0.5mm) • **제목 행** : 셀 배경색 – 노랑(RGB : 255,215,0), 글자 모양 – 돋움체, 진하게, 남색(RGB : 58,60,132) • **합계 행** : 셀 배경색 – 하늘색(RGB : 97,130,214) 50% 어둡게, 글자 모양 – 진하게, 하양(255,255,255) • **문단의 정렬 방식** : 가운데 정렬
(11) 블록 계산식	• 표의 합계 행에 블록 계산식을 이용하여 블록 합계 산출
(12) 캡션	• 표 위에 삽입 후 오른쪽 정렬
(13) 차트	• **차트의 모양** : 2차원 원형　　• **차트의 크기** : 너비 80mm, 높이 65mm, 크기 고정 • **위치** : 본문과의 배치 – 자리 차지, 가로 – 단의 가운데 0mm, 세로 – 문단의 위 0mm • **바깥 여백** : 위쪽 5mm, 아래쪽 8mm　　• **차트 계열색 바꾸기** : 색상 조합(색3) • 범례 없음, 데이터 레이블 표시 • **데이터 레이블 속성** : 항목 이름, 값, 구분 기호(세미콜론), 바깥쪽 끝에 • **데이터 레이블 글자 모양** : 11pt, 주황(RGB : 255,132,58) 25% 어둡게 • **'6월' 항목** : 도형 채우기 – 시멘트(RGB : 178,178,178)　　• 표의 아래 단락에 배치
(14) 쪽 번호	• **번호 위치** : 가운데 아래, **번호 모양** : 아라비아 숫자, 줄표 넣기 선택, 시작 번호 지정
(15) 머리말	• **제목** : 굴림체, 11pt, 진하게, 보라(RGB : 157,92,187) • **날짜** : 탭 종류(오른쪽), 탭 위치(16.9cm)
(16) 꼬리말	• 바탕체, 진하게, 남색(RGB : 58,60,132) 50% 어둡게, 오른쪽 정렬

사이버 증권거래의 현황과 문제점

임선호 교수
(sh0816@gilbut.co.kr)

1. 개요

우리나라 사이버 거래(Cyber Trading) 규모는 세계 1위의 미국보다 규모(規模) 면에서는 뒤지나, 성장속도 면에서는 훨씬 빠르다. 25년 4월부터는 본격화된 사이버 증권거래가 성장속도 면에서는 한국이 미국을 앞지르고 있으며, 25년 7월 말 현재 전체 증권거래에서 사이버 거래가 차지하는 비중은 16.8%이지만, 급속한 증가율을 감안할 때 올해 안에 20%를 넘을 전망(展望)이다. 미국의 경우 25년 7월 말 현재 27%의 사이버 증권거래가 이루어지고 있으며, 앞으로 인터넷(Internet) 보급의 확대로 인해 그 비중은 더욱 확대될 전망이다.

국내 사이버 증권거래 규모

(단위: 십억 원)

구분	사이버	전체	비율(%)	비고
3월	4,734	75,198	6.3	
4월	11,294	150,472	7.5	
5월	14,806	118,817	12.5	
6월	24,843	148,252	16.8	
7월	26,127	153,045	17.1	
합계	81,804	645,784	60.2	

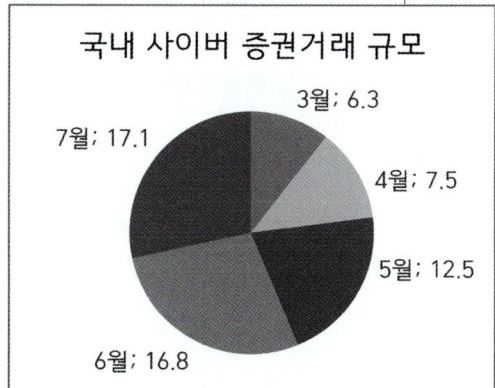

i 자료: 한국거래소

2. 사이버 거래 증가 현황

가. 사이버 증권거래가 이처럼 크게 증가하고 있는 원인은 1년에 계좌당 평균 25건의 거래가 이루어지는 등 일일거래자(Day Trader)가 급격히 증가했기 때문인 것으로 알려졌다.

나. 25%~30%에 달하는 사이버 고객(顧客)이 일일거래의 75%~80%에 해당하는 거래를 행하는 것으로 추정되는 일일 거래자가 총 거래의 증가뿐만 아니라 사이버 거래 증가에 커다란 역할을 하는 것을 알 수 있다.

다. 미국 사이버증권 산업분석가인 CSFB증권에 따르면, 2026년에는 주식 주문 2건당 1건이 사이버 거래(去來)를 통해 이루어질 것으로 예측된다고 한다.

3. 사이버 증권거래의 장단점

가. 사이버 증권거래의 장점으로는 저렴한 가격(Low Price), 편리성(Convenience), 시간과 장소로부터의 자유로움(Overcome the limits to place and time), 일반 투자자들에 대한 풍부한 정보 제공(provides retail investors with the rich information on securities) 등이 있다.

나. 이러한 이점으로 인해 투자 활성화, 증권 시장의 유동성 증가, 거래의 활성화 등을 통해 기업의 자금(資金) 조달이 용이하게 된다.

다. 사이버 증권거래의 단점으로는 투기의 조장, 시스템 장애 시의 문제 발생, 전문적 지식을 가진 브로커로부터의 격리 등을 들 수 있다.

※ 참고문헌

Whoopi Leibovitz(2011). The Power of Pilgrimage, GilbutSchool. pp25-29.
A. S. Madison(2011). *Learning to Dear Straw,* Kindle Press. pp28-32.
Loyd Gray(2008). Globe Merriam of Frogs Collection, Academy Press. pp32-45.

> **잠깐만요** 표 너비 및 높이 변경하기 / 차트 데이터 범위 지정하기

표 너비 및 높이 변경하기

❶ 표를 만들고 내용을 입력한 후 지시사항을 지정하고, 블록 계산식을 계산합니다.
❷ 다음과 같이 너비와 높이를 조절하세요.

구분	사이버	전체	비율(%)	비고
3월	4,734	75,198	6.3	
4월	11,294	150,472	7.5	
5월	14,806	118,817	12.5	
6월	24,843	148,252	16.8	
7월	26,127	153,045	17.1	
합계	81,804	645,784	60.2	

※ 표 높이를 38.65mm로 맞추기 위해 표 전체를 블록으로 지정한 후 아래쪽으로 한 번(Ctrl+↓) 늘려준 것입니다.

차트 데이터 범위 지정하기

데이터 레이블의 '값'에 6.3, 7.5, 12.5, 16.8, 17.1이 입력된 것으로 보아 '비율(%)' 열이 사용된 것을 알 수 있습니다. 그러므로 '구분'과 '비율(%)' 열을 블록으로 지정한 후 차트를 만들면 됩니다.

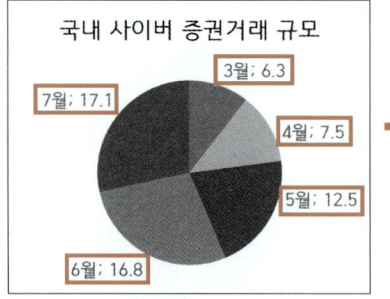

구분	사이버	전체	비율(%)	비고
3월	4,734	75,198	6.3	
4월	11,294	150,472	7.5	
5월	14,806	118,817	12.5	
6월	24,843	148,252	16.8	
7월	26,127	153,045	17.1	
합계	81,804	645,784	60.2	

국내 사이버 증권거래 규모
(단위: 십억 원)

EXAMINATION 06회 실전 모의고사

과목	제한시간
문서편집기능	30분

〈다음 쪽의 문서를 아래 지시사항에 따라 작성하시오〉

- 작성된 답안의 파일은 지정된 경로 및 파일명을 변경하지 마시고 저장해야 합니다. 이를 준수하지 않으면 실격 처리됩니다.

- **편집 용지**
  - 용지 종류는 A4 용지(210mm×297mm) 1매에 용지 방향을 세로로 설정하여 문서를 작성하시오.
  - 용지 여백은 왼쪽·오른쪽은 20mm, 위쪽·아래쪽은 10mm, 머리말·꼬리말은 10mm, 기타 여백은 0mm로 지정하시오.

- 문서의 본문은 2단일 경우는 2단으로 편집하고, 혼합단일 경우는 1단에서 2단으로 변하는 모양으로 편집하되, 단 간격은 8mm로 설정하시오.

- **글자 모양**
  - 글꼴은 별도의 지시가 없는 한 한글 2022의 기본값으로 작성하시오.
  - 영문, 숫자, 기호 등은 별도의 지시가 없는 한 자판에 있는 문자를 사용하시오.
  - 한자는 '한글2022'의 '한자 입력' 기능을 사용하시오.

- **문단 모양**
  - 정렬 방식, 여백 등은 문단 모양 기능을 이용하여 작성하시오.
  - 문단 모양은 별도의 지시가 없는 한 한글 2022의 기본값으로 작성하시오.
  - 사이 줄 띄우기는 각 1줄만, 사이 띄우기는 1칸만 띄우시오.

- **표에서 내용의 정렬 방법**
  (제목 행과 '합계(평균)' 셀은 가운데 정렬, 나머지는 열 단위를 기준으로 아래와 같이 정렬)
  - 내용의 길이가 서로 다른 문자의 경우 왼쪽 정렬
  - 내용의 길이가 서로 다른 숫자의 경우 오른쪽 정렬
  - 내용의 길이가 서로 같을 경우 문자, 숫자 상관없이 가운데 정렬

- 차트에서 숫자 데이터의 천 단위 구분 쉼표는 기능을 사용하여 설정하시오.
- 색상은 '기본' 테마가 포함된 색상 팔레트를 사용하시오.
- 각 항목은 별도의 지시가 없는 한 주어진 문서에 기준하여 작성하시오.
- 각 항목은 별도의 지시가 없는 한 기본 설정값으로 처리하시오.
- 문제에 제시된 지시사항은 작성하지 않음

다음 쪽의 문서를 아래의 〈세부 지시사항〉에 따라 작성하시오.

(1) 다단 설정	• 모양 : 둘, 적용 범위 : 새 다단으로	
(2) 쪽 테두리	• 선의 종류 및 굵기 : 이중 실선 0.5mm, 모두 • 위치 : 쪽 기준, 왼쪽·오른쪽·위쪽·아래쪽 모두 5mm	
(3) 글상자	• 크기 : 너비 168mm, 높이 23mm, 크기 고정 • 위치 : 본문과의 배치 – 자리 차지, 가로 – 종이의 가운데 0mm, 세로 – 종이의 위 20mm • 바깥 여백 : 아래쪽 5mm • 선 속성 : 검정(RGB : 0,0,0), 실선 0.2mm	• 색 채우기 : 초록(RGB : 40,155,110) 80% 밝게
(4) 제목	• 제목(1) : 한컴산뜻돋움, 15pt, 장평(115%), 자간(-5%), 진하게, 남색(RGB : 58,60,132) 50% 어둡게, 가운데 정렬 • 제목(2) : 여백 – 왼쪽(340pt)	
(5) 누름틀	• 입력할 내용의 안내문 : '0000. 0. 0.', 입력 데이터 : '2023. 6. 30.'	
(6) 그림	• 경로 : C:\WP\여름.bmp, 문서에 포함 • 위치 : 본문과의 배치 – 글 앞으로, 가로 – 종이의 왼쪽 25mm, 세로 – 종이의 위 25mm	• 크기 : 너비 20mm, 높이 13mm
(7) 스타일 (2개소 수정, 3개소 등록)	• 개요 1(수정) : 여백 – 왼쪽(0pt), 궁서체, 11pt, 진하게 • 개요 2(수정) : 여백 – 왼쪽(15pt) • 표제목(등록) : 스타일 이름 – 표제목, 스타일 종류 – 문단, 가운데 정렬, 맑은 고딕, 12pt, 장평(102%), 자간(-4%), 진하게 • 참고문헌 1(등록) : 스타일 이름 – 참고문헌 1, 스타일 종류 – 문단, 내어쓰기 – 20pt • 참고문헌 2(등록) : 스타일 이름 – 참고문헌 2, 스타일 종류 – 글자, 기울임	
(8) 문단 첫 글자 장식	• 모양 : 2줄, 글꼴 : 돋움체, 면색 : 초록(RGB : 40,155,110), 본문과의 간격 : 3mm • 글자색 : 하양(RGB : 255,255,255)	
(9) 각주	• 글자 모양 : 돋움체, 번호 모양 : 아라비아 숫자	
(10) 하이퍼링크	• '부동산114'에 하이퍼링크 설정 • 연결 대상 : '웹 주소', 'http://www.r114.com'	
(11) 표	• 크기 : 너비 78mm ~ 80mm, 높이 27.60 mm • 모든 셀의 안 여백 : 왼쪽·오른쪽 2mm • 테두리 : 표 안쪽은 실선(0.12mm), 표 바깥의 위쪽과 아래쪽은 실선(0.4mm), 표 바깥의 왼쪽과 오른쪽은 선 없음, 제목 행 아래쪽과 평균 행 위쪽은 이중 실선(0.5mm) • 제목 행 : 셀 배경색 – 보라(RGB : 157,92,187) 25% 어둡게, 글자 모양 – 굴림체, 진하게, 노랑(RGB : 255,215,0) • 평균 행 : 셀 배경색 – 주황(RGB : 255,132,58) 80% 밝게, 글자 모양 – 진하게 • 문단의 정렬 방식 : 가운데 정렬	• 위치 : 글자처럼 취급 • 전체 행 : 셀 높이를 같게
(12) 블록 계산식	• 표의 평균 행에 블록 계산식을 이용하여 블록 평균 산출	
(13) 캡션	• 표 아래에 삽입 후 오른쪽 정렬	
(14) 차트	• 차트의 모양 : 누적 세로 막대형 • 위치 : 본문과의 배치 – 자리 차지, 가로 – 단의 가운데 0mm, 세로 – 문단의 위 0mm • 바깥 여백 : 위쪽 4mm, 아래쪽 5mm • 범례 위치 변경	• 차트의 크기 : 너비 80mm, 높이 65mm, 크기 고정 • 항목 축, 값 축, 범례의 글꼴 설정 : 11pt • 표의 아래 단락에 배치
(15) 쪽 번호	• 번호 위치 : 오른쪽 아래, 번호 모양 : 원문자, 줄표 넣기 선택 안함, 시작 번호 지정	
(16) 머리말	• 한컴돋움, 10pt, 진하게, 남색(RGB :58,60,132)	
(17) 꼬리말	• 맑은 고딕, 10pt, 진하게, 초록(RGB : 40,155,110) 50% 어둡게, 가운데 정렬	

Apartment Market Price in Seoul

서울 아파트 매매가 가파른 상승

발표일자: 2023. 6. 30.
작성자: 고인숙

1. 개요

남/강동권 아파트값(the Price of Apartment)이 상승세(Ascending Current)를 보이고 있다. 주간 변동폭을 보면 강남은 평균 0.2%-0.3%, 강동은 0.3%-0.4% 대의 변동률을 보였다. 서울시 평균 가격변동률보다 배 이상 높은 수치다. 재건축(Rebuilding) 시공사(the Company of Construction) 선정이 잇따르면서 가격이 치솟고 있는 두 지역은 지난주에도 강남 0.39%, 강동 0.51%의 가격상승률을 기록했다. 이에 따라 강남은 3월초 대비 6월 현재 제곱미터당 평균값 기준(基準)으로 32만 4,200원, 강동은 23만 3,700원 정도 올랐다.

아파트값 상승률①

구분	강동구	강남구	서울 평균	비고
2023.3	0.23	0.19	0.16	
2023.4	0.42	0.32	0.16	
2023.5	0.51	0.39	0.20	
평균	0.39	0.30	0.17	

(단위: %)

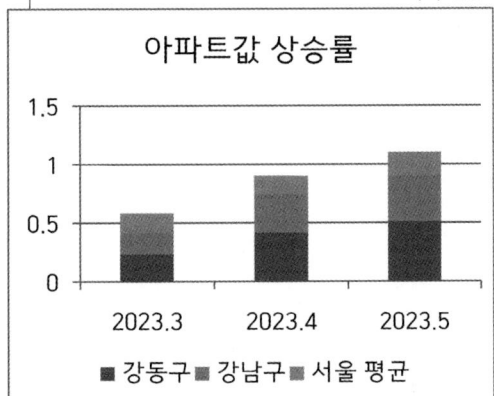

아파트값 상승률

로 투자수요가 집중되고 전세부족으로 인한 소형 매매 실수요가 늘어 강세가 이어지고 있다.
라. 82.6(제곱미터) 이하 소형아파트는 0.48%의 상승률을 기록했고 181.8(제곱미터) 이상 대형은 Minus 0.27%로 하락세를 보였다.
마. 전체적으로 강남(0.39%), 강동(0.51%), 강북(0.35%), 관악(0.25%), 서초(0.31%), 송파(0.18%) 등이 높은 상승세를 나타냈다.

3. 상승률 분석

가. 오름세를 보인 아파트로는 양천구 목동 황제 56.2(제곱미터)가 재건축 사업승인과 함께 문의가 늘며 4월 마지막주 대비 1,000만원 오른 1억 850만원에 시세가 형성됐다.
나. 저밀도 지구에 속하는 역삼동 개나리 1차 21, 85.9(제곱미터)도 1,500만-2,000만원 올랐다. 4월 마지막 주말 DL건설로 시공사를 확정한 삼성동 홍실도 102.5(제곱미터)가 2억 9,000만원으로 지난주 대비 1,000만원 올랐다.
다. 강동구에서도 등촌동 청우, 둔촌동 주공 등 재건축이 거론(擧論)되고 있는 노후 단지들이 올해 들어 꾸준히 강세를 보이고 있다.

2. 수도권 현황

가. 수도권(the National Capital Region)에서도 재건축 바람이 불고 있는 경기도 지역의 가격상승세(the Current of Price Advance)가 두드러졌다.
나. 신도시를 비롯한 변두리 지역(地域)은 0.1% 대의 적은 가격 변동률(the Range of Fluctuation in Price)을 기록했다.
다. 강남, 강동, 서초권은 재건축 단지를 중심으

1) 자료: 부동산114

※ References
R. K. Dragon(2006). A Civil Organic Modern Chemistry, Gilbut. pp34-56.
Nunes, T. et al.(2005). The Privatization of Banespa, Business Case Study. pp27-45.
Whoopi Leibovitz(2011). The Power of Pilgrimage, GilbutSchool. pp25-29.

부동산정보지 제11권 제8호 (2023년 9월)

> **잠깐만요** 단 구분선 없이 다단만 설정하기 / 전각 기호 입력하기

단 구분선 없이 다단만 설정하기
단 개수만 2로 지정하면 됩니다. '단 설정' 대화상자를 호출한 상태에서 Tab → Enter 를 누르세요.

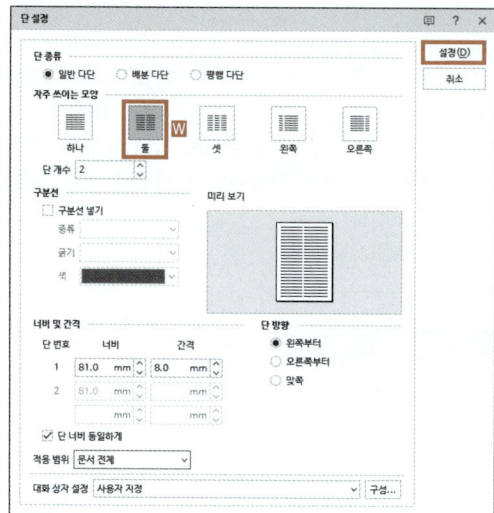

전각 기호 입력하기
문제지에 '전각 기호'라고 지시된 문자는 키보드가 아닌 문자표 기능을 이용하여 입력해야 합니다.

❶ Ctrl + F10 을 눌러 '문자표 입력' 대화상자를 호출하세요([기본] 도구 상자 : [입력] → [문자표] → [문자표]).

❷ '문자표' 대화상자의 '훈글(HNC) 문자표' 탭에서 '전각 기호(일반)'을 선택하고 문제에 제시된 전각 기호(※)를 선택한 다음 〈넣기〉를 클릭하세요.

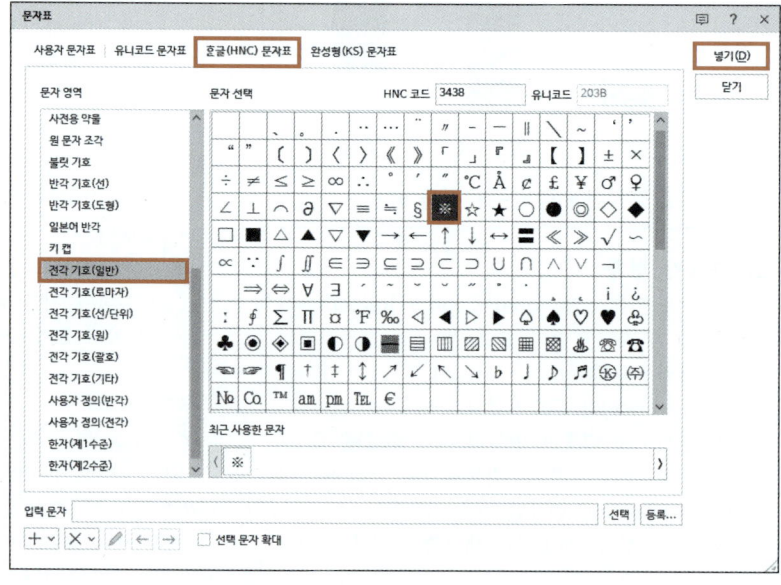

EXAMINATION 07회 실전 모의고사

과목	제한시간
문서편집기능	30분

〈다음 쪽의 문서를 아래 지시사항에 따라 작성하시오〉

- 작성된 답안의 파일은 지정된 경로 및 파일명을 변경하지 마시고 저장해야 합니다. 이를 준수하지 않으면 실격 처리됩니다.

- **편집 용지**
  - 용지 종류는 A4 용지(210mm×297mm) 1매에 용지 방향을 세로로 설정하여 문서를 작성하시오.
  - 용지 여백은 왼쪽·오른쪽·위쪽·아래쪽은 20mm, 머리말·꼬리말은 10mm, 기타 여백은 0mm로 지정하시오.

- 문서의 본문은 2단일 경우는 2단으로 편집하고, 혼합단일 경우는 1단에서 2단으로 변하는 모양으로 편집하되, 단 간격은 8mm, 구분선은 실선 0.12mm로 설정하시오.

- **글자 모양**
  - 글꼴은 별도의 지시가 없는 한 한글 2022의 기본값으로 작성하시오.
  - 영문, 숫자, 기호 등은 별도의 지시가 없는 한 자판에 있는 문자를 사용하시오.
  - 한자는 '한글2022'의 '한자 입력' 기능을 사용하시오.

- **문단 모양**
  - 문장의 들여 쓰기(10pt), 정렬 방식, 여백 등은 문단 모양 기능을 이용하여 작성하시오.
  - 문단 모양은 별도의 지시가 없는 한 한글 2022의 기본값으로 작성하시오.
  - 사이 줄 띄우기는 각 1줄만, 사이 띄우기는 1칸만 띄우시오.

- **표에서 내용의 정렬 방법**
  (제목 행과 '합계(평균)' 셀은 가운데 정렬, 나머지는 열 단위를 기준으로 아래와 같이 정렬)
  - 내용의 길이가 서로 다른 문자의 경우 왼쪽 정렬
  - 내용의 길이가 서로 다른 숫자의 경우 오른쪽 정렬
  - 내용의 길이가 서로 같을 경우 문자, 숫자 상관없이 가운데 정렬

- 차트에서 숫자 데이터의 천 단위 구분 쉼표는 기능을 사용하여 설정하시오.

- 색상은 '기본'과 '오피스' 테마가 포함된 색상 팔레트를 사용하시오.

- 각 항목은 별도의 지시가 없는 한 주어진 문서에 기준하여 작성하시오.

- 각 항목은 별도의 지시가 없는 한 기본 설정값으로 처리하시오.

- 문제에 제시된 지시사항은 작성하지 않음

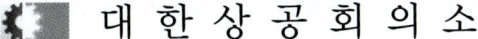

다음 쪽의 문서를 아래의 〈세부 지시사항〉에 따라 작성하시오.

(1) 쪽 테두리	• **선의 종류 및 굵기** : 실선 0.4mm, 모두 • **위치** : 쪽 기준, 왼쪽·오른쪽·위쪽·아래쪽 모두 6mm	
(2) 글상자	• **크기** : 너비 80mm, 높이 12mm, 크기 고정 • **위치** : 본문과의 배치 – 자리 차지, 가로 – 종이의 가운데 0mm, 세로 – 종이의 위 19mm • **바깥 여백** : 아래쪽 5mm • **선 속성** : 검정(RGB : 0,0,0), 이중 실선 1mm • **색 채우기** : 주황(RGB : 255,132,58) 80% 밝게	
(3) 제목	• 굴림체, 15pt, 장평(115%), 자간(15%), 진하게, 빨강(RGB : 255,0,0), 가운데 정렬	
(4) 문단 첫 글자 장식	• **모양** : 2줄, **글꼴** : HY견명조, **면색** : 노랑(RGB : 255,255,0), **본문과의 간격** : 4mm • **글자색** : 파랑(RGB : 0,0,255)	
(5) 스타일 (2개소 등록)	• **소제목** : 스타일 이름 – 소제목, 스타일 종류 – 문단, 번호 문단, 여백 – 왼쪽(15pt), 궁서체, 11pt, 진하게 • **표제목** : 스타일 이름 – 표제목, 스타일 종류 – 문단, 가운데 정렬, 돋움체, 11pt, 장평(115%), 자간(5%)	
(6) 그림	• **경로** : C:\WP\정보화.jpg, 문서에 포함 • **크기** : 너비 35mm, 높이 25mm • **위치** : 본문과의 배치 – 어울림, 가로 – 단의 오른쪽 0mm, 세로 – 문단의 위 0mm • **바깥 여백** : 왼쪽·위쪽·아래쪽 2mm • **회전** : 좌우 대칭	
(7) 각주	• **글자 모양** : 궁서체, **번호 모양** : 아라비아 숫자	
(8) 표	• **크기** : 너비 78mm ~ 80mm, 높이 33mm ~ 34mm • **위치** : 글자처럼 취급 • **전체 행** : 셀 높이를 같게 • **모든 셀의 안 여백** : 왼쪽·오른쪽 1.5mm • **테두리** : 표 안쪽은 실선(0.12mm), 표 바깥의 위쪽과 아래쪽은 실선(0.4mm), 표 바깥의 왼쪽과 오른쪽은 선 없음, 합계 행 위쪽은 이중 실선(0.5mm) • **제목 행** : 셀 배경색 – 검은 군청(RGB : 27,23,96), 글자 모양 – 돋움체, 진하게, 하양(RGB : 255,255,255) • **합계 행** : 셀 배경색 – 초록(RGB : 0,128,0) 80% 밝게, 글자 모양 – 한컴 고딕, 진하게, 보라(RGB : 128,0,128) • **문단의 정렬 방식** : 가운데 정렬	
(9) 블록 계산식	• 표의 합계 행에 블록 계산식을 이용하여 블록 합계 산출	
(10) 캡션	• 표 아래에 삽입	
(11) 차트	• **차트의 모양** : 이중 축 혼합형(묶은 세로 막대형, 표식이 있는 꺾은선형) • **차트의 크기** : 너비 80mm, 높이 70mm, 크기 고정 • **위치** : 본문과의 배치 – 자리 차지, 가로 – 단의 가운데 0mm, 세로 – 문단의 위 0mm • **바깥 여백** : 위쪽 5mm, 아래쪽 8mm • **제목, 항목 축, 값 축, 보조 값 축, 범례의 글꼴 설정** : 9pt • 범례 위치 변경, 보조 축 지정 • 표의 아래 단락에 배치	
(12) 누름틀	• **입력할 내용의 안내문** : '이름(영문) 직위', **입력 데이터** : '김동철(Kim Dongchul) 차장'	
(13) 하이퍼링크	• '원문으로'에 하이퍼링크 설정 • **연결 종류** : '웹 주소', **연결 대상** : 'http://www.korcham.net'	
(14) 쪽 번호	• **번호 위치** : 왼쪽 아래, **번호 모양** : 원문자, 줄표 넣기 선택, 시작 번호 지정	
(15) 머리말	• 돋움체, 8pt, 진하게, 파랑(RGB : 0,0,255), 오른쪽 정렬	
(16) 꼬리말	• 한컴 윤고딕 740, 진하게, 검은 군청(RGB : 27,23,96) 5% 밝게, 오른쪽 정렬	

특집: 기관별 정보화 현황 분석

정보화 현황

Internet에 의한 혁명적인 변화가 Information Technology 세계에서 일어나고 있다. 본 연구소에서는 조사대상이 된 기관의 정보화 현황을 조사(調査)하기 위하여 해당 기관의 정보화 관련 부서를 대상으로 보유하고 있는 전산자원과 이용 실태(實態)를 조사하였다. 조사된 최근의 자료 중 Personal Computer(PC)를 중심으로 현재 이용 중인 실태를 <표>로 제시하였다.

◆ 전산자원 보유현황

기관	코어i3	코어i5	코어i7	교체율(%)
A사	43	20	155	55
B사	30	53	104	22
C공사	108	173	291	32
D공단	150	13	5	11
합계	331	259	555	

(2023년 5월 현재)

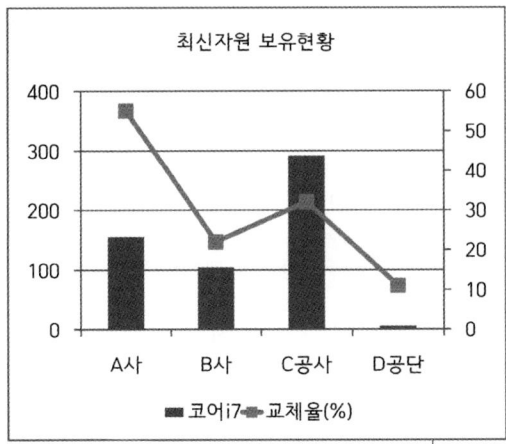

1. PC 이용실태

Internet용이나 Workstation을 제외한 주전산기는 대부분의 기관이 1대 이상씩 보유한 것으로 나타났다. 조사 과정에서 종업원 1인당 PC 보유대수는 사무직 또는 연구직 인력이 많은 기관이 그렇지 않은 기

관에 비하여 높은 것으로 나타났다.

조사대상 기관①에서는 아주 일부 기관이기는 하나 아직도 Pentium G Computer를 사용하고 있는 실정이었으며, Pentium G와 Core i5가 거의 같은 수로 보급되어 비록 Core i5의 업무 비중이 높지만 Pentium G Computer도 상당수가 문서작성 등의 기초 업무에 사용되고 있는 것으로 조사되었다. 이러한 현황(現況)은 최근 이루어지고 있는 Internet의 활성화와 함께 문자(Text)뿐만 아니라 동영상(Video), 화상(Image), 소리(Audio) 등 다양한 매체(Media)를 이용하여 정보를 표현하는 다양한 멀티미디어(Multimedia), 가상 현실(Virtual Reality) 등 나날이 처리(處理)해야 되는 양이 기하급수적으로 늘고 있는 점을 감안할 때 걸림돌이 되고 있다.

2. 용도별 이용현황

PC에서 주로 이용된 운영체제는 Windows 10, Windows 7 및 기타 순으로 나타났다. 용도별로는 대부분의 사용자가 워드프로세서는 기본적으로 사용하고 있었으며 이어 스프레드시트가 다음을 차지하였다.

또한 PC가 주전산기의 단말기 용도로 자주 이용되고 있으며 이외에도 Internet, SNS(Social Network Service) 같은 외부 정보서비스 검색(檢索) 용도로도 이용되고 있었다.

조사를 통하여 주전산기에 대한 PC가 단말기 역할이나 외부 정보서비스 검색용으로 상당수가 이용되고 있음을 알게 되었는데 이는 공유정보의 활용도가 높다는 것으로 해석할 수가 있어 매우 바람직한 것으로 판단된다.

작성자: 김동철(Kim Dongchul) 차장
작성일: 2023. 05. 20.

원문으로

1) 주요 에너지 관련 기관

정보화 현황

특집: 기관별 정보화 현황 분석

Internet에 의한 혁명적인 변화가 Information Technology 세계에서 일어나고 있다. 본 연구소에서는 조사대상이 된 기관의 정보화 현황을 조사(調査)하기 위하여 해당 기관의 정보화 관련 부서를 대상으로 보유하고 있는 전산자원과 이용 실태(實態)를 조사하였다. 조사된 최근의 자료 중 Personal Computer(PC)를 중심으로 현재 이용 중인 실태를 <표>로 제시하였다.

◆ 전산자원 보유현황

기관	코어i3	코어i5	코어i7	교체율(%)
A사	43	20	155	55
B사	30	53	104	22
C공사	108	173	291	32
D공단	150	13	5	11
합계	331	259	555	

(2023년 5월 현재)

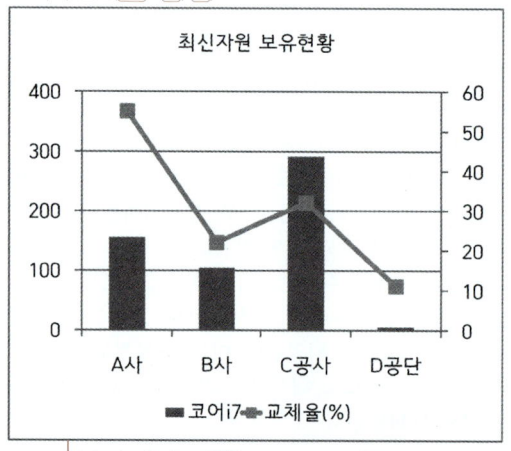

최신자원 보유현황

1. PC 이용실태

Internet용이나 Workstation을 제외한 주전산기는 대부분의 기관이 1대 이상씩 보유한 것으로 나타났다. 조사 과정에서 종업원 1인당 PC 보유대수는 사무직 또는 연구직 인력이 많은 기관이 그렇지 않은 기관에 비하여 높은 것으로 나타났다.

조사대상 기관1)에서는 아주 일부 기관이기는 하나 아직도 Pentium G Computer를 사용하고 있는 실정이었으며, Pentium G와 Core i5가 거의 같은 수로 보급되어 비록 Core i5의 업무 비중이 높지만 Pentium G Computer도 상당수가 문서작성 등의 기초 업무에 사용되고 있는 것으로 조사되었다. 이러한 현황(現況)은 최근 이루어지고 있는 Internet의 활성화와 함께 문자(Text)뿐만 아니라 동영상(Video), 화상(Image), 소리(Audio) 등 다양한 매체(Media)를 이용하여 정보를 표현하는 다양한 멀티미디어(Multimedia), 가상 현실(Virtual Reality) 등 날이 처리(處理)해야 되는 양이 기하급수적으로 늘고 있는 점을 감안할 때 걸림돌이 되고 있다.

2. 용도별 이용현황

PC에서 주로 이용된 운영체제는 Windows 10, Windows 7 및 기타 순으로 나타났다. 용도별로는 대부분의 사용자가 워드프로세서는 기본적으로 사용하고 있었으며 이어 스프레드시트가 다음을 차지하였다.

또한 PC가 주전산기의 단말기 용도로 자주 이용되고 있으며 이외에도 Internet, SNS(Social Network Service) 같은 외부 정보서비스 검색(檢索) 용도로도 이용되고 있었다.

조사를 통하여 주전산기에 대한 PC가 단말기 역할이나 외부 정보서비스 검색용으로 상당수가 이용되고 있음을 알게 되었는데 이는 공유정보의 활용도가 높다는 것으로 해석할 수가 있어 매우 바람직한 것으로 판단된다.

작성자: 김동철(Kim Dongchul) 차장
작성일: 2023. 05. 20.

[원문으로]

―――――――――
1) 주요 에너지 관련 기관

정보화 현황

EXAMINATION 08회 실전 모의고사

과목	제한시간
문서편집기능	30분

〈다음 쪽의 문서를 아래 지시사항에 따라 작성하시오〉

- 작성된 답안의 파일은 지정된 경로 및 파일명을 변경하지 마시고 저장해야 합니다. 이를 준수하지 않으면 실격 처리됩니다.

- **편집 용지**
  - 용지 종류는 A4 용지(210mm×297mm) 1매에 용지 방향을 세로로 설정하여 문서를 작성하시오.
  - 용지 여백은 왼쪽·오른쪽은 20mm, 위쪽·아래쪽은 10mm, 머리말·꼬리말은 10mm, 기타 여백은 0mm로 지정하시오.

- 문서의 본문은 2단일 경우는 2단으로 편집하고, 혼합단일 경우는 1단에서 2단으로 변하는 모양으로 편집하되, 단 간격은 8mm, 구분선은 실선 0.4mm로 설정하시오.

- **글자 모양**
  - 글꼴은 별도의 지시가 없는 한 한글 2022의 기본값으로 작성하시오.
  - 영문, 숫자, 기호 등은 별도의 지시가 없는 한 자판에 있는 문자를 사용하시오.
  - 한자는 '한글2022'의 '한자 입력' 기능을 사용하시오.

- **문단 모양**
  - 정렬 방식, 여백 등은 문단 모양 기능을 이용하여 작성하시오.
  - 문단 모양은 별도의 지시가 없는 한 한글 2022의 기본값으로 작성하시오.
  - 사이 줄 띄우기는 각 1줄만, 사이 띄우기는 1칸만 띄우시오.

- **표에서 내용의 정렬 방법**
  (제목 행과 '합계(평균)' 셀은 가운데 정렬, 나머지는 열 단위를 기준으로 아래와 같이 정렬)
  - 내용의 길이가 서로 다른 문자의 경우 왼쪽 정렬
  - 내용의 길이가 서로 다른 숫자의 경우 오른쪽 정렬
  - 내용의 길이가 서로 같을 경우 문자, 숫자 상관없이 가운데 정렬

- 차트에서 숫자 데이터의 천 단위 구분 쉼표는 기능을 사용하여 설정하시오.

- 색상은 '기본' 테마가 포함된 색상 팔레트를 사용하시오.

- 각 항목은 별도의 지시가 없는 한 주어진 문서에 기준하여 작성하시오.

- 각 항목은 별도의 지시가 없는 한 기본 설정값으로 처리하시오.

- 문제에 제시된 지시사항은 작성하지 않음

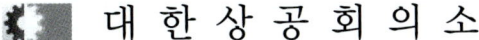

다음 쪽의 문서를 아래의 〈세부 지시사항〉에 따라 작성하시오.

(1) 쪽 테두리	• 선의 종류 및 굵기 : 이중 실선 1mm, 위·아래
(2) 글상자	• 크기 : 너비 170mm, 높이 24mm, 크기 고정 • 위치 : 본문과의 배치 – 자리 차지, 가로 – 종이의 가운데 0mm, 세로 – 종이의 위 20mm • 바깥 여백 : 아래쪽 5mm • 선 속성 : 검정(RGB : 0,0,0), 실선 0.2mm • 색 채우기 : 남색(RGB : 58,60,132) 80% 밝게
(3) 제목	• 제목(1) : 바탕체, 15pt, 장평(105%), 자간(-2%), 진하게, 주황(RGB : 255,132,58) 25% 어둡게, 가운데 정렬 • 제목(2) : 여백 – 왼쪽(340pt)
(4) 누름틀	• 입력할 내용의 안내문 : '(메일 주소)', 입력 데이터 : '(soon77@nade.com)'
(5) 그림	• 경로 : C:\WP\풍경.bmp, 문서에 포함 • 크기 : 너비 23mm, 높이 15mm • 위치 : 본문과의 배치 – 글 앞으로, 가로 – 종이의 왼쪽 24mm, 세로 – 종이의 위 24mm
(6) 스타일 (2개소 수정, 2개소 등록)	• 개요 1(수정) : 여백 – 왼쪽(0pt), 휴먼고딕, 12pt, 진하게 • 개요 2(수정) : 여백 – 왼쪽(15pt) • 표제목(등록) : 스타일 이름 – 표제목, 스타일 종류 – 문단, 가운데 정렬, 휴먼명조, 장평(96%), 자간(-3%), 진하게 • 참고문헌(등록) : 스타일 이름 – 참고문헌, 스타일 종류 – 글자, 진하게, 기울임
(7) 문단 첫 글자 장식	• 모양 : 2줄, 글꼴 : 궁서체, 면색 : 검정(RGB : 0,0,0), 본문과의 간격 : 3mm • 글자색 : 하양(RGB : 255,255,255)
(8) 각주	• 글자 모양 : 돋움체, 8pt, 번호 모양 : 아라비아 숫자
(9) 하이퍼링크	• '한국정보통신진흥협회'에 하이퍼링크 설정 • 연결 대상 : '웹 주소', 'http://www.kait.or.kr'

(10) 표	• 크기 : 너비 78mm ~ 80mm, 높이 33mm ~ 34mm • 위치 : 글자처럼 취급
	• 모든 셀의 안 여백 : 왼쪽·오른쪽 2mm • 전체 행 : 셀 높이를 같게
	• 테두리 : 표 안쪽은 실선(0.12mm), 표 바깥의 위쪽과 아래쪽은 실선(0.4mm),
	        표 바깥의 왼쪽과 오른쪽은 선 없음, 제목 행 아래쪽은 이중 실선(0.5mm)
	• 제목 행 : 셀 배경색 – 연한 노랑(RGB : 250,243,219) 75% 어둡게,
	       글자 모양 – 휴먼고딕, 진하게, 하양(RGB : 255,255,255)
	• 합계 행 : 셀 배경색 – 초록(RGB : 40,155,110) 80% 밝게, 글자 모양 – 진하게
	• 문단의 정렬 방식 : 가운데 정렬

(11) 블록 계산식	• 표의 합계 행에 블록 계산식을 이용하여 블록 합계 산출
(12) 캡션	• 표 위에 삽입
(13) 차트	• 차트의 모양 : 이중 축 혼합형(묶은 세로 막대형, 표식이 있는 꺾은선형) • 차트의 크기 : 너비 80mm, 높이 65mm, 크기 고정 • 위치 : 본문과의 배치 – 자리 차지, 가로 – 단의 가운데 0mm, 세로 – 문단의 위 0mm • 바깥 여백 : 위쪽 5mm, 아래쪽 8mm • 항목 축, 값 축, 보조 값 축, 범례의 글꼴 설정 : 진하게, 9pt • 차트 계열색 바꾸기 : 색상 조합(색4) • 범례 위치 변경, 보조 축 지정, 데이터 레이블 표시, 레이블 위치(위쪽), 눈금선 제거 • 표의 아래 단락에 배치
(14) 쪽 번호	• 번호 위치 : 오른쪽 아래, 번호 모양 : 로마자 대문자, 줄표 넣기 선택, 시작 번호 지정
(15) 머리말	• 제목 : 궁서체, 10pt, 진하게, 남색(RGB : 58,60,132) • 날짜 : 탭 종류(오른쪽), 탭 위치(16.9cm)
(16) 꼬리말	• 맑은 고딕, 10pt, 진하게, 검정(RGB : 0,0,0) 35% 밝게, 가운데 정렬

국내 EDI 도입현황 및 개선방안

김한순 과장
(soon77@nade.com)

1. 개요

전통적인 전자상거래 형태인 전자적자료교환(Electronic Data Interchange, EDI)은 2023년 무역 부문에 EDI가 도입된 이래 매년 높은 증가율을 보이고 있다. 한국정보통신진흥협회에 따르면 2024년 EDI의 이용기관은 13,592개에서 2025년에는 19,000개로 증가하였으며, 2026년에는 26,000개에 달할 것으로 예상된다. EDI의 활용이 상대적으로 활발한 부문은 무역 및 통관과 유통 부문으로 무역 및 통관 부문은 약 10,400여 개의 업체가 EDI 기술을 사용하고 있으며, 유통 부문은 약 7,000개의 업체가 공급망 관리 차원에서 대형 유통업체를 중심으로 물품 공급업체와의 거래 업무에 사용하고 있다. 중소기업의 경우 경제적, 기술적인 부담(負擔)으로 인해 EDI의 도입이 미진하다.

국내 기업 EDI 도입현황[1]
(단위: 개)

구분	23년	24년	25년	증감
무역업	10,000	12,000	17,000	5,000
유통업	2,192	4,500	5,500	1,000
금융업	1,000	1,500	2,000	500
제조업	400	1,000	1,500	500
합계	13,592	19,000	26,000	

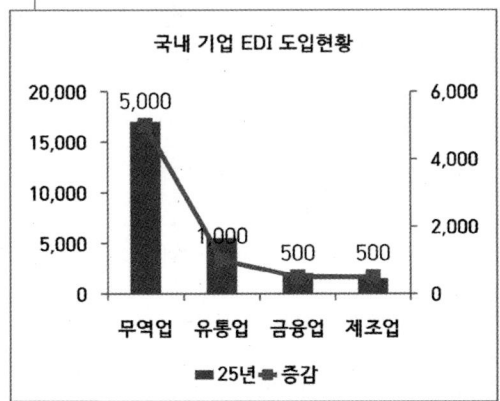

1) 자료: 한국정보통신진흥협회

2. EDI 향후 전망

가. 최근에 2025년부터 인터넷을 이용한 Web-EDI 서비스가 일부 VAN(Value-Added Network) 사업자를 통해 제공되면서 중소기업들의 EDI 도입이 점차 확산될 것으로 예상된다.

나. Web-EDI는 인터넷에 접속할 수 있는 PC만 보유하면 EDI를 활용할 수 있기 때문에 EDI 확산의 기술적, 경제적 장벽을 크게 낮출 수 있다.

다. 실제 많은 중소기업들이 점차 Web-EDI를 활용하고 있는 것으로 파악된다.

라. SG-Mart와 상공백화점 공급업체의 경우 많은 수의 중소업체가 2025년 중 Web-EDI를 도입하여 업무를 전자적으로 처리하고 있다.

3. EDI 발전을 위한 제안

가. 인터넷(Internet)의 새로운 자료 표현 표준인 XML(eXtensible Markup Language)의 등장(登場)으로 XML/EDI라는 기업간 전자상거래의 새로운 구현기술이 개발되고 있다.

나. XML은 HTML(Hyper Text Markup Language)과 달리 구조화된 표현 방식으로 거래에 따른 의미 있는 자료의 교환, 저장, 검색, 처리가 가능하여 앞으로 전자상거래(Electronic Commerce, EC)의 유력한 기술로 대두될 것이다.

다. 국내 기업들은 XML/EDI 기술(技術)을 이용한 새로운 기업간 전자상거래 시대를 대비해야 할 것이다.

□ 참고문헌

A. S. Madison(2011). Learning to Dear Straw, Kindle Press. pp28-32.

Salame, R.(2006). Why Do Mergers Fail?, Key Strategy. pp28-32.

Wiliam. K. Narayan(2010). The Autobiography Urinalysis of the way to Samurai, Easy Press. pp56-89.

국내 EDI 도입현황 및 개선방안

김한순 과장
(soon77@nade.com)

1. 개요

전통적인 전자상거래 형태인 전자적자료교환(Electronic Data Interchange, EDI)은 2023년 무역 부문에 EDI가 도입된 이래 매년 높은 증가율을 보이고 있다. 한국정보통신진흥협회에 따르면 2024년 EDI의 이용기관은 13,592개에서 2025년에는 19,000개로 증가하였으며, 2026년에는 26,000개에 달할 것으로 예상된다. EDI의 활용이 상대적으로 활발한 부문은 무역 및 통관과 유통 부문으로 무역 및 통관 부문은 약 10,400여 개의 업체가 EDI 기술을 사용하고 있으며, 유통 부문은 약 7,000개의 업체가 공급망 관리 차원에서 대형 유통업체를 중심으로 물품 공급업체와의 거래 업무에 사용하고 있다. 중소기업의 경우 경제적, 기술적인 부담(負擔)으로 인해 EDI의 도입이 미진하다.

국내 기업 EDI 도입현황
(단위: 개)

구분	23년	24년	25년	증감
무역업	10,000	12,000	17,000	5,000
유통업	2,192	4,500	5,500	1,000
금융업	1,000	1,500	2,000	500
제조업	400	1,000	1,500	500
합계	13,592	19,000	26,000	

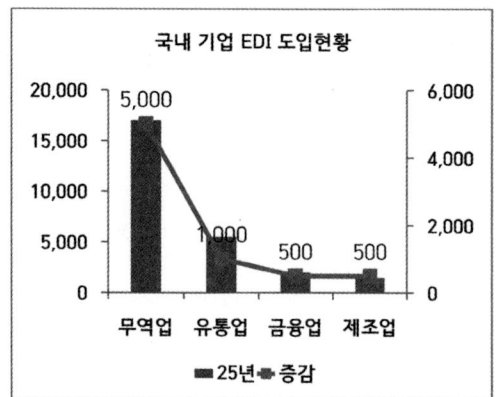

1) 자료: 한국정보통신진흥협회

2. EDI 향후 전망

가. 최근에 2025년부터 인터넷을 이용한 Web-EDI 서비스가 일부 VAN(Value-Added Network) 사업자를 통해 제공되면서 중소기업들의 EDI 도입이 점차 확산될 것으로 예상된다.

나. Web-EDI는 인터넷에 접속할 수 있는 PC만 보유하면 EDI를 활용할 수 있기 때문에 EDI 확산의 기술적, 경제적 장벽을 크게 낮출 수 있다.

다. 실제 많은 중소기업들이 점차 Web-EDI를 활용하고 있는 것으로 파악된다.

라. SG-Mart와 상공백화점 공급업체의 경우 많은 수의 중소업체가 2025년 중 Web-EDI를 도입하여 업무를 전자적으로 처리하고 있다.

3. EDI 발전을 위한 제안

가. 인터넷(Internet)의 새로운 자료 표현 표준인 XML(eXtensible Markup Language)의 등장(登場)으로 XML/EDI라는 기업간 전자상거래의 새로운 구현기술이 개발되고 있다.

나. XML은 HTML(Hyper Text Markup Language)과 달리 구조화된 표현 방식으로 거래에 따른 의미 있는 자료의 교환, 저장, 검색, 처리가 가능하여 앞으로 전자상거래(Electronic Commerce, EC)의 유력한 기술로 대두될 것이다.

다. 국내 기업들은 XML/EDI 기술(技術)을 이용한 새로운 기업간 전자상거래 시대를 대비해야 할 것이다.

□ 참고문헌

A. S. Madison(2011), Learning to Dear Straw, Kindle Press. pp28-32.

Salame, R.(2006), Why Do Mergers Fail?, Key Strategy. pp28-32.

Wiliam. K. Narayan(2010), The Autobiography Urinalysis of the way to Samurai, Easy Press. pp56-89.

한국전산원 보고서 제22권 제9호 (2025년 10월)

EXAMINATION 09회 실전 모의고사

과목	제한시간
문서편집기능	30분

── 〈다음 쪽의 문서를 아래 지시사항에 따라 작성하시오〉 ──

- 작성된 답안의 파일은 지정된 경로 및 파일명을 변경하지 마시고 저장해야 합니다. 이를 준수하지 않으면 실격 처리됩니다.

- **편집 용지**
  - 용지 종류는 A4 용지(210mm×297mm) 1매에 용지 방향을 세로로 설정하여 문서를 작성하시오.
  - 용지 여백은 왼쪽·오른쪽은 20mm, 위쪽·아래쪽은 10mm, 머리말·꼬리말은 10mm, 기타 여백은 0mm로 지정하시오.

- 문서의 본문은 2단일 경우는 2단으로 편집하고, 혼합단일 경우는 1단에서 2단으로 변하는 모양으로 편집하되, 단 간격은 8mm, 구분선은 실선 0.12mm로 설정하시오.

- **글자 모양**
  - 글꼴은 별도의 지시가 없는 한 한글 2022의 기본값으로 작성하시오.
  - 영문, 숫자, 기호 등은 별도의 지시가 없는 한 자판에 있는 문자를 사용하시오.
  - 한자는 '한글2022'의 '한자 입력' 기능을 사용하시오.

- **문단 모양**
  - 정렬 방식, 여백 등은 문단 모양 기능을 이용하여 작성하시오.
  - 문단 모양은 별도의 지시가 없는 한 한글 2022의 기본값으로 작성하시오.
  - 사이 줄 띄우기는 각 1줄만, 사이 띄우기는 1칸만 띄우시오.

- **표에서 내용의 정렬 방법**
  (제목 행과 '합계(평균)' 셀은 가운데 정렬, 나머지는 열 단위를 기준으로 아래와 같이 정렬)
  - 내용의 길이가 서로 다른 문자의 경우 왼쪽 정렬
  - 내용의 길이가 서로 다른 숫자의 경우 오른쪽 정렬
  - 내용의 길이가 서로 같을 경우 문자, 숫자 상관없이 가운데 정렬

- 차트에서 숫자 데이터의 천 단위 구분 쉼표는 기능을 사용하여 설정하시오.

- 색상은 '기본' 테마가 포함된 색상 팔레트를 사용하시오.

- 각 항목은 별도의 지시가 없는 한 주어진 문서에 기준하여 작성하시오.

- 각 항목은 별도의 지시가 없는 한 기본 설정값으로 처리하시오.

- 문제에 제시된 지시사항은 작성하지 않음

대한상공회의소

다음 쪽의 문서를 아래의 〈세부 지시사항〉에 따라 작성하시오.

(1) 다단 설정	• **모양** : 둘, **구분선** : 구분선 넣기, **적용 범위** : 새 다단으로
(2) 쪽 테두리	• **선의 종류 및 굵기** : 이중 실선 0.5mm, 위·아래
(3) 글상자	• **크기** : 너비 168mm, 높이 23mm, 크기 고정 • **위치** : 본문과의 배치 – 자리 차지, 가로 – 종이의 가운데 0mm, 세로 – 종이의 위 20mm • **바깥 여백** : 아래쪽 8mm • **선 속성** : 검정(RGB : 0,0,0), 실선 0.2mm • **색 채우기** : 남색(RGB : 58,60,132) 60% 밝게
(4) 제목	• **제목(1)** : 휴먼옛체, 15pt, 장평(112%), 자간(-5%), 진하게, 하늘색(RGB : 97,130,214) 25% 어둡게, 가운데 정렬 • **제목(2)** : 여백 – 왼쪽(340pt)
(5) 누름틀	• **입력할 내용의 안내문** : '0000. 00. 00.', **입력 데이터** : '2025. 09. 01.'
(6) 그림	• **경로** : C:\WP\대나무.bmp, 문서에 포함 • **크기** : 너비 23mm, 높이 13mm • **위치** : 본문과의 배치 – 글 앞으로, 가로 – 종이의 왼쪽 23mm, 세로 – 종이의 위 23mm
(7) 스타일 (2개소 수정, 3개소 등록)	• **개요 1(수정)** : 여백 – 왼쪽(0pt), 휴먼명조, 12pt, 진하게 • **개요 2(수정)** : 여백 – 왼쪽(15pt) • **표제목(등록)** : 스타일 이름 – 표제목, 스타일 종류 – 문단, 가운데 정렬, 휴먼고딕, 장평(98%), 자간(-2%), 진하게 • **참고문헌 1(등록)** : 스타일 이름 – 참고문헌 1, 스타일 종류 – 문단, 내어쓰기 – 15pt • **참고문헌 2(등록)** : 스타일 이름 – 참고문헌 2, 스타일 종류 – 글자, 기울임
(8) 문단 첫 글자 장식	• **모양** : 2줄, **글꼴** : 궁서체, **면색** : 노랑(RGB : 255,215,0), **본문과의 간격** : 5mm • **글자색** : 하늘색(RGB : 97,130,214) 50% 어둡게
(9) 각주	• **글자 모양** : 굴림체, **번호 모양** : 로마자 소문자
(10) 하이퍼링크	• '한국정보통신공사협회'에 하이퍼링크 설정 • **연결 대상** : '웹 주소', 'http://www.kica.or.kr'
(11) 표	• **크기** : 너비 78mm ~ 80mm, 높이 38.65mm • **위치** : 글자처럼 취급 • **모든 셀의 안 여백** : 왼쪽·오른쪽 3mm • **전체 행** : 셀 높이를 같게 • **테두리** : 표 안쪽은 실선(0.12mm), 표 바깥의 위쪽과 아래쪽은 실선(0.4mm), 표 바깥의 왼쪽과 오른쪽은 선 없음, 합계 행 위쪽은 이중 실선(0.5mm) • **제목 행** : 셀 배경색 – 주황(RGB : 255,132,58), 글자 모양 – 돋움체, 진하게, 남색(RGB : 58,60,132) • **합계 행** : 셀 배경색 – 하양(RGB : 255,255,255) 15% 어둡게, 글자 모양 – 진하게 • **문단의 정렬 방식** : 가운데 정렬
(12) 블록 계산식	• 표의 합계 행에 블록 계산식을 이용하여 블록 합계 산출
(13) 캡션	• 표 위에 삽입 후 오른쪽 정렬
(14) 차트	• **차트의 모양** : 묶은 가로 막대형 • **차트의 크기** : 너비 80mm, 높이 65mm, 크기 고정 • **위치** : 본문과의 배치 – 자리 차지, 가로 – 단의 가운데 0mm, 세로 – 문단의 위 0mm • **바깥 여백** : 위쪽 5mm, 아래쪽 8mm • **제목, 항목 축, 값 축, 범례의 글꼴 설정** : 9pt • **차트 계열색 바꾸기** : 색상 조합(색2) • 범례 위치 변경, 눈금선 제거 • 표의 아래 단락에 배치
(15) 쪽 번호	• **번호 위치** : 왼쪽 아래, **번호 모양** : 원문자, 줄표 넣기 선택, 시작 번호 지정
(16) 머리말	• **제목** : 한컴 윤고딕 720, 11pt, 진하게, 시안(RGB : 66,199,241) • **날짜** : 탭 종류(오른쪽), 탭 위치(16.9cm)
(17) 꼬리말	• 한컴바탕, 10pt, 진하게, 보라(RGB : 157,92,187) 25% 어둡게, 가운데 정렬

정보통신 시장의 성장률 전망

작성일자: 2025. 09. 01.
발표자: 조광희

1. 개요

최근 국내 정보통신 산업은 뚜렷한 하향세를 보이고 있다. 2025년 하반기 이후 컴퓨터, 통신, 반도체 등 정보통신 산업은 국내외 경기불안과 전년도 호황에 대한 기술적인 하락으로 성장률이 눈에 띄게 둔화되고 있다. 컴퓨터 산업은 IMF체제가 들어선 이후 수출과 내수 모두 초고속 성장을 거듭하여 80년대 후반의 옛 영광을 되찾는 듯했다. 그러나 수출(輸出)의 경우 증가율 둔화를 보이다가 11월에는 급기야 전년 대비 11.4%나 감소하는 등 급격히 위축되고 있다. 인터넷 붐과 함께 형성되었던 국내 내수기반도 국내 경기침체와 함께 성장세가 둔화되고 있는 실정이다. 정부에서 추진하던 인터넷 PC의 성장이 한계를 보이고 있고 교육용 PC의 성장세도 정부예산의 조기집행으로 하반기 이후 탄력성을 잃고 있다.

통신기기 내수추이

(단위: 10억 원)

구분	5월	8월	9월	비고
유선기기	114	112	111	
무선단말기	185	184	181	
기타기기	116	117	113	
유선장비	126	106	115	
무선장비	168	171	159	
합계	709	690	679	

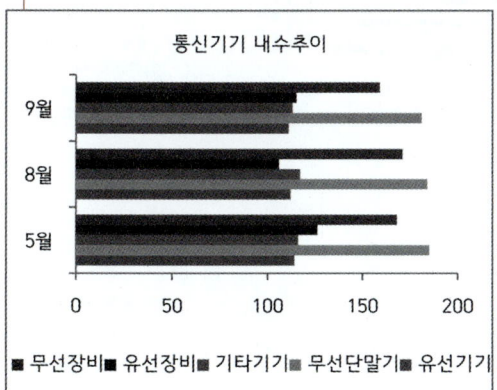

2. 통신기기 내수 추이 분석

가. 국내 통신기기 내수(2025년 기준 통신기기 생산의 75%)는 무선 단말기의 빠른 보급으로 IMF체제 기간 중에도 성장을 지속해왔다.
나. 그러나 무선 통신 단말기의 보급률이 한계에

---
i 자료: 한국정보통신공사협회

도달한데다 보조금 폐지로 수요(需要)가 급속히 줄어 2025년 9월 가입자 수가 전년 말 수준에 머무르고 있다.

다. 금년 들어 9월까지 무선통신기기의 내수는 전년 동기 대비 0.6%가 감소하였고 시간이 갈수록 감소 폭이 확대되고 있다(표 참조).

3. 통신기기 내수 향후 전망

가. 7월 중에 8.88달러에 이르던 64M DRAM(Dynamic Random Access Memory) 가격(價格)이 12월에는 3.09달러로 추락하였다.
나. 경제성장의 견인차 역할을 하던 반도체의 경우엔 올해 하반기 들어 가격이 급격하게 하락하는 양상을 보이고 있다.
다. 수출의 경우에는 GSM 단말기 수출과 셋톱박스(Settop Box), 중국의 CDMA(Code Division Multiple Access) 채택 등 수요확대 요인이 없는 것은 아니지만 하락기에 들어간 국내 정보통신 산업의 고성장은 당분간 매우 어려울 것으로 보인다.

※ 참고문헌

Loyd Gray(2008). *Globe Merriam of Frogs Collection*, Princeton University Press. 2th pp332-345.

> **궁금해요** **시나공 Q&A 베스트**

Q 차트의 항목 축 이름이 달라요!

A 문제에 제시된 차트와 같이 범례에 '무선장비', '유선장비', '기타기기', '무선단말기', '유선기기' 계열이 표시되고 항목 축에 '9월', '8월', '5월'이 표시되도록 하려면 '줄/칸' 전환을 수행하면 됩니다. 차트가 선택된 상태에서 ■(차트 디자인) → 줄/칸 전환(■)을 클릭하세요.

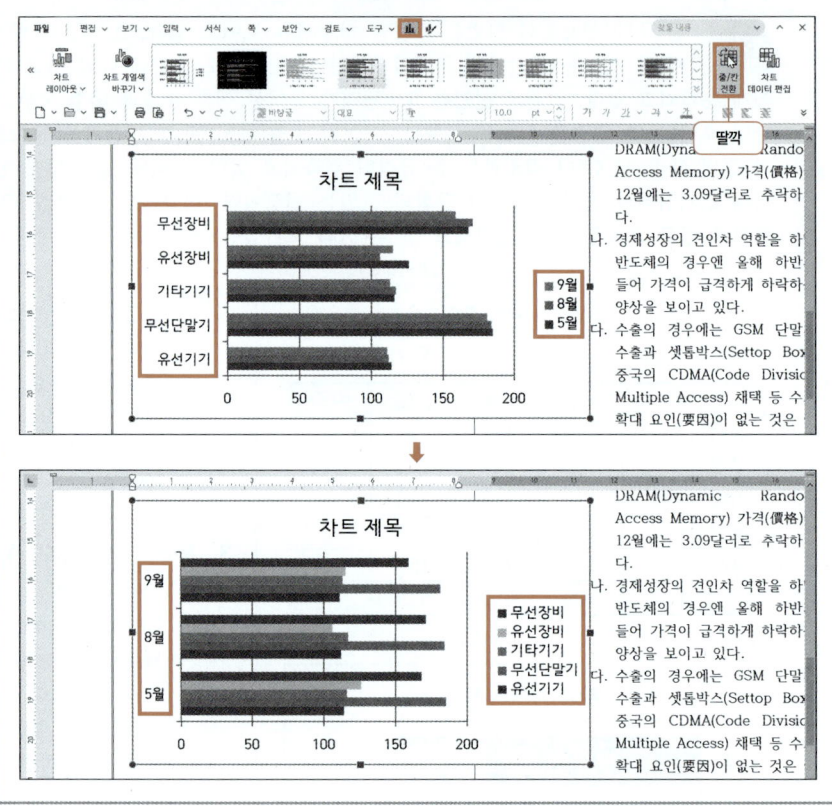

EXAMINATION 10회 실전 모의고사

과목	제한시간
문서편집기능	30분

〈다음 쪽의 문서를 아래 지시사항에 따라 작성하시오〉

- 작성된 답안의 파일은 지정된 경로 및 파일명을 변경하지 마시고 저장해야 합니다. 이를 준수하지 않으면 실격 처리됩니다.

- **편집 용지**
  - 용지 종류는 A4 용지(210mm×297mm) 1매에 용지 방향을 세로로 설정하여 문서를 작성하시오.
  - 용지 여백은 왼쪽·오른쪽·위쪽·아래쪽은 20mm, 머리말·꼬리말은 10mm, 기타 여백은 0mm로 지정하시오.

- 문서의 본문은 2단일 경우는 2단으로 편집하고, 혼합단일 경우는 1단에서 2단으로 변하는 모양으로 편집하되, 단 간격은 8mm, 구분선은 실선 0.4mm로 설정하시오.

- **글자 모양**
  - 글꼴은 별도의 지시가 없는 한 한글 2022의 기본값으로 작성하시오.
  - 영문, 숫자, 기호 등은 별도의 지시가 없는 한 자판에 있는 문자를 사용하시오.
  - 한자는 '한글2022'의 '한자 입력' 기능을 사용하시오.

- **문단 모양**
  - 문장의 들여 쓰기(10pt), 정렬 방식, 여백 등은 문단 모양 기능을 이용하여 작성하시오.
  - 문단 모양은 별도의 지시가 없는 한 한글 2022의 기본값으로 작성하시오.
  - 사이 줄 띄우기는 각 1줄만, 사이 띄우기는 1칸만 띄우시오.

- **표에서 내용의 정렬 방법**
  (제목 행과 '합계(평균)' 셀은 가운데 정렬, 나머지는 열 단위를 기준으로 아래와 같이 정렬)
  - 내용의 길이가 서로 다른 문자의 경우 왼쪽 정렬
  - 내용의 길이가 서로 다른 숫자의 경우 오른쪽 정렬
  - 내용의 길이가 서로 같을 경우 문자, 숫자 상관없이 가운데 정렬

- 차트에서 숫자 데이터의 천 단위 구분 쉼표는 기능을 사용하여 설정하시오.

- 색상은 '기본' 테마가 포함된 색상 팔레트를 사용하시오.

- 각 항목은 별도의 지시가 없는 한 주어진 문서에 기준하여 작성하시오.

- 각 항목은 별도의 지시가 없는 한 기본 설정값으로 처리하시오.

- 문제에 제시된 지시사항은 작성하지 않음

대한상공회의소

다음 쪽의 문서를 아래의 〈세부 지시사항〉에 따라 작성하시오.

(1) 쪽 테두리	• 선의 종류 및 굵기 : 실선 0.4mm, 모두 • 위치 : 쪽 기준, 왼쪽·오른쪽·위쪽·아래쪽 모두 4mm
(2) 글상자	• 크기 : 너비 100mm, 높이 12mm, 크기 고정 • 위치 : 본문과의 배치 – 자리 차지, 가로 – 종이의 가운데 0mm, 세로 – 종이의 위 19mm • 바깥 여백 : 아래쪽 5mm • 선 속성 : 검정(RGB : 0,0,0), 이중 실선 1mm • 색 채우기 : 노랑(RGB : 255,215,0) 40% 밝게
(3) 제목	• 궁서체, 13pt, 장평(105%), 자간(5%), 진하게, 양각, 하늘색(RGB : 97,130,214) 50% 어둡게, 가운데 정렬
(4) 문단 첫 글자 장식	• **모양** : 3줄, **글꼴** : 돋움체, **면색** : 초록(RGB : 40,155,110) 60% 밝게, **본문과의 간격** : 3mm • **글자색** : 남색(RGB : 58,60,132)
(5) 스타일 (2개소 등록)	• **소제목** : 스타일 이름 – 소주제, 스타일 종류 – 문단, 번호 문단, 여백 – 왼쪽(5pt), 굴림체, 12pt, 진하게, 그림자 • **표제목** : 스타일 이름 – 표주제, 스타일 종류 – 문단, 가운데 정렬, 굴림체, 12pt
(6) 책갈피	• '현재의' 앞에 '전망'이란 이름으로 책갈피 지정
(7) 그림	• **경로** : C:\WP\산업.jpg, 문서에 포함 • **크기** : 너비 25mm, 높이 25mm • **위치** : 본문과의 배치 – 어울림, 가로 – 단의 오른쪽 0mm, 세로 – 문단의 위 0mm • **바깥 여백** : 왼쪽·위쪽·아래쪽 3mm
(8) 각주	• **글자 모양** : 돋움체, 8pt, **번호 모양** : 아라비아 숫자
(9) 표	• 크기 : 너비 78mm ~ 80mm, 높이 33mm ~ 34mm • 위치 : 글자처럼 취급 • 모든 셀의 안 여백 : 왼쪽·오른쪽 2mm • 전체 행 : 셀 높이를 같게 • 테두리 : 표 안쪽은 실선(0.12mm), 표 바깥의 위쪽과 아래쪽은 실선(0.5mm), 표 바깥의 왼쪽과 오른쪽은 선 없음, 제목 행 아래쪽과 평균 행 위쪽은 이중 실선(0.4mm) • 제목 행 : 셀 배경색 – 남색(RGB : 58,60,132) 50% 어둡게, 글자 모양 – 굴림체, 진하게, 하양(RGB : 255,255,255) • 평균 행 : 셀 배경색 – 노랑(RGB : 255,215,0) 40% 밝게, 글자 모양 – 맑은 고딕, 진하게, 남색(RGB : 58,60,132) • 문단의 정렬 방식 : 가운데 정렬
(10) 블록 계산식	• 표의 평균 행에 블록 계산식을 이용하여 블록 평균 산출
(11) 캡션	• 표 아래에 삽입 후 오른쪽 정렬
(12) 차트	• **차트의 모양** : 누적 세로 막대형 • **차트의 크기** : 너비 80mm, 높이 65mm, 크기 고정 • **위치** : 본문과의 배치 – 자리 차지, 가로 – 단의 가운데 0mm, 세로 – 문단의 위 0mm • **바깥 여백** : 아래쪽 8mm • **항목 축, 값 축, 범례의 글꼴 설정** : 11pt • 범례 위치 변경 • 표의 아래 단락에 배치
(13) 하이퍼링크	• 'W자형'에 하이퍼링크 설정 • **연결 대상** : '흔글 문서', 책갈피의 '전망'으로 지정
(14) 쪽 번호	• **번호 위치** : 오른쪽 아래, **번호 모양** : 로마자 대문자, 줄표 넣기 선택 안함, 시작 번호 지정
(15) 머리말	• 한컴산뜻돋움, 10pt, 진하게, 주황(RGB : 255,132,58), 오른쪽 정렬
(16) 꼬리말	• 한컴 윤고딕 760, 10pt, 진하게, 초록(RGB : 40,155,110) 50% 어둡게

경기선행지수 Plus 반전

V자형이냐, L자형이냐로 엇갈리던 경기 전망(the business Forecast)이 'U자형이냐, W자형이냐'로 바뀌었다. 금년 경제성장 전망이 5-6%에서 4%대로 하향 조정되면서 상반기 회복을 전제로 했던 V자형(급속한 경기 회복)의 낙관론(Optimistic View)은 이미 힘을 잃었다. 그렇다고 침체터널이 하염없이 계속되는 일본식 장기불황(a Long Term Depression), 즉 L자형(반동 없는 불황지속)이 현실화 될 가능성도 높지 않다.

1. U자형, W자형 전망

현재의 관심은 U자형과 W자형이다. U자형은 바닥에서 서서히 되살아나는 Slow Type 경기, W자형은 일시적으로 회복조짐을 보이다 다시 급하게 떨어지는 Bungy-Jump Type 경기를 의미(意味)한다.①

◎ 산업활동동향

구분	투자	생산	판매수량	재고
2022.10	9.2	11.7	5.3	6.4
2022.12	-2	4.7	2.3	2.4
2023.1	-8.8	2	2	0
2023.2	-5.3	8.6	1.3	7.3
평균	-1.73	6.75	2.73	

(단위: %, 증가율)

통계청이 발표(發表)한 '산업활동동향'에 따르면 경기선행종합지수(a Business Leading Composite Barometer)는 전달보다 0.1%포인트 상승, 16개월만에 플러스로 반전돼 경기전망을 밝게 했다. 산업생산 증가율은 전년 동기 대비 8.6% 증가하여, 제로성장(Zero Economic Growth)에 머물렀던 전월(0.1%)보다 크게 높아졌고 출하증가율(the Rate of Increase of Forwarding)도 4.4% 증가했다. 그렇지만 소비/투

① CEB-Research 참조

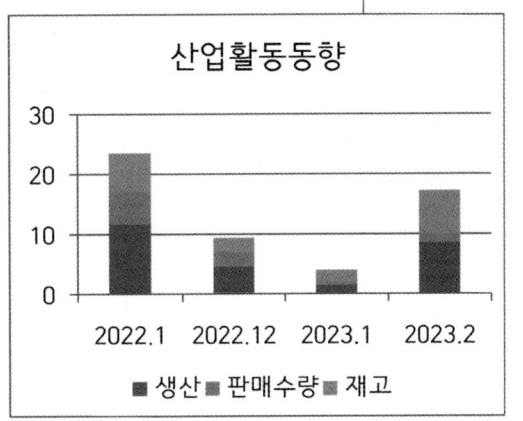

자 부문의 냉기는 여전하다. 지난달 설비투자 증가율은 마이너스 5.3%로 머물러 여전히 부진했다. 소비도 도소매 판매증가율이 전월 2.2%에서 1.3%로 낮아지고 내수소비재 출하증가율은 4.7%를 기록(記錄)했다. 재경부 당국자는 "회복조짐은 있지만 낙관할 정도는 아니다. 2-3개월 정도 추이를 더 주시해야 한다"고 조심스런 반응을 보였다.

2. 경기회복의 변수

결국 분명 회복징후는 존재하지만, 장래는 불투명하여 속도도 아주 더딜 것이란 것이 일반적 관측이다.

변수(Variables)는 두 가지다. 하나는 미국의 경착륙이고, 다른 하나는 국내의 HD건설이다. 두 가지 모두 풀린다면 국내경기는 하반기 이후 본격적인 성장국면에 접어드는 U자형으로 가겠지만, 하나라도 잘못된다면 지금의 회복조짐은 일시적 반동에 그쳐 다시 고꾸라지는 W자형이 불가피할 전망이다.

이상수 기자 sasulee@businessPaper.co.kr

> **잠깐만요** 차트가 왼쪽 단에 만들어지는 경우

차트를 오른쪽 단에 표시해야 할 경우 잘라내서 표 아래 단락에 붙여 넣어야 합니다. 마우스로 끌어서 옮겨서는 안 됩니다. 다음과 같은 순서대로 작업해 보세요.

❶ 왼쪽 단에 작성된 차트를 클릭하고 Ctrl + X 를 눌러 잘라내기 합니다.

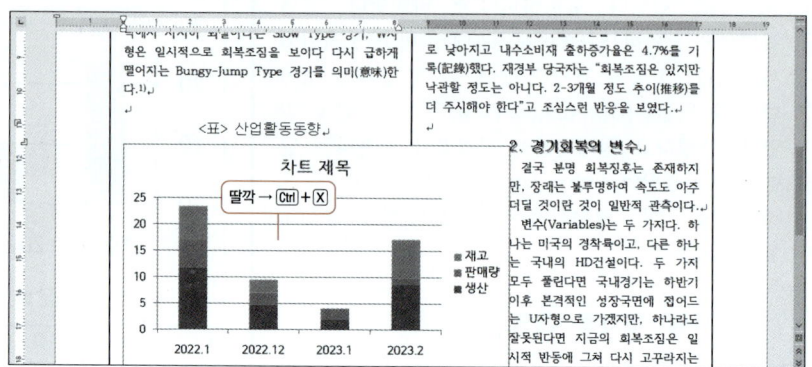

❷ 이어서 표의 아래 행을 클릭한 후 Ctrl + V 를 눌러 붙여넣기 합니다.

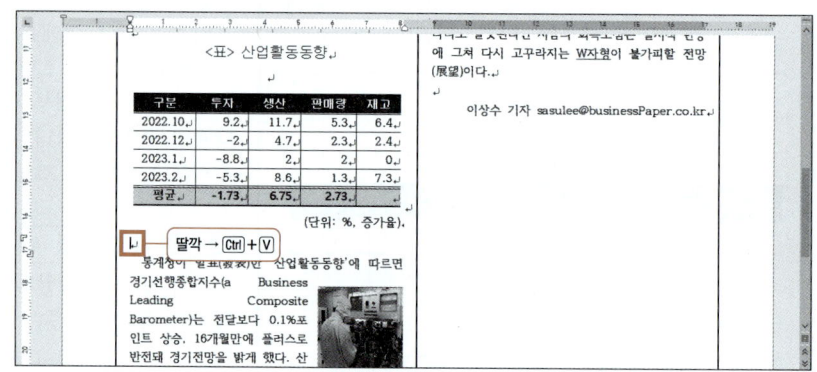

❸ 계속해서 〈세부 지시사항〉에 제시된 차트 관련 지시사항에 맞게 차트를 편집합니다.

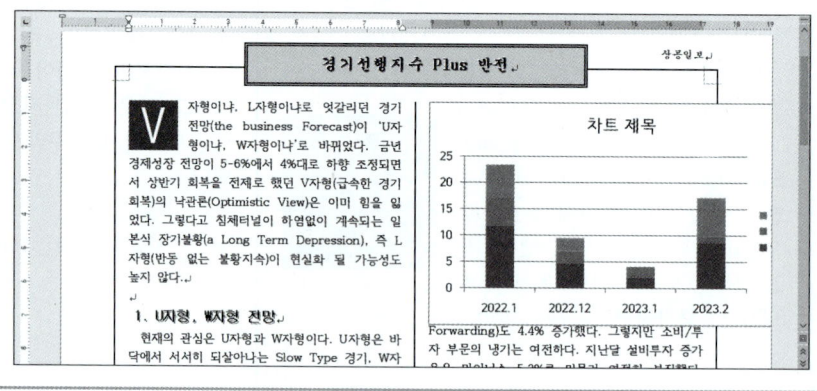

EXAMINATION 11회 실전 모의고사

과목	제한시간
문서편집기능	30분

〈다음 쪽의 문서를 아래 지시사항에 따라 작성하시오〉

- 작성된 답안의 파일은 지정된 경로 및 파일명을 변경하지 마시고 저장해야 합니다. 이를 준수하지 않으면 실격 처리됩니다.

- **편집 용지**
  - 용지 종류는 A4 용지(210mm×297mm) 1매에 용지 방향을 세로로 설정하여 문서를 작성하시오.
  - 용지 여백은 왼쪽·오른쪽은 20mm, 위쪽·아래쪽은 10mm, 머리말·꼬리말은 10mm, 기타 여백은 0mm로 지정하시오.

- 문서의 본문은 2단일 경우는 2단으로 편집하고, 혼합단일 경우는 1단에서 2단으로 변하는 모양으로 편집하되, 단 간격은 8mm, **구분선**은 실선 0.12mm로 설정하시오.

- **글자 모양**
  - 글꼴은 별도의 지시가 없는 한 한글 2022의 기본값으로 작성하시오.
  - 영문, 숫자, 기호 등은 별도의 지시가 없는 한 자판에 있는 문자를 사용하시오.
  - 한자는 '한글2022'의 '한자 입력' 기능을 사용하시오.

- **문단 모양**
  - 정렬 방식, 여백 등은 문단 모양 기능을 이용하여 작성하시오.
  - 문단 모양은 별도의 지시가 없는 한 한글 2022의 기본값으로 작성하시오.
  - 사이 줄 띄우기는 각 1줄만, 사이 띄우기는 1칸만 띄우시오.

- **표에서 내용의 정렬 방법**
  (제목 행과 '합계(평균)' 셀은 가운데 정렬, 나머지는 열 단위를 기준으로 아래와 같이 정렬)
  - 내용의 길이가 서로 다른 문자의 경우 왼쪽 정렬
  - 내용의 길이가 서로 다른 숫자의 경우 오른쪽 정렬
  - 내용의 길이가 서로 같을 경우 문자, 숫자 상관없이 가운데 정렬

- 차트에서 숫자 데이터의 천 단위 구분 쉼표는 기능을 사용하여 설정하시오.

- 색상은 '기본'과 '오피스' 테마가 포함된 색상 팔레트를 사용하시오.

- 각 항목은 별도의 지시가 없는 한 주어진 문서에 기준하여 작성하시오.

- 각 항목은 별도의 지시가 없는 한 기본 설정값으로 처리하시오.

- 문제에 제시된 지시사항은 작성하지 않음

대 한 상 공 회 의 소

다음 쪽의 문서를 아래의 〈세부 지시사항〉에 따라 작성하시오.

구분	내용
(1) 쪽 테두리	• 선의 종류 및 굵기 : 이중 실선 0.5mm, 위·아래
(2) 글상자	• 크기 : 너비 170mm, 높이 26mm, 크기 고정 • 위치 : 본문과의 배치 – 자리 차지, 가로 – 종이의 가운데 0mm, 세로 – 종이의 위 20mm • 바깥 여백 : 아래쪽 5mm • 선 속성 : 검정(RGB : 0,0,0), 실선 0.2mm • 색 채우기 : 초록(RGB : 40,155,110) 80% 밝게
(3) 제목	• 제목(1) : 한컴돋움, 14pt, 장평(110%), 자간(10%), 진하게, 주황(RGB : 255,102,0), 가운데 정렬 • 제목(2) : 여백 – 왼쪽(340pt)
(4) 누름틀	• 입력할 내용의 안내문 : '(메일 주소)', 입력 데이터 : '(khj23@ym.co.kr)'
(5) 그림	• 경로 : C:\WP\풍경.bmp, 문서에 포함 • 크기 : 너비 24mm, 높이 14mm • 위치 : 본문과의 배치 – 글 앞으로, 가로 – 종이의 왼쪽 25mm, 세로 – 종이의 위 25mm
(6) 스타일 (2개소 수정, 2개소 등록)	• 개요 1(수정) : 여백 – 왼쪽(0pt), 휴먼고딕, 12pt, 진하게 • 개요 2(수정) : 여백 – 왼쪽(15pt) • 표제목(등록) : 스타일 이름 – 표제목, 스타일 종류 – 문단, 가운데 정렬, 돋움체, 11pt, 장평(98%), 자간(–2%), 진하게 • 참고문헌(등록) : 스타일 이름 – 참고문헌, 스타일 종류 – 문단, 내어쓰기 – 20pt
(7) 문단 첫 글자 장식	• 모양 : 2줄, 글꼴 : 궁서체, 면색 : 남색(RGB : 58,60,132) 50% 어둡게, 본문과의 간격 : 4mm • 글자색 : 빨강(RGB : 255,0,0)
(8) 각주	• 글자 모양 : 굴림체, 8pt, 번호 모양 : 아라비아 숫자
(9) 하이퍼링크	• '한국생명공학연구원'에 하이퍼링크 설정 • 연결 대상 : '웹 주소', 'http://www.kribb.re.kr'
(10) 표	• 크기 : 너비 78mm ~ 80mm, 높이 33mm ~ 34mm • 위치 : 글자처럼 취급 • 모든 셀의 안 여백 : 왼쪽·오른쪽 2mm • 전체 행 : 셀 높이를 같게 • 테두리 : 표 안쪽은 실선(0.12mm), 표 바깥의 위쪽과 아래쪽은 실선(0.4mm), 　　　　　표 바깥의 왼쪽과 오른쪽은 선 없음, 제목 행 아래쪽과 합계 행 위쪽은 이중 실선(0.5mm) • 제목 행 : 셀 배경색 – 주황(RGB : 255,132,58), 글자 모양 – 돋움체, 진하게, 검은 군청(RGB : 27,23,96) • 합계 행 : 셀 배경색 – 초록(RGB : 40,155,110) 80% 밝게, 글자 모양 – 진하게 • 문단의 정렬 방식 : 가운데 정렬
(11) 블록 계산식	• 표의 합계 행에 블록 계산식을 이용하여 블록 합계 산출
(12) 캡션	• 표 아래에 삽입
(13) 차트	• 차트의 모양 : 이중 축 혼합형(묶은 세로 막대형, 표식이 있는 꺾은선형) • 차트의 크기 : 너비 80mm, 높이 65mm, 크기 고정 • 위치 : 본문과의 배치 – 자리 차지, 가로 – 단의 가운데 0mm, 세로 – 문단의 위 0mm • 바깥 여백 : 위쪽 5mm, 아래쪽 7mm • 항목 축, 값 축, 보조 값 축, 범례의 글꼴 설정 : 11pt • 차트 계열색 바꾸기 : 색상 조합(색3) • 범례 위치 변경, 보조 축 지정, 데이터 레이블 표시, 레이블 위치(위쪽), 눈금선 제거 • 표의 아래 단락에 배치
(14) 쪽 번호	• 번호 위치 : 오른쪽 아래, 번호 모양 : 아라비아 숫자, 줄표 넣기 선택, 시작 번호 지정
(15) 머리말	• 제목 : 한컴돋움, 10pt, 진하게, 파랑(RGB : 0,0,255) • 날짜 : 탭 종류(오른쪽), 탭 위치(16.9cm)
(16) 꼬리말	• 휴먼옛체, 10pt, 진하게, 파랑(RGB : 0,0,255), 가운데 정렬

급성장 예상되는 프로테오믹스

강호정
유명대학교 교수
(khj23@ym.co.kr)

1. 개요

2025년 2월 발표(發表)된 인간지놈프로젝트(Human Genome Project)의 결과는 생명 현상의 이해와 각종 질병치료의 혁신에 새로운 장을 연 것으로 평가된다. 그러나 전문가들은 1차원적인 염기서열과 지도만으로 지놈프로젝트에 거는 기대를 충족시키기에는 부족하다고 말하며 지놈의 기능 해석이 뒤따라야만 한다고 입을 모은다. 지놈 수준에서부터 실제 생명현상을 일으키는 단백질의 영역에 이르는 정보(Information)와 지식(Knowledge)의 통합이 이루어지는 이른바 포스트 지놈1) 시대의 중요성을 강조하고 있는 것이다.

프로테오믹스 시장 전망

구분	2028년 전망	2030년 전망	증감
분석	1,881	2,215	334
서비스	643	849	206
생화학	585	716	131
신물질	2,522	2,797	275
합계	5,631	6,577	

(단위: 달러)

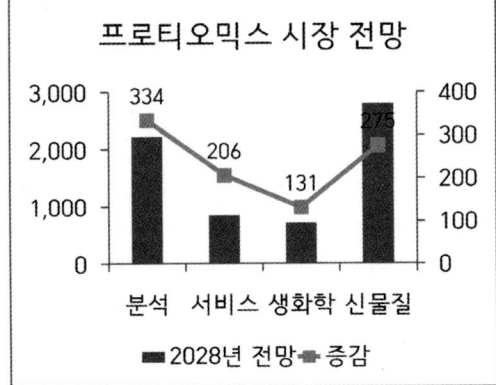

2. 프로테오믹스 관련 정보

가. 지놈에서 만들어지는 단백질의 총체인 프로티옴(Proteome)을 다루는 분야를 프로테오믹스라 한다.

나. 프로테오믹스는 당초 정상적인 세포와 그렇지 않은 세포의 단백질들을 분리, 비교 분석하는 의미로 사용되었으나 현재는 기능 지노믹스, 구조 프로테오믹스, 단백질간 상호작용, 생화학대사 경로의 연구(研究)까지를 총망라하는 개념으로 발전하였다.

다. 지놈에서 나오는 단백질들의 구조, 기능, 상호작용 등을 밝히는 프로테오믹스(Proteomics)가 지놈의 구조 및 기능을 밝히는 지노믹스(Genomics)와 함께 이러한 필요를 충족시켜 줄 수 있는 분야로 주목을 받고 있다.

3. 관련 시장의 분류

가. 프로테오믹스 분석(分析)을 위한 기기 및 관련 기술을 제공하는 분야는 전통적인 프로테오믹스를 위한 2-DE(2-Dimensional Gel Electrophoresis)/MS(Mass Spectrometry)에 필요한 분석기기와 기술을 제공하는 분야이며 AP Biotech, Bio-Rad, Applied Biosystems, Waters 등이 대표적인 기업들이다.

나. 프로테오믹스 서비스를 제공하는 분야는 전체 프로테오믹스 시장의 20%가량을 차지하고 있으며, 대표적인 기업(企業)들로는 Oxford GlycoSciences, MDS Protana 등을 들 수 있는데 이들은 2-DE/MS 등의 분석 기술을 보유하고 있으며 제약기업과의 공동연구를 통해 프로테오믹스 분석 서비스를 제공하고 있다.

※ 참고문헌

Wiliam. K. Narayan(2010). The Autobiography Urinalysis of the way to Samurai, Easy Press. pp56-89.

Jerry Vanzant(2012). The Emergence of Puddiing Away, ABC Press. pp13-25.

Guillen, M.(2008). Building a Global Bank, Princeton University Press. pp34-45.

1) 자료: 한국생명공학연구원

급성장 예상되는 프로티오믹스

강호정
유명대학교 교수
(khj23@ym.co.kr)

1. 개요

2025년 2월 발표(發表)된 인간지놈프로젝트(Human Genome Project)의 결과는 생명 현상의 이해와 각종 질병치료의 혁신에 새로운 장을 연 것으로 평가된다. 그러나 전문가들은 1차원적인 염기서열과 지도만으로 지놈프로젝트에 거는 기대를 충족시키기에는 부족하다고 말하며 지놈의 기능 해석이 뒤따라야만 한다고 입을 모은다. 지놈 수준에서부터 실제 생명현상을 일으키는 단백질의 영역에 이르는 정보(Information)와 지식(Knowledge)의 통합이 이루어지는 이른바 포스트 지놈[1] 시대의 중요성을 강조하고 있는 것이다.

프로티오믹스 시장 전망

구분	2028년 전망	2030년 전망	증감
분석	1,881	2,215	334
서비스	643	849	206
생화학	585	716	131
신물질	2,522	2,797	275
합계	5,631	6,577	

(단위: 달러)

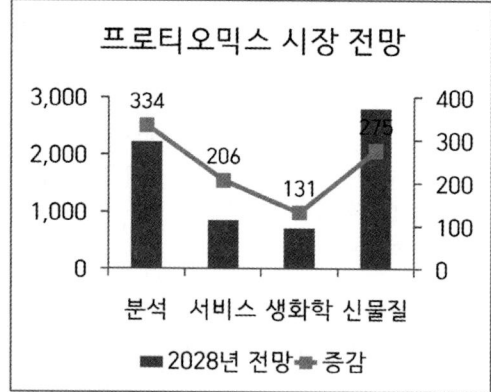

2. 프로티오믹스 관련 정보

가. 지놈에서 만들어지는 단백질의 총체인 프로티옴(Proteome)을 다루는 분야를 프로티오믹스라 한다.

나. 프로티오믹스는 당초 정상적인 세포와 그렇지 않은 세포의 단백질들을 분리, 비교 분석하는 의미로 사용되었으나 현재는 기능 지노믹스, 구조 프로티오믹스, 단백질간 상호작용, 생화학대사 경로의 연구(研究)까지를 총망라하는 개념으로 발전하였다.

다. 지놈에서 나오는 단백질들의 구조, 기능, 상호작용 등을 밝히는 프로티오믹스(Proteomics)가 지놈의 구조 및 기능을 밝히는 지노믹스(Genomics)와 함께 이러한 필요를 충족시켜 줄 수 있는 분야로 주목을 받고 있다.

3. 관련 시장의 분류

가. 프로티오믹스 분석(分析)을 위한 기기 및 관련 기술을 제공하는 분야는 전통적인 프로티오믹스를 위한 2-DE(2-Dimensional Gel Electrophoresis)/MS(Mass Spectrometry)에 필요한 분석기기와 기술을 제공하는 분야이며 AP Biotech, Bio-Rad, Applied Biosystems, Waters 등이 대표적인 기업들이다.

나. 프로티오믹스 서비스를 제공하는 분야는 전체 프로티오믹스 시장의 20%가량을 차지하고 있으며, 대표적인 기업(企業)들로는 Oxford GlycoSciences, MDS Protana 등을 들 수 있는데 이들은 2-DE/MS 등의 분석 기술을 보유하고 있으며 제약기업과의 공동연구를 통해 프로티오믹스 분석 서비스를 제공하고 있다.

※ 참고문헌

Wiliam. K. Narayan(2010). The Autobiography Urinalysis of the way to Samurai, Easy Press. pp56-89.

Jerry Vanzant(2012). The Emergence of Puddiing Away, ABC Press. pp13-25.

Guillen, M.(2008). Building a Global Bank, Princeton University Press. pp34-45.

---

[1] 자료: 한국생명공학연구원

EXAMINATION 12회 실전 모의고사

과목	제한시간
문서편집기능	30분

〈다음 쪽의 문서를 아래 지시사항에 따라 작성하시오〉

- 작성된 답안의 파일은 지정된 경로 및 파일명을 변경하지 마시고 저장해야 합니다. 이를 준수하지 않으면 실격 처리됩니다.

- **편집 용지**
  - 용지 종류는 A4 용지(210mm×297mm) 1매에 용지 방향을 세로로 설정하여 문서를 작성하시오.
  - 용지 여백은 왼쪽·오른쪽은 20mm, 위쪽·아래쪽은 10mm, 머리말·꼬리말은 10mm, 기타 여백은 0mm로 지정하시오.

- 문서의 본문은 2단일 경우는 2단으로 편집하고, 혼합단일 경우는 1단에서 2단으로 변하는 모양으로 편집하되, 단 간격은 8mm로 설정하시오.

- **글자 모양**
  - 글꼴은 별도의 지시가 없는 한 한글 2022의 기본값으로 작성하시오.
  - 영문, 숫자, 기호 등은 별도의 지시가 없는 한 자판에 있는 문자를 사용하시오.
  - 한자는 '한글2022'의 '한자 입력' 기능을 사용하시오.

- **문단 모양**
  - 정렬 방식, 여백 등은 문단 모양 기능을 이용하여 작성하시오.
  - 문단 모양은 별도의 지시가 없는 한 한글 2022의 기본값으로 작성하시오.
  - 사이 줄 띄우기는 각 1줄만, 사이 띄우기는 1칸만 띄우시오.

- **표에서 내용의 정렬 방법**
  (제목 행과 '합계(평균)' 셀은 가운데 정렬, 나머지는 열 단위를 기준으로 아래와 같이 정렬)
  - 내용의 길이가 서로 다른 문자의 경우 왼쪽 정렬
  - 내용의 길이가 서로 다른 숫자의 경우 오른쪽 정렬
  - 내용의 길이가 서로 같을 경우 문자, 숫자 상관없이 가운데 정렬

- 차트에서 숫자 데이터의 천 단위 구분 쉼표는 기능을 사용하여 설정하시오.
- 색상은 '기본' 테마가 포함된 색상 팔레트를 사용하시오.
- 각 항목은 별도의 지시가 없는 한 주어진 문서에 기준하여 작성하시오.
- 각 항목은 별도의 지시가 없는 한 기본 설정값으로 처리하시오.
- 문제에 제시된 지시사항은 작성하지 않음

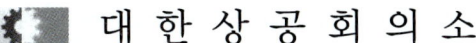

대한상공회의소

다음 쪽의 문서를 아래의 〈세부 지시사항〉에 따라 작성하시오.

(1) 다단 설정	• 모양 : 둘, 적용 범위 : 새 다단으로	
(2) 쪽 테두리	• 선의 종류 및 굵기 : 이중 실선 0.5mm, 모두 • 위치 : 쪽 기준, 왼쪽·오른쪽·위쪽·아래쪽 모두 5mm	
(3) 글상자	• 크기 : 너비 170mm, 높이 24mm, 크기 고정 • 위치 : 본문과의 배치 – 자리 차지, 가로 – 종이의 가운데 0mm, 세로 – 종이의 위 20mm • 바깥 여백 : 아래쪽 8mm • 선 속성 : 검정(RGB : 0,0,0), 이중 실선 1mm	• 색 채우기 : 남색(RGB : 58,60,132) 80% 밝게
(4) 제목	• 제목(1) : 휴먼명조, 15pt, 장평(115%), 자간(-4%), 진하게, 보라(RGB : 157,92,187) 50% 어둡게, 가운데 정렬 • 제목(2) : 여백 – 왼쪽(280pt)	
(5) 누름틀	• 입력할 내용의 안내문 : '이름(영문) 직위', 입력 데이터 : '김하나(Kim Hana) 대리'	
(6) 그림	• 경로 : C:\WP\대나무.bmp, 문서에 포함 • 위치 : 본문과의 배치 – 글 앞으로, 가로 – 종이의 왼쪽 23mm, 세로 – 종이의 위 23mm • 회전 : 좌우 대칭	• 크기 : 너비 30mm, 높이 17mm
(7) 스타일 (2개소 수정, 3개소 등록)	• 개요 1(수정) : 여백 – 왼쪽(0pt), 궁서체, 12pt, 진하게 • 개요 2(수정) : 여백 – 왼쪽(15pt) • 표제목(등록) : 스타일 이름 – 표주제, 스타일 종류 – 문단, 가운데 정렬, 굴림체, 장평(105%), 자간(-5%), 진하게 • 참고문헌 1(등록) : 스타일 이름 – 참고문헌 1, 스타일 종류 – 문단, 내어쓰기 – 15pt • 참고문헌 2(등록) : 스타일 이름 – 참고문헌 2, 스타일 종류 – 글자, 기울임	
(8) 문단 첫 글자 장식	• 모양 : 2줄, 글꼴 : 굴림체, 면색 : 초록(RGB : 40,155,110), 본문과의 간격 : 5mm • 글자색 : 연한 노랑(RGB : 250,243,219)	
(9) 각주	• 글자 모양 : 궁서체, 번호 모양 : 로마자 대문자	
(10) 하이퍼링크	• '교육부'에 하이퍼링크 설정 • 연결 대상 : '웹 주소', 'http://www.moe.go.kr'	
(11) 표	• 크기 : 너비 78mm ~ 80mm, 높이 33mm ~ 34mmm • 모든 셀의 안 여백 : 왼쪽·오른쪽 1.5mm • 테두리 : 표 안쪽은 실선(0.12mm), 표 바깥의 위쪽과 아래쪽은 실선(0.5mm), 표 바깥의 왼쪽과 오른쪽은 선 없음, 제목 행 아래쪽은 이중 실선(0.4mm) • 제목 행 : 셀 배경색 – 초록(RGB : 40,155,110), 글자 모양 – 굴림체, 진하게, 노랑(RGB : 255,215,0) 80% 밝게 • 평균 행 : 셀 배경색 – 주황(RGB : 255,132,58) 80% 밝게, 글자 모양 – 한양해서, 진하게 • 문단의 정렬 방식 : 가운데 정렬	• 위치 : 글자처럼 취급 • 전체 행 : 셀 높이를 같게
(12) 블록 계산식	• 표의 평균 행에 블록 계산식을 이용하여 블록 평균 산출	
(13) 캡션	• 표 위에 삽입	
(14) 차트	• 차트의 모양 : 꺾은선형 • 위치 : 본문과의 배치 – 자리 차지, 가로 – 단의 가운데 0mm, 세로 – 문단의 위 0mm • 바깥 여백 : 위쪽 5mm, 아래쪽 8mm • 범례 위치 변경 • 표의 아래 단락에 배치	• 차트의 크기 : 너비 80mm, 높이 65mm, 크기 고정 • 제목, 항목 축, 값 축, 범례의 글꼴 설정 : 9pt
(15) 쪽 번호	• 번호 위치 : 왼쪽 아래, 번호 모양 : 원문자, 줄표 넣기 선택 안함, 시작 번호 지정	
(16) 머리말	• 돋움체, 11pt, 진하게, 하늘색(RGB : 97,130,214)	
(17) 꼬리말	• 한컴 윤고딕 760, 10pt, 진하게, 노랑(RGB : 255,215,0) 50% 어둡게, 오른쪽 정렬	

여교사의 집단진입 증가

발표일자: 2023. 10. 05.
작성자: 김하나(Kim Hana) 대리

1. 개요

육부(Ministry of Education)는 여교사 증가에 따른 학교운영실태를 파악하기 위하여, <여교사의 교단진입 증가에 따른 학교현장 실태분석>에 관한 정책 연구를 추진하였다. 연구(研究)는 총 101개의 학교를 대상으로 교사, 학교 행정가, 학부모, 학생에 대한 설문조사와 집단면담(Group Interview)을 통해 수행되었다. 여교사 증가에 대한 부정적 견해로는 학교 운영상의 문제와 남학생의 여성화에 대한 우려 때문인 것으로 나타났다. 또한 여교사의 출산이나 육아(Upbringing of a Child)로 인한 휴가(Vacation)와 휴직(Temporary Retirement from Office)시에 대체할 강사의 수급(Supply and Demand)이 원활하지 않은 것도 원인(原因)으로 지적되었다. 그러나 여교사의 교육 활동은 우수한 것으로 나타나 여교사의 필요성이 높아지고 있다.

여교사의 증가 추세
(단위: %)

구분	초등	중등	고등	비율(%)
2005년	40.1	35.5	18.8	35.4
2010년	47	42.3	21.7	38
2015년	52.4	48	24	42.5
2020년	66.8	58.2	30.1	47.3
평균	51.58	46.00	23.65	

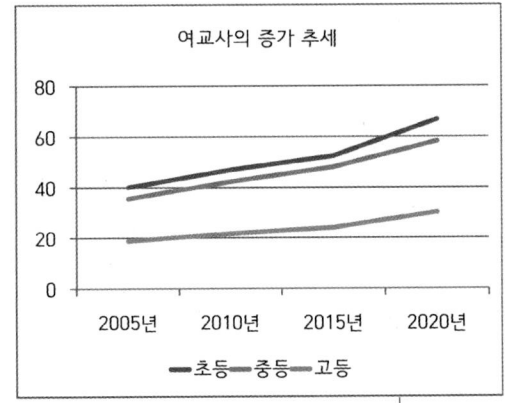

2. 연구결과

가. 초등학교 여교사의 비율(比率)은 2005년 40%, 2010년 47%, 2015년 52%, 2020년에는 66%에 달했다. 특히 서울, 부산, 대구 등 대도시는 70%를 상회하는 높은 수치를 보였다.

나. 중학교의 경우에는 2005년 35%, 2010년 42%, 2015년 48%, 2020년에는 58%로 증가했다. 중학교 여교사의 비율은 지방의 경우 57%, 대도시의 경우에는 60%의 비율을 나타냈다.

다. 고등학교는 2005년 18%보다 12% 증가한 30% 정도로 초, 중학교에 비해 월등히 낮은 수치였다.

3. 해결방안

가. 앞으로도 여교사의 수가 계속 늘어날 것으로 예상됨에 따라 여교사의 능력향상과 근무여건 개선(Improvement) 등 다각적인 지원책 강구가 절실하다.

나. 관행적으로 이루어졌던 남교사 중심의 부장 임명 방식을 개선(改選)하여, 여교사들의 업무의욕을 고취시키고 능력발휘의 기회(Opportunity)를 적극 부여하도록 할 방침이다.

다. 여교사들도 자질향상을 위해 스스로 노력해야겠다.

◇ Reference
Nunes, T. et al.(2005). The Privatization of Banespa, Business Case Study. pp27-45.

I 자료: 교육부

여교사의 집단진입 증가

발표일자: 2023. 10. 05.
작성자: 김하나(Kim Hana) 대리

1. 개요

교육부(Ministry of Education)는 여교사 증가에 따른 학교운영실태를 파악하기 위하여, <여교사의 교단진입 증가에 따른 학교현장 실태분석>에 관한 정책 연구를 추진하였다. 연구(研究)는 총 101개의 학교를 대상으로 교사, 학교 행정가, 학부모, 학생에 대한 설문조사와 집단면담(Group Interview)을 통해 수행되었다. 여교사 증가에 대한 부정적 견해로는 학교 운영상의 문제와 남학생의 여성화에 대한 우려 때문인 것으로 나타났다. 또한 여교사의 출산이나 육아(Upbringing of a Child)로 인한 휴가(Vacation)와 휴직(Temporary Retirement from Office)시에 대체할 강사의 수급(Supply and Demand)이 원활하지 않은 것도 원인(原因)으로 지적되었다. 그러나 여교사의 교육 활동은 우수한 것으로 나타나 여교사의 필요성이 높아지고 있다.

여교사의 증가 추세¹
(단위: %)

구분	초등	중등	고등	비율(%)
2005년	40.1	35.5	18.8	35.4
2010년	47	42.3	21.7	38
2015년	52.4	48	24	42.5
2020년	66.8	58.2	30.1	47.3
평균	51.58	46.00	23.65	

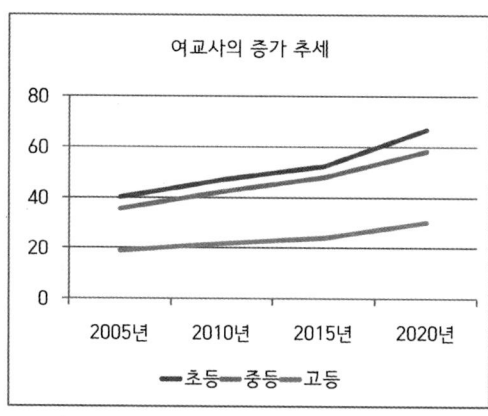

여교사의 증가 추세

2. 연구결과

가. 초등학교 여교사의 비율(比率)은 2005년 40%, 2010년 47%, 2015년 52%, 2020년에는 66%에 달했다. 특히 서울, 부산, 대구 등 대도시는 70%를 상회하는 높은 수치를 보였다.

나. 중학교의 경우에는 2005년 35%, 2010년 42%, 2015년 48%, 2020년에는 58%로 증가했다. 중학교 여교사의 비율은 지방의 경우 57%, 대도시의 경우에는 60%의 비율을 나타냈다.

다. 고등학교는 2005년 18%보다 12% 증가한 30% 정도로 초, 중학교에 비해 월등히 낮은 수치였다.

3. 해결방안

가. 앞으로도 여교사의 수가 계속 늘어날 것으로 예상됨에 따라 여교사의 능력향상과 근무여건 개선(Improvement) 등 다각적인 지원책 강구가 절실하다.

나. 관행적으로 이루어졌던 남교사 중심의 부장 임명 방식을 개선(改選)하여, 여교사들의 업무의욕을 고취시키고 능력발휘의 기회(Opportunity)를 적극 부여하도록 할 방침이다.

다. 여교사들도 자질향상을 위해 스스로 노력해야겠다.

◇ Reference
Nunes, T. et al.(2005). The Privatization of Banespa, Business Case Study. pp27-45.

I 자료: 교육부

EXAMINATION 13회 실전 모의고사

과목	제한시간
문서편집기능	30분

〈다음 쪽의 문서를 아래 지시사항에 따라 작성하시오〉

- 작성된 답안의 파일은 지정된 경로 및 파일명을 변경하지 마시고 저장해야 합니다. 이를 준수하지 않으면 실격 처리됩니다.

- 편집 용지
  - 용지 종류는 A4 용지(210mm×297mm) 1매에 용지 방향을 세로로 설정하여 문서를 작성하시오.
  - 용지 여백은 왼쪽·오른쪽·위쪽·아래쪽은 20mm, 머리말·꼬리말은 10mm, 기타 여백은 0mm로 지정하시오.

- 문서의 본문은 2단일 경우는 2단으로 편집하고, 혼합단일 경우는 1단에서 2단으로 변하는 모양으로 편집하되, 단 간격은 8mm, 구분선은 실선 0.12mm로 설정하시오.

- 글자 모양
  - 글꼴은 별도의 지시가 없는 한 한글 2022의 기본값으로 작성하시오.
  - 영문, 숫자, 기호 등은 별도의 지시가 없는 한 자판에 있는 문자를 사용하시오.
  - 한자는 '한글2022'의 '한자 입력' 기능을 사용하시오.

- 문단 모양
  - 문장의 들여 쓰기(10pt), 정렬 방식, 여백 등은 문단 모양 기능을 이용하여 작성하시오.
  - 문단 모양은 별도의 지시가 없는 한 한글 2022의 기본값으로 작성하시오.
  - 사이 줄 띄우기는 각 1줄만, 사이 띄우기는 1칸만 띄우시오.

- 표에서 내용의 정렬 방법
  (제목 행과 '합계(평균)' 셀은 가운데 정렬, 나머지는 열 단위를 기준으로 아래와 같이 정렬)
  - 내용의 길이가 서로 다른 문자의 경우 왼쪽 정렬
  - 내용의 길이가 서로 다른 숫자의 경우 오른쪽 정렬
  - 내용의 길이가 서로 같을 경우 문자, 숫자 상관없이 가운데 정렬

- 차트에서 숫자 데이터의 천 단위 구분 쉼표는 기능을 사용하여 설정하시오.

- 색상은 '기본' 테마가 포함된 색상 팔레트를 사용하시오.

- 각 항목은 별도의 지시가 없는 한 주어진 문서에 기준하여 작성하시오.

- 각 항목은 별도의 지시가 없는 한 기본 설정값으로 처리하시오.

- 문제에 제시된 지시사항은 작성하지 않음

대 한 상 공 회 의 소

다음 쪽의 문서를 아래의 〈세부 지시사항〉에 따라 작성하시오.

(1) 쪽 테두리	• **선의 종류 및 굵기** : 실선 0.12mm, 모두 • **위치** : 쪽 기준, 왼쪽·오른쪽·위쪽·아래쪽 모두 4mm
(2) 글상자	• **크기** : 너비 100mm, 높이 12mm, 크기 고정 • **위치** : 본문과의 배치 – 자리 차지, 가로 – 종이의 가운데 0mm, 세로 – 종이의 위 19mm • **바깥 여백** : 아래쪽 5mm • **선 속성** : 검정(RGB : 0,0,0), 이중 실선 1mm • **색 채우기** : 노랑(RGB : 255,215,0) 40% 밝게
(3) 제목	• 궁서체, 13pt, 장평(105%), 자간(5%), 진하게, 그림자, 주황(RGB : 255,132,58) 50% 어둡게, 가운데 정렬
(4) 문단 첫 글자 장식	• **모양** : 2줄, **글꼴** : 맑은 고딕, **면색** : 하늘색(RGB : 97,130,214) 50% 어둡게, **본문과의 간격** : 3mm • **글자색** : 시멘트(RGB : 178,178,178) 80% 밝게
(5) 스타일 (2개소 등록)	• **소제목** : 스타일 이름 – 소제목, 스타일 종류 – 문단, 번호 문단, 여백 – 왼쪽(5pt), 굴림체, 진하게, 양각 • **표제목** : 스타일 이름 – 표제목, 스타일 종류 – 문단, 가운데 정렬, 돋움체, 장평(115%), 자간(5%)
(6) 그림	• **경로** : C:\WP\월드컵경기장.jpg, 문서에 포함 • **크기** : 너비 40mm, 높이 25mm • **위치** : 본문과의 배치 – 어울림, 가로 – 단의 왼쪽 0mm, 세로 – 문단의 위 0mm • **바깥 여백** : 오른쪽·위쪽·아래쪽 2mm
(7) 각주	• **글자 모양** : 돋움체, 8pt, **번호 모양** : 아라비아 숫자

(8) 표	• **크기** : 너비 78mm ~ 80mm, 높이 27.60mm • **위치** : 글자처럼 취급
	• **모든 셀의 안 여백** : 왼쪽·오른쪽 2mm • **전체 행** : 셀 높이를 같게
	• **테두리** : 표 안쪽은 실선(0.12mm), 표 바깥의 위쪽과 아래쪽은 실선(0.4mm),
	             표 바깥의 왼쪽과 오른쪽은 선 없음, 제목 행 아래쪽과 평균 행 위쪽은 이중 실선(0.5mm)
	• **제목 행** : 셀 배경색 – 보라(RGB : 157,92,187) 25% 어둡게, 글자 모양 – 휴먼고딕, 진하게,
	             주황(RGB : 255,132,58) 80% 밝게
	• **평균 행** : 셀 배경색 – 하양(RGB : 255,255,255) 15% 어둡게, 글자 모양 – 진하게
	• **문단의 정렬 방식** : 가운데 정렬

(9) 블록 계산식	• 표의 평균 행에 블록 계산식을 이용하여 블록 평균 산출
(10) 캡션	• 표 위에 삽입 후 오른쪽 정렬
(11) 차트	• **차트의 모양** : 묶은 가로 막대형 • **차트의 크기** : 너비 80mm, 높이 80mm, 크기 고정 • **위치** : 본문과의 배치 – 자리 차지, 가로 – 단의 가운데 0mm, 세로 – 문단의 위 0mm • **바깥 여백** : 아래쪽 8mm • **제목, 항목 축, 값 축, 범례의 글꼴 설정** : 진하게, 9pt • 범례 위치 변경 • 표의 아래 단락에 배치
(12) 누름틀	• **입력할 내용의 안내문** : '00. 00.', **입력 데이터** : '03. 10.'
(13) 하이퍼링크	• '원문으로'에 하이퍼링크 설정 • **연결 대상** : '웹 주소', 'http://www.kfa.or.kr'
(14) 쪽 번호	• **번호 위치** : 가운데 아래, **번호 모양** : 로마자 대문자, 줄표 넣기 선택, 시작 번호 지정
(15) 머리말	• 한컴산뜻돋움, 10pt, 남색(RGB : 58,60,132) 25% 어둡게, 오른쪽 정렬
(16) 꼬리말	• 한컴돋움, 10pt, 진하게, 초록(RGB : 40,155,110) 25% 어둡게, 오른쪽 정렬

월드컵 개최도시 조사

월드컵문화시민협의회(National Council for Better Korea Movement)는 월드컵 축구를 개최할 10개 도시 중에서 3개의 도시를 선정해 친절 지수를 조사하였다. 조사대상 도시(都市)는 임의표본추출(Random Sampling) 방법을 통해 선정했으며, 친절(Kindness), 질서(Order), 청결(Cleanliness) 등 6개 항목을 중심으로 조사하였다. 조사는 지난해 11월 30일 설문 요원이 직접 모니터링(Direct Monitoring) 방식으로 이루어졌다.

1. 개최도시의 실태

도시별로 30명씩 친절지수(Kindness-Index)를 조사한 결과 전화응대 친절지수는 전주가 가장 높았고 대전이 가장 낮았다. "시청이 어디냐?"고 물었을 때의 연령별로는 10대가 가장 친절한 반면 50대의 14%는 응답조차 없이 지나간 것으로 조사되었다. 시외버스 터미널과 인접한 곳에 담배꽁초(Cigarette Butt)와 쓰레기가 가장 많이 버려진 곳은 서울이었으며, 대전과 전주는 가장 깨끗했다. 버스 터미널이나 공원 등지의 공중 화장실은 서울이 47.4%로 위생(衛生) 상태가 가장 불량한 반면 전주는 불량 평가를 받은 곳이 한곳도 없었다. 자동차의 정지선 위반은 대전이 가장 높고 전주가 가장 낮았다.

◎ 3개 도시의 현황

(단위: %)

구분	친절도 조사	교통 조사	응답률
서울	7.8	5.2	24.1
전주	32.7	30.9	46.2
대전	22.4	4.7	19.8
평균	20.97	13.60	

한편, 교통법규(Traffic Policy)에 대한 평가에서 보행자의 무단 횡단과 신호위반은 대전이 최고였으

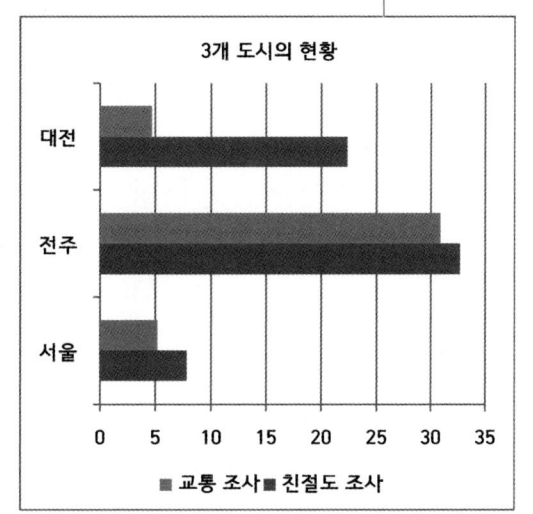

며 서울이 최저였다.

월드컵을 꼭 1년 앞두고 한국과 일본에서 프리월드컵(Pre-World Cup)인 컨페더레이션스컵(Confederations Cup Korea/Japan) 축구대회를 열었다. 개막(開幕)에 맞춰 월드컵 D-1년 실제연습을 시행한 결과 거의 모든 부문에서 낙제점을 받았다. 각 도시마다 월드컵을 위한 준비(準備)들은 하고 있지만 아직은 미흡한 수준인 것이다.

2. 성공적인 월드컵 개최

일본(Japan)과 공동으로 월드컵을 치르는 만큼, 비교되며 비난받는 월드컵이 되어서는 안 될 것이다. 성공적인 월드컵(World Cup) 개최를 위해서 남은 1년을 어떻게 보내야 할지 지혜를 모으는 것이 중요하다. 1년 후, 우리 국민과 정부의 단결(團結)을 전세계에 보여줄 때이다.

이상국 기자(tkdrnr9977@gilbut.co.kr)

작성일: 03. 10.

월드컵 개최도시 조사

월드컵문화시민협의회(National Council for Better Korea Movement)[1]는 월드컵 축구를 개최할 10개 도시 중에서 3개의 도시를 선정해 친절 지수를 조사하였다. 조사대상 도시(都市)는 임의표본추출(Random Sampling) 방법을 통해 선정했으며, 친절(Kindness), 질서(Order), 청결(Cleanliness) 등 6개 항목을 중심으로 조사하였다. 조사는 지난해 11월 30일 설문 요원이 직접 모니터링(Direct Monitoring) 방식으로 이루어졌다.

1. 개최도시의 실태

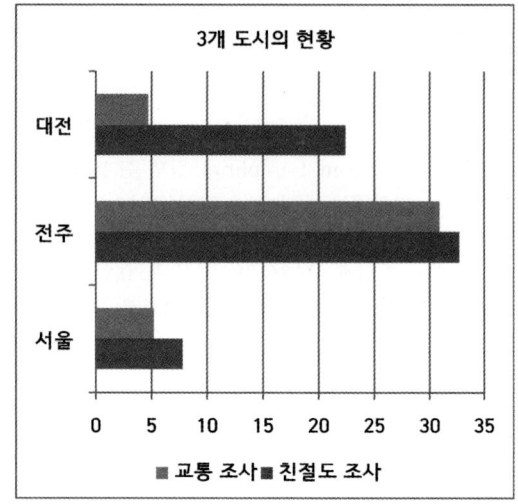

◎ 3개 도시의 현황

도시별로 30명씩 친절지수(Kindness-Index)를 조사한 결과 전화응대 친절지수는 전주가 가장 높았고 대전이 가장 낮았다. "시청이 어디냐?"고 물었을 때의 연령별로는 10대가 가장 친절한 반면 50대의 14%는 응답조차 없이 지나간 것으로 조사되었다. 시외버스 터미널과 인접한 곳에 담배꽁초(Cigarette Butt)와 쓰레기가 가장 많이 버려진 곳은 서울이었으며, 대전과 전주는 가장 깨끗했다. 버스 터미널이나 공원 등지의 공중 화장실은 서울이 47.4%로 위생(衛生) 상태가 가장 불량한 반면 전주는 불량 평가를 받은 곳이 한곳도 없었다. 자동차의 정지선 위반은 대전이 가장 높고 전주가 가장 낮았다.

◎ 3개 도시의 현황

(단위: %)

구분	친절도 조사	교통 조사	응답률
서울	7.8	5.2	24.1
전주	32.7	30.9	46.2
대전	22.4	4.7	19.8
평균	20.97	13.60	

한편, 교통법규(Traffic Policy)에 대한 평가에서 보행자의 무단 횡단과 신호위반은 대전이 최고였으며 서울이 최저였다.

월드컵을 꼭 1년 앞두고 한국과 일본에서 프리월드컵(Pre-World Cup)인 컨페더레이션스컵(Confederations Cup Korea/Japan) 축구대회를 열었다. 개막(開幕)에 맞춰 월드컵 D-1년 실제연습을 시행한 결과 거의 모든 부문에서 낙제점을 받았다. 각 도시마다 월드컵을 위한 준비(準備)들은 하고 있지만 아직은 미흡한 수준인 것이다.

2. 성공적인 월드컵 개최

일본(Japan)과 공동으로 월드컵을 치르는 만큼, 비교되며 비난받는 월드컵이 되어서는 안 될 것이다. 성공적인 월드컵(World Cup) 개최를 위해서 남은 1년을 어떻게 보내야 할지 지혜를 모으는 것이 중요하다. 1년 후, 우리 국민과 정부의 단결(團結)을 전세계에 보여줄 때이다.

이상국 기자(tkdrnr9977@gilbut.co.kr)
작성일: 03. 10.
[원문으로]

---

[1] 국민성 향상을 위한 월드컵 준비기관

EXAMINATION 14회 실전 모의고사

과목	제한시간
문서편집기능	30분

〈다음 쪽의 문서를 아래 지시사항에 따라 작성하시오〉

- 작성된 답안의 파일은 지정된 경로 및 파일명을 변경하지 마시고 저장해야 합니다. 이를 준수하지 않으면 실격 처리됩니다.

- **편집 용지**
  - 용지 종류는 A4 용지(210mm×297mm) 1매에 용지 방향을 세로로 설정하여 문서를 작성하시오.
  - 용지 여백은 왼쪽·오른쪽은 20mm, 위쪽·아래쪽은 10mm, 머리말·꼬리말은 10mm, 기타 여백은 0mm로 지정하시오.

- 문서의 본문은 2단일 경우는 2단으로 편집하고, 혼합단일 경우는 1단에서 2단으로 변하는 모양으로 편집하되, 단 간격은 8mm, 구분선은 이중 실선 0.5mm로 설정하시오.

- **글자 모양**
  - 글꼴은 별도의 지시가 없는 한 한글 2022의 기본값으로 작성하시오.
  - 영문, 숫자, 기호 등은 별도의 지시가 없는 한 자판에 있는 문자를 사용하시오.
  - 한자는 '한글2022'의 '한자 입력' 기능을 사용하시오.

- **문단 모양**
  - 정렬 방식, 여백 등은 문단 모양 기능을 이용하여 작성하시오.
  - 문단 모양은 별도의 지시가 없는 한 한글 2022의 기본값으로 작성하시오.
  - 사이 줄 띄우기는 각 1줄만, 사이 띄우기는 1칸만 띄우시오.

- **표에서 내용의 정렬 방법**
  (제목 행과 '합계(평균)' 셀은 가운데 정렬, 나머지는 열 단위를 기준으로 아래와 같이 정렬)
  - 내용의 길이가 서로 다른 문자의 경우 왼쪽 정렬
  - 내용의 길이가 서로 다른 숫자의 경우 오른쪽 정렬
  - 내용의 길이가 서로 같을 경우 문자, 숫자 상관없이 가운데 정렬

- 차트에서 숫자 데이터의 천 단위 구분 쉼표는 기능을 사용하여 설정하시오.

- 색상은 '기본'과 '오피스' 테마가 포함된 색상 팔레트를 사용하시오.

- 각 항목은 별도의 지시가 없는 한 주어진 문서에 기준하여 작성하시오.

- 각 항목은 별도의 지시가 없는 한 기본 설정값으로 처리하시오.

- 문제에 제시된 지시사항은 작성하지 않음

대한상공회의소

다음 쪽의 문서를 아래의 〈세부 지시사항〉에 따라 작성하시오.

(1) 쪽 테두리	• 선의 종류 및 굵기 : 이중 실선 1mm, 위·아래
(2) 글상자	• 크기 : 너비 168mm, 높이 23mm, 크기 고정 • 위치 : 본문과의 배치 – 자리 차지, 가로 – 종이의 가운데 0mm, 세로 – 종이의 위 20mm • 바깥 여백 : 아래쪽 5mm • 선 속성 : 검정(RGB : 0,0,0), 이중 실선 1mm • 색 채우기 : 초록(RGB : 40,155,110) 80% 밝게
(3) 제목	• 제목(1) : 휴먼고딕, 14pt, 장평(110%), 자간(10%), 진하게, 빨강(RGB : 255,0,0), 가운데 정렬 • 제목(2) : 여백 – 왼쪽(340pt)
(4) 누름틀	• 입력할 내용의 안내문 : '(메일 주소)', **입력 데이터** : '(word@gilbut.co.kr)'
(5) 그림	• 경로 : C:\WP\돗단배.bmp, 문서에 포함 • 크기 : 너비 18mm, 높이 10mm • 위치 : 본문과의 배치 – 글 앞으로, 가로 – 종이의 왼쪽 23mm, 세로 – 종이의 위 23mm
(6) 스타일 (2개소 수정, 2개소 등록)	• 개요 1(수정) : 여백 – 왼쪽(0pt), 돋움체, 12pt, 진하게 • 개요 2(수정) : 여백 – 왼쪽(15pt) • 표제목(등록) : 스타일 이름 – 표제목, 스타일 종류 – 문단, 가운데 정렬, 굴림체, 11pt, 장평(95%), 자간(5%), 진하게 • 참고문헌 1(등록) : 스타일 이름 – 참고문헌 1, 스타일 종류 – 문단, 내어쓰기 – 20pt • 참고문헌 2(등록) : 스타일 이름 – 참고문헌 2, 스타일 종류 – 글자, 기울임
(7) 문단 첫 글자 장식	• 모양 : 2줄, 글꼴 : 한컴산뜻돋움, 면색 : 노랑(RGB : 255,215,0), **본문과의 간격** : 3mm • 글자색 : 하늘색(RGB : 97,130,214) 25% 어둡게
(8) 각주	• 글자 모양 : 굴림체, 8pt, 번호 모양 : 아라비아 숫자
(9) 하이퍼링크	• '법원경매정보'에 하이퍼링크 설정 • 연결 대상 : '웹 주소', 'http://www.courtauction.go.kr'
(10) 표	• 크기 : 너비 78mm ~ 80mm, 높이 33mm ~ 34mm • 위치 : 글자처럼 취급 • 모든 셀의 안 여백 : 왼쪽·오른쪽 2.5mm • 전체 행 : 셀 높이를 같게 • 테두리 : 표 안쪽은 실선(0.12mm), 표 바깥의 위쪽과 아래쪽은 실선(0.4mm), 표 바깥의 왼쪽과 오른쪽은 선 없음, 제목 행 아래쪽과 평균 행 위쪽은 이중 실선(0.5mm) • 제목 행 : 셀 배경색 – 파랑(RGB : 0,0,255), 글자 모양 – 맑은 고딕, 진하게, 하양(RGB : 255,255,255) • 평균 행 : 셀 배경색 – 검은 군청(RGB : 27,23,96) 50% 밝게, 글자 모양 – 굴림체, 진하게, 노랑(RGB : 255,255,0) • 문단의 정렬 방식 : 가운데 정렬
(11) 블록 계산식	• 표의 평균 행에 블록 계산식을 이용하여 블록 평균 산출
(12) 캡션	• 표 아래에 삽입 후 오른쪽 정렬
(13) 차트	• 차트의 모양 : 누적 세로 막대형 • 차트의 크기 : 너비 80mm, 높이 65mm, 크기 고정 • 위치 : 본문과의 배치 – 자리 차지, 가로 – 단의 가운데 0mm, 세로 – 문단의 위 0mm • 바깥 여백 : 위쪽 4mm, 아래쪽 5mm • 항목 축, 값 축, 범례의 글꼴 설정 : 11pt • 차트 계열색 바꾸기 : 색상 조합(색4) • 범례 위치 변경, 눈금선 제거 • 표의 아래 단락에 배치
(14) 쪽 번호	• 번호 위치 : 오른쪽 아래, 번호 모양 : 아라비아 숫자, 줄표 넣기 선택 안함, 시작 번호 지정
(15) 머리말	• 제목 : 한컴 윤고딕 740, 10pt, 진하게, 시안(RGB : 66,199,241) • 날짜 : 탭 종류(오른쪽), 탭 위치(16.9cm)
(16) 꼬리말	• HY견고딕, 10pt, 진하게, 남색(RGB : 51,51,153), 가운데 정렬

인터넷 비즈니스 → (15) 머리말(제목)   (15) 머리말(날짜) → 2025. 5. 10.

1. 개요 → (6) 스타일(개요 1)

컴퓨터를 이용한 인터넷 경매가 인터넷 비즈니스(Internet Business)의 꽃으로 떠오르고 있다. 인터넷 경매(Internet Auction)에서는 수요자와 공급자가 인터넷 공간에서 직접 만나 서로 흥정해 물건(物件)을 사고판다. 즉 유통업체들이 일방적으로 가격을 정해 파는 쇼핑몰(Shopping Mall)보다 훨씬 합리적이고 유망한 거래방식이다. 기존 경매방식과의 가장 큰 차이는 모든 정보(情報)가 인터넷을 통해 실시간(Real Time)으로 서비스가 이루어지므로 공간의 제약에서 벗어날 수 있으며, 이런 장점 때문에 인터넷을 통해 개인과 개인이 직접 만나는 소비자간(Consumer to Consumer) 전자상거래(Electronic Commerce)는 21세기에 가장 유망한 인터넷 비즈니스로 주목을 받고 있다.

인터넷 경매사이트 현황①

구분	회원수	월낙찰	예약	비고
A 업체	112	30.0	50	
B 업체	25	12.0	9	
S 업체	42	8.0	22	
E 업체	21	4.5	15	
평균	50.00	13.63	24.00	

(단위: 만 명)

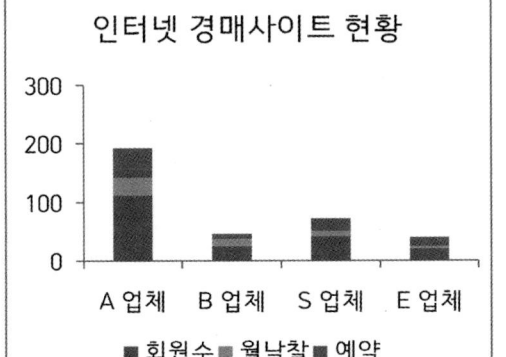

2. 인터넷 경매의 전망 → (6) 스타일(개요 1)

가. 인터넷 시장(Internet Marketing) 분석기관인 키넌비전(Keenan Vision)은 최근 2025년 38억 달러였던 미국의 온라인 경매실적이 2030년에는 1,290억 달러로 폭증할 것이라고 밝혔다.

나. 온라인 경매(On-Line Auction) 참여자도 2025년 300만 명에서 2030년에는 1,400만 명으로 늘어나며 참여업체는 5,000개로 증가할 것으로 예상하였다.

다. 인터넷 경매는 소비자와 기업간에 정보를 중개(仲介)하는 비즈니스(Business)로부터 다양한 효과(Effect)가 나타나고 있다.

라. C2C 전자상거래는 인터넷 경매 외에 각종 상품과 서비스를 실수요자끼리 사고파는 생활정보지 방식 서비스가 있다. 개인 홈페이지(Homepage) 보급이 늘면서 별도 사이트(Site)를 통하지 않고 홈페이지에서 직접 거래를 하는 일도 급증할 전망이다.

3. 인터넷 경매의 장점 → (6) 스타일(개요 1)

가. 경매와 역경매에서는 소비자 자신이 붙인 가격(價格)에 상품을 구입할 수 있게 된다.

나. 상품명을 지정하게 되면 Internet 상의 복수 숍에서 판매(販賣)되고 있는 같은 상품을 검색하여 가격과 판매조건을 즉석에서 비교하여 표시하는 사이트가 있지만, 이것 역시 소비자를 유리하게 하는 정보 중개(Information Agency)인 것이다.

다. 소비자의 입장에 서서 사업을 행하는 기업이 경쟁우위를 확보하게 될 것이다.

※ 참고문헌

R. K. Dragon(2006). A Civil Organic Modern Chemistry, Gilbut. pp34-56.
Nunes, T. et al.(2005). The Privatization of Banespa, *Business Case Study*. pp27-45.
Whoopi Leibovitz(2011). The Power of Pilgrimage, GilbutSchool. pp25-29.

1) 자료: 법원경매정보

법원경매 정보지 제86호 (2025년 5월)

인터넷 경매

김워드 선임연구원
(word@gilbut.co.kr)

1. 개요

컴퓨터를 이용한 인터넷 경매가 인터넷 비즈니스(Internet Business)의 꽃으로 떠오르고 있다. 인터넷 경매(Internet Auction)에서는 수요자와 공급자가 인터넷 공간에서 직접 만나 서로 흥정해 물건(物件)을 사고판다. 즉 유통업체들이 일방적으로 가격을 정해 파는 쇼핑몰(Shopping Mall)보다 훨씬 합리적이고 유망한 거래방식이다. 기존 경매방식과의 가장 큰 차이는 모든 정보(情報)가 인터넷을 통해 실시간(Real Time)으로 서비스가 이루어지므로 공간의 제약에서 벗어날 수 있으며, 이런 장점 때문에 인터넷을 통해 개인과 개인이 직접 만나는 소비자간(Consumer to Consumer) 전자상거래(Electronic Commerce)는 21세기에 가장 유망한 인터넷 비즈니스로 주목을 받고 있다.

인터넷 경매사이트 현황[1]

구분	회원수	월낙찰	예약	비고
A 업체	112	30.0	50	
B 업체	25	12.0	9	
S 업체	42	8.0	22	
E 업체	21	4.5	15	
평균	50.00	13.63	24.00	

(단위: 만 명)

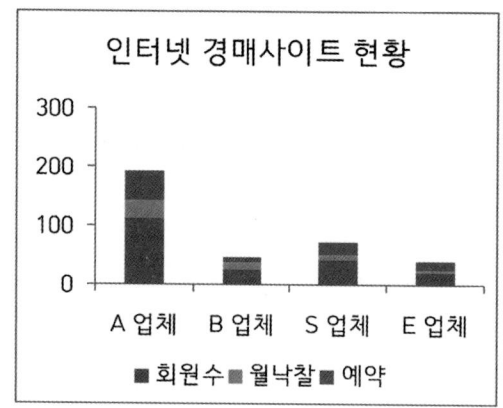

1) 자료: 법원경매정보

2. 인터넷 경매의 전망

가. 인터넷 시장(Internet Marketing) 분석기관인 키넌비전(Keenan Vision)은 최근 2025년 38억 달러였던 미국의 온라인 경매실적이 2030년에는 1,290억 달러로 폭증할 것이라고 밝혔다.

나. 온라인 경매(On-Line Auction) 참여자도 2025년 300만 명에서 2030년에는 1,400만 명으로 늘어나며 참여업체는 5,000개로 증가할 것으로 예상하였다.

다. 인터넷 경매는 소비자와 기업간에 정보를 중개(仲介)하는 비즈니스(Business)로부터 다양한 효과(Effect)가 나타나고 있다.

라. C2C 전자상거래는 인터넷 경매 외에 각종 상품과 서비스를 실수요자끼리 사고파는 생활정보지 방식 서비스가 있다. 개인 홈페이지(Homepage) 보급이 늘면서 별도 사이트(Site)를 통하지 않고 홈페이지에서 직접 거래를 하는 일도 급증할 전망이다.

3. 인터넷 경매의 장점

가. 경매와 역경매에서는 소비자 자신이 붙인 가격(價格)에 상품을 구입할 수 있게 된다.

나. 상품명을 지정하게 되면 Internet 상의 복수 숍에서 판매(販賣)되고 있는 같은 상품을 검색하여 가격과 판매조건을 즉석에서 비교하여 표시하는 사이트가 있지만, 이것 역시 소비자를 유리하게 하는 정보 중개(Information Agency)인 것이다.

다. 소비자의 입장에 서서 사업을 행하는 기업이 경쟁우위를 확보하게 될 것이다.

※ 참고문헌

R. K. Dragon(2006). A Civil Organic Modern Chemistry, Gilbut. pp34-56.

Nunes, T. et al.(2005). The Privatization of Banespa, *Business Case Study*. pp27-45.

Whoopi Leibovitz(2011). The Power of Pilgrimage, GilbutSchool. pp25-29.

EXAMINATION 15회 실전 모의고사

과목	제한시간
문서편집기능	30분

〈다음 쪽의 문서를 아래 지시사항에 따라 작성하시오〉

- 작성된 답안의 파일은 지정된 경로 및 파일명을 변경하지 마시고 저장해야 합니다. 이를 준수하지 않으면 실격 처리됩니다.

- **편집 용지**
  - 용지 종류는 A4 용지(210mm×297mm) 1매에 용지 방향을 세로로 설정하여 문서를 작성하시오.
  - 용지 여백은 왼쪽·오른쪽은 20mm, 위쪽·아래쪽 10mm, 머리말·꼬리말은 10mm, 기타 여백은 0mm로 지정하시오.

- 문서의 본문은 2단일 경우는 2단으로 편집하고, 혼합단일 경우는 1단에서 2단으로 변하는 모양으로 편집하되, 단 간격은 8mm, 구분선은 실선 0.12mm로 설정하시오.

- **글자 모양**
  - 글꼴은 별도의 지시가 없는 한 한글 2022의 기본값으로 작성하시오.
  - 영문, 숫자, 기호 등은 별도의 지시가 없는 한 자판에 있는 문자를 사용하시오.
  - 한자는 '한글2022'의 '한자 입력' 기능을 사용하시오.

- **문단 모양**
  - 정렬 방식, 여백 등은 문단 모양 기능을 이용하여 작성하시오.
  - 문단 모양은 별도의 지시가 없는 한 한글 2022의 기본값으로 작성하시오.
  - 사이 줄 띄우기는 각 1줄만, 사이 띄우기는 1칸만 띄우시오.

- **표에서 내용의 정렬 방법**
  (제목 행과 '합계(평균)' 셀은 가운데 정렬, 나머지는 열 단위를 기준으로 아래와 같이 정렬)
  - 내용의 길이가 서로 다른 문자의 경우 왼쪽 정렬
  - 내용의 길이가 서로 다른 숫자의 경우 오른쪽 정렬
  - 내용의 길이가 서로 같을 경우 문자, 숫자 상관없이 가운데 정렬

- 차트에서 숫자 데이터의 천 단위 구분 쉼표는 기능을 사용하여 설정하시오.

- 색상은 '기본' 테마가 포함된 색상 팔레트를 사용하시오.

- 각 항목은 별도의 지시가 없는 한 주어진 문서에 기준하여 작성하시오.

- 각 항목은 별도의 지시가 없는 한 기본 설정값으로 처리하시오.

- 문제에 제시된 지시사항은 작성하지 않음

대한상공회의소

다음 쪽의 문서를 아래의 〈세부 지시사항〉에 따라 작성하시오.

(1) 다단 설정	• 모양 : 둘, 구분선 : 구분선 넣기, 적용 범위 : 새 다단으로	
(2) 쪽 테두리	• 선의 종류 및 굵기 : 이중 실선 0.5mm, 위·아래	
(3) 글상자	• 크기 : 너비 170mm, 높이 28mm, 크기 고정 • 위치 : 본문과의 배치 – 자리 차지, 가로 – 종이의 가운데 0mm, 세로 – 종이의 위 20mm • 바깥 여백 : 아래쪽 8mm • 선 속성 : 검정(RGB : 0,0,0), 실선 0.2mm　　　• 색 채우기 : 남색(RGB : 58,60,132) 80% 밝게	
(4) 제목	• 제목(1) : 굴림체, 15pt, 장평(115%), 자간(15%), 진하게, 주황(RGB : 255,132,58) 50% 어둡게, 가운데 정렬 • 제목(2) : 여백 – 왼쪽(340pt)	
(5) 누름틀	• 입력할 내용의 안내문 : '(메일 주소)', 입력 데이터 : '(park88@korea.co.kr)'	
(6) 그림	• 경로 : C:\WP\여름.bmp, 문서에 포함　　　• 크기 : 너비 18mm, 높이 10mm • 위치 : 본문과의 배치 – 글 앞으로, 가로 – 종이의 왼쪽 25mm, 세로 – 종이의 위 25mm	
(7) 스타일 (2개소 수정, 3개소 등록)	• 개요 1(수정) : 여백 – 왼쪽(0pt), 궁서체, 11pt, 진하게 • 개요 2(수정) : 여백 – 왼쪽(15pt) • 표제목(등록) : 스타일 이름 – 표제목, 스타일 종류 – 문단, 가운데 정렬, 돋움체, 장평(110%), 자간(10%), 진하게 • 참고문헌 1(등록) : 스타일 이름 – 참고문헌 1, 스타일 종류 – 문단, 내어쓰기 – 20pt • 참고문헌 2(등록) : 스타일 이름 – 참고문헌 2, 스타일 종류 – 글자, 진하게, 기울임	
(8) 문단 첫 글자 장식	• 모양 : 3줄, 글꼴 : 한컴 윤고딕 760, 면색 : 보라(RGB : 157,92,187) 50% 어둡게, 본문과의 간격 : 5mm • 글자색 : 시멘트(RGB : 178,178,178) 80% 밝게	
(9) 각주	• 글자 모양 : 궁서체, 번호 모양 : 원문자	
(10) 하이퍼링크	• '대한교통학회'에 하이퍼링크 설정　　　• 연결 대상 : '웹 주소', 'https://korst.or.kr'	
(11) 표	• 크기 : 너비 78mm ~ 80mm, 높이 33mm ~ 34mm　　• 위치 : 글자처럼 취급 • 모든 셀의 안 여백 : 왼쪽·오른쪽 2mm　　　• 전체 행 : 셀 높이를 같게 • 선 모양 : 표 안쪽은 실선(0.12mm), 표 바깥의 위쪽과 아래쪽은 실선(0.4mm), 　　　　　　표 바깥의 왼쪽과 오른쪽은 선 없음, 합계 행 위쪽은 이중 실선(0.5mm) • 제목 행 : 셀 배경색 – 보라(RGB : 157,92,187), 글자 모양 – 돋움체, 진하게, 하양(RGB : 255,255,255) • 합계 행 : 셀 배경색 – 하양(RGB : 255,255,255) 15% 어둡게, 글자 모양 – 진하게 • 문단의 정렬 방식 : 가운데 정렬	
(12) 블록 계산식	• 표의 합계 행에 블록 계산식을 이용하여 블록 합계 산출	
(13) 캡션	• 표 아래에 삽입	
(14) 차트	• 차트의 모양 : 이중 축 혼합형(묶은 세로 막대형, 표식이 있는 꺾은선형) • 차트의 크기 : 너비 80mm, 높이 65mm, 크기 고정 • 위치 : 본문과의 배치 – 자리 차지, 가로 – 단의 가운데 0mm, 세로 – 문단의 위 0mm • 바깥 여백 : 위쪽 5mm, 아래쪽 8mm　　　• 항목 축, 값 축, 보조 값 축, 범례의 글꼴 설정 : 9pt • 차트 계열색 바꾸기 : 색상 조합(색2) • 범례 위치 변경, 보조 축 지정, 데이터 레이블 표시, 레이블 위치(위쪽), 눈금선 제거 • 표의 아래 단락에 배치	
(15) 쪽 번호	• 번호 위치 : 오른쪽 아래, 번호 모양 : 원문자, 줄표 넣기 선택, 시작 번호 지정	
(16) 머리말	• 제목 : 휴먼고딕, 11pt, 진하게, 초록(RGB : 40,155,110) 25% 어둡게 • 날짜 : 탭 종류(오른쪽), 탭 위치(16.9cm)	
(17) 꼬리말	• 휴먼옛체, 11pt, 진하게, 노랑(RGB : 255,215,0) 25% 어둡게	

한국의 교통질서 수준

박준수
한국대 교수
(park88@korea.co.kr)

전국의 2인 이상 가구 수는 1,221만 가구이며, 차량등록대수는 1,206만 대이다. 이로써 우리는 사실상 1가구 1차량 시대에 접어들었다. 따라서 운전질서(Driving Order) 확립은 운전자라면 누구나 지켜야 할 생활(生活)의 기본이 되었다. 하지만 우리나라의 운전 질서 수준은 외국인들의 지적대로 엉망이 아닐 수 없다. 교통질서 확립을 위해서는 합리적인 도로 시스템도 질서유지의 요인이 되는 것을 알 수 있다. 독일의 경우, 정지선(Stop Line) 준수율이 90%가 넘는 비결은 신호등(Signal Lamp)의 위치 때문이다. 신호등이 정지선 바로 위에 낮게 설치되어 있어 정지선을 조금이라도 넘어가면 신호가 전혀 보이지 않게 되어 있다.

각 국의 교통질서 현황①

구분	정지선	새치기	안전띠	사망
서울	2,459	2,125	2,589	246
부산	1,519	1,584	1,499	135
오사카	1,259	1,222	1,194	103
만하임	896	765	845	121
합계	6,133	5,696	6,127	

(단위: 명)

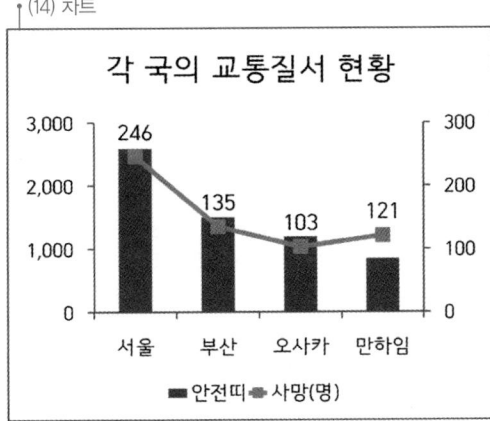

1. 각 국의 교통질서와의 비교

가. 교통안전공단(Korea Transportation Safety Authority)과 대한교통학회(Korean Society of Transportation)가 한국의 교통문화지수(Traffic-culture Index)를 일본의 오사카, 독일의 만하임(Mannheim)과 비교(比較)하여 발표(發表)하였다.

나. 횡단보도(Pedestrian Crossing) 정지선을 지키는 비율은 서울이 45.9%, 부산이 51.9%로 오사카의 67.9%나 독일의 92.6%에 비해 낮은 수치를 나타냈다.

다. 또한 안전띠(Safety Belt) 착용도 서울 58.9%, 부산 49.4%로 일본 오사카의 72.4%보다 훨씬 낮은 것으로 나타났다.

라. 손해보험협회(Nonlifes Insurance Society)가 시내운행 차량을 관찰한 결과, 교차로 통행 위반은 한국이 2.5명으로 일본의 0.2명보다 13배나 많은 수치를 나타냈다. 또한 끼어들기 위반차량도 1.8명으로 일본의 0.6명보다 3배나 많았다.

2. 변화를 위한 노력

가. 녹색교통운동은 "자신의 안전뿐만 아니라 타인의 생명(生命)과 행복(幸福)까지 앗아갈 수 있는 것이 교통질서 위반이다"라고 말했다.

나. 교통질서는 다른 사람에 대한 배려(Consideration)에서 나오는 것이므로 타인도 내 가족과 같이 여기는 마음으로 운전하는 습관이 중요하다고 강조했다.

☺ Reference

Salame, R.(2006) Why Do Mergers Fail?, Key Strategy. pp28-32.R. K. Dragon(2006). A Civil Organic Modern Chemistry, Gilbut. pp34-56.

① 자료: 대한교통학회

교통문화 연구

2025. 10. 3.

한국의 교통질서 수준

박준수
한국대 교수
(park88@korea.co.kr)

전국의 2인 이상 가구 수는 1,221만 가구이며, 차량등록대수는 1,206만 대이다. 이로써 우리는 사실상 1가구 1차량 시대에 접어들었다. 따라서 운전질서(Driving Order) 확립은 운전자라면 누구나 지켜야 할 생활(生活)의 기본이 되었다. 하지만 우리나라의 운전 질서 수준은 외국인들의 지적대로 엉망이 아닐 수 없다. 교통질서 확립을 위해서는 합리적인 도로 시스템도 질서유지의 요인이 되는 것을 알 수 있다. 독일의 경우, 정지선(Stop Line) 준수율이 90%가 넘는 비결은 신호등(Signal Lamp)의 위치 때문이다. 신호등이 정지선 바로 위에 낮게 설치되어 있어 정지선을 조금이라도 넘어가면 신호가 전혀 보이지 않게 되어 있다.

각 국의 교통질서 현황①

구분	정지선	새치기	안전띠	사망
서울	2,459	2,125	2,589	246
부산	1,519	1,584	1,499	135
오사카	1,259	1,222	1,194	103
만하임	896	765	845	121
합계	6,133	5,696	6,127	

(단위: 명)

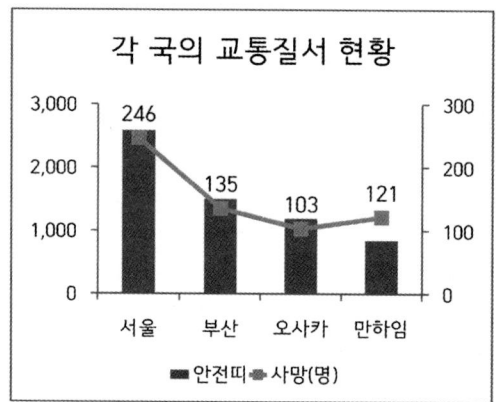

1. 각 국의 교통질서와의 비교

가. 교통안전공단(Korea Transportation Safety Authority)과 대한교통학회(Korean Society of Transportation)가 한국의 교통문화지수(Traffic-culture Index)를 일본의 오사카, 독일의 만하임(Mannheim)과 비교(比較)하여 발표(發表)하였다.

① 자료: 대한교통학회

나. 횡단보도(Pedestrian Crossing) 정지선을 지키는 비율은 서울이 45.9%, 부산이 51.9%로 오사카의 67.9%나 독일의 92.6%에 비해 낮은 수치를 나타냈다.

다. 또한 안전띠(Safety Belt) 착용도 서울 58.9%, 부산 49.4%로 일본 오사카의 72.4% 보다 훨씬 낮은 것으로 나타났다.

라. 손해보험협회(Nonlifes Insurance Society)가 시내운행 차량을 관찰한 결과, 교차로 통행 위반은 한국이 2.5명으로 일본의 0.2명보다 13배나 많은 수치를 나타냈다. 또한 끼어들기 위반차량도 1.8명으로 일본의 0.6명보다 3배나 많았다.

2. 변화를 위한 노력

가. 녹색교통운동은 "자신의 안전뿐만 아니라 타인의 생명(生命)과 행복(幸福)까지 앗아갈 수 있는 것이 교통질서 위반이다"라고 말했다.

나. 교통질서는 다른 사람에 대한 배려(Consideration)에서 나오는 것이므로 타인도 내 가족과 같이 여기는 마음으로 운전하는 습관이 중요하다고 강조했다.

∴ Reference

Salame, R.(2006). Why Do Mergers Fail?, Key Strategy. pp28-32. R. K. Dragon(2006). A Civil Organic Modern Chemistry, Gilbut. pp34-56.

EXAMINATION 16회 실전 모의고사

과목	제한시간
문서편집기능	30분

〈다음 쪽의 문서를 아래 지시사항에 따라 작성하시오〉

- 작성된 답안의 파일은 지정된 경로 및 파일명을 변경하지 마시고 저장해야 합니다. 이를 준수하지 않으면 실격 처리됩니다.

- **편집 용지**
  - 용지 종류는 A4 용지(210mm×297mm) 1매에 용지 방향을 세로로 설정하여 문서를 작성하시오.
  - 용지 여백은 왼쪽·오른쪽·위쪽·아래쪽은 20mm, 머리말·꼬리말은 10mm, 기타 여백은 0mm로 지정하시오.

- 문서의 본문은 2단일 경우는 2단으로 편집하고, 혼합단일 경우는 1단에서 2단으로 변하는 모양으로 편집하되, 단 간격은 8mm, 구분선은 실선 0.12mm로 설정하시오.

- **글자 모양**
  - 글꼴은 별도의 지시가 없는 한 한글 2022의 기본값으로 작성하시오.
  - 영문, 숫자, 기호 등은 별도의 지시가 없는 한 자판에 있는 문자를 사용하시오.
  - 한자는 '한글2022'의 '한자 입력' 기능을 사용하시오.

- **문단 모양**
  - 문장의 들여 쓰기(10pt), 정렬 방식, 여백 등은 문단 모양 기능을 이용하여 작성하시오.
  - 문단 모양은 별도의 지시가 없는 한 한글 2022의 기본값으로 작성하시오.
  - 사이 줄 띄우기는 각 1줄만, 사이 띄우기는 1칸만 띄우시오.

- **표에서 내용의 정렬 방법**
  (제목 행과 '합계(평균)' 셀은 가운데 정렬, 나머지는 열 단위를 기준으로 아래와 같이 정렬)
  - 내용의 길이가 서로 다른 문자의 경우 왼쪽 정렬
  - 내용의 길이가 서로 다른 숫자의 경우 오른쪽 정렬
  - 내용의 길이가 서로 같을 경우 문자, 숫자 상관없이 가운데 정렬

- 차트에서 숫자 데이터의 천 단위 구분 쉼표는 기능을 사용하여 설정하시오.

- 색상은 '기본' 테마가 포함된 색상 팔레트를 사용하시오.

- 각 항목은 별도의 지시가 없는 한 주어진 문서에 기준하여 작성하시오.

- 각 항목은 별도의 지시가 없는 한 기본 설정값으로 처리하시오.

- 문제에 제시된 지시사항은 작성하지 않음

다음 쪽의 문서를 아래의 〈세부 지시사항〉에 따라 작성하시오.

(1) 쪽 테두리	• **선의 종류 및 굵기** : 실선 0.4mm, 모두 • **위치** : 쪽 기준, 왼쪽·오른쪽·위쪽·아래쪽 모두 4mm
(2) 글상자	• **크기** : 너비 100mm, 높이 12mm, 크기 고정 • **위치** : 본문과의 배치 – 자리 차지, 가로 – 종이의 가운데 0mm, 세로 – 종이의 위 19mm • **바깥 여백** : 아래쪽 8mm • **선 속성** : 검정(RGB : 0,0,0), 이중 실선 0.5mm • **색 채우기** : 노랑(RGB : 255,215,0)
(3) 제목	• 궁서체, 13pt, 장평(105%), 자간(5%), 남색(RGB : 58,60,132), 가운데 정렬
(4) 문단 첫 글자 장식	• **모양** : 2줄, **글꼴** : 한컴산뜻돋움, **면색** : 주황(RGB : 255,132,58), **본문과의 간격** : 3mm • **글자색** : 연한 노랑(RGB : 250,243,219)
(5) 스타일 (2개소 등록)	• **소제목** : 스타일 이름 – 소제목, 스타일 종류 – 문단, 번호 문단, 여백 – 왼쪽(5pt), 굴림체, 12pt, 진하게 • **표제목** : 스타일 이름 – 표제목, 스타일 종류 – 문단, 가운데 정렬, 굴림체, 12pt
(6) 책갈피	• '이와 같이' 앞에 '참조'란 이름으로 책갈피 지정
(7) 그림	• **경로** : C:\WP\경제2.jpg, 문서에 포함 • **크기** : 너비 25mm, 높이 22mm • **위치** : 본문과의 배치 – 어울림, 가로 – 단의 왼쪽 0mm, 세로 – 문단의 위 0mm • **바깥 여백** : 오른쪽·위쪽 3mm • **회전** : 좌우 대칭
(8) 각주	• **글자 모양** : 돋움체, 10pt, **번호 모양** : 아라비아 숫자
(9) 표	• **크기** : 너비 78mm ~ 80mm, 높이 38.65mm • **위치** : 글자처럼 취급 • **모든 셀의 안 여백** : 왼쪽·오른쪽 2mm • **전체 행** : 셀 높이를 같게 • **테두리** : 표 안쪽은 실선(0.12mm), 표 바깥의 위쪽과 아래쪽은 실선(0.5mm), 표 바깥의 왼쪽과 오른쪽은 선 없음, 제목 행 아래쪽은 이중 실선(0.4mm) • **제목 행** : 셀 배경색 – 초록(RGB : 40,155,110) 25% 어둡게, 글자 모양 – 굴림체, 진하게, 하양(RGB : 255,255,255) • **평균 행** : 셀 배경색 – 검정(RGB : 0,0,0), 글자 모양 – 궁서체, 진하게, 시멘트(RGB : 178,178,178) 80% 밝게 • **문단의 정렬 방식** : 가운데 정렬
(10) 블록 계산식	• 표의 평균 행에 블록 계산식을 이용하여 블록 평균 산출
(11) 캡션	• 표 위에 삽입
(12) 차트	• **차트의 모양** : 꺾은선형 • **차트의 크기** : 너비 80mm, 높이 80mm, 크기 고정 • **위치** : 본문과의 배치 – 자리 차지, 가로 – 단의 가운데 0mm, 세로 – 문단의 위 0mm • **바깥 여백** : 아래쪽 8mm • **항목 축, 값 축, 범례의 글꼴 설정** : 진하게, 9pt • 범례 위치 변경 • 표의 아래 단락에 배치
(13) 하이퍼링크	• '전망'에 하이퍼링크 설정 • **연결 대상** : '한글 문서', 책갈피의 '참조'로 지정
(14) 쪽 번호	• **번호 위치** : 오른쪽 아래, **번호 모양** : 로마자 대문자, 줄표 넣기 선택 안함, 시작 번호 지정
(15) 머리말	• 휴먼옛체, 진하게, 보라(RGB : 157,92,187) 25% 어둡게
(16) 꼬리말	• 견고딕, 10pt, 진하게, 시멘트색(RGB : 178,178,178)

국제 경제

최근의 미국경제 동향

2023년 들어 미국경제의 주요 지표들이 서로 상반되는 방향으로 나타나 경기전망을 엇갈리게 하고 있다. 그러나 대체적인 예측(豫測)은 미국의 경제성장률(Rate of Economic Growth)이 하락하고 있는 것으로 나타나고 있다. 세부적인 지표는 다음과 같다.

1. 미국의 경기 둔화

지난해 4/4분기의 경제성장률은 1.1%로 예상치인 1.4%보다 더 하락한 것으로 나타났다. 이는 지난해 3/4분기의 2.2%, 상반기 5% 이상의 성장에서 매우 크게 하락한 것이며, 21년 2/4분기의 0.8% 성장 이후 가장 낮은 성장률을 나타낸다.

올해 1/4분기에는 제로에 가까운 경제성장률을 보일 것이라는 예측이다. 또한 컨퍼런스 보드(Conference Board)가 조사한 소비자신뢰지수(Consumer Confidence Index)는 5개월 연속 하락해 향후 경기둔화가 계속 이어질 것임을 시사하고 있다. 이는 1월 114.4%, 지난해 12월의 128.6%에 비해 크게 하락한 것이다.

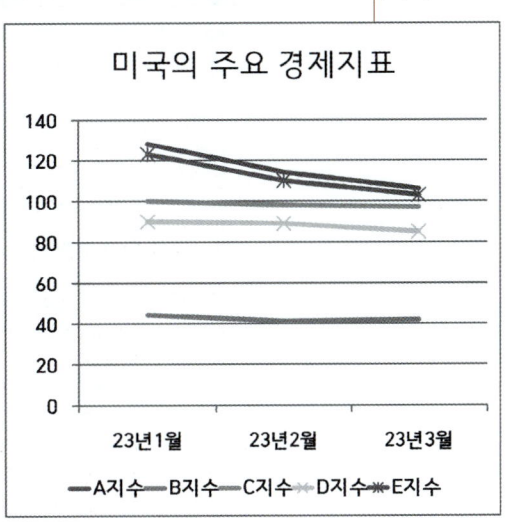

● 미국의 주요 경제지표

(단위: %)

구분	23년1월	23년2월	23년3월	비고
A지수	128	114	106	
B지수	44.3	41.2	41.9	
C지수	100	98	97	
D지수	90	89	85	
E지수	123	110	103	
평균	97.06	90.44	86.58	

소비자신뢰지수와는 반대로 미국의 제조업지수, 개인소득, 소비는 소폭 증가한 것으로 나타났다. 전미구매관리협회(NAPM : National Association of Purchasing Management) 제조업생산지수는 지난 2월 41.9%를 기록(記錄)했는데 이는 10년 만에 최저치였던 1월의 41.2%에 비해 0.7% 상승한 것이다.

2. 경기하락의 원인

경기가 침체하면서 시장에서는 연방공개시장위원회(FOMC : Federal Open Market Committee)가 열리는 3월 20일 이전에라도 금리가 추가로 인하될 수 있을 것이라고 기대했지만 개인소득과 소비지출이 증가한 것으로 나타나면서 금리의 조기인하는 실현되지 않았다. 물론 향후 발표되는 소매매출과 기업재고 등의 내용이 연준(Federal Reserve Board)의 결정에 영향을 미치겠지만 대부분의 전문가들은 0.5%P(Percent Point) 정도의 금리인하를 예상하고 있다.

이와 같이 금리인하에도 불구하고 주가가 하락하는 것은 기업(企業)들의 실적악화에 기인한다. 그 예로 인터넷기업(Internet Business)의 대표 주자인 야후(Yahoo)의 실적악화 및 그에 따른 CEO[1] 교체, 인텔(Intel)의 순익부진 전망 및 그에 따른 인원감축 계획 등은 향후 기술주에 대한 전망을 어둡게 했다.

---

[1] Chief Executive Officer의 약자

> **잠깐만요** 차트가 만들어지면서 오른쪽 단으로 표가 이동되는 경우

❶ 오른쪽 단에 작성된 차트를 클릭하고 Ctrl+X를 눌러 잘라내기 합니다.

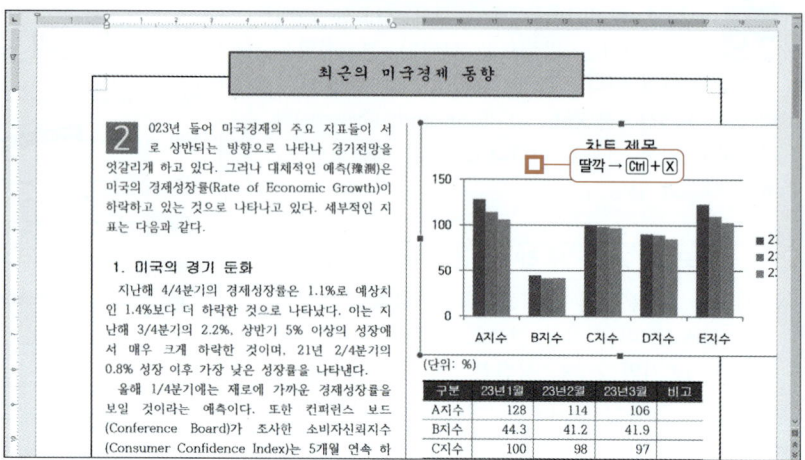

❷ 표의 아래 행을 클릭한 후 Ctrl+V를 눌러 붙여넣기 합니다.

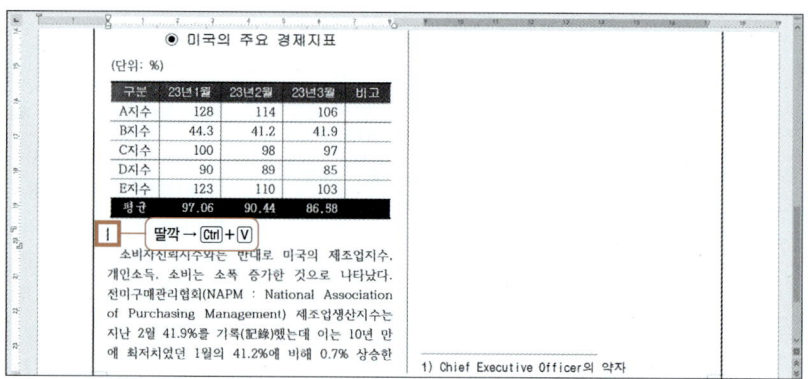

❸ 계속해서 〈세부 지시사항〉에 제시된 차트 관련 지시사항에 맞게 차트를 편집합니다.

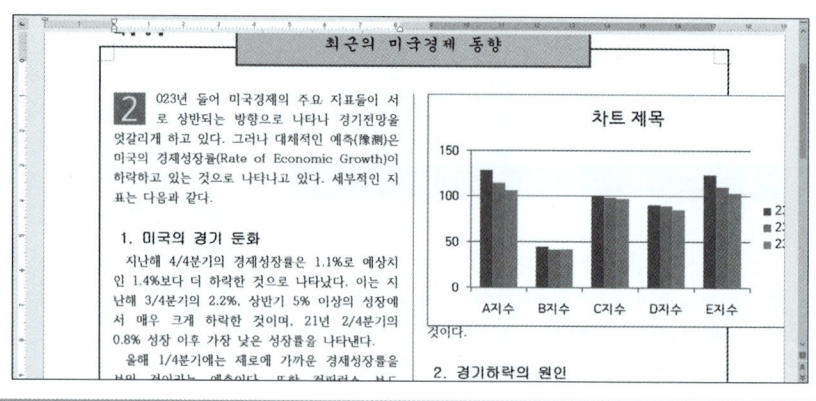

EXAMINATION 17회 실전 모의고사

과목	제한시간
문서편집기능	30분

〈다음 쪽의 문서를 아래 지시사항에 따라 작성하시오〉

- 작성된 답안의 파일은 지정된 경로 및 파일명을 변경하지 마시고 저장해야 합니다. 이를 준수하지 않으면 실격 처리됩니다.

- **편집 용지**
  - 용지 종류는 A4 용지(210mm×297mm) 1매에 용지 방향을 세로로 설정하여 문서를 작성하시오.
  - 용지 여백은 왼쪽·오른쪽은 20mm, 위쪽·아래쪽은 10mm, 머리말·꼬리말은 10mm, 기타 여백은 0mm로 지정하시오.

- 문서의 본문은 2단일 경우는 2단으로 편집하고, 혼합단일 경우는 1단에서 2단으로 변하는 모양으로 편집하되, 단 간격은 8mm, 구분선은 실선 0.12mm로 설정하시오.

- **글자 모양**
  - 글꼴은 별도의 지시가 없는 한 한글 2022의 기본값으로 작성하시오.
  - 영문, 숫자, 기호 등은 별도의 지시가 없는 한 자판에 있는 문자를 사용하시오.
  - 한자는 '한글2022'의 '한자 입력' 기능을 사용하시오.

- **문단 모양**
  - 정렬 방식, 여백 등은 문단 모양 기능을 이용하여 작성하시오.
  - 문단 모양은 별도의 지시가 없는 한 한글 2022의 기본값으로 작성하시오.
  - 사이 줄 띄우기는 각 1줄만, 사이 띄우기는 1칸만 띄우시오.

- **표에서 내용의 정렬 방법**
  (제목 행과 '합계(평균)' 셀은 가운데 정렬, 나머지는 열 단위를 기준으로 아래와 같이 정렬)
  - 내용의 길이가 서로 다른 문자의 경우 왼쪽 정렬
  - 내용의 길이가 서로 다른 숫자의 경우 오른쪽 정렬
  - 내용의 길이가 서로 같을 경우 문자, 숫자 상관없이 가운데 정렬

- 차트에서 숫자 데이터의 천 단위 구분 쉼표는 기능을 사용하여 설정하시오.

- 색상은 '기본'과 '오피스' 테마가 포함된 색상 팔레트를 사용하시오.

- 각 항목은 별도의 지시가 없는 한 주어진 문서에 기준하여 작성하시오.

- 각 항목은 별도의 지시가 없는 한 기본 설정값으로 처리하시오.

- 문제에 제시된 지시사항은 작성하지 않음

다음 쪽의 문서를 아래의 〈세부 지시사항〉에 따라 작성하시오.

(1) 쪽 테두리	• 선의 종류 및 굵기 : 이중 실선 0.5mm, 위·아래
(2) 글상자	• 크기 : 너비 170mm, 높이 24mm, 크기 고정 • 위치 : 본문과의 배치 – 자리 차지, 가로 – 종이의 가운데 0mm, 세로 – 종이의 위 20mm • 바깥 여백 : 아래쪽 5mm • 선 속성 : 검정(RGB : 0,0,0), 실선 0.2mm • 색 채우기 : 주황(RGB : 255,102,0) 80% 밝게
(3) 제목	• 제목(1) : 한컴 윤고딕 740, 14pt, 장평(105%), 자간(5%), 진하게, 검은 군청(RGB : 27,23,96), 가운데 정렬 • 제목(2) : 여백 – 왼쪽(280pt)
(4) 누름틀	• 입력할 내용의 안내문 : '이름(영문) 직책', 입력 데이터 : '정상영(Jung Sangyung) 팀장'
(5) 그림	• 경로 : C:\WP\잠자리.bmp, 문서에 포함 • 크기 : 너비 25mm, 높이 13mm • 위치 : 본문과의 배치 – 글 앞으로, 가로 – 종이의 왼쪽 23mm, 세로 – 종이의 위 23mm
(6) 스타일 (2개소 수정, 3개소 등록)	• 개요 1(수정) : 여백 – 왼쪽(0pt), 돋움체, 11pt, 진하게 • 개요 2(수정) : 여백 – 왼쪽(15pt) • 표제목(등록) : 스타일 이름 – 표주제, 스타일 종류 – 문단, 가운데 정렬, 돋움체, 장평(110%), 자간(10%), 진하게 • 참고문헌 1(등록) : 스타일 이름 – 참고문헌 1, 스타일 종류 – 문단, 내어쓰기 – 15pt • 참고문헌 2(등록) : 스타일 이름 – 참고문헌 2, 스타일 종류 – 글자, 기울임
(7) 문단 첫 글자 장식	• 모양 : 2줄, 글꼴 : 굴림체, 면색 : 노랑(RGB : 255,255,0), 본문과의 간격 : 4mm • 글자색 : 검은 군청(RGB : 27,23,96)
(8) 각주	• 글자 모양 : 굴림체, 번호 모양 : 아라비아 숫자
(9) 하이퍼링크	• '한국철강협회'에 하이퍼링크 설정 • 연결 대상 : '웹 주소', 'http://www.kosa.or.kr'
(10) 표	• 크기 : 너비 78mm ~ 80mm, 높이 33mm ~ 34mm • 위치 : 글자처럼 취급 • 모든 셀의 안 여백 : 왼쪽·오른쪽 1.5mm • 전체 행 : 셀 높이를 같게 • 테두리 : 표 안쪽은 실선(0.12mm), 표 바깥의 위쪽과 아래쪽은 실선(0.4mm), 표 바깥의 왼쪽과 오른쪽은 선 없음, 제목 행 아래쪽과 합계 행 위쪽은 이중 실선(0.5mm) • 제목 행 : 셀 배경색 – 노랑(RGB : 255,255,0), 글자 모양 – 한컴 윤고딕 760, 진하게, 파랑(RGB : 0,0,255) • 합계 행 : 셀 배경색 – 파랑(RGB : 0,0,255) 50% 밝게, 글자 모양 – 돋움체, 진하게, 노랑(RGB : 255,255,0) • 문단의 정렬 방식 : 가운데 정렬
(11) 블록 계산식	• 표의 합계 행에 블록 계산식을 이용하여 블록 합계 산출
(12) 캡션	• 표 위에 삽입 후 오른쪽 정렬
(13) 차트	• 차트의 모양 : 2차원 원형 • 차트의 크기 : 너비 80mm, 높이 65mm, 크기 고정 • 위치 : 본문과의 배치 – 자리 차지, 가로 – 단의 가운데 0mm, 세로 – 문단의 위 0mm • 바깥 여백 : 위쪽 5mm, 아래쪽 8mm • 차트 계열색 바꾸기 : 색상 조합(색3) • 범례 없음, 데이터 레이블 표시 • 데이터 레이블 속성 : 항목 이름, 값 해제, 백분율, 구분 기호(줄 바꿈), 안쪽 끝에 • 데이터 레이블 글자 모양 : 9pt, 하양(RGB : 255,255,255) • '접광관' 항목 : 도형 채우기 – 시안(RGB : 66,199,241) • 표의 아래 단락에 배치
(14) 쪽 번호	• 번호 위치 : 왼쪽 아래, 번호 모양 : 아라비아 숫자, 줄표 넣기 선택, 시작 번호 지정
(15) 머리말	• 제목 : 굴림체, 10pt, 진하게, 남색(RGB : 58,60,132) 50% 어둡게 • 날짜 : 탭 종류(오른쪽), 탭 위치(16.9cm)
(16) 꼬리말	• 중고딕, 11pt, 진하게, 초록(RGB : 40,155,110) 50% 어둡게, 가운데 정렬

월간 철강산업   2025-08-01

미국 철강수입 제한 강화 움직임

발표일자: 2025. 08. 08.
작성자: 정상영(Jung Sangyung) 팀장

1. 개요

지난 5일 미 대통령이 국내산업 보호(保護)를 위하여 미국의 국제무역위원회(ITC: International Trade Commission)에 외국산 철강제품에 대한 통상법 201조 즉, 긴급수입 제한조치(Safe Guard) 발동을 위한 실태조사를 요청했으며, 행정부는 철강과잉생산, 정부보조금(State Subsidy) 재원 등의 문제를 논의하기 위해 교역(交易) 대상국과 다자협상(Multilateral Negotiation)을 개시하겠다고 밝혔다. ITC는 통상법 201조에 따라 조사기간 중 피해 여부만을 조사하며 수출국들의 덤핑 여부나 덤핑률(Dumping Rate) 등에 대해서는 조사하지 않지만 이미 미국 철강업체들의 적자경영이 심화되고 있어 피해 판정이 거의 확실시된다.

철강제품의 지역별 수출비중①

(단위: %)

구분	미국	유럽	기타수출지역
강관	27.03	31.19	41.78
접광관	15.45	31.95	52.6
유정용강관	15.65	11.15	73.2
철근	32.32	15.42	52.26
합계	90.45	89.71	

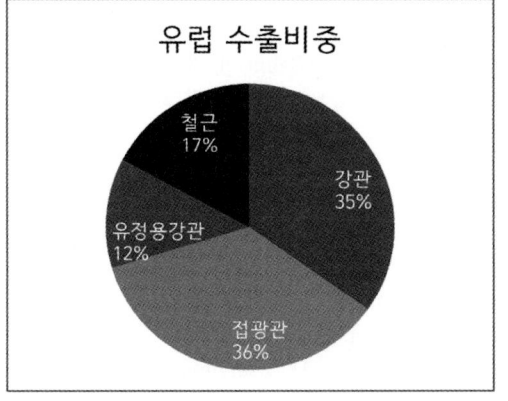

1) 자료: 한국철강협회

2. 철강업계 전망

가. 내년에 취해질 수입규제로 다양한 조치가 예상되고 있다.

나. 각 국별로 철강수입 쿼터(Quota)를 정하거나 반덤핑 관세(Anti-Dumping Duties)를 부과하는 것이 가장 보편적인 것으로 보인다. 이 중에서 쿼터제의 실시가 가장 가능성이 높을 것으로 점쳐지고 있는데, 이미 미국 의회에서는 철강산업 부활법안(Steel Revitalization Act)이 제출되어 있기 때문이다.

다. 미국 철강수입량의 7.1%를 차지하며 4위를 차지하고 있는 우리나라도 미국으로부터 철강제품에 대한 수입제한 조치를 받고 있다. 지역별 수출비중은 미국, 유럽, 기타 순으로 나타난다.

3. 국내 철강업계에 큰 타격 예상

가. 미국 철강시장은 중국, 일본에 이어 전체 철강수출의 17.4%를 차지하는 3위의 시장을 형성하고 있다.

나. IMF(International Monetary Fund) 이전 연간 약 150만 톤 수준이던 대미 수출물량은 2023년 340만 톤을 정점으로 점차 감소하고 있는 추세로 지난해는 230만 톤의 수출을 기록했다.

다. 미국이 통상법 201조를 발동할 경우엔 대미 철강수출 물량(物量)이 2020년 이전인 130만 톤 수준으로 떨어져 약 100만 톤이 줄어들 것으로 예상된다.

※ 참고문헌

A. S. Madison(2011). Learning to Dear Straw, Kindle Press. pp28-32.
Salame, R.(2006). Why Do Mergers Fail?, Key Strategy. pp28-32.
A. S. Madison(2011). *Learning to Dear Straw*, Kindle Press. pp28-32.

월간 철강사업 제26권 제11호 (2025. 8. 8.)

미국 철강수입 제한 강화 움직임

발표일자: 2025. 08. 08.
작성자: 정상영(Jung Sangyung) 팀장

1. 개요

지난 5일 미 대통령이 국내산업 보호(保護)를 위하여 미국의 국제무역위원회(ITC: International Trade Commission)에 외국산 철강제품에 대한 통상법 201조 즉, 긴급수입 제한조치(Safe Guard) 발동을 위한 실태조사를 요청했으며, 행정부는 철강과잉생산, 정부보조금(State Subsidy) 재원 등의 문제를 논의하기 위해 교역(交易) 대상국과 다자협상(Multilateral Negotiation)을 개시하겠다고 밝혔다. ITC는 통상법 201조에 따라 조사기간 중 피해 여부만을 조사하며 수출국들의 덤핑 여부나 덤핑률(Dumping Rate) 등에 대해서는 조사하지 않지만 이미 미국 철강업체들의 적자경영이 심화되고 있어 피해 판정이 거의 확실시된다.

철강제품의 지역별 수출비중[1]

(단위: %)

구분	미국	유럽	기타수출지역
강관	27.03	31.19	41.78
접광관	15.45	31.95	52.6
유정용강관	15.65	11.15	73.2
철근	32.32	15.42	52.26
합계	90.45	89.71	

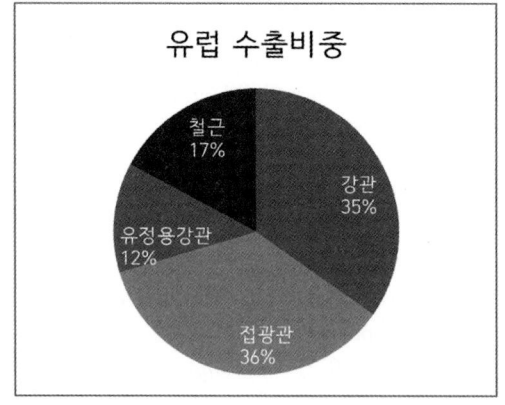

2. 철강업계 전망

가. 내년에 취해질 수입규제로 다양한 조치가 예상되고 있다.

나. 각 국별로 철강수입 쿼터(Quota)를 정하거나 반덤핑 관세(Anti-Dumping Duties)를 부과하는 것이 가장 보편적인 것으로 보인다. 이 중에서 쿼터제의 실시가 가장 가능성이 높을 것으로 점쳐지고 있는데, 이미 미국 의회에서는 철강산업 부활법안(Steel Revitalization Act)이 제출되어 있기 때문이다.

다. 미국 철강수입량의 7.1%를 차지하며 4위를 차지하고 있는 우리나라도 미국으로부터 철강제품에 대한 수입제한 조치를 받고 있다. 지역별 수출비중은 미국, 유럽, 기타 순으로 나타난다.

3. 국내 철강업계에 큰 타격 예상

가. 미국 철강시장은 중국, 일본에 이어 전체 철강수출의 17.4%를 차지하는 3위의 시장을 형성하고 있다.

나. IMF(International Monetary Fund) 이전 연간 약 150만 톤 수준이던 대미 수출물량은 2023년 340만 톤을 정점으로 점차 감소하고 있는 추세로 지난해는 230만 톤의 수출을 기록했다.

다. 미국이 통상법 201조를 발동할 경우엔 대미 철강수출 물량(物量)이 2020년 이전인 130만 톤 수준으로 떨어져 약 100만 톤이 줄어들 것으로 예상된다.

※ 참고문헌

A. S. Madison(2011). Learning to Dear Straw, Kindle Press. pp28-32.
Salame, R.(2006). Why Do Mergers Fail?, Key Strategy. pp28-32.
A. S. Madison(2011). *Learning to Dear Straw*, Kindle Press. pp28-32.

[1] 자료: 한국철강협회

EXAMINATION 18회 실전 모의고사

과목	제한시간
문서편집기능	30분

〈다음 쪽의 문서를 아래 지시사항에 따라 작성하시오〉

- 작성된 답안의 파일은 지정된 경로 및 파일명을 변경하지 마시고 저장해야 합니다. 이를 준수하지 않으면 실격 처리됩니다.

- **편집 용지**
  - 용지 종류는 A4 용지(210mm×297mm) 1매에 용지 방향을 세로로 설정하여 문서를 작성하시오.
  - 용지 여백은 왼쪽·오른쪽은 20mm, 위쪽·아래쪽은 10mm, 머리말·꼬리말은 10mm, 기타 여백은 0mm로 지정하시오.

- 문서의 본문은 2단일 경우는 2단으로 편집하고, 혼합단일 경우는 1단에서 2단으로 변하는 모양으로 편집하되, 단 간격은 8mm로 설정하시오.

- **글자 모양**
  - 글꼴은 별도의 지시가 없는 한 한글 2022의 기본값으로 작성하시오.
  - 영문, 숫자, 기호 등은 별도의 지시가 없는 한 자판에 있는 문자를 사용하시오.
  - 한자는 '한글2022'의 '한자 입력' 기능을 사용하시오.

- **문단 모양**
  - 정렬 방식, 여백 등은 문단 모양 기능을 이용하여 작성하시오.
  - 문단 모양은 별도의 지시가 없는 한 한글 2022의 기본값으로 작성하시오.
  - 사이 줄 띄우기는 각 1줄만, 사이 띄우기는 1칸만 띄우시오.

- **표에서 내용의 정렬 방법**
  (제목 행과 '합계(평균)' 셀은 가운데 정렬, 나머지는 열 단위를 기준으로 아래와 같이 정렬)
  - 내용의 길이가 서로 다른 문자의 경우 왼쪽 정렬
  - 내용의 길이가 서로 다른 숫자의 경우 오른쪽 정렬
  - 내용의 길이가 서로 같을 경우 문자, 숫자 상관없이 가운데 정렬

- 차트에서 숫자 데이터의 천 단위 구분 쉼표는 기능을 사용하여 설정하시오.

- 색상은 '기본' 테마가 포함된 색상 팔레트를 사용하시오.

- 각 항목은 별도의 지시가 없는 한 주어진 문서에 기준하여 작성하시오.

- 각 항목은 별도의 지시가 없는 한 기본 설정값으로 처리하시오.

- 문제에 제시된 지시사항은 작성하지 않음

다음 쪽의 문서를 아래의 〈세부 지시사항〉에 따라 작성하시오.

(1) 다단 설정	• **모양** : 둘, **적용 범위** : 새 다단으로	
(2) 쪽 테두리	• **선의 종류 및 굵기** : 실선 0.12mm, 모두 • **위치** : 쪽 기준, 왼쪽·오른쪽·위쪽·아래쪽 모두 5mm	
(3) 글상자	• **크기** : 너비 168mm, 높이 23mm, 크기 고정 • **위치** : 본문과의 배치 – 자리 차지, 가로 – 종이의 가운데 0mm, 세로 – 종이의 위 20mm • **바깥 여백** : 아래쪽 5mm • **선 속성** : 검정(RGB : 0,0,0), 이중 실선 1mm • **색 채우기** : 남색(RGB : 58,60,132) 80% 밝게	
(4) 제목	• **제목**(1) : 휴먼고딕, 15pt, 장평(110%), 자간(10%), 진하게, 주황(RGB : 255,132,58) 25% 어둡게, 가운데 정렬 • **제목**(2) : 여백 – 왼쪽(340pt)	
(5) 누름틀	• **입력할 내용의 안내문** : '0000. 00. 00.', **입력 데이터** : '2023. 07. 25.'	
(6) 그림	• **경로** : C:\WP\풍경.bmp, 문서에 포함 • **크기** : 너비 18mm, 높이 10mm • **위치** : 본문과의 배치 – 글 앞으로, 가로 – 종이의 왼쪽 23mm, 세로 – 종이의 위 23mm	
(7) 스타일 (2개소 수정, 2개소 등록)	• **개요 1(수정)** : 여백 – 왼쪽(0pt), 휴먼명조, 12pt, 진하게 • **개요 2(수정)** : 여백 – 왼쪽(15pt) • **표제목(등록)** : 스타일 이름 – 표제목, 스타일 종류 – 문단, 가운데 정렬, 굴림체, 12pt, 장평(105%), 자간(5%), 진하게 • **참고문헌(등록)** : 스타일 이름 – 참고문헌, 스타일 종류 – 문단, 내어쓰기 – 20pt	
(8) 문단 첫 글자 장식	• **모양** : 2줄, **글꼴** : 돋움체, **면색** : 노랑(RGB : 255,215,0) 60% 밝게, **본문과의 간격** : 5mm • **글자색** : 하늘색(RGB : 97,130,214) 50% 어둡게	
(9) 각주	• **글자 모양** : 궁서체, **번호 모양** : 로마자 소문자	
(10) 하이퍼링크	• '법원경매정보'에 하이퍼링크 설정 • **연결 대상** : '웹 주소', 'http://www.courtauction.go.kr'	
(11) 표	• **크기** : 너비 78mm ~ 80mm, 높이 33mm ~ 34mm • **위치** : 글자처럼 취급 • **모든 셀의 안 여백** : 왼쪽·오른쪽 2mm • **전체 행** : 셀 높이를 같게 • **테두리** : 표 안쪽은 실선(0.12mm), 표 바깥의 위쪽과 아래쪽은 실선(0.4mm), 표 바깥의 왼쪽과 오른쪽은 선 없음, 제목 행 아래쪽과 평균 행 위쪽은 이중 실선(0.5mm) • **제목 행** : 셀 배경색 – 보라(RGB : 157,92,187) 25% 어둡게, 글자 모양 – 굴림체, 진하게, 하양(RGB : 255,255,255) • **평균 행** : 셀 배경색 – 하양(RGB : 255,255,255) 15% 어둡게, 글자 모양 – 진하게 • **문단의 정렬 방식** : 가운데 정렬	
(12) 블록 계산식	• 표의 평균 행에 블록 계산식을 이용하여 블록 평균 산출	
(13) 캡션	• 표 아래에 삽입 후 오른쪽 정렬	
(14) 차트	• **차트의 모양** : 누적 세로 막대형 • **차트의 크기** : 너비 80mm, 높이 65mm, 크기 고정 • **위치** : 본문과의 배치 – 자리 차지, 가로 – 단의 가운데 0mm, 세로 – 문단의 위 0mm • **바깥 여백** : 위쪽 4mm, 아래쪽 8mm • **제목, 항목 축, 값 축, 범례의 글꼴 설정** : 9pt • 범례 위치 변경 • 표의 아래 단락에 배치	
(15) 쪽 번호	• **번호 위치** : 오른쪽 아래, **번호 모양** : 원문자, 줄표 넣기 선택 안함, 시작 번호 지정	
(16) 머리말	• 돋움체, 10pt, 진하게, 노랑(RGB : 255,215,0) 50% 어둡게, 오른쪽 정렬	
(17) 꼬리말	• 한컴 고딕, 10pt, 진하게, 하늘색(RGB : 97,130,214) 25% 어둡게, 가운데 정렬	

부동산 경매시장 입찰 과열

발표일자: 2023. 07. 25.
작성자: 김나연

1. 개요

난달 서울지법 107호 경매 법정(Court)에서 역삼동 52.9(제곱미터)인 아파트가 16억2,879만원을 써낸 A씨에게 돌아갔다. 이 아파트의 감정가는 13억2,000만원으로 감정가보다 30%나 비싸게 샀다. 경매 전문가(Specialist)들은 아파트의 경우 낙찰가율이 85%만 넘어도 수익성(Profit)이 거의 없다고 평가(Appraisement)하고 있다. 그런데 요즘은 역삼동의 경우처럼 낙찰가(ConTract Price)가 아예 감정가(an Appraised Value)를 뛰어넘는 경우가 훨씬 많다. 82.6(제곱미터) 내외의 아파트들이 6월 11일 명일동에서 112%, 6월 4일 방화동에서 107%, 6월 7일 신정동에서 101%의 낙찰가율을 연이어 기록했다.

수도권 낙찰가율 추이

구분	2023.1	2023.3	2023.6	증감
아파트	79.7	82.2	86.9	7.2
연립주택	69	72.8	75	6
단독주택	61	64	74.3	13.3
토지	44.6	54.8	59.2	14.6
평균	63.58	68.45	73.85	

(단위: %)

다. 수도권의 아파트 낙찰가율은 5월(86.6%)과 6월(86.9%)에 업계가 꼽는 수익분기점(85%)을 넘어섰다. 평균치로 따져도 이익을 남기기는 어려운 지경에 이른 셈이다.
라. 아파트에서 넘쳐난 장기 여유자금은 근린, 단독, 연립주택과 토지에까지 흘러들고 있다.

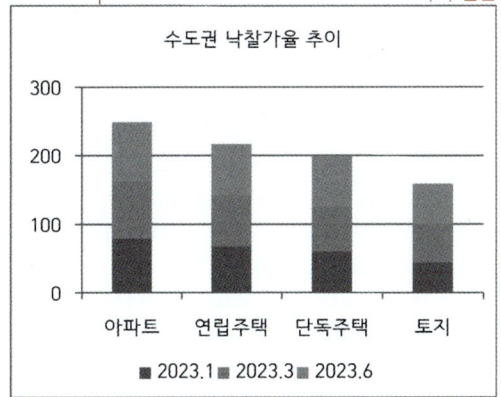

수도권 낙찰가율 추이

2. 달아오른 부동산 Auction

가. 초저금리와 불안한 증시(Stock Market) 등락에 갈 곳 모르던 투자자금(Capital)이 부동산에 몰렸고 경매로 좋은 물건을 잡을 수 있다는 입소문 속에 인기품목으로 대두했다는 논리(論理)이다.
나. 아파트 경매에서는 이미 고가낙찰을 예외적 사례로 볼 수 없는 상황이다.

i 자료: 법원경매정보

3. 향후 전망

가. 부동산컨설팅(Real Estate Consulting) 업체(業體)의 이진우 자산관리팀장은 "현재의 낙찰가 수준(水準)이라면 차라리 급매로 사는 것이 유리한 경우가 많다"고 지적한다.
나. Auction Consulting의 대표업체인 포드림(www.fordream.co.kr)의 오상윤 Analyst도 경매가 돈이 된다고들 하자 개미군단까지 몰려들어 "묻지마 투자"가 벌어지고 있다며 위험성을 경고한다.
다. 예금금리(Deposit Rate)가 낮아지고 금융기관들의 대출금리(Interest on a loan)가 낮아 돈을 꾸어서라도 투자(Investment)하려는 소규모 투자인 개미군단들의 피해가 예상된다.

※ 참고문헌
Wiliam. K. Narayan(2010). The Autobiography Urinalysis of the way to Samurai, Easy Press. pp56-89.
Nunes, T. et al.(2005). The Privatization of Banespa, Business Case Study. pp27-45.
Whoopi Leibovitz(2011). The Power of Pilgrimage, GilbutSchool. pp25-29.

법원경매 뉴스레터 제189호 (2023년 7월)

부동산 경매시장 입찰 과열

발표일자: 2023. 07. 25.
작성자: 김나연

1. 개요

지난달 서울지법 107호 경매 법정(Court)에서 역삼동 52.9(제곱미터)인 아파트가 16억2,879만원을 써낸 A씨에게 돌아갔다. 이 아파트의 감정가는 13억2,000만원으로 감정가보다 30%나 비싸게 샀다. 경매 전문가(Specialist)들은 아파트의 경우 낙찰가율이 85%만 넘어도 수익성(Profit)이 거의 없다고 평가(Appraisement)하고 있다. 그런데 요즘은 역삼동의 경우처럼 낙찰가(ConTract Price)가 아예 감정가(an Appraised Value)를 뛰어넘는 경우가 훨씬 많다. 82.6(제곱미터) 내외의 아파트들이 6월 11일 명일동에서 112%, 6월 4일 방화동에서 107%, 6월 7일 신정동에서 101%의 낙찰가율을 연이어 기록했다.

수도권 낙찰가율 추이[i]

구분	2023.1	2023.3	2023.6	증감
아파트	79.7	82.2	86.9	7.2
연립주택	69	72.8	75	6
단독주택	61	64	74.3	13.3
토지	44.6	54.8	59.2	14.6
평균	63.58	68.45	73.85	

(단위: %)

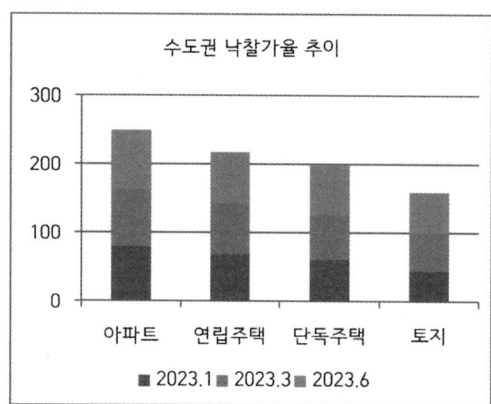

2. 달아오른 부동산 Auction

가. 초저금리와 불안한 증시(Stock Market) 등락에 갈 곳 모르던 투자자금(Capital)이 부동산에 몰렸고 경매로 좋은 물건을 잡을 수 있다는 입소문 속에 인기품목으로 대두했다는 논리(論理)이다.

나. 아파트 경매에서는 이미 고가낙찰을 예외적 사례로 볼 수 없는 상황이다.

다. 수도권의 아파트 낙찰가율은 5월(86.6%)과 6월(86.9%)에 업계가 꼽는 수익분기점(85%)을 넘어섰다. 평균치로 따져도 이익을 남기기는 어려운 지경에 이른 셈이다.

라. 아파트에서 넘쳐난 장기 여유자금은 근린, 단독, 연립주택과 토지에까지 흘러들고 있다.

3. 향후 전망

가. 부동산컨설팅(Real Estate Consulting) 업체(業體)의 이진우 자산관리팀장은 "현재의 낙찰가 수준(水準)이라면 차라리 급매로 사는 것이 유리한 경우가 많다"고 지적한다.

나. Auction Consulting의 대표업체인 포드림(www.fordream.co.kr)의 오상윤 Analyst도 경매가 돈이 된다고들 하자 개미군단까지 몰려들어 "묻지마 투자"가 벌어지고 있다며 위험성을 경고한다.

다. 예금금리(Deposit Rate)가 낮아지고 금융기관들의 대출금리(Interest on a loan)가 낮아 돈을 꾸어서라도 투자(Investment)하려는 소규모 투자자인 개미군단들의 피해가 예상된다.

※ 참고문헌

Wiliam. K. Narayan(2010). The Autobiography Urinalysis of the way to Samurai, Easy Press. pp56-89.

Nunes, T. et al.(2005). The Privatization of Banespa, Business Case Study. pp27-45.

Whoopi Leibovitz(2011). The Power of Pilgrimage, GilbutSchool. pp25-29.

---

i 자료: 법원경매정보

EXAMINATION 19회 실전 모의고사

과목	제한시간
문서편집기능	30분

〈다음 쪽의 문서를 아래 지시사항에 따라 작성하시오〉

- 작성된 답안의 파일은 지정된 경로 및 파일명을 변경하지 마시고 저장해야 합니다. 이를 준수하지 않으면 실격 처리됩니다.

- **편집 용지**
  - 용지 종류는 A4 용지(210mm×297mm) 1매에 용지 방향을 세로로 설정하여 문서를 작성하시오.
  - 용지 여백은 왼쪽·오른쪽·위쪽·아래쪽은 20mm, 머리말·꼬리말은 10mm, 기타 여백은 0mm로 지정하시오.

- 문서의 본문은 2단일 경우는 2단으로 편집하고, 혼합단일 경우는 1단에서 2단으로 변하는 모양으로 편집하되, 단 간격은 8mm, 구분선은 실선 0.12mm로 설정하시오.

- **글자 모양**
  - 글꼴은 별도의 지시가 없는 한 한글 2022의 기본값으로 작성하시오.
  - 영문, 숫자, 기호 등은 별도의 지시가 없는 한 자판에 있는 문자를 사용하시오.
  - 한자는 '한글2022'의 '한자 입력' 기능을 사용하시오.

- **문단 모양**
  - 문장의 들여 쓰기(10pt), 정렬 방식, 여백 등은 문단 모양 기능을 이용하여 작성하시오.
  - 문단 모양은 별도의 지시가 없는 한 한글 2022의 기본값으로 작성하시오.
  - 사이 줄 띄우기는 각 1줄만, 사이 띄우기는 1칸만 띄우시오.

- **표에서 내용의 정렬 방법**
  (제목 행과 '합계(평균)' 셀은 가운데 정렬, 나머지는 열 단위를 기준으로 아래와 같이 정렬)
  - 내용의 길이가 서로 다른 문자의 경우 왼쪽 정렬
  - 내용의 길이가 서로 다른 숫자의 경우 오른쪽 정렬
  - 내용의 길이가 서로 같을 경우 문자, 숫자 상관없이 가운데 정렬

- 차트에서 숫자 데이터의 천 단위 구분 쉼표는 기능을 사용하여 설정하시오.

- 색상은 '기본' 테마가 포함된 색상 팔레트를 사용하시오.

- 각 항목은 별도의 지시가 없는 한 주어진 문서에 기준하여 작성하시오.

- 각 항목은 별도의 지시가 없는 한 기본 설정값으로 처리하시오.

- 문제에 제시된 지시사항은 작성하지 않음

대 한 상 공 회 의 소

다음 쪽의 문서를 아래의 〈세부 지시사항〉에 따라 작성하시오.

항목	세부 지시사항
(1) 쪽 테두리	• 선의 종류 및 굵기 : 실선 0.12mm, 모두 • 위치 : 쪽 기준, 왼쪽·오른쪽·위쪽·아래쪽 모두 4mm
(2) 글상자	• 크기 : 너비 100mm, 높이 12mm, 크기 고정 • 위치 : 본문과의 배치 – 자리 차지, 가로 – 종이의 가운데 0mm, 세로 – 종이의 위 19mm • 바깥 여백 : 아래쪽 8mm • 선 속성 : 검정(RGB : 0,0,0), 이중 실선 1mm • 색 채우기 : 노랑(RGB : 255,215,0) 40% 밝게
(3) 제목	• 한컴돋움, 13pt, 장평(105%), 자간(5%), 진하게, 남색(RGB : 58,60,132), 가운데 정렬
(4) 문단 첫 글자 장식	• 모양 : 2줄, 글꼴 : 궁서체, 면색 : 하늘색(RGB : 97,130,214), 본문과의 간격 : 3mm • 글자색 : 주황(RGB : 255,132,58) 60% 밝게
(5) 스타일 (2개소 등록)	• 소제목 : 스타일 이름 – 소제목, 스타일 종류 – 문단, 번호 문단, 여백 – 왼쪽(5pt), 굴림체, 진하게 • 표제목 : 스타일 이름 – 표제목, 스타일 종류 – 문단, 가운데 정렬, 돋움체, 장평(110%), 자간(10%)
(6) 그림	• 경로 : C:\WP\이동전화.jpg, 문서에 포함 • 크기 : 너비 23mm, 높이 23mm • 위치 : 본문과의 배치 – 어울림, 가로 – 단의 왼쪽 0mm, 세로 – 문단의 위 0mm • 바깥 여백 : 오른쪽·아래쪽 2mm • 회전 : 왼쪽으로 90도 회전
(7) 각주	• 글자 모양 : 돋움체, 8pt, 번호 모양 : 아라비아 숫자
(8) 표	• 크기 : 너비 78mm ~ 80mm, 높이 33mm ~ 34mm • 위치 : 글자처럼 취급 • 모든 셀의 안 여백 : 왼쪽·오른쪽 2.5mm • 전체 행 : 셀 높이를 같게 • 테두리 : 표 안쪽은 실선(0.12mm), 표 바깥의 위쪽과 아래쪽은 실선(0.4mm), 　　　　 표 바깥의 왼쪽과 오른쪽은 선 없음, 합계 행 위쪽은 이중 실선(0.5mm) • 제목 행 : 셀 배경색 – 연한 노랑(RGB : 250,243,219) 75% 어둡게, 　　　　 글자 모양 – 돋움체, 진하게, 하양(RGB : 255,255,255) • 합계 행 : 셀 배경색 – 주황(RGB : 255,132,58) 60% 밝게, 글자 모양 – 진하게 • 문단의 정렬 방식 : 가운데 정렬
(9) 블록 계산식	• 표의 합계 행에 블록 계산식을 이용하여 블록 합계 산출
(10) 캡션	• 표 아래에 삽입
(11) 차트	• 차트의 모양 : 이중 축 혼합형(묶은 세로 막대형, 표식이 있는 꺾은선형) • 차트의 크기 : 너비 80mm, 높이 80mm, 크기 고정 • 위치 : 본문과의 배치 – 자리 차지, 가로 – 단의 가운데 0mm, 세로 – 문단의 위 0mm • 바깥 여백 : 아래쪽 8mm • 항목 축, 값 축, 보조 값 축, 범례의 글꼴 설정 : 11pt • 범례 위치 변경, 보조 축 지정 • 표의 아래 단락에 배치
(12) 누름틀	• 입력할 내용의 안내문 : '0000-00-00', 입력 데이터 : '2023-01-15'
(13) 하이퍼링크	• '원문으로'에 하이퍼링크 설정 • 연결 대상 : '웹 주소', 'http://www.economy.com'
(14) 쪽 번호	• 번호 위치 : 왼쪽 아래, 번호 모양 : 로마자 대문자, 줄표 넣기 선택, 시작 번호 지정
(15) 머리말	• 한컴 윤고딕 760, 진하게, 검정(RGB : 0,0,0) 50% 밝게, 오른쪽 정렬
(16) 꼬리말	• 한컴산뜻돋움, 10pt, 진하게, 보라(RGB : 157,92,187), 오른쪽 정렬

러시아 이동통신 기업의 자금조달 동향

1. 러시아 이동통신 시장 개요

난 1991년 12월 소련연방 해체 이후 러시아 정부는 국토 전역에 걸친 전기통신시설 기반 구축, 이동전화 서비스 개시를 위해 외국자본의 도입(導入)을 강력하게 추진하고 있다. 먼저 러시아 정부는 통신 인프라를 정비하고 외자를 도입하기 위해 <50 by to Project>를 수립하였는데, 이는 2025년까지 총 40억 달러를 투입하여 주요 도시를 시작으로 시외지역까지 통신망의 근대화를 도모하는 것이다.

러시아는 특히 이동전화 사업분야에 있어 외국사업자간 경쟁이 심화되고 있으나, 이동통신[1] 보급률은 동유럽 국가 중에서도 상당히 낮다. 대부분의 동유럽 국가와 마찬가지로 이동통신에 있어서 러시아 정부는 음성서비스 조기 확충에 적합한 디지털 셀룰러 서비스(Digital Cellular Service)인 이동통신 세계화 시스템(GSM: Global System for Mobile Communication)을 국가표준으로 정하고, 보급을 촉진하고 있다.

◎ 동유럽의 이동전화 가입자 수

구분	2015년 이후	2020년 이후	증감
러시아	114	142	28
터키	72	92	20
체코	8	19	11
헝가리	7	18	11
합계	201	271	

(단위: 백만 명)

2. 빔펠콤 사, DR과 CB 발행으로 자금 조달

Vimpelcom 사는 러시아의 통신사업자인 FGI Wireless 사가 51%를 출자(出資)해서 설립한 이동통신 기업으로서 지난 7월 25일 뉴욕에서 6,800만 달러의 전환사채(CB: Convertible Bond)를, 이어 7,500만 달러 규모(規模)의 주식예탁증서(ADR: American Depositary Receipts)를 발행했다.

---
[1] Mobile Telecommunication

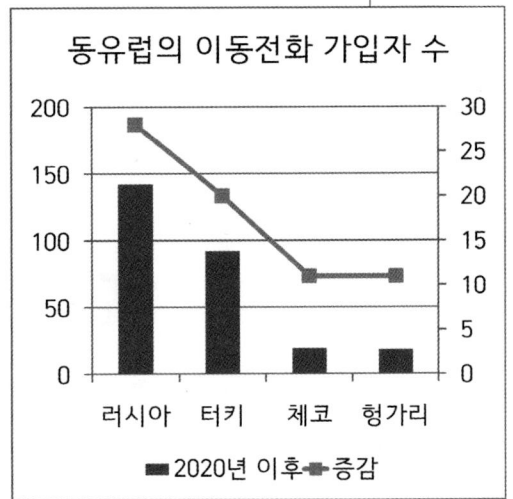

동유럽의 이동전화 가입자 수

러시아 기업이 국제자본 시장에서 직접금융을 통해 자금을 조달한 것은 2014년 러시아 금융위기 이후 처음으로 이번 전환사채는 2030년 7월 만기이며 채권만기 상환가격은 135.41%, 수익률은 11%로 제시되었다. 동사는 금융위기 이전인 2012년에도 러시아 기업(企業)으로서는 처음으로 미국에서 DR을 발행한 바 있다.

높은 국가위험도 및 어려운 자금조달 여건 하에서도 빔펠콤 사가 뉴욕증시(NYSE: New York Stock Exchange) 상장에 성공할 수 있었던 이유는 러시아에 있는 대부분의 대기업들은 지하자원 개발과 같은 전통적인 굴뚝산업을 지배하고 있는 반면에 빔펠콤 사는 통신산업에 적극적으로 참여하였기 때문이다.

유민환 기자(uumin2132@economy.com)
작성일: 2023-01-15

[원문으로]

> **잠깐만요** **차트 작성 시 표 아래 밀려난 공간 제거하기**

1. 차트를 작성한 후 차트 밖의 빈 공간을 클릭한 다음 차트의 형태를 확인하세요.

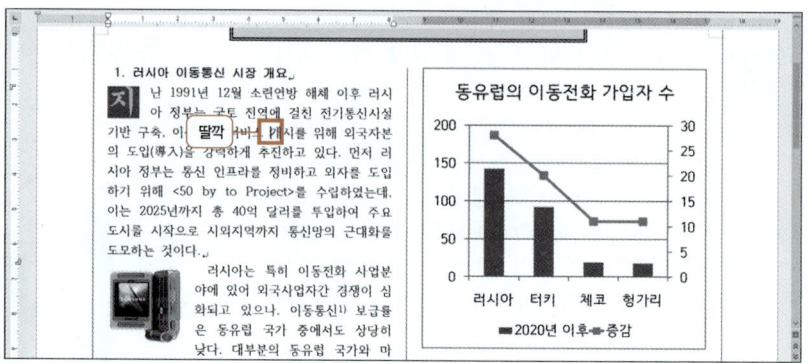

2. 차트를 확인했으면 차트 작성으로 인해 표 아래로 밀려난 문단 기호(↵)를 표 오른쪽으로 이동해야 합니다. 차트를 클릭한 후 Ctrl + X 를 눌러 잘라내기 합니다.

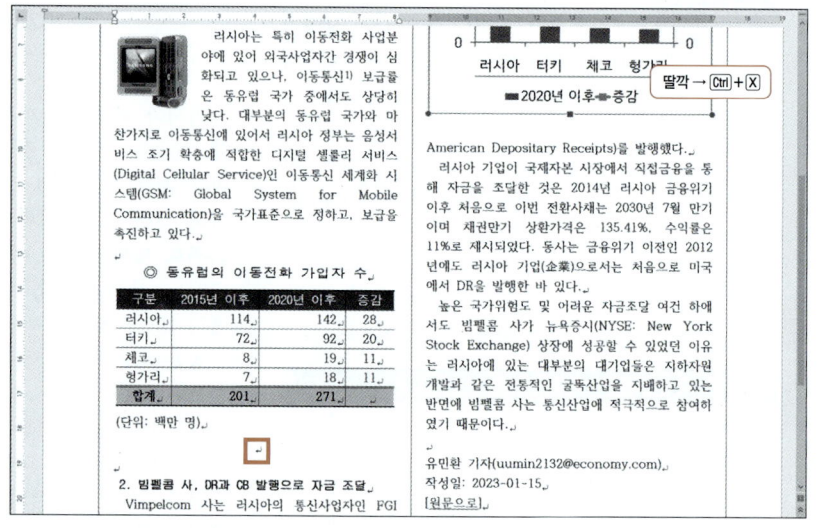

3. 이어서 표의 아래 행을 클릭한 후 Ctrl + V 를 눌러 붙여넣기 합니다.

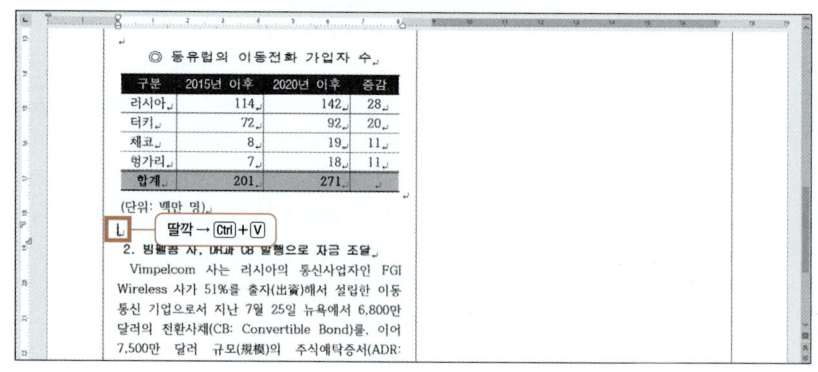

4. 계속해서 〈세부 지시사항〉에 제시된 차트 관련 지시사항에 맞게 차트를 편집합니다.

EXAMINATION 20회 실전 모의고사

과목	제한시간
문서편집기능	30분

〈다음 쪽의 문서를 아래 지시사항에 따라 작성하시오〉

- 작성된 답안의 파일은 지정된 경로 및 파일명을 변경하지 마시고 저장해야 합니다. 이를 준수하지 않으면 실격 처리됩니다.

- **편집 용지**
  - 용지 종류는 A4 용지(210mm×297mm) 1매에 용지 방향을 세로로 설정하여 문서를 작성하시오.
  - 용지 여백은 왼쪽·오른쪽은 20mm, 위쪽·아래쪽은 10mm, 머리말·꼬리말은 10mm, 기타 여백은 0mm로 지정하시오.

- 문서의 본문은 2단일 경우는 2단으로 편집하고, 혼합단일 경우는 1단에서 2단으로 변하는 모양으로 편집하되, 단 간격은 8mm, 구분선은 실선 0.12mm로 설정하시오.

- **글자 모양**
  - 글꼴은 별도의 지시가 없는 한 한글 2022의 기본값으로 작성하시오.
  - 영문, 숫자, 기호 등은 별도의 지시가 없는 한 자판에 있는 문자를 사용하시오.
  - 한자는 '한글2022'의 '한자 입력' 기능을 사용하시오.

- **문단 모양**
  - 정렬 방식, 여백 등은 문단 모양 기능을 이용하여 작성하시오.
  - 문단 모양은 별도의 지시가 없는 한 한글 2022의 기본값으로 작성하시오.
  - 사이 줄 띄우기는 각 1줄만, 사이 띄우기는 1칸만 띄우시오.

- **표에서 내용의 정렬 방법**
  (제목 행과 '합계(평균)' 셀은 가운데 정렬, 나머지는 열 단위를 기준으로 아래와 같이 정렬)
  - 내용의 길이가 서로 다른 문자의 경우 왼쪽 정렬
  - 내용의 길이가 서로 다른 숫자의 경우 오른쪽 정렬
  - 내용의 길이가 서로 같을 경우 문자, 숫자 상관없이 가운데 정렬

- 차트에서 숫자 데이터의 천 단위 구분 쉼표는 기능을 사용하여 설정하시오.

- 색상은 '기본'과 '오피스' 테마가 포함된 색상 팔레트를 사용하시오.

- 각 항목은 별도의 지시가 없는 한 주어진 문서에 기준하여 작성하시오.

- 각 항목은 별도의 지시가 없는 한 기본 설정값으로 처리하시오.

- 문제에 제시된 지시사항은 작성하지 않음

다음 쪽의 문서를 아래의 〈세부 지시사항〉에 따라 작성하시오.

(1) 다단 설정	• **모양** : 둘, **구분선** : 구분선 넣기, **적용 범위** : 새 다단으로
(2) 쪽 테두리	• **선의 종류 및 굵기** : 이중 실선 0.5mm, 위·아래
(3) 글상자	• **크기** : 너비 170mm, 높이 28mm, 크기 고정 • **위치** : 본문과의 배치 – 자리 차지, 가로 – 종이의 가운데 0mm, 세로 – 종이의 위 20mm • **바깥 여백** : 아래쪽 5mm • **선 속성** : 검정(RGB : 0,0,0), 실선 0.2mm　　　• **색 채우기** : 빨강(RGB : 255,0,0) 80% 밝게
(4) 제목	• **제목(1)** : 한컴산뜻돋움, 14pt, 장평(115%), 자간(10%), 진하게, 남색(RGB : 58,60,132), 가운데 정렬 • **제목(2)** : 여백 – 왼쪽(340pt)
(5) 누름틀	• **입력할 내용의 안내문** : '(메일 주소)', **입력 데이터** : '(hsr123@sanggong.co.kr)'
(6) 그림	• **경로** : C:\WP\뱃사공.bmp, 문서에 포함　　　• **크기** : 너비 25mm, 높이 13mm • **위치** : 본문과의 배치 – 글 앞으로, 가로 – 종이의 왼쪽 25mm, 세로 – 종이의 위 25mm
(7) 스타일 (2개소 수정, 3개소 등록)	• **개요 1(수정)** : 여백 – 왼쪽(0pt), 휴먼고딕, 13pt, 진하게 • **개요 2(수정)** : 여백 – 왼쪽(15pt) • **표제목(등록)** : 스타일 이름 – 표제목, 스타일 종류 – 문단, 가운데 정렬, 굴림체, 진하게 • **참고문헌 1(등록)** : 스타일 이름 – 참고문헌 1, 스타일 종류 – 문단, 내어쓰기 – 16pt • **참고문헌 2(등록)** : 스타일 이름 – 참고문헌 2, 스타일 종류 – 글자, 진하게, 기울임
(8) 문단 첫 글자 장식	• **모양** : 3줄, **글꼴** : 굴림체, **면색** : 파랑(RGB : 0,0,255), **본문과의 간격** : 4mm • **글자색** : 보라(RGB : 157,92,187) 80% 밝게
(9) 각주	• **글자 모양** : 굴림체, **번호 모양** : 아라비아 숫자
(10) 하이퍼링크	• '고용노동부'에 하이퍼링크 설정　　　• **연결 대상** : '웹 주소', 'http://www.moel.go.kr'
(11) 표	• **크기** : 너비 78mm ~ 80mm, 높이 27.60mm　　　• **위치** : 글자처럼 취급 • **모든 셀의 안 여백** : 왼쪽·오른쪽 2mm　　　• **전체 행** : 셀 높이를 같게 • **테두리** : 표 안쪽은 실선(0.12mm), 표 바깥의 위쪽과 아래쪽은 실선(0.5mm), 　　　　　　 표 바깥의 왼쪽과 오른쪽은 선 없음, 제목 행 아래쪽은 이중 실선(0.4mm) • **제목 행** : 셀 배경색 – 검은 군청(RGB : 27,23,96), 글자 모양 – 굴림체, 진하게, 하양(RGB : 255,255,255) • **평균 행** : 셀 배경색 – 탁한 황갈(RGB : 131,77,0) 80% 밝게, 글자 모양 – 한컴돋움, 진하게 • **문단의 정렬 방식** : 가운데 정렬
(12) 블록 계산식	• 표의 평균 행에 블록 계산식을 이용하여 블록 평균 산출
(13) 캡션	• 표 위에 삽입
(14) 차트	• **차트의 모양** : 이중 축 혼합형(묶은 세로 막대형, 표식이 있는 꺾은선형) • **차트의 크기** : 너비 80mm, 높이 65mm, 크기 고정 • **위치** : 본문과의 배치 – 자리 차지, 가로 – 단의 가운데 0mm, 세로 – 문단의 위 0mm • **바깥 여백** : 위쪽 5mm, 아래쪽 8mm　　　• **항목 축, 값 축, 보조 값 축, 범례의 글꼴 설정** : 9pt • **차트 계열색 바꾸기** : 색상 조합(색4) • 범례 위치 변경, 보조 축 지정, 데이터 레이블 표시, 레이블 위치(위쪽), 눈금선 제거 • 표의 아래 단락에 배치
(15) 쪽 번호	• **번호 위치** : 왼쪽 아래, **번호 모양** : 아라비아 숫자, 줄표 넣기 선택 안함, 시작 번호 지정
(16) 머리말	• **제목** : 한양해서, 10pt, 진하게, 하늘색(RGB : 97,130,214) 25% 어둡게 • **날짜** : 탭 종류(오른쪽), 탭 위치(16.9cm)
(17) 꼬리말	• 한컴바탕, 10pt, 진하게, 보라(RGB : 157,92,187) 25% 어둡게, 가운데 정렬

ME로 인한 노동의 변화와 특징

한송래
상공주식회사 과장
(hsr123@sanggong.co.kr)

1. 개요

ME(Micro Electronic)란 정밀전자공학이라는 뜻으로 처음에는 집적회로(Integrated Circuit)의 제조기술을 뜻하는 것이었다. 생산현장에서는 산업용 로봇이 도입되어 자동화되었고, 유연생산체제 즉 FMS(Flexible Manufacturing System) 공장이 보급되어 무인화공장이 등장하였다. 압도적인 ME는 디지털 경제(Digital Economy)라는 용어로 통용되고 있으며 그 핵심은 Analog를 Digital로, Off-Line을 On-Line으로 변화시키는 것이라고 할 수 있다. Electronic은 이제 디지털이라는 컨텐츠의 구조를 나타내는 용어로 대치되고 있는 것이다. ME혁명(革命)은 노동과정에도 큰 혁신을 일으켰다. 정보시스템(Information System)의 혁신(革新)은 서류작업(Paper Work)을 네트워크로 대체하여 무서류작업(No Paper Work)을 가능케 하였다.

지위별 취업자 비중 추이[1]

(단위: %)

구분	2023년	2024년	2025년	증감
상용	32.3	29.7	31.5	1.8
임시	28.7	31.9	33.0	1.1
시간제	9.33	9.51	9.83	0.32
평균	23.44	23.70	24.78	

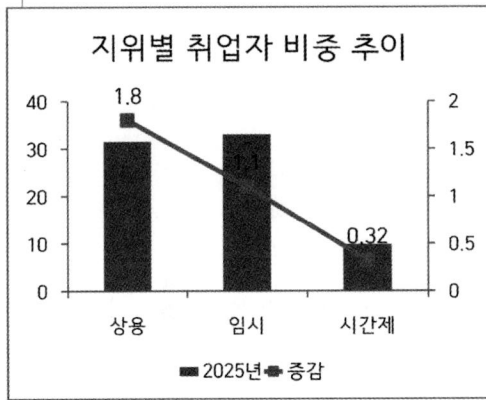

2. ME가 미치는 영향 분석

가. ME로 인한 노동의 변화를 위 자료에서 보면 노동시장의 구조가 정규직에서 임시 근로자로 대체되고 있음을 알 수 있다.
나. ME로 인하여 고용구조가 크게 변화하여 전체 취업자 중 상용근로자의 비중이 급속히 낮아진 반면, 임시근로자의 비중은 크게 높아졌음을 알 수 있다.
다. 임시근로자나 시간제근로자의 비중이 상승하는 것은 고용이 불안해진다는 측면이 있다.
라. 공정전반에 걸친 유연생산체계(Flexible Manufacturing System)가 성립되면서 컴퓨터로 Plan, Design, 제조된 제품은 네트워크(Network)로 연결되어 사람 사이의 접촉이 차단되는 수평적 위계화가 성립된다.

3. 종합적 평가

가. ME의 진행(進行)은 완전경쟁 시장에 근접해 갈 것이라는 것이다.
나. 생존을 위해서는 가장 낮은 비용, 좋은 제품을 생산, 판매하는 효율성을 가진 소비자들만 존재하고, 소비자의 주권이 실현되며, 노동 공급과 수요도 완전한, 그렇기에 소비자 잉여와 생산자 잉여로 이뤄지는 사회의 후생은 여타 다른 어떠한 시장 구조보다 극대화되는 시장 구조가 될 것이라는 것이다.

∴ Reference

R. K. Dragon(2006). A Civil Organic Modern Chemistry, Gilbut. pp34-56.
Nunes, T. et al.(2005). The Privatization of Banespa, Business Case Study. pp27-45.
Salame, R.(2006). Why Do Mergers Fail?, Key Strategy. pp28-32.

1) 자료: 고용노동부

ME로 인한 노동의 변화와 특징

한송래
상공주식회사 과장
(hsr123@sanggong.co.kr)

1. 개요

ME(Micro Electronic)란 정밀전자공학이라는 뜻으로 처음에는 집적회로(Integrated Circuit)의 제조기술을 뜻하는 것이었다. 생산현장에서는 산업용 로봇이 도입되어 자동화되었고, 유연생산체제 즉 FMS(Flexible Manufacturing System) 공장이 보급되어 무인화공장이 등장하였다. 압도적인 ME는 디지털 경제(Digital Economy)라는 용어로 통용되고 있으며 그 핵심은 Analog를 Digital로, Off-Line을 On-Line으로 변화시키는 것이라고 할 수 있다. Electronic은 이제 디지털이라는 컨텐츠의 구조를 나타내는 용어로 대치되고 있는 것이다. ME혁명(革命)은 노동과정에도 큰 혁신을 일으켰다. 정보시스템(Information System)의 혁신(革新)은 서류작업(Paper Work)을 네트워크로 대체하여 무서류작업(No Paper Work)을 가능케 하였다.

지위별 취업자 비중 추이[1]

(단위: %)

구분	2023년	2024년	2025년	증감
상용	32.3	29.7	31.5	1.8
임시	28.7	31.9	33.0	1.1
시간제	9.33	9.51	9.83	0.32
평균	23.44	23.70	24.78	

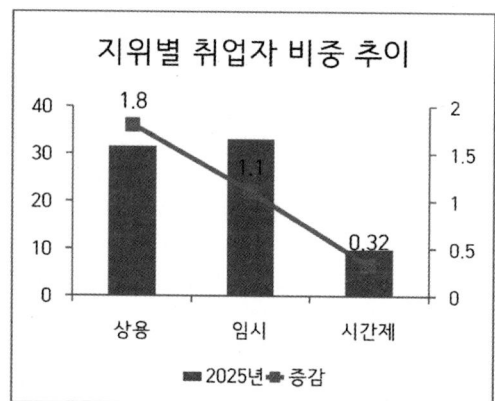

2. ME가 미치는 영향 분석

가. ME로 인한 노동의 변화를 위 자료에서 보면 노동시장의 구조가 정규직에서 임시 근로자로 대체되고 있음을 알 수 있다.
나. ME로 인하여 고용구조가 크게 변화하여 전체 취업자 중 상용근로자의 비중이 급속히 낮아진 반면, 임시근로자의 비중은 크게 높아졌음을 알 수 있다.
다. 임시근로자나 시간제근로자의 비중이 상승하는 것은 고용이 불안해진다는 측면이 있다.
라. 공정전반에 걸친 유연생산체계(Flexible Manufacturing System)가 성립되면서 컴퓨터로 Plan, Design, 제조된 제품은 네트워크(Network)로 연결되어 사람 사이의 접촉이 차단되는 수평적 위계화가 성립된다.

3. 종합적 평가

가. ME의 진행(進行)은 완전경쟁 시장에 근접해 갈 것이라는 것이다.
나. 생존을 위해서는 가장 낮은 비용, 좋은 제품을 생산, 판매하는 효율성을 가진 소비자들만 존재하고, 소비자의 주권이 실현되며, 노동 공급과 수요도 완전한, 그렇기에 소비자 잉여와 생산자 잉여로 이뤄지는 사회의 후생은 여타 다른 어떠한 시장 구조보다 극대화 되는 시장 구조가 될 것이라는 것이다.

∴ Reference
R. K. Dragon(2006). A Civil Organic Modern Chemistry, Gilbut. pp34-56.
Nunes, T. et al.(2005). The Privatization of Banespa, Business Case Study. pp27-45.
Salame, R.(2006). Why Do Mergers Fail?, Key Strategy. pp28-32.

1) 자료: 고용노동부

시나공 동영상 강좌

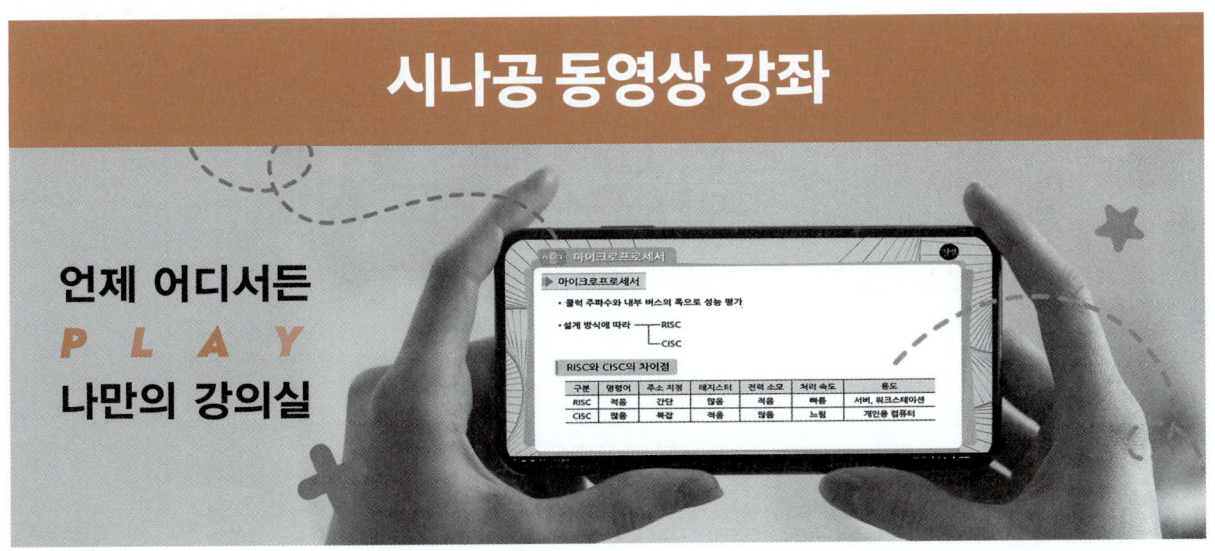

언제 어디서든
PLAY
나만의 강의실

▶ 동영상 강좌 특징

선택 수강	기기 무제한	장소 불문	평균 10분
섹션별 강의 구성으로 듣고 싶은 강의만 빠르게 골라서 이용	PC와 모바일 기기의 기종, 개수에 제약 없이 편하게 수강	교재가 없어도 인터넷만 연결된다면 그곳이 내 강의실!	멀티태스킹이 가능한 세대를 위해 강의 시간은 평균 10분

▶ 강좌 종류

유료	컴퓨터활용능력 (필기/실기, 1급/2급)
	정보처리 기사/산업기사/기능사 (필기/실기 선택)
	사무자동화산업기사 (필기/실기 선택)
	워드프로세서 (필기/실기 선택)
	GTQ (1급/2급 선택)

시험 적중률,
가격과 수강일 모두
시나공이
이상적 • 합리적

※ 가격은 변동될 수 있으니, 사이트에서 확인하세요.

▶ 이용 방법

1. 길벗 동영상강좌(e-learning.gilbut.co.kr)에 접속하여 로그인 하세요.
2. 상단 메뉴 중 **[IT자격증]**을 클릭하세요.
3. 원하는 종목의 강좌를 선택하고 **[수강 신청하기]**를 클릭하세요.
4. 우측 상단의 **[마이 길벗]** → **[나의 동영상 강좌]**로 이동하여 강좌를 수강하세요.

※ **동영상 강좌 이용 문의** : 독자지원 (02-332-0931) 또는 이메일 (content@gilbut.co.kr)

3부 최신기출문제

최신기출문제 01회

최신기출문제 02회

최신기출문제 03회

최신기출문제 04회

최신기출문제 05회

교재에 수록된 기출문제는 상시 시험의 기출문제에서 확인된 변경 및 추가 기능들을 시나공 워드프로세서 실기 교재에 수록된 모의고사 데이터를 이용하여 재구성한 것입니다.

2025년 워드프로세서 실기 시험

※ 무 단 전 재 금 함
(한글 2022)

과 목	제한시간
문서편집기능	30분

1회

〈다음 쪽의 문서를 아래 지시사항에 따라 작성하시오〉

- 작성된 답안의 파일은 지정된 경로 및 파일명을 변경하지 마시고 저장해야 합니다. 이를 준수하지 않으면 실격 처리됩니다.

- **편집 용지**
  - 용지 종류는 A4 용지(210mm×297mm) 1매에 용지 방향을 세로로 설정하여 문서를 작성하시오.
  - 용지 여백은 왼쪽·오른쪽은 20mm, 위쪽·아래쪽은 10mm, 머리말·꼬리말은 10mm, 기타 여백은 0mm로 지정하시오.

- 문서의 본문 2단일 경우는 2단으로 편집하고, 혼합단일 경우는 1단에서 2단으로 변하는 모양으로 편집하되, 단 간격은 8mm, 구분선은 이중 실선 0.5mm로 설정하시오.

- **글자 모양**
  - 글꼴은 별도의 지시가 없는 한 한글 2022의 기본값으로 작성하시오.
  - 영문, 숫자, 기호 등은 별도의 지시가 없는 한 자판에 있는 문자를 사용하시오.
  - 한자는 '한글2022'의 '한자 입력' 기능을 사용하시오.

- **문단 모양**
  - 정렬 방식, 여백 등은 문단 모양 기능을 이용하여 작성하시오.
  - 문단 모양은 별도의 지시가 없는 한 한글 2022의 기본값으로 작성하시오.
  - 사이 줄 띄우기는 각 1줄만, 사이 띄우기는 1칸만 띄우시오.

- **표에서 내용의 정렬 방법**
  (제목 행과 '합계(평균)' 셀은 가운데 정렬, 나머지는 열 단위를 기준으로 아래와 같이 정렬)
  - 내용의 길이가 서로 다른 문자의 경우 왼쪽 정렬
  - 내용의 길이가 서로 다른 숫자의 경우 오른쪽 정렬
  - 내용의 길이가 서로 같을 경우 문자, 숫자 상관없이 가운데 정렬

- 차트에서 숫자 데이터의 천 단위 구분 쉼표는 기능을 사용하여 설정하시오.

- 색상은 '기본' 테마가 포함된 색상 팔레트를 사용하시오.

- 각 항목은 별도의 지시가 없는 한 주어진 문서에 기준하여 작성하시오.

- 각 항목은 별도의 지시가 없는 한 기본 설정값으로 처리하시오.

- 문제에 제시된 지시사항은 작성하지 않음

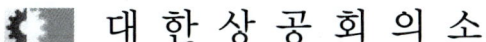

다음 쪽의 문서를 아래의 〈세부 지시사항〉에 따라 작성하시오.

(1) 쪽 테두리	• **선의 종류 및 굵기** : 이중 실선 0.5mm, 모두 • **위치** : 쪽 기준, 왼쪽·오른쪽·위쪽·아래쪽 모두 5mm
(2) 글상자	• **크기** : 너비 120mm, 높이 11mm, 크기 고정 • **위치** : 본문과의 배치 – 자리 차지, 가로 – 종이의 가운데 0mm, 세로 – 종이의 위 19mm • **바깥 여백** : 아래쪽 8mm • **선 속성** : 검정(RGB : 0,0,0), 실선 0.2mm • **색 채우기** : 노랑(RGB : 255,215,0)
(3) 제목	• 한컴 윤고딕 760, 15pt, 장평(110%), 자간(5%), 진하게, 하늘색(RGB : 97,130,214) 50% 어둡게, 가운데 정렬
(4) 문단 첫 글자 장식	• **모양** : 3줄, **글꼴** : 돋움체, **면색** : 주황(RGB : 255,132,58), **본문과의 간격** : 4mm • **글자색** : 남색(RGB : 58,60,132) 50% 어둡게
(5) 스타일 (2개 등록)	• **소제목** : 스타일 이름 – 소제목, 스타일 종류 – 문단, 번호 문단, 휴먼고딕, 11pt, 진하게 • **표제목** : 스타일 이름 – 표제목, 스타일 종류 – 문단, 가운데 정렬, 궁서체, 12pt, 장평(95%), 자간(-2%), 진하게
(6) 그림	• **경로** : C:\WP\농가.jpg, 문서에 포함 • **크기** : 너비 25mm, 높이 25mm • **위치** : 본문과의 배치 – 어울림, 가로 – 단의 왼쪽 0mm, 세로 – 문단의 위 0mm • **바깥 여백** : 오른쪽·위쪽·아래쪽 1mm
(7) 각주	• **글자 모양** : 맑은 고딕, 8pt, **번호 모양** : 아라비아 숫자
(8) 표	• **크기** : 너비 78mm ~ 80mm, 높이 33mm ~ 34mm • **위치** : 글자처럼 취급 • **모든 셀의 안 여백** : 왼쪽·오른쪽 2mm • **전체 행** : 셀 높이를 같게 • **테두리** : 표 안쪽은 실선(0.12mm), 표 바깥의 위쪽과 아래쪽은 실선(0.4mm), 표 바깥의 왼쪽과 오른쪽은 선 없음, 제목 행 아래쪽은 이중 실선(0.5mm) • **제목 행** : 셀 배경색 – 보라(RGB : 157,92,187), 글자 모양 – 휴먼옛체, 진하게, 연한 노랑(RGB : 250,243,219) • **평균 행** : 셀 배경색 – 하양(RGB : 255,255,255) 15% 어둡게, 글자 모양 – 진하게 • **문단의 정렬 방식** : 가운데 정렬
(9) 블록 계산식	• 표의 평균 행에 블록 계산식을 이용하여 블록 평균 산출
(10) 캡션	• 표 위에 삽입 후 오른쪽 정렬
(11) 차트	• **차트의 모양** : 묶은 가로 막대형 • **차트의 크기** : 너비 80mm, 높이 80mm, 크기 고정 • **위치** : 본문과의 배치 – 자리 차지, 가로 – 단의 가운데 0mm, 세로 – 문단의 위 0mm • **바깥 여백** : 아래쪽 8mm • 범례 위치 변경 • **항목 축, 값 축, 범례의 글꼴 설정** : 9pt • 표의 아래 단락에 배치
(12) 누름틀	• **입력할 내용의 안내문** : '이름(영문) 직책', **입력 데이터** : '원영준(Won Yungjun) 파트장'
(13) 하이퍼링크	• '원문으로'에 하이퍼링크 설정 • **연결 대상** : '웹 주소', 'http://www.mafra.go.kr'
(14) 쪽 번호	• **번호 위치** : 가운데 아래, **번호 모양** : 로마자 소문자, 줄표 넣기 선택, 시작 번호 지정
(15) 머리말	• 한컴산뜻돋움, 10pt, 진하게, 초록(RGB : 40,155,110) 25% 어둡게, 오른쪽 정렬
(16) 꼬리말	• 중고딕, 10pt, 진하게, 보라(RGB : 157,92,187) 50% 어둡게

국내농가 위기

리 농가를 강타한 UR(우루과이라운드) 협상(協商) 이후 또다시 DDA(도하개발아젠다) 농업 협상의 태풍이 몰려오고 있다. 농촌경제연구원은 27일 '농업 협상 논의 동향(Tendency)' 보고서를 통해 "DDA 농업 협상에서 농산물 수출국(Exporting Country)의 요구대로 '관세상한'이 낮게 정해지면 국내 농업소득이 최악의 경우 3년 만에 4분의 1가량 줄어든다."는 분석(分析) 결과를 제시했다.

1. 농산물 수출국 요구

미국은 지난 7월 스위스 제네바(Geneva)에서 열린 농업 협상에서 UR방식 대신 '스위스방식'에 기초, 모든 농산물의 수입 관세가 25%를 넘지 못하도록 하자는 경악을 금치 못할 충격적인 방안(方案)을 제시했다. 스위스방식이란 모든 농산물 수입국(Importing Country)이 모든 수입 농산물의 관세율을 이 상한선 이하로 낮추어야 하는 것이다. 만약 관세상한을 설정하는 스위스방식이 채택될 경우 차등 관세(Graded Tariff)를 통한 농가 보호정책(Protective Policy)은 사실상 불가능해진다. 농촌연구원 관계자는 "물론 미국의 주장이 그대로 관철될 가능성은 높지 않으나 어떤 방식이든 관세상한이 설정될 가능성(Possibility)은 매우 높다."고 말했다.

※ 관세상한1)에 따른 농업소득 변화
(단위: 조원)

구분	UR100	UR200	대한민국	비고
2020년	16.41	16.44	16.44	
2021년	14.84	15.72	14.12	
2022년	13.06	14.66	9.58	
2023년	12.09	13.93	7.36	
평균	14.10	15.19	11.88	

2. 관세상한에 따른 국내 농업 피해

현재 국내 수입 농산물의 평균 관세(Custom

___
1) 관세를 일정 수준 이상 못 올리도록 정해놓은 상한선

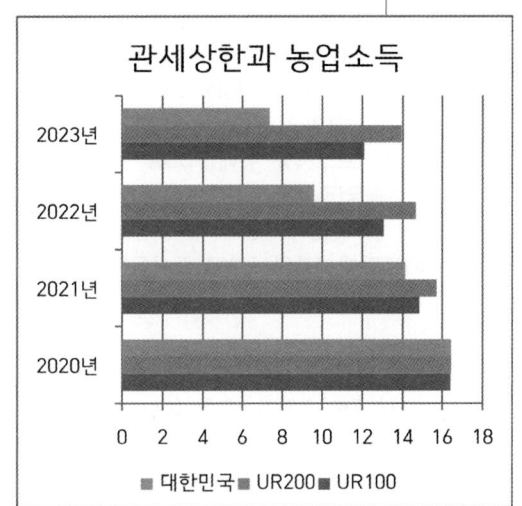

Duty)는 67.1%이다. 하지만 관세상한이 100% 이하로 정해지면 한국 농업(農業)이 심각한 타격을 받는다는 것이 농촌경제연구원의 분석(Analysis)이다. 고추, 참깨, 마늘, 대두 등 주요 곡물(Cereals)과 양념 125종이 100% 이상의 고율 관세를 유지하고 있기 때문이다.

따라서 미국의 주장대로 스위스방식에 따라 관세상한을 25%로 정하면 국내 농가의 농업소득은 12조 5,000억 원으로 24% 가량 줄어든다.

작성자: 원영준(Won Yungjun) 파트장
작성일: 2023. 01. 05.
[원문으로]

국내농가 위기

리 농가를 강타한 UR(우루과이라운드) 협상(協商) 이후 또다시 DDA(도하개발아젠다) 농업 협상의 태풍이 몰려오고 있다. 농촌경제연구원은 27일 '농업 협상 논의 동향(Tendency)' 보고서를 통해 "DDA 농업 협상에서 농산물 수출국(Exporting Country)의 요구대로 '관세상한'이 낮게 정해지면 국내 농업소득이 최악의 경우 3년 만에 4분의 1가량 줄어든다."는 분석(分析) 결과를 제시했다.

1. 농산물 수출국 요구

미국은 지난 7월 스위스 제네바(Geneva)에서 열린 농업 협상에서 UR방식 대신 '스위스방식'에 기초, 모든 농산물의 수입 관세가 25%를 넘지 못하도록 하자는 경악을 금치 못할 충격적인 방안(方案)을 제시했다. 스위스방식이란 모든 농산물 수입국(Importing Country)이 모든 수입 농산물의 관세율을 이 상한선 이하로 낮추어야 하는 것이다. 만약 관세상한을 설정하는 스위스방식이 채택될 경우 차등 관세(Graded Tariff)를 통한 농가 보호정책(Protective Policy)은 사실상 불가능해진다. 농촌연구원 관계자는 "물론 미국의 주장이 그대로 관철될 가능성은 높지 않으나 어떤 방식이든 관세상한이 설정될 가능성(Possibility)은 매우 높다."고 말했다.

※ 관세상한1)에 따른 농업소득 변화

(단위: 조원)

구분	UR100	UR200	대한민국	비고
2020년	16.41	16.44	16.44	
2021년	14.84	15.72	14.12	
2022년	13.06	14.66	9.58	
2023년	12.09	13.93	7.36	
평균	14.10	15.19	11.88	

2. 관세상한에 따른 국내 농업 피해

현재 국내 수입 농산물의 평균 관세(Custom

1) 관세를 일정 수준 이상 못 올리도록 정해놓은 상한선

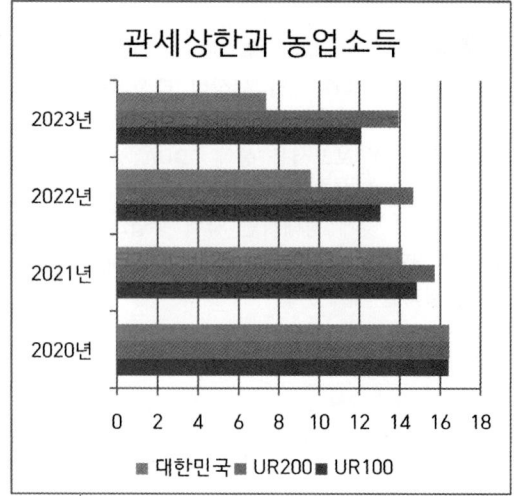

Duty)는 67.1%이다. 하지만 관세상한이 100% 이하로 정해지면 한국 농업(農業)이 심각한 타격을 받는다는 것이 농촌경제연구원의 분석(Analysis)이다. 고추, 참깨, 마늘, 대두 등 주요 곡물(Cereals)과 양념 125종이 100% 이상의 고율 관세를 유지하고 있기 때문이다.

따라서 미국의 주장대로 스위스방식에 따라 관세상한을 25%로 정하면 국내 농가의 농업소득은 12조 5,000억 원으로 24% 가량 줄어든다.

작성자: 원영준(Won Yungjun) 파트장
작성일: 2023. 01. 05.
[원문으로]

2025년 워드프로세서 실기 시험

※ 무 단 전 재 금 함
(한글 2022)

과 목	제한시간
문서편집기능	30분

2회

〈다음 쪽의 문서를 아래 지시사항에 따라 작성하시오〉

- 작성된 답안의 파일은 지정된 경로 및 파일명을 변경하지 마시고 저장해야 합니다. 이를 준수하지 않으면 실격 처리됩니다.

- **편집 용지**
  - 용지 종류는 A4 용지(210mm×297mm) 1매에 용지 방향을 세로로 설정하여 문서를 작성하시오.
  - 용지 여백은 왼쪽·오른쪽은 20mm, 위쪽·아래쪽은 10mm, 머리말·꼬리말은 10mm, 기타 여백은 0mm로 지정하시오.

- 문서의 본문은 2단일 경우는 2단으로 편집하고, 혼합단일 경우는 1단에서 2단으로 변하는 모양으로 편집하되, 단 간격은 8mm, 구분선은 이중 실선 0.5mm로 설정하시오.

- **글자 모양**
  - 글꼴은 별도의 지시가 없는 한 한글 2022의 기본값으로 작성하시오.
  - 영문, 숫자, 기호 등은 별도의 지시가 없는 한 자판에 있는 문자를 사용하시오.
  - 한자는 '한글2022'의 '한자 입력' 기능을 사용하시오.

- **문단 모양**
  - 정렬 방식, 여백 등은 문단 모양 기능을 이용하여 작성하시오.
  - 문단 모양은 별도의 지시가 없는 한 한글 2022의 기본값으로 작성하시오.
  - 사이 줄 띄우기는 각 1줄만, 사이 띄우기는 1칸만 띄우시오.

- **표에서 내용의 정렬 방법**
  (제목 행과 '합계(평균)' 셀은 가운데 정렬, 나머지는 열 단위를 기준으로 아래와 같이 정렬)
  - 내용의 길이가 서로 다른 문자의 경우 왼쪽 정렬
  - 내용의 길이가 서로 다른 숫자의 경우 오른쪽 정렬
  - 내용의 길이가 서로 같을 경우 문자, 숫자 상관없이 가운데 정렬

- 차트에서 숫자 데이터의 천 단위 구분 쉼표는 기능을 사용하여 설정하시오.

- 색상은 '기본' 테마가 포함된 색상 팔레트를 사용하시오.

- 각 항목은 별도의 지시가 없는 한 주어진 문서에 기준하여 작성하시오.

- 각 항목은 별도의 지시가 없는 한 기본 설정값으로 처리하시오.

- 문제에 제시된 지시사항은 작성하지 않음

대한상공회의소

다음 쪽의 문서를 아래의 〈세부 지시사항〉에 따라 작성하시오.

(1) 쪽 테두리	• 선의 종류 및 굵기 : 이중 실선 0.5mm, 위·아래
(2) 글상자	• 크기 : 너비 170mm, 높이 24mm, 크기 고정 • 위치 : 본문과의 배치 – 자리 차지, 가로 – 종이의 가운데 0mm, 세로 – 종이의 위 20mm • 바깥 여백 : 아래쪽 5mm • 선 속성 : 검정(RGB : 0,0,0), 실선 0.4mm　　　• 색 채우기 : 초록(RGB : 40,155,110) 80% 밝게
(3) 제목	• 제목(1) : 중고딕, 14pt, 장평(105%), 자간(5%), 진하게, 주황(RGB : 255,132,58) 50% 어둡게, 가운데 정렬 • 제목(2) : 여백 – 왼쪽(340pt)
(4) 누름틀	• 입력할 내용의 안내문 : '0000. 00. 00.', 입력 데이터 : '2025. 03. 02.'
(5) 그림	• 경로 : C:\WP\대나무.bmp, 문서에 포함　　　• 크기 : 너비 30mm, 높이 17mm • 위치 : 본문과의 배치 – 글 앞으로, 가로 – 종이의 왼쪽 23mm, 세로 – 종이의 위 23mm
(6) 스타일 (2개소 수정, 3개소 등록)	• 개요 1(수정) : 여백 – 왼쪽(0pt), 돋움체, 11pt, 진하게 • 개요 2(수정) : 여백 – 왼쪽(15pt) • 표제목(등록) : 스타일 이름 – 표제목, 스타일 종류 – 문단, 가운데 정렬, 굴림체, 12pt, 진하게 • 참고문헌 1(등록) : 스타일 이름 – 참고문헌 1, 스타일 종류 – 문단, 내어쓰기 – 20pt • 참고문헌 2(등록) : 스타일 이름 – 참고문헌 2, 스타일 종류 – 글자, 기울임
(7) 문단 첫 글자 장식	• 모양 : 2줄, 글꼴 : 돋움체, 면색 : 노랑(RGB : 255,215,0), 본문과의 간격 : 3mm • 글자색 : 하늘색(RGB : 97,130,214) 50% 어둡게
(8) 각주	• 글자 모양 : 맑은 고딕, 번호 모양 : 아라비아 숫자
(9) 하이퍼링크	• '국토교통부'에 하이퍼링크 설정　　　• 연결 대상 : '웹 주소', 'https://www.molit.go.kr'
(10) 표	• 크기 : 너비 78mm ~ 80mm, 높이 33mm ~ 34mm　　　• 위치 : 글자처럼 취급 • 모든 셀의 안 여백 : 왼쪽·오른쪽 2mm　　　• 전체 행 : 셀 높이를 같게 • 테두리 : 표 안쪽은 실선(0.12mm), 표 바깥의 위쪽과 아래쪽은 실선(0.4mm), 　　　　　표 바깥의 왼쪽과 오른쪽은 선 없음, 제목 행 아래쪽과 평균 행 위쪽은 이중 실선(0.5mm) • 제목 행 : 셀 배경색 – 남색(RGB : 58,60,132), 글자 모양 – 돋움체, 진하게, 노랑(RGB : 255,215,0) • 평균 행 : 셀 배경색 – 초록(RGB : 40,155,110) 80% 밝게, 글자 모양 – 진하게 • 문단의 정렬 방식 : 가운데 정렬
(11) 블록 계산식	• 표의 평균 행에 블록 계산식을 이용하여 블록 평균 산출
(12) 캡션	• 표 아래에 삽입 후 오른쪽 정렬
(13) 차트	• 차트의 모양 : 누적 세로 막대형 • 차트의 크기 : 너비 80mm, 높이 65mm, 크기 고정 • 위치 : 본문과의 배치 – 자리 차지, 가로 – 단의 가운데 0mm, 세로 – 문단의 위 0mm • 바깥 여백 : 위쪽 5mm, 아래쪽 8mm　　　• 제목, 항목 축, 값 축, 범례의 글꼴 설정 : 11pt • 차트 계열색 바꾸기 : 색상 조합(색2) • 범례 위치 변경, 데이터 레이블 표시, 레이블 위치(안쪽 끝에), 눈금선 제거 • 표의 아래 단락에 배치
(14) 쪽 번호	• 번호 위치 : 오른쪽 아래, 모양 : 원문자, 줄표 넣기 선택, 시작 번호 지정
(15) 머리말	• 제목 : 한컴산뜻돋움, 11pt, 진하게, 주황(RGB : 255,132,58) 25% 어둡게 • 날짜 : 탭 종류(오른쪽), 탭 위치(16.9cm)
(16) 꼬리말	• 한컴 윤고딕 760, 11pt, 진하게, 남색(RGB : 58,60,132) 25% 어둡게, 가운데 정렬

부동산 소식

강남 지역 분양권 인기

발표일자: 2025. 03. 02.
작성자: 임한웅

1. 개요

주를 1년 이내 앞둔 강남 지역 아파트 분양권에 투자(Investment) 겸용 수요(Demand)가 몰리고 있다. 강남 재건축(Reconstruction) 아파트 호가가 지속적으로 오르면서 새 아파트(Apartment)도 입주 시세(Current Price)가 더 오를 것으로 예상되기 때문이다. 가격 상승폭이 취득, 등록세를 포함한 세금(Tax)을 웃돌면 팔고 가격이 주춤하면 임대나 실입주까지 감안(勘案)하는 것이다. 9월에 입주하는 서초구 방배동의 상공아파트의 경우 최근 한 달 사이 시세가 평형별로 2,000만 원에서 3,000만 원 가량 올랐다. 프리미엄(Premium)만 1억 3,000만 원에 달하는 아파트도 흔하다.

아파트 분양권 가격 상승률①

구분	1분기상승률	2분기상승률	증감
서초구	1.63	1.79	0.16
강남구	1.51	1.93	0.42
분당구	1.31	1.54	0.23
광진구	1.34	1.48	0.15
평균	1.45	1.69	

(단위: %)

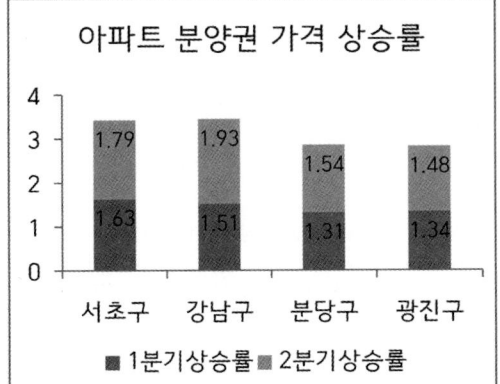

2. 일부 지역 특수

1) 자료: 국토교통부

가. 지난달 31일 강남권 부동산 중개업계에 따르면 그동안 주춤하던 입주 임박 아파트에 대한 분양권 매수세가 6월 중순 이후 살아나고 있다.

나. 강남구의 입주 예정 1년 미만 분양권 가격(價格) 상승률은 지난 5월 0.2%로 바닥을 친 후 6월 0.87%, 7월 1.69%로 빠른 상승세(Upward Tendency)를 보이고 있다.

다. 서초구도 거래 가격 오름 폭이 크며 수도권 중 유일하게 분당구의 상승(Rising)이 두드러진다.

3. 매수세 이어질 듯

가. 강남, 서초 일대의 분양권 수요자들은 실입주가 목적(目的)이라고 시세 상승 가능성(Possibility)에 큰 관심을 보이고 있다는 것이 주변 공인중개소 관계자들(Interested Persons)의 말이다.

나. 특히, 그동안 여러 가지 이유(Reason)로 웃돈이 적게 붙었던 아파트는 분양권 투자자(Investor)의 주요 대상(Target)이 되고 있다. 곽영순 명성공인 사장은 "이런 분위기(Business Conditions)라면 단지 내 조경공사(Landscape Architecture)가 시작 될 무렵에는 매수세가 더욱 살아날 것"으로 예상(豫想)했다.

다. 곳곳에 재건축 공사가 한창인 강남구도 사정은 비슷하다. 집주인들(Landlords)은 시세가 더 오를 것을 노려 매물(Offerings)을 내놓고 있지 않아 당분간 상승세는 지속될 것으로 보인다.

※ Reference

A. S. Madison(2011). Learning to Dear Straw, Kindle Press. pp28-32.
Loyd Gray(2008). *Globe Merriam of Frogs Collection*, Academy Press. pp32-45.
R. K. Dragon(2006). A Civil Organic Modern Chemistry, Gilbut. pp34-56.

부동산레터 제46호 (2025년 3월)

강남 지역 분양권 인기

발표일자: 2025. 03. 02.
작성자: 임한웅

1. 개요

주를 1년 이내 앞둔 강남 지역 아파트 분양권에 투자(Investment) 겸용 수요(Demand)가 몰리고 있다. 강남 재건축(Reconstruction) 아파트 호가가 지속적으로 오르면서 새 아파트(Apartment)도 입주 시세(Current Price)가 더 오를 것으로 예상되기 때문이다. 가격 상승폭이 취득, 등록세를 포함한 세금(Tax)을 웃돌면 팔고 가격이 주춤하면 임대나 실입주까지 감안(勘案)하는 것이다. 9월에 입주하는 서초구 방배동의 상공아파트의 경우 최근 한 달 사이 시세가 평형별로 2,000만 원에서 3,000만 원 가량 올랐다. 프리미엄(Premium)만 1억 3,000만 원에 달하는 아파트도 흔하다.

가. 지난달 31일 강남권 부동산 중개업계에 따르면 그동안 주춤하던 입주 임박 아파트에 대한 분양권 매수세가 6월 중순 이후 살아나고 있다.

나. 강남구의 입주 예정 1년 미만 분양권 가격(價格) 상승률은 지난 5월 0.2%로 바닥을 친 후 6월 0.87%, 7월 1.69%로 빠른 상승세(Upward Tendency)를 보이고 있다.

다. 서초구도 거래 가격 오름 폭이 크며 수도권 중 유일하게 분당구의 상승(Rising)이 두드러진다.

아파트 분양권 가격 상승률①

구분	1분기상승률	2분기상승률	증감
서초구	1.63	1.79	0.16
강남구	1.51	1.93	0.42
분당구	1.31	1.54	0.23
광진구	1.34	1.48	0.15
평균	1.45	1.69	

(단위: %)

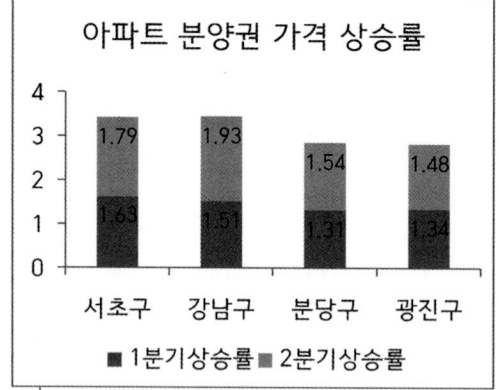

3. 매수세 이어질 듯

가. 강남, 서초 일대의 분양권 수요자들은 실입주가 목적(目的)이라고 시세 상승 가능성(Possibility)에 큰 관심을 보이고 있다는 것이 주변 공인중개소 관계자들(Interested Persons)의 말이다.

나. 특히, 그동안 여러 가지 이유(Reason)로 웃돈이 적게 붙었던 아파트는 분양권 투자자(Investor)의 주요 대상(Target)이 되고 있다. 곽영순 명성공인 사장은 "이런 분위기(Business Conditions)라면 단지 내 조경공사(Landscape Architecture)가 시작 될 무렵에는 매수세가 더욱 살아날 것"으로 예상(豫想)했다.

다. 곳곳에 재건축 공사가 한창인 강남구도 사정은 비슷하다. 집주인들(Landlords)은 시세가 더 오를 것을 노려 매물(Offerings)을 내놓고 있지 않아 당분간 상승세는 지속될 것으로 보인다.

※ Reference

A. S. Madison(2011). Learning to Dear Straw, Kindle Press. pp28-32.

Loyd Gray(2008). *Globe Merriam of Frogs Collection,* Academy Press. pp32-45.

R. K. Dragon(2006). A Civil Organic Modern Chemistry, Gilbut. pp34-56.

2. 일부 지역 특수

1) 자료: 국토교통부

부동산레터 제46호 (2025년 3월)

2025년 워드프로세서 실기 시험

※ 무 단 전 재 금 함
(한글 2022)

과 목	제한시간
문서편집기능	30분

3회

〈다음 쪽의 문서를 아래 지시사항에 따라 작성하시오〉

- 작성된 답안의 파일은 지정된 경로 및 파일명을 변경하지 마시고 저장해야 합니다. 이를 준수하지 않으면 실격 처리됩니다.

- **편집 용지**
  - 용지 종류는 A4 용지(210mm×297mm) 1매에 용지 방향을 세로로 설정하여 문서를 작성하시오.
  - 용지 여백은 왼쪽·오른쪽은 20mm, 위쪽·아래쪽은 10mm, 머리말·꼬리말은 10mm, 기타 여백은 0mm로 지정하시오.

- 문서의 본문은 2단일 경우는 2단으로 편집하고, 혼합단일 경우는 1단에서 2단으로 변하는 모양으로 편집하되, 단 간격은 8mm, 구분선은 실선 0.12mm로 설정하시오.

- **글자 모양**
  - 글꼴은 별도의 지시가 없는 한 한글 2022의 기본값으로 작성하시오.
  - 영문, 숫자, 기호 등은 별도의 지시가 없는 한 자판에 있는 문자를 사용하시오.
  - 한자는 '한글2022'의 '한자 입력' 기능을 사용하시오.

- **문단 모양**
  - 정렬 방식, 여백 등은 문단 모양 기능을 이용하여 작성하시오.
  - 문단 모양은 별도의 지시가 없는 한 한글 2022의 기본값으로 작성하시오.
  - 사이 줄 띄우기는 각 1줄만, 사이 띄우기는 1칸만 띄우시오.

- **표에서 내용의 정렬 방법**
  (제목 행과 '합계(평균)' 셀은 가운데 정렬, 나머지는 열 단위를 기준으로 아래와 같이 정렬)
  - 내용의 길이가 서로 다른 문자의 경우 왼쪽 정렬
  - 내용의 길이가 서로 다른 숫자의 경우 오른쪽 정렬
  - 내용의 길이가 서로 같을 경우 문자, 숫자 상관없이 가운데 정렬

- 차트에서 숫자 데이터의 천 단위 구분 쉼표는 기능을 사용하여 설정하시오.

- 색상은 '기본' 테마가 포함된 색상 팔레트를 사용하시오.

- 각 항목은 별도의 지시가 없는 한 주어진 문서에 기준하여 작성하시오.

- 각 항목은 별도의 지시가 없는 한 기본 설정값으로 처리하시오.

- 문제에 제시된 지시사항은 작성하지 않음

다음 쪽의 문서를 아래의 〈세부 지시사항〉에 따라 작성하시오.

항목	세부 지시사항
(1) 다단 설정	• 모양 : 둘, 구분선 : 구분선 넣기, 적용 범위 : 새 다단으로
(2) 쪽 테두리	• 선의 종류 및 굵기 : 이중 실선 0.5mm, 위·아래
(3) 글상자	• 크기 : 너비 168mm, 높이 28mm, 크기 고정 • 위치 : 본문과의 배치 – 자리 차지, 가로 – 종이의 가운데 0mm, 세로 – 종이의 위 20mm • 바깥 여백 : 아래쪽 5mm • 선 속성 : 검정(RGB : 0,0,0), 실선 0.2mm　　• 색 채우기 : 하늘색(RGB : 97,130,214) 80% 밝게
(4) 제목	• 제목(1) : 한컴 고딕, 13pt, 장평(110%), 자간(10%), 진하게, 초록(RGB : 40,155,110), 가운데 정렬 • 제목(2) : 여백 – 왼쪽(340pt)
(5) 누름틀	• 입력할 내용의 안내문 : '(메일 주소)', 입력 데이터 : '(jungsy@wonyang.co.kr)'
(6) 그림	• 경로 : C:\WP\잠자리.bmp, 문서에 포함　　• 크기 : 너비 23mm, 높이 13mm • 위치 : 본문과의 배치 – 글 앞으로, 가로 – 종이의 왼쪽 23mm, 세로 – 종이의 위 23mm　　• 회전 : 좌우 대칭
(7) 스타일 (2개소 수정, 2개소 등록)	• 개요 1(수정) : 여백 – 왼쪽(0pt), 돋움체, 12pt, 진하게　　• 개요 2(수정) : 여백 – 왼쪽(15pt) • 표제목(등록) : 스타일 이름 – 표제목, 스타일 종류 – 문단, 가운데 정렬, 맑은 고딕, 진하게 • 참고문헌(등록) : 스타일 이름 – 참고문헌, 스타일 종류 – 글자, 진하게, 기울임
(8) 문단 첫 글자 장식	• 모양 : 2줄, 글꼴 : 궁서체, 면색 : 남색(RGB : 58,60,132) 25% 어둡게, 본문과의 간격 : 3mm • 글자색 : 하양(RGB : 255,255,255)
(9) 각주	• 글자 모양 : 굴림체, 번호 모양 : 아라비아 숫자
(10) 하이퍼링크	• '통계청'에 하이퍼링크 설정　　• 연결 대상 : '웹 주소', 'http://kostat.go.kr'
(11) 표	• 크기 : 너비 78mm ~ 80mm, 높이 27.60mm　　• 위치 : 글자처럼 취급 • 모든 셀의 안 여백 : 왼쪽·오른쪽 1.5mm　　• 전체 행 : 셀 높이를 같게 • 테두리 : 표 안쪽은 실선(0.12mm), 표 바깥의 위쪽과 아래쪽은 실선(0.4mm), 　　　　　표 바깥의 왼쪽과 오른쪽은 선 없음, 합계 행 위쪽은 이중 실선(0.5mm) • 제목 행 : 셀 배경색 – 보라(RGB : 157,92,187) 50% 어둡게, 글자 모양 – 돋움체, 진하게, 　　　　시멘트(RGB : 178,178,178) 80% 밝게 • 합계 행 : 셀 배경색 – 주황(RGB : 255,132,58) 80% 밝게, 글자 모양 – 진하게 • 문단의 정렬 방식 : 가운데 정렬
(12) 블록 계산식	• 표의 합계 행에 블록 계산식을 이용하여 블록 합계 산출
(13) 캡션	• 표 아래에 삽입
(14) 차트	• 차트의 모양 : 이중 축 혼합형(묶은 세로 막대형, 표식이 있는 꺾은선형) • 차트의 크기 : 너비 80mm, 높이 65mm, 크기 고정 • 위치 : 본문과의 배치 – 자리 차지, 가로 – 단의 가운데 0mm, 세로 – 문단의 위 0mm • 바깥 여백 : 위쪽 5mm, 아래쪽 7mm　　• 항목 축, 값 축, 보조 값 축, 범례의 글꼴 설정 : 9pt • 차트 계열색 바꾸기 : 색상 조합(색3) • 범례 위치 변경, 보조 축 지정, 데이터 레이블 표시, 레이블 위치(위쪽), 눈금선 제거 • 표의 아래 단락에 배치
(15) 쪽 번호	• 번호 위치 : 왼쪽 아래, 번호 모양 : 로마자 소문자, 줄표 넣기 선택, 시작 번호 지정
(16) 머리말	• 제목 : 궁서체, 10pt, 진하게, 하늘색(RGB : 97,130,214) 25% 어둡게 • 날짜 : 탭 종류(오른쪽), 탭 위치(16.9cm)
(17) 꼬리말	• 한컴돋움, 10pt, 진하게, 초록(RGB : 40,155,110) 25% 어둡게, 가운데 정렬

한국 여성의 삶

정상영
원양대학교 교수
jungsy@wonyang.co.kr

1. 개요

통계청(National Statistical Office)은 '통계로 본 한국 여성의 삶'이라는 자료(資料)를 펴냈다. 이 통계 자료(Data)에는 '여성의 대학 진학률(the Rate of Entrance into a School of Higher Grade)이 계속해서 늘어 남성과 차이를 줄였으며 여성의 47.6%는 술을 마시고 4.6%는 담배를 피운다'는 등 재미있는 자료들이 많이 담겨 있다. 그러나 이 통계는 단순한 재미만을 제공(提供)하는 것이 아니라, 우리 사회의 성차별 문제가 여전히 심각함을 드러내는 것이 많아 주목된다. 여성의 경제활동(Economic Activity) 참가율이 계속해서 증가한다는 측면에서 고무적인 일이라고 할 수 있다. 그러나 그 실상을 들여다보면 그렇지 않다. 초등교사의 여성 비율이 압도적으로 높은 반면, 보직교사의 비율은 남성이 압도적으로 높게 나타난다. 이것은 뿌리깊은 성차별적 관행을 보여주는 전형적인 예라 하겠다.

초등학교 직위별 여교사 수¹⁾

구분	2020년 수	2025년 수	증감
교장	3,346	3,467	121
보직교사	4,961	5,186	225
평교사	8,708	9,033	325
합계	17,015	17,686	

(단위: 명)

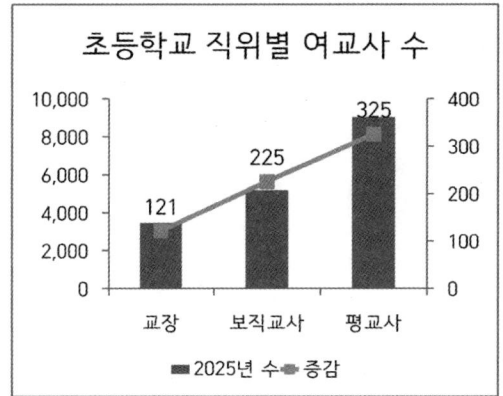

- 서울지역은 여교사 비율이 77.9%로 가장 높으며 전남 지역은 45.3%로 가장 낮다.

3. 관련법은 선진국 수준

가. 모성 보호(保護)와 육아(Child Care)에 대한 사회적 지원을 보장하는 법은 헌법(the Constitutional Law)의 모성보호법, 남녀고용평등법(육아휴직, 직장 보유시설 의무), 영유아보육법(보육시설), 국가공무원법(육아휴직) 등 선진국 수준(水準)으로 다양하게 규정되어 있다.
나. 국가공무원 규정에도 여성 공무원의 출산휴가(Maternity Leave), 보건휴가, 임신중 검진휴가, 육아시간 등이 보장되어 있다.
다. 그러나 한국여성 개발원 김엘림 수석연구원은 "법규 준수 실태에 대한 정확한 조사 통계도 없는 실정"이라며 "지방 공무원(a Local Civil Servants)의 경우 대체 인력이 부족해 현행 60일도 채우지 못하는 경우가 적지 않다"고 지적하고 있다.

◆ 참고문헌
Jerry Vanzant(2012). The Emergence of Pudding Away, ABC Press. pp13-25.
Guillen, M.(2008). Building a Global Bank, Princeton University Press. pp34-45.
Nunes, T. et al.(2005). The Privatization of Banespa, Business Case Study. pp27-45.

2. 성차별 사례

가. 명예퇴직을 한 교사와 평교사의 경우는 여성의 비율이 압도적으로 높다.
나. 초등학교(Elementary School) 교사의 3명 가운데 2명은 여교사라는 통계(統計)가 나왔다.

1) 자료: 통계청

한국 여성의 삶

정상영
원양대학교 교수
(jungsy@wonyang.co.kr)

1. 개요

통계청(National Statistical Office)은 '통계로 본 한국 여성의 삶'이라는 자료(資料)를 펴냈다. 이 통계 자료(Data)에는 '여성의 대학 진학률(the Rate of Entrance into a School of Higher Grade)이 계속해서 늘어 남성과 차이를 줄였으며 여성의 47.6%는 술을 마시고 4.6%는 담배를 피운다'는 등 재미있는 자료들이 많이 담겨 있다. 그러나 이 통계는 단순한 재미만을 제공(提供)하는 것이 아니라, 우리 사회의 성차별 문제가 여전히 심각함을 드러내는 것이 많아 주목된다. 여성의 경제활동(Economic Activity) 참가율이 계속해서 증가한다는 측면에서 고무적인 일이라고 할 수 있다. 그러나 그 실상을 들여다보면 그렇지 않다. 초등교사의 여성 비율이 압도적으로 높은 반면, 보직교사의 비율은 남성이 압도적으로 높게 나타난다. 이것은 뿌리깊은 성차별적 관행을 보여주는 전형적인 예라 하겠다.

초등학교 직위별 여교사 수①

구분	2020년 수	2025년 수	증감
교장	3,346	3,467	121
보직교사	4,961	5,186	225
평교사	8,708	9,033	325
합계	17,015	17,686	

(단위: 명)

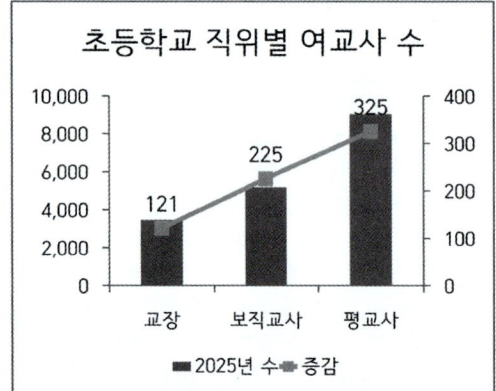

2. 성차별 사례

가. 명예퇴직을 한 교사와 평교사의 경우는 여성의 비율이 압도적으로 높다.
나. 초등학교(Elementary School) 교사의 3명 가운데 2명은 여교사라는 통계(統計)가 나왔다.
다. 서울지역은 여교사 비율이 77.9%로 가장 높으며 전남 지역은 45.3%로 가장 낮다.

3. 관련법은 선진국 수준

가. 모성 보호(保護)와 육아(Child Care)에 대한 사회적 지원을 보장하는 법은 헌법(the Constitutional Law)의 모성보호법, 남녀고용평등법(육아휴직, 직장 보육시설 의무), 영유아보육법(보육시설), 국가공무원법(육아휴직) 등 선진국 수준(水準)으로 다양하게 규정되어 있다.
나. 국가공무원 규정에도 여성 공무원의 출산휴가(Maternity Leave), 보건휴가, 임신중 검진휴가, 육아시간 등이 보장되어 있다.
다. 그러나 한국여성 개발원 김엘림 수석연구원은 "법규 준수 실태에 대한 정확한 조사 통계도 없는 실정"이라며 "지방 공무원(a Local Civil Servants)의 경우 대체 인력이 부족해 현행 60일도 채우지 못하는 경우가 적지 않다"고 지적하고 있다.

◆ 참고문헌

Jerry Vanzant(2012). The Emergence of Puddiing Away, ABC Press. pp13-25.
Guillen, M.(2008). Building a Global Bank, Princeton University Press. pp34-45.
Nunes, T. et al.(2005). The Privatization of Banespa, Business Case Study. pp27-45.

1) 자료: 통계청

2025년 워드프로세서 실기 시험

※ 무 단 전 재 금 함
(한글 2022)

과 목	제한시간
문서편집기능	30분

4회

〈다음 쪽의 문서를 아래 지시사항에 따라 작성하시오〉

- 작성된 답안의 파일은 지정된 경로 및 파일명을 변경하지 마시고 저장해야 합니다. 이를 준수하지 않으면 실격 처리됩니다.

- **편집 용지**
  - 용지 종류는 A4 용지(210mm×297mm) 1매에 용지 방향을 세로로 설정하여 문서를 작성하시오.
  - 용지 여백은 왼쪽·오른쪽·위쪽·아래쪽은 20mm, 머리말·꼬리말은 10mm, 기타 여백은 0mm로 지정하시오.

- 문서의 본문은 2단일 경우는 2단으로 편집하고, 혼합단일 경우는 1단에서 2단으로 변하는 모양으로 편집하되, 단 간격은 8mm로 설정하시오.

- **글자 모양**
  - 글꼴은 별도의 지시가 없는 한 한글 2022의 기본값으로 작성하시오.
  - 영문, 숫자, 기호 등은 별도의 지시가 없는 한 자판에 있는 문자를 사용하시오.
  - 한자는 '한글2022'의 '한자 입력' 기능을 사용하시오.

- **문단 모양**
  - 문장의 들여 쓰기(10pt), 정렬 방식, 여백 등은 문단 모양 기능을 이용하여 작성하시오.
  - 문단 모양은 별도의 지시가 없는 한 한글 2022의 기본값으로 작성하시오.
  - 사이 줄 띄우기는 각 1줄만, 사이 띄우기는 1칸만 띄우시오.

- **표에서 내용의 정렬 방법**
  (제목 행과 '합계(평균)' 셀은 가운데 정렬, 나머지는 열 단위를 기준으로 아래와 같이 정렬)
  - 내용의 길이가 서로 다른 문자의 경우 왼쪽 정렬
  - 내용의 길이가 서로 다른 숫자의 경우 오른쪽 정렬
  - 내용의 길이가 서로 같을 경우 문자, 숫자 상관없이 가운데 정렬

- 차트에서 숫자 데이터의 천 단위 구분 쉼표는 기능을 사용하여 설정하시오.

- 색상은 '기본'과 '오피스' 테마가 포함된 색상 팔레트를 사용하시오.

- 각 항목은 별도의 지시가 없는 한 주어진 문서에 기준하여 작성하시오.

- 각 항목은 별도의 지시가 없는 한 기본 설정값으로 처리하시오.

- 문제에 제시된 지시사항은 작성하지 않음

다음 쪽의 문서를 아래의 〈세부 지시사항〉에 따라 작성하시오.

(1) 쪽 테두리	• 선의 종류 및 굵기 : 이중 실선 0.4mm, 모두 • 위치 : 쪽 기준, 왼쪽·오른쪽·위쪽·아래쪽 모두 5mm
(2) 글상자	• 크기 : 너비 110mm, 높이 12mm, 크기 고정 • 위치 : 본문과의 배치 – 자리 차지, 가로 – 종이의 가운데 0mm, 세로 – 종이의 위 19mm • 바깥 여백 : 아래쪽 8mm • 선 속성 : 검정(RGB : 0,0,0), 실선 0.2mm • 색 채우기 : 초록(RGB : 40,155,110) 60% 밝게
(3) 제목	• 휴먼옛체, 13pt, 장평(105%), 자간(10%), 진하게, 양각, 보라(RGB : 157,92,187) 50% 어둡게, 가운데 정렬
(4) 문단 첫 글자 장식	• 모양 : 2줄, 글꼴 : 굴림체, 면색 : 보라(RGB : 157,92,187) 50% 어둡게, **본문과의 간격** : 3mm • 글자색 : 하양(RGB : 255,255,255)
(5) 스타일 (2개소 등록)	• 소제목 : 스타일 이름 – 소제목, 스타일 종류 – 문단, 번호 문단, 여백 – 왼쪽(15pt), 맑은 고딕, 진하게, 그림자 • 표제목 : 스타일 이름 – 표제목, 스타일 종류 – 문단, 가운데 정렬, 궁서체, 장평(105%), 자간(5%), 진하게
(6) 책갈피	• '최근의' 앞에 '참조'란 이름으로 책갈피 지정
(7) 그림	• 경로 : C:\WP\천안문.jpg, 문서에 포함 • 크기 : 너비 30mm, 높이 25mm • 위치 : 본문과의 배치 – 어울림, 가로 – 단의 오른쪽 0mm, 세로 – 문단의 위 0mm • 바깥 여백 : 왼쪽·아래쪽 3mm
(8) 각주	• 글자 모양 : 한컴돋움, 8pt, **번호 모양** : 아라비아 숫자
(9) 표	• 크기 : 너비 78mm ~ 80mm, 높이 38.65mm • 위치 : 글자처럼 취급 • 모든 셀의 안 여백 : 왼쪽·오른쪽 2.5mm • 전체 행 : 셀 높이를 같게 • 테두리 : 표 안쪽은 실선(0.12mm), 표 바깥의 위쪽과 아래쪽은 실선(0.5mm), 표 바깥의 왼쪽과 오른쪽은 선 없음, 제목 행 아래쪽과 평균 행 위쪽은 이중 실선(0.4mm) • 제목 행 : 셀 배경색 – 검은 군청(RGB : 27,23,96), 글자 모양 – 한컴산뜻돋움, 진하게, 하양(RGB : 255,255,255) • 평균 행 : 셀 배경색 – 노랑(RGB : 255,255,0), 글자 모양 – 진하게 • 문단의 정렬 방식 : 가운데 정렬
(10) 블록 계산식	• 표의 평균 행에 블록 계산식을 이용하여 블록 평균 산출
(11) 캡션	• 표 위에 삽입
(12) 차트	• 차트의 모양 : 꺾은선형 • 차트의 크기 : 너비 80mm, 높이 75mm, 크기 고정 • 위치 : 본문과의 배치 – 자리 차지, 가로 – 단의 가운데 0mm, 세로 – 문단의 위 0mm • 바깥 여백 : 위쪽 5mm, 아래쪽 8mm • 항목 축, 값 축, 범례의 글꼴 설정 : 진하게, 9pt • 범례 위치 변경 • 표의 아래 단락에 배치
(13) 하이퍼링크	• '동북아시아'에 하이퍼링크 설정 • 연결 대상 : '흔글 문서', 책갈피의 '참조'로 지정
(14) 쪽 번호	• 번호 위치 : 오른쪽 아래, **번호 모양** : 아라비아 숫자, 줄표 넣기 선택 안 함, 시작 번호 지정
(15) 머리말	• 한컴 고딕, 10pt, 진하게, 빨강(RGB : 255,0,0), 오른쪽 정렬
(16) 꼬리말	• 굴림체, 10pt, 진하게, 파랑(RGB : 0,0,255)

급부상하는 중국 경제 대책

한국개발연구원(Korea Development Institute) 박정동 연구위원은 "중국 경제는 무서운 속도로 발전하고 있다"며 "이로 인해 '기러기 행렬'에 비유되는 아시아의 국제 분업(International Division of Specialization)과 이를 통한 기존의 발전(發展) 모델이 깨지고 있다"고 말했다. 화웨이①와 같은 중국 기업이 부상하면서 자본과 기술집약적인 산업(Technology Intensive Industry)은 일본이 떠안고, 노동집약적인 산업은 저임 개도국(Developing Country)이 맡는 기존의 분업 체계가 무너지기 시작했다는 것이다.

※ 국가별 미국 시장점유율

(단위: %)

구분	2020년	2021년	2022년	증감
아세안	8	7	7.3	0.3
중국	7.9	8.3	9	0.7
일본	9	12	12.9	0.9
인도	4.2	4.4	4.8	0.4
한국	2.9	3	3.2	0.2
평균	6.40	6.94	7.44	

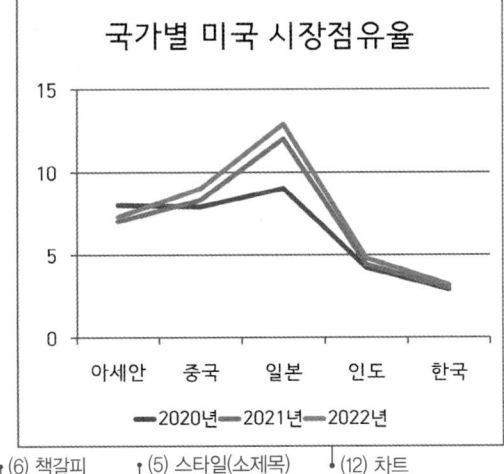

1. 아시아 경제의 블랙홀(Black Hole)

최근의 중국 경제는 블랙홀에 비유된다. 모든 것

이 중국 시장으로 빨려 들어가고 있기 때문이다. 미국과 일본, 유럽연합(EU)의 다국적 기업(企業)은 물론 우리나라 기업조차 투자선을 동남아에서 중국으로 바꾼 지 오래다. 올 상반기만 해도 중국에 대한 직접 투자 규모(規模)를 58억 3,000만 달러에, 투자 건수는 6,643건에 달한다.

2. 경제 전략 수립 필요

다국적 기업(Multinational Corporation)의 집적현상이 가장 잘 드러나는 곳은 홍콩과 접해 있는 주강 삼각주 지대다. 선전과 주하이 경제 특구가 있는 이곳은 2000년대 중반 이후 세계 전자 생산 기지로 부상했다. 산업연구원(Korea Institute for Industrial Economics & Trade) 사공목 연구위원은 "중국이 첨단 산업 분야에서도 한국과 일본을 위협하기 시작했다"고 말했다. 재정경제부 박병원 경제정책국장은 "우리나라가 10년 후 무엇을 먹고 살 것인가를 고민해야 할 때"라며 "중국의 부상에 제대로 대응하지 못하면 우리 경제(經濟)는 헤어나기 힘든 위기를 맞게 될 것"이라고 경고했다. 한중 수교 30주년을 맞는 지금은 동북아시아의 경제 판도가 뒤바뀌고 있으며 생존 전략(Strategy)을 모색해야 할 때라는 것이다. 이제 더 이상 종전과 같은 수출과 물량 위주의 경제 전략으로는 변화에 맞설 수 없으며 고부가가치 산업(産業) 중심으로 국내 기업 구조를 고도화 할 필요가 있다.

강호원 기자 riverlakecircle@news.ac.kr

① 중국의 네트워크 및 통신장비 공급 업체

급부상하는 중국 경제 대책

<새소식>

한국개발연구원(Korea Development Institute) 박정동 연구위원은 "중국 경제는 무서운 속도로 발전하고 있다"며 "이로 인해 '기러기 행렬'에 비유되는 아시아의 국제 분업(International Division of Specialization)과 이를 통한 기존의 발전(發展) 모델이 깨지고 있다"고 말했다. 화웨이와 같은 중국 기업이 부상하면서 자본과 기술집약적인 산업(Technology Intensive Industry)은 일본이 떠안고, 노동집약적인 산업은 저임 개도국(Developing Country)이 맡는 기존의 분업 체계가 무너지기 시작했다는 것이다.

※ 국가별 미국 시장점유율

(단위: %)

구분	2020년	2021년	2022년	증감
아세안	8	7	7.3	0.3
중국	7.9	8.3	9	0.7
일본	9	12	12.9	0.9
인도	4.2	4.4	4.8	0.4
한국	2.9	3	3.2	0.2
평균	6.40	6.94	7.44	

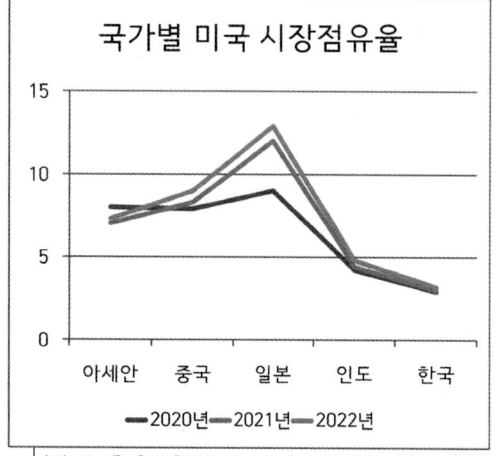

1. 아시아 경제의 블랙홀(Black Hole)

최근의 중국 경제는 블랙홀에 비유된다. 모든 것이 중국 시장으로 빨려 들어가고 있기 때문이다. 미국과 일본, 유럽연합(EU)의 다국적 기업(企業)은 물론 우리나라 기업조차 투자선을 동남아에서 중국으로 바꾼 지 오래다. 올 상반기만 해도 중국에 대한 직접 투자 규모(規模)를 58억 3,000만 달러에, 투자 건수는 6,643건에 달한다.

2. 경제 전략 수립 필요

다국적 기업(Multinational Corporation)의 집적현상이 가장 잘 드러나는 곳은 홍콩과 접해 있는 주강 삼각주 지대다. 선전과 주하이 경제 특구가 있는 이곳은 2000년대 중반 이후 세계 전자 생산 기지로 부상했다. 산업연구원(Korea Institute for Industrial Economics & Trade) 사공목 연구위원은 "중국이 첨단 산업 분야에서도 한국과 일본을 위협하기 시작했다"고 말했다. 재정경제부 박병원 경제정책국장은 "우리나라가 10년 후 무엇을 먹고 살 것인가를 고민해야 할 때"라며 "중국의 부상에 제대로 대응하지 못하면 우리 경제(經濟)는 헤어나기 힘든 위기를 맞게 될 것"이라고 경고했다. 한중 수교 30주년을 맞는 지금은 동북아시아의 경제 판도가 뒤바뀌고 있으며 생존 전략(Strategy)을 모색해야 할 때라는 것이다. 이제 더 이상 종전과 같은 수출과 물량 위주의 경제 전략으로는 변화에 맞설 수 없으며 고부가가치 산업(産業) 중심으로 국내 기업 구조를 고도화 할 필요가 있다.

강호원 기자(riverlakecircle@news.ac.kr)

---

① 중국의 네트워크 및 통신장비 공급 업체

아시아경제뉴스

2025년 워드프로세서 실기 시험

※ 무 단 전 재 금 함
(한글 2022)

과 목	제한시간
문서편집기능	30분

5회

〈다음 쪽의 문서를 아래 지시사항에 따라 작성하시오〉

- 작성된 답안의 파일은 지정된 경로 및 파일명을 변경하지 마시고 저장해야 합니다. 이를 준수하지 않으면 실격 처리됩니다.

- **편집 용지**
  - 용지 종류는 A4 용지(210mm×297mm) 1매에 용지 방향을 세로로 설정하여 문서를 작성하시오.
  - 용지 여백은 왼쪽·오른쪽은 20mm, 위쪽·아래쪽은 10mm, 머리말·꼬리말은 10mm, 기타 여백은 0mm로 지정하시오.

- 문서의 본문은 2단일 경우는 2단으로 편집하고, 혼합단일 경우는 1단에서 2단으로 변하는 모양으로 편집하되, 단 간격은 8mm, 구분선은 실선 0.12mm로 설정하시오.

- **글자 모양**
  - 글꼴은 별도의 지시가 없는 한 한글 2022의 기본값으로 작성하시오.
  - 영문, 숫자, 기호 등은 별도의 지시가 없는 한 자판에 있는 문자를 사용하시오.
  - 한자는 '한글2022'의 '한자 입력' 기능을 사용하시오.

- **문단 모양**
  - 정렬 방식, 여백 등은 문단 모양 기능을 이용하여 작성하시오.
  - 문단 모양은 별도의 지시가 없는 한 한글 2022의 기본값으로 작성하시오.
  - 사이 줄 띄우기는 각 1줄만, 사이 띄우기는 1칸만 띄우시오.

- **표에서 내용의 정렬 방법**
  (제목 행과 '합계(평균)' 셀은 가운데 정렬, 나머지는 열 단위를 기준으로 아래와 같이 정렬)
  - 내용의 길이가 서로 다른 문자의 경우 왼쪽 정렬
  - 내용의 길이가 서로 다른 숫자의 경우 오른쪽 정렬
  - 내용의 길이가 서로 같을 경우 문자, 숫자 상관없이 가운데 정렬

- 차트에서 숫자 데이터의 천 단위 구분 쉼표는 기능을 사용하여 설정하시오.

- 색상은 '기본' 테마가 포함된 색상 팔레트를 사용하시오.

- 각 항목은 별도의 지시가 없는 한 주어진 문서에 기준하여 작성하시오.

- 각 항목은 별도의 지시가 없는 한 기본 설정값으로 처리하시오.

- 문제에 제시된 지시사항은 작성하지 않음

대한상공회의소

다음 쪽의 문서를 아래의 〈세부 지시사항〉에 따라 작성하시오.

(1) 다단 설정	• **모양** : 둘, **구분선** : 구분선 넣기, **적용 범위** : 새 다단으로
(2) 쪽 테두리	• **선의 종류 및 굵기** : 이중 실선 0.5mm, 위·아래
(3) 글상자	• **크기** : 너비 170mm, 높이 24mm, 크기 고정 • **위치** : 본문과의 배치 – 자리 차지, 가로 – 종이의 가운데 0mm, 세로 – 종이의 위 20mm • **바깥 여백** : 아래쪽 5mm • **선 속성** : 검정(RGB : 0,0,0), 실선 0.2mm • **색 채우기** : 노랑(RGB : 255,215,0)
(4) 제목	• **제목(1)** : 휴먼명조, 15pt, 장평(110%), 자간(-4%), 진하게, 남색(RGB : 58,60,132), 가운데 정렬 • **제목(2)** : 여백 – 왼쪽(340pt)
(5) 누름틀	• **입력할 내용의 안내문** : '(메일 주소)', 입력 데이터 : '(jhchoi@korea.co.kr)'
(6) 그림	• **경로** : C:\WP\뱃사공.bmp, 문서에 포함 • **크기** : 너비 18mm, 높이 10mm • **위치** : 본문과의 배치 – 글 앞으로, 가로 – 종이의 왼쪽 23mm, 세로 – 종이의 위 23mm
(7) 스타일 (2개소 수정, 3개소 등록)	• **개요 1(수정)** : 여백 – 왼쪽(0pt), 휴먼고딕, 12pt, 진하게 • **개요 2(수정)** : 여백 – 왼쪽(15pt) • **표제목(등록)** : 스타일 이름 – 표제목, 스타일 종류 – 문단, 가운데 정렬, 돋움체, 11pt, 진하게 • **참고문헌 1(등록)** : 스타일 이름 – 참고문헌 1, 스타일 종류 – 문단, 내어쓰기 – 20pt • **참고문헌 2(등록)** : 스타일 이름 – 참고문헌 2, 스타일 종류 – 글자, 기울임
(8) 문단 첫 글자 장식	• **모양** : 3줄, **글꼴** : 돋움체, **면색** : 보라(RGB : 157,92,187), **본문과의 간격** : 3mm • **글자색** : 하늘색(RGB : 97,130,214) 80% 밝게
(9) 각주	• **글자 모양** : 견고딕, **번호 모양** : 영문자 대문자
(10) 하이퍼링크	• '국민연금공단'에 하이퍼링크 설정 • **연결 대상** : '웹 주소', 'http://www.nps.or.kr'
(11) 표	• **크기** : 너비 78mm ~ 80mm, 높이 33mm ~ 34mm • **위치** : 글자처럼 취급 • **모든 셀의 안 여백** : 왼쪽·오른쪽 2mm • **전체 행** : 셀 높이를 같게 • **테두리** : 표 안쪽은 실선(0.12mm), 표 바깥의 위쪽과 아래쪽은 실선(0.4mm), 표 바깥의 왼쪽과 오른쪽은 선 없음, 평균 행 위쪽은 이중 실선(0.5mm) • **제목 행** : 셀 배경색 – 주황(RGB : 255,132,58), 글자 모양 – 한컴산뜻돋움, 진하게, 하양(RGB : 255,255,255) • **평균 행** : 셀 배경색 – 초록(RGB : 40,155,110) 80% 밝게, 글자 모양 – 진하게 • **문단의 정렬 방식** : 가운데 정렬
(12) 블록 계산식	• 표의 평균 행에 블록 계산식을 이용하여 블록 평균 산출
(13) 캡션	• 표 위에 삽입 후 오른쪽 정렬
(14) 차트	• **차트의 모양** : 2차원 원형 • **차트의 크기** : 너비 80mm, 높이 65mm, 크기 고정 • **위치** : 본문과의 배치 – 자리 차지, 가로 – 단의 가운데 0mm, 세로 – 문단의 위 0mm • **바깥 여백** : 위쪽 5mm, 아래쪽 8mm • **차트 계열색 바꾸기** : 색상 조합(색4) • 범례 없음, 데이터 레이블 표시 • **데이터 레이블 속성** : 항목 이름, 값 해제, 백분율, 구분 기호(줄 바꿈), 안쪽 끝에 • **데이터 레이블 글자 모양** : 9pt, 하양(RGB : 255,255,255) • '**채권**' 항목 : 도형 채우기 – 시안(RGB : 66,199,241) • 표의 아래 단락에 배치
(15) 쪽 번호	• **번호 위치** : 오른쪽 아래, **번호 모양** : 아라비아 숫자, 줄표 넣기 선택, 시작 번호 지정
(16) 머리말	• **제목** : 한컴 윤고딕 740, 10pt, 진하게, 남색(RGB : 58,60,132) • **날짜** : 탭 종류(오른쪽), 탭 위치(16.9cm)
(17) 꼬리말	• 한양해서, 진하게, 검정(RGB : 0,0,0) 35% 밝게, 가운데 정렬

국민연금, 수혈이냐 수술이냐

최진호 대리
(jhchoi@korea.co.kr)

1. 개요

5살부터 64살까지를 생산 가능 인구(Productive Age)로 봤을 때 이들이 65살 이상 노인을 부양(扶養)하는 비율, 즉 노인부양비는 올해 11.6%에서 2030년에는 21.3%, 2040년에는 35.7%, 2050년에는 62.5%로 늘어날 것으로 전망된다. 거칠게 말하면 현재는 9명이 한 명의 노인을 부양하지만 2050년에는 0.6명이 한 명의 노인을 부양해야 한다. 이러한 시점에서 고갈되고 있는 국민연금(National Pension)의 재정(Finance) 안정화를 위한 방안(Plan)이 국회에 상정되었으나 국회(Congress) 통과는 힘들 것으로 보인다. 채권 유통 물량이 적으면 채권 펀드(Fund)가 수익(Revenue)을 올리기가 쉽지 않아진다. 의도(意圖)하지 않은 이런 현상은 재정 안정화 대책(Counterplan)이 채택돼 국민연금 기금의 증가세에 가속이 붙으면 더 빈번하게 출현할 수 있다.

국가별 연기금 자산 구성

(단위: %)

구분	미국	독일	한국	비고
주식	53.2	33.3	5.7	
채권	21.5	43.3	91.1	
대출	1.7	10.4	0.4	
국내외자산	11.0	7.9	0.8	
평균	21.85	23.73	24.50	

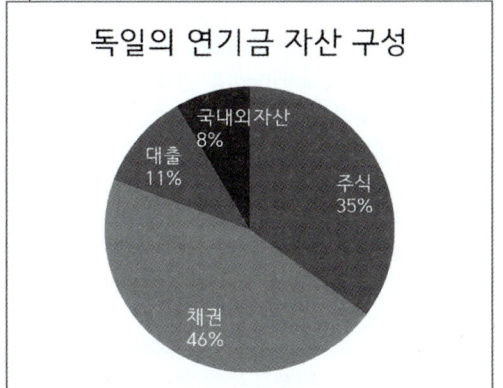

독일의 연기금 자산 구성

2. 자산(Assets) 편식 심각

가. 국민연금은 채권(Bond) 편식가이다. 한국개발연구원(Korea Development Institute)의 자료(Data)에 따르면, 2025년 국민연금 기금의 금융(金融) 부분 투자 비중에서 채권은 91%를 차지했다. 금융자산 중 주식은 5%였다.

나. 국민연금이 발행 국공채(Government Bond) 물량을 대거 흡수하면서 시장 유통 물량이 줄어 채권 가격(Price)이 잘 형성되지 않고 있다고 불만(Dissatisfaction)을 털어놓는다.

3. 개선 대책 필요성

가. 국민연금의 고갈(Exhaustion)에 대한 우려(憂慮)의 목소리가 높아지고 있다. 더 내고 덜 받아도 다음 세대(Generation)를 생각하라며 희생(Sacrifice)을 강요하기도 한다.

나. 먼저 우리 앞에 나타난 해법은 재정 안정화 대책이다. 구조의 개선(Reformation)이라는 해법은 아직 현실화되지 못한 상태다.

다. 눈앞에 있으나 미흡한 해법을 택할 것인가. 근본적이나 멀리 있는 해법을 찾아 돌아갈 것인가. 정부뿐만 아니라 국민이 신중히 생각해야 할 문제다.

※ 참고문헌

R. K. Dragon(2006). *A Civil Organic Modern Chemistry*. Gilbut. pp34-56.

Wiliam. K. Narayan(2010). The Autobiography Urinalysis of the way to Samurai, Easy Press. pp56-89.

Jerry Vanzant(2012). The Emergence of Puddiing Away, ABC Press. pp13-25.

A 자료: 국민연금공단

국민연금소식 — (16) 머리말(Ctrl+N, H)　　　(16) 머리말(Ctrl+N, H) — 2025. 10. 1.

국민연금, 수혈이냐 수술이냐

(3) 글상자(Ctrl+N, B → Ctrl+Z)

최진호 대리
(jhchoi@korea.co.kr)

(6) 그림(Ctrl+N, I)
(8) 문단 첫 글자 장식([서식] → 꽉[문단 첫 글자 장식])
(5) 누름틀(Ctrl+K, E)

1. 개요
(7) 스타일(개요 1)(F6)

5살부터 64살까지를 생산 가능 인구(Productive Age)로 봤을 때 이들이 65살 이상 노인을 부양(扶養)하는 비율, 즉 노인부양비는 올해 11.6%에서 2030년에는 21.3%, 2040년에는 35.7%, 2050년에는 62.5%로 늘어날 것으로 전망된다. 거칠게 말하면 현재는 9명이 한 명의 노인을 부양하지만 2050년에는 0.6명이 한 명의 노인을 부양해야 한다. 이러한 시점에서 고갈되고 있는 국민연금(National Pension)의 재정(Finance) 안정화를 위한 방안(Plan)이 국회에 상정되었으나 국회(Congress) 통과는 힘들 것으로 보인다. 채권 유통 물량이 적으면 채권 펀드(Fund)가 수익(Revenue)을 올리기가 쉽지 않아진다. 의도(意圖)하지 않은 이런 현상은 재정 안정화 대책(Counterplan)이 채택돼 국민연금 기금의 증가세에 가속이 붙으면 더 빈번하게 출현할 수 있다.

(7) 스타일(표제목)(F6)

국가별 연기금 자산 구성A
(11) 표(Ctrl+N, T)　(13) 캡션(Ctrl+N, C)　(단위: %)

구분	미국	독일	한국	비고
주식	53.2	33.3	5.7	
채권	21.5	43.3	91.1	
대출	1.7	10.4	0.4	
국내외자산	11.0	7.9	0.8	
평균	21.85	23.73	24.50	

(12) 블록 계산식(평균 : Ctrl+Shift+A)

독일의 연기금 자산 구성

- 국내외자산 8%
- 대출 11%
- 주식 35%
- 채권 46%

(14) 차트([표] → [표 디자인] → [차트 만들기])

2. 자산(Assets) 편식 심각
(7) 스타일(개요 1)(F6)

가. 국민연금은 채권(Bond) 편식가이다. 한국개발연구원(Korea Development Institute)의 자료(Data)에 따르면, 2025년 국민연금 기금의 금융(金融) 부분 투자 비중에서 채권은 91%를 차지했다. 금융자산 중 주식은 5%였다.

나. 국민연금이 발행 국공채(Government Bond) 물량을 대거 흡수하면서 시장 유통 물량이 줄어 채권 가격(Price)이 잘 형성되지 않고 있다고 불만(Dissatisfaction)을 털어놓는다.

(7) 스타일(개요 2)(F6)

3. 개선 대책 필요성
(7) 스타일(개요 1)(F6)

가. 국민연금의 고갈(Exhaustion)에 대한 우려(憂慮)의 목소리가 높아지고 있다. 더 내고 덜 받아도 다음 세대(Generation)를 생각하라며 희생(Sacrifice)을 강요하기도 한다.

나. 먼저 우리 앞에 나타난 해법은 재정 안정화 대책이다. 구조의 개선(Reformation)이라는 해법은 아직 현실화되지 못한 상태다.

다. 눈앞에 있으나 미흡한 해법을 택할 것인가. 근본적이나 멀리 있는 해법을 찾아 돌아갈 것인가. 정부뿐만 아니라 국민이 신중히 생각해야 할 문제다.

(7) 스타일(참고문헌 2)(F6)

※ 참고문헌　(7) 스타일(참고문헌 1)(F6)

R. K. Dragon(2006). *A Civil Organic Modern Chemistry*, Gilbut. pp34-56.
Wiliam. K. Narayan(2010). The Autobiography Urinalysis of the way to Samurai, Easy Press. pp56-89.
Jerry Vanzant(2012). The Emergence of Puddiing Away, ABC Press. pp13-25.

(10) 하이퍼링크(Ctrl+K, H)
A 자료: 국민연금공단
(9) 각주(Ctrl+N, N)
(2) 쪽 테두리([쪽] → [쪽 테두리/배경])

(17) 꼬리말(Ctrl+N, H) — 국민연금월간보 제10호 (2025년 10월)　(15) 쪽 번호(Ctrl+N, P) - 3 -